COMPANY PROFILE /公司简介

波司登集团是以羽绒服为主营业务的多品牌综合服装运营商，也是全球规模较大、技术较先进的羽绒服装生产企业，公司拥有六大生产基地，员工两万余人，产品市场销售份额连续多年占据国内羽绒服市场半壁江山。

波司登集团积极实施名牌发展战略，拥有“波司登”“雪中飞”“康博”三个中国驰名商标。2007年9月，波司登被国家质量监督检验检疫总局、中国名牌战略推进委员会联合评定为服装行业首个“中国世界名牌产品”。2008年获得“全国质量奖”。2009年被中国纺织工业协会授予“中国纺织服装领军品牌”称号。2011年，波司登荣获国内消费品服装领域 “中国工业大奖”。未来，波司登集团将继续推进“四季化、多品牌化、国际化”发展战略，开启“成为一家令世人尊敬的世界知名综合服装运营商”的战略新篇章，实现“创百年企业、树百年品牌”的宏伟愿景。

波司登——引领中国服装品牌走向世界！

1/企业使命： 让人们的生活更美好

2/企业愿景： 创百年品牌，树百年企业，成为一家令世人尊敬的世界知名的综合服装品牌运营商

3/核心价值观： 团队、忠诚、诚信、务实、创新、责任

4/企业精神： 不怕困难、不怕委屈、自强不息、敢于创新、追求卓越、永争第一

ENTERPRISE CULTURE /企业文化

波司登
BSD
BOSIDENG
世界名牌

COMPANY PROFILE /公司简介

波司登集团是以羽绒服为主营业务的多品牌综合服装运营商，也是全球规模较大、技术较先进的羽绒服装生产企业，公司拥有六大生产基地，员工两万余人，产品市场销售份额连续多年占据国内羽绒服市场半壁江山。

波司登集团积极实施名牌发展战略，拥有“波司登”“雪中飞”“康博”三个中国驰名商标。2007年9月，波司登被国家质量监督检验检疫总局、中国名牌战略推进委员会联合评定为服装行业首个“中国世界名牌产品”。2008年获得“全国质量奖”。2009年被中国纺织工业协会授予“中国纺织服装领军品牌”称号。2011年，波司登荣获国内消费品服装领域“中国工业大奖”。未来，波司登集团将继续推进“四季化、多品牌化、国际化”发展战略，开启“成为一家令世人尊敬的世界知名综合服装运营商”的战略新篇章，实现“创百年企业、树百年品牌”的宏伟愿景。

波司登——引领中国服装品牌走向世界！

ENTERPRISE CULTURE /企业文化

1/企业使命： 让人们的生活更美好

2/企业愿景： 创百年品牌，树百年企业，成为一家令世人尊敬的世界知名的综合服装品牌运营商

3/核心价值观： 团队、忠诚、诚信、务实、创新、责任

4/企业精神： 不怕困难、不怕委屈、自强不息、敢于创新、追求卓越、永争第一

王力宏

冰洁
BENGEN
中国航天事业合作伙伴
新时尚
我主张
我是杨幂是我

康博
Combo
SINCE 1976
康博形象代言人：李晨
康博形象代言人：秦岚

云毯是由我公司2010年自主研发的一款毛毯新产品，2011年通过了山东省科技厅科技成果鉴定，工艺水平达到国际先进水平。2011年底公司获得了中国纺织工业联合会产品开发贡献奖，2013年该产品获得了国家发明专利。

云毯产品，采用100%超细涤纶纤维，加以先进经编工艺，融入现代天然、环保、低碳的时尚理念，配以时尚超前的色调，给人以柔和、保暖、温馨的感觉。该产品秉承“轻、薄、柔”的设计理念，赋予了毛毯全新的风格——触摸“云”的感觉。产品绒面整齐有弹性、手感柔软平滑，舒适无刺激，100%亲肤，给人以纯洁无暇的阳光温暖，是现代家居装饰和保健的好选择。

CNTAC

中国纺织工业发展报告

CHINA TEXTILE INDUSTRY DEVELOPMENT REPORT

2013/2014

中国纺织工业联合会 编著

中国纺织出版社

图书在版编目（CIP）数据

2013/2014中国纺织工业发展报告 / 中国纺织工业联合会编著.—北京：中国纺织出版社，2014.5
ISBN 978-7-5180-0626-7

Ⅰ.①2… Ⅱ.①中… Ⅲ.①纺织工业－工业发展－研究报告－中国－2013～2014 Ⅳ.①F426.81

中国版本图书馆CIP数据核字（2014）第080187号

策划编辑：秦丹红　　责任校对：寇晨晨　　责任印制：何　艳

中国纺织出版社出版发行
地址：北京市朝阳区百子湾东里A407号楼　邮政编码：100124
销售电话：010—87155894　传真：010—87155801
http://www.c-textilep. com
E-mail: faxing@c-textilep. com
官方微博http://weibo.com/2119887771
廊坊飞腾彩印有限公司印刷　各地新华书店经销
2014年5月第1版第1次印刷
开本：889×1194　1/16　印张：27
字数：681千字　定价：380.00元
京朝工商　广字第8172号

《2013/2014中国纺织工业发展报告》

CNTAC

内容提要

《中国纺织工业发展报告》是我国唯一一部集中反映纺织工业及其子行业年度发展与趋势的研究报告，即“中国纺织白皮书”。该书2013／2014年版主要包括：中国纺织工业现状与趋势综合分析；中国纺织12个行业包括化学纤维、棉纺织、毛纺织、丝绸、麻纺织、长丝织造业、印染、针织、服装、家用纺织品、产业用纺织品、纺织机械年度状况分析与展望；规划报告；科技创新；企业文化；行业研究；原料供求；行业新闻；行业年度颁发的奖项及年度国内外统计资料等栏目和内容。《中国纺织工业发展报告》主要面向国内外纺织及相关企业，国内外金融与投资、贸易与咨询、科研与教育机构，以及各级政府综合管理部门和行业社团组织。为全面、客观了解中国纺织工业发展状况与趋势，提供权威性指南，为相关企业、部门机构科学决策和国家宏观经济管理提供可靠依据，极具研究和收藏价值。

Abstract:

China Textile Industry Development Report, a White Print for China Textile Industry, is the only report that reflects the annual development trend of China textile industry and individual sectors within the industry. The main contents of the 2013/2014 edition including the following:

- An analysis of the performance of China textile industry in 2013 as well as its development trend in 2014
- A review and prospect of the 11 sectors of China textile industry including: chemical fiber, cotton textile, wool textile, silk, bast fiber textile, printing and dyeing, knitting, apparel, home textile, industrial textile and textile machinery
- Technology Innovation
- Brand Culture
- Major issues that China textile industry faces
- Research reports
- Raw material supply
- Model Workers Ceremony
- News
- Industrial Award
- Annual statistics

The target readers of the report are mainly working overseas and domestic textile enterprises, departments of finance, investment, textile trade, scientific research and education, within the government and textile industrial associations and organizations. The report provides an authoritative guide for all textile organizations related and it is highly collectable.

目　录 Contents

行业运行　Industries

规划报告　Development PlanReview

科技创新　Technology Innovation

CNTAC

企业文化 Corporate Culture

行业研究 Industrial Research

CNTAC

原料供求 Raw Material Demand and Supply

行业新闻 News

年度奖项 Annual Awards

CNTAC

统计资料 Statistics

国内统计 Domestic

国际统计 Overseas

CNTAC

中国纺织工业发展报告

CHINA TEXTILE INDUSTRY DEVELOPMENT REPORT

2013/2014

行业运行

纺织工业

中国纺织工业联合会产业部

2013年纺织行业经济运行情况

2013年，我国纺织行业面临的发展形势总体较为严峻，外需低迷、内外棉价差过大、生产成本上升、国际竞争加剧等一系列因素的不利影响，使得行业发展压力明显加大。但是，全行业坚持推进结构调整与转型升级，积极应对和化解各种风险挑战，全年基本实现了平稳发展，主要运行指标平稳增长，经济运行质量稳步提升。纺织行业经济运行的特点主要表现为：

一、生产增速有所放缓

2013年，纺织行业生产情况基本正常，工业增加值实现稳定增长。根据国家统计局数据（图1），全国规模以上纺织企业工业增加值同比增长8.3%。但是，受到国内外棉花价差过大、国际市场增长缓慢以及企业主动调整产能结构等因素影响，纺织行业生产增速总体呈现逐步放缓走势。规模以上企业全年工业增加值增速较2012年下降2.2个百分点，较2013年一季度、上半年及前三季度分别下降1、0.6和0.3个百分点。

图1 2013年规模以上纺织企业工业增加值增长情况

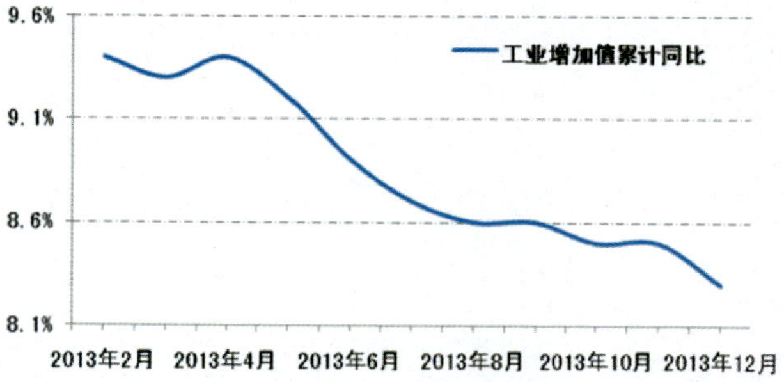

资料来源：国家统计局

纺织行业主要大类产品产量增速普遍较2012年有所下降（表1）。2013年，全社会化纤产量为4121.9万吨，同比增长7.4%，增速低于2012年4.7个百分点；纱产量为3200万吨，同比增长

表1 2013年纺织行业主要大类产品产量情况

产品名称	单位	产量	同比(%)	产品名称	单位	产量	同比(%)
化学纤维	万吨	4121.9	7.4	苎麻布	亿米	5.4	1.3
纱	万吨	3200.0	7.2	亚麻布	亿米	3.7	0.5
布	亿米	683.4	4.6	蚕丝	万吨	13.7	3.5
印染布	亿米	542.4	−2.2	非织造布	万吨	257.3	12.4
毛机织物	亿米	5.8	−1.6	服装	亿件	271.0	1.3

注 本表格中，化纤、纱产量为全社会数据，其余为规模以上企业数据。

资料来源：国家统计局

7.2%，低于2012年2.6个百分点。规模以上企业布产量为683.4亿米，同比增长4.6%，低于2012年7个百分点；服装产量为271亿件，同比增长1.3%，低于2012年4.9个百分点。印染布则受环保压力加大因素影响，产量有所减少，全年产量为542.4亿米，同比下降2.2%，增速低于2012年0.1个百分点。

二、出口增速同比回升

2013年，纺织品服装国际市场需求仍未明显好转，但由于市场环境基本稳定，我国纺织行业出口情况总体较为平稳。而且，由于2012年行业出口受内外棉价差问题影响较大，统计基数较低，2013年出口总额呈现出明显的恢复性增长特征，增速同比较快回升（图2）。根据中国海关统计数据（表2），2013年我国纺织品服装出口总额达到2920.8亿美元，同比增长11.2%，增速较2012年提升7.9个百分点。但是，如果与2011年相比较，两年来行业出口额年均增速仅为7.2%，剔除价格因素后出口数量年均仅增长3%，行业出口规模并未显著扩大。

图2 纺织品服装出口总额增长情况

资料来源：中国海关

主要出口产品中（表2），棉制纺织品出口增速回升较为明显，2013年出口额为286.6亿美元，同比增长12.8%，增速高于2012年16.1个百分点，体现出纺织企业对价差的适应能力有所提升。主要出口市场中（表3），行业对东盟出口增长较为突出，全年出口额达347.1亿美元，出口规模已超过日本，成为我国第三大纺织品服装出口市场，同比增速达到28.3%，占全行业出口总额的比重提高到11.9%。

表2 2013年我国纺织品服装分产品出口情况

主要出口产品	出口额(亿美元)	同比(%)	比2012年增速(百分点)
纺织品服装	2920.8	11.2	7.9
纺织品	1138.5	11.2	9.7
棉制纺织品	286.6	12.8	16.1
化纤制纺织品	598.1	12.3	9.1
服装	1782.2	11.3	6.8
棉制服装	713.5	10.3	4.7
化纤制服装	697.7	12.8	9.2

资料来源：中国海关

表3 2013年我国纺织品服装分地区出口情况

国家和地区	出口额(亿美元)	同比(%)	比2012年增速(百分点)
欧　盟	528.6	8.9	20.5
美　国	439.5	7.0	3.2
东　盟	347.1	28.3	-6.7
日　本	280.7	-1.0	-1.8
中国香港	197.1	19.9	13.6
非　洲	172.3	6.5	-10.5
韩　国	70.2	16.8	25.7

资料来源：中国海关

三、内销增长基本平稳

2013年，我国衣着类商品零售总体实现平稳增长，继续对纺织行业发挥首要支撑作用，但增速较2012年有所放缓（图3）。根据国家统计局数据，全国限额以上单位服装鞋帽针纺织品零售额同比增长11.6%，增速较2012年下降6.4个百分点。衣着类商品内需零售增速放缓，反映出在市场需求日益多元化、快节奏、低成本化的背景下，传统实体零售渠道受到了新兴网络营销渠道的强烈冲击。与此同时，2013年以来，我国宏观经济增速放缓，也在一定程度上影响了消费信心，造成了内需增速同比趋缓。

图3 衣着类商品内需零售增长情况

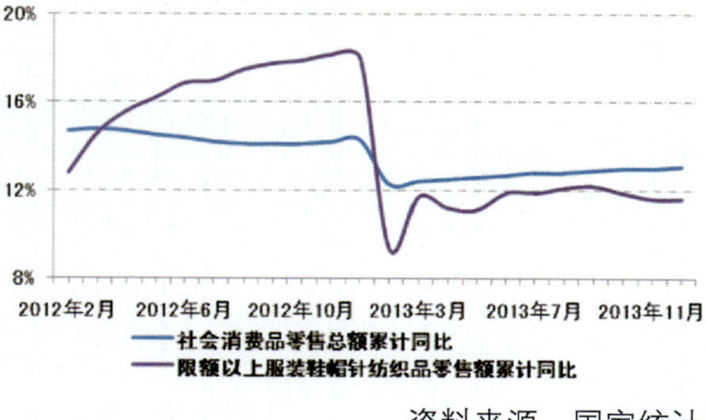

资料来源：国家统计局

电子商务消费继续表现出良好的成长性，销售额持续快速增加，对传统实体零售渠道形成了有效补充。相关统计数据现实，2013年家纺类产品电子商务销售额超过600亿元，较2012年实现成倍增长；淘宝平台服装类商品销售额同比增加1.2倍。

四、发展质量稳步提升

2013年，运行质量稳步改善，成为支撑纺织行业平稳运行的关键因素。规模以上纺织企业销售利润率为5.49%，同比提高0.19个百分点，表明企业盈利能力有所改善；产成品周转率为20.41次/年，同比提高7%，表明市场反应能力进一步增强；总资产周转率为1.6次/年，同比提高2.3%，表明运营效率逐步提高；营业、管理、财务三项费用占主营业务收入比例为6.2%，较2012年下降0.1个百分点，表明管理水平稳中有升（表4）。

纺织产业结构调整取得新进展，对于推进行业经济发展的积极作用更加突出。2013年，产业用纺织品行业的新增长点作用继续发挥，产销、效益指标增速均高于行业平均水平，总产量达到1130万吨，同比增加11.9%，服装、家用、产业用三大终

表4 2013年规模以上纺织企业主要运行质量指标情况

指标名称	单位	2013年	2012年	增长(百分点)
销售利润率	%	5.49	5.30	0.19
主营业务利润率	%	11.85	12.41	-0.56
资产负债率	%	55.78	56.04	-0.26
三费比例	%	6.19	6.24	-0.05
总资产贡献率	%	15.39	14.67	0.72
总资产周转率	次/年	1.60	1.57	0.03（次）
产成品周转率	次/年	20.41	19.07	1.34（次）

资料来源：国家统计局

端产品纤维消费比例优化为48：29：23。家纺、针织、服装等终端行业利润率、资产周转率等运行质效指标总体良好，反映出终端产业与市场衔接基本顺畅，品牌附加价值与市场反应能力提升。中西部省份纺织产业依然保持相对较快的发展速度，规模以上企业主营业务收入同比增长15.5%，高于东部地区增速5.3个百分点。

五、企业效益有所改善

随着行业经济运行质量提升，发展结构优化，2013年以来，纺织企业的效益情况较2012年有所改善。统计数据显示，全国3.8万户规模以上纺织企业累计实现主营业务收入63848.9亿元，同比增长11.5%，增速较2012年提高0.9个百分点。但是，受生产增速放缓影响，纺织行业主营业务收入呈现增长逐步减速走势，全年增速较一季度、上半年和前三季度分别下降1.7、1.8和0.2百分点。

由于2012年受棉花价差影响，纺织行业利润明显下滑，2013年以来，在较低基数的基础上，伴随着企业适应能力提升，行业利润增速显著回升。全年规模以上企业实现利润总额3506亿元，同比增长15.8%，增速高于2012年8.1个百分点，高于全国规模以上工业企业平均增速3.6个百分点，利润增速在各工业行业中位居前列（图4）。

图4 规模以上纺织企业利润增长情况

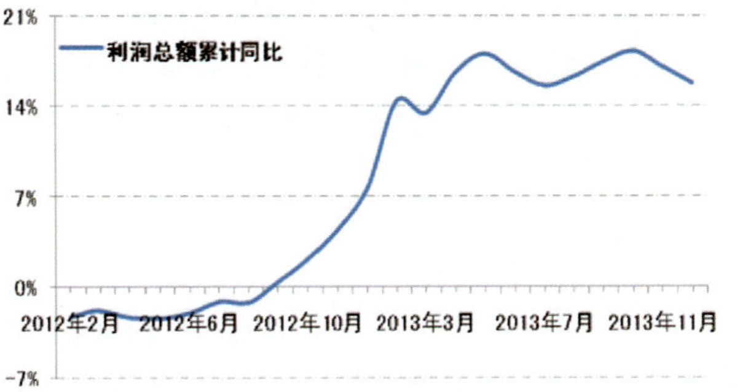

资料来源：国家统计局

六、投资增速有所提升

在行业经济平稳运行带动投资信心增强、企业升级改造需求增加等因素的影响下，2013年，纺织行业固定资产投资的新开工项目有所增加，投资总额总体呈现逐步提升走势（图5）。全行业500万元以上固定资产投资新开工项目数为13718个，同比增加5.9%，增速高于2012年11.4个百分点；投资实际完成额为9140.3亿元，同比增长17.3%，增速较2012年提高2.7个百分点，较2013年上半年提高2.3个百分点。

图5 纺织行业固定资产投资完成额增长情况

资料来源：国家统计局

纺织行业投资增长的区域结构总体上继续优化（图6），西部地区新增投资额实现较快增长，2013年同比增速达到26.9%，高于东部投资增速7.3个百分点；在全行业新增投资中占比达到8.4%，较2012年扩大0.6个百分点，西部特色纺织产业对全行业发展的贡献作用未来将进一步增加。但是，中部地区投资增速有所放缓，投资完成额同比增长11.8%，低于行业平均增速5.5个百分点；在全行业新增投资中占比为30.5%，较2012年下降1.6个百分点。

图6 纺织行业分地区固定资产投资完成额占比情况

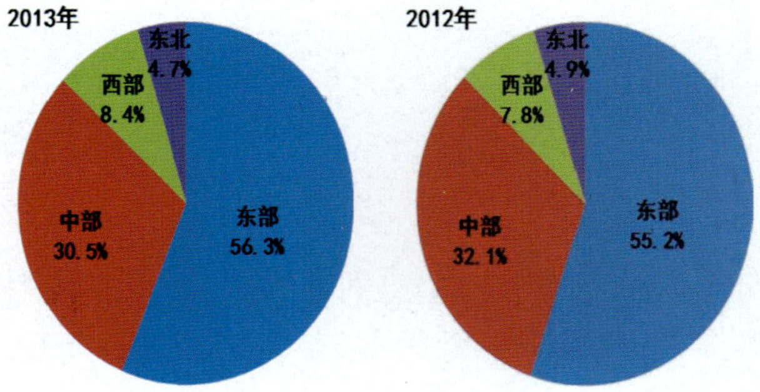

资料来源：国家统计局

纺织行业发展中存在的主要问题

2013年，纺织行业在自身加快转型升级的支撑下，继续保持了平稳、健康的运行态势，但行业发展面临的各种外部压力依然突出，一些内在矛盾问题也仍待加强解决。纺织行业发展中存在的问题主要表现为：

表5 美、欧、日主要纺织品服装进口来源国所占份额情况

国家	美国		欧盟		日本	
	2013年进口额占比(%)	较2012年增加(百分点)	2013年进口额占比(%)	较2012年增加(百分点)	2013年进口额占比(%)	较2012年增加(百分点)
中国	39.8	-0.4	38.4	-1.4	71.2	-2.0
越南	7.6	0.8	2.3	0.0	6.8	0.9
孟加拉	4.6	0.3	10.5	1.0	1.5	0.2
印尼	5.8	0.2	7.3	0.1	1.1	0.0

资料来源：美国商务部、欧盟统计局、日本海关

一、出口压力仍未明显缓解

2013年，我国纺织行业出口增速虽然较快反弹，但与2012年基数过低有较大关系，国际市场需求增速总体并未明显回升。发达国家尽管经济宏观面在2013年呈现出一定的向好迹象，但尚未对消费终端形成有力带动。相关统计数据显示，2013年日本纺织品服装进口额（折美元）同比减少1.3%，表明市场需求仍低于2012年水平；欧盟纺织品服装进口额全年持续负增长，直至年底才转为同比略增0.9%。新兴经济体受美国退出货币量化宽松政策预期影响，经济增长下半年以来发生较大波动，市场需求增速呈现放缓趋势。根据中国海关统计数据，一季度我国对东盟纺织品服装出口额同比增速高达56.8%，但到年底已降至28.3%，下半年出口增速仅为17.6%。

需求增长相对缓慢，使得国际市场竞争更趋激烈，加上国内原料、用工等制造成本高企因素影响，我国纺织行业所占国际市场份额有所下降。2013年，我国出口的纺织品服装在美国、欧盟和日本进口总额中所占比重分别为39.8%、38.4%和71.2%，与2012年相比较分别降低0.4、1.4和2个百分点。主要国家在美、欧、日市场占比情况详见表5。

二、国内棉花价格及供给问题依然突出

2013年，由国内棉花管理政策造成的内外棉价差问题仍未得到有效解决（图7）。国内棉价在收、放储价格的支撑下，全年保持19000元/吨以上的高位。而国际棉花市场基本面则长期处于供大于求状态，价格缺乏大幅上涨动力，全年国际棉价平均低于国内市场约5000元/吨。受内外棉价差影响，我国棉纱进口持续增加，2013年进口量达到210万吨，同比增长37.4%，对国内棉纺产业造成较大冲击。棉纺企业面临的市场竞争及盈利压力始终未能得到有效缓解，中小企业停产、限产的情况有所增多，内外棉价差仍是影响我国纺织发展的最突出因素。

图7 国内外棉花现货价格情况

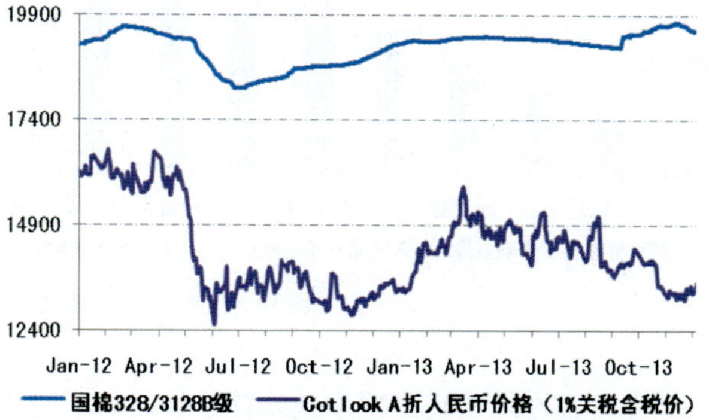

资料来源：中国纺织经济信息网

由于国内棉花流通受到国储、进口配额等多重管制，国储棉出库销售成为2013年国内棉花供给的首要渠道。但是，大量集中交储，造成国储的国产棉亏重、混等混级、大量混入异性纤维等问题突出。2013年，国产棉放储累计成交率不足40%，反映出棉花品质不高，无法满足纺织企业的用棉需求。而进口配额管理使得纺织企业不能按需自由在国际市场采购棉花，原料短缺及品质不足对纺织企业的产品质量及经营效益造成了直接的负面影响。

三、生产成本上升压力加大

2013年，纺织企业原料、用工等制造成本继续提升，企业融资、土地使用、营销渠道等费用增加，综合成本进一步提高。其中，由于劳动力供给趋紧，特别是技术工人短缺的情况依然存在，纺织从业人员人均工资水平继续呈现较快上涨态势。根据国家统计局数据（图8），2013年全国农村外出务工劳动力人均收入同比增加13.9%；根据中国纺织工业联合会第15期《企业经营者跟踪调查报告》，五成样本企业用工价格涨幅超过10%。

图8 外出务工农民收入增长情况

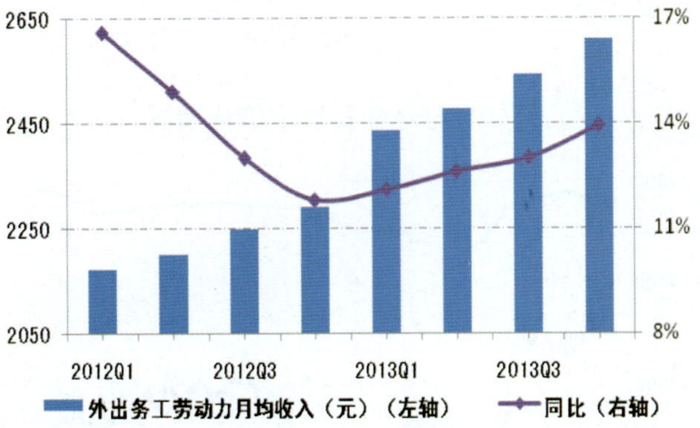

资料来源：国家统计局

由于国内外市场需求增速均并未较2012年明显加快，2013年纺织服装产品的销售价格上涨空间相对有限。相关统计数据显示，纺织品服装出口价格全年同比提高4.3%，衣着类工业品出厂价格同比提高1.2%，纺织企业化解成本负担、维持盈利空间的压力十分突出。

四、节能环保任务较为艰巨

2013年，纺织染整、毛纺、麻纺、缫丝工业水污染物排放强制性新标准正式实施，提高了对化学需氧量（COD_{cr}）排放浓度的限值要求，并新增了部分限制指标。由于新标准执行不设过渡期，而园区化搬迁、集中处理设施配备、企业整合重组等措施都需要一定的过程，使得纺织行业，特别是印染行业面临的环保压力明显加大，相关技术改造投资成本压力显著增加，资金短缺问题也因此更加突出。

新标准实施以及污物排放总量控制政策，加大了地方政府环保工作的压力。部分地区在落实相关措施的过程中，采取简单处理方式，造成印染行业准入、用地、融资等多方受限。2013年以来，印染布产量同比持续减少，反映出纺织产业链上重要的中间环节发展空间不断缩减，长期将形成瓶颈，对行业升级发展全局形成严重制约。

五、小微企业发展压力加大

纺织企业间发展水平差异较大的特征在2013年仍然存在。规模以上企业依托自身创新发展能力，经济运行态势保持平稳，但广大小微企业受到生产成本上升、外需增长缓慢等多重因素影响的同时，与大型企业相比较，又严重缺乏融资、财政资金、公共服务等社会资源的扶持，生存发展压力十分突出。

根据中国纺织工业联合会第15期《企业经营者跟踪调查报告》，小型样本企业生产、订单、效益情况及投资意愿均显著低于大中型企业。其中，仅约50%的小型企业设备利用率超过80%，开工水平明显较低，而约70%的大、中型企业设备利用率均达到80%以上；仅约3成小型企业反映利润同比增加，比例较大中型企业低2成左右。

六、产业转移进度有所放缓

近年来，我国纺织产业从东部沿海地区向中西部省份梯度的趋势十分明显，中西部纺织企业的投资及产出增速均保持较快增长水平。但2013年以来，纺织行业在中部地区的固定资产投资增长较2012年减速，在全行业投资总额中占比下降，中部地区纺织行业新开工固定资产投资项目同比仅增长1.4%，低于东部地区4.8个百分，表明纺织产业在国内的转移进度有所放缓。

纺织产业转移进程减缓的原因包括资源、成本、政策体制等多个方面。要素价格攀升导致成本比较优势不明显，劳动力、土地等资源供给日趋紧张，劳动力专业素质及劳动效率偏低，缺乏完整产业体系配套支撑等，都是制约中西部地区纺织产业发展的重要因素。如不能尽快完善政策体系和产业环境，促进纺织产业在中西部加快形成体系化发展，将对纺织全行业的长远布局发展产生负面影响。

2014年纺织行业发展趋势

2014年，我国纺织行业面临的发展形势依然较为复杂。总体上看，国内外市场环境有望较2013年逐步向好，将提供相对有利的外部条件。但同时，各种风险因素仍然不容忽视，行业要继续保持平稳运行态势仍面临较大压力和不确定性。进一步加快产业转型升级，着力提高抵御和化解外部风险的能力，仍然是纺织行业实现稳定、健康发展的关键。2014年，可能影响纺织行业发展的因素主要有：

一、国内消费保持稳定增长

2014年，内需市场仍将是纺织行业实现平稳发展的重要支撑。一方面，我国内需市场基本面依然良好，城镇化进程有序推进、城乡居民收入随国民经济发展稳步增加，将为纺织服装产品内需消费扩大提供重要基础。另一方面，宏观政策及经济环境改善，将增强内需扩大的动力。2013年下半年，扩大营改增试点、推进利率市场化改革等一系列政策措施，促进了实体经济的活力提升。2014年，随着各项以稳增长、调结构为主要目标的政策预调微调效果显现，宏观经济在合理水平上继续保持平稳增长，内需市场的消费能力将逐步得到提高；党的十八届三中全会提出的各项改革措施逐步推进，也将对市场环境与信心产生正面影响。初步预计，2014年纺织品服装内需消费总体上将继续实现稳定增长，衣着类商品限额以上零售额增速仍可超过10%，电子商务销售额增速将保持在30%以上。

二、国际市场有望稳中向好

2014年，国际市场需求总体上有望呈现稳中向好的趋势，发达经济体加快复苏向好将是主要的动力来源。2013年以来，美国、日本及欧盟经济宏观面均不同程度地表现出的复苏向好迹象，就业状况停止恶化并逐步改善，将为其经济步入实质性复苏轨道提供积极支撑。2014年，随着发达经济体经济宏观面的改善逐步向消费端传导，其对全球经济及市场的辐射、带动作用逐步显现，国际市场总体上将呈现出稳中趋好态势，我国纺织行业也将获得相对有利国际市场环境，出口有条件继续保持稳定增长。由于我国纺织行业2013年出口情况正常，影响出口增速的基数因素基本消除，2014年行业出口增长并不一定较2013年进一步加速，预计出口总额将保持8%左右的平稳增长。

三、棉花问题的影响仍将存在

2014年，棉花问题仍将是影响纺织行业发展的重要因素。尽管相关管理政策已停止棉花收储，局部试点种植补贴，但由于新棉种植及上市尚需时日，新政策的实施效果仍需较长一段时间方能逐步显现。由于2012年、2013年度国产棉大量交储，放储进度又较为缓慢，到2014年3月收储结束，国储库存余量仍将大大超过纺织行业一年的用棉量。这意味着国储棉仍是2014年国内棉花的主要供给渠道，放储及配额政策也将继续主导国内棉花供应的数量、节奏及市场价格。国内棉花流通短期内仍处于缺乏市场调节的状态，纺织企业面临的棉花采购不畅、品质偏低等问题仍然不能彻底解决。而且，由于国储棉收储成本过高，预计放储价格难以大幅降低，国内棉价仍将高于国际市场，棉纺企业的原料成本压力依然突出，棉花问题仍将直接影响纺织行业的运行发展。

四、综合成本上升压力仍然突出

2014年，纺织行业面临的综合成本提升压力仍然难以减轻，有效化解成本压力仍是纺织企业发展中的重要任务。我国人口结构与就业偏好近年来明显改变，使得纺织企业用工结构性短缺成为常态，用工价格仍将以不低于10%的速度继续提升。纺织行业的生态环保任务依然艰巨，企业相关投入仍需不断增加。国内货币流动性受内外宏观形势影响，或将有所收缩，社会融资成本也将有所增加。加上国内外棉价差过大问题仍未得到有效解决，纺织企业综合运营成本持续提升的压力仍然突出，国际竞争力面临严峻挑战，保持国际市场份额基本稳定的压力较大。

五、转型升级进程加快推进

2014年，纺织行业加快转型升级具备更强的内外驱动力，将为行业继续实现平稳、健康发展提供根本支撑。一方面，尽管国内外市场环境总体平稳，但终端消费需求仍将不断呈现出更加多元化的新特征，我国纺织行业在更好满足市场需求方面也面临着更高要求。为有效把握内外市场机遇，纺织企业提高市场竞争力的自觉需求将继续增强，带动行业转型升级进程不断加快。另一方面，我国宏观经济发展较之以往更加注重结构优化，相关政策调整将增强对纺织行业转升级的助推力。我国市场经济制度与市场体系改革全面走向深化，市场竞争机制将进一步完善，促进纺织企业在市场优胜劣汰中加快提升发展。综合成本上升、国际竞争加剧、环保任务加重等外部环境因素，也将形成有力倒逼作用，促进纺织行业转型升级取得更多积极成效，并为行业发展注入根本性的活力。

2014年纺织行业发展重点任务

2014年是贯彻落实党的十八届三中全会精神、全面深化改革的开局之年，也是我国纺织行业向纺织强国建设目标迈进的重要一年。十八届三中全会通过《关于全面深化改革若干重大问题的决定》（以下简称《决定》），为纺织行业指出了更加明确的发展方向，也为化解行业各种深层矛盾问题创造了有利的政策环境。纺织行业将积极抓住改革深化的有利契机，进一步加快自身转型升级，积极应对复杂的外部形势和各种困难问题，努力实现平稳、健康发展。行业将重点围绕以下方面加强转型发展：

一、进一步提高自主创新能力

提高自主创新能力是纺织行业加快转型升级的核心环节。针对当前在核心技术原创与产业化应用、创新资源整合、基础性研究等方面的能力不足问题，纺织行业将按照《决定》关于深化科技体制改革、健全技术创新市场导向机制等改革要求，紧密结合市场需求，充分发挥企业的创新主体作用，激发企业自主创新活力，力争在高新技术纤维、节能环保染整、高端纺织装备等关键技术领域取得新的研发与应用突破。同时，行业将积极落实《决定》关于建立产学研协同创新机制的任务要求，有效发挥好产业创新联盟的作用，探索更加有效的联盟组织形式与运作模式，整合好产、学、研、用等多方创新资源，全面提高产业关键技术的合作创新效率。结合《决定》关于完善基础性、战略性、前沿性科学研究和共性技术研究支持机制的改革精神，充分利用国家、行业等各种有利资源，大力加强产业共性技术开发，广泛开展基础科学研究与前沿技术试验，增强行业自主创新的基础支撑能力。

二、大力提升节能环保水平

提高资源节约与环境友好水平，是纺织行业现实可持续发展的根本。《决定》强调建立系统完整的生态文明制度体系，实行最严格的源头保护制度，完善环境治理与生态修复制度，表明纺织行业面临的可持续发展任务更加艰巨。为有效应对当前日趋严峻的节能环保形势，化解产业发展与资源环境约束之间的矛盾，纺织行业将把提升可持续发展能力作为重要发展任务。着重加强相关技术支撑，加快纺织全流程清洁生产技术的研究开发与推广应用，广泛采用各种生态环保的原辅料及浆料、染料、助剂等，从生产源头上控制污染物产生和强化资源节约。加强生产过程中的资源综合利用与污染物综合治理，突破废旧纤维资源再生利用技术，全面提高行业可持续发展能力。以市场机制的引导作用为基础，严格执行相关法律及评估、监管制度，加强产业政策指导，促进落后生产技术和装备有序退出。积极完善节能环保相关公共服务体系，健全标准体系，为行业实现可持续发展提供更为有力的保障。

三、加强自主品牌培育发展

加快自主品牌创新发展是纺织行业实现从产业链向价值链延伸、从产品制造向价值创造全面提升的重要途径，也是纺织企业加强市场开拓、提升市场竞争能力的重要着力点和突破口。纺织行业将坚持把自主品牌作为产业核心竞争力建设的重要方面，进一步完善自主品牌要素，不断提高产品质量品质，大力提升创意、设计水平，加强市场开发培育与营销模式创新，积极履行社会责任，全面提升品牌价值。积极完善各种公共服务功能，加强知识产权保护、产品质量监管、市场公平竞争等方面的立法、执法活动，完善市场竞争机制，培育尊重创新、传承文明、诚信公平的文化氛围，为自主品牌发展营造更加良性的市场、文化、政策等生态环境，不断提高自主品牌产品和品牌企业在国外内市场的影响力，进一步扩大自主品牌产品出口比重。

四、推进产业布局优化调整

优化生产力布局结构是纺织行业提高资源配置效率与市场竞争力，实现长远、持续纺织的重要途径。行业将紧密结合环境资源条件，特别是消费市场的变化，着力促进投资环境改善和相关制度保障完善，推动纺织产业在中、西部地区实现特色化、体系化、集聚化发展，努力形成东、中、西部产业合理分工、协调发展的国内布局结构，为有效满足内需提供产业布局保障。深入贯彻落实《决定》关于促进国际国内要素有序自由流动、资源高效配置、市场深度融合的改革精神，促进纺织企业积极走出去，利用海外原料、劳动力等优势条件，投资发展原料基地、加工基地等，构建内外协调互补的全球产业布局体系，有效弥补国内纺织产业链的薄弱环节。同时，大力引进、利用国际先进的技术、人才等资源，优化资源全球配置能力，加强行业自主创新发展。

五、积极破解原料瓶颈

国内棉花供给及价格严重缺乏市场调节，重要的化纤原料对二甲苯（PX）因环境安全及社会问题发展几近停滞，原料瓶颈制约日益明显，是当前纺织行业发展面临的突出问题。《决定》指出，要加快形成商品和要素自由流动、平等交换的现代市场体系，着力清除市场壁垒，为改善纺织原料市场环境提供了改革方向依据。纺织行业将积极参与并推动国内棉花管理体制改革，总结产业发展经验，提出政策措施建议，促进国内棉花尽早实现市场化流通。同时，充分利用原料市场环境改善的机遇，加快提升竞争力，为国内棉花种植和棉农利益提供有力的需求保障。行业也将抓住《决定》关于支持非公有制经济发展、深化投资体制改革等重要机遇，加强PX原料相关技术创新，着力解决环境安全问题，有序发展具备国际先进水平的PX大型工程项目，增强纺织行业的原料保障。

六、充分发挥行业组织作用

行业协会组织是连接企业、行业与政府的桥梁纽带，紧密结合《决定》关于创新社会治理、激发社会组织活力的改革要求，发挥好行业组织的积极作用，将为产业转型升级提供更为充分的服务支撑与保障。行业协会组织将坚持深入做好企业调查研究与运行监测工作，及时向有关政府部门真实反映行业发展动态及现实困难，提出政策诉求和措施建议。围绕科技进步、品牌建设、可持续发展、人才培养、产业布局等纺织产业转型升级的战略重点，广泛、深入地开展各种行业综合服务工作，做好科技成果奖励、适用技术推广、产业转移衔接、企业发展咨询、贸易展览平台等服务活动，进一步提高服务内容的针对性和品质，强化服务活动在全行业中的带动效果，切实推动产业转型升级取得积极进展。积极加强行业协会组织的自身建设与发展，通过完善制度、加强管理、培养人才、文化凝聚等多种途径，不断提高服务能力与质量，为行业发展提供更好的服务保障条件。

（撰稿人：孙淮滨　赵明霞）

化纤业

中国化学纤维工业协会

2013年化纤行业运行情况

2013年，依然是全球经济处于调整和恢复的一年，我国经济的整体发展在这一年中经历了自改革开放以来增长减速持续最长的时间，实体经济也受到不同程度的影响。受大环境的影响，内外市场需求疲软、产能惯性增长、生产要素成本不断上升等诸多因素，使得化纤行业运行颇为艰难。但在全行业的共同努力下，也取得了一定的成绩。生产稳中有增，投资规模恢复性增加，利润总额有所增加，特别是氨纶行业率先反弹，利润快速增长。

一、生产保持增长，增速有所回落

2013年，化纤行业总体开工率比正常年份略低。大部分子行业的开工率较为平稳，但也出现了分化。氨纶开工率几乎提至满负荷，涤纶短纤表现最弱。涤纶长丝产量约占化纤的50%，是化纤行业的晴雨表，2012年涤纶长丝行业平均开工率在82%，2013年降至78%，说明行业整体景气度下滑。

据国家统计局统计（表1），2013年化纤产量继续保持增长，全年共完成产量4121.94万吨，同比增长7.9%，比2012年下降3.3个百分点。其中，涤纶产量3340.64万吨，同比增长6.64%，增速下降了2.82个百分点；氨纶产量增长最快，增速达27.31%，比2012年提高11.02个百分点；粘胶短纤292.95万吨，同比增长20.73%，比2012年下降11.22个百分点；粘胶长丝和丙纶的产量出现负增长。

二、投资规模扩大，增长速度回落

2013年，化纤行业新开工项目数同比增长10.84%，实际完成投资1030.44亿元，同比增长16.65%，增速比上年回落3.69个百分点。其中，维纶和氨纶行业投资增长迅速，投资额增速分别达到54.08%和54.55%；涤纶投资增速保持在14%左右；锦纶和人造纤维投资增速比2012年分别回落40.32和10.11个百分点（表2）。

三、化纤进出口有所增长，合纤原料进口量下降

2013年，我国共进口化纤87.17万吨，同比增长6.17%。分品种看，腈纶进口量最多，达21.21万吨，同比增加13.71%，占化纤进口总量的24.33%；此外还有涤纶短纤进口量同比增加了14.33%，占进口化纤总量的14.74%；进口量减幅最大的是粘胶长丝，同比减少10.42%（表3）。

出口方面，2013年化纤出口267.97万吨，同比增长8.57%，比同期增速提高4.13个百分点。其中，涤纶长丝出口129.22万吨，占化纤出口总量的48.22%；涤纶短纤出口73.37万吨，占27.38%（表3）。

2013年，我国化纤产品净出口180.80万吨。其中，涤纶长丝净出口118.20万吨，占化纤净出口总量的65.37%；涤纶短纤净出口量60.53万吨，占33.47%；粘胶长丝、粘胶短纤和氨纶也实现不同程度的净出口。但锦纶长丝和腈纶则显现出进口量大于出口量。

化纤出口市场仍以土耳其、美国、巴基斯坦为主，但所占份额均出现下降，分别占化纤出口总量的10.7%、10.1%、9.7%；对越南出口量同比大幅增加37.9%，占我国化纤出口比重提高到7.4%；对韩国出口量增加11.83%，占出口比重提高到5.5%（图1）。

表1 2013年化纤行业生产情况

产品名称	2013年产量(万吨)	同比(%)	2012年增速(%)
化学纤维	4121.94	7.90	11.20
人造纤维	390.41	17.07	32.43
其中：粘胶短纤	292.95	20.73	31.95
粘胶长丝	21.53	−10.05	4.37
合成纤维	3731.53	7.02	9.43
其中：涤　纶	3340.64	6.64	9.46
涤纶短纤	948.74	0.95	3.5
涤纶长丝	2391.90	9.08	12.17
锦　纶	211.28	12.44	15.03
腈　纶	69.43	0.43	−1.93
维　纶	10.09	15.83	47.83
丙　纶	26.43	−3.02	20.96
氨　纶	38.97	27.31	16.29

资料来源：据国家统计局数据整理

表2 2013年化纤行业固定资产投资情况

行业	新开工项目数	同比(%)	实际完成投资额(亿元)	同比(%)	2012年增速(%)
化学纤维制造业	685	10.84	1030.44	16.65	20.34
纤维素纤维原料及纤维制造	174	27.01	224.30	17.38	13.80
化纤浆粕制造	31	29.17	49.27	62.63	−7.46
人造纤维制造	143	26.55	175.03	8.85	18.96
合成纤维制造	511	6.24	806.15	16.45	22.28
锦纶制造	62	24.00	112.86	28.18	68.50
涤纶制造	200	6.95	366.39	14.00	16.68
腈纶制造	6	20.00	3.69	−32.68	−33.77
维纶制造	9	−59.09	18.06	54.08	−55.69
丙纶制造	21	61.54	20.20	−17.73	
氨纶制造	22	37.50	40.26	54.55	
其他合成纤维制造	191	1.60	244.69	13.79	

资料来源：国家统计局

表3 化纤产品进出口情况

产品名称	进口量			出口量		
	2013年（万吨）	2012年（万吨）	同比（%）	2013年（万吨）	2012年（万吨）	同比（%）
化学纤维	87.17	82.10	6.17	267.97	246.81	8.57
其中：涤纶长丝	11.02	12.04	-8.51	129.22	107.89	19.78
涤纶短纤	12.85	11.24	14.33	73.37	67.07	9.41
锦纶长丝	16.16	16.40	-1.48	13.66	11.62	17.52
腈　纶	21.21	18.65	13.71	0.94	0.58	62.29
粘胶长丝	0.87	0.98	-10.42	8.19	7.65	7.01
粘胶短纤	15.74	14.56	8.14	18.06	26.91	-32.87
氨　纶	2.02	1.88	7.48	4.67	4.41	5.83

资料来源：据中国海关数据整理

图1 2013年我国化纤出口市场份额与2012年对比情况

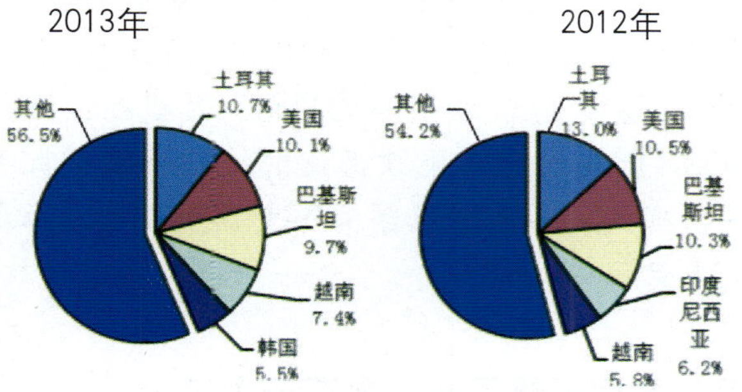

资料来源：据中国海关数据整理

随着国内原料行业的发展，特别是对苯二甲酸（PTA）和己内酰胺产能增长迅速，合纤原料进口量出现明显减少，多年来对进口原料的高依存度也得以改善。2013年，主要合纤原料共计进口1349.52万吨，同比减少15.92%。其中，进口量最大的仍是乙二醇，达823.7万吨，占合纤原料进口总量的61.04%；对苯二甲酸进口274.34万吨，同比大幅减少48.87%；己内酰胺进口45.29万吨，同比也大幅减少35.9%（表4）。

但是，国内聚酯初级原料对二甲苯（PX）严重短缺，2013年进口904.78万吨，同比大幅增长43.93%，进口依存度由2013年的45%上升至50%以上，如果继续上升，将严重影响产业安全。

四、整体市场低迷，氨纶逆势上扬

2013年，国内经济增长减速，化纤行业不可避免地深受影响，市场需求严重不足，因此化纤大部分产品价格明显呈现下行走势，以涤纶产品为例，价格走势如图2所示。

图2 2013年涤纶价格走势图

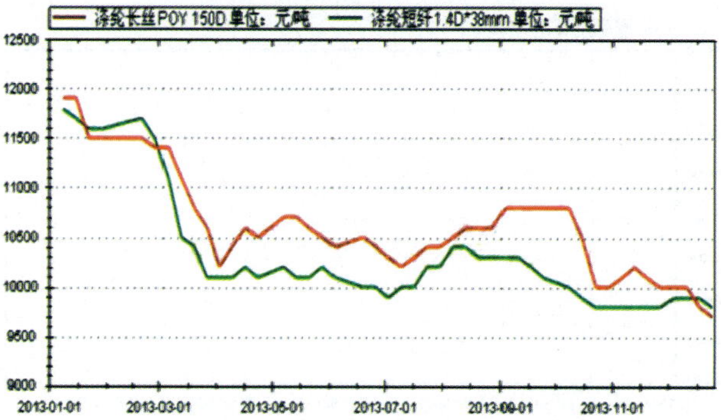

资料来源：中国化纤信息网

表4 2013年主要合纤原料进口情况

名称	数量			金额		
	2013年（万吨）	2012年（万吨）	同比(%)	2013年（万吨）	2012年（万吨）	同比(%)
合纤原料总计	1349.52	1605.11	-15.92	176.08	206.33	-14.66
其中：乙二醇	823.78	794.03	3.75	87.02	81.44	6.85
对苯二甲酸	274.34	536.51	-48.87	29.88	58.63	-49.03
聚酯切片	21.30	20.70	2.87	4.07	3.77	7.96
已内酰胺	45.29	70.65	-35.90	10.76	18.14	-40.68
聚酰胺切片	91.36	84.97	7.52	28.48	27.54	3.42
尼龙66盐	0.96	0.99	-2.78	0.21	0.25	-16.30
丙烯腈	54.76	55.54	-1.42	9.83	10.42	-5.58

资料来源：据中国海关数据整理

氨纶市场相对于其他化纤产品来说逆势上扬(图3)。氨纶行业是提前于其他品种进入不景气周期的子行业，前两年一直在低迷状态中挣扎，进入2013年，市场基本将之前快速扩张的产能消化完毕，而且2013年没有大量的新增产能出现。下游纺织行业虽然低迷，但总体依然保持增长，供需面整体实现基本平衡，甚至一度呈现“供不应求”的现象。并且氨纶在纺织原料中属于“味精”产品，占纺织原料成本比重较低，市场对其价格的承受力较强。

图3 2013年氨纶价格走势图

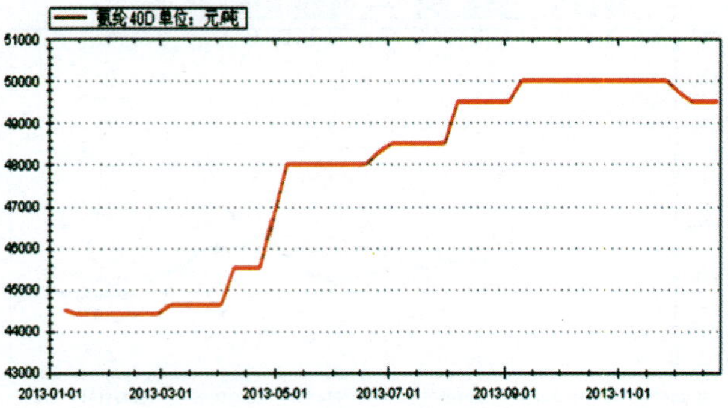

资料来源：中国化纤信息网

2013年，除氨纶外，化纤主要产品价格出现不同程度的下跌（表5），涤纶POY跌幅最大，接近18%，涤纶短纤也下跌约16%，而氨纶上涨约11%。产品价格在下跌通道时，往往造成库存跌价损失，即使加工区间不变，产品利润率仍会下降。

五、产销衔接不畅，库存压力较大

由于下游需求持续低迷，并且整个产业链都对后市预期不佳，各环节都尽可能减少原料储备，随用随买，使得化纤企业产销衔接不畅，库存向产业链前端转移，原本应该储存在纺织企业的化纤库存转移到了化纤企业。市场下跌过程中，库存产品的跌价损失和资金占用成本上升也是影响企业经济效益的重要因素。

锦纶和粘胶长丝的库存压力尤为突出，氨纶库存明显下降；腈纶得益于近几年没有产能扩张，供需稳定，库存压力不大（表6）。

表5 2013年化纤主要产品价格变化表

产品名称	年初(元/吨)	年末(元/吨)	涨幅(%)
涤纶POY 150D	11900	9800	−17.65
涤纶短纤 1.4D×38mm	11800	9900	−16.10
锦纶FDY 70D	24800	23500	−5.24
腈纶短纤	17600	16800	−4.55
粘胶长丝 120D	40000	34500	−13.75
粘胶短纤 1.5D×38mm	14200	12300	−13.38
氨纶 40D	44500	49500	11.24

资料来源：中国化纤信息网

表6 主要产品月末库存天数变化

单位：天

	1月	2月	3月	4月	5月	6月	7月	8月	9月	10月	11月	12月
涤长POY	14	25	30	17	18	16	15	15	15	16	16	15
涤长DTY	29	36	35	25	25	26	26	27	27	26	25	24
涤长FDY	18	26	29	15	16	17	16	18	21	24	21	18
涤 短	10	18	21	17	19	19	17	15	20	26	20	12
锦 纶	18	26	30	32	31	31	31	33	35	36	37	36
腈 纶	7	10	10	14	15	15	15	14	10	9	9	10
氨 纶	31	36	23	17	18	19	16	10	14	15	19	21
粘 长	76	82	77	80	82	84	84	85	82	81	78	80
粘 短	4	5	17	14	13	13	12	13	15	16	15	20

资料来源：中国化学纤维工业协会

六、效益有所增加，总体运行质量未明显恶化

国家统计局数据（表7）显示，2013年，化纤行业实现利润总额259.78亿元，同比增长18.26%。行业亏损面17.38%，同比下降5.34个百分点，同时亏损企业亏损额也同比减少9.28%。

分行业看，涤纶行业利润总额小幅减少3.07%，而氨纶行业走出了长达两年的低迷状态，利润大幅增长3.4倍，这也与氨纶行业技术进步、成本下降有关。人造纤维盈利主要表现在醋酸纤维，而粘胶纤维行业运行困难，粘胶长丝略有盈利，粘

表7 2013年化纤行业经济效益情况

	利润总额			亏损企业亏损额		
	2013年（亿元）	2012年（亿元）	同比（%）	2013年（亿元）	2012年（亿元）	同比（%）
化纤	259.78	219.67	18.26	45.43	50.08	-9.28
其中：人纤	75.31	57.40	31.20	13.45	16.57	-18.86
锦纶	39.68	32.72	21.26	1.61	1.99	-19.36
涤纶	105.72	109.07	-3.07	21.42	16.57	29.30
腈纶	0.23	-0.53	—	0.47	1.52	-69.44
维纶	0.26	-1.45	—	0.32	1.86	-82.98
丙纶	2.91	3.15	-7.75	0.27	0.23	15.61
氨纶	19.11	4.34	340.06	1.44	6.11	-76.43
其他合成纤维制造	11.04	7.48	47.62	3.06	2.70	13.53

资料来源：国家统计局

胶短纤盈利分化，总体亏损。

化纤行业运行质量未明显恶化（表8）。行业平均负债水平变化不大，偿债能力略有提高；资金使用效率与上年持平；盈利能力略有提高，利润率为3.57%，同比略微提高0.3个百分点；百元销售收入财务费用下降14.04%，而销售费用和管理费用同比分别小幅增加4.73%和2.19%。

影响行业运行的主要因素

一、宏观经济平稳增长

2013年，面对极为错综复杂的国内外形势，党中央、国务院深入贯彻落实党的十八大精神，坚持稳中求进的工作总基调，坚定不移推进改革开放，科学创新宏观调控方式，国民经济实现平稳增长，增速与2012年持平，但比前几年放缓（图4）。全国规模以上工业增加值比2012年增长9.7%，下半年增速比上半年有所提高。固定资产投资比2012年名义增长19.6%，增速比上年下降0.7个百分点。全年累计出口额增长7.9%，增速与2012年持平。

图4 2008～2013年国内生产总值及其增长速度

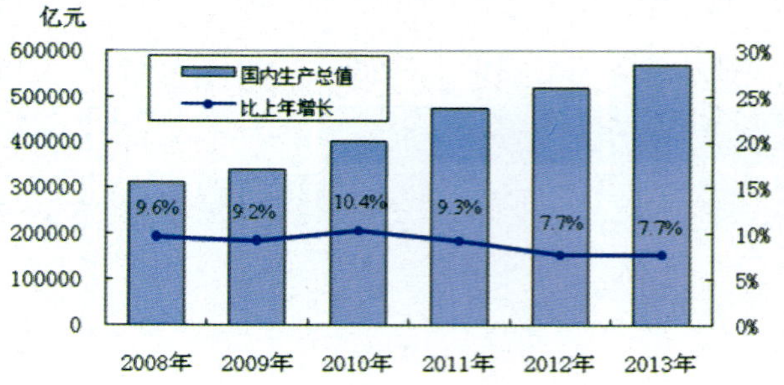

资料来源：国家统计局

二、下游市场需求不足

下游市场需求持续不旺是影响化纤行业运行的最主要因素。

表8 2012年化纤行业运行质量情况

项目	2013年	2012年	同比(百分点)
偿债能力指标			
资产负债率(%)	64.18	62.84	1.34
产权比率(%)	179.21	169.11	10.10
已获利息倍数(倍)	3.12	2.85	0.27
营运能力指标			
应收帐款周转率(次)	17.45	19.39	-1.94(次)
产成品周转率(次)	17.02	17.01	0.01(次)
流动资产周转率(次)	2.29	2.31	-0.02(次)
总资产周转率(次)	1.17	1.18	-0.01(次)
盈利能力指标			
主营业务利润率(%)	3.57	3.27	0.30
成本费用利润率(%)	3.68	3.37	0.31
总资产报酬率(%)	5.47	5.27	0.20
净资产收益率(%)	11.61	10.42	1.19
发展能力指标			
销售增长率(%)	8.46	4.56	3.90
总资产增长率(%)	10.13	10.28	-0.15
百元销售收入三项费用比例			
销售费用(%)	0.96	0.92	0.04
管理费用(%)	2.15	2.11	0.04
财务费用(%)	1.58	1.84	-0.26

资料来源:据国家统计局数据整理

(一)下游工厂开机率不足(图5)

2013年春节过后，纺织企业逐步恢复正常开工，3、4月份本就是上半年季节性需求相对比较集中的时期，因此江浙织机负荷稳中有升。从4月底开始，随着前期订单完成，行业也转入季节性淡季，织机开机负荷逐渐下滑。7月份随着订单减少，企业库存积压，资金和限电也成为促使开机率快速下滑的重要因素。到了8月下半月，随着高温逐渐缓解，前期的一些紧张状况也略微得到改善，织机开工负荷逐步回归正常。但下半年的旺季特征不明显，11月下旬开始织机负荷再次下滑，12月临近年底加速下滑。

图5 2013年江浙织机开机率走势

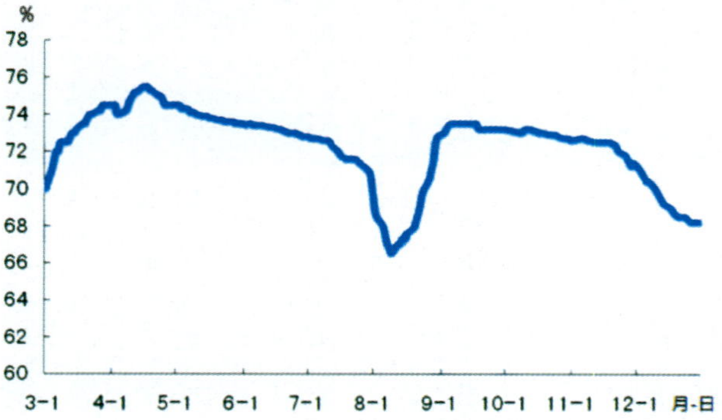

资料来源：中国化纤信息网

（二）下游主要产品产量增速放缓（表9）

2013年，化纤下游主要产品中，除帘子布的产量增速比2012年小幅提高之外，布、非织造布、绒线、毛机织物、蚕丝及交织机织物的产量增速均比2012年同期有所回落。

（三）下游市场成交量增长不明显

从轻纺城化纤布成交量来看（图6），2013年总体走势与往年基本相同，但季节性特征不明显，6～7月份淡季的成交量比往年明显增加，而9～10月份的传统旺季表现平平，成交量仅与2012年持平。随着产能规模的不断扩张，成交量也理应不断提高，但是2013年的化纤布成交量增长不明显。

图6 轻纺城化纤布历年成交量走势图

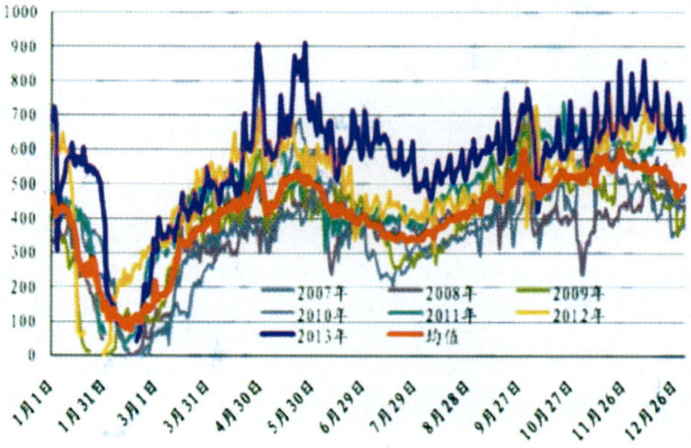

资料来源：中国化纤信息网

三、原料价格持续下跌

PX市场经过2012年的大涨形成了相当大的泡

表9 2013年化纤下游主要相关品种生产情况

品种	单位	2013年产量	同比增速（%）	2012年增速（%）	2013年增速比2012年增长（百分点）
布	亿米	683.45	4.55	11.56	−7.01
其中：棉混纺布	亿米	112.73	2.40	11.23	−8.83
化学纤维布	亿米	178.05	4.83	8.27	−3.44
非织造布	万吨	257.33	12.37	23.08	−10.71
帘子布	万吨	87.45	13.64	10.16	3.48
绒线（毛线）	万吨	37.83	−2.25	3.07	−5.32
毛机织物（呢绒）	亿米	5.84	−1.63	1.40	−3.03
蚕丝及交织机织物	亿米	9.36	−1.71	10.38	−12.09

资料来源：国家统计局

沫，所以2013年初受累于原油大跌、下游聚酯需求疲弱以及金融市场的弱势表现，自春节后快速下跌（图7）。7～8月份在原油市场上扬的带动下有所反弹，但反弹幅度不大，9月份又出现下跌。整体来看，PX全年下跌15%，PTA下跌16%，涤纶POY下跌18%。可以看出，在市场需求低迷时，产业链自上而下的价格下跌蔓延迅速，更重要的是产业链信心备受打击，而且在价格快速下跌过程中，企业库存原料和产品跌价损失严重。

图7 2013年国际PX、PTA、涤纶POY价格走势图

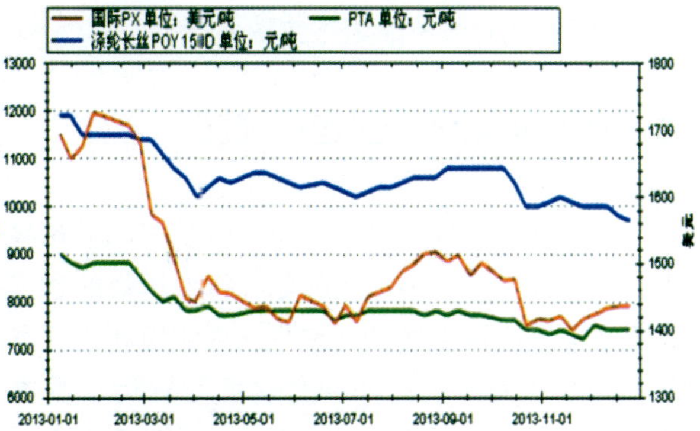

资料来源：中国化纤信息网

四、新增产能压力仍然较大

化纤行业固定资产投资增速自2011年大幅回落，2013年投资增速稳定在25%以内。但是产能仍然处于惯性增长阶段，初步统计，2013年新投产聚酯产能430万吨，其中含聚酯瓶片125万吨，配套涤纶短纤45万吨，工业丝12.5万吨，涤纶长丝228万吨（其中有2套装置的聚合已于2012年投产，2013年完成配套涤纶长丝）。

五、棉花价格高位运行

由于国家棉花收储政策的支撑，2013年棉价继续保持高位运行，基本稳定在1.94万元/吨上下，对涤纶短纤和粘胶短纤市场起到一定的支撑作用，但由于需求不足和原料价格下跌，涤纶短纤和粘胶短纤价格也出现了下滑，与棉花的价差逐渐增大，再加上国内外高棉价差的影响，下游纺织企业在一定程度上提高了化纤短纤的使用比例，消化了不少化纤增量（图8）。但从另一方面讲，国内棉价远高于外棉，大大削弱了我国棉纺行业的国际竞争力，间接影响化纤产品的用量。

图8 2013年涤纶短纤、粘胶短纤与棉花价格走势对比图

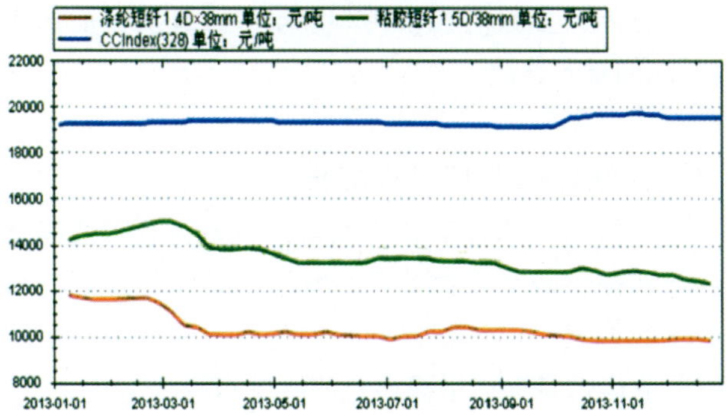

资料来源：中国化纤信息网

2014年化纤行业运行预测

一、影响化纤行业运行的因素

（一）世界经济将温和回升

2014年全球经济复苏道路仍将曲折，经济大幅回暖可能性不大，但相比2013年，经济增速很可能会出现小幅上扬。联合国于2013年12月18日发布的《2014年世界经济形势与展望》报告指出，2013年世界经济增长大约2.1%，2014年世界经济将有所好转，预计增长3%。国际货币基金组织（IMF）在2014年1月21日发布的《世界经济展望》更新报告中指出，全球经济活动在 2013 年下半年增强，预计在2014～2015年将进一步改善，这在很大程度上得益于先进经济体的复苏，特别是欧元区正处于从衰

退到复苏的转折点，但报告同时指出，全球经济尚未摆脱困境，下行风险持续存在。预计2014年全球经济增长3.7%，比2013年提高0.7个百分点。

（二）中国经济继续“稳中求进”

2013年12月，中央经济工作会议提出了2014年要继续坚持“稳中求进”的总基调，要“统筹稳增长、调结构、促改革”，要“继续实施积极的财政政策和稳健的货币政策”。会议还提出了“努力实现经济发展质量和效益得到提高又不会带来后遗症的速度”，可以看出中央有意淡化增长概念来置换改革空间，多数机构预测2014年中国经济可能保持7.5%的增长速度。

（三）纺织行业将平稳增长

从国内外的经济环境来看，将会为我国纺织化纤行业提供较为平稳的运行背景。纺织行业经过前两年的调整，已经初见回升的势头，预计2014年纺织行业运行将保持平稳增长的发展态势。

（四）原料价格稳中有降

2014年石油供求关系比较宽松，投机炒作力量可能会趋弱，地缘政治风险有望缓和，美元有可能逐步走强，因此判断国际油价将呈稳中趋降态势。同时，随着PX新产能投产，有望打破PX价格坚挺的局面，预计PX价格稳中有降。原料价格下降可能会为化纤产品打开利润空间。

（五）棉市失去政策托底

2014年国家将取消棉花临时收储政策，以往“政策托底”的国内棉市将失去很大支撑，棉花滑准税上调可能会对进口低价棉起到一定抑制作用，但难以改变棉价下跌的趋势，这将利好纺织企业，降低纺织企业的用棉成本，也有助于内外棉价差的收窄，提高纺织产品的国际竞争力，对纺织行业的复苏起到积极作用。但同时棉价下跌将会对化纤短纤造成一定压力。

（六）高库存或将常态化

随着电子商务的深化，终端企业把有效控制库存作为降低成本、提高盈利的重要手段，逐步由传统的直线串行式生产模式转变成网络经济下的并行式生产模式。在营销方面，压缩门店去库存，网络销售零库存，导致终端产品社会库存减少，库存向上游原料企业转移。化纤行业作为纺织产业链的前端，库存高于以往正常水平将逐步成为一种常态。

二、2014年化纤行业运行预测

目前化纤市场已是近十年来仅次于2008年经济危机的低位，而2014年我国化纤行业所处的宏观经济环境将保持稳中略升，这将支撑纺织和化纤产品需求的温和复苏。因此判断化纤行业运行基本见底，不会进一步下挫，但也不会轻易触底反弹，一些不确定风险和制约因素仍然存在，预计2014年化纤行业可能会保持底部盘整的运行态势。

国内市场方面，预计2014年化纤市场将在低位小幅震荡盘整，下半年可能出现小幅回升；产量方面，预计全年产量4350万吨，增长6%左右；进出口方面，预计进口量与上年持平或略有减少；出口继续增加，预计出口量达295万吨，增长10%左右；预计经济效益利润总额260亿元左右，与2013年持平或略有增长。行业经济运行质量将有所好转。

（撰稿人：吴文静）

棉纺织业

中国棉纺织行业协会

2013年，在宏观经济环境及行业政策未有改善的形势下，我国棉纺织行业依靠各种措施积极应对困难，基本实现了平稳运行，国内棉价持续高于国际棉价的问题依然突出。2014年有关棉花政策即将调整，或将对纺织行业运行产生较大影响。

2013年我国棉纺织行业运行情况

一、纱、布生产总体平稳

国民经济和社会发展统计公报显示，2013年纱产量 3200万吨，同比增长7.2%，增幅同比回落2.6个百分点；布产量883亿米，同比增长4.0%，增幅同比增长0.7个百分点。

国家统计局数据显示（图1），规模以上棉纺织企业（以下简称规上企业）纱、布产量同比增速上看，纱产量逐月累计增速呈现放缓趋势；布产量逐月累计增速在上半年波动相对较大，下半年开始呈现下滑态势。

图1 2013年纱、布产量逐月累计同比增速图

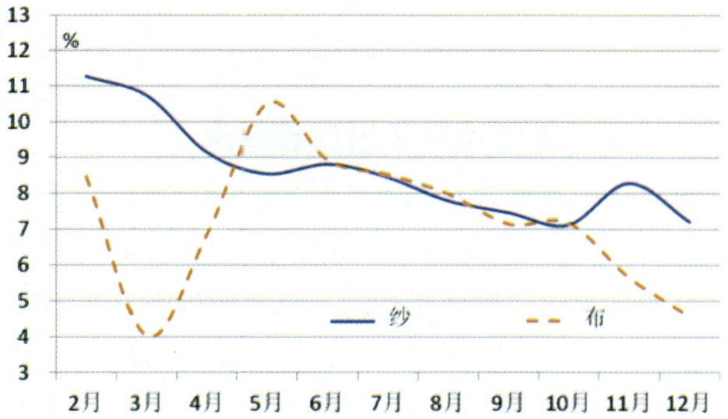

数据来源：国家统计局

根据中国棉纺织行业协会对全国纺织企业的实地调研了解，全年需求未见好转，订单不旺，开工不足，销售不畅，行业经营困难的局面仍未有改善，仅二季度销售较同比略显好转，下半年订单形势持续疲软。

棉纺织企业反映经营仍然较为困难，其中大企业开工率高于中小企业，纺纱企业开工率低于织造企业，以中小企业为主的集群停产限产面与2012年相比进一步增加，个别集群中小企业开工率仅为60%。主要原因是棉价差过大、订单不满，以及缺工问题。

根据有关实际情况，中国棉纺织行业协会经会商认为，2013年全社会纱产量1943万吨，同比下降0.5%，布产量632亿米，同比增长1%。

二、市场价格基本平稳，存在下行压力

从棉纺织上下游产业链各环节的价格变化情况看，除国内棉花原料价格在我国棉花政策调控下基本平稳之外，由于消费总体需求不足，棉纺织化纤短纤原料、纱、布及面料价格均表现出不同程度下行。

（一）国内棉价平稳，化短价格下行（图2）

2013年，我国棉花价格在继续执行临时收储及以较高价格放储的情况下保持基本平稳态势，上半年均价略高于下半年均价，下游需求变化对价格的影响不大。全年标准级棉花平均价格19560元/吨，与2012年均价相比微涨1.2%。

2013年，我国化纤短纤原料价格受下游需求不振的影响，延续了自2011年9月以来的下行态势，涤纶短纤全年平均价格为10390元/吨，与2012年均价相比下跌5.7%，粘胶短纤13440元/吨，与2012年

均价相比下跌12.8%。与棉花原料不同，化纤短纤原料价格走势主要由市场需求所决定。

图2 2011年9月起我国棉花及化纤短纤原料价格走势图

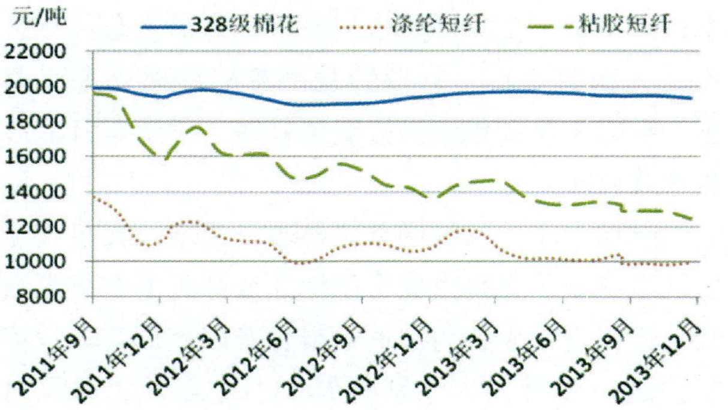

资料来源：中国棉纺织行业协会

（二）纯棉纱布价格小幅浮动，整体平稳（图3）

2013年，在国内棉花原料价格基本稳定，纯棉纱布产品价格变化不大，其中32支纯棉普梳纱线指数全年均价为25834元/吨，与2012年均价相比上涨0.12%；32支纯棉坯布指数全年均价为6.43元/米，与2012年均价相比微跌0.64%。全年看，下半年开始下行压力较大。

图3 2013年纯棉纱、布产品价格走势图

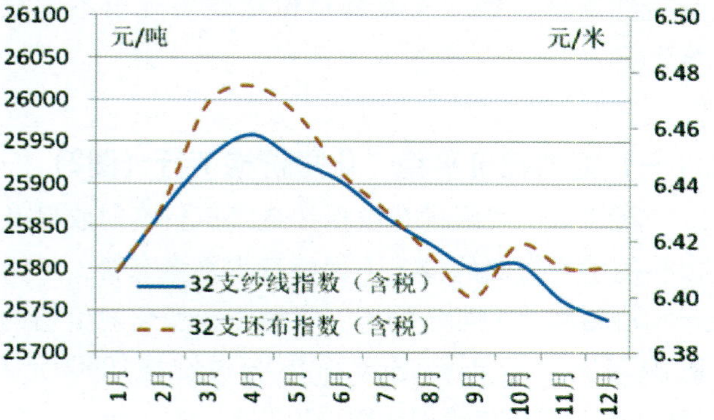

资料来源：中国棉纺织行业协会

（三）化纤短纤纱线价格呈下行趋势（图4）

2013年，在缺乏下游市场需求支撑的情况下，国内化纤短纤纱线价格全年呈现下行趋势，价格变化与下跌幅度与化纤短纤原料基本一致。32支纯涤纶纱线价格震荡下行，年末价格与年初相比下跌1000元/吨，跌幅约7%；30支纯粘胶纱线价格自3月起呈现下跌态势，截至年末，价格与3月份相比下跌约2000元/吨，跌幅超过10%。

图4 2013年化纤短纤纱线价格走势图

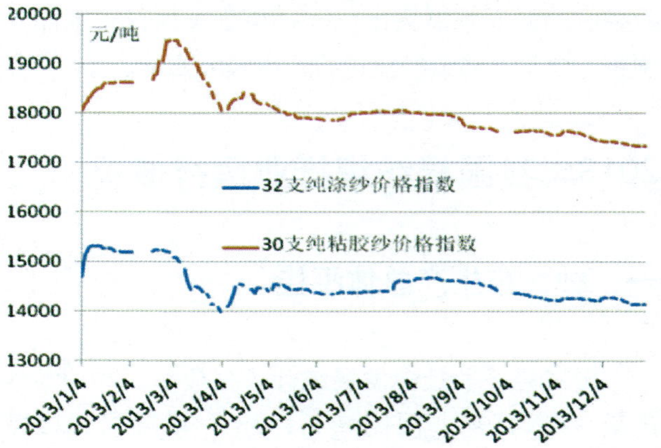

资料来源：中国棉纺织行业协会

三、棉制纺织品进出口贸易增长

2013年，我国棉制纺织品及服装进出口贸易金额均同比增长。出口总体形势较2012年有所好转，棉制纺织品进口金额增速表现较为突出。

主要进出口市场及主要产品贸易的特点包括以下几个方面：

（一）进口额增速高于出口额增速

根据中国海关数据，2013年我国棉制纺织品出口额累计286.6亿美元，同比增长12.8%，进口额累计91.4亿美元，同比增长23.9%，主要受棉纱线进口量快速增长的拉动。从增速上看，我国棉制纺织品进口增速高于出口额增速11个百分点，主要原因是一些东南亚国家的中低端棉织品成本优势不断增加。

我国棉制纺织品主要贸易市场中，各主要

市场表现不一（下表）。其中，东盟市场的进出口贸易增速对棉制纺织品贸易起到了较大的拉动作用；对日本市场的进出口贸易受日元贬值及国产替代等因素的影响而持续低迷，进口额、出口额均同比下降；在国内需求增长、人民币持续升值的形势下，我国自美国、欧盟市场进口额的增速较2012年进一步提高。

（二）配额外进口棉花加倍，澳棉进口同比增长

2013年，我国累计进口棉花415万吨，由于2012年进口棉花数量基数大，进口棉花数量同比减少19%。据中国海关统计，2013年以配额外40%关税方式进口的棉花数量约66万吨，较2012年翻了一番，占进口总量的比重约1/6。主要原因，一方面，由于配额数量有限，不能满足纺织企业对优质、低价外棉的需求，故企业不惜缴纳高关税进口外棉；另一方面，由于国际棉价大幅低于国内棉价，半年以上时间国际棉价低于85美分/磅，按照40%关税进口的到厂价格与国内棉价相比仍具有优势。

我国进口棉的主要三大市场依次是美国、印度、澳大利亚，其中澳大利亚进口棉花数量占进口棉花总量的比重较2012年提高了3个百分点。近两年以来，澳棉凭借品质好、易于漂白等优势受到国内企业认可，这反映出国内棉纺织企业对高品质棉花的需求较大，而国内棉花质量却不能满足企业需求。

（三）棉纱线进口持续增长

2013年，我国延续了2012年以来对棉纱线的进口热度，累计进口棉纱线210万吨，同比增长37%，其中中低支纱的进口量占比约60%左右。

三大主要进口市场依次是巴基斯坦、印度、越南，其中巴基斯坦凭借价格优势占到进口总量的比重约1/3（图5）。巨大的国内外棉价差导致国内棉纺企业用棉成本高于国际，国内棉纱价格也普遍高于国际棉纱价格。以10支纯棉转杯纺纱无税价为例，我国国内全年均价高于印度和巴基斯坦1000元/吨以上；我国国内32支纯棉普梳纱无税价全年均价高于越南约3000元/吨。

2013年棉制纺织品主要进出口国家及地区同比增速情况表

国家或地区	出口金额		进口金额	
	2013年同比增速(%)	2012年增速增长(百分点)	2013年同比增速(%)	2012年增速增长(百分点)
美国	5.46	7.02	73.26	45.94
中国香港	7.48	10.38	-22.54	1.21
日本	-8.03	3.47	-9.99	5.14
东盟	33.55	28.40	53.41	26.49
欧盟	10.06	27.86	-3.35	2.62

资料来源：中国海关

图5 2013年我国从主要国家进口棉纱线数量及占比

单位：万吨

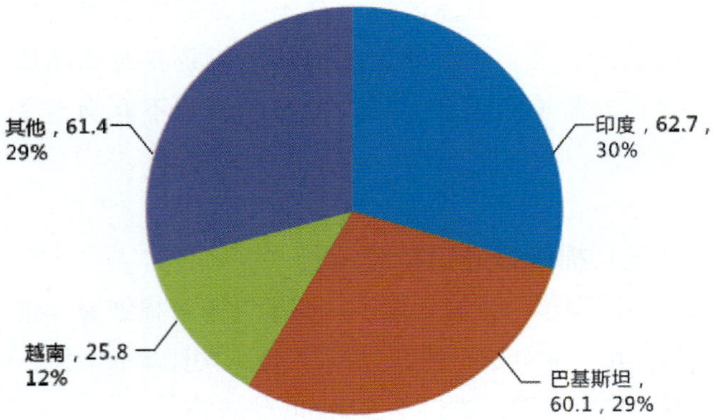

资料来源：中国海关

（四）棉织物出口量价齐增

根据中国海关数据显示，2013年我国累计出口棉织物91.2亿米，同比增长15.9%，但由于2012年棉织物出口形势欠佳，尽管2013年同比增速为两位数，总体看，棉织物出口表现仍为恢复性增长。单价方面，出口均价同比小幅增长3%。另外，根据国家统计局数据，2013年规上织造企业出口交货值累计同比增长6%，也说明国际需求有所恢复。

（五）化纤短纤纱、布出增进减

根据中国海关数据显示，2013年我国化纤短纤纱线累计出口67.5万吨，同比增长19.4%，累计进口8万吨，同比减少7.5%。化纤短纤织物累计出口58.4亿米，同比增长12.1%；化纤短纤织物累计进口2.5亿米，同比减少8.7%。

近几年，我国棉花成本过高，部分纺织企业转为生产化纤短纤类产品，化纤短纤的纱布生产增长较快，出口呈现不断增长趋势；同时，随着自给程度提高，对进口的需求也在减少，截至2013年，化纤短纤纱、布的进口量已经连续三年同比减少。

四、规上企业运行质效指标总体平稳

根据国家统计局数据，我国棉纺织行业规上企业运行质效指标总体平稳，亏损面有所改善，转型升级取得一定成效。

（一）主营业务收入同比增长，增速略有回落

2013年，我国棉纺织行业规上企业主营业务收入达1.95万亿元，同比增长13%，较2012年全年增速回落0.5个百分点，全年呈现增速下滑趋势。其中纺纱加工增速略高于织造加工增速约6个百分点，主要原因是2012年纺纱加工困难，基数较低。

（二）亏损面收窄，亏损金额同比减少

2013年，我国棉纺织行业规上企业亏损面呈现逐月收窄趋势，亏损企业亏损额累计同比两位数减少。12月我国棉纺织行业规上企业亏损面10.7 %，其中纺纱加工亏损面12%，织造加工亏损面8.5%；亏损金额累计同比减少23%。

（三）转型升级取得成效

1.利润同比增长

根据国家统计局数据显示，2013年，我国棉纺织行业规上企业利润总额累计1077亿元，同比增长21.7%，较2012年全年增速提升7.5个百分点，高于主营业务收入增速9个百分点。尽管面临高棉价差、人工成本上涨等诸多困难，棉纺织行业在困境中通过设备升级，调整产品结构等措施，保持了利润总额增长趋势。

其中，规上企业主营业务利润累计同比增长4.4%，纺纱加工及织造加工主营业务利润同比增速分别低于各自的利润总额同比增速，部分利润来源于非主营业务。

2.从业人员减少、劳动生产率提升

根据中棉行协跟踪企业数据显示，2013年棉纺织从业人员同比减少6.5%，全员劳动生产率同比提高4.86%。近年来，棉纺织行业人工成本年均增速

10%～15%，为了应对日益增长的人工成本挤压利润空间，企业通过提高管理水平，实现劳动效率的提升。

3.投资注重设备改造升级

2013年我国棉、化纤纺织加工业固定资产投资额累计2044亿元，同比增长5.95%，由2013年上半年的负增长转为正增长。累计新开工项目2495个，同比减少9.7%，较2012年全年降幅相比收窄了1个百分点，较上半年降幅略收窄了5个百分点，逐步回升。

由于近3年以来棉纺织行业面临较多困难，下游市场需求不旺，一定程度上限制了新开工项目的增加；另一方面，企业投资方向并非单一地扩大生产规模，而是更加注重设备更新，提升自动化程度。

棉花原料对行业的影响

2013年，尽管行业形势整体好于2012年，但仍然面临着一些制约发展的困难，尤其是棉花原料问题成为近几年行业发展的瓶颈之一。棉花原料对棉纺织产业链乃至整个纺织行业影响较大。

一、国内棉价脱离市场，持续高于国际棉价

2013年9月9日，国家正式启动2013年度棉花收储，收储价为标准级皮棉到库价格每吨20400元(公重)。截止12月31日，收储累计成交485万吨。2013年，国家先后分为两个阶段向纺织企业投放储备棉，起拍价格分别为19000元/吨及18000元/吨，全年累计成交398万吨。

以高于国际棉价的价格收储及放储虽然稳定了国内棉价，但使国内棉价脱离了市场轨道，同时也使国内棉价持续大幅高于国际棉价，增加了企业用棉成本，削弱了企业国际竞争优势。

2013年国内棉花价格基本稳定在19780元/吨左右，国际棉花CotlookA指数折人民币无税价格在11000～13000元/吨区间内波动（图6）。全年内外棉无税价差平均约5000元/吨，最大时超过6000元/吨，最小时仍高于4000元/吨。

图6 2011年9月起国内外棉花无税价格走势图

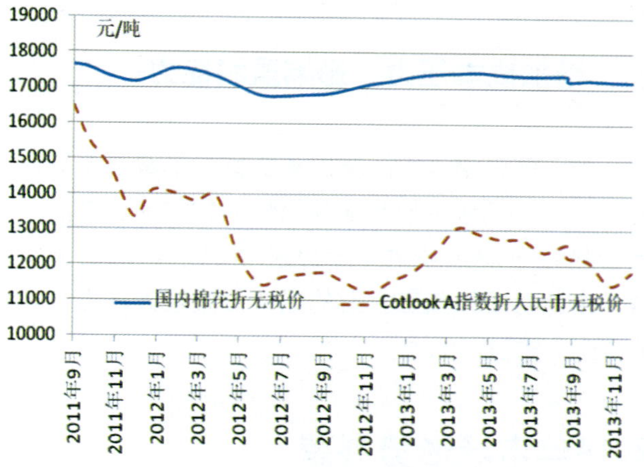

数据来源：中国棉纺织行业协会

从国内外期棉价格走势看，2013年纽约ICE期棉近月合约结算价近月合约均价折人民币1%关税价格低于国内郑棉均价7000元/吨左右。根据美国农业部报告，2013/2014年度全球棉花库存超过2000万吨，供大于需的格局使得国际棉花期货价格下行压力仍较大，国内外棉价差缩小到国内棉纺企业所能承受的范围之内尚需时日，国内外棉价差对棉纺产业链的影响在一定时间内仍将继续存在。

二、棉花政策对棉纺企业购棉的影响

由于大部分棉花交储，市场流通资源有限，且购买储备棉时间、数量、品级等均受到限制；储备棉三丝、亏重等问题也加大了纺织企业选择购买的难度。调研中企业反映，在9～11月储备棉投放真空期，中小企业棉花库存紧张，配棉受限；同时，纺织企业对下阶段投放预期不明，生产及经营的决策难度增加。

为了消化国储棉库存，促进纺织企业加大国储棉使用量，国家调整了滑准税配额的发放方式，以企业购买储备棉的成交量为依据搭配配额，尽管小幅降低了企业平均用棉成本，但对于使用进口棉为主的企业而言，一方面国储棉质量无法满足生产需

求，另一方面因未购买储备棉而没有进口配额则增加了采购外棉的成本和难度。

三、增加成本压力，影响盈利能力

由于国内棉价受政策因素支撑，未跟随市场形势变化，而棉纱线作为棉花原料的直接加工产品，其价格在下游市场需求不旺的情况下呈现弱势下行，由此对纺纱加工企业的成本形成较大压力，影响了企业的盈利能力。

2014年市场形势展望

一、棉花政策即将调整

根据中央十八届三中全会的会议精神，未来市场在资源配置中起决定性作用，将提高资源配置效率和公平性，建立公平开放透明的市场规则，完善主要由市场决定价格的机制。

在此背景下，自2014年棉花年度起将取消现行的临时收储政策，改为棉花棉花目标价格补贴机制，长期看，将有利于棉纺织行业的健康持续发展；短期看，国内外棉花价差或将继续存在一段时间。

二、大企业的主导作用将更加明显

2014年，棉纺织行业依然存在不确定性和复杂性，市场竞争将进一步加剧。一些产品档次相对低、同质化较为严重、缺乏特色的小企业的生产压力将加大，而产品竞争力相对强，注重产品质量及开发，管理水平相对较高的大企业在行业发展中的主导作用将进一步提升。

（撰稿人：马　琳）

毛纺织业

中国毛纺织行业协会

2013年毛纺行业运行情况

2013年是国民经济向长期稳定的可持续发展转型的一年。面对错综复杂的国内外形势，经济呈现稳中有进的发展态势。毛纺行业的运行形势喜忧参半，外销形势有所缓解，出现复苏迹象，内销增速持续放缓，导致全年毛纺主要生产品种产量小幅回落，产销形势不容乐观。广大毛纺企业采取各种措施积极调整结构，抓管理，降成本，提高劳动生产率，在困难的条件下，保持运行质量总体得到进一步改善。

一、生产情况

2013年，规模以上毛纺企业的主要产品同时出现了同比下降，毛纱线和毛织物产销形势不容乐观，全年累计产量分别为37.8万吨和5.8亿米，较2012年同比分别下滑了2.25%和1.63%，见表1和图1。毛织物产量自2009年后再次出现下跌，而毛纱线产量的同比下滑则是近年来首次。

图1 2009～2013年主要毛纺产品产量增速变化情况

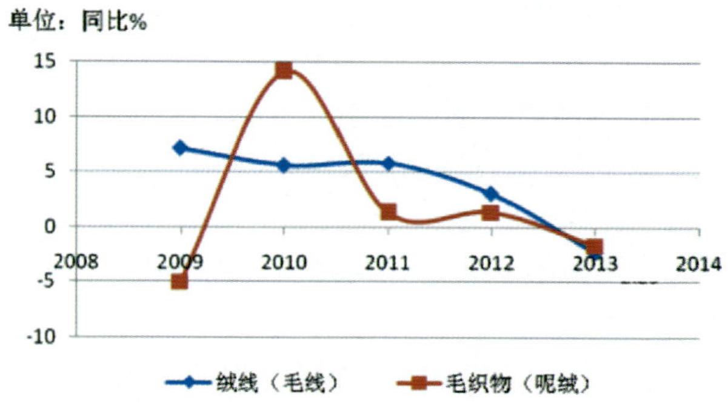

资料来源：国家统计局

表1 2013年1～12月主要产品产量表

名称	单位	累计产量	累计同比(%)	去年同比(%)	同比增长(百分点)
绒线（毛线）	万吨	37.8	−2.25	3.07	−5.32
毛织物（呢绒）	亿米	5.8	−1.63	1.40	−3.03

资料来源：国家统计局

表2 2013年1～12月主要省市毛纺产品生产情况

省市	绒线(吨)	同比(%)	毛机织物(万米)	同比(%)
江苏省	122206	−6.14	26032	−6.64
山东省	57912	4.32	9468	−7.08
浙江省	40858	11.78	4188	−9.25
河南省	41637	4.84	2033	10.02
广东省	22802	−20.67	238	−38.01

资料来源：国家统计局

毛纺大省江苏的产量下跌较快，毛纱线和毛织物产量同比分别下跌了6.14%和6.64%。中部省份毛纺产品继续发展，其中河南省毛纺生产增速较快，毛纱线和毛织物的产量同比分别增长了4.84%和10.02%，见表2。

根据中国纺织工业联合会第十五期企业经营者问卷反馈信息显示，35.7%的毛纺样本企业（共计14家毛纺企业）表示订货量比上期提高，28.6%的企业表示与上期基本持平，超过半数样本企业外销订单有所增加。78.6%的企业产品均价与上期持平。

二、市场情况

（一）内销增速继续回落

据国家统计局统计，2013年全国社会消费品零售总额同比增长13.1%，比2012年同期回落1.2个百分点。居民衣着消费价格水平累计同比增长2.3%，比2012年同期回落0.8个百分点。根据中国商业信息中心的统计数据，2013年全国重点大型零售企业服装类商品累计销售2095.68亿元，同比增长5.15%，增速较2012年全年下滑7.3%；各类服装零售量同比增长2.23%。

作为毛纺主要最终产品之一的男装销售下滑最为明显，全年零售额减少0.6%，较2012年下滑11.9个百分点。如图2、图3所示，服装类商品中，2013年全国重点大型零售企业男西装销售1365万件，同比增长8.83%，增速较2012年提高3.68个百分点；羊绒及羊毛衫1899万件，同比减少4.64%，尤其是12月当月，羊绒及羊毛衫销售下滑了12.09%。

图2 2009～2013年全国重点大型亿元百货商场男西装销售数量及同比图

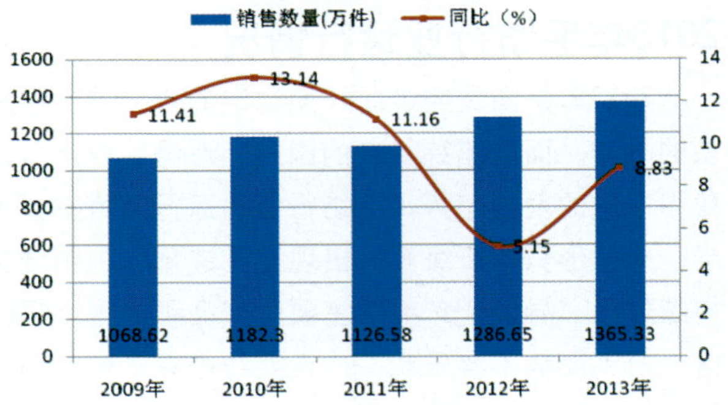

数据来源：中华商业信息中心

图3 2009～2013年全国重点大型亿元百货商场羊绒及羊毛衫销售数量及同比图

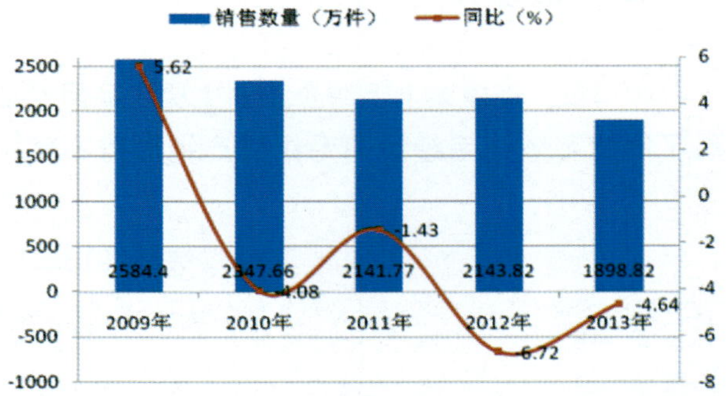

数据来源：中华商业信息中心

表3 2013年1～12月出口交货值完成情况

行业	出口交货值	
	2012年(万元)	同比(%)
纺织业	40373535	7.32
毛纺织及染整精加工	2873582	12.48
其中：毛条和毛纱线加工	937303	0.13
毛织造加工	1719952	19.82
毛染整精加工	216328	17.99

资料来源：国家统计局

从男装生产上来看，根据国家统计局统计，2013年，我国服装行业规模以上企业生产梭织服装共计139.24亿件，同比增长3.75%，增速较2012年同期下降3.98个百分点。梭织服装中，西服套装的产量为5.81亿件，同比增长1.82%，增速较2012年同期下滑10.08个百分点。男装生产增速的下滑，导致毛纺面料市场需求受到制约。

（二）外销缓慢回升

2013年下半年，外销增速加快。1～12月规模以上毛纺织及染整精加工企业共完成出口交货值287.36亿元，同比增长12.48%，高于同期纺织业出口交货值增长率，较上半年增速提高6.5个百分点，见表3。

据海关统计（图4），2013年毛纺主要产品进出口总额169.87亿美元，同比增长2.34%，其中出口125.40亿美元，同比增长2.48%，进口44.47亿美元，同比增长1.95%。

出口产品中，上游产品羊毛条出口形势较上年复苏，延续了前几年的发展势头，2013年出口同比增长12.93%，但价格下跌较快，同比下跌10.24%（表4）。毛纱线和毛织物出口数量呈现下滑，分别下跌16.85%和5.52%，近几年，粗纺产品市场好于精纺产品市场，这种形势在2013年继续保持，例如，精梳毛纱线出口同比下滑11.42%，而粗梳毛纱线出口同比仍呈现4%的增长。最终产品的表现好于上中游产品，但是毛梭织服装出口继续下跌，跌幅为10.16%，较2012年有所收窄，见表4。

图4 2009～2013年毛纺产品出口金额变化情况

资料来源：中国海关

2013年毛纺产品主要出口市场中，对欧盟出口增长回升较快，同比增长7.01%。其中，中间产品如毛纱线、毛织物出口继续呈现下跌。出口日本和中国香港市场依然不佳，同比分别下跌4.83%和15.57%，见表5。

2013年，出口东盟的毛纺产品总额为11.10亿美元，同比增长12.93%。东盟市场主要需求的毛纺中间产品需求回落，毛纱线增速下跌24.60%；毛织物出口增长5.64%，增速较2012年回落。

观察出口地区，出口额排在前五位的省市，除了上海出口额增速呈现放缓态势，其他省市江苏、浙江、广东出口表现好于上年，见表6。

三、成本费用情况

2013年，1221家规模以上毛纺织及染整精加工企业三费比例为4.65%，比2012年同期减少0.24个百分点，比纺织业平均水平低0.55个百分点（表7）。毛纺企业共发生营业费用25.86亿元，同比增长7.21%，低于纺织业11.69%的平均增速；发生管理费用51.03亿元，同比增长6.98%，低于纺织业11.76%的平均增速；发生财务费用29.58亿元，同比增长10.55%，高于纺织业9.86%的平均增速，其中利息支出同比增长12.43%，明显高出纺织业平均6.24%的增速，说明毛纺企业在借贷负担沉重；企业主营业务税金及附加共计9.26亿元，同比3.76%，低于纺织业12.72%的平均增速。

四、经济效益情况

（一）效益情况

2013年1～12月，规模以上1221户企业实现主营业务收入2287.62亿元，同比增长13.54%；利润总额140.06亿元，同比提高29.71%，高于2012年18.69个百分点；全年人均利润（以2012年12月从业人员数估算）为4.92万元/人，高于纺织业平均水

表4 2013年1～12月主要产品出口情况

出口商品	单位	出口数量	出口金额（万美元）	出口金额占（%）	数量同比（%）	金额同比（%）
羊绒	吨	2824	28414	2.31	24.71	24.65
羊毛条	吨	44210	50773	4.12	12.93	1.37
毛纱线	吨	42781	120739	9.80	−16.85	−22.84
毛织物	万米	11634	77412	6.28	−5.52	−6.17
毛毯	万条	54904	302464	24.54	17.90	20.36
针织人造毛皮	万米	4715	15658	1.27	6.91	−1.40
地毯	吨	562291	235122	19.08	5.83	5.27
羊毛衫	万件	8253	95990	7.79	4.78	12.88
毛梭织服装	万件	5640	198427	16.10	−10.16	−7.00
毛绒围巾	万条	1806	24676	2.00	−6.37	2.95
其它			91785	7.32		5.64
合计			1253964	100.00		2.48

资料来源：中国海关

平20.59%。毛纺织及染整精加工的工业增加值增长速度7.7%，低于纺织业平均水平0.6个百分点，比上半年增加0.6个百分点；主营业务成本增速加速上升，2013年为13.54%，低于纺织业平均水平0.34个百分点，增速同比加快6.90个百分点，见表8～表10。

根据中国纺织工业联合会第十五期企业经营者问卷反馈信息显示，14家受访的毛纺企业反映的四季度生产情况中，38.5%的企业表示盈利水平提升。

（二）亏损情况

2013年企业亏损情况较上年好转，亏损面14.25%，比2012年减少1.34个百分点。亏损企业亏损额增长7.79%，增幅回落56.55个百分点。

（三）资产运转情况

2013年行业内规模以上企业总资产贡献率14.48%（低于纺织业1.81个百分点），高于2012年同期0.71个百分点；资产负债率56.08%，高于2012年同期0.41个百分点；销售利润率6.12%，高于2012年同期0.76个百分点；流动资产周转率2.49次/年，高于2012年同期0.59%；净资产收益率20.48%，高于2012年同期2.62个百分点，产成品周转率14.20次/年，高于2012年同期12.08%，见表11。

五、固定资产投资情况

2013年规模以上毛纺织和印染精加工企业实际完成投资296.85亿元，同比增长19.84%，增速较2012年下滑16.72个百分点，见表12。新开工项目437个，同比增长11.48%。行业投资信心较足。

表5 2013年1～12月主要毛纺产品出口市场统计

出口商品	累计金额（万美元）	同比（%）	欧盟		日本		美国		中国香港	
			占比%	同比（%）	占比%	同比（%）	占比%	同比（%）	占比%	同比（%）
羊绒	28414	24.65	88.89	26.52	5.76	32.35	0.01	−24.79	2.32	−20.87
羊毛条	50773	1.37	43.53	2.39	8.10	27.56	1.19	55.46	0.39	−68.16
毛纱线	120739	−22.84	8.20	−15.31	8.46	−27.57	1.25	9.23	43.39	−29.69
毛织物	77412	−6.17	5.26	−35.37	12.90	−9.46	2.31	−3.90	6.07	−4.05
毛毯	302464	20.36	15.92	19.28	5.45	0.60	19.82	14.02	0.29	34.44
针织人造毛皮	15658	−1.40	10.22	−5.88	0.38	−35.45	2.95	−11.86	6.29	−19.06
地毯	235122	5.27	14.29	14.32	16.50	−9.54	17.52	−5.07	3.36	1.70
羊毛衫	95990	12.88	30.14	10.12	26.22	11.89	14.22	11.44	13.84	12.80
毛梭织服装	198427	−7.00	22.27	−9.19	39.73	−9.31	16.57	−8.77	3.72	8.10
毛绒围巾	24676	2.95	25.70	5.97	27.94	8.97	18.38	−2.84	5.79	28.46
其它	91785	5.64	34.94	17.20	20.10	11.41	23.26	5.61	11.09	24.54
合计	1253964	2.48	20.86	7.01	16.93	−4.83	14.20	2.70	7.98	−15.57

资料来源：中国海关

六、行业运行质量

2013年，毛纺织行业实现了主营业务收入、工业增加值、利润、出口交货值等指标增速加快，从数据上反映了企业运行质量的提升。毛纺企业资产周转率提高，亏损面减少，亏损金额增速大幅回落，整体运行效率进一步得到提高。

从数据表现上，毛纺行业2013年运行质量表现较好，但结合企业经营者调查问卷反馈来看，个体企业对经营形势的感受并不积极，2013年四季度，57.1%的企业认为当前总体运行情况不乐观。

七、原料进口加工情况

2013年1～12月，进口羊毛35.98万吨，同比增长13.02%，进口羊毛单价同比下降7.29%。其中，含脂毛进口占比约79%，同比增长13.01%，见表13。

2014年趋势与展望

一、市场形势

2014年，在发达经济体带动下，全球经济总体将呈现复苏增强走势。 2014年，美国经济虽仍存有债务危机的阴影，但有望最终走出困境时期，并启动健康的经济增速（3%的同比增长）。美国逐步退出量化宽松货币政策，新兴市场将受到一定冲击。欧盟经济持续不均衡，但是市场信心向好；东盟及其他发展中国家劳动力成本优势带来的经济增长将继续延续，劳动密集型产品出口竞争优势逐步增强，

表6 2013年1～12月主要毛纺产品出口地区统计

出口商品	累计金额（万美元）	同比（%）	江苏		浙江		上海		山东		广东	
			占比%	同比（%）	占比%	同比（%）	占比%	同比（%）	占比%	同比（%）	占比%	同比（%）
羊绒	28414	24.65	1.92	92.63	0.08	244.63	0.00	−100.00	0.00	−	0.00	−100.00
羊毛条	50773	1.37	77.12	4.46	19.19	−13.54	0.23	−15.17	0.15	12.55	0.04	−19.97
毛纱线	120739	−22.84	28.62	−16.62	16.39	−2.51	7.99	−78.66	0.85	−24.55	19.41	1.98
毛织物	77412	−6.17	54.93	−3.71	9.42	−18.80	12.01	−11.08	10.08	−2.22	0.88	−6.92
毛毯	302464	20.36	31.69	19.05	30.59	14.45	6.40	25.66	9.84	8.86	2.47	19.32
针织人造毛皮	15658	−1.40	24.71	−2.08	28.84	2.71	8.15	17.07	9.16	−8.55	15.28	17.45
地毯	235122	5.27	21.64	7.38	21.11	13.97	6.84	−5.81	14.72	5.23	5.96	−15.18
羊毛衫	95990	12.88	15.36	12.32	16.42	13.25	18.40	−3.03	0.82	99.38	32.20	12.05
毛梭织服装	198427	−7.00	22.32	−10.60	14.26	−14.97	12.52	−7.56	12.49	5.65	5.24	2.84
毛绒围巾	24676	2.95	7.64	−0.05	11.33	3.76	21.22	1.95	0.92	−28.37	2.29	−10.29
其它	91785	5.64	12.39	5.33	18.19	14.59	12.10	−25.71	1.36	128.95	11.98	7.95
合计	1253964	2.48	27.54	2.96	19.87	5.28	9.16	−25.86	8.26	6.92	8.11	3.89

资料来源：中国海关

表7 规模以上纺织及毛纺企业三费比例情况表

行业	三费比例		
	2013年（%）	2012年（%）	增长（百分点）
纺织业	5.20	5.26	−0.06
毛纺织及染整精加工	4.65	4.89	−0.24
其中：毛条和毛纱线加工	4.59	4.73	−0.14
毛织造加工	4.36	4.47	−0.11
毛染整精加工	6.08	7.13	−1.05

资料来源：国家统计局

正在挤占中国产品的市场份额。对毛纺中间产品的需求虽仍将保持增长，但增速将较前几年趋于平缓。国内纺织行业要素成本上升，中小出口企业困难加剧以及国际市场竞争激烈，产业和订单对外转移加快的现实，将越加提醒我们对2014年纺织品出口形势发展预判在乐观中需多持一份谨慎的态度。

2014年中国经济增长目标与2013年一致，依旧将保持在7.5%的GDP增速。从大趋势判断，我国纺

表8 规模以上纺织及毛纺企业盈利情况

行业	销售毛利率			销售利润率			成本费用利润率		
	2013年（%）	2012年（%）	增减（百分点）	2013年（%）	2012年（%）	增减（百分点）	2013年（%）	2012年（%）	增减（百分点）
纺织业	11.55	12.07	−0.52	5.59	5.28	0.31	5.97	5.67	0.30
毛纺织及染整精加工	11.73	11.70	0.03	6.12	5.36	0.76	6.59	5.75	0.84
其中：毛条和毛纱线加工	12.77	12.97	−0.20	6.43	5.87	0.56	7.00	6.40	0.60
毛织造加工	10.64	9.56	1.08	6.15	4.63	1.51	6.56	4.88	1.68
毛染整精加工	11.93	14.82	−2.89	4.80	6.09	−1.29	5.09	6.59	−1.50

资料来源：国家统计局

表9 2011～2013年毛纺织行业主营业务收入、利润增速及出口交货值增速情况

单位：%

年份	主营业务收入增速	主营业务成本增速	出口交货值增速	利润总额增速
2011年	19.32	18.83	17.56	36.43
2012年	8.25	6.64	4.54	11.02
2013年	13.54	13.50	12.48	29.71

资料来源：国家统计局

表10 2013年上半年与全年工业增加值增长速度

单位：%

行业	2013年1～6月	2013年1～12月
纺织业	9.6	8.3
毛纺织及染整精加工	7.1	7.7

资料来源：国家统计局

织经济发展仍将承受国内要素成本上升，特别是劳动力成本上升压力。此外，进一步改善外贸及投资环境，加快纺织经济结构调整转型步伐依然是不容回避的大课题。李克强总理在政府工作报告中强调2014年“要增强内需拉动经济的主引擎作用，把消费作为扩大内需的主要着力点。积极支持东部地区经济率先转型升级，大力促进中部地区崛起”，也必将成为我们毛纺织经济发展主线和总思路。2014年将是中国经济转型和升级的关键年份，对于毛纺行业来说，节能减排、劳动力、市场竞争以及经济环境等依然是制约企业发展的重要问题，同时，深化改革作为2014的重点工作，毛纺行业将继

表11 2013年1～12月资金运转情况表

行业	总资产周转率			产成品周转率		
	2013年累计（次）	2012年累计（次）	增减（%）	本月累计	去年同期	增减（%）
纺织业	1.67	1.61	3.64	22.39	20.63	8.55
毛纺织及染整精加工	1.47	1.48	-0.56	14.20	12.66	12.08
其中：毛条和毛纱线加工	1.44	1.51	-4.76	9.63	8.81	9.30
毛织造加工	1.50	1.41	6.32	21.33	19.01	12.19
毛染整精加工	1.46	1.61	-9.37	30.06	21.96	36.92

资料来源：国家统计局

表12 2013年1～12月毛纺织分行业固定资产投资情况

行业	实际完成		
	2013年累计（亿元）	2012年累计（亿元）	同比（%）
纺织业	469.90	409.50	14.75
毛纺织及染整精加工	296.85	247.70	19.84
其中：毛条和毛纱线加工	121.30	120.00	1.08
毛织造加工	139.94	101.87	37.38
毛染整精加工	35.61	25.83	37.83

资料来源：国家统计局

表13 2013年中国进口羊毛统计

行业	累计进口		其中：澳大利亚		新西兰		乌拉圭		南非	
	数量（吨）	同比（%）	数量（吨）	同比（%）	数量（吨）	同比（%）	数量（吨）	同比（%）	数量（吨）	同比（%）
羊毛合计	359791	13.02	181674	4.78	67089	15.68	18803	36.18	18201	14.98
其中：含脂毛	284148	13.01	179293	4.74	34459	24.10	7543	57.53	17685	13.76
洗净毛	60949	12.27	2368	7.61	32630	7.95	4721	42.77	257	74.38
羊毛条	10044	17.12					5718	15.01	194	86.08
精梳落毛	4441	18.43	13				822	10.88	66	102.89

资料来源：中国海关

续深入转型升级，谋求发展。

根据中国纺织工业联合会第十五期企业经营者调查问卷显示，市场需求疲软依然是毛纺企业在现阶段生产经营中所遇到的最主要问题，其中，各有35.7%的企业选择了国际或国内市场的需求不足。开拓市场依然是影响企业继续发展的重中之重。

二、生产要素供给形势

在调查中 约有16%的毛纺企业也将成本过快上涨作为企业的一个重点问题。由于主要产毛国的生产和气候原因，2014年毛纺原料的供应吃紧，羊毛价格将继续在高位震荡。另外，根据国家统计局资料，2013年全年工业生产者价格的原材料价格累计同比下跌3.1%，生产资料价格月同比下跌1.8%，同时，衣着类价格月同比则上涨了1.1%，增速持续放缓 将继续影响内需，尤其是西装需求的增长，从而造成2014年生产的进一步放缓。2014年劳动力不足的形势未能缓解，成本增速预计将维持2014年的水平。

三、毛纺行业运行走势

2014年，经济形势缓慢复苏，内外销市场增速有望略有加快，劳动力成本继续保持10%左右的增速，羊毛原料价格维持高位。预计2014年出口延续2013年下半年的复苏趋势，低速增长或持平，内销增速基本持平。在此背景之下，主营业务收入预计可保持2013年水平，工业增加值增速水平预计稳中有升。

在中纺联2013年四季度开展的对2014年一季度企业运行及市场销售趋势的展望调查，受访的毛纺企业持更为谨慎的预期，35.7%的样本企业认为2014年一季度的产量将较2013年四季度持平，46.2%的样本企业表示2014年一季度的订单水平将与本期持平。

2014年将是中国经济转型和升级的关键年份，对于毛纺行业来说，节能减排、劳动力、市场竞争以及经济环境等依然是制约企业发展的重要问题。深化改革是2014的重点工作，毛纺行业将继续深入转型升级，谋求发展。

（撰稿人：张书勤）

丝绸业

中国丝绸协会

2013年茧丝绸行业运行情况

2013年以来，面对国际消费需求持续不振、外贸出口增长乏力、国内经济增速放缓、生产要素成本不断攀升、人民币汇率连创新高等不利因素的严峻考验，我国茧丝绸行业紧紧围绕加快促进产业结构调整与升级主线，抓改革、调结构、促品牌，着力提升发展质量和水平，使全行业经济保持了相对平稳的运行和发展。

一、蚕茧产量略有下降

据国家茧丝办统计，2013年全国桑园面积1270.36万亩，同比增长0.6%；蚕种发种量1655.36万张，同比减少1.04%；蚕茧产量64.83万吨，同比减少1.02%；综合均价2001元/担（50公斤），同比上升12.48%，达到历史新高。主要省市蚕茧生产情况见表1，广西地区作为蚕茧生产第一大省，蚕茧产量继续保持稳步增长，全年蚕茧产量27.1万吨，占全国蚕茧总产量的41.8%，同比增长5.86%。东部沿海蚕茧主产区江苏、浙江、广东、山东均出现不同程度下降，其中江苏同比下降18.1%，广东同比下降18.84%。其余地区蚕茧产量基本平稳。

二、工业生产基本平稳

（一）主要产品产量略有下降

2013年，据国家统计局对392家规模以上缫丝绢纺企业统计，丝产量13.71万吨，同比增长3.52%，

表1 2013年主要省市蚕茧生产情况

排名	地区	蚕茧产量（吨）	同比（%）
1	广西	271000	5.86
2	四川	76000	1.88
3	江苏	54501	−18.10
4	浙江	45256	−3.10
5	云南	44648	3.83
6	广东	36523	−18.84
7	安徽	21601	−9.2
8	山东	21200	−3.64
9	湖北	16550	−1.80
10	重庆	15711	−6.00

资料来源：商务部国家茧丝办

表2 2013年全国规模以上企业主要产品产量情况

		国家统计局(规模以上企业)	
主要产品	单位	2013年	同比(%)
生丝	吨	137090	3.52
绢丝	吨	11921	-2.37
绸缎	万米	93579	-1.71
蚕丝被	万条	2279	-19.70

资料来源：国家统计局

表3 2013年各省市丝产量表

序号	地区	产量（吨）	同比(%)	序号	地区	产量（吨）	同比(%)
1	广　西	35425	8.53	9	重庆市	3653	-4.89
2	四川省	29065	4.53	10	云南省	2814	-5.51
3	江苏省	20949	-1.55	11	辽宁省	2310	-0.26
4	浙江省	14293	-3.82	12	河南省	1972	22.07
5	安徽省	8909	4.28	13	广东省	1726	9.19
6	陕西省	5067	11.86	14	湖北省	1007	23.58
7	山东省	4949	-12.66	15	贵州省	234	83.23
8	江西省	4653	23.36	16	山西省	65	19.16

资料来源：国家统计局

表4 2013年各省市真丝绸缎产量表

序号	地区	产量(万米)	同比(%)	序号	地区	产量(万米)	同比(%)
1	四川省	25196	-5.62	7	广　西	1476	-28.83
2	河南省	23029	-3.00	8	重庆市	1472	-17.09
3	浙江省	21955	2.84	9	上海市	244	10.83
4	江苏省	10334	4.21	10	江西省	84	-7.60
5	安徽省	7766	3.26	11	辽宁省	76	-51.90
6	山东省	1882	6.85	12	陕西省	65	

资料来源：国家统计局

表5 2013年各省市蚕丝被产量

序号	地区	产量(万条)	同比(%)	序号	地区	产量(万条)	同比(%)
1	河南省	436	41.97	9	广东省	57	−17.05
2	辽宁省	369	−19.54	10	上海市	50	−34.57
3	山东省	348	−44.75	11	陕西省	40	8.63
4	湖北省	330	14.40	12	广　西	31	−82.52
5	浙江省	230	−17.81	13	重庆市	18	−1.24
6	江苏省	195	16.09	14	湖南省	12	−28.63
7	安徽省	88	−60.97	15	福建省	9	15.00
8	四川省	65	−16.79	16	山西省	1	48.35

资料来源：国家统计局

其中42家绢丝企业绢丝产量1.19万吨，同比下降2.37%；265家规模以上织绸企业绸缎产量93579万米，同比下降1.71%；95家蚕丝被企业蚕丝被产量2279万条，同比下降19.70%，见表2。各省市丝绸主要产品产量见表3～表5。

（二）工业经济增速回落

据国家统计局统计，2013年，全行业规模以上企业主营业务收入1275.96亿元，同比增长13.11%；利润71.9亿元，同比增长13.86%，其中缫丝加工实现利润40.32亿元，同比增长7.35%，丝织加工实现利润27.30亿元，同比增长17.51%，丝印染加工实现利润4.29亿元，同比增长81.22%，如图1所示。总体来看，2013年全行业利润继续实现稳定增长，但增速较2012年同期下降了16个百分点，如图2所示。

图1 2013年丝绸工业各分行业利润情况

单位：亿元

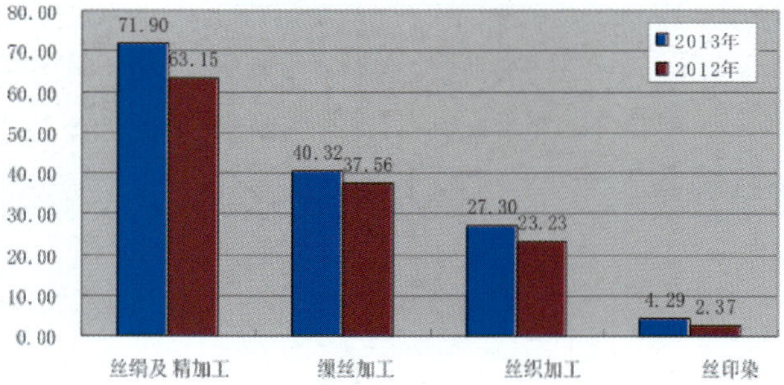

资料来源：国家统计局

图2 2013年丝绸工业利润增速情况

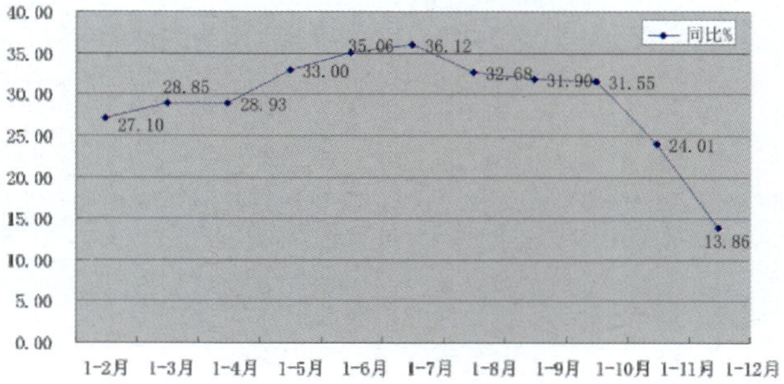

资料来源：国家统计局

（三）成本压力持续增长

据国家统计局数据显示，2013年丝绸纺织及精加工行业亏损企业亏损总额2.02亿元，同比下降15.46%；企业存货145.94亿元，同比增长4.35%；企业营业费用同比增长17.18%，管理费用同比增长5.9%，财务费用同比增长13.5%，其中利息支出同比增加11.26%，见表6。

虽然2013年丝绸行业亏损企业亏损总额同比下降了15个百分点，但企业库存压力仍然存在并有所增长，加上各种成本费用上升较快，造成了下半年行业利润增速的持续下滑。

三、丝绸商品出口略有下降

据中国海关统计，2013年，全国真丝绸商品出口35.38亿美元 同比增长3.02%。丝类产品出口14954.78吨，同比下降了10.42%；出口金额6.7亿美元，同比增长3.14%；单价同比增长15.15%。其中生丝出口5939.74吨，同比下降5.68%，金额3.33亿美元，同比增长10.25%。真丝绸缎出口数量16771.35万米，同比下降23.79%；金额9.65亿美元，同比下降9.44%；单价增长18.8%。其中坯绸出口数量12770.32万米，同比下降21.37%，出口金额6.54亿美元，同比下降13.69%，单价同比增长9.64%。丝绸服装及制品出口19.04亿美元，同比增长10.69%，其中真丝绸服装出口31768.96万件，同比增长4.54%，金额13.08亿美元，同比增长10%，单价同比增长5.37%，见表7。真丝绸主要商品出口金额情况如图3所示。

图3 2013年真丝绸主要商品出口金额情况

单位：万美元

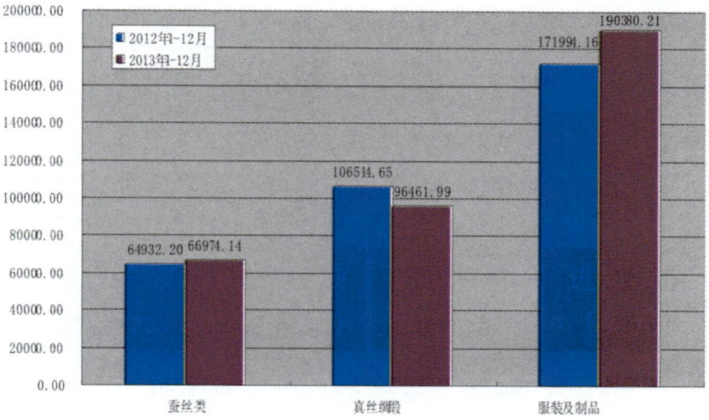

资料来源：中国海关

表6 2013年与2012年规模以上丝绸工业主要经济指标对比情况

序号	主要经济指标	2013年同比（%）	2012年同比（%）	增长（百分点）
1	利润总额	13.86	29.88	−16.02
2	主营业务收入	13.11	14.59	−1.48
3	主营业务成本	13.27	13.77	−0.50
4	三费支出	10.1	19.98	−9.88
5	利息支出	11.26	12.39	−1.13
6	亏损面	9.88	12.84	−2.96
7	负债合计	11.02	12.25	−1.23
8	亏损企业亏损总额	−15.46	−13.63	−1.83

资料来源：国家统计局

表7 2013年丝绸工业主要产品出口同比情况

产品名称	金额同比(%)	数量同比(%)	价格同比(%)
真丝商品	3.02		
丝类	3.14	−10.42	15.15
生丝	10.25	−5.68	16.89
绸缎	−9.44	−23.79	18.8
真丝服装	10.00	4.54	5.37
针织	31.57	5.63	24.71
梭织	−4.00	−3.79	−0.24

资料来源：中国海关

2013年全国真丝绸商品出口主要呈现以下特征：

（一）丝绸商品出口金额小幅增长

2013年，我国真丝绸商品出口总额为35.38亿美元，同比增长3%。从出口金额单月数据看，如图4所示，除2、3月份受春节长假影响出口有所下降外，4、5月真丝绸商品出口金额逐步回升。从真丝绸商品出口金额同比情况看，前三个季度表现相对平稳，但第四季度走势明显疲软。

图4 2013年真丝绸商品出口金额及同比情况

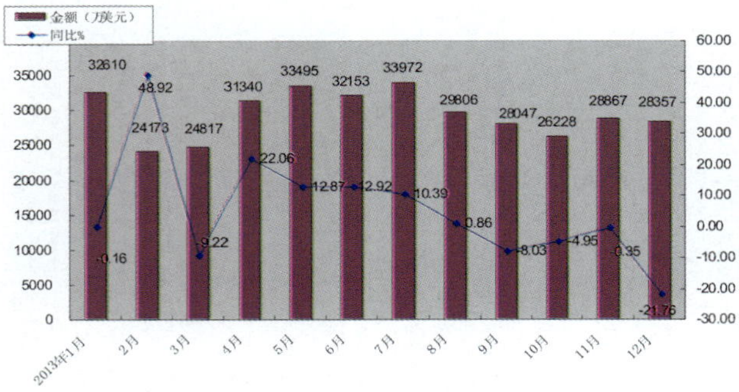

资料来源：中国海关

（二）真丝绸服装出口冲高回落

2013年上半年，真丝绸服装出口数量和出口金额同比实现较大幅增长，出口数量最大增幅达88.44%，如图5所示。5月份以后，真丝绸服装出口数量和金额走势冲高回落。截止12月底，同比仅分别增长4.51%和10%。真丝绸服装出口单价降幅收窄，平均单价4.12美元，同比增长5.37%，如图6所示。

图5 2013年真丝绸服装出口数量、金额同比情况

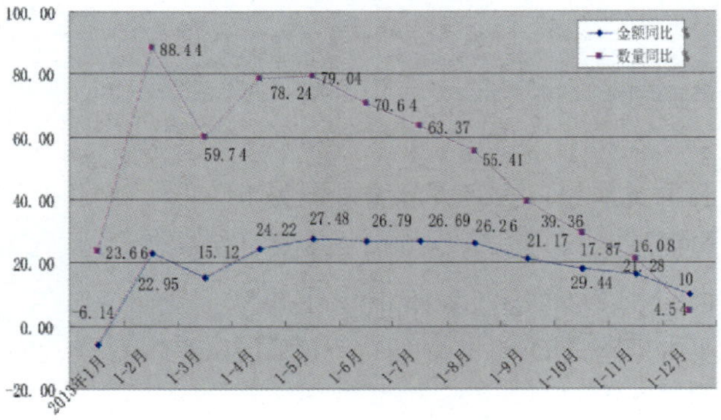

资料来源：中国海关

图6 2013年1～12月真丝绸服装出口价格情况

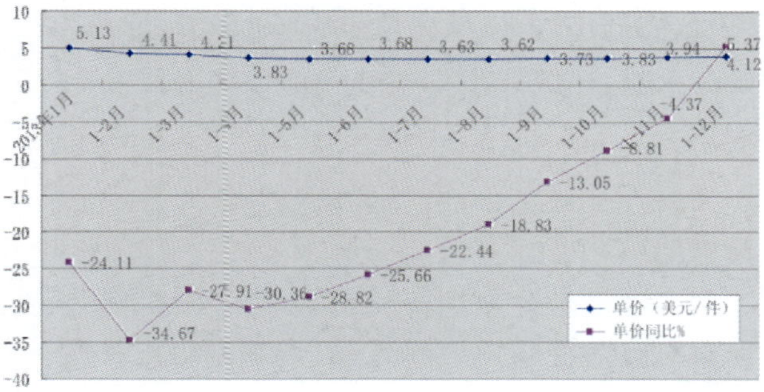

资料来源：中国海关

（三）主要省市出口普遍下降

根据2013年真丝绸商品出口金额各省市排名情况分析，如图7、图8所示，6个出口主要省份中除浙江实现增长1.98%外，江苏、广东、上海、四川、山东分别下降1.65%、12.64%、5.86%、16.21%、6.15%，普降格局非常明显，广东和四川出口下降幅度为近年来罕见。福建、江西、青海、安徽四个省区的真丝绸商品出口金额同比分别增长30.88%、315.68%、5.84%和33.21%，但由于这几个省2012年出口金额基数较低，尚不足以拉动整个行业出口实现大的增长。

图7 2013年各省市真丝绸商品出口金额情况

单位：万美元

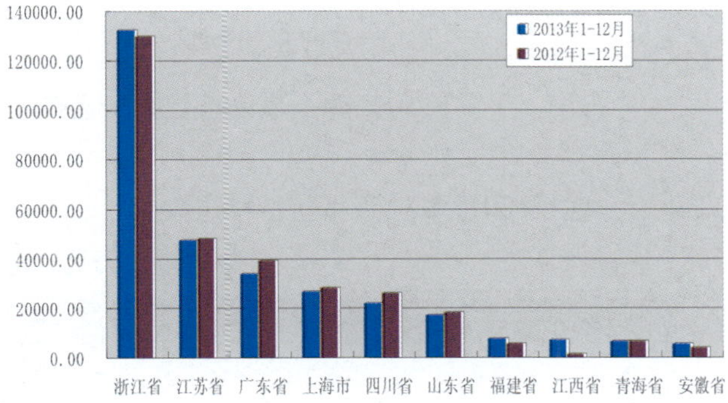

资料来源：中国海关

图8 2013年各省市真丝绸商品出口金额增速情况

单位：%

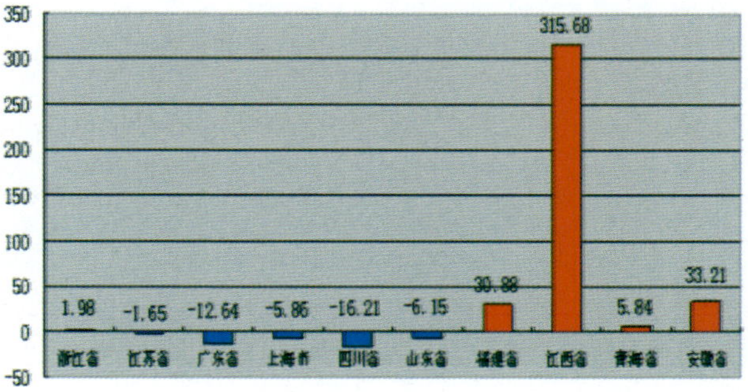

资料来源：中国海关

（四）主销市场出口下滑明显

根据主销国家和地区出口金额情况分析，2013年国内真丝绸商品传统主销市场出口下滑明显，其中出口美国5.94亿美元，同比下降6.42%，出口印度3.23亿美元，同比下降13.1%。部分丝绸出口二线市场实现小幅上扬，对意大利、日本、中国香港和阿联酋出口分别增长2.26%、5.09%、5.78%和16.59%，如图9、表8所示。

图9 2013年真丝绸商品主销市场出口金额同比情况

单位：%

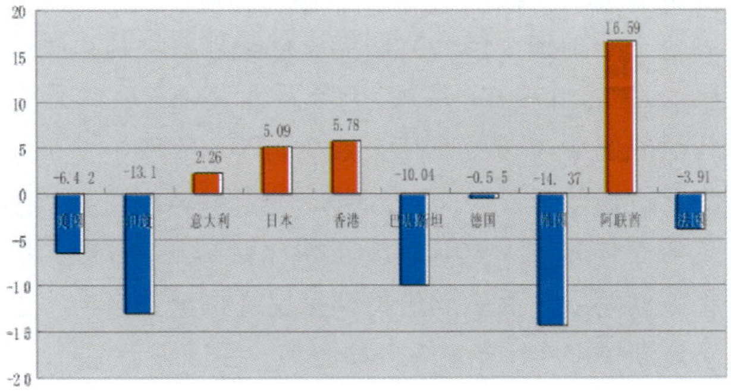

资料来源：中国海关

表8 2013年真丝绸商品主销市场出口情况

排名	国家和地区	金额(万美元)	同比(%)
1	美国	59366.40	-6.42
2	印度	32281.47	-13.1
3	意大利	30744.88	2.26
4	日本	28705.35	5.09
5	中国香港	26456.55	5.78
6	巴基斯坦	22741.57	-10.04
7	德国	14252.90	-0.55
8	韩国	10618.82	-14.37
9	阿联酋	9694.96	16.59
10	法国	8763.71	-3.91

资料来源：中国海关

四、茧丝价格基本稳定

2013年，各地春茧开秤价格屡创新高，导致蚕茧原料价格高企，缫丝企业为防范价格波动风险，多数企业开工不足，部分企业减产在15%～20%，使得生丝供应趋紧，其价格走势相对坚挺。但随着蚕茧的集中上市，从3月份开始干茧价格逐步下调并趋于平稳。由于第三、四季度丝绸外贸出口市场不畅，生丝价格由6月底38.59万元/吨逐渐回落至12月底的35.82万元/吨。截止到2013年底，干茧和生丝价格分别较2012年下跌2.2%和1.59%。从全年走势整体来看，2013年干茧价格走势呈倒V形，价格波动明显，而生丝价格则呈现高位盘整态势，上下波动幅度在10%左右，如图10、图11所示。

图10 2013年干茧价格走势图

单位：万元/吨

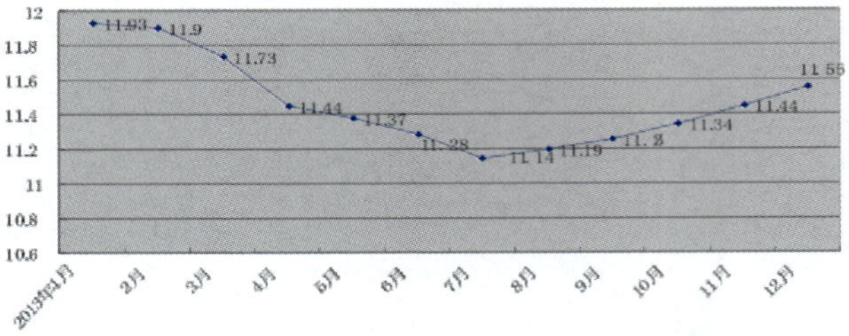

资料来源：嘉兴茧丝绸交易市场

图11 2013年3A级生丝价格走势图

单位：万元/吨

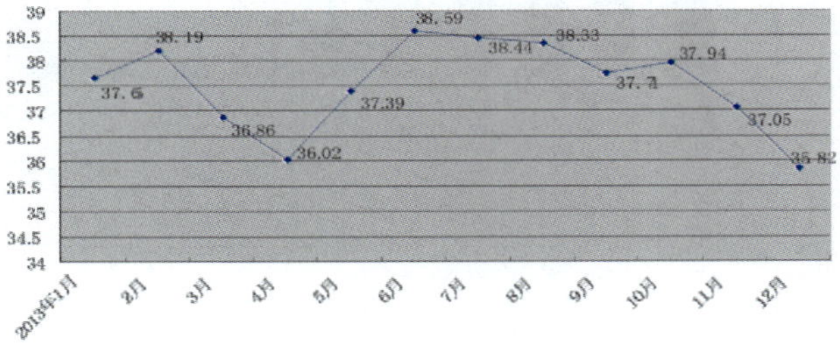

资料来源：嘉兴茧丝绸交易市场

丝绸行业转型升级进展

一、行业科技工作积极推进

近年来，丝绸行业充分利用优势资源，通过科研院所、高校与企业联合，不断完善和推动“产、学、研、用”相结合，一批丝绸关键共性技术的研究开发深入推进，行业科技工作取得积极成效。

2013年11月，“纺织之光”2013年度中国纺织工业联合会科技教育奖励大会在北京召开，共有130个项目脱颖而出，其中一等奖14个，二等奖42个，三等奖74个。丝绸行业共有13个项目获得大奖，其中苏州大学、江苏华佳丝绸有限公司等单位联合研究的《高性能真丝新材料及其制品的产业化》项目荣获一等奖。南通那芙尔服饰有限公司、苏州大学、鑫缘茧丝绸集团股份有限公司等单位研究的《生态蚕丝被的研发及其产业化》项目，嘉兴市天之梦丝绒科技有限公司、浙江理工大学等单位联合研究的《单梭口双面丝绒加工技术研究及产业化》项目，杭州纺织机械有限公司、杭州飞宇纺织机械有限公司等单位联合研究的《飞宇2008型智能化自动缫丝机》项目，苏州大学、上海市服装研究所等单位联合研究的《3D/2D服装用人体数据资源及产业化智能体系构建》项目，东华大学、浙江嘉欣丝绸股份有限公司等单位研究的《废丝蛋白的提取改性深加工及其综合利用技术》等5个项目获得二等奖。金富春集团有限公司研究的《锦纶中药包缠纱与真丝交织物的设计开发》项目，横县桂华茧丝绸有限责任公司、苏州大学、杭州天峰纺织机械有限公司等单位联合研究的《广西6A生丝关键技术的研究与开发》项目，吴江市鼎盛丝绸有限公司研究的《丝绸防电磁辐射产品加工技术研究及产业化》项目，四川省宜宾惠美线业有限责任公司等单位研究的《蛹蛋白短纤维研发及应用》项目，苏州大学、苏州丝绸博物馆等单位研究的《建筑补强用结构材料的开发及其抗裂性能研究》项目，达利（中国）有限公司、浙江理工大学联合研究的《真丝织物环保阻燃整理技术研究及应用》项目，四川省丝绸科学研究院研究的《丝绸厚重织物拉绒整理技术》等8个项目获得三等奖。

另外，浙江理工大学与杭州中江纺织机械有限公司、杭州天峰纺织机械有限公司研发的新一代桑/柞蚕智能缫丝机，可大幅降低挡车工数量，具有人均产量高、性能稳定、智能化程度高等特点，产品达到国际先进水平。四川省丝绸科学研究院采用全新煮茧工艺技术路线、PLC程控技术研发的SR-3020型减压自动煮茧机，具有工艺流程短、煮茧质量好、工艺调整方便、自动化程度高、节能降耗显著等特点。山东日发纺织机械公司开发的智能化高档真丝剑杆织机其售价仅是的进口机型的70%左右，设备性能达到或接近国外进口设备水平。我国自主研发的丝绸生产装备不断升级，必将对促进世界各国丝绸生产水平的提升。

二、自主品牌建设不断加强

近年来，随着中国进一步深化改革和扩大开放，国内市场体系不断健全，市场秩序不断完善，中国丝绸产业和丝绸自主品牌迎来了不可多得的发展机遇。在中国丝绸协会开展的2013年丝绸企业自主品牌建设情况调查活动中，所被调查的60家样本企业中，约有70%的企业拥有1个自主品牌，22%的企业拥有2个自主品牌，8%的企业拥有3个或以上自主品牌。其中还有20%左右的企业获得中国驰名商标的称号，自主品牌已成为企业重要的无形资产之一。丝绸企业通过整合优势资源，建立茧丝绸一体化技术创新平台，行业的整体技术装备、自主创新能力以及产品质量不断提高，具有中国特色、体现中国文化和丝绸技艺水平的丝绸自主品牌更是不断壮大，丝绸行业自主品牌的数量与规模逐渐增长，并成为国内丝绸产品消费市场的主体。“凯喜雅”、“苏豪”、“万事利”、“巴贝”、“鑫缘”、“金三塔”等品牌构成了中国丝绸自主品牌的主力军，在行业内部和国内市场具有较大的影响力。最具代表性的丝绸行业品牌——"高档丝绸标志"市场认知度日益提高，32家授权使用高档丝绸标志企业年销售额达到25亿元。

茧丝绸行业发展面临的形势及2014年发展趋势展望

一、影响当前丝绸行业发展的主要因素

目前影响行业经济发展的主要因素有以下几个方面：

（一）外贸出口形势依然严峻

2013年，发达国家经济低增长、高失业率、高赤字、高负债并存的格局并没有得到根本改善。主要经济体的增长乏力，总需求水平不足，进口需求减少甚至萎缩，进而导致国内企业出口下滑。印度、泰国等新兴市场货币持续升值，经济收缩，通胀加剧，使得整个丝绸外贸出口步履维艰，部分企业2013年对印度市场出口下滑超过50%。

（二）行业经济运行压力增大

目前国内宏观经济稳中向好，网络信息营销扩张迅速，国内丝绸市场增长平稳，但由于国内企业刚刚涉足电子商务，其规模小而散，对行业经济拉动幅度有限。另外，受劳动力成本上升、库存增加、流动资金不足、人民币升值加速、内外销订单旺季不旺、经济效益下滑等综合因素的影响，丝绸经营企业的赢利空间受到严重挤压，使得行业利润增速持续下滑，行业经济运行复苏仍然存在诸多困难。

（三）茧丝原料价格高企制约下游产业生产

2013年，干茧收购价格坚挺，全国春茧的平均价格几乎达到历史最高价。蚕茧原料的高成本，导致生丝行情继续维持高位，织造、服装、蚕丝被、家纺等下游行业成本压力明显大于往年，原料价格的高位运行对产业链下游的制约作用明显。

（四）国家出台丝绸重大政策利好行业发展

2013年9月，商务部等八部门联合下发了《关于进一步促进茧丝绸行业健康发展的意见》，充分体现了国务院及相关部门对茧丝绸行业的重视和支持。文件明确了未来行业发展的方向和目标，提出了具体的重点任务和政策措施。2013年11月，党的十八届三中全会通过《中共中央关于全面深化改革若干重大问题的决定》，提出要加快推进丝绸之路经济带、海上丝绸之路建设，形成全方位开放的新格局。以上政策的出台，将对引导茧丝绸行业经济结构调整及深化改革起到极大的推动作用。

二、2014年行业发展趋势展望

2014年，随着欧亚各国共建"丝绸之路经济带"战略构想的逐步推进，各地丝绸文化及相关产业将得到极大拓展。国内经济稳定发展，加上世界经济的温和复苏，丝绸行业经济发展环境有望得到逐步改善。但考虑到出口形势依然不容乐观，丝绸内销市场增长空间有限，特别是劳动力等各种成本要素价格不断攀升，企业生产运营压力尚存，预计2014年上半年全行业经济增速将继续维持低位，下半年或将好于上半年。

（撰稿人：刘文全　柳恩见　杨爱萍）

麻纺织业

中国麻纺行业协会

2013年中国麻纺织经济运行总体平稳、结构调整稳中有进、转型升级稳中提质。麻纺织行业生产与投资情况等稳定增长，与此同时，进出口数据依然延续上半年的稳步增长趋势。通过企业反映，企业订单数量有所回升、开工率较高，但是亚麻原料进口增幅较大，价格提升较快。预计2014年麻纺织行业将呈现一个快速发展趋势。

2013年中国麻纺织行业经济运行稳中有进

一、主营业务收入稳定，麻纺织大类产品生产运行平稳

据国家统计局数据，2013年1至12月，全国298家规模以上麻纺织企业主营业务收入累计494.36亿元，较2012年同期的424.63亿元同比增长16.42%；而主营业务累计成本为424.90亿元，较2012年同期的364.18亿元同比增长16.67%；实现累计利润总额29.36亿元，较2012年同期的22.34亿元同比增长31.44%。

与此同时，主要大类产品生产状况比较稳定，亚麻布与苎麻布生产逐步回暖。其中亚麻布生产方面，据统计局跟踪的亚麻企业生产数据得知，2013年1～12 月份54家规模以上亚麻企业累计生产亚麻布（含亚麻≥55%）37311万米，同比增长0.54%，其中江苏为亚麻布（含亚麻≥55%）生产量最大省份，累计生产17341万米，占全国亚麻布生

表1 2013年4～12月规上麻纺织企业主要大类产品生产情况

月份	亚麻布(含亚麻≥55%)			苎麻布(含苎麻≥55%)		
	月产量（万米）	月累计产量（万米）	累计同比（%）	月产量（万米）	月累计产量（万米）	累计同比（%）
4月	3309	11757	9.06	3524	11729	−2.63
5月	2980	14763	7.37	3987	14885	−1.98
6月	3124	17890	4.96	4993	19697	0.53
7月	3093	20983	2.94	4870	24573	−3.17
8月	3077	24060	2.07	4481	29061	−4.08
9月	3218	27278	1.31	5114	34102	−3.8
10月	3329	30607	1.26	5270	39371	−5.35
11月	3451	34026	0.11	6063	48384	1.79
12月	3248	37311	0.54	5181	53612	1.26

资料来源：国家统计局

产比重约46.48%。苎麻布生产方面，跟踪的38家规模以上企业累计生产苎麻布（含苎麻≥55%）53612万米，同比增长1.26%，其中江西为全国苎麻布生产量最大省份，累计生产苎麻布（含苎麻≥55%）36354万米，占全国苎麻布生产比重的67.81%，见表1。

二、固定资产投资较快增长，麻纺织投资增速快于纺织工业投资

根据国家统计局数据（表2），2013年1～12月份，纺织工业完成投资4698.99亿元，同比增长14.75%，其中，麻纺织企业累计完成投资114.60亿元，同比增长38.03%。从上面数据可以看出麻纺织行业投资增长速度远远大于纺织工业投资增速，并且增长速度处于快速增长态势。同时我们看出，企业对纺前与制造加工当面投资力度较大，而对染整精加工方面投资力度下降。

三、扩大内需市场方面初见成效

中国麻纺织行业按照《中欧共同开拓中国内需市场协议》，针对内需市场需求特点，加大调整麻纺织产品结构，延伸产业链，开发附加值高的麻类终端产品，促进拉动内需市场。许多麻纺织企业都在大力开发内需市场适销产品，并且积极探索开拓内需市场的渠道，如网络营销，工厂店，加盟店，体验店等都如雨后春笋般涌现，国内各大商场上也经常能看到高端时尚的麻纺织终端产品，专卖麻纺织产品的淘宝网店（如冰峰坐垫旗舰店等）也开始火爆。值得一提的是有些棉纺织企业也在尝试棉麻混纺产品的开发，尤其是含麻量在30%以下的麻制服饰产销量增长较快。据测算，2013年麻纺织产品内销约占28%，同比提高6%，外销在巩固发展的基础上，在全国麻纺织产品销售中约占72%。

四、进出口稳定增长

据海关统计，2013年1～12月，全国麻纺织行业进出口累计总额22.34亿美元，比去年的18.77亿美元同比增长19.03%。

（一）进口稳定增长，麻原料为主要进口力量

据海关统计，2013年1～12月，全国麻纺织行业累计进口总额7.04亿美元，同比增长14.37%。

麻原料累计进口金额5.45亿美元，同比增长

表2 2013年1～12月麻纺行业固定资产投资情况（不含农户）

行业	实际完成投资（万元）	同比增长（%）	施工项目数（个）	同比增长（%）	新开工项目数（个）	同比增长（%）
全国纺织行业总计	46989929	14.75	9401	3.14	7174	4.46
麻纺织及染整精加工	1146044	38.03	234	27.87	180	24.14
麻纤维纺前加工和纺纱	613019	34.69	129	26.47	96	26.32
麻织造加工	450008	66.09	87	33.85	72	28.57
麻染整精加工	83017	−20.36	18	12.50	12	−7.69

资料来源：国家统计局

13.82%；麻纱线累计进口金额8486万美元，同比增长22.17%；麻织物累计进口金额6263万美元，同比增长13.71%；麻制品累计进口金额1127万美元，同比下降6.16%。

2013年1～12月份麻原料累计进口数量74.86万吨，同比增长1.61%；麻纱线累计进口数量9.88万吨，同比增长43.37%；麻织物累计进口数量5178万米，同比增长156.77%。

从以上进口金额与进口数量的数据（表3）可以看到，麻原料为主要进口产品，占进口总金额的77.41%，并且一直保持稳定的增长趋势。

图1 2013年1～12月亚麻纤维及短纤进口量、价、额的变化

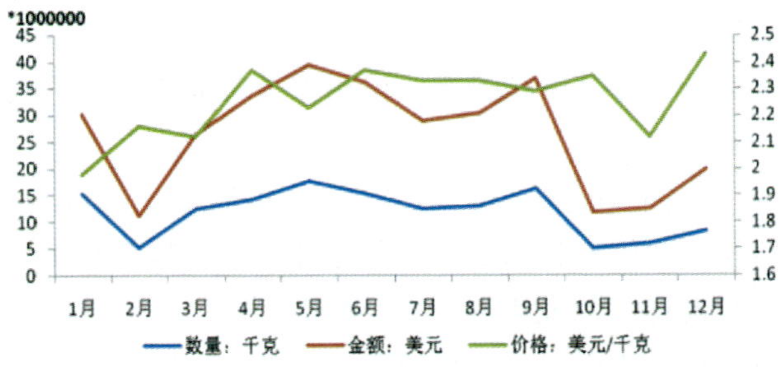

资料来源：中国海关

据海关数据，麻原料主要进口种类是亚麻与黄麻短纤与纤维，其中亚麻原料1～12月份累计进口数

表3 2013年1～12月麻纺织主要产品进口情况表

月份	麻原料		麻纱线		麻织物		麻制品
	数量（吨）	金额（万美元）	数量（吨）	金额（万美元）	数量（万米）	金额（万美元）	金额（万美元）
1月	66499	5035	8472	705	320	767	107
2月	29134	1989	4766	349	132	533	58
3月	68329	4634	10163	800	241	564	144
4月	69624	5336	10046	735	269	414	82
5月	69366	5841	8889	701	642	280	105
6月	57536	5269	7545	591	514	200	90
7月	57533	4506	6771	547	408	185	130
8月	60913	4394	8348	613	311	221	100
9月	66698	5592	7086	675	286	263	72
10月	68417	3571	8668	859	435	546	59
11月	67421	3570	9133	984	815	1134	63
12月	67130	4348	8888	926	804	1156	117
合计	748600	54485	98775	8485	5177	6263	1127

资料来源：中国海关

量为14.08万吨，同比增长41.33%，累计进口金额3.17亿美元，同比增长41.44%，黄麻原料累计进口数量为6.02万吨，同比下降39.82%，累计进口金额3004.32万美元，同比下降37.52%。2013年亚麻和黄麻原料单月进口数量、价格和金额变化情况分别如图1和图2所示。

从图1和图2中可以看出，无论亚麻、黄麻原料价格是涨还是跌，其金额曲线都是随着数量曲线的变化而变化，说明进口数量对进口金额的驱动起主导作用，进一步说明我国亚麻、黄麻纺织企业对进口原料的需求是刚性的，容易受原料价格起伏、收获丰损和品质优劣的影响，加上缺少国际统一的原料标准约束，这使我国亚麻、黄麻纺织企业处于极为不利的被动地位。

图2 2013年1～12月黄麻纤维及短纤进口量、价、额的变化

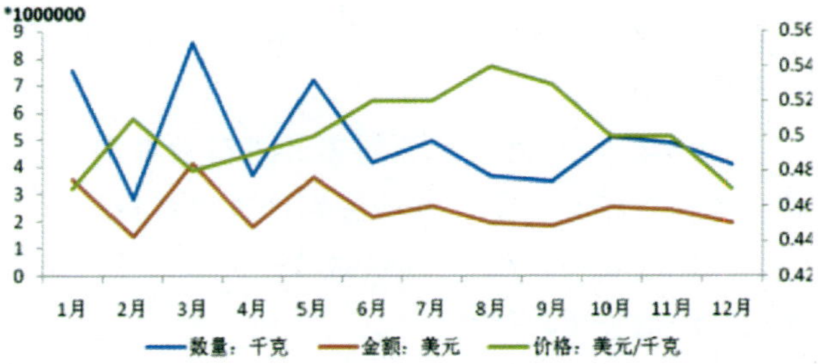

资料来源：中国海关

（二）出口巩固发展，麻织物为主要出口拉动力量

据海关统计，2013年1～12月，我国麻纺织行业

表4 2013年1～12月麻纺织主要产品出口情况表

月份	麻原料		麻纱线		麻织物		麻制品
	数量（吨）	金额（万美元）	数量（吨）	金额（万美元）	数量（万米）	金额（万美元）	金额（万美元）
1月	736	101	3801	3164	3721	10692	1881
2月	440	82	2240	1949	1850	5174	1247
3月	595	79	3492	3108	1698	5280	1504
4月	837	86	3730	2767	1727	5810	2166
5月	574	78	3260	2590	2246	7465	2384
6月	712	82	3105	2698	2548	8418	2307
7月	374	63	2682	2024	1895	6077	2328
8月	811	105	2896	2361	1890	5943	2057
9月	694	91	3009	2483	2035	6472	2035
10月	652	87	2798	2392	2679	8288	1997
11月	601	91	3458	3027	4324	13310	2312
12月	423	53	3039	2549	4398	13515	2274
合计	7449	998	37510	31112	31011	96443	24492

资料来源：中国海关

累计出口总额15.30亿美元，同比增长21.30%，出口巩固发展。

2013年1～12月份麻原料累计出口数量7449吨，同比增长9.40%，出口金额998万美元，同比增长0.26%；麻纱线累计出口数量37510吨，同比增长0.17%，出口金额3.11亿美元，同比下降4.25%；麻织物累计出口数量3.1亿米，同比增长22.20%，出口金额9.64亿美元，同比增长31.41%；麻制品累计出口2.45亿美元，同比增长26.98%，见表4。

从出口金额与出口数量可以看出，麻织物与麻纱线是我国麻纺织企业的主要出口产品，均保持平稳增长趋势，且占出口比重最大的麻织物在第四季度受亚麻织物出口的强劲拉动，呈现快速增长趋势。

下面分别从麻纱线和麻织物的出口情况进行详细分析。

在麻纱线出口方面，亚麻纱线与苎麻纱线是主要出口产品，2013年1～12月份亚麻纱线累计出口数量2.87万吨，同比增长3.42%，苎麻纱线累计出口数量2.69千吨，同比下降30.57%（表5）。

图3和图4所示为亚麻纱线和苎麻纱线出口情况。结合图3和图4可以看出，2011～2013年，出口到印度的亚麻纱线变化对我国亚麻纱线的出口影响最大，从2012年开始呈现波动增长趋势，说明印度的亚麻纱线市场日趋稳定和发展，将成为未来亚麻纱线出口的最主要市场。而苎麻纱线出口市场极不稳定，变数很大，最主要的变数来源于越南市场的波动，部分苎麻纱线企业“成也越南，败也越南”，而中国香港则是相对成熟的苎麻纱线出口市场，虽有起伏，但总体较为稳定，可能成为苎麻纱线出口市场的“稳定剂”。

图3 2011～2013年亚麻纱线和苎麻纱线出口数量变化

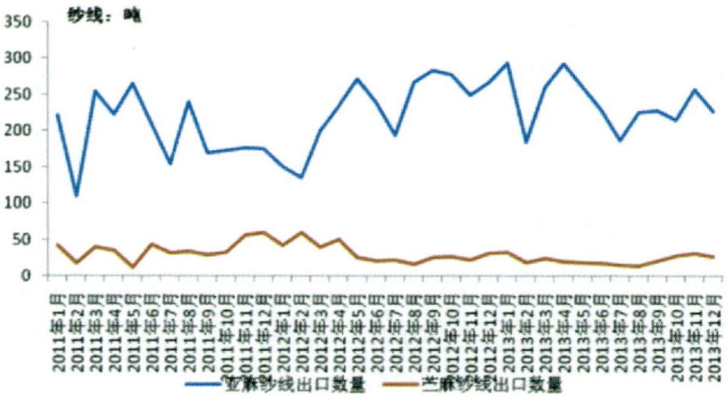

资料来源：中国海关

图4 2011～2013年亚麻纱线和苎麻纱线主要出口国家和地区数量变化

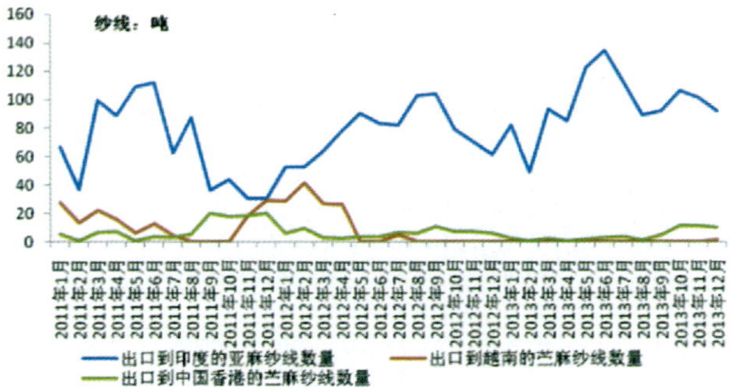

资料来源：中国海关

表5 2013年主要麻纱线出口量额情况

商品名称	累计数量（吨）	数量同比（%）	累计金额（万美元）	金额同比（%）
亚麻纱线	28691	3.42	26336	7.03
苎麻纱线	2686	-30.57	2528	-58.93
黄麻纱线	1054	117.89	121	42.1
大麻纱线	609	95.6	1208	83.51

资料来源：中国海关

表6 2013年1～12月份主要麻织物出口情况

商品名称	累计数量（万米）	数量同比（%）	累计金额（万美元）	金额同比（%）
亚麻织物	13660	2.01	40625	5.28
苎麻织物	14110	34.95	54048	63.91
黄麻织物	2885	135.49	599	86.92
大麻织物	93	−24.34	574	−20.1

资料来源：中国海关

在麻织物出口方面，亚麻织物与苎麻织物是主要出口产品，2013年1～12月份亚麻织物累计出口数量为1.37亿米，同比增长2.01%；苎麻织物累计出口数量1.41亿米，同比增长34.95%，见表6。

图5 2011～2013年亚麻织物和苎麻织物出口数量变化

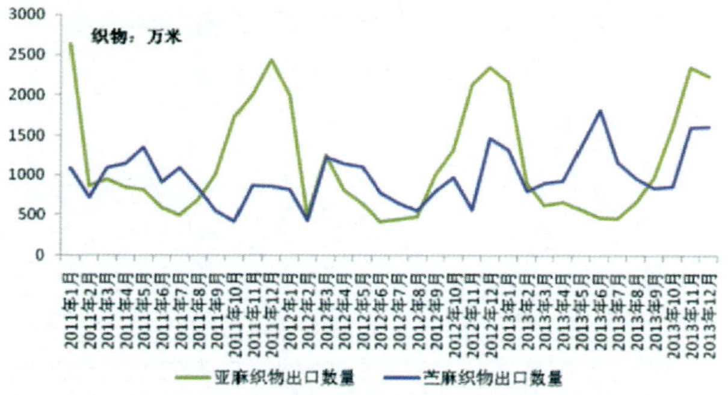

资料来源：中国海关

图6 2011～2013年亚麻织物和苎麻织物主要出口国家和地区数量变化

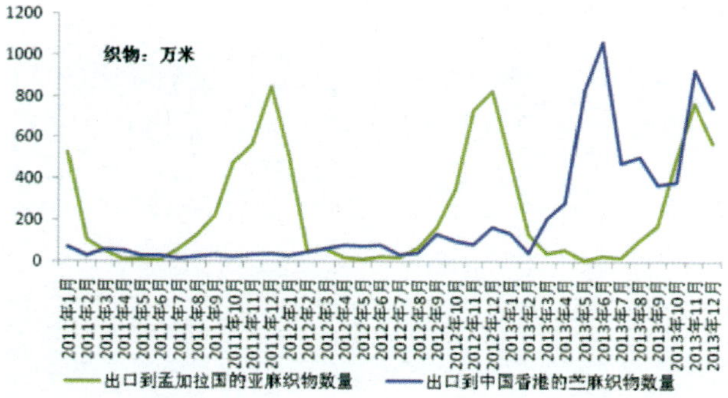

资料来源：中国海关

图5和图6所示为亚麻织物和苎麻织物出口情况。结合图5和图6可以看出，2011～2013年，我国亚麻织物的主要出口市场是孟加拉国，其变化曲线直接影响了我国亚麻织物的出口变化曲线，两者几乎一致，都呈现标准的季节性出口趋势，从每年的8月开始到次年的1月为出口旺季，波峰在11月和12月出现，说明孟加拉国的亚麻织物市场已经非常成熟稳定。而苎麻织物出口市场呈现波动式发展趋势，其中中国香港从2013年2月开始对苎麻织物的需求急剧增长，将成为苎麻织物的新兴出口市场。

分析认为，印度和孟加拉国的劳动力成本优势日益凸显，吸引了许多亚麻服装、家纺等终端加工企业进入，这是这些国家对我国亚麻纱线和织物的需求稳定的主要原因。

（三）含麻服装出口保持增长趋势，但增速明显放缓

据海关统计（表7），2013年1～12月份，我国含麻服装出口总额250.88亿美元，同比增长15.55%，与2012年的增速49.66%相比，下降了34.11个百分点；累计出口服装数量38.48亿件，同比增长13.76%，与2012年的增速54.75%相比，下降了将近41个百分点。

从表7中可以看出，含麻服装出口数量与出口金额保持稳定增长，但增速明显低于2012年同期增速。这一方面是由于国际市场对含麻服装服饰的需

表7 2013年1～12月份含麻服装出口情况

月份	2013年数量（亿件）	2012年数量（亿件）	数量同比（%）	2013年金额（亿美元）	2012年金额（亿美元）	金额同比（%）
1月	3.90	3.41	14.28	28.11	22.77	23.47
2月	2.66	1.37	94.68	18.88	8.65	118.30
3月	2.29	2.57	−10.98	15.56	16.09	−3.26
4月	3.13	2.54	23.31	20.57	15.26	34.82
5月	3.10	2.87	8.06	19.12	17.29	10.57
6月	3.13	3.14	−0.35	19.45	19.66	−1.10
7月	3.37	2.98	13.23	21.25	18.83	12.90
8月	3.26	2.85	14.46	20.58	18.18	13.20
9月	3.29	2.87	14.94	20.36	18.37	10.84
10月	3.38	2.95	14.56	20.08	19.11	5.10
11月	3.22	2.62	23.17	20.86	17.00	22.64
12月	3.75	3.67	1.97	26.06	25.93	0.52
合计	38.48	33.84	13.76	250.88	217.14	15.55

资料来源：中国海关

求还在逐渐扩大，并有日益成熟稳定的趋势。另一方面也是由于我国麻纺织时尚产品的宣传力度不断加大，国内市场需求也日益增加，许多含麻服装服饰加工企业逐渐由外单加工转向开拓内需市场。

从2011～2013年的海关数据可知，含麻服装服饰中以含12%亚麻的针织女式上衣（详细规格为72棉12亚麻8绢丝8腈针织女式上衣（长袖 亚码/K72MWJ065），下同）和含30%亚麻的梭织女长裤（详细规格为57棉30亚麻8涤5聚胺酯梭织女长裤（休闲 欧码A），下同）为主要出口品种，前者的主要出口市场为中国香港和越南，其出口金额变化如图7所示，后者的主要出口市场为美国和日本，其出口金额变化，如图8所示。

图7 2011～2013年含12%亚麻的针织女式上衣主要出口国家和地区金额变化

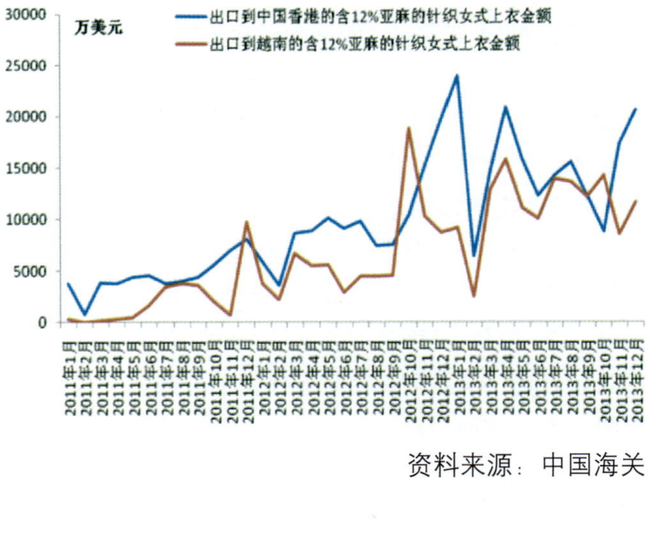

资料来源：中国海关

从图7可以看出，含12%亚麻的针织女式上衣从2012年下半年开始，出口到中国香港和越南的金额都呈现快速增长趋势，这成为了我国含麻服装服饰近几年出口快速增长的重要推手，中国香港和越南也成为了我国含麻服装服饰最重要的新兴出口市场。分析认为，中国香港和越南都处于气候炎热的亚热带，对具有凉爽透气特性的含麻服装服饰，尤其是针织女式上衣情有独钟；而中国香港作为时尚之都，受近两年亚麻时尚文化推广的影响，自2012年第三季度开始掀起了一股“穿戴亚麻”的潮流；越南作为人口密集和服装文化的传递之地，对含麻服装的需求正与日俱增。

图8 2011～2013年含30%亚麻的梭织女长裤主要出口国家和地区金额变化

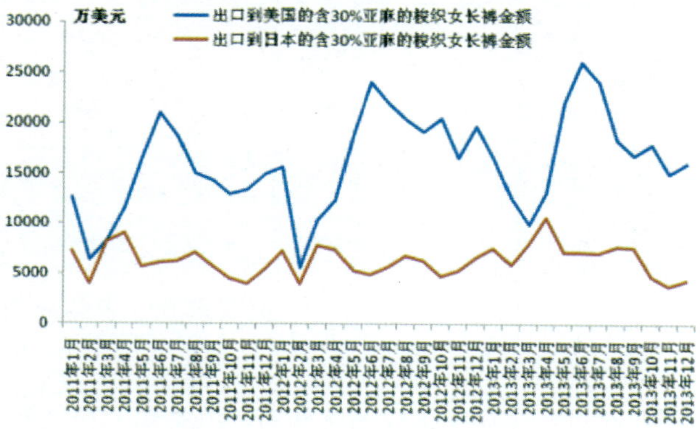

资料来源：中国海关

结合图8可以看出，我国含麻女长裤在美、日大受欢迎。长期以来，我国含麻服装服饰跟其他服装纺织品一样，在全球最成熟、最重要的服装消费市场美国和日本都占有一席之地，尤其是含麻女长裤。 这两个出口市场在经济危机后逐渐恢复，消费能力逐步上升，从图中可以看出，含麻女长裤在这两个市场上的出口金额呈现极有规律的年度周期变化，且在每个周期内呈现三个波峰旺季。从2011年开始，这种周期变化有缓慢上升趋势。这也折射出美、日两国在经济危机后，市场活力进一步复苏，消费潜力进一步释放。

2013年麻纺织行业存在的主要问题

一、招工难、“留不住”和融资难等问题凸显

近几年各种生产要素成本，尤其是劳动力成本快速上升，纺织中小企业融资渠道越来越狭窄，新一代务工人员价值取向发生变化，导致招工难、“留不住”和融资难等问题在纺织行业不断加剧，已经成为了困扰整个纺织行业发展的重要问题。由于麻纺织企业用工非常多，万锭用工接近500人，这个问题更为凸显，造成了“有订单，无员工”、甚至“不敢接单”的局面，影响企业的正常生产和运营。

二、技术装备水平落后

麻纺织行业是个用人多、劳动强度大、自动化水平低的行业。提高自动化水平、提高劳动生产率、减少用工是麻纺企业的当务之急。长期以来由于行业规模小，得不到纺机开发市场的重视。特别是苎麻行业装备十分落后。虽然在纺机协会的大力支持下，目前正在努力开发苎麻成套设备，进行科技攻关，但是设备还没有定型，与企业的需求还有一定的差距。

三、原料种植萎缩，进口原料受制于人

由于国家对粮棉种植有补贴而对种麻没有补贴，麻农“挖麻”、“毁麻”、“弃收”现象越来越多，我国苎麻和亚麻种植面积急剧下降，苎麻甚至即将出现“无米下锅”的困境，黄麻种植面积也减少了50%，优质原料缺乏，远不能满足国内麻纺织企业的生产需求。原料进口依存度大，优质亚麻原料三分之二需要进口，黄麻原料几乎全部从孟加拉国购入，这对我国麻纺织行业制约较大。

四、内需市场开拓不足，品牌建设任重而道远

经过几年的内需市场宣传和开拓，虽然效果较好，但离目标仍然较远。麻纺织行业尚需群策群力，继续加大附加值高的终端产品开发，扩大内需市场份额，加强品牌建设，才能逐步摆脱内外市场发展不平衡的风险。

2014年麻纺织行业发展建议及展望

近几年，我国麻纺织行业在社会各界的共同支持下，不遗余力地开拓内需市场，并取得了较好的成绩，使麻纺织企业看到了走出困境的曙光和希望。对于2014年如何更好的发展麻纺织行业，麻纺织企业应该进一步研发适合纺纱的优质麻纺织原料品种，重视原料基地建设；进一步研发麻纺织专用设备，提高自动化水平；进一步开发时尚终端产品，扩大麻纺织产品内需市场。

同时，麻纺织企业家也迫切希望国家出台相关政策：一是保护麻农利益政策，使麻农享有粮农种粮的同等补贴待遇；二是麻纺织行业将整合全行业资源，以自筹资金为主进行技术装备的改造更新，同时更希望得到国家有关部门的支持；三是希望国家针对劳动力密集型纺织企业用工成本高、融资难的问题出台相应政策，减轻企业负担。

展望2014年，麻纺织行业发展既面临一定的有利条件和机遇，也面临着诸多风险和挑战。从总体上分析，麻纺织行业在2014年可能进入一个快速发展时期，出口量额将保持12%以上的增长，内需市场份额比2013年提高6%以上，将成为重要推手。预计2014年全国麻纺织规模以上企业累计实现主营业务收入500亿元以上，实现利润总额30亿元以上，全行业出口麻纺织产品及含麻服装等260亿美元以上。

预测2014年中国麻纺织行业运行向好的因素主要表现在：

美、日等成熟市场消费能力将进一步提高，中国香港、越南、印度和孟加拉国等新兴市场将进一步扩大需求，尤其是越南和孟加拉国，麻纺织产品的出口增长可期。根据企业调查情况，欧美和日本、印度等用麻纺织品较多的国家基本没有存货，正常需求量不会减少，尤其是对含麻服装的需求将进一步加大。

随着麻纺织时尚文化的宣传推动，内需市场开拓加快。我国很多麻纺织企业都有了前几年扩内需的实践经验，并从中找到了新的利润增长点，将在2014年取得较大进展。企业和协会也将利用“2014中国麻纺织绿色时尚产品文化年”的宣传平台，不遗余力地加大麻纺织产品的时尚宣传，培养更多的潜在消费者。

麻纺织原料产供销总量基本平衡。2014年麻纺织原料（除苎麻外）库存、供应和品质相对稳定，价格也相对稳定，但也难免小范围波动。

但全行业在利好因素促进发展的前提下，也存在一些不确定因素。主要体现在用工等综合成本不断上升、环保压力不断加剧、国际环境动荡和人民币汇率波动等方面。麻纺织企业家要保持清醒的头脑，充分认识到前进道路上存在的风险，提高应变控制能力。

（撰稿人：罗玉成）

长丝织造业

中国长丝织造协会

2013年长丝织造行业经济运行情况

2013年全球经济虽未能出现强劲表现，但伴随着发达经济体的逐步恢复，国际市场在三季度以后明显复苏，国内经济则从下半年开始，艰难抵住各方压力，努力剔除经济泡沫，以期真正迎来制造业的稳步恢复，全年经济稳中向好。长丝织造行业在复杂的国际国内环境下，通过积极调整生产经营模式，努力在产品创新、产业转型升级上下功夫，保持了全年经济运行的平稳增长。具体分析如下：

一、各主要集群产量保持小幅增长

据协会统计，2013年我国化纤长丝织物产量为420亿米，同比增长6.3%。表1是2013年我国主要长丝织造产业集群化纤长丝织物产量表，可以看出，2013年吴江、长兴、秀洲、龙湖、柯桥、泗阳产业园六地合计累计生产化纤长丝织物358.89亿米，同比增长4.8%。与2012年相比，各主要产业集群的生产保持了小幅增长。其中，盛泽地区产量增速从2012年的−7.86%提升至10.51%，龙湖地区产量增速从2012年的−0.58%提升至9.2%正增长。

实际上各地生产是在2013年下半年，尤其是第三季度以后出现较为明显的恢复。经过三个季度的努力，企业一边消化库存，一边积极调整生产，寻找适销对路的产品。到第四季度，生产基本能够保持增长。从产能来看，据各地区统计，截止2013年底以上六地区共有喷水织机38.6万台，同比增长10.38%，其中进口喷水织机占31%。

二、出口环境转好，外销略有改善

（一）化纤长丝织物出口向好，但价格并不理想

2013年，我国纺织织物累计出口358.67亿美

表1 2013年我国主要长丝织造产业集群化纤长丝织物产量表

集群名称	单位	产量	同比(%)
苏州市吴江区	亿米	203.00	1.5
其中：盛泽镇	亿米	87.06	10.51
湖州市长兴县	亿米	70.95	7.99
嘉兴市秀洲区	亿米	37.07	9.46
晋江市龙湖镇	亿米	26.20	9.2
绍兴市柯桥区	亿米	16.74	5.05
宿迁市泗阳产业园	亿米	4.94	66.34
合计	亿米	358.90	4.8

资料来源：各地经济部门统计

表2 2013年我国主要纺织织物出口情况表

	出口金额		出口数量		平均价格	
	数值(亿美元)	同比(%)	数值(亿米)	同比(%)	数值(美元/米)	同比(%)
纺织织物	358.67	14.63	261.72	12.79	1.37	1.48
棉织物	150.17	19.01	91.17	15.95	1.65	3.13
长丝织物	112.74	13.15	106.54	11.18	1.06	1.92
短纤织物	70.55	12.47	58.43	12.14	1.21	0.83

资料来源：中国海关

元，同比增长14.63%；其中化纤长丝织物累计出口112.74亿美元，同比增长13.15%（表2）。从全年单月出口情况（图1）来看，化纤长丝织物一季度出口并不稳定，5月份单月出口额达到全年最高值后一路下滑，到10月跌入谷底，但11月、12月明显增长，从而保持了全年的增速。从增长速度看，从2012年3月开始下滑的增速到2013年开始缓慢而平稳的爬升，这都表明了国际市场正在逐步改善。

图1 2013年我国化纤长丝织物出口情况

单位：万美元

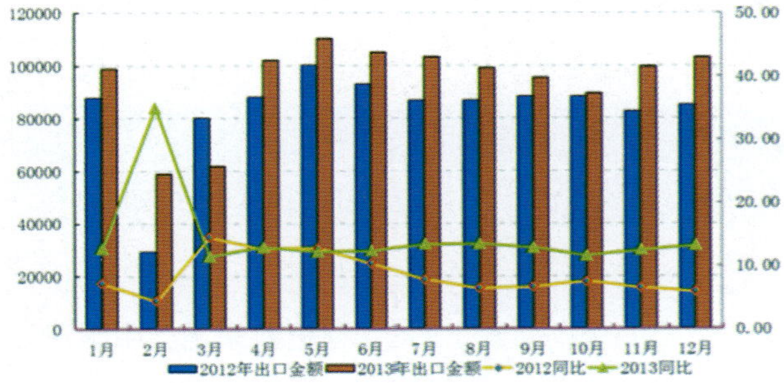

数据来源：中国海关

从数量来看，2013年我国化纤长丝织物出口主要依托数量的实质增长，累计出口106.54亿米，同比增长11.18%，增速提高了10.4个百分点。2011年起至今，化纤长丝织物始终是我国各类纺织织物中出口量最多的产品，并始终保持占我国纺织织物出口总量的40%以上。

从价格来看，2013年我国化纤长丝织物出口的平均价格为1.06美元/米，同比仅增长了1.92%。这有两方面的原因，一是随着棉织物出口市场的恢复，国际市场减少了对高档化纤长丝织物的需求；另一方面则是国际市场中低端市场的需求扩大，加大了对低档化纤长丝织物的需求量。但是，出口价格的低速增长，难以应对人民币快速升值带来的损失，如果分别按当期汇率折算成人民币，出口价格实际上是从年初的6.54元/米下降到年末的6.48元/米，直接损失6.39亿元。

（二）锦纶长丝织物出口价格不变

2013年我国涤纶长丝织物累计出口93.45亿米，同比增长11.14%；锦纶长丝织物累计出口2.33亿米，同比增长9.74%，价格均没有明显改善（表3）。

近年来，我国在锦纶长丝织物的织造技术上有较大突破，高密细旦产品也越来越受到国际市场的喜爱和认可。但伴随着织造技术的进步，对上游原料的要求也越来越高，目前国内能够满足高档锦纶织物产品的原料并不多见，多数企业还是选用韩国、中国台湾等国家或地区的原料，且价格偏高，提高了企业的原料成本，也增加了国际竞争的难度。

（三）各主要出口市场都明显改善

从主要贸易地区（表4）来看，与2012年相比，2013年我国化纤长丝织物对各主要贸易地区的出口

表3 2013年我国主要长丝织物出口情况表

名称	出口金额		出口数量		平均价格	
	数值(亿美元)	同比(%)	数值(亿米)	同比(%)	数值(美元/米)	同比(%)
涤纶长丝织物	99.65	13.06	93.45	11.14	1.07	1.9
锦纶长丝织物	3.10	13.64	2.33	9.74	1.33	3.1

资料来源：中国海关

表4 2013年我国化纤长丝织物主要贸易地区出口情况表

国家或地区	累计金额（亿美元）	金额同比（%）	累计数量（亿米）	数量同比（%）	平均单价（美元/米）	单价同比（%）
欧盟	10.70	27.84	9.11	26.75	1.18	1.61
阿联酋	9.49	11.66	6.53	11.09	1.45	0.52
越南	6.32	23.05	5.50	25.04	1.15	−1.59
巴西	6.15	14.68	7.70	21.22	0.80	−5.39
巴基斯坦	5.20	49.80	2.73	26.79	1.90	18.14
印度尼西亚	4.92	1.60	5.24	5.64	0.94	−3.82
俄罗斯	3.68	−2.99	3.81	−8.09	0.97	5.54
马来西亚	3.51	24.58	3.06	14.46	1.15	8.84
吉尔吉斯坦	3.45	20.56	2.95	13.70	1.17	6.04
中国香港	3.44	13.25	2.49	12.14	1.38	1.00
菲律宾	3.26	50.37	3.28	63.35	0.99	−7.95
美国	3.26	12.10	3.33	21.83	0.98	−7.98
伊朗	2.70	110.87	1.63	62.86	1.66	29.48
全球	112.70	13.17	106.51	11.20	1.06	1.77

资料来源：中国海关

有明显改善，除对俄罗斯的出口出现负增长以外，其余地区均保持了明显的增长。对欧盟出口增速从2012年的1.56%提升到27.84%，此外对巴基斯坦、菲律宾和伊朗的出口额都有明显增长。

2013年尽管我国化纤长丝织物对美国的出口量增速并未放缓，同比增速为21.83%，但价格却在去年负增长6.35%的基础上继续下降7.98%，导致对美出口额增长乏力。据美国商务部纺织服装办公室数据显示，2013年美国从全球累计进口轻薄类化纤长丝织物数量同比增长12.88%，其中62.28%的产品来自中国，但由于价格偏低，金额占比仅为47.07%。实际上美国从全球进口的化纤长丝织物平均价格同比下降了4.09个百分点。这也表明恢复中的美国市场，对产品档次的需求结构已有所改变。美国不仅仅是在尽可能的压低产品的进口价格，而是在积极寻找适合本土生活方式的低价产品。

（四）长丝织物进口负增长

2013年我国长丝织物进口延续了2012年的负增长，全年累计进口10.94亿米，同比下降6.65%。其中锦纶织物为3.68亿米，同比下降3.3%；涤纶织物为4.87亿米，同比下降了6.74%。近年来，由于国内长丝织物市场饱和，对外需求逐步缩小。随着国内织造工艺的进步，高档产品也渐渐能满足国内需求，因此进口持续减少已属必然。

三、内销价格、实际交易量小幅下降

图2 2012～2013年化纤长丝面料景气、价格指数走势图

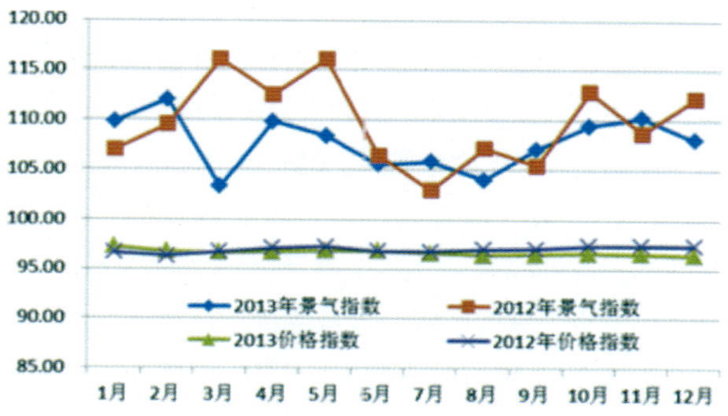

资料来源：中国绸都网

从图2可以看出，2013年化纤长丝织物内销价格持续了2012年的平稳低迷，并在下半年进一步下滑，但幅度不大。2013年市场信心比2012年略为平稳，但总体并不乐观。

图3 2012～2013年东方丝绸市场日平均成交量走势图

单位：万米

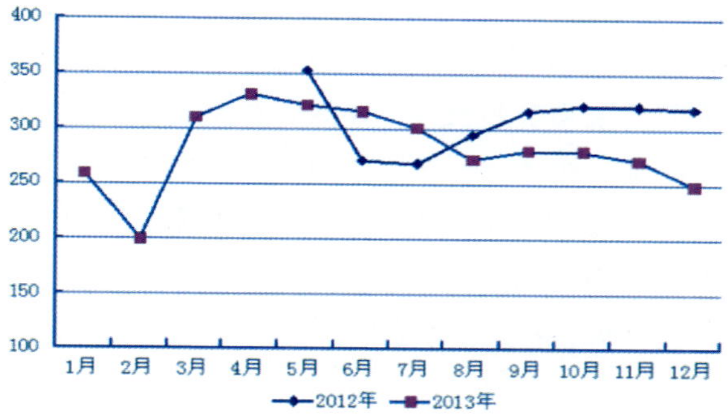

资料来源：中国绸都网

图3显示的是2012年5月至2013年12月东方丝绸市场长丝织物日平均成交情况，可以看出2013年只有第一个销售旺季的情况略好，从5月开始日成交情况开始下滑，“金九银十”只有小幅回调，由于价

表5 2013年我国长丝织造集群地区实际完成固定资产投资情况表

集群名称	实际完成固定资产投资额（亿元）	同比（%）
吴江市盛泽镇	69.15	3.49
湖州市长兴县	34.23	23.00
嘉兴市秀洲区	6.01	3.94
晋江市龙湖镇	2.10	10.53
绍兴市柯桥区	27.17	−2.30
宿迁市泗阳产业园	13.55	50.22
合计	152.21	9.38

数据来源：各地经济部门统计

格偏低，冬季以后日成交量持续减少。从东方丝绸市场的情况可以侧面看出，2013年的内销压力还是比较大的。

四、投资保持增长

据国家统计局统计，2013年我国化纤长丝织造产业实际完成投资额为417.09亿元，同比增长32.61%；新开工项目881个，同比增长17%。从表5可以看出，投资增长较快的地区主要是正在建设发展中的产业集群如长兴、龙湖和新建工业园区如泗阳，盛泽、秀洲、柯桥等因为已经是发展的较为成熟的产业集群，在土地、能源等方面受到制约，投资增长并不显著。2013年投资主要集中在引进高档设备和“机器换人”等项目。

五、行业经济指标总体略有增长

（一）各项经济指标增速小幅增长

据国家统计局不完全统计（图4），2013年我国规模以上化纤织造加工企业主营业务收入累计达到888.14亿元，同比增长11.93%，增速比去年同期上升了5.81个百分点；利润总额累计为40.66亿元，同比增长15.42%，增速比去年同期上升了8.88个百分点。

图4 2013年长丝织造行业经济指标走势图

单位：%

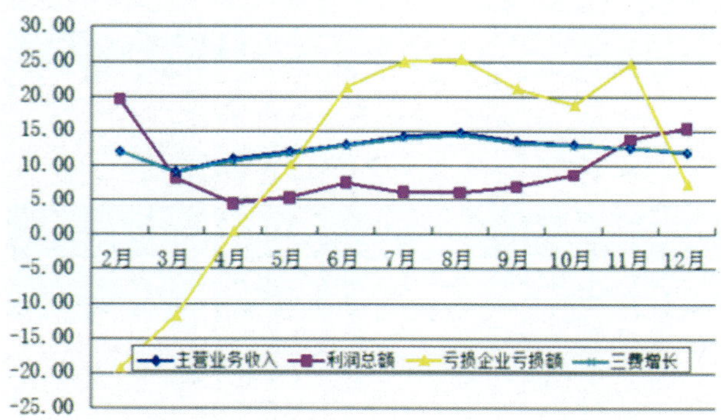

资料来源：国家统计局

2013年初始，各项经济指标增长较为缓慢，尤其是到年中，利润总额增长速度达到全年最低值，但三季度以后开始上扬，这一方面是因为企业加强内部管理，三费增长速度有所下降，利润率从年初的3.52%稳步上升，到年底达到4.58%，比去年同期上涨了0.44个百分点；另一方面则是亏损企业亏损额在经历了上半年的陡峭攀升后开始回落，到年底，亏损面为10.39%，亏损企业亏损额增幅控制在7.17%。

（二）库存压力仍在，潜亏风险加大

从2012年开始攀升的产成品库存仍在持续增长，据国家统计局统计（图5），截止2013年底，我国化纤长丝织造业产成品库存达到60.56亿元，同比增长22.22%。从全年来看，尽管企业始终努力从调节生产、调整产品结构、甚至降低产品价格等多方面消化库存，但因为众所周知的原因，只要持续生产，只要市场没有彻底转好，库存实际上是一边消化、一边积压。

由于产成品库存指标是以金额计量的，产成品库存的风险非常大，尤其是在下游市场需求不足，上游原料价格下跌的时候，产成品库存就会带来损失。

据各产业集群地区统计，2013年盛泽、长兴、秀洲、龙湖、柯桥、泗阳六地合计产销率为98.78%，仅比去年同期提高了0.27个百分点；但利润率从去年的4.5%下降到了3.95%；利润总额同比下降了6.95%。这也就是说，持续的生产与积压的库存共同作用，会不断挤压企业的利润空间。

图5 2013年我国化纤长丝织造业产成品库存情况

单位：万元

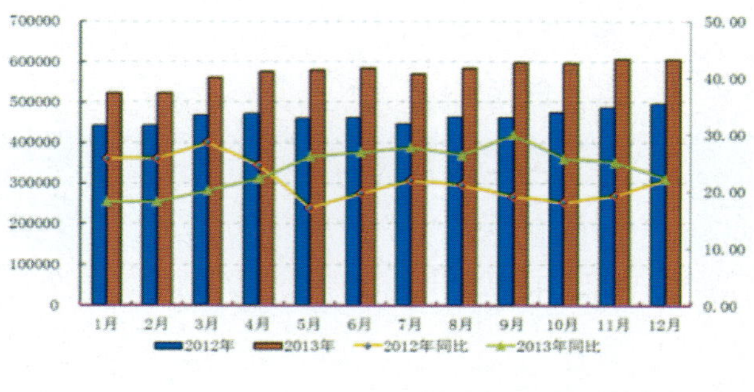

资料来源：国家统计局

（三）银行贷款难得，应收账款难回

据国家统计局统计，2013年我国化纤长丝织造业财务费用同比增长10.84%，但利息支出同比仅增长了3.41%。从表面看，这或许是企业负债规模缩减的向好指标，但也应该看到，利息支出增速的大幅下滑，还有两个原因不容忽视：一是企业融资难度加大，需要资金却筹集不到，被迫减持债务规模；二是企业不需要融资，这又有两种情况，一种是企业自由资金充足，这主要是经营情况较好的企业，另一种则是企业放弃融资，这也就意味着企业为了止损，不愿再投资，这主要是中小企业或经营不畅的亏损企业居多。一旦出现这种情况，可能有的企业就会面临破产，考虑到目前纺织企业贷款多采用联保方式，一个企业破产可能会影响到多家企业。

此外，为了保证销售的顺利进行，也为了留住客户，多数企业被迫扩大了延期付款的客户面并延长了付款期限，这也加大了企业的经营风险，不仅造成短期内企业资金链紧张，长期看，如果下游市场不能尽快恢复，企业还面临着应收账款不能收回的巨大风险。截止2013年底，化纤长丝织造行业应收账款达到109亿元，同比增长了15.69%。2014年春节，一些企业采取早放假、晚开工的方式度过传统佳节，主要也是因为应收账款难回造成流动资金紧缺。

因此，从全行业的运行情况来看，虽然各项经济指标增速都有小幅增长，但60亿的库存和110亿的应收账款必须引起高度重视。如果用国家统计局主营业务收入888亿元这一数据代替销售产值估算，实际产销率仅为93.67%。我们必须清醒的认识到库存实际销售后能带回的收入可能远不如产品产值，而应收账款也能够全额收回的几率为零，这不仅仅是一个时间的问题，而是完全可以预见的损失。

行业运行存在的主要问题

一、原料市场稳中有降

图6 2013年化纤长丝及棉花价格走势图

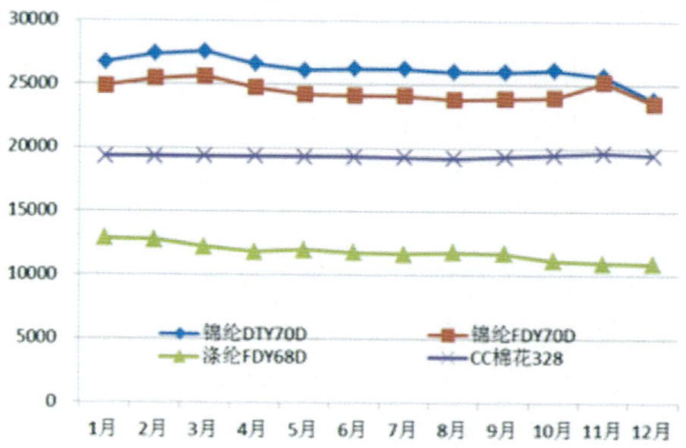

资料来源：中国纺织经济信息网

从图6可以看出，2013年全年原料价格稳中有降。受政策影响，国内棉价全年维持在19000元/吨的高位，并与国际棉价始终保持着4000～5000元的差距。尽管2014年棉花政策有重大调整但其效果难以在一年内释放，预计棉花价格会有一定程度的松动，但松动的程度以及新棉政策带来的实际影响不会太乐观。

根据中国化纤网统计，到2013年PTA国内有效产能可达到3300万吨，完全可以满足国内需求，预计2014年国内有效产能仍会进一步提高，因此从原料供给上看，2014年聚酯价格以及后道涤纶纺丝价格都不会有明显改善。有观点认为涤纶价格下降的主要原因是产能过剩，但实际上，所谓产能过剩从根本上讲是相对于需求显得过剩了。从2012年开始，全球经济不景气，终端需求严重不足，这种市场需求的全面萎缩从产业链末端逐级向上传递，最终影响了中间以及上游产品的价格、生产，使得产需矛盾突出出来。但伴随着经济周期的循环，此时的过剩可能就是下一阶段的供求平衡。因此，应遵循市场规律来判断经济形势。

二、节能压力难解决，印染瓶颈难突破

2013年，从全行业来看，节能问题更加严峻。由于市场形势不好，企业面临着产业升级的需求和劳动力成本上升的压力，希望更新设备，进行技术

改造，可是新设备上马必然引起用电量大幅上涨，这与当地政府的限电政策有着明显的冲突。从长丝织造产业集群反应的情况看，除了采取错峰电价加大节能力度外，一些地区还出台了强制用电标准以及限制，这些限制甚至会严重影响到企业的正常生产。

与此同时，减排压力也不容小视。根据国家有关规定，为了达到对太湖的零排放标准，浙江省从2013年7月1日后要求，入网污水COD值不超过200，这一要求比之前500的规定严格了几倍。王江泾地区还规定污水排放量视企业不同将减少到原来的40–60%不等。由此，印染企业需要在污水处理技术改造上大量投入。污水处理费用也会明显上涨。成本上涨仅仅是减排压力下第一个层面的问题，在这一压力的影响下，我国印染的能力、技术水平都难以提升。从能力上看，以盛泽为例，130亿米的织造能力，只有30亿～40亿米的印染能力。100亿米都要到绍兴、萧山等地印染。不仅担心质量问题，还要承担运输成本。对面料而言，印染及后整理注入的附加值远远高于织造本身。在印染技术水平上，我国一直都与日韩有着一定的差距，与欧洲的差距更大。

三、资金链风险大

2013年至2014年企业面临的一个突出问题将是资金链风险。只要资金链不断，企业就能度过这个冬天。而保障资金链必须从以下几个方面做好监督与控制：

一是库存。庞大的产成品库存占用了大量的资金。据企业反应，目前企业积压的库存主要是2013年以前生产的产品，除了一些常规产品可以降低价格慢慢消化外，一些流行品种将需要更长的时间消化，因此这一部分库存挤占的资金短期内难以收回。

二是应收账款。据了解，目前企业一般都有3～6个月的应收账款，有的甚至长达9个月。为规避资金风险，企业应采取减少“放账”、不给新客户“放账”、外销时尽量采用外汇信用证以确保资金回笼，尽可能的维持现有客户和销售渠道，切记盲目销售。

三是融资难。由于银行并不接受纺织企业以厂房、设备进行抵押的贷款方式，造成企业融资越来越难。由于经济持续下滑造成以下小微企业濒临破产，有连带担保的企业一定要警惕突发事件带来的资金流动压力。

四、劳动力优势不在

在经历了连续几年的高增长后，2013年长丝织造行业工人工资上涨平稳，平均涨幅约为7%。截止2013年底，盛泽工资水平可达到4000元/（人·月）（8小时工作制），王江泾、长兴则在3500元/（人·月）左右。中国纺织业劳动力成本低廉的优势已不复存在。

尽管工资水平如此之高，即便是与国内其他制造业相比，近年来纺织工人的工资也属后来居上，但产业工人并不好找。这一方面是因为内地制造业的发展，使得工人可以就近找到合适的工作，减少外出打工；另一方面是因为面对越来越突出的留守儿童问题，一些地区的政府强制要求父母双亲中必有一亲留在家中，纺织工人女工居多，也就更倾向于留在家中。在这样的情况下，提高工资、改善工人生活环境也并不能从根本上解决用工问题，因此“机器换人”引起企业的重视，希望通过减少用工来弥补“劳动力优势不在”带来的损失。

2014年长丝织造行业发展趋势

对中国长丝织造行业而言，2013年已平稳度过，伴随着国际国内经济稳中向好的发展态势，预计2014年将会保持平稳增长。随着各项以稳增长、调结构为主要目标的调控政策的效果显现，国内经济保持平稳增长。但受政策影响，内需市场消费能力的恢复还需要时间。长远来看，城镇化进程的推进必将扩大对纺织服装产品的需求。对中国长丝织造产业而言，在城镇化进程中，一个需求亮点是家用纺织品。目前，国际发达国家家用纺织品消费占纺织品消费总量的40%，而我国不到30%，这中间需要更多的努力和发展，无论是窗帘、还是床品，无论是沙发还是墙布，都是长丝织造产业可以大有作为的增长点。而在服装面料的推广上，越来越多的服装企业开始着眼于三、四线城市的市场需求，并努力打造适合这些城市居民消费的服装品牌理念，化纤长丝面料无论从风格、品质、价格、特种功能都更适合于此类服装品牌。这也是中国服装市场未来的春天。

2014年美国将有更为明显的复苏，欧盟、日本也会慢慢恢复，从而为整个国际市场带来希望，但新兴市场可能依然缺乏表现。预计2014年行业出口应有一定程度的增长。但同时，要清醒的意识到在化纤长丝织造产业中存在的突出问题，如未能消化的库存可能带来的风险，节能减排推进带来的压力，以及在市场环境没有真正转好时，产能矛盾不可避免。在应对同质化竞争问题上，企业应继续在产品调整上下功夫，但也不能忽视销售渠道、产品服务等其它配套环节的调整。例如目前一些经营情况较好的长丝织造企业，不仅仅完成了向上游的延伸，以期从原料开发上满足产品质量及产品特殊性能的需求，并逐步向下游延伸，将面料的实用性、功能性、时尚性更好的展示给服装企业及服装设计师，这不仅扩大了企业的销售，也真正将一块面料从源头开发到终端需求的价值尽可能的体现，这也将真正赢得消费者的青睐，并最终赢得市场。

（撰稿人：黄潇瑾）

印染业

中国印染行业协会

2013年印染行业经济运行情况

2013年，国内外经济环境错综复杂，依然是印染行业接受考验的一年。全行业锐意进取，坚持推进产业结构调整与创新升级，行业经济效益明显好转，利润、投资、出口等主要经济指标增速较2012年有较大提升。2013年印染行业经济运行主要呈现以下特点：

一、产量持续负增长

2013年1～12月份，规模以上印染企业印染布产量542.36亿米，印染布产量同比减少2.21%，增速较2012年同期回落0.15个百分点。沿海五省中江苏、福建和山东省印染布产量增速较2012年分别回落9.36、2.92及2.35个百分点；广东省印染布产量同比增长6.48%，增速较2012年加快9.28个百分点，见表1。

2011～2013年，我国规模以上印染企业印染布产量逐年下降，由2011年的593.03亿米下降到2013年的542.36亿米，如图1所示。市场需求增长相对缓慢是印染行业产量下降的主要原因。2012年从3月份开始产量增速一路下滑，1～11月份产量增速仅为-0.54%，首次出现负增长，1～12月份降幅进一步加深。2013年情况未见好转，1～3月份达到近三年的最低值，3月份后持续负增长，虽然降幅波动有所收窄，但全年未扭转负增长态势，如图2所示。

图1 2011～2013年规模以上印染企业印染布产量情况

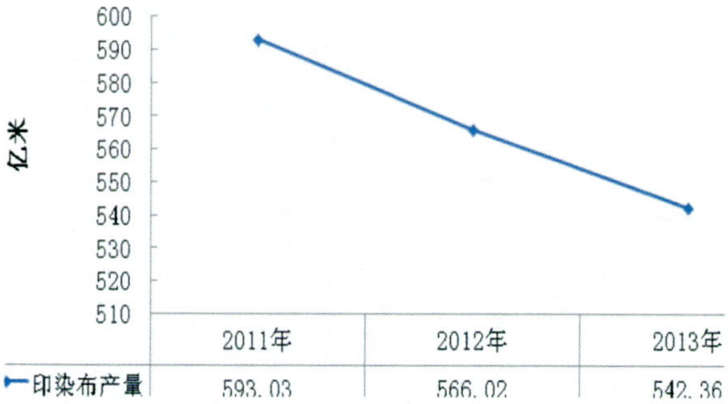

表1 2013年1～12月份主要省市印染布生产情况表

产地	全国	浙江	江苏	福建	广东	山东	五省合计
产量(亿米)	542.36	325.08	50.12	48.94	47.68	35.79	507.61
同比（%）	-2.21	-3.51	-0.07	3.32	6.48	-7.76	
较2012年增长（百分点）	-0.15	0.28	-9.36	-2.92	9.28	-2.35	
占全国比重（%）	100.00	59.94	9.24	9.02	8.79	6.60	93.59

资料来源：国家统计局

图2 2011～2013年规模以上印染企业印染布累计增速情况

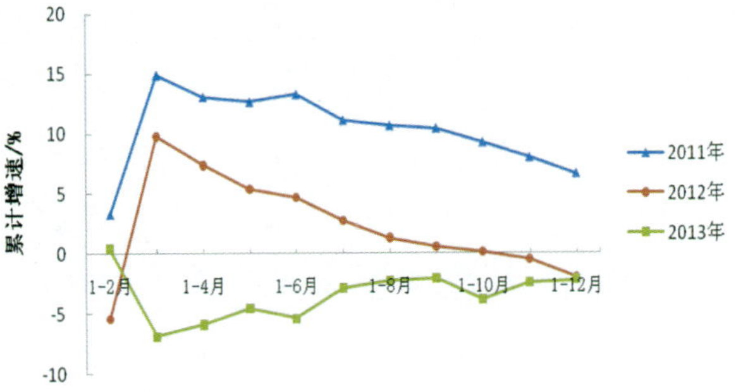

资料来源：国家统计局

2013年1～12月份，浙江、江苏、福建、广东、山东等东部沿海五省产量507.61亿米，占全国的比重达到93.59%，较2012年同期增加0.08个百分点，较2011年增加1.16个百分点，较2008年同期增加3.02个百分点；东部其它地区印染布产量仅占全国比重1.17%，如图3所示。东部沿海地区集中度不断提高，印染行业没有出现明显的向中西部转移的现象。

图3 2008～2013年东部沿海五省印染布产量占全国比重

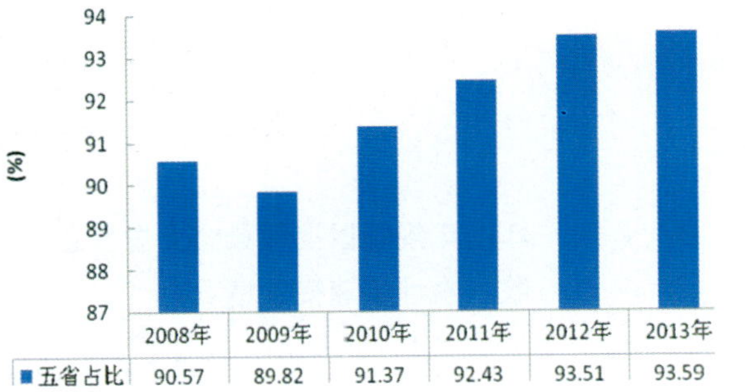

资料来源：国家统计局

二、投资有较大幅度增长

2013年1～12月份，印染企业实际完成投资300.69亿元，同比增加26.65%；施工项目数640个，同比增加22.14%；新开工项目数502个，同比增加25.19%；竣工项目数433个，同比增加22.32%。其中，化纤织物印染精加工企业的实际完成投资额、新开工项目数增速高于棉印染精加工企业，同比增长分别达31.79%和29.37%，见表2。

近几年，印染行业固定资产投资逐步得到恢复，行业投资总额、新开工项目数等增加。如图4、图5所示，2013年1～12月份，我国印染企业累计完成固定资产投资额较2011年增长53.02%；新开工项目数较2011年增长32.45%。

图4 印染企业累计完成固定资产投资额及增速情况

资料来源：国家统计局

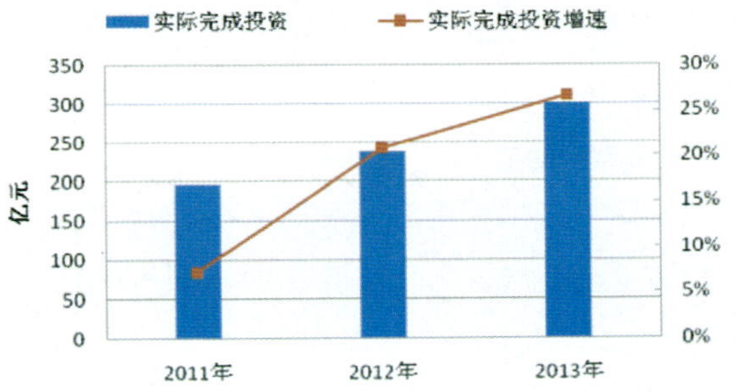

图5 印染企业新开工项目数及增速情况

资料来源：国家统计局

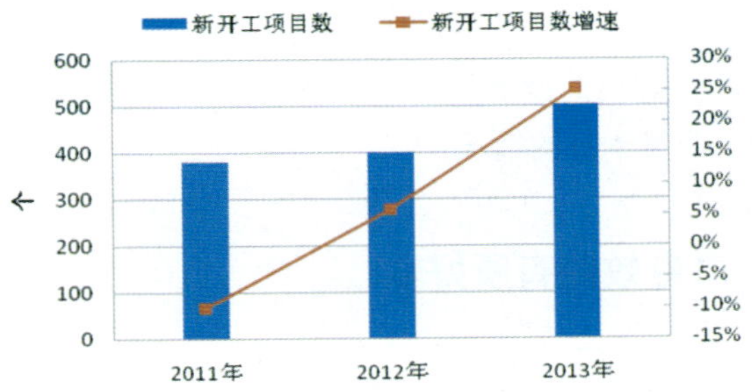

从图4、图5可以看出，近几年，印染行业在产量不断减少的情况下投资不断增加。究其原因主要是印染企业加快淘汰落后产能、加快产业升级步伐，在产品质量、技术研发、节能减排设备、污水处理设施、在线检测等方面的投入大量增加，相应

表2 2013年印染企业固定资产投资情况(不含农户)

项目	单位	棉印染加工		化纤织物印染精加工	
		数值	同比(%)	数值	同比(%)
实际完成投资	亿元	221.63	24.91	79.06	31.79
施工项目数	个	448	23.76	192	18.52
新开工项目数	个	339	23.27	163	29.37
竣工项目数	个	282	25.89	151	16.15

资料来源：国家统计局

表3 2013年1～12月份印染行业运行质量指标

印染企业	三费比例(%)	同比增减(百分点)	成本费用利润率(%)	同比增长(百分点)	销售利润率(%)	同比增长(百分点)
规模以上印染企业	5.78	0.03	5.34	0.48	5.05	0.43
棉印染精加工	5.64	0.05	5.35	0.45	5.06	0.41
化纤织物染整精加工	8.89	-0.40	5.18	1.06	4.94	0.96
印染企业	产成品周转率(次/年)	同比(%)	应收账款周转率(次/年)	同比(%)	总资产周转率(次/年)	同比(%)
规模以上印染企业	26.35	6.47	10.76	-0.84	1.40	2.08
棉印染精加工	26.28	6.44	10.96	-0.69	1.45	1.97
化纤织物染整精加工	28.17	7.19	7.70	-2.88	0.83	3.91

资料来源：国家统计局

的在产能方面的投资减少，最终出现了目前的投资增加，产量下降的情况。

三、质量效益有所好转

2013年1～12月份，规模以上1906家印染企业实现主营业务收入3641.02亿元，同比增长8.01%，增速虽然明显低于2011年，但高于2012年同期0.96个百分点，如图6所示。实现利润总额183.88亿元，同比增长18.15%，高于2012年同期4.77个百分点，利润总额累计增速明显高于2011年和2012年，如图7所示。

图6 2011～2013年规模以上印染企业主营业务收入累计增速变化情况

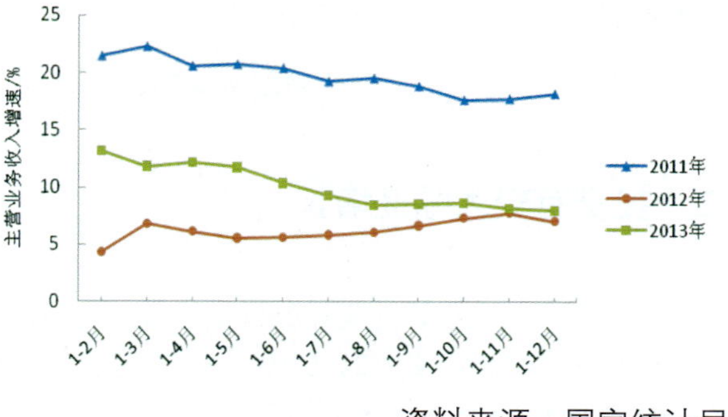

资料来源：国家统计局

图7 2011～2013年规模以上印染企业利润总额累计增速变化情况

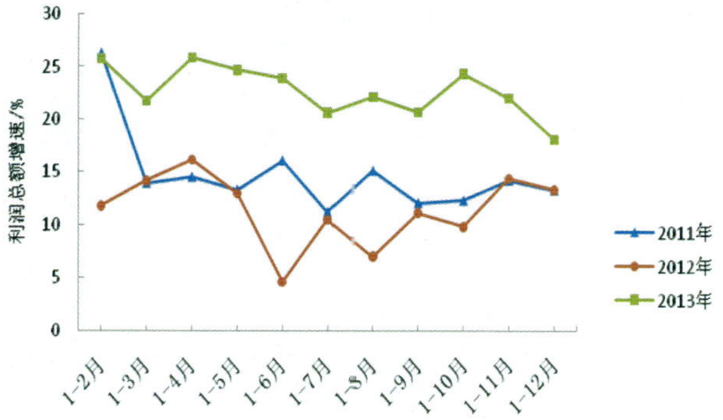

资料来源：国家统计局

随着企业管理水平提升及市场适应能力增强，印染行业运行质量效益不断改善。在产量较前两年不断下降的情况下，2013年印染行业主营业务收入和利润明显好转，如图8所示，表明印染行业由数量规模型向质量效益型转变的效果初步显现。

图8 2011～2013年规模以上印染企业主营业务收入及利润情况

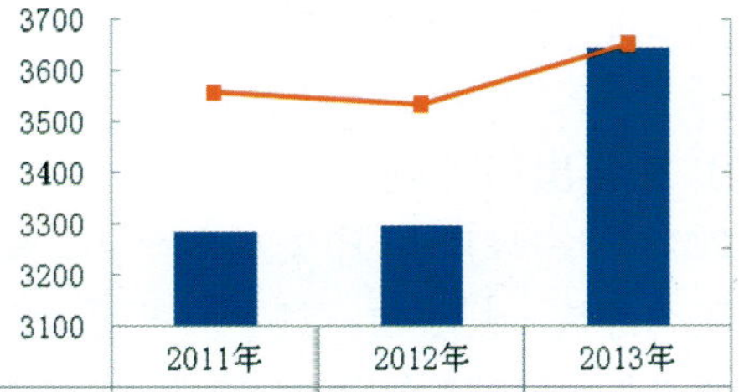

	2011年	2012年	2013年
主营业务收入（亿元）	3280.99	3293.44	3641.02
利润总额（亿元）	152.28	144.33	183.88

资料来源：国家统计局

2013年1～12月份，规模以上印染企业三费比例5.78%，同比增长0.03个百分点，其中，棉印染企业为5.64%，低于化纤织物印染企业3.25个百分点。成本费用利润率5.34%，同比增加0.48个百分点；销售利润率5.05%，同比增加0.43个百分点；产成品周转率26.35次/年，同比增加6.47%；应收账款周转率10.76次/年，同比下降0.84%；总资产周转率1.40次/年，同比增加2.08%，见表3。

四、企业亏损面收窄

2013年1～12月份，规模以上印染企业1906家，亏损企业238家，同比减少46家，亏损面12.49%；亏损企业亏损总额8.89亿元，同比降低22.79%。如图9所示，2013全年规模以上印染企业亏损面低于2012全年，且呈收窄趋势。

图9 2011～2013年规模以上印染企业亏损面变化情况

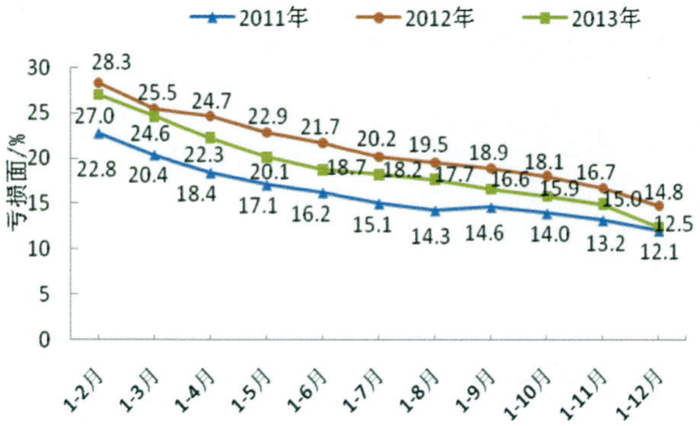

资料来源：国家统计局

五、出口保持平稳

2013年1～12月份，印染八大类产品进出口总额250.08亿美元，同比增加11.27%；贸易顺差193.33亿美元，同比增加18.35%。

根据中国海关数据（表4），2013年1～12月份，印染八大类产品出口数量187.58亿米，同比增长12.39%；出口金额221.70亿美元，同比增长14.25%；出口平均单价1.18美元／米，同比增长1.65%。由图10可知，2009年以后印染八大类产品出口金额、出口数量不断增加，2013年出口金额增速高于出口数量，且出口平均单价高于2008～2012年，说明印染行业出口产品的附加值不断提高。

表4 2013年1～12月份印染八类产品出口情况

品种	数量（亿米）	金额（亿美元）	单价（美元/米）	数量同比（%）	金额同比（%）	单价同比（%）
纯棉染色布	11.58	25.42	2.2	4.19	6.48	2.33
纯棉印花布	19.72	26.23	1.33	10.82	13.87	3.1
棉混纺染色布	2.03	4.72	2.32	54.88	56.55	0.87
棉混纺印花布	0.56	1.17	2.1	226.07	166.78	−17.97
合成长丝织物	102.87	111.66	1.05	11.1	12.93	0.96
涤纶短纤织物	12.62	10.77	0.85	33.46	36.81	2.41
T/C印染布	17.93	23.74	1.32	0.28	6.31	5.6
人纤短纤织物	17.28	17.99	1.04	24.45	23.16	−0.95
合计	187.59	221.7	1.18	12.39	14.25	1.65

资料来源：中国海关

图10 2008～2013年印染八大类产品出口情况

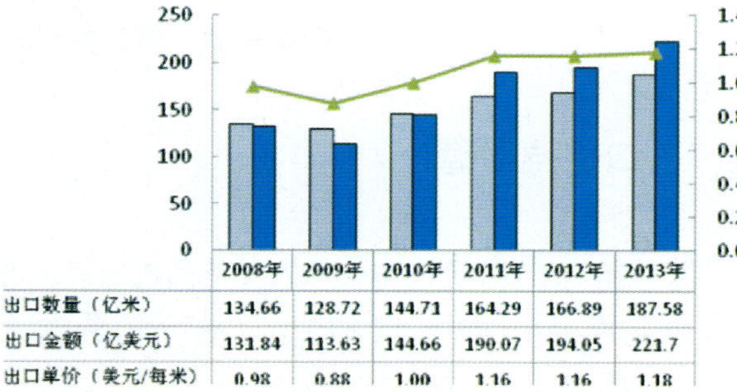

来源：中国海关

（一）出口产品情况

印染八大类产品出口数量和出口金额均有不同程度的增长，见表4。其中棉混纺染色布和棉混纺印花布出口数量同比分别增长54.88%和226.07%，出口金额同比分别增长56.55%和166.78%，棉混纺印花布出口单价降低17.97%，但这两类产品仅占总出口量的1.38 %。合成长丝织物占总出口量的54.84 %，其出口数量和金额呈两位数增长。

（二）主要出口市场

2013年1～12月份，印染八大类出口数量前五市场分别为越南、阿联酋、贝宁、巴西和孟加拉国，五市场占总出口数量的26.18%。五市场中，对越南和贝宁出口大幅增长，出口数量增幅分别达54.18%和40.45%，出口金额增幅分别达43.06%和43.04%；对巴西、阿联酋和孟加拉国出口数量和金额均以两位数速度增长，但巴西出口单价同比下降4.62%。

主要出口市场中，对越南的出口保持了较快增长，分析原因是近年来越南的服装出口快速增长，带动其对面料的进口需求增加。如图11所示，2013年印染八大类对越南出口较2008年翻了一倍多。

图11 2011～2013年印染八大类产品对越南出口情况

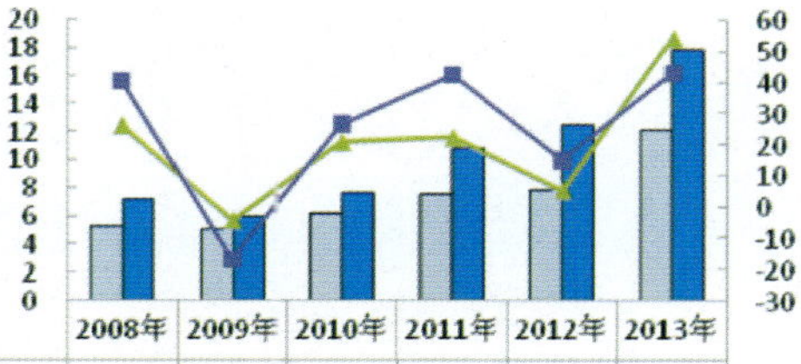

	2008年	2009年	2010年	2011年	2012年	2013年
出口数量（亿米）	5.33	5.09	6.13	7.48	7.86	12.12
出口金额（亿美元）	7.18	5.99	7.59	10.82	12.45	17.81
数量同比（%）	26.02	-4.57	20.53	22.03	5.09	54.18
金额同比（%）	40.57	-16.58	26.62	42.58	15.11	43.06

来源：中国海关

（三）传统出口市场

2013年，印染八大类产品对美国市场出口数量同比增长14.29%，出口金额同比增长5.52%，但出口单价同比下降7.67%。对欧盟、中国香港和日本市场出口相对稳定，出口数量分别增长16.41%、2.84%及4.44%；出口金额分别增长12.42%、0.03%、2.85%。

（四）新兴出口市场

2013年，印染八大类产品对东盟和印度出口保持了两位数的增长速度，出口数量分别增长24.62%和39.37%，出口金额分别增长25.47%和41.41%。对俄罗斯的出口数量同比下降6.18%，出口金额下降0.99%。

对东盟的出口仍然保持了稳定的增长，随着原材料和劳动力成本的不断上涨，东南亚国家凭借低廉的劳动力成本优势纺织业发展迅速。但这些国家的印染业在产业规模、技术设备水平、产品质量和品种、工人素质和产业链配套等方面，与我国印染行业仍具有较大的差距，我国印染行业仍具有非常明显的竞争优势。随着东盟自贸区的建立，我国印染布对东盟的出口进一步加快。2013年东盟市场占印染八大类产品出口总量的20.36%，较2008年增长6.64个百分点；出口金额占出口总金额的21.41%，较2008年增长6.66个百分点，见表5。预计我国对东盟的印染布出口在未来几年仍将保持稳定的增长。

2013年印染行业面临的主要问题

目前，印染行业已进入深度转型调整周期，面临一系列的新情况、新问题。先进技术推广应用面不大，产品开发创新能力不强等行业自身问题进一步突显；生产要素成本高，资源节约环境保护压力大等问题持续存在；此外，国际经济环境更加复杂多变，出口竞争日趋激烈。

一、先进工艺技术推广应用不够普遍

近年来，我国印染行业在低温、短流程、少水染整加工新工艺，小浴比、自动化、在线监测、数字化集成监控的印染设备和信息化管理系统，污染物治理和资源回收再利用等技术上取得了很大突破，但这些技术主要集中在一些资金条件好、管理水平高、设备较好的企业。由于先进的工艺技术需要先进的生产设备和相应环保设施相配套，并需要较高的运行费用，很多中小企业因为资金投入不足，导致先进的工艺技术在行业内没有得到普遍应用，不仅影响产品开发和质量提高，也影响产业升级进程。

二、产品研发、产品创新能力不强

印染企业大多属于加工型企业，在工艺技术、品种开发和经营管理上大多数是模仿追随，制约了企业创新能力的提高。由于缺乏自主创新能力，我国印染产品主要是常规产品，技术含量不高，同质化现象严重，缺乏高附加值的特色产品。目前，我国印染生产仍然停留在以“代加工”为主的加工模式阶段，在全球分工体系中处在加工制造环节，缺乏向研发、设计环节和市场营销环节的延伸。未来需要我们根据产品定位，提升产品的质量，加强产品研发，优化产品品种，提高技术性、功能性、个性化的高附加值产品的比重。突出自身的优势和特点，实现错位发展，避免同质无序竞

表5 2008～2013年印染八大类产品出口东盟情况

年份	数量（亿米）	金额（亿美元）	数量同比（%）	金额同比（%）	占总出口数量比例（%）	占总出口金额比例（%）
2008年	18.48	19.44	3.6	19.96	13.72	14.75
2009年	18.58	17.29	0.52	-11.03	14.43	15.22
2010年	22.72	23.48	22.23	35.78	15.70	16.23
2011年	27.16	33.04	19.54	40.72	16.53	17.38
2012年	30.65	37.84	12.87	14.53	18.37	19.5
2013年	38.20	47.47	24.62	25.47	20.36	21.41

资料来源：中国海关

争，低价竞争。用自己优势的产品，化解不断上升的成本压力。

三、综合成本持续上升

2013年受货币流动性因素影响，国内各种生产要素成本上涨压力越来越大，尤其是染料价格上涨尤为突出。据统计，2013年一年内，染料价格上涨幅度超7成。其中，分散染料主流品种均价由1.7万元/吨上涨至3.3～3.5万元/吨，涨幅达94.12%～105.88%；同期，活性染料均价也由约2万元/吨涨至3.5～3.6万元/吨，涨幅达75%～80%。

综合成本上升成为印染企业不能躲避的困难，不但增长了企业运营成本，更会影响企业对市场的断定，将导致企业库存增加、订单削减、利润下滑，甚至停产，对纺织印染企业将是沉重的负担，也是需要积极面对和解决的问题。

四、节能环保形势日趋严峻

国家及地方政府在节能环保方面的要求越来越严格，社会的关注度、产品的生态要求也越来越高。2013年1月1日开始实施的《纺织染整工业水污染物排放标准》（GB 4287—2012）提高了印染企业废水排放指标，用以限制纺织印染企业的废水排放总量。正在制定的《纺织印染工业大气污染物排放标准》将对印染废气排放进行有效控制，降低纺织行业VOCs的贡献率，从而有效控制PM2.5的排放，降低纺织印染工业对大气环境和人体健康造成的不良影响。同时，各地方政府除积极执行国家政策外，也出台地方法规，促使印染企业实施清洁生产，淘汰落后产能，加大对污染物排放的监管力度，加快印染行业转型升级。

近年来，我国印染行业在节能减排环境保护方面做了大量工作，投入了大量资金、人力等，不断以科技进步和自主创新为支撑，节能减排取得了一定的成效。目前，印染行业面临提标改造任务艰巨、投入增加、资金紧张等问题，同时，还面临准入、用地、融资等多方面的局限，环境问题不解决，将影响到整个纺织行业的转型发展。

五、国际经济复杂多变，竞争日趋激烈

国际环境充满变数，复苏缓慢，我国纺织业加工成本的比较优势已经逐渐消失，尤其是初加工产品的综合优势将会受到影响。当前行业在产品质量、后整理等方面与发达国家相比还存在差

距，创新能力不足，同质化竞争亟待有效遏制，因此，出口企业应积极应对各种不确定因素的出现，适应形势的变化，及时调整市场定位和产品定位，保持出口产品的稳定增长。

2014年印染行业发展趋势展望

一、印染布产量难突破负增长

目前，印染行业正处于转型升级时期，国家积极出台相应政策加大淘汰落后产能力度，2013年130余家印染企业合计淘汰23.4亿米落后产能，2014年企业将更多的资金投资到新技术、设备、节能环保、产品研发、提高产品附加值等方面。另外，国内市场需求放缓，消费者对中国品牌及其创新产品的印象转变还需要时间。预计明年印染布产量将继续保持负增长态势，但增速同比下降幅度会缩小。

二、出口将继续保持平稳增长

中国经济平稳发展，结构调整稳步推进，中国企业对于产品安全生产的意识、行业内产品安全最佳实践的了解程度在5年提升了43%，这表明中国企业正在逐渐认识到通过加强质量管理来提升其产品安全的重要性，这也表明“中国制造”的国际形象正在逐步提高与完善中。预计2014年我国印染布出口仍然将保持平稳增长。

尽管纺织行业出口略有好转，但影响纺织行业发展的压力仍然存在，尤其新兴市场国家增速集体放缓，发达国家正走上不同程度的复苏道路。同时，劳动力成本、原材料成本逐年递增，能源价格的继续上涨，导致众多中小微企业出口风险仍在加剧。

三、产业结构调整和优化升级将加快推进

2014年是实施“十二五”规划的重要一年，印染行业将加大技术进步和科技创新，实现关键共性技术推广应用，着力推进工艺、装备、技术水平提升，促使节能减排与环境保护取得实质性突破，同时注意上下游衔接，实现产学研结合，打造具有竞争力的龙头企业，促进行业结构调整和优化升级。

四、企业两级分化现象更加明显

2013年，在印染行业加快结构调整和转型升级步伐的同时，印染行业出现明显的两级分化的现象，即大企业盈利情况越来越好，但很多中小企业却由于环保压力增大、节能减排任务加剧、染料价格大幅上涨，不得不减产、停产、甚至退出。预计2014年，这种两极分化现象会继续延续下去，部分中小印染企业要靠技术创新和管理创新提高抗风险能力、研发高附加值、高技术含量的新产品，提高经济增长的质量和效益，加快推进结构优化调整和发展方式的转变。

（撰稿人：刘添涛　林　琳）

针织业

中国针织工业协会

2013年针织行业经济运行分析

随着国际经济复苏初现端倪，中国针织行业在经历了2012年先抑后扬的发展后，2013年整体呈现了两位数增长的回暖态势。中国海关统计数据显示，截至2013年12月，针织行业出口总额达1097亿美元，较2012年同比增长12%，首次实现了出口额千亿美元的突破。

一、出口首破千亿美元，格局呈现多样化

从各项数据分析中发现，我国针织行业出口对发达国家的依赖程度正在降低，出口呈现了多样化的格局，东盟、中亚的增长速度显著，成为2013年针织行业新的增长点。

（一）针织织物进出口情况

1.针织织物比肩国际水平

针织面料织造水平明显提升，国内自主研发能力增强，尤其环保型、功能性趋势明显，在国际市场产品竞争力有所提升，销售额稳步增长。同时，国际中高端品牌服装订单中，国产针织面料使用比例逐步加大。

根据中国海关的数据显示，2013年针织面料出口额增加、进口额减少，出口数量达90.7亿米、出口金额达129.1亿美元，出口单价1.42美元，与进口单价1.55美元，仅相差0.13美元，可以说我国针织面料生产已经可以比肩国际水平，见表1。

2.针织织物出口省份集中度高

从表2所示的2013年针织织物主要省市出口金额排序中，浙江、广东、江苏居于前三位，累计出口金额分别为52.9亿美元、32.8亿美元、21.6亿美元，三省出口金额占全国出口的比例分别为41.0%、25.4%、16.7%，共计83.1%，与2012年85%相比降低约两个百分点，但依然可以反映出针织织物出口的高集中度。

3.针织织物出口市场除发达国家外，东盟增长迅速

从表3所示的跟踪分析针织织物重点市场的同比变化中可以看到，2013 年针织织物对欧、美、日的出口均有小幅增长，其中，针织织物出口至欧盟金额达2.6亿美元，同比增长17%，出口至美国金额达

表1 2013年1～12月针织织物进出口概况

出口数量（亿米）	进口数量（亿米）	出口金额（亿美元）	进口金额（亿美元）	出口单价（美元）	进口单价（美元）
90.7	14.9	129.1	23.2	1.42	1.55
出口数量同比（%）	进口数量同比（%）	出口金额同比（%）	进口金额同比（%）	出口单价同比（%）	进口单价同比（%）
14.1	−3.3	15.0	−1.5	0.7	2.0

资料来源：中国海关

表2 2013年针织织物主要出口省市（按累计金额排序）

排名	省份	累计数量（亿米）	累计金额（亿美元）	单价（美元）	数量同比(%)	金额同比(%)	价格同比(%)	金额同比(%)
	全国	90.7	129.1					
1	浙江省	41.2	52.9	1.3	16.5	18.5	1.6	41.0
2	广东省	18.6	32.8	1.8	6.8	6.1	-0.6	25.4
3	江苏省	12.9	21.6	1.7	4.1	11.4	7.1	16.7
4	福建省	7.1	6.1	0.9	2.4	3.5	1.2	4.6
5	上海市	2.98	4.8	1.7	21.6	23.2	1.8	3.7
6	新疆	1.9	2.4	1.2	35.2	42.6	5.1	1.8
7	山东省	0.9	2.1	2.0	33.8	27.5	-4.7	1.5
8	四川省	0.8	1.1	1.4	34.4	42.7	6.0	0.8
9	广西	0.5	1.1	2.1	93.6	86.6	-3.7	0.8
10	江西省	0.3	0.9	0.7	292.8	116.6	-44.9	0.6

资料来源：中国海关

表3 2013年针织织物出口重点市场对比

市场	数量同比(%)	金额同比(%)	价格同比(%)
美国	4.1	14.8	11
日本	18.9	37.8	15.5
欧盟	4.8	17.0	11.7
东盟	28.0	26.7	0.2
孟加拉	36.5	24.5	-8.8
阿联酋	44.9	54.0	6.6
缅甸	49.5	68.9	13.1
越南	48.5	35.8	-8.9
柬埔寨	32.7	35.6	2.1

资料来源：中国海关

6.6亿美元，同比增长4.8%，出口至日本金额达81.2亿美元，同比增长7.8%。价格提升明显，价格同比增长分别为11%、16%、12%，价格的增长是欧、美出口金额同比增长的主要贡献因素。

同时从表3也可以看到，针织织物出口至越南金额同比增长35.8%，出口至柬埔寨金额同比增长

36%，出口至缅甸金额同比增长68.9%，数量同比的增长是这些东盟国家金额增长的主要贡献因素。

（二）针织服装进出口情况

1.针织服装进出口单价差缩小

2013年针织服装出口金额与进口金额均同比增长，其中进口金额增加更快，该板块出口额达842.9亿美元，占针织行业总出口额的77%。出口单价与进口单价虽仍存在一定差值，但是随着出口单价的同比上升、进口单价的同比下降，这种差值正在缩小，见表4。

2.传统五省一市依然是针织服装出口大省

从（表5）所示的出口省份按照出口金额排名可以看到：广东、浙江、福建、江苏、上海、山东作为传统的五省一市依然牢牢位居前六位，并且占有全国73%的出口额。同时，从表5中可以看到，新疆、广西这样的边境口岸省份的成长很快，数量同比分别为17%和44.3%。

表4 2013年1～12月针织服装进出口概况

出口数量（亿米）	进口数量（亿米）	出口金额（亿美元）	进口金额（亿美元）	出口单价（美元）	进口单价（美元）
225.2	1.9	842.9	14.8	3.7	7.49
出口数量同比（%）	进口数量同比（%）	出口金额同比（%）	进口金额同比（%）	出口单价同比（%）	进口单价同比（%）
8.3	30.03	11.6	25.12	3.0	−3.73

资料来源：中国海关

表5 2013年针织服装出口省份（按累计金额排序）

排名	省份	累计数量（亿米）	累计金额（亿美元）	单价（美元）	数量同比（%）	金额同比（%）	价格同比（%）	金额同比（%）
	全国	225.3	842.9					
1	广东省	58.1	178.0	3.1	−8.3	3.6	12.9	21.1
2	浙江省	37.7	127.3	3.4	22.6	10.4	−9.9	15.1
3	福建省	32.3	109.6	3.4	15.3	19.5	40	13.0
4	江苏省	24.1	89.9	3.7	6.1	5.5	−0.8	10.7
5	上海市	10.4	54.3	5.2	−10	−2.8	−19	6.4
6	山东省	16.4	52.8	3.2	−7.9	6.1	−15	6.3
7	新疆	6.8	40.2	5.9	17.0	10.3	−5.6	4.8
8	广西	6.5	37.3	5.8	44.3	28.2	−11.2	4.4
9	江西省	7.9	28.7	3.6	23.0	44.4	17.6	3.4
10	黑龙江省	2.7	16.9	6.4	−6.2	39.3	48.3	2.0

资料来源：中国海关

表6 2013年针织服装出口重点市场对比

市场	数量同比(%)	金额同比(%)	价格同比(%)
美国	6.4	7.9	1.4
日本	2.9	1.0	−1.8
欧盟	10.7	11.3	0.6
东盟	24.4	25.9	7.2
孟加拉	114.5	133.9	9.0
哈萨克斯坦	47.3	22.3	−16.9
缅甸	82.1	240.0	86.3
越南	36.5	35.4	−0.7
柬埔寨	15.4	−3.4	−16.4

资料来源：中国海关

表7 2013年1～12月针织服装出口品类（按累计金额排序）

品类	单位	出口数量	进口数量	出口金额（万美元）	进口金额（万美元）	出口单价（美元）	进口单价（美元）
套头衫	万件	321071	3813	204.8	4.8	6.4	12.6
女式上衣	万件	200974	262	112.6	0.7	5.6	26.1
T恤衫	万件	332109	7410	90.7	3.6	2.7	4.8
女式长裤	万条	213791	1211	83.9	0.7	3.9	6.0
袜子	万双	1350258	4045	61.4	0.6	0.5	1.6
男长裤	万件	119063	492	55.3	0.3	4.6	8.0
男上衣	万件	69747	157	43.3	0.5	6.2	31.8
女式连衣裙	万件	67942	568	43.2	0.8	6.4	14.6
婴儿服装及附件	吨	139626	3005	26.0	0.7	1.9	2.4
女式裙子	万件	48212	_	22.4	_	4.6	_
男衬衫	万件	_	538	_	1.2	_	22.8

资料来源：中国海关

3.针织服装出口东盟、中亚快速增长

在针织服装板块中，出口至发达国家的金额增长幅度相对更小，其中出口至欧盟金额达164.5亿美元，同比增长11.3%；出口至美国金额达122.4亿美元，同比增长7.9%，出口至日本金额达96.7亿美元，同比增长1%；同时，东盟、中亚的同比增长快，成为新的增长点，见表6。

4.针织服装进出口品类相似

表8 2013年针织行业规上企业固定资产投资情况

行业	实际完成投资（亿元）	施工项目数（个）	新开工项目数（个）	竣工项目数（个）	实际完成投资比去年同期增长（%）	施工项目数比去年同期增长（%）	新开工项目数比去年同期增长（%）	竣工项目数比去年同期增长（%）
纺织业	4698	9401	7174	6713	14.8	3.1	4.5	5.0
针织织物	423	1129	898	866	10.5	-6.0	2.2	-0.6
针织服装	443	1024	830	731	42.0	13.8	15.4	10.4

资料来源：国家统计局

表9 2013年针织织物规上企业经济指标完成情况

指数名称	单位	数值	同比（%）
企业户数	户	2410.0	
主营业务收入	亿元	3055.6	14.1
出口交货值	亿元	703.9	3.9
利润总额	亿元	187.4	29.5
亏损企业户数	户	204.0	
亏损面	%	8.5	
亏损企业亏损额	亿元	4.4	-1.2

资料来源：国家统计局

表10 2013年针织服装规上企业经济指标完成情况

指数名称	单位	数值	同比（%）
企业户数	户	3106.0	
主营业务收入	亿元	3327.7	10.4
出口交货值	亿元	1274.6	7.7
利润总额	亿元	179.1	8.5
亏损企业户数	户	426.0	
亏损面	%	13.7	
亏损企业亏损额	亿元	10.9	42.5

资料来源：国家统计局

将中国海关提供的针织服装品类数据按照金额排序后，如表7所示，可以发现在前十大类的进出口品类中，有九类一致，分别为：套头衫、女式上衣、T恤衫、女式长裤、袜子、男长裤、男上衣、女式连衣裙、婴儿服装及附件，其中女式上衣、女式长裤、男长裤、男上衣、女式连衣裙五大类为外衣，可见针织服装的外衣化程度大幅提升。

另外，全球化生育热潮、中国双独、单独等生育政策的出台，使得婴儿服装及附件成为近几年针织服装进出口的热点。

二、行业固定资产投资呈两位数增长

受国际市场需求回暖、内销市场针织服装持续热销的影响，针织行业投资信心十足，投资热情高涨。根据国家统计局数据显示，2013年针织行业（两板块合计）规模以上企业的固定资产投资呈现两位数增长，实际完成投资866亿元、竣工项目数1597个。就针织行业两大板块分别分析中可以看到针织服装板块更为活跃，实际完成投资增长42%，新开工项目数增长15.4%，见表8。

三、行业两级分化明显

根据国家统计局对针织行业的规上企业的经济效益各项数据中，可以看到，在利润增长的同时，亏损额同比也在增长，反映出行业内两级分化的现象加剧，相对针织服装板块的分化更为明显，见表9、表10。

四、电商折射下的内销市场

针织服装由于其天然优势在电商渠道如鱼得水。淘宝指数中热销第一大品类女装的成交量统计中可以看到，位居前五名的依次为：打底衫、连衣裙、外套、卫衣、打底裤，其中三类为针织服装，而连衣裙、外套中可能有一定比例的针织服装。

2014年发展趋势展望

据国际货币基金组织预测，2014年全球经济复苏将在波动中逐渐加强，发达经济体将重新成为世界经济增长的主要驱动力。同时，国内经济改革和结构优化的不断深入，我国经济总体将保持平稳增长。未来一年，经济的有利因素将继续带动针织行业的整体发展，需求的提升有望成为行业增长的驱动力，在总体趋增的走势中，针织行业将呈现如下特点：

一、原料价格仍存下行空间

受库存高位影响，2014年国际棉花市场仍处于供大于求状态，价格总体将呈现下行走势。美元升值及利率上行有望促进国际大宗商品价格总体走低，加之产能被迫释放可能的存在，化纤类原料呈下行趋势，故两大原料价格将同时存在下行空间。

二、中小企业仍面临生存压力

从国家统计局对针织行业规模以上企业统计的数据来看，针织全行业利润提升较快，但同时亏损额也在同比增加，行业内两级分化日趋明显，因此存在结构性变化的可能性加大。未来，在行业的发展和调整中，行业中处于竞争劣势的中小企业将面临更大生存压力。

三、四种转移模式同步发展

受人工成本快速增长，环境压力加大等因素影响，国内纺织品加工趋于向劳动成本要素更低的区域转移，在针织行业内四种转移模式同步发展。

从国内看，针织行业呈现双转移趋势，即沿海省份向中部省份的转移和沿海省份的内部发达地区向欠发达地区的转移。

从国际看，呈现出从中国向以成本为优势的东南亚国家的转移和向以人才和品牌为要点的发达国家的转移两种转移模式。前者以越南、柬埔寨、缅甸、印度等作为针织行业跨国转移的主要目标，后者主要表现为行业内优势企业对发达国家进行资本输出，并以此机会加大国际合作力度，为进军国际市场做出有益尝试。

四、电商风起云涌，针织产品获更多机会

2013年电商行业高速发展，移动电商、O2O模式、跨境电商的不断涌现，使得未来战略布局日渐清晰，平台格局日趋明朗。县级城市的卷入为网购的规模扩大和全民购物方式变革带来新机遇。2014年，电商渠道的拓展注定更加突飞猛进，针织类产品小件、平价、标准化、无需试穿等多种天然优势必将成为在该渠道销量继续增长的保证。

（撰稿人：刘艳雪）

服装业

中国服装协会

2013年服装行业经济运行情况

2013年，国际经济缓慢温和复苏，美日经济复苏势头总体较好，欧元区相对疲软；新兴经济体增速仍远高于发达国家，但增长集体放缓；国内经济仍然保持7.7%的同比增速，呈现出整体平稳、稳中有进、稳中向好的态势。

在此背景下，2013年我国服装产业运行总体平稳，规模以上企业产量微增，增速趋缓；服装内销有所增长，但增速进一步放缓；出口实现较显著恢复性增长，但增幅前高后低，逐月趋缓；投资保持增长，东部仍是投资重点地区；规模以上企业效益增长，但盈利能力未见明显提升，从全行业口径来看，规模以上企业两极分化明显，中小企业运营依然艰难。

一、全国产量基本稳定

2013年，由于经济因素及全球需求不振，我国服装产量增长乏力。其中规模以上服装企业产量增速放缓明显，规模以下企业产量减少。东部地区作为主产区，产量占全国比重持续下降，产业进一步向中西部地区转移。

（一）产量总体保持平稳

2013年服装行业规模以上企业累计完成服装产量271.01亿件，同比增长1.27%，增速较2012年回落4.93个百分点，其中，梭织服装139.24亿件，针织服装131.77亿件，同比分别为3.75%和－1.08%，见表1。

由于国内外需求、生产要素成本等诸多方面因素影响，近年来，服装行业产量增速一直呈下降趋势。根据国家统计局数据（图1），近三年来，规模以上服装企业产量增速从2010年上半年的17.68%，降至2013年的1.27%。2013年规模以上服装企业产量增速，较2012年回落4.93个百分点，较2011年回落6.87个百分点，较2010年回落17.33个百分点，增速明显趋缓。

表1 2013年服装行业规模以上企业产量情况

名称	企业户数(个)	产量(万件)	同比(%)
服装	10222	2710070	1.27
梭织服装	7090	1392387	3.75
其中：羽绒服	413	29631	2.71
西服套装	634	58073	1.82
衬衫	663	108550	4.07
针织服装	3947	1317682	−1.08

资料来源：国家统计局

图1 2010年～2013年服装行业规模以上企业产量增幅情况

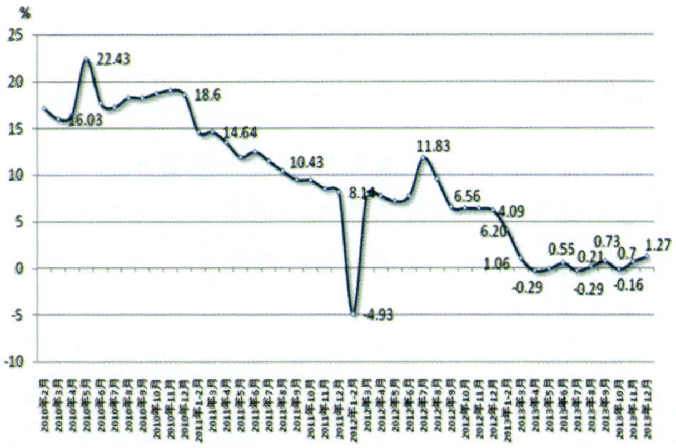

资料来源：国家统计局

规模以下企业的生产状况明显逊于规模以上企业。根据中国服装协会对孙村、茶山、沙溪、黄石、金坛、平湖等18个服装产业集群近200家企业的跟踪调研，2013年1～9月，11.69%的规模以下企业关停，总产量同比降少6.58%。

（二）东部地区产量比重有所减少，中、西部地区比重增加

东部地区仍是我国服装业主要产区，受生产成本等因素影响，该地区服装产量占全国总产量的比重减少；而中西部地区则占全国总产量的比重有所增加。

根据国家统计局统计，2013年东部地区服装行业规模以上企业完成服装产量215.86亿件，同比下降0.87%，占全国服装总产量比重79.65%，下降1.72个百分点；中、西部地区产量同比分别增长10.16%和15.48%，占全国服装总产量比重分别提升1.48和0.24个百分点。

（三）产业向中西部地区转移明显且持续

受土地、能源、劳动力等生产要素成本快速上升，和生态环境约束，资源密集型产业和劳动密集型产业的发展受到制约，产业结构优化升级压力增加，东南沿海地区纺织服装产业向中西部持续进行梯度转移。

国家统计局2008～2013年数据（图2）表明，东部地区依然是我国主要的服装产区，但其产量占全国的比重逐年减少，而中、西部则逐年增加。2008年，东部地区服装产量占全国服装总产量的89.08%，中、西部地区服装产量占全国服装总产量的10.92%，至2013年，东部地区服装产量占全国服装总产量的79.65%，占比较2008年下降9.43个百分点，中、西部地区服装产量占全国服装占产量的20.34%，占比较2008年提高9.42个百分点。

图2 2008年～2013年东、中、西部规模以上服装企业产量占全国比重变化情况

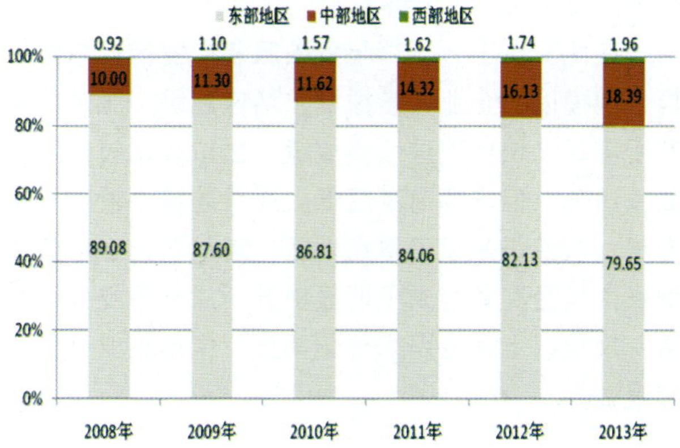

资料来源：国家统计局

二、内销市场规模扩大，增速放缓

2013年，我国服装内销市场规模继续扩大，但受经济减速影响，消费者消费意愿减弱、需求降低，内销增速放缓。从全年来看，2013年第一季度，服装内销增速承接2012年第四季度趋势，下降较为明显。随后几个季度，内销增速保持平稳，较以前年份，增速放缓明显。

（一）整体规模扩大，增速放缓但逐季微涨

国家统计局数据（图3）显示，2013年社会消费品零售总额23.44万亿元，比2012年名义增长13.1%（扣除价格因素实际增长11.5%），增速比

2012年同期回落1.2个百分点。其中，限额以上企业（单位）消费品零售额11.89万亿元，同比增长11.6%，比2012年增速回落3个百分点。服装鞋帽、针纺织品类商品零售额累计1.1万亿元，同比增长11.6%，比2012年同期增速回落6.4个百分点。

图3 2010～2013年社会消费品及服装鞋帽、针、纺织品类零售总额增速情况

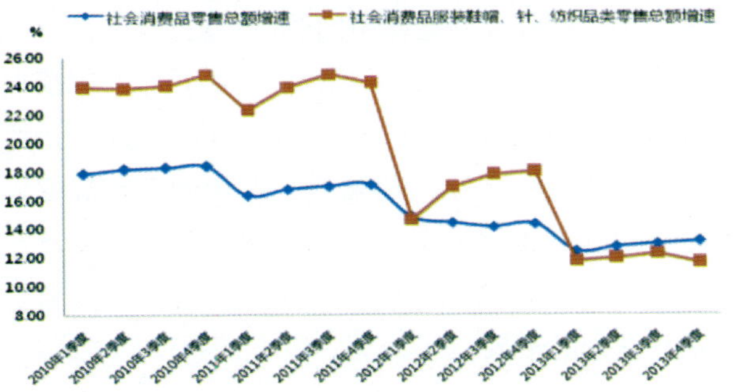

资料来源：国家统计局

（二）需求减弱，价格涨势放缓

根据国家统计局的数据（图4），2013年全国服装类商品零售价格同比上涨2.2%，较2012年下降0.7个百分点。衣着类居民消费价格同比上涨2.3%，较2012年下降0.8个百分点。其中服装价格上涨2.4%，鞋类价格上涨1.6%。2013年衣着类生产者出厂价格同比上涨1.2%，较2012年下降0.9个百分点。2013年服装价格总体微涨，但走低趋势显现。

图4 2011～2013年服装类消费价格指数变化情况

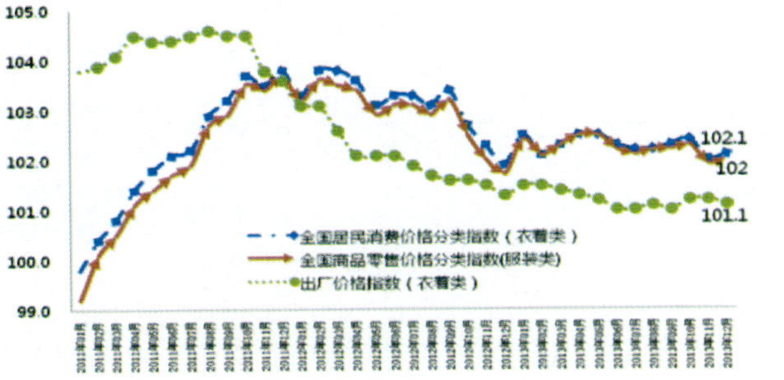

资料来源：国家统计局

（三）一线市场销售增速明显放缓

大中城市服装价格较高，在受经济减速、购买力下降的情况下，高价格对服装销售形成抑制。综合来看，受价格增速放缓、市场容量、整体经济环境等因素影响，2013年全国重点大型零售企业服装类商品零售额、零售量增速均逐季降低。

根据中华全国商业信息中心的统计（图5），2013年全国百家重点大型零售企业服装类商品零售额同比增长5.15%，增速较2012年放缓7.41个百分点。各类服装零售量同比增长2.23%，增速较2012年略降0.08个百分点。服装类商品零售平均价格同比增长2.86%，增速较2012年下降7.16个百分点。

图5 2010～2013年全国重点大型零售企业服装类商品销售增速

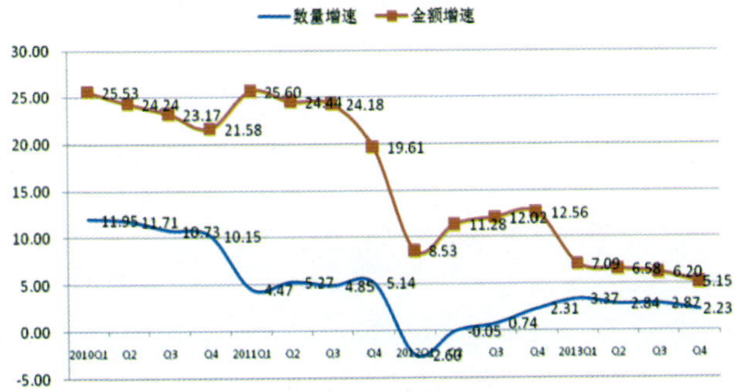

资料来源：中华全国商业信息中心

（四）三四线市场较有活力

相比一、二线市场，三、四线市场及量大面广的农村市场，受经济减速影响较小，同时服装产品价格相对较低、市场容量较大，依然表现出较强活力，但增速也明显下降。

根据中国纺织工业联合会流通分会统计（表2），2013年1～11月重点监测的40家专业市场成交总额6604.19亿元，同比增长12.45%，但增长幅度比2012年同期的21.35%回落8.9个百分点。其中，27家市场成交额上涨，13家市场单位的成交额下降。2013年1～11月25家服装专业市场成交总额3140.52亿元，同比增长10.08%，但增长幅度比

2012年同期的21.98%回落11.9个百分点。其中，16家市场单位成交额增长，9家市场单位成交额下降。

（五）服装消费向网络转移更为明显

2013年，服装网络销售增幅明显。根据淘宝数据显示（表2），2013年，淘宝网服装类商品销售额同比增长117%，远远高于实体渠道。在“双11”当天，杰克琼斯、七匹狼、GXG、茵曼、韩都衣舍、阿卡等品牌日成交额均过亿，其中杰克琼斯高达1.72亿。

服装网销对于实体店销售冲击较大，但是整个社会服装消费总量没有大的变化，网销只是实体店销售的转移。

（六）全行业库存控制较为得力

2012～2013年间，中国服装行业库存是否过多的问题一直得到社会和媒体的关注。

对于当前的服装行业来说，库存确有增加，这是行业经过多年快速发展之后，市场竞争、整体经济环境等多因素共同作用的结果；同时，服装企业财务报表中的库存数据，也具有鲜明的行业特征。部分子行业确实存在一定程度的库存问题，这仅是个例，不应被放大到整体中国服装行业。

根据国家统计局统计（表3），2013年，规模以上服装企业存货和产成品存货虽然有所增加，但增幅尚低于主营业务收入的增幅；而最近三年规模以上服装企业的主营业务收入一直保持高于存货及产成品存货，也就是说，增长的库存，是服装企业正常销售活动的需要。

表2 2013年不同渠道服装类商品销售额增长情况

单位：%

渠道	同比
限额以上企业	11.60
全国重点大型零售企业	5.15
服装专业市场（1～11月）	10.08
淘宝网	117.00

资料来源：国家统计局、中华全国商业信息中心、中国纺织工业联合会流通分会、淘宝网

表3 近三年服装行业规模以上企业主营业务收入、库存同比增长情况

单位：%

	2011年	2012年	2013年
主营业务收入	27.62	10.59	11.29
存货	24.76	9.46	7.65
其中：产成品	26.95	8.36	4.66

资料来源：国家统计局

三、外需部分恢复，总体仍显疲弱

经济温和复苏促使市场需求部分恢复，2013年，我国服装出口金额和出口数量增速较2012年也均有较大幅度提高。同时，对发达市场出口依赖程度降低，出口地区布局更趋多元，出口单价持续提升等特征进一步凸显。

（一）出口金额数量较2012年均有较大幅度提高

据中国海关统计（图6），2013年我国累计完成服装及衣着附件出口1782.24亿美元，同比增长11.28%，增幅较2012年提升6.75个百分点。服装出口数量为313.59亿件，同比增长8.46%，增幅较2012年提升9.53个百分点。其中，针织服装及附件出口967.98亿美元，同比增长11.2%，出口数量为225.25亿件，同比增长8.28%；梭织服装及附件出口682.60亿美元，同比增长11.49%，出口数量为88.34亿件，同比增长8.93%。

图6 2011年7月～2013年12月服装出口累计增幅情况

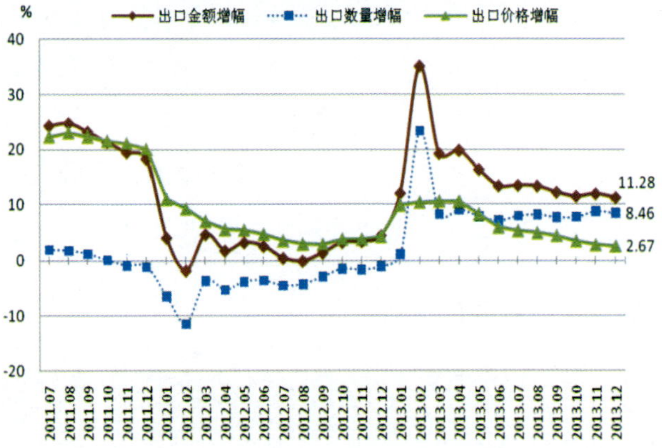

资料来源：中国海关

从全年情况来看，2013年我国服装出口金额及出口数量较2012年均有大幅提高，其主要原因：一是全球经济温和复苏，国际市场需求有所恢复；二是今年增速的大幅提高，是建立在2012年基数较低的基础上的。

（二）服装出口特征

1.出口对象更趋多元

近年来我国加快推进自贸区建设，大力开拓新兴市场，服装出口对发达市场的依赖程度降低。2013年我国对亚洲服装出口份额连续上升，对欧洲服装出口份额恢复小幅微增，对其他大洲的出口份额均呈现不同幅度的下降。亚洲仍是我国服装出口第一大洲，占出口总额的40.53%，同比增长15.07%；欧洲占出口总额的28.77%，同比增长13.97%，第三是北美洲，出口额同比增长7.13%，占出口总额19.25%；我国对拉丁美洲、非洲和大洋洲出口额同比分别为-5.32%、3.45%和7.53%，分别占出口总额的5.02%、3.91%和2.51%，见表4。

据中国海关数据表5～表8，2013年我国对欧盟、美国、日本、中国香港4个传统市场的出口金额总计为1039.47亿美元，同比增长7.85%，占全国服装总出口的58.32%，份额减少1.86个百分点；出口数量为171.76亿件，同比增长6.46%，占全国服装总出口数量的54.77%，份额减少1.03个百分点。而对新兴市场出口服装金额和数量的比重，则分别较2012年同期增加2.59和2.79个百分点。

（1）对传统市场出口情况。主要发达经济体经济有复苏迹象，需求有所恢复。其中，对欧盟服装出口同比及增速均出现较大提高，主要由于2012年基数较低所致。

（2）对新兴市场出口情况。2013年，新兴经济体整体经济增长仍远高于传统经济体，但由于自身经济结构存在问题、过度依赖出口加投资的模式等原因，与之前的高速增长相比，速度明显放缓。

根据中国海关统计（表7、表8），相较于传统市场，我国对新兴市场出口依然保持了较快增长。其中，2013年我国对东盟地区服装出口金额达到143.58亿美元，同比增长30.24%，服装出口数量31.12亿件，同比增长31.75%。

2.地区出口布局优化

随着我国西部大开发、中部崛起、振兴东北老工业基地等区域发展战略的相继实施，我国服装出口的地区布局进一步优化。东部省市服装出口占全国比重持续下降，中西部地区服装出口活跃。从各省市出口情况来看，2013年我国服装出口仍集中于东部沿海地区，但份额继续下降。

根据中国海关统计（表9），2013年我国东部地区服装及衣着附件出口255.54亿件，占全国服装及衣着附件出口总量的81.49%，比重较2012年减少2.35个百分点；中、西部地区服装及衣着附件出口58.04亿件，占全国服装及衣着附件出口总量的18.51%，比重较2012年增加2.35个百分点。

出口金额方面，2013年我国东部地区服装及衣着附件出口金额1454.28亿美元，占全国服装及衣着附件出口总额的81.60%，比重较2012年减少2.26个百分点；中、西部地区服装及衣着附件出口327.94亿美元，占全国服装及衣着附件出口总金额的18.4%，比重较2012年增加2.26个百分点。

四、效益基本平稳，增长缓慢

2013年，外销市场有所复苏，内销市场规模继续扩大，服装行业整体各主要效益指标增速基本平稳、缓慢增长，亏损面收窄。但全球经济不确定性

表4 2013年中国服装出口各大洲情况

地区	出口金额(亿美元)	金额同比(%)	占比(%)	占比增长(百分点)
亚洲	722.39	15.07	40.53	1.33
欧洲	512.67	13.97	28.77	0.68
北美洲	343.09	7.13	19.25	–0.75
拉丁美洲	89.55	–5.32	5.02	–0.88
非洲	69.71	3.45	3.91	–0.30
大洋洲	44.81	7.53	2.51	–0.09

资料来源：中国海关

表5 2013年我国对传统市场服装出口金额情况

国家和地区	出口金额(亿美元)	金额同比(%)	占比(%)	占比增长(百分点)
欧盟	399.85	9.82	22.44	–0.30
美国	311.21	6.74	17.46	–0.74
日本	221.46	–0.73	12.43	–1.50
中国香港	106.95	25.75	6.00	0.69
合计	1039.47	7.85	58.32	–1.86

资料来源：中国海关

表6 2013年我国对传统市场服装出口数量情况

国家和地区	出口数量(亿件)	数量同比(%)	占比(%)	占比增长(百分点)
欧盟	67.31	9.14	21.47	0.13
美国	55.69	5.90	17.76	-0.43
日本	31.82	2.25	10.15	-0.62
中国香港	16.94	6.13	5.40	-0.12
合计	171.76	6.46	54.77	-1.03

资料来源：中国海关

表7 2013年我国对新兴市场服装出口金额情况

国家和地区	出口金额(亿美元)	金额同比(%)	占比(%)	占比增长(百分点)
东盟	143.58	30.24	8.06	1.17
俄罗斯	92.78	45.45	5.21	1.22
巴西	17.51	15.31	0.98	0.03
墨西哥	10.85	50.14	0.61	0.16
合计	264.72	34.76	14.85	2.59

资料来源：中国海关

表8 2013年我国对新兴市场服装出口数量情况

国家和地区	出口数量(亿件)	数量同比(%)	占比(%)	占比增长(百分点)
东盟	31.12	31.75	9.93	1.75
俄罗斯	7.42	39.45	2.37	0.53
巴西	4.31	26.61	1.37	0.20
墨西哥	2.50	76.86	0.80	0.31
合计	45.35	34.33	14.46	2.79

资料来源：中国海关

仍存在，内外销市场需求总体依然疲弱，国内生产要素成本高企，服装企业运行压力进一步加大。规模以上企业效益两极分化明显，规模以下企业运行质量远逊于规上企业，压力较大。

（一）规模以上企业，整体平稳亏损面收窄

根据国家统计局统计（表10），2013年服装行业规模以上企业15212家；累计实现主营业务收入19250.91亿元，同比增长11.29%；利润总额

表9 2013年中国服装及衣着附件出口分地区情况

地区	出口数量（亿件）	同比（%）	占比（%）	占比增长（百分点）	出口金额（亿美元）	同比（%）	占比（%）	占比增长（百分点）
东部地区	255.54	5.42	81.49	−2.35	1454.28	8.28	81.60	−2.26
中部地区	31.31	13.32	9.99	0.43	138.51	22.86	7.77	0.73
西部地区	26.73	40.02	8.52	1.92	189.43	29.96	10.63	1.53

资料来源：中国海关

1141.09亿元，同比增长9.83%。主营业务收入和利润总额增速较2012年分别提高0.7和−0.33个百分点。

服装行业规模以上企业整体效益平稳增长，亏损面有所收窄。据国家统计局数据，2013年以来，规上企业主营业务收入及利润总额同比增长较为稳定。2013年各季度，主营业务收入同比增长分别为12.79%、12.26%、10.79%和11.29%；利润总额同比增长分别为12.26%、12.29%、11.91%和9.83%。

从表11可知，服装行业规模以上企业亏损企业1818家，同比增长4.42%；亏损面11.95%，较2012年下降0.5个百分点，同时前三个季度亏损面分别为20.38%、18.89%、16.32%，全年逐季收窄。但亏损企业亏损总金额和平均亏损金额进一步增加，且增加幅度依然较大，分别同比增长29.57%和16.55%，显示企业效益进一步两极分化。

（二）规模以下企业，各指标与规上企业差距较大

规模以下企业抗风险能力弱，在整体经济不景气、需求放缓、生产要素成本上涨、税费负担繁重等因素的影响下，2013年规模以下企业各项经济指标与规模以上服装企业差距较大，总体运行压力较大，依然艰难，见表12。

根据中国服装协会对孙村、茶山、沙溪、黄石、金坛、平湖等18个服装产业集群的跟踪调研，2013年1～9月，上述产业集群规模以下服装企业累计主营业务收入较2012年同期同比增长6.42%，累计利润总额同比增长0.11%，累计产量同比减少6.58%；亏损面达19.63%，亏损企业亏损金额较2012年同期增长46.49%，见表13。

五、投资同比回升，行业景气企稳

2013年服装行业投资同比有所回升。据国家统计局数据显示（表14），2013年我国服装行业500万元以上项目实际完成投资3127.14亿元，同比增长19.77%。施工项目7198个，同比增长3.67%；新开工项目5483个，同比增长6.24%；竣工项目5115个，同比增长4.28%。

从新开工项目来看（图7），东部地区仍然为新开工项目投资重点地区，占全国新开工项目总数量的56.43%，中部地区、西部地区分别占比34.98%和8.59%。

图7 2013年服装企业投资新开工项目分地区占比情况

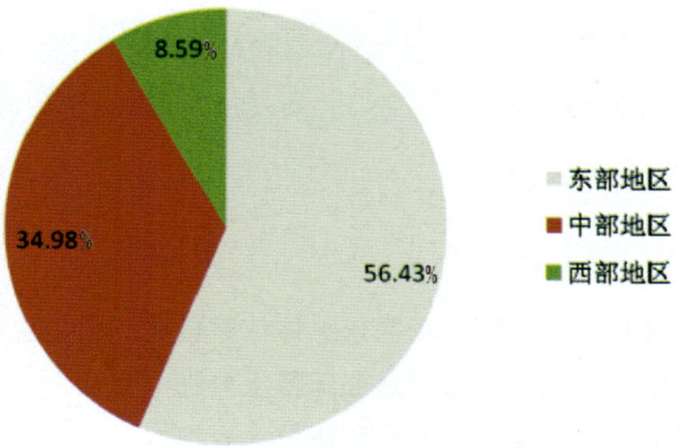

资料来源：国家统计局

表10 2013年服装行业规模以上企业主要经济指标

指标名称	单位	1～12月份累计	同比(%)
企业单位数	户	15212	4.90
资产合计	万元	110206072	9.45
企业平均资产总额	万元	7244.68	6.91
主营业务收入	万元	192509089	11.29
企业平均主营业务收入	万元	12655.08	9.01
利润总额	万元	11410946	9.83
企业平均利润总额	万元	750.13	6.92
出口交货值	万元	49869606	7.43
企业平均出口交货值	万元	3278.31	4.02
主营业务成本	万元	163083400	12.51
企业平均主营业务成本	万元	10720.71	10.30

资料来源：国家统计局

表11 2013年服装行业规模以上企业亏损情况

指标	单位	1～12月份累计	同比(%)
亏损企业数	户	1818	4.42
亏损面	%	11.95	-0.50
亏损企业亏损金额	万元	539905	29.57
亏损企业平均亏损金额	万元	296.98	16.55

资料来源：国家统计局

2014年中国服装行业发展展望

2014年，初步判断全球经济会向更好方向发展，复苏势头将得以延续，但速度缓慢；中国经济继续优化结构、减速提质。综合来说，受经济不确定性、外销市场增长有限、内销市场持续疲弱、生产要素成本进一步上涨等因素影响，2014年中国服装行业困难和压力依然突出，产业仍将处于深度结构调整和优化的过程中。同时，在行业加快科技进步和模式创新的驱动下，整体运行状况应优于2013年。

一、内销中速平稳增长

首先，从国内形势来看，城镇化进程积极推进，城乡居民收入稳定增长，消费能力不断提高，是保证内需消费持续扩大的重要基础。

其次，2014年，中国经济进一步进行结构优化，减速提质成为主要目标。经济增速放缓将导致消费品市场从之前的高速增长向中低速增长转变。如无大变故，服装消费市场将基本保持目前的增速。

第三，中国服装企业加紧自身调整并已见成

表12 2013年服装行业经济效益指标情况

发展能力	2013年累计(%)	2012年同期(%)	同比增长(百分点)
资产增速	9.45	10.12	-0.67
主营业务收入增速	11.29	10.59	0.70
利润总额增速	9.83	10.16	-0.33
出口交货值增速	7.43	2.26	5.17
盈利能力	2013年累计(%)	2012年同期(%)	同比增长(百分点)
销售毛利率	15.29	16.20	-0.92
销售利润率	5.93	6.01	-0.08
成本费用利润率	6.36	6.51	-0.15
总资产贡献率	17.46	17.13	0.33
净资产收益率	20.92	21.46	-0.54
三费比例	8.45	8.42	0.03
营运能力	2013年累计(%)	2012年同期(%)	同比增长(百分点)
产成品周转率	18.61	17.31	1.30
应收帐款周转率	12.13	11.31	0.82
流动资产周转率	2.80	2.72	0.07
总资产周转率	1.75	1.72	0.03
两金占用比例	35.79	37.25	-1.46
偿债能力	2013年累计(%)	2012年同期(%)	同比增长(百分点)
资产负债率	50.50	51.91	-1.41
已获利息倍数	10.07	9.63	0.44
产权比例	1.02	1.08	-0.06

资料来源：国家统计局

表13 18个产业集群规下服装企业主要经济指标同比增长情况及与规上企业增速的比较

单位：%

主要指标	18个集群规下企业2013年1～9月	规上企业	
		2013年1～9月	2013年1～12月
企业数量	−4.58	4.19	4.90
亏损面	19.63	16.32	11.95
亏损企业亏损金额	46.49	30.70	29.57
主营业务收入	6.42	10.79	11.29
产量	−6.58	0.73	1.27
利润总额	0.11	11.91	9.83

数据来源：国家统计局、中国服装协会

表14 2013年服装行业500万元以上项目固定资产投资情况

行业	实际完成投资（万元）	施工项目（个）	新开工项目（个）	竣工项目（个）	实际完成投资比2012年同期增长（%）	施工项目比2012年同期增长（%）	新开工项目比2012年同期增长（%）	竣工项目比2012年同期增长（%）
总计	91402938	18085	13718	12754	17.29	3.83	5.86	4.94
纺织业	46989929	9401	7174	6713	14.75	3.14	4.46	4.99
纺织服装、服饰业	31271352	7198	5483	5115	19.77	3.67	6.24	4.28
机织服装制造	18965397	4456	3373	3180	11.89	−1.57	6.17	−1.61
针织和钩针编制服装制造	4437886	1024	830	731	41.96	13.78	15.44	10.42
服饰制造	7868069	1718	1280	1204	30.42	13.32	1.19	19.09

数据来源：国家统计局

效。如运动品牌库存情况有所好转，代理商订货意愿明显加强；同时，企业也在产品特色、营销模式等方面着手进行改进。

综合来看，2014年服装内销市场将稳定增长，两位增幅依然可期。

二、外销延续回升态势

2014年，全球经济将延续2013年的复苏态势，我国宏观经济的外部环境有所改善。

受此影响，2014年我国服装出口形势将好于2013年。对美、欧出口将保持增长，增速提高；对日本市场来说，出口数量将保持一定增长，但出口金额的增幅不会太大，甚至可能有所下降；对于新兴市场，其经济增长存在风险，需求或有下降，但依然会保持一定增长。

综合来看，2014年我国服装出口将继续平稳小幅回升，出口金额及数量增速都将高于2013年。

三、效益稳定良好，趋稳回升

2014年，由于国际需求继续恢复、国内需求保持增长、库存调整也取得一定成效，中国服装行业生产保持稳定，总量可能会与2013年持平，甚至有一定程度的增长，但幅度微小。

在产销两方面的带动下，2014年中国服装行业整体效益情况基本可保持稳定良好，行业趋稳回升势头进一步明显。但需要注意的是，对行业发展产生抑制作用的诸多因素依然存在，包括全球经济复苏但存在不确定性和不稳定性，国内各类生产要素成本上涨，人民币升值压力长期存在，东南亚等新兴经济体服装产业逐步完善、中国低附加值服装产品订单流失可能加剧，且在短时间内不会消除。

综合来看，2014年中国服装行业运行状况将优于2013年。大型企业效益向好，亏损面可能将进一步收窄，但两极分化进一步明显，广大中小企业形势仍不容乐观。

（撰稿人：王 伟）

家用纺织品业

中国家用纺织品行业协会

2013年家纺行业运行情况

2013年，中国家纺行业坚持深化产业结构调整，加快产业升级，行业整体运行较为稳定，企业生产质量和效益逐步提高。由于世界经济逐步复苏，我国家纺行业出口有所回升，取得较好成绩。受我国经济增长减速的影响，家纺行业发展面临压力逐渐增加，行业生产指标增速呈现放缓趋势，但行业投资情况总体进展顺利。我国家纺行业经济运行特点如下：

一、行业运行总体平稳，增速同比放缓

2013年，国家统计局统计的我国家纺行业1810家规上企业实现主营业务收入2611.9亿元，同比增长8.1%，增速较2012年降低3.8个百分点，延续了自2010年起下降的趋势，如图1所示。家纺子行业床品、毛巾、布艺行业的主营业务收入增速与2012年相比也是趋缓的，各月累计增速波动并不大，行业总体比较平稳，如图2所示。

图1 家纺行业规上企业累计主营业务收入增速

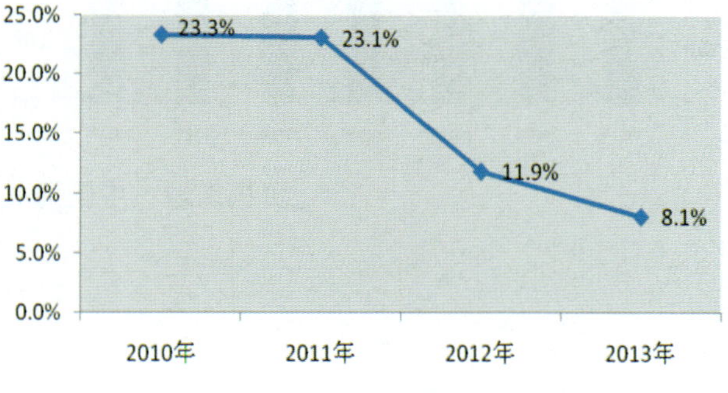

资料来源：国家统计局

图2 家纺分行业规上企业主营业务收入增速

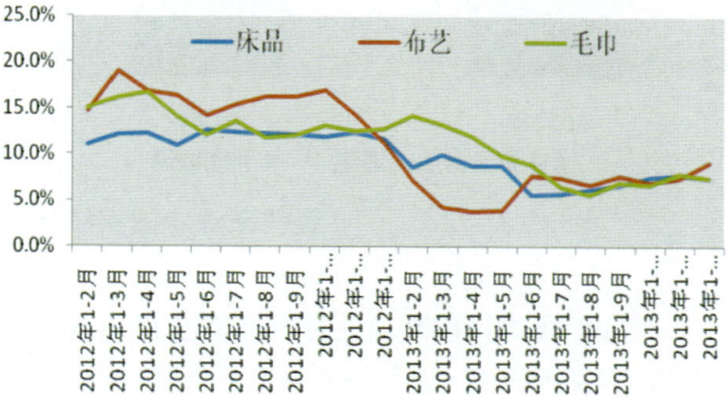

资料来源：国家统计局

协会统计的17家产业集群共实现主营业务收入3083亿元，同比增长7.1%；产销率达98%。协会跟踪统计的200家重点企业完成主营业务收入935.9亿元，同比增长4.6%，产销率达98.6%。总体来说，家纺行业主营业务收入增长较为平稳，增速较年初有所放缓。

二、行业效益持续向好，盈利能力有所增强

家纺行业利润保持较好增长，增长质量和总体效益有所提高。如图3所示，2013年国家统计局统计的我国1810家规上企业累计实现利润总额157.5亿元，同比增长9.6%，增速较主营业务收入增速高出1.5个百分点。

图3 家纺行业规上企业主营业务收入与利润增速情况

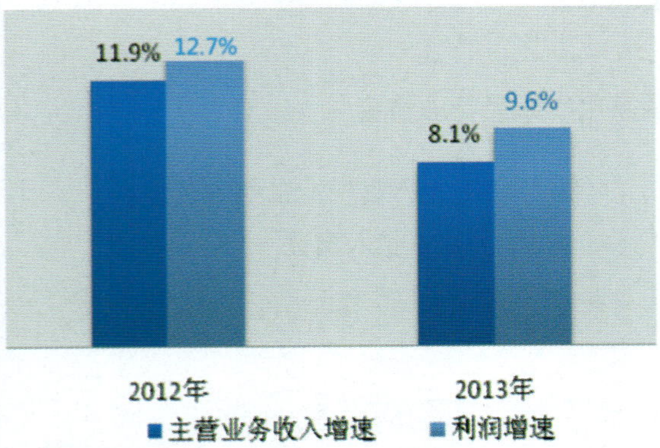

资料来源：国家统计局

2013年我国1810家规上企业成本费用利润率为6.5%，同比增加0.1个百分点；利润率为6.0%，同比增加0.1个百分点，如图4所示。利息支出同比增长2.4%，增速较2012年降低17.2个百分点，表明行业成本增速有所放缓，企业融资环境有所好转；存货产成品增速同比下降10个百分点，如图5所示，行业资产转化为利润能力不断增强。以上数据显示企业盈利能力逐渐增强，效益有所好转。

图4 规上企业效益指标情况

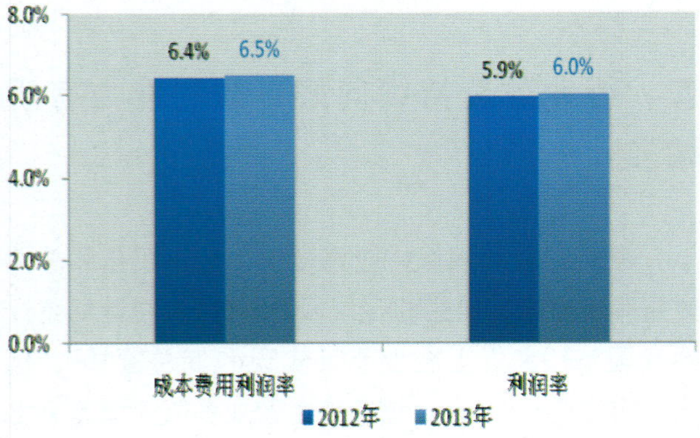

资料来源：国家统计局

图5 规上企业存货产成品及利息支出增速情况

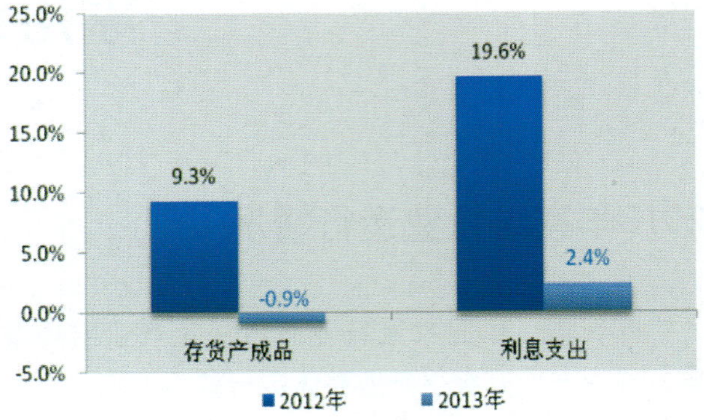

资料来源：国家统计局

三、出口增速稳中有升，传统市场与新兴市场并进

根据中国海关统计数据，如图6所示，2013年全年我国家用纺织品累计出口总额399.8亿美元，同比增长9.4%，增速较2012年同期上升了3.4个百分点。行业出口量略有下降，同比降低0.7%；从全年走势来看，出口量逐步恢复，出口价格仍继续上涨，同比增长10.1%，如图7所示。

图6 2013年家纺产品出口额以及增速

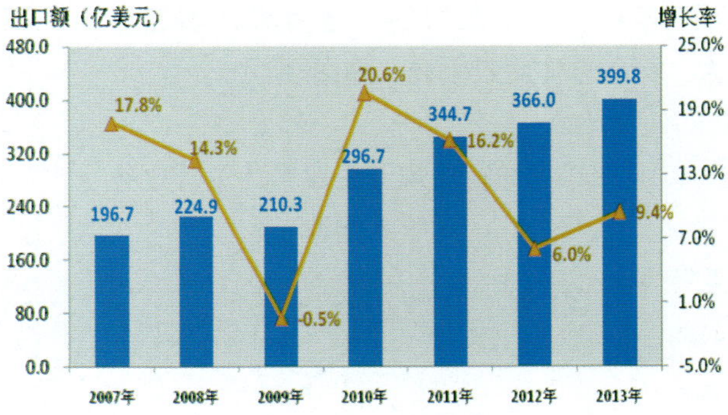

资料来源：中国海关

图7 家纺产品出口数量及单价增速

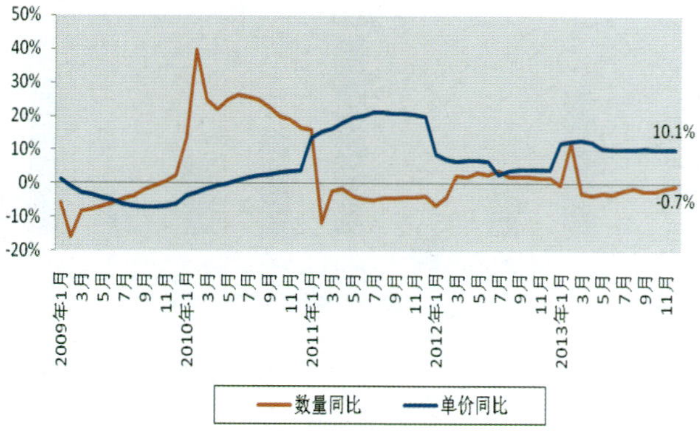

资料来源：中国海关

另据测算，如图8所示，以2010年1月为基期100，2013年12月的家纺产品出口价格指数达到有史以来的最高点146.6，出口价格指数的持续上涨，说明我国家纺产品的国际竞争力所有增强。

图8 2010年以来中国家用纺织品出口价格走势

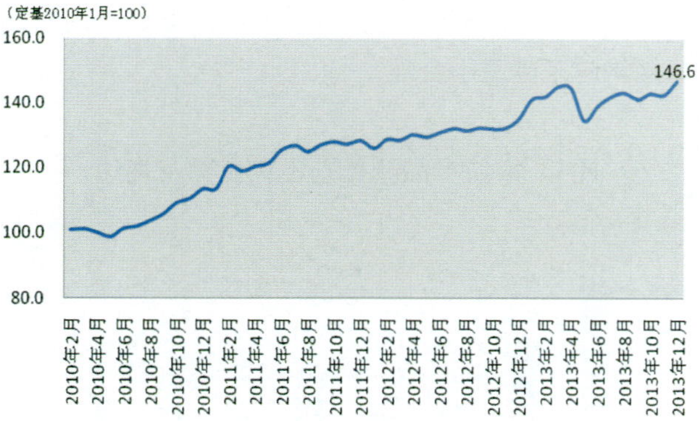

资料来源：中国海关

（一）传统市场稳中有升

2013年我国对美国、欧盟和日本三大主要国家和地区出口194.2亿美元，同比增长了4.3%。这三大市场在我国出口总额的比重总体是下降趋势，如图9所示。不过虽然金融危机的影响尚未完全消除，但是发达国家经济复苏步伐开始加快，经济逐渐回暖，我国家纺对美欧日出口占比由2013年上半年的最低点48.3%上升至当前48.6%，略有回升。

图9 美、欧、日三大市场占我国出口总额比重

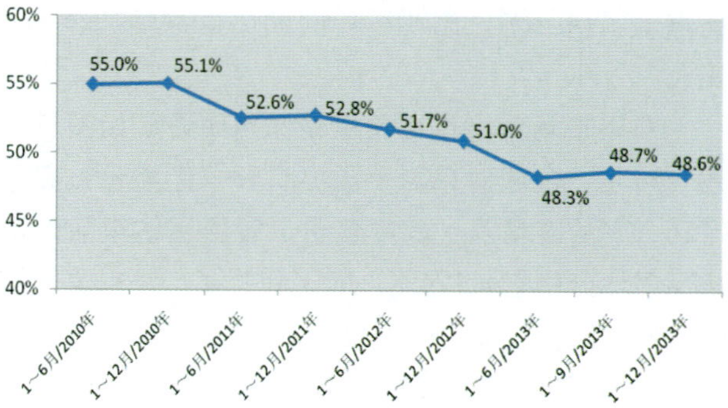

资料来源：中国海关

三大主要市场中，美国市场较好，如图10所示，我国对美国出口总额92亿美元，同比增长了7.8%，占到我国家纺出口总额的23%，比2012年同期降低0.3个百分点，对出口增长贡献率为19.4%。

我国对欧盟出口总额60.8亿美元，同比增加4.6%，占我国家纺出口总额中的比重为15.2%，较2012年同期减少近0.7个百分点，对出口增长贡献率为7.7%。

日本市场表现不佳，我国对日本出口总额为41.4亿美元，同比下降了3.1%，在我国出口总额的比重也降至10.4%，较2012年同期减少了1.3个百分点，对出口增长贡献率为–3.8%。

图10 对美、欧、日三大市场出口总额及增速

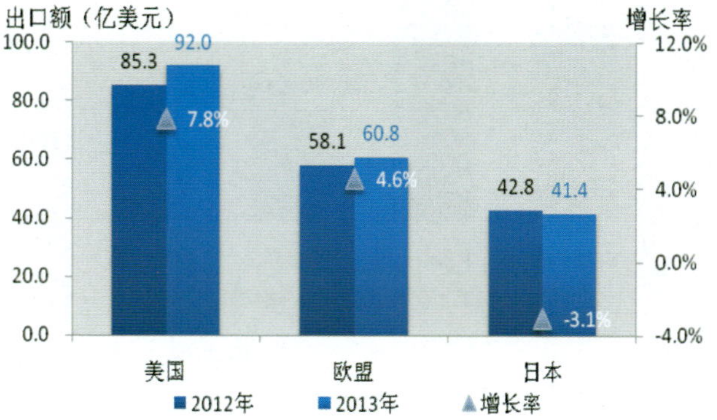

资料来源：中国海关

（二）新兴市场拉动作用明显

2013年，除去三大市场以外，我国家纺行业对其他国家和地区出口总额累计205.6亿美元，同比增长了14.7%，比2012年同期出口额增加26.4亿美元。

新兴市场对出口增长拉动作用明显。如图11，图12所示，我国对东盟十国出口33.7亿美元，实现了36.5%的高增长，其中毯子、餐厨用纺织品以及床品同比分别增长124%、80%和45%。对东盟十国出口额占到全行业出口总额的8.4%，对出口增长贡献率为26.3%，贡献最大。我国对中东十七国出口总额累计33.5亿美元，同比增长了16.2%，占到全行业出口总额的8.4%，与出口东盟十国所占比例相差无几，对出口增长贡献率为13.6%。

我国对俄罗斯出口17.5亿美元，同比增长了25.4%，其中毯子、餐厨用纺织品以及床品同比分别增长45%、50%和49%。对俄罗斯出口所占比重为4.4%，出口增长贡献率为10.3%。

我国对印度、孟加拉国和巴基斯坦出口额分别为5.5亿美元、3.4亿美元和2.8亿美元，同比分别增长了7.6%、33.6%和33%，南亚三国总计对出口增长贡献率为5.6%。

图11 对主要新兴市场出口额及增长情况

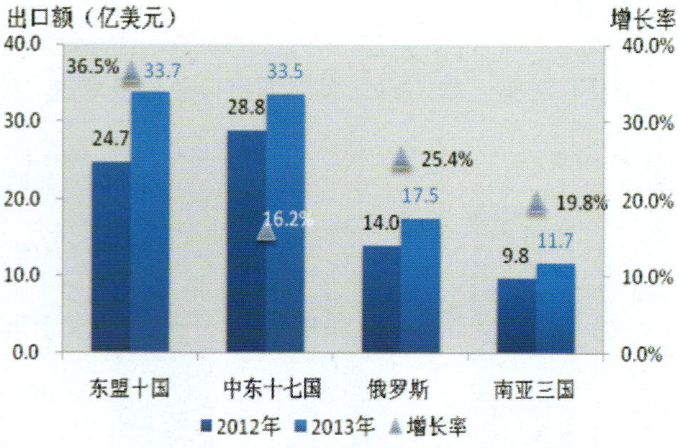

资料来源：中国海关

图12 对主要国际市场出口增长贡献率比较

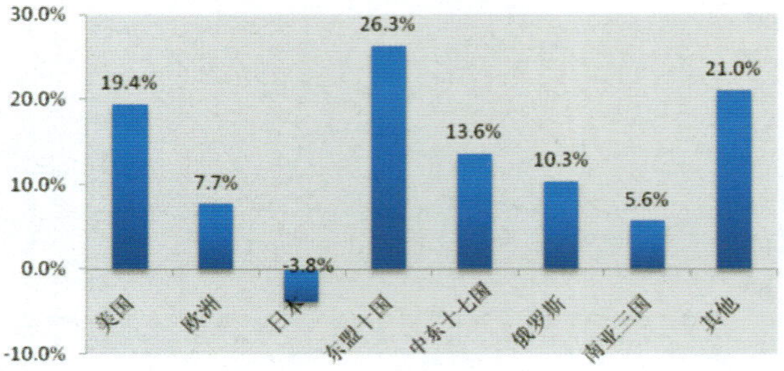

资料来源：中国海关

（三）出口产品结构趋于合理

海关数据显示，如图13所示，家纺行业出口产品类别中，床品出口额125.2亿美元，所占出口比例最大，其次是窗帘布艺产品出口额为80.8亿美元，其他产品出口额之间相差并不太大。各产品出口同比中，除了地毯出口同比增长4.3%，增速较为缓慢以外，其余产品如床品、窗帘布艺等类别出口增长都比较快，同比增速皆在8%以上，尤其是毯子、餐厨用织物制品和毛巾类产品，同比分别增长13.2%、10.8%和9.7%，这说明我国家纺产品的出口结构越来越趋于合理。

图13 家纺产品分类别出口金额及增速

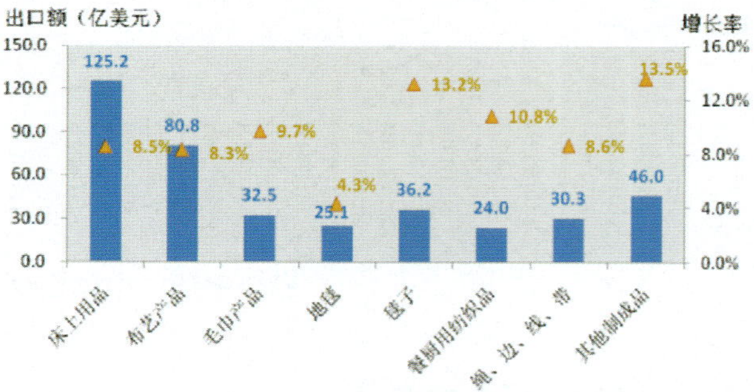

资料来源：中国海关

四、行业内销增速稳中见缓，电商发展迅速

中国经济增长已出现放缓的势头，并在未来仍将处于这种放缓的趋势之中，受此影响，我国家纺

行业的内销增速有所放缓。如图14所示，2013年1810家规上企业实现内销产值1971.9亿元，同比增长8.4%，较2012年增速降低7.5个百分点；17个产业集群内销产值2450.3亿元，同比增长8.4%，内销占比80.6%，较上年增速降低2.1个百分点；协会跟踪的200家重点企业内销同比增加2.2%，较上年增速降低5.3个百分点。

图14 2013年与2012年内销增速比较

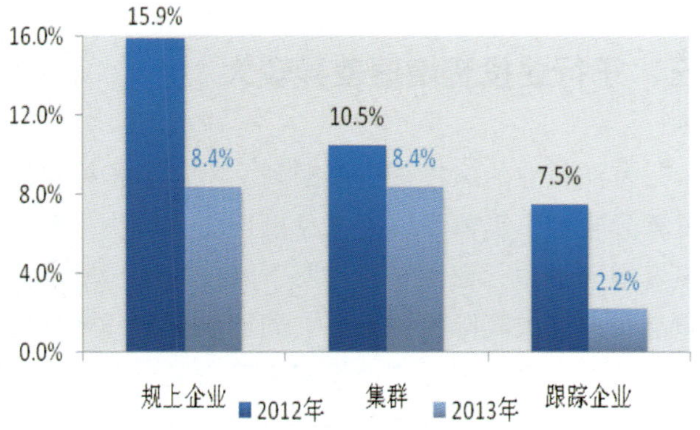

资料来源：国家统计局、中国家纺协会

家纺产品销售新渠道建设中，电子商务交易增长迅速。据某咨询公司研究数据显示，2013年中国家纺行业电商交易总额同比增长超过100%，移动互联网的发展、消费者消费习惯的改变以及各家纺企业对电商渠道建设非常重视，都促进了家纺行业电商的迅猛发展。

五、企业投资总体进展顺利

2013年家纺行业投资总体情况进展比较顺利。其中，实际完成投资增长较快，在建项目、新开工项目以及竣工项目均稳定增长。国家统计局统计2013年家纺行业实际完成投资501.5亿元，同比增长21.2%；施工项目数1018个，同比增长13.7%在建投资增长较好；新开工项目数为799个，同比增长17.2%，说明家纺行业生产潜力较大；竣工项目数为706个，同比增长10%。

行业运行中存在的问题

一、内需动力有所减弱

目前我国经济增长较前几年相比已经放缓，2013年我国GDP比同比增长7.7%，经济增速明显下降，并且2014年预期经济增长会更低。如图15所示，2013年我国城镇人均可支配收入同比增长7%，增速较上年降低2.6个百分点；农村人均收入同比增长9.3%，增速较2012年降低1.4个百分点；2013年我国社会零售总额同比增长11.5%，增速较上年降低0.6个百分点。再加上全年居民消费价格比上年上涨2.6%。分类别看，食品价格比上年上涨4.7%，基本生活必备消费价格的大幅提高，挤出了消费者在其他领域的消费需求。

由于我国经济增长重心已由重视高增速逐步转向为调结构，重质量，所以家纺行业也应适应这种转变，甚至要主动追求这种变化趋势。虽然行业内销同比增速有所放缓，但内销总额较上年仍有所提高，特别是电商异军突起，线上交易增速迅猛，很可能成为行业发展的机会和亮点。厂商应抓住增速放缓的时机，加快结构调整、产业和产品升级，探索渠道创新，发展线上交易，逐步逆转内销增速放缓的劣势。

图15 2013年我国居民收入及消费增长情况

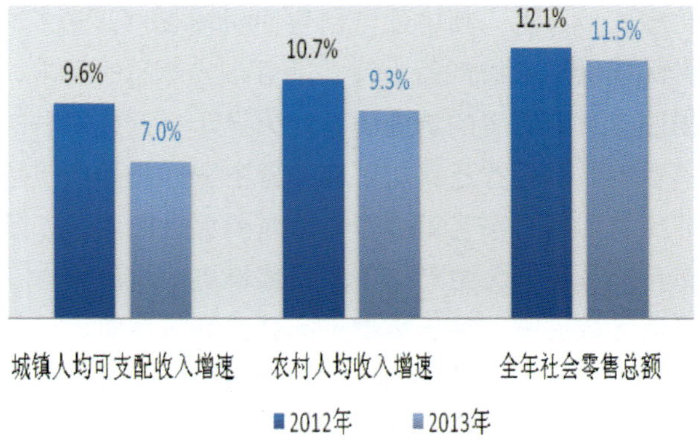

资料来源：国家统计局

二、内销子行业增速不均衡

家纺各类产品内销情况中，床品内销总额较2012年有所提高，但增速有所放缓。2013年961家床品规上企业实现内销产值1021.5亿元，同比增加5.1%；5家床品集群内销产值为539.4，同比增长8.8%；协会跟踪统计的93家床品企业内销产值为397.8亿元，同比增长0.7%。叠石桥价格指数从2013年年初的98.5降低为年末的94.2，反映了床品内需虽较上年有所提高，但增速面临放缓的趋势。

对于床品企业来说，因为前几年床品企业内销增速一直明显过高，很大程度上透支了人们未来对床品的需求，由此造成床品内销发展潜力不足。再加上行业市场进入壁垒较小，产品同质化严重，受电商冲击，传统渠道面临挑战但新销售渠道并没有完全建立，以及床品产业结构调整和升级在短时间内仍然难以得到明显改善等原因，导致床品企业内销增速放缓。

布艺内销产值增速趋好，2013年189家规上布艺企业实现内销产值123亿元，同比增长6.7%。6个布艺集群内销产值为326.1，同比增长6.9%，以内销为主的杨汛桥和大麻集群内销产值同比分别提高14.1%和14.7%。协会跟踪统计的84家布艺企业内销产值为79.6亿元，同比增长5.9%，扭转了了上年负增长的局面。

布艺企业内销增速较2012年上升主要源于以下几个方面的因素。一是2013年，商品房销售面积同比增长17.3%，其中住宅销售面积增长17.5%，这将间接增加家纺产品，特别是对布艺产品的需求。据协会对消费者的调查问卷结果显示，五成左右的消费者表示在乔迁新居时会购置窗帘，房地产市场的持续增长对布艺销售是一个重要促进因素。二是布艺产品集群化生产的特点，集群当地政府大力在打造区域品牌，突出集群产品特色等方面做出了巨大努力。三是布艺企业注重销售渠道的创新和改进，大规模集中参加展会，对布艺产品的推广和销售都是积极的因素。

毛巾内销增速相对平稳。2013年，311家毛巾规上企业实现内销产值545.4亿元，同比增长12%，高阳毛巾产业集群内销产值为188亿元，同比增长9.3%，16家毛巾企业内销产值131.9亿元，同比增长5.9%。由于毛巾类产品由于本身小商品易耗特性、产品多样化、功能性用途的广泛性不断提高及消费周期的缩短等原因，消费者消费习惯的改善以及对健康要求的提高，毛巾需求有所提高。因此毛巾内销情况较好，增速平稳。

三、子行业投资增速差异较大

家纺行业总体投资进展顺利，不过各子行业投资差异较大，具体表现为床品投资增长较快，毛巾投资增速平稳，窗帘布艺有所下降。如图16所示，床品企业完成实际投资最好，同比增长34.9%；毛巾类企业次之，实际完成投资情况增长16.9%；窗帘布艺实际完成投资情况较差，同比降低15.1%；其中，床品企业和毛巾类企业新开工项目数同比分别增长了36.6%和18.5%，布艺企业较差，同比降低了6.9%。

图16 家纺行业及子行业投资情况同比增速

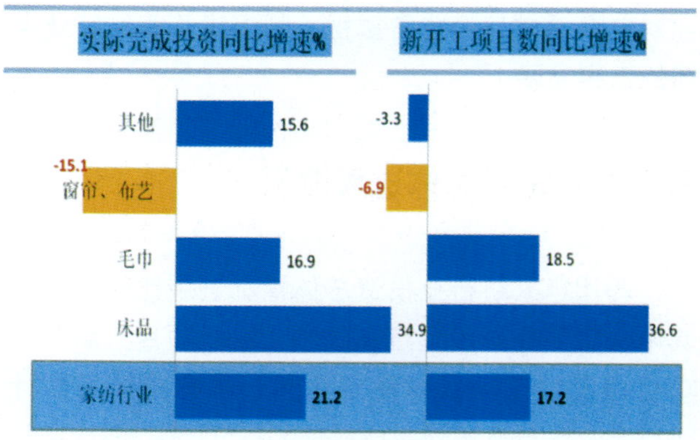

资料来源：国家统计局

床品施工项目515个，同比增长25%，增长较快；毛巾类和窗帘布艺类施工项目数较去年同比小幅上升。床品竣工项目数383个，同比增长29%，毛巾和布艺企业竣工项目数下降较大，同比分别下降14%和10.3%。

2014年行业发展趋势展望

根据目前国家经济形势以及产业实际发展状况，并结合2013年全年行业综合情况，预测2014年全年行业内销增速缓慢的问题或仍将存在，但出口有望继续向好。企业应该加快产业结构调整和产业升级，加大产品宣传，扩大内需市场，以缓解内需动力不够强劲的局面。同时还要加快渠道创新建设和提升服务水平，实现内销的稳步增长。

一、抓住机遇，规避风险，加快出口

2014年，世界经济有望逐步走出国际金融危机的阴影，总体经济形势会好于2013年。据国际货币基金组织预测，2014年世界经济将增长3.6%，全球经济复苏在波动中逐步加强。其中，美、欧、日等主要发达经济体复苏趋势得到进一步确认，发达经济体重新成为世界经济增长的主要驱动力。我国家纺行业应抓住经济周期中复苏阶段，提高产品质量，进一步扩大出口传统市场的规模，并尽力遏制三大市场占比下降的趋势。

新兴经济体虽然目前情况较好，但在未来仍存在较大风险，面临着经济增长放缓和全球金融状况收紧的双重挑战，中国对其出口将继续保持高速增长，但增速可能会稍稍放缓。对于新兴市场的出口，主要防范风险的问题，企业应积极开拓新市场，抓住出现的新机遇，以提高多元化市场布局的方式来应对国际市场中出现的市场风险问题。

二、积极扩大内需，发展渠道创新

2014年我国宏观经济依然存在着下行压力，预计GDP增速将继续放缓，内需不足仍将继续，房地产市场投资增速放缓，面临下行压力，国内政策明松实紧，行业内销绝对值将继续增长，但增速或将有所放缓。由于内需动力欠强劲，为积极扩大内需，企业应通过多种方式向市场消费群体传达健康消费理念，同时提升产品质量和售后服务，积极扩大家纺产品的内销。

家纺行业应不断推进渠道建设，特别是当前内需动力不太强劲的情况下，国内市场的渠道建设更显重要。企业应根据市场环境和产品细分演变，精准地在市场和行业中找到自己的定位，改进和完善传统渠道，推进多层次商业渠道建设。线上和线下需共同发展，通过总结传统渠道与电商各自特点、客户的消费行为以及产品特性，采取多种策略组合，以满足各类消费群体的需求。随着经济不断发展，科技日益进步以及年轻一代群体逐渐成熟，网络销售将继续迅速发展，企业应当侧重网络销售渠道的创新和建设。

（撰稿人：陈 润　魏启雄）

产业用纺织品行业

中国产业用纺织品行业协会

2013年行业运行情况

2013年，我国的经济增长速度随着结构调整的逐步深入而有所放缓，国外主要经济体复苏缓慢，产业用纺织品行业也经历自身发展中的挑战。但是，支撑行业发展的积极因素依然存在，庞大的内需市场和持续的技术创新是推动行业增长的主要动力。全年行业继续保持快速、健康发展态势，工业增加值增长12.9%，固定资产投资增长28.67%，规模以上企业的主营业务收入和利润分别增长16.46%和16.37%，出口增长8.36%。整体看，行业仍处在健康、平稳的发展区间，主要经济指标在纺织业中仍处于领先地位，体现了行业强大的生命力。根据协会调研，65%的受访企业认为全年经营情况良好，比上半年高出9个百分点。

一、经济运行分析

(一)生产持续增长

根据统计测算，2013年产业用纺织品行业完成纤维加工总量1130万吨，增长11.88%，占纺织纤维加工总量的比例为23.3%；非织造布的总产量达到384万吨，同比增长11.67%。2013年我国出口非织造布55.8万吨，进口14万吨，国内实际消费342.2万吨。各类产品纤维加工量见表1。

(二)投资再趋活跃

2013年，行业投资一改去年平稳的形势，投资日趋活跃。全年实际完成固定资产投资448.8亿元，增长28.67%；施工项目数、新开工项目数和竣工项目数分别为857个、647个和585个，分别同比增长16.28%、20.48%和19.88%，见表2。

表1 2013年产业用纺织品纤维加工量

单位：万吨

产品类别	产量	产品类别	产量
医疗与卫生用纺织品	102.70	包装用纺织品	81.05
过滤与分离用纺织品	85.31	文体与休闲用纺织品	32.04
土工用纺织品	68.18	篷帆类纺织品	194.64
建筑用纺织品	51.73	合成革用纺织品	101.22
交通工具用纺织品	56.34	隔离与绝缘用纺织品	35.00
安全与防护用纺织品	28.94	线绳（缆）带类纺织品	56.77
结构增强用纺织品	99.79	工业用毡毯（呢）类纺织品	36.90
农业用纺织品	62.27	其他	37.22

资料来源：中国产业用纺织品行业协会

分行业看，非织造布行业先降后升，呈快速恢复态势。上半年投资额同比下降，下半年出现快速增长，全年完成投资额176亿元，同比增长20.33%，施工项目和竣工项目数仅增长7.48%和7.11%，但新开工项目数则增长20.48%，表明行业对非织造布的市场前景具有较高的信心，大量资本投入到该行业，并且单个项目的投资额进一步加大，投资质量较高。其中应用于卫生材料、土工材料和过滤材料三个领域的非织造布投资占比较大。

绳索缆、篷帆类两个行业投资增长非常快，增速分别达到86.08%和106.51%，这将推动两个行业的产能快速提升和产业转型升级。

纺织带和帘子布行业受近两年效益下降的影响，全年完成投资额48.6亿元，下降了12.56%，成为全行业中唯一投资下降的领域。

(三)经济效益稳步提升

行业生产和投资增长的同时，经济效益稳步增长。根据国家统计局数据，行业1712家规模以上企业的工业增加值增长12.9%，在纺织行业中处于领先位置；行业主营业务收入和利润总额分别为2384亿元、134.4亿元，分别增长16.46%和16.37%，增速与去年相比基本持平；行业销售利润率5.64%，比去年上升0.1个百分点；行业亏损面9.64%，比去年下降0.3个百分点；由于纺织带和帘子布行业的效益不佳，带动行业亏损额大幅增加了117.05%。

分行业看，非织造布行业的效益较好，全年利润总额增长24.05%，增速高出全行业近8个百分点，销售利润率6.45%，比去年增加0.3个百分点，高出全行业0.81个百分点。纺织带和帘子布行业的效益则比较差，虽然亏损面与整个行业持平，但是亏损额却增长了467.2%，其亏损金额占全行业亏损额的72.6%，利润总额下降6.87%，销售利润率只有3.81%，比去年下降了0.8个百分点。篷帆布行业的效益也有所下降，利润总额下降5.14%，销售利润率4.66%，比去年降低0.9个百分点。

(四)产业集群优势明显

2013年，产业用纺织品行业内产业集群整体表现良好，大部分数据优于全行业数据。集群内大企业的发展情况良好，生产和销售保持了较高的增速；小企业虽然面临资金和市场方面的困难，但是由于其规模小，成本较低，能够更好地适应市场的变化，基本都能维持正常生产，并且盈利能力较大企业更优。在报送数据的8家产业集群，企业的整体

表2 2013年行业投资情况

	投资额		施工项目数		新开工项目数		竣工项目数	
	数值(亿元)	增速(%)	数值(个)	增速(%)	数值(个)	增速(%)	数值(个)	增速(%)
产业用纺织品	448.8	28.67	857	16.28	647	20.48	585	19.88
非织造布	176.3	20.33	316	7.48	233	17.09	211	7.11
绳索缆	46.7	86.08	98	66.1	86	91.11	64	56.1
纺织带和帘子布	48.6	-12.56	106	3.92	76	5.56	70	4.48
篷帆布	36.5	106.51	74	25.42	60	30.43	57	32.56
其他	140.7	35.37	263	17.94	192	9.71	183	30.71

资料来源：国家统计局

开工率在95%以上，非织造布类产品的产量达到200万吨，增幅超过12%，略快于全行业；全部企业的主营业务收入和利润总额分别增长10.3%和26.48%，销售利润率达到5.73%，其中规模以下企业的主营业务收入和利润总额分别增长11.85%、21.7%，销售利润率为6.65%；8家集群内的从业人员增加了2.9%，但规模以下企业的从业人员则下降了4.6%。

（五）出口、进口平稳增长

我国的产业用纺织品行业虽然以满足内需市场为主，但是国际市场在行业中的地位也日显重要。受不利国际市场环境的影响，2012年我国的产业用纺织品的出口基本为零增长，2013年出口市场逐步回暖。前两个月的出口增速曾反弹到14.15%，但是随后出现快速回落，1～6月份只有4.51%，下半年又明显反弹，全年出口增速达到8.36%，但仍比纺织全行业的出口增速低3个百分点。2013年，我国出口各类产业用纺织品192.7亿美元，占纺织全行业出口额的6.6%，见表3。

其中，塑料涂层织物、医疗卫生用纺织品、非织造布、篷帆类纺织品、包装袋和玻纤制品是行业的主要出口产品，出口金额占全行业的近80%。六大类产品的出口金额全部实现了正增长，其中非织造布的出口增速最高，为21.22%，其余的均为个位数增长。从驱动因素看，非织造布的数量因素要超过价格因素，在世界范围内，非织造布的市场快速增长，我国不断增加的非织造布产能为出口提供了很强的动力。而价格是带动玻纤制品、篷帆类制品和包装袋出口增长的主要因素。

分地区看（下图），亚洲是我国产业用纺织品最大的出口地区，同时也是一个快速增长的市场，2013年对亚洲的出口额为85亿美元，同比增长13.48%，出口额占总量的44%；对非洲的出口虽然金额不大，仅占总量的7%，但是增速可观，达到15.13%。我国的产业用纺织品技术比较先进，与发达国家相比还具备成本优势，所以在亚洲和非洲等市场有很强的竞争力。在欧盟和北美洲的市场份额占比很大，但近两年来增长明显放缓，2013年出口额出现下降。

我国产业用纺织品的主要出口市场

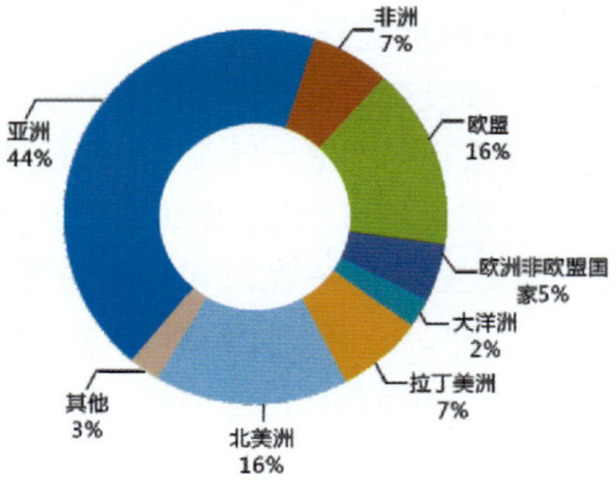

数据来源：中国海关

表3 2013年我国主要产业用纺织品出口情况

产品名称	出口金额（亿美元）	数量变化（%）	金额变化（%）	价格变化（%）
塑料涂层织物	52.5	5.37	8.02	2.51
医疗卫生用纺织品	30.4		7.90	
非织造布	19.7	15.06	21.22	5.36
篷帆类制品	19.2	−1.09	5.34	6.50
包装袋	18.5	2.72	6.89	4.06
产业用玻纤制品	11.9	−8.47	7.48	17.42

资料来源：中国海关

表4 我国产业用纺织品的主要出口市场

国家和地区	金额(亿美元)	增速(%)	占比(%)
美国	28.4	2.58	14.72
日本	12.4	0.72	6.43
印度	8.6	-0.43	4.45
中国香港	8.5	48.58	4.39
越南	7.8	29.29	4.04
韩国	7.7	12.25	3.97
德国	6.0	7.22	3.09
俄罗斯	5.3	9.66	2.74
印度尼西亚	5.1	1.37	2.65
菲律宾	4.9	23.44	2.53
合计	94.5		49.01

资料来源：中国海关

分国别或地区（表4）看，美国是我国产业用纺织品最大的出口国，占出口总额的14.72%，2013年出口额达到28.4亿美元，增长2.58%；对日本、印度尼西亚的出口维持低速增长，对印度的出口出现轻微降低；对中国香港、越南和菲律宾的出口增速较高，对韩国、德国和俄罗斯的出口保持平稳增长；对上述10大市场的出口额占全部出口额的49.01%，出口市场总体上比较分散，有利于化解市场风险。

分出口重点省市看，浙江、江苏、广东、山东、福建、上海是我国产业用纺织品出口的主要地区，合计占到全国总出口额的82.25%，其中福建的出口增速最高，达到25%，上海的增速较低，只有3.79%，其余主要地区的增速均在6%～8%之间。

2013年，我国进口各类产业用纺织品39.49亿美元，同比增长7.96%，进口产品主要集中在各类涂层织物、非织造布、玻纤织物、医疗卫生用纺织品、过滤用纺织品、造纸用纺织品、帘子布，合计进口额占全部进口额的91.8%。这些产品我国具备较大的生产能力，但是由于技术水平和标准等的原因，在高端市场上我国的产品与国外相比还存在较大的差距，同类产品出口均价远远低于进口均价。其中过滤用纺织品和非织造布由于国内近年来的迅速发展和技术进步，其进出口价格比已经比较低，2013年并且比2012年还有所下降，见表5。

从进口来源地看，中国台湾、日本、韩国、美国、德国是我国产业用纺织品的主要进口国家或地区，合计进口额占总进口额的79.87%。其中台湾省是大陆地区进口产业用纺织品的最大来源地，2013年进口额7.66亿美元，占总额的19.4%，其中塑料涂层织物、玻纤织物和非织造布是主要的进口产品，占自台湾省进口总额的88.5%。

二、重点领域情况

(一)医疗卫生用纺织品

医疗卫生用纺织品属于刚性需求，国内外市场需求都比较稳定。行业内的骨干企业具有规模、技

表5 主要产品的进出口价格比

	2013年	2012年	是否扩大
塑料涂层织物	3.00	2.94	是
产业用玻纤制品	2.66	2.41	是
绳索缆	2.60	2.77	否
造纸用纺织品	2.32	2.22	是
橡胶涂层织物	2.31	2.50	否
普通过滤用纺织品	2.10	2.47	否
非织造布	1.73	1.81	否
帘子布	1.46	1.41	是

注 进出品价格比＝进口单价÷出口单价

资料来源：中国海关

表6 2013年医疗卫生用纺织品出口情况

产品	金额(亿美元)	金额变化(%)	数量变化(%)	价格变化(%)
非织造防护服	9.7	3.98	10.91	−6.25
吸收性卫生用品	11.8	16.54	15.54	0.87
药棉、纱布和绷带	8.9	2.09	4.49	−2.30
全部	30.4	7.91		

资料来源：中国海关

术和市场优势，2013年经营状况良好，企业普遍反映市场和经营情况要好于去年。但受医疗体制、采购方式、用户习惯和标准等问题制约，国内医用一次性纺织品市场成长较慢。

我国医用纺织品的出口比重较高。由于国际经济缓慢复苏，国际市场的需求情况有所好转，见表6，2013年我国合计出口各类医疗卫生用纺织品30.4亿美元，同比增长7.91%，增速比去年提高3.8个百分点。从产品结构看，吸收性卫生用品的出口比重最大，增速最快，带动了整个医卫领域的增长；药棉、纱布和绷带传统产品的出口增速较低，只有2.09%；非织造类防护服的出口增速不到4%。在所有的出口产品中，数量仍是出口增长的最主要的驱动因素，价格对出口增长的贡献较低，表明我国的医疗卫生用纺织品的技术含量和品牌价值还需加快提升。

(二)交通工具用纺织品

2013年，我国汽车工业呈现持续健康发展态势，全年汽车产销量跨上2000万辆台阶，产销量分别同比增长14.8%和13.9%，创历史新高，再次蝉联全球第一。在此形势下，交通工具用纺织品呈现出快速增长的势头，行业的销售收入和利润总额增长均超过15%。

当前，我国交通工具用纺织品处于较好的发展阶段，汽车产业虽然发展速度会有波动，但是整体趋势将保持持续增长；主要汽车生产企业都开始整合供应链，加强对供应商的控制，有实力的配套供应商将会获得更多的机会。

(三)过滤与分离用纺织品

机织过滤市场相对比较稳定，市场趋于饱和；高温过滤领域市场需求增长较快，主要是由于全社会对大气治理的高度关注，国家正在陆续推出有利于行业发展的政策，极大的推动了市场需求的增长。而且，随着下游行业对过滤精度的要求提高，以及我国聚苯硫醚、芳纶1313、聚酰亚胺纤维等高性能纤维的产业化水平和产品质量的不断提升，过滤行业的技术水平和产品质量也快速提升，明显缩小了与国外先进水平的差距。

各种利好消息刺激了行业的新增产能和技术改造的投资，行业高度重视新纤维、新工艺的应用，市场竞争日趋激烈。根据对骨干过滤企业的统计，2013年样本企业的主营业务收入增长11.89%，利润总额增长18.21%，平均销售利润率12.5%，研发费用占销售收入的比重为3.07%，都明显高出全行业平均水平。随着行业的技术进步，企业也积极开拓国际市场，全年出口各类过滤用纺织品8900万美元，同比增长6.35%，但是与1.4亿美元的进口额相比，我国的过滤用纺织品的发展还有很大的提升空间。

(四)土工用纺织品

2013年，土工行业面临较好的外部环境。一是国家继续加大交通基础设施的投资，水利投资也稳步增长，这些都是土工用纺织品领域传统的市场，为行业提供了稳定的客户。二是企业积极开拓环境工程市场，在垃圾填埋、尾矿处理、石油勘探、工业防渗和生态护坡等领域取得很好的业绩，全年企业的订单都比较饱满，环保行业已经成为土工材料的新增长点。三是随着我国对外承包工程项目的增长，我国土工材料已经走出国门，配套许多大型项目；企业通过参加国内外展览和会议等多种方式拓展国际市场，也取得了较好的成绩。

根据对骨干土工企业的统计，行业销售收入、利润总额分别增长21%、18%，平均利润率7.82%，均高于全行业平均水平。

(五)结构增强用纺织品

纤维增强复合材料不仅是高技术及尖端技术领域关键材料，同时也是汽车、新能源、新型建材、信息产业、石油化工、环保等领域更新换代和产业升级中的重要材料。在全球面临能源危机和资源短缺的大环境下，纤维增强复合材料正在迎来新的发展机遇。

目前，风力发电叶片用经编玻纤织物是结构增强用纺织品的主要应用。2013年风电行业已在逐步回暖，向上传导还需要一段时间，经编玻纤织物的生产企业依然面临如需求不旺、资金链紧张等困难，要彻底恢复还需时日。但业内企业积极开拓新的应用领域，芳纶、碳纤维、高强高模聚乙烯纤维等制作的复合材料、蜂窝材料等在航空航天、军事国防、基础设施建设、交通工具、体育休闲等领域中的使用量正在不断加大。

高性能纤维复合材料是先进复合材料，综合性能优异，应用市场广泛，潜在的市场需求非常巨大，各个国家都高度重视并加快推动发展。日本、美国和欧盟等发达国家已处于先进复合材料的制高点，而且近几年一些跨国公司凭借其雄厚的资本和技术实力已在应用技术开发和市场开拓方面做了大量的工作，为未来的大规模应用打下了良好基础。国内产业链上的相关企业要加强联合，开展重点攻关，做好技术储备，才能在即将到来的复合材料应用浪潮中赶上节奏，赢得先机。

三、技术发展情况

在国家的大力支持下，我国高性能纤维的国产化、产业化发展取得了明显突破，打破了国外公司的技术和市场垄断，大幅降低了产品进口价格，有力推动了行业进步。在替代进口纤维方面，我国PPS纤维年产能超过1.5万吨；PI纤维年产能约3000吨；PTFE膜裂纤维、线、膜制品产能已达到千吨级水平；芳纶已实现质量稳定的自动化生产；超高分子量聚乙烯纤维年产能约2万吨；芳砜纶纤维年产能1000吨；碳纤维年产能超过1万吨；实现了3.5μm超细玻璃纤维的量产，改善了产品的柔软性和耐磨性，提高了产品的适用性；耐高温玄武岩超细纤维已进入产业化生产和工程应用阶段；部分生物质纤维已形成产业化生产，目前正在积极拓展应用领域；亲水、抗菌、阻燃、高弹、低缩等专用纤维的开发和生产取得明显进步，部分满足了下游领域对细分产品的需求。

成型技术和装备水平不断提高，在生产速度和幅宽上都有较大进步，如我国自主开发的SMS纺粘生产线速度突破400m/min，幅宽最大可达7m，针刺机针频最高可达2000r/min，正在研发2500r/min的高速针刺机；在滤料加工方面，突破了纺粘滤料的成套设备和水刺毡滤料的成套加工设备。片梭织机特别适合超宽幅、高密度、厚重型织物织造，国产超宽幅片梭织机为产业用纺织品生产提供了设备支撑，有效幅宽可达7.4m，克重可达1500g/m^2；熔喷/气流成网、纺粘/针刺和纺粘/水刺、多层复合成型技术、多轴向立体经编技术均已经实现产业化，提高了装备配套能力、自动化水平和产品质量。

经过近几年的努力，行业在单一功能性整理、配套设备及化学整理剂方面已积累了一定经验，部分具有自主知识产权的非织造布后整理设备已拥有产业化能力。PTFE发泡涂层动态处理设备和技术，可以在滤料表面形成致密微孔结构PTFE涂层，提高过滤精度，防止微细粉尘进入滤料内部，降低压差，减少能耗；国内首台5500mm超宽幅智能定型机具有风速高，热传递能力强，喷风、受热均匀等特点，解决了宽幅织物温差大的行业技术难题；国产高效泡沫发生器和施加器，可以保证施加泡沫的均匀性并达到精确注液的效果；助剂研发能力不断提升，产品的抗酒精、防渗漏、阻燃、抗菌等综合性能有所提高。

2014年行业预测

一、行业存在的问题

在内需市场和科技创新的驱动下，我国产业用纺织品在快速发展的同时，但也存在技术、标准和产业链协作等方面的挑战，面临较大的产业结构调整和升级的压力。

尽管行业近年来的投资主要集中在高端产能方面，但是整体看行业的中低端产能还占一定比例，产能结构不尽合理，导致了我们的产品主要集中在中档水平；部分领域由于产能扩张过快出现过度竞争的情况，加大了行业运行的风险，市场秩序趋复杂，使得我国在国际高端产业用纺织品市场的竞争力不足。

2012年以来，产业用纺织品行业通过推动技术创新联盟的方式来联合纤维、设备、制品和下游应用领域的联合，集中攻关一些共性关键技术，虽然取得一定成效，但是要彻底扭转“行业缺少从专业原料、专用设备和工程服务完整的供应链，市场控制能力和产业链配套能力较弱”的局面还需要很长的时间，有待增强的产业链协同能力将严重制约行业的技术进步和应用市场的拓展。

作为中间产品，产业用纺织品必须满足最终产品的结构特征、性能需求和成本制约，其自身难以形成独立的品牌，往往受制于配套产品的市场行为。再加之受到行业壁垒、技术壁垒、市场准入壁垒和传统供应链制约等现实问题的影响，许多产品难以打开国内外市场，只能为国外品牌代工，致使我国大多数企业目前仍处于终端产品价值链的低端，这与技术纺织品高附加值的行业特征严重相悖。

受资金和人才的限制，技术创新“两难”问题突出，高科技产品突破有限，大多数企业仍追求规模效益，自主创新能力不足。

二、2014年预测

国内市场是推动产业用纺织品行业发展的最大动力。随着十八届三中全会各项改革具体措施的逐步落实，国家在基础设施建设、环境治理、卫生保健、安全防护、军事国防等方面的投入会不断加大，将会释放出更大的内需市场，为产业用纺织品行业的快速发展和骨干企业成长提供广阔空间。

投资活动将比去年活跃。市场需求的持续增长在推动生产和销售较快增长的同时，也将刺激更多的行业投资，预计今年行业的投资活动将比去年活跃，而且投资将更集中在中高端先进产能的增加、企业技术改造与设备更新等方面，对低档产品的挤出作用更为明显，有利于推动产业结构优化和转型升级。

国际市场保持平稳增长。由于发达国家的经济复苏缓慢，并且还存在一些不确定因素，因此预计对发达国家的出口会持续2013年的低速增长状态；但对亚洲、拉丁美洲和非洲等新兴市场的出口会保持较快增长，将会支撑全行业的出口保持平稳增长。

综上所述，我们整体判断，2014年产业用纺织品行业仍处于稳中有进的平稳较快发展阶段，行业结构继续优化，产业竞争力持续提升。预计全年行业的工业总产值、销售收入、利润总额及主要产品产量等主要经济指标将会保持10%以上的增长速度。

（撰稿人：李桂梅　季建兵　李昱昊）

纺织机械制造业

中国纺织机械器材工业协会

2013年是全面实施“十二五”规划的关键年，在国内外严峻的市场环境下，纺织机械行业结构调整和产业升级继续深入，产品水平和产品质量不断提高，行业运行态势总体平稳。

2013年行业经济运行情况

一、行业规模

2013年，全国规模以上纺机企业726户，实现主营业务收入1155.60亿元，同比增长5.69%，资产总计达到939.09亿元，同比增长9.67%。主营业务收入前三季度同比增长逐渐放缓，第四季度回升。纺织机械行业主营业务收入同比情况如图1所示。

图1 纺织机械行业主营业务收入同比情况

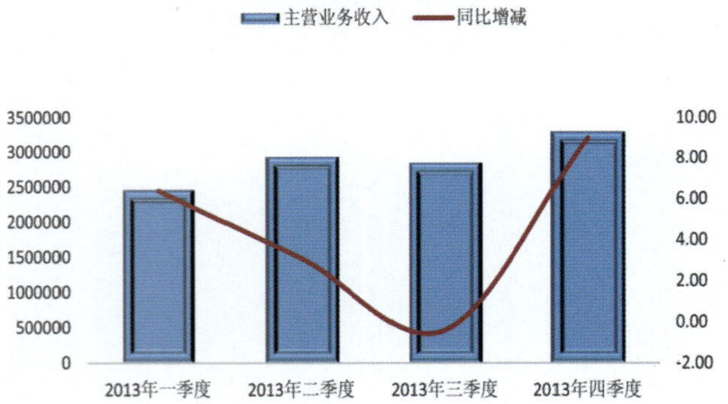

二、发展特点

（一）分行业市场各不相同

纺织行业对自动化、连续化、高速、高效设备需求的增加，使得纺机行业的产品结构中高端装备比重增加，低端产品淡出市场。纺织机械分行业市场各不相同。

尽管国内的棉纺企业受国内外棉价差异过大的影响没有改观，棉纺机械由于纺企海外投资的利好影响，以及市场对高端产品的需求，发展平稳，精梳机、带紧密纺长车市场较好。

化纤行业产能结构性过剩，化纤机械总体需求呈现出下行趋势，市场销售状况趋于常态。近年来化纤机械在大型化、连续化、柔性化的基础上更加注重精细化与节能、经济生产。

国内外非织造机械市场有转入平淡的趋势，2013年非织造布机械销售整体市场平稳。

织造机械受到整体经济形势以及市场需求变化的影响，国内喷气织机、喷水织机的销售有一定幅度的回落，而剑杆织机则由于其品种适应性而仍然保持稳定的增长。

随着劳动力价格的上涨，提升针织设备机械化和自动化水平成为市场需求的主流趋势。针织机械中圆纬机销量增长较快，横机因为市场容量的限制，发展速度受到了影响。

印染是纺织产业链条上不可或缺的环节，技术升级、更新设备已成为印染企业节能减排的根本途径。染整机械形势向好，定型机、数码喷墨印花机市场需求量增大。

（二）出口额恢复两位数增长

随着国务院出台的进出口稳增长、调结构的政策效应显现和全球经济近期的稍有回暖，纺织企业加快了“走出去”的步伐，海外投资建厂带动了国产纺机产品出口的增长，2013年我国纺织机械产品出口金额25.19亿美元，同比增长12.36%。

出口产品中，针织机械出口额仍然排在首位；纺纱机械出口金额同比大幅增长，其中环锭棉纺细

表1 2013年纺织机械产品出口情况

产品名称	累计金额(亿美元)	所占比重(%)	金额同比(%)
总额	25.19	100.00	12.36
针织机械	6.51	25.87	14.47
辅助装置及零配件	5.62	22.31	13.59
印染后整理机械	4.15	16.48	16.84
纺纱机械	3.79	15.06	57.84
织机	2.44	9.68	8.62
化纤机械	1.95	7.73	−30.43
非织造布机械	0.72	2.87	−6.98

资料来源：中国海关

纱机出口位居首位，出口额为8595.79万美元，同比增长83.25%，主要出口到印度尼西亚，数量占比为42.25%。2013年纺织机械产品出口情况见表1。

随着中国综合成本的不断上涨，东盟地区成为中国纺织企业的投资热点，如印尼、越南、缅甸及孟加拉等国家。印度、印度尼西亚、越南、孟加拉国、巴基斯坦成为我国纺机产品出口的前五大市场。主要出口市场中，2013年对越南出口大幅增长，替代日本进入出口前五大市场，出口额为2.00亿美元，尤以纺纱机械为甚，出口额占出口越南纺机金额的50.50%。

（三）出口交货值逐渐回升

出口交货值是衡量工业企业生产的产品进入国际市场的一个重要指标，是现阶段衡量我国工业企业融入世界经济的一个主要参数。2013年，纺机行业完成出口交货值71.06亿元，同比增长4.64%。四年来，纺机行业出口交货值完成情况如图2所示。2012年出口交货值大幅减少，2013年逐渐回升，但仍未恢复到2011年水平。

图2 纺机行业四年来出口交货值完成情况

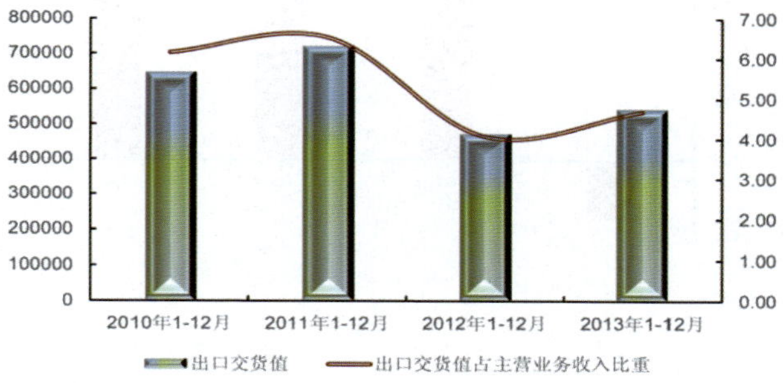

（四）进口微弱增长

纺机行业进出口仍为逆差，2013年我国进口总额为42.20亿美元，同比增长0.04%，累计同比连续五个月微涨。

2013年化纤机械进口排在第一位，进口总额为8.21亿美元，同比下降11.87%，进口产品中，织机进口增长显著，金额同比增加50.17%。2013年纺织机械产品进口情况见表2。

2013年，纺织机械进口的主要国家和地区以日本、德国、意大利、中国台湾和比利时为主。日本超过德国成为2013年我国进口纺织机械的最主要国家，进口额为13.58亿美元，以进口织机为主，主要是喷气织机。比利时涨幅最高，同比增长67.10%，其中织机进口1.93亿美元，占比达到91.46%，金额同比增长73.76%。

（五）经济效益有所好转

纺机企业通过调整产品结构、提高产品技术水平，顺应市场需求，利润同比上升。2013年，纺机行业实现利润总额为82.47亿元，同比增加11.49亿元，销售利润率7.14%；亏损企业亏损额为4.58亿元，同比增长15.37%；亏损面为13.09%。各季利润增速的变化情况如图3所示，利润增速逐季上升。

图3 纺机行业2013年各季度利润增速变化情况

单位：%

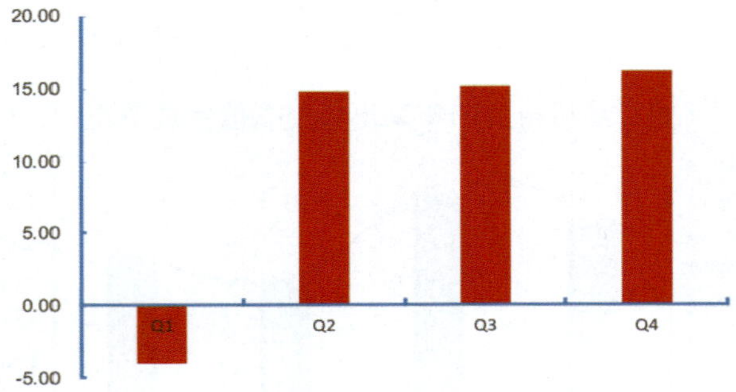

纺机行业重点地区江苏、浙江、山东三省的利润总额达到52.87亿元，利润总额集中度为64.11%。

（六）成本费用略有上升

2013年，纺机行业成本费用总额为1071.14亿元，同比增长4.11%，其中，主营业务成本965.26亿元，同比增长5.2%；营业费用为31.46亿元，同比增长5.94%；管理费用为62.49亿元，同比增长7.17%；财务费用为11.92亿元，同比下降1.62%。各项费用占总费用比重如图4所示，其中，财务费用占比较2012年有所下降，主营业务成本、营业费用、管理费用占比略有上升。控制好成本费用的增长是影响行业经济效益的重点。

图4 2013年纺机行业各项费用占总费用比重

单位：%

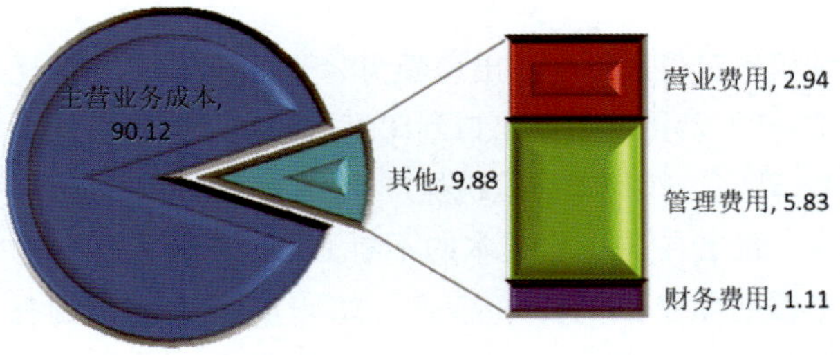

表2 2013年纺织机械产品进口情况

产品名称	累计金额(亿美元)	所占比重(%)	金额同比(%)
总额	42.20	100.00	0.04
化纤机械	8.21	19.47	-11.87
辅助装置及零配件	7.73	18.33	12.42
织机	7.27	17.22	50.17
纺纱机械	7.22	17.12	-19.50
针织机械	5.60	13.28	-3.98
印染后整理机械	5.57	13.20	7.13
非织造布机械	0.59	1.39	-48.35

资料来源：中国海关

纺机行业重点地区江苏、浙江、山东三省的成本费用总额达到683.85亿元，成本费用集中度为63.84%，较2012年有所下降。

（七）固定资产投资增长较快

“十二五”以来，纺机行业固定资产投资额平均以50亿元的年增幅在提高，2013年纺机行业固定资产投资、新开工项目均有较大幅度的增长。固定资产投资额为283.72亿元，同比增长39.16%，纺机行业固定资产投资额占纺织业固定资产投资额的比重为3.10%。新开工项目为376项，同比增长20.51%。

行业结构调整和技术升级继续推进

2013年在《纺织机械行业“十二五”发展指导意见》、《纺织工业“十二五”发展规划》和《建设纺织强国纲要(2011—2020年)》指导下，全行业在结构调整技术升级中得到了发展，凸显了技术进步和产品创新的重要作用。

一、产品技术进步和创新成果显著

科技创新是产业发展的主要驱动力。纺机行业积极落实“十二五”规划，通过产业升级、技术进步，保持行业竞争力，创新能力不断提高。国家科技支撑计划“碳纤维多层织造装备及技术研发”项目和“数控一代机械产品创新应用示范工程”项目继续推进。

获奖科技项目的大量涌现体现了纺机行业的技术进步。2013年度中国纺织工业联合会科学技术进步奖共130项。其中，一等奖14项，二等奖42项，三等奖74项。纺机行业中5项成果荣获一等奖，占一等奖总数的35.71%；10项成果荣获二等奖；16项成果荣获三等奖。2013年度香港桑麻奖中，纺机行业2名获一等奖，占获奖总数的50%，2名获二等奖，占获奖总数的20%。

2013年“中国纺织工业联合会科技指导性计划”项目中有37项纺织机械产品被列入。通过中国纺织机械器材工业协会组织的科技成果鉴定26项，充分体现了行业技术进步方向。

二、纺织机械技术创新体系建设稳步进行

以纺织行业需求和科技进步为导向，构建企业为主体、产学研用相结合的创新链，如新一代纺织设备产业技术创新联盟，有助于企业研发和自主创新能力的提升，提高产品技术含量，加快新产品研发与应用。

同时，通过继续评定纺机行业产品研发中心的工作，促进行业技术进步的创新能力提高，完善技术创新体系建设。

三、标准化工作稳步进行

2013年纺机行业共有13项行标计划项目获得批准。截至2013年12月中旬，纺机行业现行的国家标准112项，行业标准448项，标准总数560项。继续完善技术标准体系，2013年纺织机械行业标准复审项目共39项，经过广泛征求意见，最终的复审结论是，确认继续有效27 项，建议修订11项，废止1项。标准工作推动了行业的技术创新，带动了行业产品结构调整和升级。

四、主要产品可靠性得到宣贯

继2010年出台了剑杆织机、喷气织机和纺纱关键设备7种产品的可靠性文件后，2012年经过多次修改和论证，电脑针织横机、无缝针织内衣机、高速经编机3个产品可靠性评价文件经过2012年的修改和论证，2013年在行业中得到了宣贯，以提高产品可靠性和竞争力。

影响行业发展的主要问题

一是市场需求不振。世界经济的复苏进程仍在波动，国际市场需求不旺；国内经济增长的内生动力仍待增强，内需没有完全释放。原料价格的差异使国内纺织企业不得不放弃原有中低端棉纱市场，或倒闭，或转向化纤等产品的生产。纺机行业普遍面临着市场需求不足的困难。

二是成本不断上涨。一方面，工人工资不断上涨，用工难。另一方面，生产成本由于节能减排等因素提升。纺机行业面临着要素成本不断上涨的困难。

三是融资难。目前以民营企业为主的纺机行业是充分市场化竞争的行业，盈利水平不太高，中小企业很多，现有的金融体系结构的制约，使行业内很多企业面临着资金不足、融资难的困境。

2014年纺织机械行业发展展望

一、发展环境分析

2014年世界经济环境仍然复杂多变，外需复苏还不确定。国际货币基金组织（IMF）2013年10月将2014年全球增长的预期调为3.6%，强调全球经济会长时间停留在低速增长区的风险，增长动力将更多的来自发达经济体。从国内看，十八届三中全会确定了未来10年的改革蓝图，"稳增长、调结构、促改革"的大政方针下，中央将保持货币政策的稳定性，财政政策或将更加积极。

在国内外经济大环境下，纺织工业面临着内外市场需求、资源环境承载能力、政策效应和市场机制、创新研发与可持续发展的挑战，2014年内外需市场环境将总体稳中趋好，但由于国内棉花问题、用工问题、人民币持续升值等因素制约，纺织行业关键通过加大技术改造与技术创新力度、转变发展方式应对挑战，这为纺织机械的发展提供了机遇和挑战。

二、行业发展趋势

2014年行业内需市场将保持平稳增长，增速有望继续逐步提高，但提升空间较为有限。市场需求将以效率高、技术先进的高端装备为主，仍将保持着明显的增长。

中国纺企海外投资的扩大，将带动纺机装备技术发展和出口市场需求。美国、欧洲等国家的经济向好，也会带动出口。但同时面临的外部需求不稳、综合成本攀升、国际竞争激烈、汇率等影响，国际市场形势仍有波动。

2014年纺机行业将面临挑战，但在结构调整、技术升级的大趋势下，仍有望保持平稳运行，行业技术水平持续提高，产值、利润、出口缓中有升。

三、发展措施

2014年纺织机械行业将从追求"规模效益"转向追求"稀缺性效益"，行业内实施"主攻高端、夯实基础、创新驱动、两化融合"的发展战略。

一是将继续推进结构调整和技术进步，重点发展高端纺织技术装备，提高产品技术含量来适应市场的差别化需求，为顺利完成"十二五"目标努力。

二是进一步强化管理，提高产品可靠性和质量。

三是继续提高创新能力，加快产品的研发及产业化。

四是推广先进技术，用信息技术等改造提升传统产业，带动行业技术进步和产业升级。

（撰稿人：孙少波）

中国纺织工程学会
China Textile Engineering Society
详情登陆 www.fzxb.org.cn
新浪微博 weibo.com/u/2322010725
纺织学报
JOURNAL OF TEXTILE RESEARCH
欢迎订阅
学术性
原创性
前瞻性
权威性
主管单位：中国科学技术协会　主办单位：中国纺织工程学会
电话：010-65017711，65917740
传真：010-65016539
邮箱：fzxb@chinajournal.net.cn
fangzhixuebao@126.com

CNTAC

中国纺织工业发展报告

CHINA TEXTILE INDUSTRY DEVELOPMENT REPORT

2013/2014

规划报告

《纺织工业“十二五”发展规划》中期评估研究报告

《纺织工业“十二五”发展规划》中期评估课题组

截至2013年6月，由工业和信息化部发布的《纺织工业“十二五”发展规划》（以下简称《规划》）已经实施过半，为了客观评价《规划》实施的效果，以及在“十二五”以来的新形势下，分析纺织工业结构调整和产业升级遇到的新问题、呈现的新特点，中国纺织工业联合会组织展开《规划》的中期评估工作，对《规划》执行情况进行客观评价，是“十二五”后半期《规划》工作重点的指导依据，也是“十三五”规划研究的基础。

纺织工业稳定发展，目标完成良好

“十二五”以来，纺织工业按照《规划》要求，持续推进结构调整和产业升级，《规划》主要指标进展顺利，目标完成情况良好。

一、行业规模指标完成进度较快

全国规上纺织企业，2012年完成工业总产值57810亿元，比2010年增长21%，年均增长10.2%；2012年实现主营业务收入56850亿元，比2010年增长25%，年均增长10.8%，2013年1～6月完成主营业务收入29297亿元，同比增长13.3%。2011年、2012年和2013年1～6月，规上纺织企业工业增加值增速为10.7%、10.5%和8.9%，超过《规划》目标增速。

2012年，我国纺织品服装出口2626亿美元，比2010年增长23.8%，年均增长11.3%，2013年1～6月纺织品服装出口1309亿美元，同比增长11.9%，均超过《规划》目标增速。

2012年，全行业纤维加工总量达4540万吨，年均增长4.8%，超过《规划》目标增速0.3个百分点。

二、产品结构调整指标完成情况良好

2012年，我国化纤原料自给率达62%，较2010年提高3个百分点；服装、家纺、产业用比例为48.5：29.3：22.2，三大终端产品纤维消费结构向《规划》目标稳步推进。

受环境资源、要素成本、政策体制等因素影响，产业区域转移推进压力加大，截至2013年6月中西部地区产值占全国比重为20.6%，比2010年提升3.6个百分点。

三、自主创新指标有所进步

2012年，规上纺织企业全员劳动生产率达57.8万元/人，比2010年增长38.7%，年均增长17.8%，超过《规划》目标增速7.8个百分点。

2012年，我国规上纺织企业研发投入强度达0.47%，较2011年提高了0.04个百分点，其中化纤行业的研发投入强度达到0.94%，已经接近《规划》目标。

四、品牌建设指标按计划进度完成

2012年，我国纺织服装行业已有30多家品牌企业销售收入超百亿，完成《规划》目标60%以上。一批优势品牌企业已迈出国门，并形成一定的国际影响力。

五、节能减排指标基本完成

2012年，规上纺织企业综合能源消耗6174万吨标准煤，较2010年下降4.2%，单位增加值能耗、二

氧化碳排放强度指标已经完成《规划》目标。

2011年纺织工业单位增加值用水量基本完成《规划》目标。由于环保部于2011年对统计范畴、调查方法等进行调整，化学需氧量等指标与以往年度不可直接进行总量比较，将来与相关部门沟通进一步调整统计口径后再进行有效对比。

2012年，全国再利用纺织纤维用量520万吨，比2010年增长30%，年均增长14%，基本达到《规划》目标增速。

重点任务积极推进，实施成效明显

《规划》以结构调整和产业升级为主攻方向，提出自主创新、技术升级、品牌建设、节能减排、产业转移、“走出去”、人才培养等九大重点任务，得到全行业高度重视，取得了明显成效。

一、自主创新能力不断增强

国家工程研究中心、国家工程技术研究中心、国家重点实验室等国家级纺织科技创新机构，积极开展了一系列基础性和前瞻性研究。新一代纺织设备、化纤产业、产业用纺织品等一批技术创新联盟逐步建立，初步发挥产学研用联合创新作用。纤维材料、先进纺纱织造、产业用纺织品、新型染整、节能减排等领域的基础研究和产业化应用，取得了一批阶段性科研成果。“十二五”以来，全行业新增国家认定企业技术中心12家，国家技术创新示范企业10家，7项科技成果获国家科学技术奖，296项科技成果获中国纺织工业联合会科学技术奖。制修订完成并发布实施了360项标准，其中与《规划》直接相关的重点标准70项（包括国标16项，行标54项）。

二、技术升级步伐明显加快

新型纺纱、织造、印染、针织生产技术水平不断提高，高效、自动化、智能化装备的应用比例不断扩大，技术进步使生产效率大大提高。化学纤维的功能化、差异化技术进一步发展，纳米改性技术得到应用，差别化率达到53%，比“十一五”末提高7个百分点，功能性纤维应用比例逐步提高。

碳纤维T700、芳纶1313、聚苯硫醚、超高分子量聚乙烯、连续玄武岩等高性能纤维已实现产业化生产，产品已达到国际先进水平。高性能产业用纺织品应用领域不断扩大。通过“碳纤维多层织造装备及技术”、“纺织行业（苎麻、针织、涂布）装备数控化应用示范”等项目的研发，将纺织装备、数控技术与新兴产业相结合。

纺织行业“两化融合”工作有效推进。棉纺织行业在线监控被工业和信息化部列为“信息化和工业化深度融合创新推进专项行动”的试点攻关项目。印染行业体现信息化应用的项目是国家技改专项支持的重点之一。“十二五”以来有10家服装企业获得中国纺织工业联合会与中国服装协会共同授予的“两化融合示范单位”荣誉称号，4家服装企业获得工信部授予的“两化融合示范单位”荣誉称号。纺织机械数控装备与技术为企业信息化提供了底层基础生产数据，促进纺织企业实现两化融合。

三、质量管理和品牌建设取得进步

纺织企业更加重视质量管理，更多企业采用了ISO 9001:2000质量管理体系、5S现场管理等国际先进管理标准。纺织行业共有5家实验室获得工业和信息化部组织评价的工业产品质量控制和技术评价实验室称号。中国纺织工业联合会已经建成十几个检测实验室，初步形成覆盖全国的检测网络，发挥质量管理公共服务平台作用。

纺织产业集群地加强设计创意公共服务平台建设，面料、服装、家纺、经编、内衣等各类专业设计大赛贯穿上游到下游，中心都市普遍建设时尚创意园区，并提供文化创意类专项资金。化纤开始发布中国纤维流行趋势，棉纺开展“差别化产品创新”面料测评，丝绸完善高档丝绸标志质量体系。

国内活跃的服装品牌约2000个，家纺品牌约1000个，截至2012年底，服装行业拥有87个中国名牌、262个中国驰名商标，家纺行业拥有75个中国名牌、38个中国驰名商标。服装和家纺品牌建设重点工程全面展开，制定了《服装家纺自主品牌企业评价体系》及评价细则，初步建立品牌企业统计、跟踪、评价体系和服装家纺品牌数据库，确定了111家“重点跟踪培育的服装家纺自主品牌企业”，中国纺织服装品牌网正式启动上线。

四、节能减排和资源循环利用持续推进

成立了国家纺织产业节能减排技术支撑联盟和中纺联“环资委”专家委员会，促进企业实施节能减排技术改造。大力推进企业能源管理，能源、用水三级计量管理技术在行业中的推广。完成《粘胶纤维行业准入条件》、《印染行业准入条件》和一系列节能减排相关标准的制修订。

一批节能降耗减排新技术在全行业获得广泛推广应用。棉纺行业使用无PVA环保浆料占比上升10%。膜技术处理废旧聚酯瓶片清洗废水回用技术使水回用率达80%以上。粘胶短纤维装置吨产品用水量下降近50%、吨产品能耗下降18%，粘胶行业全硫回收率达到85%以上。印染行业单位产品水耗下降28%，由2.5吨/百米下降到1.8吨/百米；单位产品综合能耗下降18%，由50公斤标煤/百米下降到41公斤标煤/百米，印染行业水重复利用率达到30%。一批低碳节能技术，如太阳能板集热系统在棉纺行业获得广泛推广，空压机热能回收技术在棉纺和化纤行业重点推广。

再生聚酯纤维年产量达到450万吨，再生纤维技术进步明显，应用市场广泛。淘汰落后产能工作进展顺利，化纤和印染行业的淘汰落后产能目标任务圆满完成。

五、现代产业集群建设有所推进

截至2013年6月，工业和信息化部批复231个国家新型工业化产业示范基地中有7个纺织行业示范基地，其中“十二五”期间批复3个。中国纺织工业联合会试点共建的产业集群在“十二五”期间增加了16个，并推出代表纺织产业升级表率的18个模范集群。“十二五”以来正式启动了行业示范公共服务平台认定工作，分两批共有37个单位成为纺织行业中小企业公共服务示范平台，经工业和信息化部认定，纺织行业有19个国家级中小企业公共示范平台，为行业中小企业服务发挥了积极促进作用。

六、产业区域布局调整有效推进

东部地区产业升级步伐加快，2011年、2012年和2013年1～6月固定资产投资额占全国的比重分别为56.1%、55.2%和55.8%，明显高于2010年的48.6%，2011～2012年新开工项目数量比2010年也有大幅回升，向价值链高端转移、与中西部地区联动发展特色明显。

中部地区承接产业转移成效显著，2012年固定资产投资额比2010年提高66%，2013年1～6月同比增长16.8%，2012年规上企业实现工业总产值8706亿元，比2010年提高55.7%。尤其是河南、安徽、湖北、江西、湖南五省是承接产业转移的主力军。

西部地区承接产业转移呈现出资源引导型的特点，产业规模有所扩大，2012年规上企业工业总产值达到2819亿元，比2010年提高26%。

东北地区纺织工业在产业规模和产品品种两个方面都保持稳定发展，2012年规上企业工业总产值为1628.8亿元，占全国的2.8%，与2010年基本持平。

七、行业国际化水平提升

国际贸易结构有所优化。2012年我国向美欧日

这三大传统市场出口纺织品服装总额为1177.84亿美元，占我国纺织品服装出口总额的44.9%，比2010年降低4.5个百分点，2013年1～6月，我国纺织品服装对美欧日三大市场出口额占出口总额比重为41.6%。对新兴国家和地区出口有所增加，2011、2012年、2013年1～6月我国向东盟地区的纺织品服装出口额分别同比增长33.9%、35%和42.9%，占出口总额比重从2010年的7.1%增长到2012年的10.3%，至2013年1～6月已达12.5%。

纺织企业"走出去"的步伐不断加快，对外投资涵盖棉纺、针织、毛纺、化纤、服装、家纺、纺织机械等多个行业，2012年我国纺织业对外直接投资额达到25552万美元，比2010年增长近1倍，比同期制造业对外直接投资额的增长幅度高12.7个百分点。一批优势企业加快步伐"走出去"跨国配置资源，并购国外品牌、营销渠道，利用国外研发、设计和营销人才。

纺织行业的国际交流合作不断推进，在先进技术、智力资源、绿色环保、节能减排、标准互认、社会责任等各方面交流合作的深度和广度不断加强。

八、人力资源能力建设加强

纺织行业现有职工2200多万人，规模以上企业职工1000.7万人，研发人员规模不断扩大。纺织行业逐步建立和完善了多种层次的人力资源培育体系，利用大专院校的师资力量和教学硬件，培养纺织行业跨学科复合型人才。品牌企业愈加重视科研设计人员队伍和机构建设，加大研发设计投入力度，培养、引进高端设计人才。通过定向培养、委托培养和短期培训基地的方式，培养了一批纺织行业专业技能人才。

九、企业组织结构和管理水平得到优化和提升

重点行业集中度有所提高，有实力的龙头企业通过技术创新、管理创新、资本创新、兼并重组等手段，成为知识产权、品牌和资源整合能力强的大企业、大集团，2012年纺织服装行业已有30多家优势企业销售收入超过100亿元。中小企业活力不断增强，产业集群公共服务平台定位广大中小企业，在质量检测、产品设计、技术创新、员工培训等方面提供服务。纺织企业重视提升管理水平，在设计研发、品牌管理、生产管理、营销渠道建设和商业模式创新等方面积极创新。

重点领域有效突破，工作进展顺利

《规划》提出的新型纺织纤维材料、高端纺织装备、高性能产业用纺织品等基础性、关键性领域的技术进步和重点工作都取得较大进展。

一、新型纺织纤维材料技术不断突破

新型纺织纤维材料产业重点推进差别化纤维、高技术纤维、生物质纤维三大类纤维技术和产业化。在线添加技术、连续聚合技术、纳米改性技术等关键共性技术的应用，提高了化纤常规产品优质化水平。化纤差别化率比2010年提高7个百分点，已实现了50%的进度。化纤原液着色纤维产量占化纤比重提前实现《规划》目标，达到8.7%。仿棉纤维的研发取得了积极进展，产业化取得实质突破。高性能纤维基础创新能力和产业化水平进一步提升，应用领域不断拓展。新溶剂法纤维素纤维、PTT、PLA、PHA等生物基化学纤维已突破关键技术。化学纤维占纤维加工总量的比重达到80%，已提前实现《规划》目标。

二、高端纺织装备获得较大进展

国产纺织机械装备与国际先进水平的差距有所缩小，一些重点产品达到国际先进水平。成功

研发了量大面广的智能化和网络化纺纱关键设备、具有节能环保新技术的印染设备、环保型差别化纤维及其非织造布成套生产设备等。聚苯硫醚短纤、高模聚乙烯纤维等高性能纤维成套装备实现产业化运行。全自动集体落纱细纱长机等高性能纺纱和织造设备替代国际先进水平的能力逐步提高。部分专件、器材表面处理和制造技术达到国际先进水平。

三、高性能产业用纺织品应用领域不断扩大

2012年产业用纺织品纤维加工总量为1010万吨，占纺织纤维加工总量的22.2%，比2010年增长2.2个百分点，重点领域医疗和卫生用、过滤和分离用、土工和建筑用、交通工具用、安全与防护用、结构增强用六大类产业用纺织品产量年均增速达到14.8%，高于产业用纺织品全行业产量增速3.9个百分点。在南水北调工程、沪杭高铁等重大工程中，产业链上下游企业协同创新，攻克了土工布加糙、高强丙纶布与两布一膜滑动层组合等技术。产业用纺织品行业的研发水平进一步提高，110家骨干企业的研发费用占销售收入的比例为3.23%，远高于纺织全行业平均水平。

四、纺织制造技术持续进步

棉纺紧密纺设备装机达到1293万锭，2000年后棉纺先进设备比重达78%，无梭织机比重达51%。新型纺纱技术在毛纺企业的推广面达到了60%，高支苎麻纱生产技术进一步提高，新一代黄麻成套设备研发成功，缫丝企业自动缫丝机比例基本达到100%。在线检测和分析技术已在重点织造企业应用，电脑横机普及率快速提升，针织技术与设备向高精度、高效率、智能化、柔性化等方向发展。印染在线检测及数字化技术实现突破并得到应用。一批信息化技术在服装、家纺行业进一步推广。

“十二五”以来政策措施实施情况

为保障《规划》任务顺利实施，促进纺织行业加快调整升级，《规划》制定的七大类政策措施均得到不同程度推进，产业指导、贸易环境等政策落实取得积极成效，但原料、税收、融资等事关行业发展全局的重要政策仍亟待调整和落实。

一、一批政策措施落实较好

国家宏观经济政策总体有利于纺织行业健康发展，科技强国及人才强国战略推动纺织产业升级，支农政策的实施加快提高农村衣着消费水平，2010～2012年农村居民人均衣着支出提高50.1%，接近同期城镇居民衣着支出提高幅度的2倍。

（一）产业政策有所加强

发改委、商务部、工信部等有关部门修订了《产业结构调整指导目录》和《外商投资产业指导目录》，编制了《工业转型升级投资指南》和《产业转移指导目录》，对于优化纺织行业投资结构发挥重要指导作用，工信部组织实施了粘胶纤维和印染企业准入公告管理。

（二）财政专项继续发挥重点支持作用

财政专项资金，继续支持高新技术纤维、产业用纺织品、新型纺织装备三大重点领域的关键技术研发与企业技术改造。

（三）贸易环境稳步改善

“十二五”期间纺织品服装退税率稳定为16%，贸易便利化水平不断提升，海关、质检、税务等部门出台了取消纺织品服装进出口检验检疫监管、简化进出口报关及外汇管理流程、减免进出口相关行政费用等措施。

（四）行业协会作用得到有效发挥

中国纺织工业联合会及各专业行业协会按照《规划》要求，充分发挥桥梁纽带作用，深入调研行业运行动态及棉花等热点问题，及时反映企业诉求，提出政策建议。围绕企业实际需求，不断提升综合服务水平，广泛开展行业咨询、技术推广、专业会展、国际交流等服务，为纺织企业加快转型升级提供有力的服务保障。

二、部分政策措施需要调整

（一）原料政策亟待深入调整

国家连续三年以限价收、放储方式调控国内棉花供给，造成国内外棉价差过大及储备棉品质下降，棉纺行业产品竞争力流失，效益恶化，就业规模缩减。国内棉价仍受到进口配额、滑准税等多重政策调控，流通环节严重缺少市场调节，《规划》提出“促进国内外棉价基本接轨”的政策目标远未实现，棉花管理体制亟待全面调整改革。

（二）财税政策作用有待进一步加强

纺织行业相关税收政策改革进展迟滞，棉纺企业增值税“高征低扣”等长期存在问题仍未解决，稳定劳动密集型产业的税收政策调整尚无进展。财政专项对行业转型升级的支持力度仍需加强，覆盖面过小，资金利用效果仍需优化。

（三）企业融资环境尚无实质性改善

地方政府主导搭建融资担保平台、融资服务平台，企业发行债券、集合债券等拓宽中小企业融资渠道的措施有所增加。但在广大中小微型纺织企业层面，融资难、融资贵的问题并未有效缓解，根据调研情况，近四成纺织企业仍存在资金紧缺问题。

（四）标准化工作需要进一步加强

质量、检测、安全、环保、建设、海关等标准制定、修订任务有序推进，行业标准体系日益完善。但在标准化工作组织方面，化纤标准化在纺织行业中仍缺少技术支撑机构，高性能纤维及产业用纺织品与下游应用部门仍未建立有效的沟通合作机制，国际标准化工作缺少政策扶持，相关环节仍需进一步理顺。

未来机遇挑战并存，形势有喜有忧

“十二五”后半期及“十三五”时期，我国纺织行业整体上仍处于重要的发展战略机遇期，虽然行业面临的外部形势错综复杂，各种风险挑战严峻，但市场需求空间依然存在，我国全面建成小康社会将提供诸多难得的历史机遇，推动纺织行业升级发展迈上新台阶。

一、纤维消费需求仍将稳步增长

（一）人口和消费自然增长带动全球纤维需求总量将持续增加

2000～2012年，全球人口增长对纤维需求总量增长的贡献率达到31%。到2020年，全球人口将增加约6亿，按现有人均纤维消费量，仅人口自然增长即可带动纤维需求规模扩大700多万吨。2000～2012年，全球人均纤维消费量增长2.7kg，依此增速到2020年，人均纤维消费量自然增长将带来1300多万吨的增量空间。

（二）新兴市场的需求潜力将逐步释放

目前，发达国家人口仅约占全球15%，但纤维需求总量占30%以上，人均纤维消费量普遍达到20～30公斤，而发展中国家人均纤维消费尚不足10kg。未来，新兴经济体的纤维需求潜力将随着经济持续发展不断得到释放；其中，我国作为全球最具经济增长活力的新兴市场，成为全球纤维消费最大增长极。

（三）应用领域拓展为纤维需求扩大创造条件

科技创新促进新型纤维材料及产业用纺织品应用领域不断扩展，成为纤维需求增长的新驱动，"十二五"前两年，产业用纺织品对我国纤维内需总量扩大的贡献率超过35%。我国产业用纺织品产量到2020年将超过1500万吨，占纤维加工总量的比重达到27%。

二、需求总量空间依然存在

尽管世界经济将长期处于低速复苏发展阶段，但人口、新兴市场、应用领域拓展等动力因素仍将推动纤维需求规模稳步扩大。

（一）城镇化与农业现代化推进激发内需潜力

我国新型城镇化建设稳步推进，到2020年近1亿农村人口转移至城市，人均衣着消费提高4倍以上达到城镇平均水平，带动衣着消费总量保持较快增长；农业现代化加速发展，城乡差距逐步缩小，促进农村居民消费潜力持续性释放，我国在"十三五"初期将成为全球最大的零售市场。

（二）工业化与信息化发展创造产业升级有利条件

我国新型工业化、信息化发展，将进一步加深纺织与其他产业之间的互动融合；信息技术与现代物流等服务产业不断提升，将促进电子商务成为纺织行业最具成长性的营销渠道，服装家纺产品网购销售额在未来3～5年可保持年均30%以上的较快增长，到"十三五"前期总规模将突破万亿。

（三）经济全球化继续深入仍将提供国际机遇

经济全球化的发展趋势仍然不会改变，纺织品服装国际贸易规模总体将继续扩大，国际纺织产业分工合作将日益深化，我国纺织行业在参与国际市场竞争和承接产业链高端跨国转移方面仍有机遇，在全球布局产业体系和跨国配置资源方面总体面临有利环境。

（四）科技创新加速增强产业提升动力

国际金融危机以来，全球科技创新进程明显加快，发达国家近年来在纺织材料、装备及产业用纺织品等重点领域的创新成果不断涌现，为我国纺织行业更好地吸收国际先进的产业技术成果创造条件，同时也将倒逼行业加强发挥自主创新能力，积极抢占产业科技发展新战略制高点。

（五）文化软实力和纺织工业深度融合创造纺织产业新优势

增强国家文化软实力得到高度重视，相关支持政策正在研究制定中，纺织行业的软实力体现在文化层面的创造力，大力发展文化创意、研发设计、创意广告咨询等生产性服务业，促进文化创意与纺织工业融合发展，有利于我国纺织工业在生产制造领域的领先优势进一步转变为时尚创新领域的领先优势。

三、各种风险挑战依然存在

（一）生产要素资源约束日益突出

纺织纤维原料对产业平稳运行乃至产业安全提出新挑战，棉花受政策影响国内供给质量及市场流通环境恶化，对二甲苯（PX）受环境、社会因素影响自主供给缺口加大，原料瓶颈制约日益突出。水、电、人力等各种生产要素资源紧缺，引发制造成本持续上升，同时人力资源供给形势也日趋严峻。

（二）生态环境保护压力加大

我国加强生态文明建设，将对纺织行业可持续发展水平提出更高要求。国家对污染物排放进行总量控制，与产业发展需求形成矛盾；污染物排放标准不断提升，在资金条件有限的情况下，企业应对压力突出。

（三）市场竞争更趋激烈

发达国家实施再工业化发展战略，对产业高端技术的控制更加严格，并将加剧高端产品国际市场竞争；国际贸易保护主义变相抬头，围绕化学品安全控制、碳排放等内容的技术性壁垒将有所增加；发展中国家在中低档产品市场上的成本竞争将更趋激烈，中低档加工订单向东南亚国家转移的趋势未来仍可能延续。

克服困难迎接挑战，全面完成规划任务

“十二五”以来，《规划》执行情况良好，在外部环境复杂多变的情况下，行业实现平稳发展，未来压力不断加大，全行业要齐心协力，加快转型升级步伐，全面完成《规划》任务。

一、《规划》实施中存在的主要问题

（一）体制机制问题，影响结构调整步伐

棉花管理体制严重滞后于市场经济发展，进口配额、滑准税和收放储等政策扩大了国内外棉价差，给企业经营带来很大的不确定性。纺织企业增值税“高征低扣”、劳动密集型企业税收优惠、中小企业融资、财政专项资金有效分配等政策的制定和实施需加快推动。引导纺织企业实施“产业转移”和“走出去”需进一步细化政策设计和推动实施。

（二）创新能力不足，产业升级缺少支撑

创新型人才和学术带头人紧缺，基础理论研究和多学科综合研发能力薄弱。国家级创新主体数量少，资源分散，没有形成覆盖全产业链的集成创新体系。已建立的纺织产业技术联盟，还未形成产学研用紧密合作、解决行业共性难点问题的协同创新机制。中小企业公共创新服务问题突出，存在政策、资金、技术、人才等困难。自主品牌建设处于初级阶段，战略定位、文化提升和商业模式等方面需要不断创新。

（三）环境压力加大，企业面临严峻形势

国家在加快淘汰落后产能和减少新增污染物排放量方面的要求和标准不断提高，纺织企业节能减排技术改造面临资金、技术和成本压力，尤其是位于纺织产业链中间环节的印染企业因为环保问题面临更加严峻形势。另外，部分地方政府面对环境指标压力，在实施相关措施过程中，采用简单处理的方式，不能让纺织企业在生存和发展之间实现良好的过渡。

（四）纺织产业转移速度有所放缓

“十二五”以来产业转移速度放缓，部分项目甚至停滞，影响因素包括资源、成本和政策体制等。劳动力和土地的供应不乐观，劳动生产率一般低于东部地区，部分地区已经出现劳动力资源紧缺，土地价格也不断攀升。随着棉纺、服装等行业大量转移到中西部地区（中、西部棉纺锭的增长已超过600万锭），中间的印染环节发展需求迫切，中西部地区缺乏环境容量的支撑，影响企业投资信心。

二、促进《规划》实施的政策建议

（一）改善纺织原料供给保障

解决国内外棉价差问题，在实施新疆棉花种植直补试点的基础上，推动实施全国性的棉花种植直补措施，取消常态化的限价收放储，有利于缩小国内外棉价差。加快棉花进口管理体制的市场化改革，取消进口配额和滑准税管理。

支持发展对二甲苯（PX）大型建设项目，关注PX引起的环保与社会问题，及时研究对策化解相关矛盾，避免形成原料瓶颈。支持非石油路线的乙二醇项目建设。适当降低己内酰胺、丙烯腈等化纤原料进口关税，解决化纤原料进口关税倒挂问题，促进相关产业链健康发展。

（二）减轻纺织企业税收负担

解决天然纤维加工环节增值税“高征抵扣”问

题，将棉花、羊毛、麻、蚕丝等天然纤维原料进项税抵扣税率由13%提高到17%。立足稳定就业，适时研究出台支持劳动密集型产业发展的税收优惠措施，允许纺织企业将部分人工成本抵扣增值税。对创新型纺织企业给予税收优惠支持，允许创新型企业将研发投入、品牌营销等费用纳入增值税抵扣范围。支持纺织企业装备升级，适度下调节能环保型染整设备等先进纺织装备的进口暂定关税。

（三）加大对行业技术进步的支持力度

扩大中央预算资金对纺织新材料、高性能产业用纺织品、高端纺织专用装备、废旧纺织品循环利用等行业关键技术研发创新的投入。支持新型纺织加工、节能环保、资源综合利用、纺织信息化等重点领域技术升级改造，适当向中小企业倾斜，支持公共技术推广，充分发挥专项资金支持项目在行业中的带动作用。建议国家单独设立针对印染产业的技改专项，切实解决目前印染技改项目在地方切块项目中不受重视、难以立项等问题。支持国家级企业技术中心和工程中心建设。

（四）进一步优化和改善市场环境

创造更加有利的市场环境，促进纺织服装自主品牌加快成长，建议加强工业与商业部门的协调对接，对零售企业加强监督，严厉打击假冒仿冒产品，在市场监管、质量检测、进店条件等方面实现国内外品牌同等待遇。合理平衡工业与商业之间的风险、利益关系，减轻工业企业的商业渠道成本和费用压力。加强知识产权保护执法、规范质量监管执法。

建立跨部门的协调机制，制定、修订产业用纺织品及公共性家纺产品在建筑、交通、医疗等领域及相关服务业中的强制性应用规范，扩展纺织产品应用领域，扩大需求规模。鼓励纺织企业采取多种形式开展电子商务，建立电子商务公共服务平台，为中小企业开辟电子商务渠道；研究制定知识产权保护、专业网络服务等方面的行业服务标准，促进电子商务规范、健康发展。

（五）促进纺织产业布局的优化

增强纺织产业转移的政策动力，积极采取信贷优先支持、税收减免优化、简化工商流程的措施。国家技改、创新、中小企业等专项资金适当向中西部地区倾斜，促进中西部纺织产业升级。加强出口信保、外汇融资、资本项下货币兑换便利化等政策支持，鼓励有条件的纺织企业到海外设立研发中心、生产基地、原料基地等。设立专项资金支持自主品牌企业“走出去”。

（六）加强纺织行业公共服务功能

促进中小企业发展的各类专项资金发挥引导功能，支持建立纺织行业公共服务示范平台，实现信息统计、质量检测、技术咨询、新闻宣传等功能，加快中小企业转型升级步伐。设立人才培训专项资金，开展面向高等院校应届毕业生的品牌企业营销、管理等方面的实务性培训，面向骨干技术工人的技术知识培训，解决行业中广泛存在的人才供需不对接问题。

三、促进《规划》实施的重点工作

全面完成“十二五”规划任务并在“十三五”末建成纺织强国，是实现国家富强、民族振兴、人民幸福的中国梦组成部分。以结构调整和转型升级为重点保持纺织工业平稳发展，为我国提高就业水平和新型工业化进程做出贡献；以科技和品牌创新为重点提高产品质量和档次，满足我国人民不断升级的消费需求。

（一）加大结构调整和转型升级力度

“十二五”后半期，原料保障、技术创新压力、综合成本高、融资困难、环境压力、人力资源结构性短缺等问题仍然突出，为了实现《规划》目标，进一步落实《规划》中九项重点任务和四个重点领域的工作内容，加快推进纺织工业的转型升级工作，着力解决基础性研发、关键性技术、品牌建设、节能减排、区域布局优化等实施中的重点和难点问题。

（二）重点扶持中小企业升级

扶持纺织中小企业和小微企业做精做专并实现转型升级，对中小企业技改项目给予政策性倾斜。加强中小企业创新能力建设，切实推进中小企业创新平台建设，鼓励创新成果在广大中小企业推广应用。细化针对中小企业的行业服务工作并增强执行力，加强对设计研发、品牌经营和就业密集类中小企业的培育和扶持，支持中小企业的人才队伍建设。

（三）以创新为重点提高国际竞争力

我国纺织工业的国际竞争优势，逐步从规模和成本优势转变为科技和品牌创新优势。在国际上逐步建立科技创新的领先地位，加快高仿真及高性能纤维材料、高端产业用纺织品、节能环保染整、高端纺织装备等关键技术的攻关研发和推广。继续促进自主品牌创新发展，紧密结合市场需求，提升创意设计水平，提高市场反应能力，全面履行社会责任，完善自主品牌价值内涵，尽快形成一批国际化的服装家纺品牌。

（四）大力推进节能减排工作

针对污染物排放提标要求，加大节能环保领域技术改造投入，扩大纺织清洁生产技术、污染物治理技术的推广应用。加强中小微企业为主体的产业集群地区污染物统一治理，充分发挥市场机制和环境新标准倒逼作用，促进落后技术装备有序退出。加快纺织低碳加工、环境治理、再生循环新技术的研发和产业化应用。加强统筹规划，促进重点产业园区化发展，推进循环经济园区发展模式。继续完善行业节能环保标准体系，发展专业化的节能环保公共服务体系。

（五）全面提升信息化应用水平

在生产制造领域扩大信息化技术的应用面，提高纺织工业自动化和智能化制造的水平，提高劳动生产率、降低制造成本、改善生产环境；在设计研发领域广泛应用数字化设计系统，促进结构、性能和功能的模拟和仿真优化；在互联网、物联网、云计算、大数据等信息技术的强力支持下，推动纺织工业研发、生产、流通和营销模式的协同创新发展。

（六）引导区域结构协调发展

继续稳步推动纺织产业区域转移，东部地区纺织企业加速产业升级，中西部地区加快构建完整的现代纺织制造体系，着力发展当地特色纺织服装产业，实现东部和中西部地区联动，中西部地区新增产能集聚化、园区化发展。融入国际纺织产业格局调整进程，积极稳妥地“走出去”，通过新设、并购、参股等多种形式在海外建立研发中心、品牌中心、营销网络以及生产加工基地、纺织原料基地等。

（撰稿人：华　珊　郭宏钧　刘　颀
赵明霞　李　靖）

《化纤工业“十二五”发展规划》中期评估报告

中国化学纤维工业协会

“十二五”以来，化纤行业以科学发展观为指导，将自主创新作为保障实施《化纤工业“十二五”发展规划》（以下简称《规划》）的核心和提高综合竞争力的关键，加快转变发展方式，推动科技进步，强化节能减排和循环经济，促进结构调整和产业升级。

截止2013年6月底，《规划》实施时间已过半，为客观评价《规划》实施效果，以及在“十二五”以来的新形势下，分析化纤行业结构调整和产业升级面临的新问题和新特点，中国化学纤维工业协会开展了《规划》的中期评估工作，总结和评价了《规划》实施的进度与效果，研究分析了实施过程中遇到的一些问题，并对《规划》后半期继续实施和推进提出了措施建议。

《规划》中期目标完成情况

一、行业规模指标完成进度较快

2012年，规模以上化纤企业实现工业总产值6888.5亿元，比2010年增长39.2%，年均增长18%；化纤产能达到4021万吨，比2010年增长14.2%，年均增长6.9%；化纤产量3792.2万吨，比2010年增长22.7%，年均增长10.8%；化纤在纺织纤维加工量的比重由2010年的70.0%提高到2012年的74%，提高了4个百分点；棉纺使用化纤量由2010年的1060万吨提高到2012年的1170万吨，增加了10.4%；化纤产量占全球比重达67.7%，比2010年提高近0.8个百分点。

二、产业结构进一步优化

2012化纤产品差别化率为53%，比2010年提高了7个百分点，化纤产品品种更加丰富，质量和附加值持续提高，新一代聚酯（仿棉）纤维，新一代仿真（功能性）纤维，原液着色纤维等差别化纤维迅速发展，占化纤总产量21.1%。高档面料及制品用化纤自给率达到82%；产业用化纤比例达27.8%。

产业集中度不断提高，2012年，化纤产能达20万吨/年及以上生产规模的企业达到46家，比2010年增加13家，合计产能占全行业60.7%，提高了11.7个百分点。

三、行业技术进步成效显著

行业技术水平进步显著，以聚酯涤纶行业为代表的中国化纤企业单线规模从“八五”、“九五”期间的6万吨，扩展到现在的30～40万吨，规模增加近7倍，且制造成本低，处于全球领先地位。纤维规格从最早的常规规格（dpf＞1），到现在的细旦、超细旦（dpf为0.15），纺丝速度从600～800m/min，到现在的4000～6000m/min。以国产化、大容量、在线添加等柔性化聚酯工程与技术（从200吨/天到1200吨/天）及切片纺、熔体直纺POY、FDY国产化技术与装备的开发与广泛应用为代表，中国化纤产业技术已全面升级，具备了较强的国际、国内市场竞争力。具体表现在：

（一）科技投入加大

科技活动经费占产品销售收入比重提高。2012年行业科研投入经费占产品销售收入比重达到1%～1.5%、重点企业达到3%以上。

（二）技术中心、工程中心建设进展加快

截至2012年已建立国家级企业技术中心13个，建有省级以上技术中心的化纤企业从2010年的20家增加到40家。在现有基础上，新建和完善工程研究中心，提升产业技术集成创新能力。

（三）以企业为主的产学研用创新平台、产业联盟平台建设进一步加快

加快整合基础研究、应用开发、工程化开发、生产技术开发、应用技术开发资源，提高自主创新水平、创新能力。鼓励纺织产业链上下游企业加强合作，加强产学研用联合，提高协同创新能力。

（四）劳动力生产率进一步提高

从2010年到2012年化纤行业劳动生产率由117.3万元/（人·年）提高到144.1万元/（人·年），2012年比2010年提高22.9%。新产品产值率由14.0%提高到16.5%；着重培养高层次创新型科技人才，造就一批科技领军人才、高水平创新团队。注重培养一线创新人才和青年科技人才，培养化纤业界的领军人物、高校学科带头人。

四、质量管理和品牌建设推进显著

（一）企业自主品牌建设推进

化纤企业的自主品牌意识正在逐渐形成，质量管理体系和快速反应体系普遍建立，社会责任体系建设也在逐步展开。企业普遍认识到研发对于企业可持续发展的重要意义，技术实力是企业开展品牌建设的重要支点之一。更多以差别化产品为主营业务的化纤企业通过与下游品牌企业合作来打造和推广自身品牌。

（二）化纤行业品牌建设的创新

从2012年开始，由国家工业和信息化部消费品工业司、中国化学纤维工业协会、东华大学、国家纺织化纤产品开发中心联合连续两年开展了“中国纤维流行趋势研究与发布”活动，推出当前市场流行的十大纤维品种。这项活动的主要目的是将目前中国最新、最前沿、差异化程度最高、国际领先的化纤新产品推荐给下游企业和终端消费者，通过发布流行趋势的方式，促使纤维品牌与终端品牌相互促进，产生叠加效应，共同提升中国纺织行业的整体水平和品牌价值，并借此平台与纺织产业下游进行更充分的沟通，从下游得到信息反馈并共同致力于流行纤维的推广与应用。

据统计，“中国纤维流行趋势”发布两年来，共拉动相关纤维销售近200万吨，增加销售收入超过300亿元。纤维流行趋势的研究与发布是化纤工业走品牌发展的一种有益探索，也是中国化纤工业从追求量的增长向注重质的提升转变的一个重要标志。

五、标准化建设得到较快推进

“十二五”以来，化纤协会组织完成了62项国家标准、行业标准制修订工作，其中国家标准修订2项，制定行业标准53项，修订7项，化纤标准数量比“十一五”期末增加47%。其中高新技术纤维产品标准28项，比“十一五”期末增加17项。

此外，协会开展了协会标准的编制修订工作，目前已完成9项协会标准，成为国标和行标的补充在业内得到认可，为协会标准上升为行业标准、国家标准乃至国际标准奠定基础。2012年9月化纤协会又主动发起成立了“化纤标准国际化推进委员会”，近30家行业龙头企业成为推进委员会成员。在协会组织推动下，《纺织品-弹性纤维耐氯化水（游泳池水）性能试验》（ISO/WD 17608）等3项国际标准已经进展到委员会草案（CD）阶段。《纺织化学纤维截面形状测量方法》等2项国际标准提案通过ISO/TC 38国内对口单位组织的专家评审，准备形成国际标准草案。

六、节能减排工作取得明显成效

“十二五”期间，化纤行业为促进节能减排和清洁生产，编制了《中国化纤行业发展与环境保护》白皮书，在全行业进行推广应用，并在行业内开展节能减排先进企业评选，以推动行业节能减排技术进步（表1）。编制了《氨纶工业清洁生产评价技术要求》、《聚酯、涤纶工业清洁生产评价技术要求》和《聚酰胺6工业清洁生产评价技术要求》等标准。率先在聚酯行业开展了碳足迹认证、再生企业体系认证。推荐了重点节能减排技术40余项。

在2011年增加了化纤产量272万吨的情况下，化纤行业“十二五”期间节能减排取得明显效果。

（一）粘胶纤维推进行业节能减排及进行准入条件评估

2012年，化纤协会配合工信部有关部门在粘胶行业进行了第一批企业行业准入的评估及公示，参加企业占行业80%，参评企业26家，合格企业16家。短纤维装置废水分级、分质处理、梯级利用技术得到推广应用，吨产品用水量从120吨降至65吨以下、吨产品能耗下降18%。废气集中回收，采用吸附、燃烧制酸等技术，全硫回收率达到85%以上。酸站一步提硝制元明粉技术的应用进一步降低能耗及资源再利用成本。化纤浆粕行业黑液治理研究取得了新进展，将黑液浓缩后燃烧制碱，既减少排放，还可回收资源。

（二）淘汰“二高一低”落后生产工艺和设备

“十二五”期间，行业加快推动淘汰高能耗、高污染、低效率的生产工艺和设备工作。2010年—2012年，化纤行业共计淘汰落后产能122.33万吨。其中：粘胶行业淘汰13.92万吨、聚酯涤纶行业淘汰105.35万吨、其余小品种3.06万吨。截止到2012年底，氨纶、腈纶落后工艺已基本淘汰完毕。

（三）行业节能减排技术开发及推广应用

废旧瓶片清洗废水回用采用膜技术处理清洗废水，水回用率达到85%以上，该项技术获得纺织之光科技进步二等奖，并已在再生涤纶行业大力推广应用。截至到2013年初，应用大型聚酯聚合装置乙醛回收利用技术的聚酯总产能共计达727万吨。此外，化纤原液着色纤维发展较快，从2010年的252万吨增加到2012年的330万吨，已完提前完成规划要求。

（四）继续推进碳足迹认证研究工作

截止2012年底，已有14家涤纶企业和再生化学纤维企业成为国内首批化纤协会推荐进行碳足迹核算的企业，并顺利获得Intertek—CCFA产品碳足迹证书及绿叶标签．其中涤纶企业12家，再生企业2家，涉及产品包括涤纶切片、瓶片、短纤、POY、FDY、DTY、DT长丝和工业用丝IPY等。

（五）推进行业清洁生产、合同能源管理

公用工程部分的空压机、制冷系统、水泵等设

表1 化学纤维制造业在具体减排领域的进展情况

项目	2010年	2011年	减排	吨纤维产品排放下降（%）
废水排放量（万吨）	42370.5	41428.1	924	10
废气排放总量（亿立方米）	2766.9	2069.3	697.6	32
燃料煤消费量（万吨）	1190.7	1120.4	70.3	12
氮氧化物排放总量（万吨）	7.8	5.3	2.5	36

资料来源：环保部

备大部分都安装了变频系统，照明也都使用了先进节能设备。工艺设备部分，每台纺丝机都自带变频系统。从单纯节电方面来看，化纤企业的输电线路相对较短，加之大量变频设备的使用，进线侧的功率因素已经达到0.97左右，属于比较高的水平。根据2012年粘胶行业准入条件评估调查，粘胶企业清洁生产审核率100%。

《规划》各项具体指标完成情况见表2。

《规划》重点任务完成情况

一、常规产品优质化进一步推进，产品附加值不断提升

行业采用先进适用技术改造和提升传统化纤工艺、装备及生产自动化控制水平，重点解决生产装备的柔性化、常规产品的优质化，实现聚酯涤纶、粘胶、锦纶、氨纶等大型成套装备的多样化、高效

表2 “十二五”中期化纤工业发展的主要指标完成情况

项目	指标	2010年	2015年	年均增长(%)	2012年	完成情况
工业增长	化纤产能（万吨）	3450	4600	5.9	4021	87.4%
	化纤产量（万吨）	3090	4100	5.8	3792	92.5%
	化纤加工量（万吨）	2987	3900	5.5	3627	93%
	化纤占纺织纤维加工总量（%）	70	76		74	[6]
	工业增加值增长率（%）			8	—	
结构调整	化纤原料自给率（%）	59	70		62	[11]
	化纤差别化率（%）	46	60		52.5	[14]
	高档面料及制品原料自给率（%）	70	85		—	[15]
	高性能纤维产能（万吨）	5.5	16	23.8	7.6	
	生物基纤维产能（万吨）	0.6	20	100	9.8	
技术进步	研发投入比例（%）	1	1.5		1.2	[0.5]
	劳动生产率［万元/（人·年）］	20.1	32.3	10	25.4	
	新产品产值比重（%）	14	20		16.5	[6]
可持续发展	万元二业增加值能耗下降（%）					[15]
	万元二业增加值用水量下降（%）					[20]
	主要污染物排放总量下降（%）					[10]
	其中：COD排放总量下降（%）					[12]
	SO2排放总量下降（%）					[10]

1.带[ ]的为五年累计提高或下降百分点。
2.工业增长、技术进步各项指标为规模以上企业指标。
3.可持续发展各项指标为约束性指标。

化生产。积极推广原液着色纺丝技术。加强化纤与下游应用的联合开发，加快发展高仿真、功能性、多功能复合等差别化纤维，并向智能化方向发展，不断提高产品附加值。

二、高性能纤维产业化取得新突破

“十二五”期间高性能纤维的生产几乎覆盖所有品种领域，其中T300级碳纤维进一步实现了稳定生产；T700级高性能碳纤维突破干喷湿法纺丝工艺，超大容量聚合釜、高压蒸汽牵伸机等关键装备实现自主设计和应用，产业化生产及应用逐步加快；T800级、MJ系列高性能碳纤维已突破关键制备技术；芳纶1313、超高分子量聚乙烯、连续玄武岩纤维、聚苯硫醚纤维等产品性能达到国际先进水平；芳纶1414、聚酰亚胺纤维、聚四氟乙烯纤维和高强高模聚乙烯醇纤维实现产业化生产，产能在持续扩大。2012年国内高性能纤维总产能达到7.2万吨，实现出口共计3.8万吨，高性能纤维行业总体达到国际先进水平。

三、生物基化学纤维及原料加快发展步伐

《“十二五”国家战略性新兴产业发展规划》将生物基化学纤维及其原料列为支持产业之一，进一步推动了生物基化学纤维及原料的发展。

2012年新型生物基纤维总产能达15万吨。竹浆纤维、麻浆纤维、聚对苯二甲酸混合二元醇酯（PDT）纤维、聚对苯二甲酸丙二醇酯（PTT）纤维、对苯二甲酸丁二醇酯（PBT）纤维、聚乳酸（PLA）纤维、壳聚糖纤维、蛋白纤维等已实现产业化；Lyocell纤维、PHBV与PLA共混纤维、海藻纤维已突破产业化关键技术；聚丁二酸丁二醇酯（PBS）系列纤维、离子液体法纤维素纤维等由中试向产业化突破。

四、节能减排和资源循环利用工作有力推进

加强行业低碳技术经济研究，加快节能减排、清洁生产新技术应用、建立化纤工业循环经济发展模式，引导社会绿色消费，有力推进节能减排和资源循环。

五、重点技术与装备自主化和工程化水平不断提高

“十二五”以来，行业不断加强集成创新，发展拥有自主知识产权的先进实用技术，突破重大技术装备研制、重点工程设计、关键装备技术，提高工程公司研发能力和工程化建设能力，增强技术服务能力和水平，注重节能、高效和环保型化纤及其原料装备的开发与应用。

六、转变行业发展方式，企业核心竞争力不断提升

推进行业从规模向效益型的进一步转变，提高产业集中度，推动重点企业做大做强，据协会统计，目前化纤企业集团年营业收入超过500亿元的企业有2家，超过200亿元的企业6家，共有13家化纤企业入围2013年民营企业500强榜单，上述大型化纤企业和集团具备产业链综合竞争优势。

面对化纤行业在原料来源的瓶颈，企业贯彻“走出去”的发展战略，在人纤原料、石油炼化等项目上取得了向产业链上游整合的成功突破。粘胶企业浙江富丽达集团在2011年成功收购了加拿大纽西尔特种纤维素有限公司，保障公司粘胶短纤生产的优质稳定原料；浙江恒逸集团在文莱投资建设炼化一体化项目，打通现有PTA—聚酯产业链瓶颈，化解现有产品原料供应的市场风险，并培育新的业务及利润增长点。

大型企业在管理创新领域积极推进“两化融合”，如盛虹集团在功能性差别化纤维生产线上全

面采用智能加工系统及信息化升级改造，包括纺丝智能加工（落筒包装）系统的研发与应用，加弹智能加工系统的研发与应用，及工厂环节智能物流系统的研发与应用，旨在建立工业化、智能化、信息化融合的现代化企业。

在产品开发技术方面，行业协会搭建国际技术合作平台，鼓励化纤企业与国际知名跨国公司开展多方面技术合作，将引进的先进技术和商业运作理念与广阔的中国市场有机结合起来。

七、发展现代产业集群，推进化纤行业转型升级

（一）继续促进产业集聚发展

近两年，化纤产业园区的发展进一步规范化和科学化。各地化纤园区在基础建设、规划布局和配套服务等方面均加大投入和服务力度，引导业务关联度高、产品附加值高的优质企业入园集聚发展。

（二）加快公共服务体系建设

在产业聚集效应明显的地区，当地政府部门均确立了以化纤产业为龙头和主导的区域发展计划，政策向区域内优质企业倾斜，继续扶优扶强，进一步提升产业集中度，构建研发设计、质量检测、信息服务、商贸物流等公共服务体系。

（三）推动产业集群升级

化纤协会从2011年开始在行业内指导建设了7个产业集群，涵括了涤纶、锦纶、粘胶、氨纶、丙纶、高新技术纤维、纺机配件和纤维检测等多个领域，覆盖江苏、浙江、广东、福建、山东、河北等多个化纤行业发达地区。此外，产业集群升级结合推广特色基地的建设，明确了产业集群和企业未来的发展方向和特色，又可引领我国化纤行业的持续发展，带动整个行业在产品开发和拓展应用方面的探索与提升。

八、继续优化产业区域布局

“十二五”以来，东部沿海地区由于具备区位优势、经济优势及产业链配套优势，因而依然是化纤产业最为集聚的地区。东北地区集中发展优势产业：吉林、辽宁以粘胶、涤纶、腈纶等化纤产能为主，其中粘胶纤维总产量占全国的6.2%，腈纶产量占全国的39.7%；辽宁配套有化纤下游产业用纺织品，非织造布产量占全国6.6%。中西部地区以资源优势，承接化纤产业转移，人造纤维素纤维企业利用新疆、四川等地区棉花、棉短绒、竹浆等原料资源优势，将产业链延伸到前道，提升加工能力。2010年，蓬威石化在涪陵新建了一套百万吨PTA装置，为聚酯涤纶产业的发展提供了条件。

但应该看到，化纤产业向中西部产业转移的落脚点在于产业的整体布局和产业链的配套，后续的发展需要发挥转移地区内的油气煤电方面的优势，并实现相应的下游产业链配套。

“十二五”以来政策措施实施情况

为保障《规划》顺利实施，促进行业加快调整升级，《规划》制定的六类政策措施得到不同程度推进，产业指导、创新平台建设、协会作用等政策和措施落实体现积极成效，但财税、标准体系建设等重要政策和措施亟待调整和加快落实。

一、目前实施较好的政策和措施

（一）产业政策发挥指导作用

发改委、商务部、工信部等有关部门修订了《产业结构调整指导目录》和《外商投资产业指导目录》，编制了《工业转型升级投资指南》和《产业转移指导目录》，对于优化行业投资结构发挥重要指导作用。

工信部组织实施了粘胶纤维企业准入公告管

理，正在制定再生化学纤维准入条件，进一步促进化纤企业淘汰落后产能、深化行业产能结构调整。

进口方面增列相关高新技术纤维新产品关税税目，适时调整化纤及原料进口关税税率。

财政专项支持发挥重要作用，科技部、发改委、工信部下达的“科技支撑计划”、“产业振兴与技术改造专项”、“中小企业发展专项”等财政资金，继续支持高新技术纤维等重点领域的关键技术研发与企业技术改造；生物基化学纤维及原料作为《生物基材料重大工程实施方案》的重要组成部分，将得到专项支持。

（二）创新推动行业品牌工作

2012年起推动的“中国纤维流行趋势研究与发布”活动是化纤行业从原料端向下游推进纤维品牌的有益探索，旨在引导从产业链前端原料领域的品牌开发与创新，通过发布流行趋势的方式，促使纤维品牌与终端品牌相互促进，产生叠加效应，共同提升中国纺织行业的整体水平和品牌价值，并借此平台与纺织产业下游进行更充分的沟通，从下游得到信息反馈并共同致力于流行纤维的推广与应用。

（三）自主创新平台建设成果显著

“十二五”以来，化纤行业加快推动产学研用结合，支持化纤企业与上下游企业、高等院校、研究院所、工程公司等组成产业创新联盟，建设行业公用研发平台。化纤产业技术创新战略联盟围绕产业技术进步构建技术创新链，建立了新一代聚酯纤维技术路线图，并突破了包括聚酯废水中的乙醛回收再利用技术和亲水改性共聚酯连续聚合技术在内的多项产业化关键核心技术，承担了国家发展科技支撑计划—“超仿棉合成纤维及其纺织品产业化技术开发”，已取得阶段性成果，逐步推广市场应用。化纤再生与循环经济产业技术创新战略联盟推进再生聚酯低熔点4080产品的研发、中试、生产等工作全面展开，已形成工艺、技术、装备的完整开发产业链。

二、有待进一步调整的政策措施

（一）宏观政策环境尚无实质性改善

民营资本进入上游石化领域依旧面临限制，需进一步放开民间资本的投资领域。企业融资环境尚无实质性改善，特别是在经济下行周期时，银行“嫌贫爱富”的贷款倾向加剧了企业融资难、融资贵的问题，恶化了企业和行业融资环境，许多企业正常的技术改造项目也无法进行。

（二）PX等上游原料的保障能力亟待提高

“十二五”以来，化纤产业链加快向上游拓展，目前化纤原料平均自给率为62%，但乙二醇、己内酰胺、PX等化纤原料的进口依存度依旧偏高，分别达到74%，50.1%和45%，而国内PX新产能扩充面临社会舆论压力，亟需引导发展。

（三）高新技术纤维需加快应用技术发展和下游市场开拓

包括碳纤维、聚苯硫醚、芳纶和聚酰亚胺等品种在内的高新技术纤维的技术突破与产业化研发均取得阶段性进展，但需进一步就加强应用技术发展和下游市场开拓。例如：当前高强度、高模量碳纤维制备关键技术已先后获得突破，高模高强碳纤维关键技术正在探索中；但目前碳纤维产能利用率偏低，产品质量的稳定性需要进一步提高，下游应用领域需进一步拓展，产业化工艺技术和产业化装备技术也相对滞后，需加大研发力度，并开拓下游应用市场。

（四）标准化工作需要进一步加强协调与推进

在标准化工作方面，化纤标准化仍缺少独立的专业化管理和技术支撑机构，相关各方的关系亟待理顺，高性能化学纤维、生物基化学纤维与上下游应用部门的标准化工作间有效的沟通合作机制亟需加强，国际标准化工作缺少政策扶持，相关环节仍需进一步协调。

“十二五”后半期面临的形势及问题

一、纤维需求仍将稳步增长，市场潜力进一步释放

按照“十二五”规划发展目标，我国纺织纤维加工总量将增加1000万吨，其中天然纤维受到土地资源供应。粮棉争地等因素影响，未来发展空间有限，难以满足纺织工业的发展需要，因此纤维消费量增长仍主要依靠化纤的增长来支撑，化纤仍将是“十二五”后半期纺织工业发展最主要的原料保障。

全面建成小康社会将长期坚持扩大内需战略，各种惠民生、扩内需政策措施将进一步落实并显现效果，纺织服装产品内需消费有望保持稳定较快增长，化纤工业作为纺织品服装的原料产业也将继续保持增长态势，我国化纤及其制品凭借较为明显的国际竞争优势，国际市场还有继续扩大的空间。

社会发展、生活水平的提高赋予纤维消费更多内涵，一是伴随生活水平日益提高而对纤维制品使用数量的不断增长；二是适应生活方式的改变，满足衣着功能品质细分和对日常生活更高审美化追求（如品牌、时尚影响等），差别化纤维的快速发展，以及个性化消费的新时尚，将使化纤在服装、家纺领域的应用得到进一步巩固和发展；三是纤维新材料的发展也将进一步扩大纺织产品在交通、新能源、医疗卫生、安全防护、环境保护、航空航天等领域的应用。

二、国际纺织化纤工业格局继续调整中，贸易环境不断复杂化

目前以美国为代表的发达国家向制造业回归，同时，东南亚国家利用成本优势加速纺织服装业转移，东南亚国家的产业劳动力资源和成本优势相较国内非常突出，已直接影响到中国在主要纺织品出口市场的占比下降。

从化纤产业来分析，国际化纤产业发展格局将进一步调整，我国化纤工业目前已具备较强的国际竞争力，化纤企业国际化水平不断提高，在新的国际产业转移和国际分工格局下，我国化纤工业将有条件更好地利用两个市场、两种资源，在更高层次上参与国际竞争，并进一步提升在国际化纤产业发展进程中的话语权，更好地推动化纤工业逐步向产业价值链高端转变。

世界贸易环境也将愈加严峻，随着我国化纤及其制品出口竞争力的加强，此领域便成为国际贸易摩擦的关注点，欧、美、日等发达经济体以及印度、土耳其等国频繁对我国化纤及其制品的出口采取反倾销、特保等贸易救济措施，加上技术壁垒、知识产权、碳排放等新的贸易保护形式的运用，还将影响我国化纤产品在国际市场的竞争力。

三、资源环境制约和绿色可持续发展等带来更多挑战

资源与上游原料的制约仍将是化纤工业发展面临的瓶颈问题，2012年化纤原料的整体进口依存度约为62%，其中三大品种的进口依存度较高：即乙二醇进口依存度74%，己内酰胺为50.1%，人纤木浆约为80%。供应商过于集中、采购商过于分散给投机和炒作提供了空间，导致原料市场价格频繁大幅波动，加剧了企业生产经营风险。

我国加强生态文明建设对行业节能环保要求进一步提高，国家对污染物排放进行总量控制，与产业发展需求形成矛盾；污染物排放标准不断提升。化纤产业链向上游石化加速整合的过程中，项目实施还面临公众出于环境保护、健康生活意识而产生的质疑与误解，从而形成社会舆论压力。我国化纤工业集中在东部地区，产业进一步发展受土地、生态环境的制约加剧，节能减排形势愈发严峻。

四、行业发展面临结构性矛盾和问题

（一）市场规范与自律问题任重道远

市场问题始终是化纤行业运行与发展的重点问题，规范有序的市场是行业发展的前提。从产业链看，上游原料生产商相对较少，仅300余家，化纤企业近千家，其中中小企业近600家，下游用户企业上万家，加上几千家贸易商，市场状况十分复杂；特别是经历行情低迷时期，市场竞争就异常激烈，无序竞争、低价竞销、恐慌性抛售甚至价格大战等恶性竞争行为会时有发生。因此，推进市场规范和行业自律成为行业应对需求不足、稳定市场运行的最主要手段。

（二）行业的结构性问题依旧存在

一是发展模式单一，常规产品的同质性发展问题突出，导致产品市场竞争激烈，高新技术纤维开发与产业化发展不足。二是研发投入仍需提高，据统计，2012年中国化纤行业研发投入占销售收入比例已提高到1%左右，但仍低于韩国的5%～8%，更大大低于美国的8%～10%和日本的10%～12%的水平。三是从企业软实力来看，大多数化纤企业以生产型为主，品牌意识不强，对终端消费引导和服务能力薄弱，市场营销手段相对单一，尚未建立起国际化、现代化营销体系。四是从区域结构上，当前东部地区化纤产能已占90%以上，仅江浙就占70%左右，产能过度集中带来煤、电、油、运等资源约束加剧，劳动用工紧张，东部大部分产业集群地的环境承载能力已近极限等问题。

确保《规划》完成的任务重点和措施建议

为确保化纤工业完满完成规划既定目标，必须科学判断和准确把握国内外的发展趋势，充分利用各种有利条件，抓住机遇加快转变增长方式，促进转型升级，实现速度、结构、质量和效益的有机统一，协调和谐发展。

一、加快投资体制改革，向民间资本开放上游石化领域

加快投资体制改革，行业准入领域真正实行“非禁即入”，创造多种所有制公平竞争环境，鼓励引导民营资本进入化纤上游石化领域。

加大对“走出去”行业的支持力度，鼓励具备条件的企业走出国门收购或参股石油炼化行业，配套自身及行业化纤原料的发展，针对某些行业特别是资源性行业国外政府对国企设置的审批门槛和难度，可重点鼓励有资质的大型民营企业进入。

建议全面取消化纤领域的行政审批例如聚酯项目的核准制，更多地采取行业市场准入、环评等市场化手段优化资源配置，引导资源向优势行业、优势企业集中倾斜，充分发挥市场优化配置功能。

二、加强化纤原料供给保障

支持发展对二甲苯（PX）大型建设项目，关注PX引起的环保与社会问题，加强舆论引导，及时研究对策化解相关矛盾，避免形成原料瓶颈。支持非石油路线的乙二醇项目建设。鼓励海外投资原料项目，支持有条件的企业到海外投资乙二醇、人造纤维木浆等项目，尽快缓解国内重点原料短缺的矛盾。

适当降低己内酰胺、丙烯腈等化纤原料进口关税，解决化纤原料进口关税倒挂问题，促进相关产业链健康发展。

三、逐步建立高性能纤维材料国家采购管理制度

目前，国内高性能纤维及其复合材料行业处于

发展初期，为支持行业可持续发展，亟需建立通过内需来扩大生产，进而提高产品质量，拓展下游应用开发的良性循环，特别要发挥高性能纤维材料在军事国防、航空航天、环境保护和安全防护等领域的优势，尽快建立关键材料的国家采购管理制度，强制使用高性能纤维材料是快速、有效提升国内高性能纤维材料行业发展环境，保障行业初期稳定发展的必要途径。

四、积极推进生物基化学纤维及原料重大工程专项的组织实施

生物基材料是石油替代战略的重要突破口，是我国经济发展中的迫切需求，生物基化学纤维和生化原料是国家七大战略性新兴产业的重要组成部分，被列为二十个重点实施专项之一，关系到未来纺织化纤原料绿色可持续发展的方向。

行业要充分结合《生物基材料重大工程实施方案》的发布及项目组织实施工作，在产业创新能力建设、应用示范项目及创新发展平台建设等专项实施中抓住有利时机，提升产业发展水平，协会要在专项组织实施中发挥重要作用。

五、加快推动成立“全国化学纤维标准化技术委员会”

按照“系统管理、重点突破、整体提升”的整体要求，国家标准委在联合发改委、工信部、行业协会实地调研的基础上，经过反复研讨，形成了化学纤维综合标准化工作方案讨论稿。

按照方案总体部署，下一步要统筹协调监管部门、行业协会、检测机构、产业企业和消费者等相关方的关系；建立全国化学纤维标准化技术委员会，为化纤标准化工作提供组织保障；进一步完善化学纤维标准体系，围绕产业发展新需求，提出以国家标准、行业标准为主体的化学纤维标准综合体；主导提出和制定具有自主知识产权的国际标准，提升实质性参与国际标准化活动的能力，增强我国在国际化学纤维领域的话语权；培养一支专业素质好、业务能力强，熟悉国际标准化的标准化队伍。形成技术组织有效运行、标准制定渠道畅通、国际标准化工作不断推进和人才队伍不断壮大的成套解决方案，系统全面地支撑和推进化纤产业发展。

六、充分发挥行业协会作用

继续执行“十二五”规划中对行业协会的角色与作用的定位，及时跟踪行业运行情况，及时反映企业诉求；加强行业自律，规范加工贸易等，维护市场秩序；强化化纤行业投资预警系统的正面引导作用，避免无序扩张及恶性竞争；不断完善“产业安全预警体系”，积极应对国际贸易摩擦，切实维护行业利益；加强化纤行业信用体系建设；引导和支持化纤及其相关产业集约式、集群化发展；加强国际交流与合作，促进化纤行业健康可持续发展。

今后一段时期协会要结合本行业的实际，重点推进四项工作，一是抓政策，要密切跟踪国家产业政策动向，引导企业用足用好政策；二是抓“纤维流行趋势”的发布，集中重点推进纤维推广应用，而不仅仅局限于技术领域，打响“MADE IN CHINA”品牌；三是抓标准化工作，加快化纤标准制修订，填补行业需求缺口；四是是抓平台建设，重点做好化纤相关产业“创新联盟”工作，推动国际合作，做好产业园区平台、信息平台等服务，进一步提升行业软实力。

（撰稿人：王玉萍　李增俊　傅文静　李东宁）

《产业用纺织品“十二五”发展规划》中期评估研究报告

中国产业用纺织品行业协会

“十二五”以来，纺织工业和产业用纺织品行业面临的外部环境发生很大变化，国际金融危机的影响仍在不断显现和深入，国内经济进入中速发展的转型调整阶段，国内外环境与《产业用纺织品“十二五”发展规划》（以下简称《规划》）编制时相比，出现了明显的新变化和新特点。为了保证顺利完成《规划》的各项任务和指标，并为编制行业“十三五”规划打好基础，中国产业用纺织品行业协会在广泛征求行业各领域专家意见的基础上，总结和评价了《规划》实施的进度和效果，研究分析了实施过程中遇到的一些问题，并对“十二五”后半期继续实施和推进《规划》提出了具体建议和措施（表1）。

《规划》目标完成情况

一、规模效益保持稳步增长

2012年，产业用纺织品纤维加工总量1010万吨，占纺织纤维加工总量的比例超过22%，按此发展速度，2015年可以完成产业用纺织品纤维加工总量比重达到25%的《规划》目标。2010～2012年，产业用纺织品纤维加工总量年均增长10.9%，按此速度发展，2015年产业用纺织品纤维加工总量将达到1378万吨，超额完成1290万吨的《规划》目标；高性能纤维绝大部分用于产业用领域，2012年我国高性能纤维产能超过12万吨（含高强高模聚乙烯醇纤维），高性能纤维总用量超过7万吨。据中国产业用纺织品协会测算，2012年全行业工业总产值约为7280亿元，2010～2012年年均增长12%，依据此增速预计，2015年行业总产值将达到10226亿元，能够完成1万亿元的《规划》目标。

二、自主创新能力明显增强

据产业用纺织品协会统计，2012年，行业内110家骨干企业研发费用占销售收入的比例为3.2%，比2010年提高0.5个百分点，预计到2015年可以达到4%左右，确保实现规模以上企业达到1.5%的发展目标。截至2012年底，全行业现有超过20家省级企业技术中心，预计通过“十二五”后半段的培养和发展，可以完成建成3～5家国家级企业技术中心的目标。截至2012年，行业内规模以上企业劳动生产率年均增长大于10%，预计“十二五”末，可以完成《规划》中年增长10%以上的目标。

目前，我国耐高温气体过滤材料已经达到1～2mg/m³的过滤精度，纺粘熔喷非织造布已实现“三抗”效果，土工用纺织品已经实现了以产品和海外工程的形式出口，三项均已基本达到国际先进水平，提前两年多完成了《规划》目标。

三、产业结构进一步优化

截至2012年底，行业中销售收入超过10亿元的企业有6家，超过20亿元的企业有3家。预计“十二五”末，可以完成《规划》中培育形成具有国际竞争力、销售规模超过50亿元的骨干企业3～5家的目标。2012年，山东陵县土工纺织材料产业集群的产值达到132亿元，成为行业首个超百亿的集群；预计到2015年，湖北彭场非织造布及制品集群和福建尤溪革基布产业集群的产值都将超过100亿元。现已初步形成东、中、西部优势互补的产业格局。

四、资源利用和节能减排取得较大进步

“十二五”以来，产业用纺织品行业重点通过对纺粘工艺和水刺工艺的技术改造推动节能减排，并取得良好效果。2012年，主要产业用纺织品单位增加值能耗降低约15%；再生纤维产量为530万吨，其中用于产业用纺织品领域的产量近100万吨，约占当年行业纤维加工总量的15%；目前国内先进水刺非织造布工艺用水回用率已达到95%。

《规划》中主要任务的完成情况

一、加快了自主创新，突破了一些技术瓶颈

（一）加强了产业用纺织品基础技术研究

科研院校、高校和企业通过产学研合作，在科学研究和实际生产的过程中，进一步加强了产业用纺织品的基础技术研究工作。纺熔技术实现原料多样化；高温袋式除尘用滤料失效机理的研究以及新技术的应用，为开发新型耐高温、耐腐蚀复合滤料提供了基础依据。

（二）加快了织造和非织造成型技术装备开发

成型技术和装备水平不断提高，在生产速度和幅宽上都有较大进步，如我国自主开发的SMS纺粘生产线速度突破400m/min，幅宽最大可达7m；在滤料加工方面，突破了纺粘滤料的成套设备和水刺毡滤料的成套加工设备；多层复合成型技术和多轴向立体经编等技术已实现产业化，提高了装备配套能力、自动化水平和产品质量。

（三）加快了功能性后整理技术装备开发

经过近几年的努力，行业在单一功能性整理、

表1 行业共性关键技术

《规划》指标	行业现状（截至2013年中）	预期
1.非织造成型技术。研究高速宽幅非织造梳理铺网技术装备，高性能纤维织造加工中的低损伤高速缠结技术，发展双组份熔喷、静电纺纳米非织造等新型成型技术。梳理成网速度提高到100m/min以上，静电纺纳米非织造布平均纤维细度小于500nm	针刺水刺复合生产线已经用于高性能滤料的产业化生产；梳理平行网出网可以达到90m/min；静电纺纤维细度已小于500nm；已经开展双组分熔喷技术研究，但仍未实现产业化生产	可以达标
2.织造成型技术装备。研究重磅、宽幅、高速、高性能产业用机织和产业用经编技术，突破800～3000g/m²的宽幅异厚织物的织造技术，达到相同紧密度和均匀度，其变形率控制在1%以内	剑杆织机已应用于织造部分产业用纺织品，如革基布、玻纤布、帆布、输送带织物、座椅等，国产片梭织机有效幅宽可达7.4m，克重可达1500g/m²	可以达标
3.复合加工技术与装备。突破各种非织造材料之间的在线复合以及非织造材料与传统织物、薄膜等材料的复合加工技术，提高在线生产自动控制水平。SMS纺熔成网速度达到500m/min	突破各种非织造材料之间的在线复合以及非织造材料与传统织物、薄膜等材料的复合加工技术，提高在线生产自动控制水平，SMS纺熔成网速度已达400m/min	可以达标

配套设备及化学整理剂方面，已经积累了一定经验，部分具有自主知识产权的非织造布后整理设备已经拥有产业化能力。

二、促进了产需衔接，完善了产业配套

（一）产业用纺织品专用纤维快速发展

近几年，在国家的大力支持下，我国高性能纤维的国产化、产业化发展取得了明显突破，不仅提高了产业用纺织品专用纤维的质量水平和生产能力，而且打破了国外公司的技术和市场垄断，大幅降低了产品进口价格，有力推动了行业进步，部分满足了下游领域对细分产品的需求。

（二）产业用纺织品材料与终端制品的协同开发得以推进

行业内企业积极与设计单位、终端客户合作，推进了产业用纺织品与终端制品的协同开发。针对南水北调工程过程中，由于界面摩擦力不足导致土工膜下滑，无法施工的问题，土工材料企业与下游客户一起攻克了土工布加糙的技术难题；滤料、滤袋生产企业与下游除尘器设备企业合作，通过选用高性能纤维，进行滤料结构设计等，开发具有高效、低阻和PM2.5控制效果的新型产品。

（三）为终端制品及工程用户服务能力全面提高

近几年，袋式除尘技术已经在电力、水泥、钢铁以及冶金行业等行业得到很好应用，一些滤袋骨干生产企业开始积极与电厂等用户合作，在滤袋设计、使用和更换过程中提供全套工程化服务，不仅提高了工程服务水平、效率，也提升了企业的盈利水平。土工用纺织品行业的一些骨干生产企业，依靠自身的技术和产品优势成立了工程公司，以总包的形式承接公路、铁路、水利等土工建设工程，通过延伸产业链提升了服务能力和企业利润水平。

三、平台建设更加完善，服务功能持续增强

（一）积极推动了研发与检测认证服务平台建设

近两年，在产业用纺织品协会的积极推动下先后成立了“中国产业用纺织品应用研究中心”、“中国产业用纺织品数控裁剪技术研发中心”等，依托地方检测中心和研究院所，分别在广州、北京、上海、南京成立了4个“中国产业用纺织品行业测试中心”，为产品的质量水平和使用安全性提供了检测支持。2011年成立的产业用纺织品行业专家委员会以及2012年末成立的产业用纺织品产业技术创新战略联盟，对于把握行业发展方向、转化科技成果、支撑和引领产业发展等起到积极作用。2011～2013年间，新增设了过滤与分离、特种纺织品、土工用纺织品等专业分会。

（二）行业综合服务能力得到加强

一是建立了多层次和多形态的信息服务网络，为企业投资、产品开发和市场拓展等提供科学依据；二是通过推出及完善期刊、网站、手机报和出版展会技术报告等；三是加强行业热点难点问题的专题调研，结合国家统计局和海关数据，形成行业季度和年度运行分析报告；四是根据地方园区、经济开发区和企业发展需求，积极为其提供园区发展规划、咨询调研报告和行业经济分析等服务；五是与上下游共同组织40余次行业活动，展示了行业整体形象，扩大了产业影响力，密切了上下游联系。同时，强化行业间的国际交流，先后与美国非织造布协会、欧洲非织造布协会等签订了合作协议，提升了行业的国际地位和影响力，增强了协会的综合服务能力。

（三）标准管理体系日渐完善

加强了标准化机构建设，完成了全国纺织品标准化技术委员会产业用纺织品分会换届及调整和增

补等工作，组成了第三届技术委员会。“十二五”以来，全行业共制修订标准35项，弥补了行业快速发展过程中部分标准缺失和滞后的问题。产业用纺织品协会开展了产业用纺织品产品及应用标准体系研究，承担并完成了工信部“产业用纺织品产品及应用标准体系研究”项目（表2）。

四、产业结构得以优化，部分实现集约发展

（一）优化了产品结构

高性能纤维的推广应用和工艺技术进步，促进了产业用纺织品的一些产品实现了结构升级，其中，医疗与卫生用纺织品由简单的个人卫生用品材料，逐渐发展医疗用敷料、手术洞单、手术服、手术包等高技术含量产品；过滤与分离用纺织品由传统的常温空气过滤、水过滤，逐渐发展丰富到耐高温、耐腐蚀滤料领域；土工与建筑用纺织品由简单的防水排水功能，丰富到高铁、水利工程、高速公路专用路基增强材料和防渗漏材料；交通工具用纺织品日益重视环境友好性、节约能源和可回收再利用，促进了轻量化和燃油经济性进程；安全与防护用纺织品由简单的功能后整理，逐渐发展到高性能纤维原料、织造、后整理一体化设计，满足了多功能复合防护的要求；结构增强用

表2 标准制定工作

《规划》指标	行业现状（截至2013年中）	预期
1.医疗用纺织品使用指南，完善紧急医疗防护用、手术防护用纺织品等领域的产品及测试方法标准	形成部分产品及测试方法标准；使用指南和紧急医疗防护用纺织品标准仍欠缺	可以达标
2.耐高温过滤材料、过滤袋、中空纤维膜材料及过滤器膜元件等产品标准及测试方法标准	耐高温滤材、滤袋已有标准；中空纤维膜材料及过滤器膜元件等需与其他行业沟通	可以达标
3.适用于铁路、水利、公路等工程用土工合成材料的产品及测试方法标准	已形成较完善的产品及测试方法标准	可以达标
4.防弹、防刺、防爆、防火等防护服装及用品的产品及测试方法标准	已有警用标准，尚无国标和行标；申请了阻燃、抗静电、抗酸碱等防护服用产品相关国标	可以达标
5.多轴向经编骨架材料、立体编织及其复合材料等产品及测试方法标准	已形成部分产品及测试方法标准	可以达标
6.交通工具用座椅面料、地毯、安全气囊等产品及测试方法标准	座椅面料、地毯等已有测试方法标准，安全气囊标准仍需推动	可以达标
7.农业用纺织品的产品及测试方法标准	拟申请产品或测试方法标准	可以达标

纺织品由简单的小型预制件，发展到风力叶片、桥梁修复、结构部件等领域。

（二）骨干企业实力明显增强

两年多来，部分重点企业克服不利经济形势，通过技术引进和自主研发，实现工艺技术创新，降低生产成本，提升产品附加值，并且积极拓展新项目，培育新的增长点，实现了企业实力和规模的爆破式发展。2012年行业中销售收入超过20亿元的企业有3家，超过10亿元的企业有6家。企业通过上市融资，为产业规模的扩大和产品技术升级提供了资金支持；高温过滤、土工建筑领域的部分重点企业，通过兼并、重组、联营等形式，进行产业延伸，已初步形成原料开发、材料生产、终端制品生产和工程化服务为一体的产业链综合性企业。

（三）特色产业集群蓬勃发展

2011年以来，行业内产业集群数量由5个发展到9个，各个产业集群均以骨干企业为核心，初步培育形成了一批专、精、特、新的专业化生产企业，逐渐完善产业链配套，不仅促进了产业集聚发展，推动了集群经济总量的增长，也有效带动了集群所在地的经济发展。2012年9个产业集群的经济总量达到432亿元，比2010年增长1倍。同时，产业集群内的检测、信息、研发和培训等各种公共服务平台建设取得较大进展，服务能力明显提高，骨干企业的研发创新能力和规模进一步提高，产业集群的品牌知名度和辐射能力得到加强。

（四）产业区域布局日趋合理

浙江、江苏、广东、山东、上海和福建等是我国产业用纺织品最为集中的地区，某些产品在东部沿海地区的集中比例已超过70%。近几年，产业向中西部转移的案例相对较少，但是土工用纺织品、交通工具用纺织品的生产企业，基于市场和成本等因素，已经开始在中西部地区进行了一些投资，使得中西部产业的比例有所提高。

五、落实了节能减排，促进了资源循环

以回收瓶片为原材料生产的环保型再生短纤维可以达到卫生等级标准，广泛应用到非织造布、车用纺织品等领域；再生涤纶长丝广泛应用到工业和民用等多个领域，为纺织行业发展资源节约、循环经济提供了样板。在车用隔音减震材料和建筑、土工材料等领域也已开始采用回收再利用纤维。

近年来，企业规模不断扩大、行业投资不断增加，企业多采用高速、宽幅、低能耗、高产能的先进设备，推动了行业技术进步和设备升级，淘汰了一批单线产能小、技术含量不高的设备；先进水刺非织造布工艺用水回用率可达95%，单位能耗显著降低。

重点领域的发展情况

一、医疗与卫生用纺织品

2012年，我国医疗与卫生用纺织品产量90.6万吨，比2010年增长28.8%，年均增长13.5%。医疗与卫生用纺织品是产业用纺织品行业中最大的领域，用于医卫的非织造卷材产能和产量均高速增长，是行业内重点投资方向之一（表3）。

科技方面，突破了多头纺熔复合非织造布设备及工艺技术难题，制造出3200mm幅宽的SMXS设备，其熔喷部分可进行在线/离线复合，配合后整理技术，应用于“三抗”手术服、隔离服等高端医用领域；以壳聚糖、蚕丝纤维制成的皮肤创伤修复材料及高档女性卫生用纺织品，具有促进伤口愈合，止血性能良好和舒适、高抗菌的性能。

二、过滤与分离用纺织品

2012年，我国过滤与分离用纺织品产量74万吨，比2010年增长32.4%，年均增长15.1%。在固液过滤领域，市场相对比较成熟和稳定，基本饱

表3 医疗用纺织品推广示范工程

《规划》指标	行业现状（截至2013年中）	预期
探索建立医疗用纺织品配送服务体系，扩大一次性手术衣、高级别防护口罩、一次性手术铺单等在传染病医院、ICU 病房、重点手术室等场所推广应用	已制定联合推进方案，并通过和军队合作召开国家军用标准培训班，率先在部队医院展开了应用的推广工作	可以达标
推广具有抗菌、抗污、抗酒精、耐久性好的功能性重复用医用床单（垫）、病员服，提高常规医疗防护水平	已制定机织手术衣标准；但推广使用具有三抗功能的床单、病员服等产品有一定难度	可以达标

表4 袋式除尘推广示范工程

《规划》指标	行业现状（截至2013年中）	预期
开发耐腐蚀、可分解、高吸附、耐高温、长寿命袋式除尘材料，燃煤电厂高温烟气过滤材料全面实现国产化，滤袋使用寿命达到4年	高温袋式除尘材料综合性能已有大幅提高，可分解滤料有研究但进度较缓；基本实现各应用领域滤料的国产化生产；滤料寿命已达3年	可以达标
火力发电袋式除尘应用比例由10%提高到30%以上	火力发电袋式除尘应用比例约为10%	可以达标
垃圾焚烧领域袋式除尘应用比例达到100%	垃圾焚烧领域100% 应用袋式除尘技术	可以达标

和，增长比较缓慢；在空气过滤领域，随着国家相关环保排放要求的逐步提高，新增过滤项目和已有项目滤袋改换使得行业保持了较高增速。

高温过滤方面，以制造加工工艺进步和设备改造升级为支撑，重点围绕“超细纤维”、“高密梯度”、“精细过滤”等技术方向开发了许多新型过滤材料，主要包括超细面层梯度滤料、水刺毡滤料和发泡涂层滤料等，并进行了推广应用；对清灰理念及技术进行了革新，优化了设备本体气流组织，解决了袋式除尘在钢铁、水泥、冶金等领域应用的技术难点（表4）。

液体过滤方面，攻克了含大分子交联结构的有机物吸附功能纤维制备关键技术，开发了可用于工业废水有机污染物处理的吸附功能纤维和非织造布，具有吸附速度快、容量高、选择性好、保油性好及可重复使用等特点。

三、土工与建筑用纺织品

2012年，我国土工用纺织品产量59.7万吨，比2010年增长25.3%，年均增长11.9%。由于国家应对金融危机的4万亿投资项目基本结束和前两年高铁受事故影响建设速度大幅减缓等因素，2011—2012年我国的基础设施投资增速放缓，给土工和建筑用纺织品领域的发展带来较大影响，但通过在南水北调等国家重点工程和其他新应用市场的开拓，行业的集中度和产品档次均有所提高。

土工用纺织品方面，高强度、耐顶破、耐摩擦、抗酸碱的丙纶土工布应用于高铁轨道滑动层材料；多层结构的抗冲生物毯具有稳固种植草抗冲刷的特性，应用于水利生态工程；CRTS Ⅱ 型板式无砟轨道滑动层两布一膜结构和CRTS Ⅲ 型板式无砟轨道隔离层用土工布应用于高速铁路；具有防滑高强性能的双向加糙防滑复合膜应用于南水北调工程等。

建筑用纺织品方面，最新研发的PET长丝纺粘非织造布防水胎基，已进入量产推广阶段；建筑用膜结构材料已具有较好的强度、耐久性和自清洁性，并得到广泛应用。

四、交通工具用纺织品

2012年，我国交通工具用纺织品产量49.8万吨，比2010年增长17.94%，年均增长8.6%，增速较“十一五”期间明显放缓，主要是由于汽车产量增速近两年中持续下降，导致总需求增长乏力。

科技方面，研发了具有高比强度、高比模量和高抗冲击性的长纤维增强热塑性塑料，在汽车轻量化应用中发挥重要作用；高端领域芳纶材料应用不断拓展，间位芳纶纸生产的航空级蜂窝结构材料，已经过验证和试飞考核，可以满足航空领域的特殊加工和使用要求。

五、安全与防护用纺织品

2012年，我国安全与防护用纺织品产量26.4万吨，比2010年增长16.4%，年均增长7.9%。具备良好性能的纤维材料开发成功并实现量产，以及加工技术的进步，都推动了安全与防护用纺织品领域的产品升级。

科技方面，开发出具有阻燃、耐高温、高强度、防静电、抗油拒水、防酸碱、吸湿速干等性能的新一代高性能特警战训服，相关警用面料被列入政府列装及采购计划。利用间位芳纶、对位芳纶和芳纶基导电纤维，按照特定比例混纺的芳纶特种防护面料，具有断裂强力高、阴燃续燃时间短等特点。

六、结构增强用纺织品

2012年，结构增强用纺织品产量86.5万吨，2010～2012年年均增长6%。我国的碳纤维投资热潮由于成本和市场开发的难题没有有效解决，其实际产量和使用量仍比较少；目前玻璃纤维织物增强材料仍然是结构增强领域的主体，由于近两年风力发电市场持续低迷，增速减缓，导致了玻璃纤维经编织物产量增长趋缓。

科技方面，攻克了高强玻璃纤维纱高密度编织难题，生产的航天器用半刚性电池帆板玻璃纤维经编网格材料，大幅降低了电池翼的重量，成功应用于“天宫一号”航天器；引进技术生产的3兆瓦规格的风力发电叶片，主梁帽使用碳纤维复合材料，大幅减少叶片重量并延长了叶片寿命。

政策措施执行情况

一、目前执行情况较好的政策措施

《规划》实施两年多来，许多政策措施落实较好，主要如下：

一是《规划》的发布实施推动了行业健康快速发展。发改委、工信部、质检总局联合发布行业规划，为行业指明了发展方向，提振了行业士气，极大地促进了行业的健康快速发展。

二是国家组织实施了各类专项，推动行业转型升级。近两年来，行业积极配合国家有关部门，陆续实施了高新技术纤维产业化及其应用专项和技术改造专项，有力推动了行业技术进步和产品升级。

三是相关企业利用《鼓励进口技术和产品目录》、《国家支持发展的重大技术装备和产品目录》等政策，对符合条件的进口装备和产品，申请免征关税和增值税等，提高了行业的装备水平和产品等级。

二、有待进一步推动的政策措施

《规划》实施的两年多时间，有些政策措施落实较差，有些没有得到有效落实，主要如下：

一是亟待建立跨部门多层面的协调推进机制。产业用纺织品行业涵盖内容多，应用领域广，其有序发展非常需要工业、发展改革、交通、建筑、卫生、环保、质检等部门进行协调安排和统筹推进。

二是亟待加快企业并购重组步伐。加大对企业间并购重组的支持，鼓励行业内或上下游企业进行兼并重组，完善产业链配套，不断做强做大。同时，应加强兼并重组的风险监控，完善外资并购安全审查机制，保障行业安全。

三是继续落实政府采购政策。产业用纺织品行业中的许多产品涉及医疗卫生、安全防护、航空航天、国防安全等国计民生的重要领域，应加快落实相关产品的政府采购政策，促进产业用纺织品行业及下游重点领域的健康发展。

《规划》实施中的问题，“十二五”后期环境预测及“十三五”期间的相关工作

一、《规划》实施中的问题

《规划》实施两年多来，我国产业用纺织品行业取得了长足进步，但在实施过程中仍存在以下主要问题：

产业结构低构化仍较为明显，高端产品国际竞争力不足。产业用纺织行业以民营企业为主体，基础弱、底子薄、核心竞争力不强，与国外同行业相比，产品附加值仍相差甚远，每年仍需进口大量的高端产品。

国内市场竞争主要以价格竞争为主，企业发展以简单模仿为主，造成低端产能集聚，引发行业运行风险加大、资本投资效率下降、市场秩序更加复杂。

技术创新“两难”问题突出。高科技产品突破有限，大多数企业仍追求规模效益。但利润下滑，又难以投入大量资金进行高端产品研制，新品开发力量薄弱，技术含量高的产品开发缓慢。

基础研究薄弱，自主品牌、精细化管理、专业人才队伍等不同程度上缺失。相比于产业的发展速度，行业的基础研究能力薄弱，专业技术和管理人才的培养规模和速度仍然过小、过缓，限制了行业的持续发展和科技进步。

市场控制能力和产业链配套能力较弱。大多数企业都是配套相关工业领域，缺少专用原料、设备和工程服务能力，很难成为独立的完整产品面对最终市场，常受制于配套产品的市场行为，处于产业链中附加值较低的环节，这与技术价值高的行业本质特征严重相悖。

市场拓展总体乏力，新应用领域增量缓慢。行业新市场和新应用的开拓，需要国家产业政策层面的推动，更需要加强上下游产业合作，打破行业界限，加快产品开发和市场化进程，真正实现产业用纺织品“无限替代”的梦想。

相关标准尚未统一，标准衔接协调不足。产业用纺织品的应用领域广泛，同类产品在不同的应用领域具有明显不同的技术要求，行业缺乏标准体系的整体设计，上下游产品间的标准协调明显不够。

市场监管与行业自律仍显不足。部分产品同质化发展严重，产品质量良莠不齐，市场恶性竞争和不正当竞争现象时有发生。

二、“十二五”后期的行业发展环境预测

（一）国内外宏观经济环境趋紧

世界金融危机后，美国、欧洲、日本等发达经

济体的经济受到严重影响，恢复比较缓慢；新兴经济体和发展中国家经济发展也都出现了明显减速。

（二）市场总体需求继续保持较快增长，但增速会有所减缓

产业用纺织品的应用领域非常广泛，美国、日本等产业用纺织品纤维占纺织纤维加工量的比例超过40%，而2012年我国产业用纤维所占比例仅为22%，仍明显偏低，具有巨大的增长空间。但随着世界经济和中国经济增速的减缓和缓慢恢复，预计未来3年市场需求增长速度也会比前两年明显减缓。

（三）国际产业竞争继续加剧

产业用纺织品技术含量高，应用领域广，许多产品都应用于航空航天、军事国防等领域，美欧日等发达国家不仅高度重视，而且一直掌握或垄断着高端产品、原料、高端装备等的制造，许多高端产品和装备还对我国进行技术和产品封锁。

（四）节能减排压力明显加大

随着工业化、城镇化快速发展，行业经济总量仍将保持较快增长，能源资源消耗还要增加，环境容量有限的基本国情不会改变，治污减排指标在增加、潜力在减小，在消化增量的同时，持续削减存量，行业节能减排的任务十分艰巨。

三、开展行业“十三五”规划的相关工作

“十三五”时期，是我国纺织工业实现纺织强国的关键时期，产业用纺织品行业承担着引领纺织工业持续发展、推动纺织工业完成转型升级的重要任务，任务艰巨，责任重大。因此非常有必要提前开展针对“十三五”规划的前期研究工作，重点如下：

一是研究判断“十三五”期间国内外宏观经济发展、国际贸易增长、纺织行业及相关产业发展与市场竞争面临的大环境与变化趋势。重点梳理当前国内行业发展的几个关键问题，分析产生问题的主要原因，并提出“十三五”期间的解决思路。

二是研究国际产业用纺织品及其下游重点领域的发展趋势，跟踪研究国际高新技术进展与装备发展情况。

三是重点研究我国产业用纺织品行业的几大重点任务，以及研究细化完成任务的重点工作。

确保《规划》完成的主要政策和措施

加强政府跨部门协调机制、建立质量保障体系、加强准入管理或认证。加强产品生产和使用的监管工作，保证产品质量和规范使用，对于事关国计民生的重点产品，建立准入条件管理和可追溯机制。

加快推进重点产品领域的标准跨行业协调和共同制定机制，根据需求简化重点标准的立项、申请、审批手续，加快标准体系建设，促进产业链上下游标准的协调与互认，尽快成立全国产业用纺织品标准化技术委员会，推进形成行业统一的标准体系。

充分利用产业用纺织品产业技术创新战略联盟等创新服务平台，形成联合创新机制，推动下游用户对行业创新的参与程度，实现高附加值产品及服务的广泛替代。加快推动企业完善研发机制、提升研发水平，做好辅导培养工作。

加强行业自律，规范市场秩序。重点依托行业重点实验室、工程技术中心等平台，加强产学研用结合，建立和完善产品开发应用、质量检测、产品认证等公共服务平台，形成第三方性能检测、认证服务机制，促进行业高水平快速健康发展。

提升行业的话语权和市场影响力，让终端用户更加熟悉高新技术纺织品，并清楚这些创新和产品带来的好处。

探索适应社会主义市场经济条件下的行业协会服务模式，逐步树立协会在产业发展中的地位和作用，完善协会的体制机制创新，充分发挥协会的桥梁纽带和支撑作用，不断提升服务能力。

HOME TEXTILE
TIMES
家纺时代

CNTAC

中国纺织工业发展报告

CHINA TEXTILE INDUSTRY DEVELOPMENT REPORT

2013/2014

科技创新

纺织3项目荣获2013年度国家科学技术奖

中国纺织工业联合会科技部

2013年度国家科学技术奖纺织获奖项目共有3个。由苏州大学等单位完成的“功能吸附纤维的制备及其在工业有机废水处置中的关键技术”、桐昆集团浙江恒通化纤有限公司等单位完成的“超大容量高效柔性差别化聚酯长丝成套工程技术开发”、苏州大学等单位完成的“丝胶回收与综合利用关键技术及产业化”3个项目荣获国家科学技术进步奖二等奖。

功能吸附纤维的制备及其在工业有机废水处置中的关键技术

全球环境污染问题日趋严重，据国家环保部2011年公布数据，全国属于重点监控的工业有机废水污染企业达3万多家。含油性低分子有机物、水溶性染料等工业有机废水具有环境持久性、生物累积性、半挥发性、远距离迁移性及高毒性等，对水资源以及生态环境产生的严重危害，亟待有效遏制和解决。

传统的工业有机废水处置方法，包括活性炭吸附、絮凝、催化氧化等，处置过程中吸附速率低、吸附容量小或往往需添加很多化学试剂和产生大量淤泥并易造成二次污染、处置成本高，已不能满足环境治理及资源回收的要求，急需开发新型功能吸附材料及其处置技术。

由于纤维的比表面积大、吸附能力强、可制成多种形态制品等，所以功能吸附纤维用于工业有机废水处置的研发愈受关注。常规合成吸附树脂具有交联结构，不能用于制备纤维。就功能吸附纤维而言，纺丝成形时要求成纤聚合物为线性大分子结构，而吸附应用时则要求纤维具有交联结构。因此，制备具有交联结构的纤维材料也是纤维领域的世界性难题。

该项目自主研发了具有吸附功能结构的聚合物，采用特殊的纺丝成形和后交联技术，制备出对工业有机废水具有快速、大容量、选择性功能吸附的纤维材料，开发出系列功能吸附纤维及其非织造布产品和专用高效吸附–解吸附工艺与装备，形成了规模化治理工业有机废水的关键技术。主要包括：（1）攻克了含交联结构的有机物功能吸附纤维制备关键技术，突破了化学纤维只能具有线性大分子结构的传统观念；（2）开发了系列化、多样化有机物功能吸附纤维及其非织造布产品，拓展了合成吸油材料在工业有机废水处置中的应用领域；（3）独创了树脂型功能吸附纤维及其非织造布材料应用技术与集成装备，实现了工业有机废水治理与有机污染物资源化。

该项目“开发的具有交联结构纤维制备技术属原创性成果，创新点和特色之处突出，处于国际领先水平”，已获授权美国发明专利1项、中国发明专利16项、实用新型专利1项，发表SCI、EI收录论文48篇，开发的技术产品对工业有机废水中油性低分子有机物、水溶性染料等具有吸附速率快、吸附容量大、吸附选择性和持油性好以及可重复使用等特点，产品销往美国、英国、阿联酋等多个国家和地区，在美国墨西哥湾原油泄漏、常熟市钢厂和药厂有机废水、江苏联东化工股份有限公司芳烃污染等数十项有机物污染治理回收工程中发挥了重大作用，实现了达标化处理，取得了显著的经济和社会效益。

该项目全面提升了工业有机废水的治理水平和有机污染物资源化利用率，对增强我国高新技术纤维制备技术的核心竞争力和产品开发与应用具有显著示范作用，为纺织行业和环保治理技术创新开辟了新的途径。

超大容量高效柔性差别化聚酯长丝成套工程技术开发

我国聚酯长丝经过近30年的高速发展，形成了以熔体直纺为主导的加工技术体系，面临装备、技术、产品、市场同质化的结构性问题，亟需开发低能耗、柔性化、自动化、信息化的生产装备及技术，攻克规模化、柔性化相互制约的瓶颈，进一步节能减排，降低成本，提高产品附加值，提升核心竞争力。

该项目在深入研究聚合、纺丝动力学和工程控制原理的基础上，开发超大容量低温高效均质低耗酯化技术、点阵式加热与机械—鼓泡组合搅拌技术、超大容量设备制备与安装工程技术，实现超大容量聚酯高效均质制备。开发多组分聚酯有机-无机协同改性技术，聚酯熔体管道改性技术，快速高效泵前注入改性技术，建立聚酯多重改性体系。开发双连续相、双头双排多孔、联体环吹、低张力与应力自动补偿等纺丝技术与FDY微油牵伸技术，提升聚酯纺丝的效率与品质。开发大容量差别化聚酯纤维制备技术，实现亲水深染、高密度扁平、粗旦中强及混纤等纤维规模化生产。开发脱过热加热，酯化余热、废水及废气综合回收利用，大容量物流智能化等节能与物流工程集成技术，实现大容量聚酯纤维的低耗、环保、智能化生产。获授权发明专利10项，实用新型35项，发表国内外论文11篇。成果鉴定表明：总体技术达到国际领先水平。

该项目率先建成一头两尾40万吨聚酯直纺装置，成功开发多孔、粗旦、中强、扁平等差别化涤纶长丝等省级以上新产品58个，连续聚酯和直纺长丝吨产品综合能耗分别达到与废丝率指标，明显优于国际先进指标（HJ/T 429—2008一级指标），实现了低能耗与高品质、低成本与高附加值的协调统一，在化纤行业节能减排、自动化和信息化“两化融合”、转型升级等方面起到引领和示范作用，经济效益、社会效益显著。

丝胶回收与综合利用关键技术及产业化

我国是丝绸大国，每年生产约15万吨生丝，脱胶过程中将产生3.5万多吨丝胶。含有大量丝胶的精练废水直接排放，导致排污废水COD值超标，最高的真丝精练废水CODCr值高达8000～35000mg/L；同时大量宝贵的丝胶蛋白资源也被浪费。丝胶蛋白含有18种氨基酸，是水溶性球状蛋白质，丝胶具有良好的生物相容性、降解性，以及有优异的护肤功能，回收提纯的丝胶可作为纺织品的功能性整理剂，亦可应用于化妆品、食品、医疗、生物材料、饲料等领域，推进桑蚕资源综合利用和提高桑蚕副产品的附加值。

该项目针对以往丝胶回收方法丝胶回收率较低的不足，在研究发明了多种强度高、通量大、抗污染能力优良的，适用于废水处理的中空纤维膜的基础上，利用丝胶蛋白的两性性质，研究发明了等电点沉淀技术与超滤和纳滤处理技术相结合的一体化脱胶废水处理和丝胶回收技术，设计了丝胶回收的工艺流程，减轻超、微滤膜的处理负荷，很好地解决了回收过程中超滤膜的污染与堵塞技术难题；研制了占地少、工作效率高的丝胶回收专用装备，实现了丝胶的高比例回收，具有极高的经济效益和节能减排效果；系统研究了影响丝胶粉内在质量的因素，发明了5种提纯制备易溶丝胶粉的方法，与传统的茧衣制备丝胶粉相比，较大地降低了成本；发明了多种以丝胶为原料的深加工产品，已成功地用于中华鲟、河豚等特种养殖的饲料，日用化学品原料、生物培养基以及织物功能性整理，研究了丝胶功能性整理的关键技术，解决了处理后织物丝胶溶失率高的难题，促进了丝胶产品的综合利用。

该项目获授权发明专利14项，发表论文48 篇，其中SCI、EI收录论文22篇。该项目的推广应用实现了丝胶回收高比例回用，排出废水悬浮物、透明度、pH 值达到国家废水的排放标准，丝胶粉的质量达到行业标准。整体技术水平达到国际先进水平。

该项目的技术成果分别在鑫缘茧丝绸集团股份有限公司、兴化市大地蓝绢纺有限公司、湖州南方生物科技有限公司、湖州澳特丝生物科技有限公司用于丝胶的回收和高纯度易溶性丝胶粉的制备。开发的产品分别在江苏中润农业发展有限公司、南通缘生堂生物科技有限公司和江苏新芳科技集团股份有限公司用于特种水产养殖（中华鲟、河豚）的饲料、日用化学品以及羊绒织物的涂层整理。

该项目成果解决了我国传统优势产业－丝绸废水处理和丝胶回收的关键技术难题，减少了排污，实现了废弃资源利用，对于茧丝绸行业实现可持续发展具有十分重要的意义，具有巨大的经济效益和社会效益。

（撰稿人：冯　丽）

2013年度国家科学技术奖纺织获奖项目

序号	奖 种	项目名称	主要完成单位	主要完成人
1	科技进步奖二等奖	功能吸附纤维的制备及其在工业有机废水处置中的关键技术	苏州大学、天津工业大学、苏州天立蓝环保科技有限公司、邯郸恒永防护洁净用品有限公司	肖长发、路建美、李　华、徐乃库、蒋　军、封　严、王丽华、程博闻、徐庆峰、杨竹强
2	科技进步奖二等奖	超大容量高效柔性差别化聚酯长丝成套工程技术开发	桐昆集团浙江恒通化纤有限公司、新凤鸣集团股份有限公司、东华大学、浙江理工大学	王朝生、陈士良、庄奎龙、王华平、韩　建、汪建根、赵春财、王秀华、赵宝东、沈健彧
3	科技进步奖二等奖	丝胶回收与综合利用关键技术及产业化	苏州大学、鑫缘茧丝绸集团股份有限公司、浙江理工大学、苏州膜华材料科技有限公司、湖州南方生物科技有限公司、湖州澳特丝生物科技有限公司、兴化市大地蓝绢纺有限公司	陈国强、邢铁玲、孙道权、洪耀良、张雨青、王祥荣，林俊雄、盛家镛、陈忠立、刘华平

"纺织之光"2013年度中国纺织工业联合会科学技术进步奖获奖项目

一等奖

序号	项目名称	主要完成单位	主要完成人
1	聚酰亚胺纤维产业化	长春高琦聚酰亚胺材料有限公司、吉林高琦聚酰亚胺材料有限公司、中国科学院长春应用化学研究所	杨　诚、丁孟贤、邱雪鹏、刘建国、滕仁岐、李国民、高连勋、张国慧、刘　斌、卢　晶、孙锐锋、刘芳芳、杨军杰、康传清、林书君
2	高性能真丝新材料及其制品的产业化	苏州大学、江苏华佳丝绸有限公司、张家港耐尔纳米科技有限公司	陈宇岳、林　红、王春花、俞金键、张　峰、眭建华、徐海祥
3	CM101-350型多功能缩绒柔软整理机	泰安康平纳机械有限公司	鹿庆福、刘　琳、罗　俊、朱从利、赵会堂、龚华刚、宋召辉、李　文、孟维敏、沈卫刚、王　东、王　勇、范　伟、王瑞辉、刘继平
4	高性能聚乙烯纤维干法纺丝工业化成套技术	中国石化仪征化纤股份有限公司、南化集团研究院、中国纺织科学研究院	孙玉山、陈建军、储　政、郝爱香、孔令熙、杨　勇、魏家瑞、张　琦、王祥云、毛松柏、陈功林、周桂存、高玉文、李方全、孔凡敏
5	高效节能棉纺精梳关键技术及成套设备	江苏凯宫机械股份有限公司、中原工学院、上海昊昌机电设备有限公司、鲁泰纺织股份有限公司、浙江锦峰纺织机械有限公司、河南工程学院	任家智、苏善珍、崔世忠、张立彬、张一风、位迎光、王方水、马　驰、钱建新、贾国欣、马仁芝、戴步忠、郭俊勤、原建国、周庆泉
6	纺织品低温前处理关键技术	东华大学、华纺股份有限公司、青岛蔚蓝生物集团有限公司	毛志平、罗维新、钟　毅、林　琳、徐　红、吕家华、王力民、刘鲁民、张琳萍、闫英山、李春光、秦新波、林　宁、周英俊
7	图像自适应数码精准印花系统	浙江大学、杭州宏华数码科技股份有限公司、浙江理工大学、杭州电子科技大学	陈　纯、周　华、李卫明、许黎明、朱文华、陈　刚、金小团、黄宇渊、范运舫、银倩琳、王文红
8	负载金属离子杂化材料设计制备及功能纤维与制品开发	东华大学、上海德福伦化纤有限公司、太仓荣文合成纤维有限公司、上海康必达科技实业有限公司	朱美芳、孙　宾、孔彩珍、张佩华、周　哲、蔡再生、陈　龙、全　潇、俞　昊、戴彦彤、叶益红、吴文华、张　瑜、陈彦模

续表

序号	项目名称	主要完成单位	主要完成人
9	年产5000吨PAN基碳纤维原丝关键技术	吉林碳谷碳纤维公司、长春工业大学、中钢集团江城碳纤维有限公司、吉林市吉研高科技纤维有限责任公司	王进军、敖玉辉、马　俊、张会轩、庄海林、周宝庆、王继军、李连贵、王红军、杨　光、张永明、赵春田、赵宏林、解治友
10	千吨级纯壳聚糖纤维产业化及应用关键技术	海斯摩尔生物科技有限公司	胡广敏、周家村、王华平、张明勇、朱新华、黄伦强、林　亮、刘　琳、张　恒、姚勇波
11	半糊化节能环保上浆及浆料制造新技术	天华企业发展（苏州）有限公司、西安工程大学	武海良、徐建新、沈艳琴、史博生、陈守勤、吴志彤、李冬梅、翁瑞波、丁　杰、倪　艳、刘　伟、李　栋、汤一辰、李雯雯
12	HP全自动电脑横机关键技术研发及产业化	宁波慈星股份有限公司	孙平范、詹善全、郑　勇、温跃年、刘道成、卢德春、徐卫东、胡跃勇、李立军、陈中平、杨　树、马健哲、丁永青
13	XJ128快速棉纤维性能测试仪	陕西长岭纺织机电科技有限公司	吕志华、肖中高、郭鹏辉、闫　亨、冯省刚、袁光辉、郭红生、贾　平、魏永东、齐明德、朱吉良、杨　虎、董　海、王朝旭、徐　东
14	熔融纺丝法聚偏氟乙烯中空纤维膜制备关键技术及其产业化应用	天津工业大学、天津膜天膜科技股份有限公司、天津创业环保集团股份有限公司	肖长发、林文波、胡晓宇、张宇峰、环国兰、唐福生、刘　振、黄庆林、安树林、刘建立、戴海平、李娜娜

二等奖

序号	项目名称	主要完成单位	主要完成人
1	防护服的多功能设计研发及性能评价	东华大学、深圳优普泰服装科技有限公司	李　俊、王云仪、张向辉、王　敏、李小辉、张昭华、于　淼、卢业虎、赵蒙蒙、辛丽莎
2	宽幅遮光产品生产关键技术的开发及产业化应用	宿迁恒达纺织有限公司	滕召部、马帮奎、周守丽、阴光明
3	管状组织饰条面料规模化生产技术研究	鲁丰织染有限公司、鲁泰纺织股份有限公司	王方水、张战旗、王艾德、于　滨、苏红升、翟秀清、齐元章、冯　健、张运涛、高永森

续表

序号	项目名称	主要完成单位	主要完成人
4	新型夏季吸湿快干牛仔产品开发及其产业化	山东岱银纺织集团股份有限公司、武汉纺织大学	李广军、陈　军、谢松才、亓焕军、刘　涛、赵鹏勃、赵兴波、赵玉水、徐仁莉、赵进慧
5	多功能高档羽绒纺织品的关键技术及产业化	浙江理工大学、萧山新塘街道北天鹅羽绒制品行业技术研究中心、浙江北天鹅股份有限公司、荣盛石化股份有限公司、上虞弘强彩色涤纶有限公司、杭州万谷纺织有限公司	张红霞、祝成炎、毕建伟、孙　福、谢建强、贺　荣、李艳清、田　伟、王雪琴、苏　淼
6	新型功能性仿棉纱线面料关键技术及产品的开发	江苏大生集团有限公司	马晓辉、赵瑞芝、汪吉良、佘德元、张红梅、殷　华、张　慧
7	羊毛/芳纶阻燃与拒水防油复合功能织物技术开发与应用	山东南山纺织服饰有限公司、西安工程大学、烟台南山学院	潘　峰、沈兰萍、刘刚中、王进美、郭小云、曹贻儒、陈亭汝、李世朋、栾文辉、盛光英
8	兔毛纺织品防脱毛技术的研究与应用	绍兴文理学院、绍兴亿祥毛纺织有限公司、绍兴市柏富毛纺织有限公司、浙江冠友服饰集团责任有限公司	奚柏君、李旭明、郭筱洁、黄金虎、孙百富、丁阿良、娄钰华
9	生态蚕丝被的研发及其产业化	南通那芙尔服饰有限公司、苏州大学、鑫缘茧丝绸集团股份有限公司	潘世俊、石继均、邢铁玲、梅德祥、盛家镛、胡小明、丁桂莲
10	单梭口双面丝绒加工技术研究及产业化	嘉兴市天之梦丝绒科技有限公司、浙江理工大学、嘉兴市天时纺业有限公司	朱永祥、顾克城、金子敏、许国栋、王雪琴、王小丁、曹　琨、朱晓娥、徐　明、陈燕青
11	导湿干爽功能面料的生产关键技术	武汉纺织大学、武汉依翎针织有限公司、际华三五零九纺织有限公司	吴济宏、黄建华、迟庆华、徐卫林、苗馨匀、程德山、蔡光明、叶洪光、张　振、钮立忠
12	高档导湿快干羊毛混纺针织面料关键技术及产业化	上海嘉麟杰纺织品股份有限公司、浙江新澳纺织股份有限公司	许　畅、单苗苗、丁　晨、董　蓓、王俊丽、张国兴、周效田、沈剑波、陆卫国、杨秀芳
13	木棉多功能纺织品的制造关键技术与产业化	东华大学、浙江三弘集团有限公司、际华三五四二纺织有限公司、重庆市金考拉服饰有限公司	王府梅、杨建明、邱卫兵、章军华、徐广标、周　诚、刘　杰、严金江、崔　鹏、蒋敏庆

续表

序号	项目名称	主要完成单位	主要完成人
14	高回弹经编氨纶纤维	浙江华峰氨纶股份有限公司	席　青、李　娟、张所俊、赵晓阳、李晓庆、刘京奇、费长书、温作杨
15	32头平行纺FDY关键技术与装置产业化	大连合成纤维研究设计院股份有限公司、常熟恒意化纤有限公司	郭大生、陈建云、刘　政、吉建德、刘　旭、马英杰、马铁峥、张　凯、谢竹青、胡长虹
16	高效蓄能型多色稀土夜光纤维的制备关键技术及产业化	江南大学、江苏国达线路成套有限公司	葛明桥、邱　华、罗　军、汤国良、张技术
17	连续纺多孔细旦粘胶长丝技术开发	恒天天鹅股份有限公司	张志宏、李建伟、师春生、杜树新、张红江、谭晓军、林　涛、张志涛、田文智、秦喜军
18	多元共聚酯连续聚合和柔软易染纤维制备及染整技术	东华大学、上海联吉合纤有限公司	顾利霞、何正锋、蔡再生、朱　毅、王学利、杜卫平、王华平、邱建华、付昌飞、谢宇江
19	高湿模量纤维素纤维关键技术研究与产业化	唐山三友集团兴达化纤有限公司	于得友、么志高、毕绍新、张会平、于捍江、高　悦、林紫丽、赵秀媛、郑会廷、徐广成
20	医疗卫生用纺熔柔软非织造材料开发与应用	山东俊富非织造材料有限公司、山东省非织造材料工程技术研究中心	陈光林、彭文忠、宁　新、谭亦武、张天雷、罗　俊、张　哲、郝小义、张华英、王西山
21	辐射接枝法制备高性能低压荷电中空纤维纳滤膜研究	天津工业大学	魏俊富、赵孔银、张　环、王会才、王晓磊、代　昭、胡　芳
22	氧化铝超细纤维关键制备技术及应用研究	天津工业大学、中钢集团洛阳耐火材料研究院有限公司、威程（天津）科技有限公司	康卫民、李红霞、傅顺德、徐建峰、庄旭品、刘　雍、张小研、王新福、李亚滨、关克田
23	海藻酸盐纤维及其生物医用敷料产业化	广东百合医疗科技有限公司	王晓东、王　锐、岑荣章、郭思栋、莫小慧、陶炳志、徐海涛、罗予东、廖伟军、石小玲

续表

序号	项目名称	主要完成单位	主要完成人
24	两浴冷轧堆染色技术的研究与应用推广	鲁丰织染有限公司	王方水、张战旗、梁政佰、于　滨、齐元章、苏金秀、许秋生、李法敏
25	棉及涤棉织物高效冷轧堆前处理关键技术研究	北京中纺化工股份有限公司、辽宁宏丰印染有限公司	李瀚宇、赵　平、邓树军、齐文玉、朱清峰、罗灯洪、未芳东、安同逸、苏金明
26	锦纶超薄织物印花技术开发及应用	常州旭荣针织印染有限公司	周世荣、陈森兴、左凯杰、金　雪、钟博文
27	自动化低损伤全流程关键纺织染整技术及应用	山东如意科技集团有限公司、东华大学	丁彩玲、刘丽芳、陈　超、王少华、秦　光、丁翠侠、祝亚丽、刘晓飞、杨爱国、张伟红
28	多功能聚氨酯化学整理剂研究与开发	西安工程大学	习智华、邢建伟、樊增禄、张　瑾、焦　林、郁翠华、任　燕
29	热水烫洗−碱皂洗退蜡联合机及工艺研究开发	青岛凤凰印染有限公司	戴守华、吴晓飞、王　磊、龚　漪、孙振超、于　颖、刘书庆、兰恭茂、杜　伟、徐正如
30	废丝蛋白的提取改性深加工及其综合利用技术	东华大学、浙江嘉欣丝绸股份有限公司、湖州新天丝生物材料有限公司、浙江嘉欣兴昌印染有限公司	侯爱芹、冯建萍、谢孔良、沈红卫、徐国文、高爱芹、刘宏东、郭明芳、李　敏、胡婷莉
31	节能节水型服装生物整理技术及其产业化	河北科技大学、石家庄美施达生物化工有限公司、常州通凯服饰有限公司、烟台富雅服装水洗有限公司	姚继明、魏赛男、张　玲、张双利、秦志刚、崔淑玲、陈　祺
32	新型多羟多羧官能团无醛整理剂	四川省纺织科学研究院、四川益欣科技有限责任公司	陈　松、蒲　实、罗艳辉、董晓红、谭　弘、黄玉华、蒲宗耀、韩丽娟、吴晋川、李密转
33	飞宇2008型智能化自动缫丝机	杭州纺织机械有限公司、杭州飞宇纺织机械有限公司	叶　文、江文斌、何华丰、王金根、赵彩珠、陈庆华、张立朝、戚文兴

续表

序号	项目名称	主要完成单位	主要完成人
34	RFRS40型全自动转杯纺纱机	浙江日发纺织机械股份有限公司	吕永法、戴小平、徐剑峰、俞韩忠、蔡国辉、梁合意
35	玻纤织造系统关键技术及装备	浙江万利纺织机械有限公司、浙江理工大学	周香琴、万祖干、顾叶琴、周巧燕、王德星、汪斌华、周学海、陈国君、刘宜胜
36	DTM439型自动络筒机	马佐里（东台）纺机有限公司、江苏省东飞马佐里纺织机械工程技术研究中心有限公司	朱　鹏、张　静、王　平、张亚欧、徐伯俊、卜仁铨、吴　安、董乐生、周　祥、何　斌
37	产业用纺织品数控切割与工艺设备	杭州爱科科技有限公司、杭州柯瑞自动化技术有限公司	方云科、张东升、方小卫、伍郁杰、汪战平、王永峰、杨　玲、苏　冬、朱　江
38	E2528型经编机	常德纺织机械有限公司	周孝文、陆安胜、李鸿威、陈海军、李明春、谢宏波、詹立华、刚祥智
39	数字化小样纺织快速反应系统的开发与推广应用	天津工业大学、天津市嘉诚机电设备有限公司	马崇启、王建坤、王　瑞、夏　川、吕汉明、周宝明、刘　雍、嵇境葵、陈庆恩、董洪明
40	CXW型聚酯网织机	石家庄纺织机械有限责任公司	侯建明、易　唯、宋玉霞、曹素文、杨卫东、闫书法、李平海、王泽娟、刘　强、贾素会
41	面向纺织服装制造过程的协同生产管理信息技术	西安工程大学、山东如意科技集团有限公司	姜寿山、石美红、毋　涛、宇恒星、陈　亮、陈永当、杜元姝、张卫军、薛　涛、韩田革
42	3D/2D服装用人体数据资源及产业化智能体系构建	苏州大学、上海市服装研究所、上海和鹰机电科技股份有限公司	尚笑梅、许　鉴、凌　军、李　淳、李　慧、祁　宁、左保齐、聂雅渊、朱信枢、黄　华

三等奖

序号	项目名称	主要完成单位	主要完成人
1	纯莱赛尔高支高密家纺面料生产关键技术开发	山西格芙兰纺织有限公司	翟展利、智建勤、张拴爱、王艳艳、闫建萍、王海霞、刘秀平

续表

序号	项目名称	主要完成单位	主要完成人
2	差别化高密阻燃遮光面料生产关键技术	浙江三志纺织有限公司	张声诚、叶德勋、韩耀军、罗兴文、陈小芳、袁晶晶、丁水法
3	亲肤柔爽纱的技术研究及产品开发	德州华源生态科技有限公司	张兰峰、刘俊芳、刘　欣、彭　珺、鲍学超、姚园园、郑冬冬
4	涡流芙蓉纺纱线技术研究及产品开发	德州华源生态科技有限公司	李向东、倪友博、刘俊芳、宋兆义、刘艳斌、鲍学超、郑冬冬
5	雕勒双面异彩绣工艺技术及高档工艺品的研究与开发	文登市芸祥绣品有限公司、文登市锦绣抽纱有限公司	王忠胜、田世科、石　鹏、夏路路、房德霞
6	细旦塔丝隆面料的开发与研究	吴江福华织造有限公司	肖　燕、鲁宏伟、林清旭、陈信咏、吴　庆、胡国东、秦　峰
7	牛仔面料高弹整理工艺技术研究及其产业化	山东岱银纺织集团股份有限公司	谢松才、刘　涛、徐仁利、侯继春、齐艳花、李洪梅、梁孝山
8	棉/PPT/PET纤维弹力免烫色织面料加工关键技术及其产业化	鲁泰纺织股份有限公司	倪爱红、任纪忠、张建祥、郭　恒、王美荣、郑贵玲、王　东
9	700英支超细高密纯棉色织面料的研究开发与应用	广东溢达纺织有限公司	张玉高、徐念祖、赵　阳、何小东、宋均燕
10	高免烫性纯棉衬衫生产技术及其产业化	广东溢达纺织有限公司	张玉高、黄坤宇、周立明、袁　辉、张润明、刘慧荣、廖伟劲
11	内嵌毛圈式毛巾工艺技术的研发应用	孚日集团股份有限公司	孙　勇、郑俊成、王明生、贾程伟、付　强、罗安桥

续表

序号	项目名称	主要完成单位	主要完成人
12	嵌入纺汉麻原纤/棉等多组份混纺纱	江苏悦达纺织集团有限公司	朱如华、凌良仲、唐　萍、陈亚明、陆荣生、周卫东、陈玉平
13	高舒适性色织衬衫面料关键技术	南通纺织职业技术学院、海安县联发张氏色织有限公司	陈志华、贺良震、蔡永东、马顺彬、张宏德、孙　刚、陈桂海
14	特警战训服面料开发技术研究	陕西元丰纺织技术研究有限公司、公安部第一研究所	张普选、陈　伟、张生辉、费晓燕、樊争科、肖秋利、任雅楠
15	长丝/短纤纱线共浆生产技术应用	宏太（中国）有限公司	刘学敏、邱志强、蔡金旭、张文旺
16	抗菌涤纶纤维在毛毯上的开发与应用	临沂绿因工贸有限公司、临沂新光毛毯有限公司	张　军、吴　燕、孔　伟、陈喜斌、田家忠、李　强、陈振华
17	防透吸湿功能针织面料开发	福建凤竹纺织科技股份有限公司	常向真、付春林、彭娅玲、唐亚军、马红彬、庄　浩
18	锦纶中药包缠纱与真丝交织物的设计开发	金富春集团有限公司	盛建祥、叶生华、马亚英、刘黔秋、郑明峰
19	多种新功能精毛纺面料的生产关键技术和产品开发	凯诺科技股份有限公司、东华大学、海澜集团有限公司	赵国英、王　璐、仇志英、高　晶、杨自治、张　斌、何建丰
20	红豆杉粘胶型纤维及其功能针织面料的研发与产业化	无锡红豆居家服饰有限公司、山东海龙股份有限公司、江南大学	王潮霞、王乐军、周文江、蒋春敖、马君志、郝连庆、赵　华
21	基于人体工学的远红外纳米功能性保健服装结构关键技术及产品开发	德州学院、德州市瑞博服装有限公司	徐　静、穆慧玲、姜晓巍、王秀芝、孟秀丽、张　梅、阚兴芳

续表

序号	项目名称	主要完成单位	主要完成人
22	广西6A生丝关键技术的研究与开发	横县桂华茧丝绸有限责任公司、苏州大学、杭州天峰纺织机械有限公司	胡征宇、卢受坤、刘景刚、黄农审、黄娇连、黄继伟、俞海峰
23	立体浮雕效果机织地毯生产关键技术及应用	滨州东方地毯有限公司、东华大学	王书东、张立平、张佩华、崔　文、陈　安
24	丝绸防电磁辐射产品加工技术研究及产业化	吴江市鼎盛丝绸有限公司	吴建华、金子敏、何敏苏、朱秀英、何利荣、郭崇尧、包巧梅
25	天然吸湿发热复合面料针织品研发与应用	青岛雪达集团有限公司、青岛市新型纤维应用研发专家工作站、青岛荣海服装有限公司、青岛华吉服装有限公司	张世安、关　燕、王显其、钟世娟、李　良、孙广照、张　皓
26	高档全消光功能性聚酰胺66树脂和纤维的研制与开发	辽宁银珠化纺集团有限公司	杜　选、林福海、姜立鹏、钟　涛、胡翱翔、徐　洁、张　喻
27	麻材功能化纤维技术的开发与应用研究	河北吉藁化纤有限责任公司、河北科技大学	宋德武、郑书华、张永久、李振峰、冯爱芬、范梅欣、范小永
28	环保型阻燃再生纤维素纤维关键技术研究	中原工学院、新乡市长弘化工有限公司、新乡化纤股份有限公司、山东银鹰化纤有限公司	张瑞文、张旺玺、刘承修、宋德顺、崔世忠、徐元斌、焦明立
29	蛹蛋白短纤维研发及应用	四川省宜宾惠美线业有限责任公司、宜宾惠美纤维新材料股份有限公司	廖周荣、贾卫平、段太刚、黄金洪、张慧琴、龙国强、杜咏林
30	高效滤用皮芯型热熔性聚合物单丝的研制及产业化	南通新帝克纺织化纤有限公司、南通大学	马海燕、杨西峰、马海军、张　军、马海冬、栾亚军、金　鑫
31	混凝土增强聚丙烯纤维及关键应用技术的产业化开发	绍兴中纺院江南分院有限公司、北京中纺纤建科技有限公司	史小兴、崔桂新、李翠萍、张孝南、许增慧、王尧峰、张小云

续表

序号	项目名称	主要完成单位	主要完成人
32	生态亲和型功能纤维系列产品设计与产业化技术开发	苏州金辉纤维新材料有限公司、东华大学	谈　辉、王华平、李崇保、王　彪、陈　龙、张弘诚、张玉梅
33	吸湿型彩色仿棉涤纶DTY产品产业化	浙江华欣高科技有限公司	曹欣建、钱樟宝、严忠伟、乔志强、潘　葵、王军奇、许天恩
34	细旦聚苯硫醚纤维技术与装备开发	四川安费尔高分子材料科技有限公司、四川大学	李文俊、付登强、刘鹏清、李亚儒、宋召碧、叶光斗、甘　为
35	一种运动鞋用印花合成革的研究与开发	泉州万华世旺超纤有限责任公司	颜　俊、曲　岗、王春林、李　革、蔡鲁江、李　杰、李少正
36	超细纤维合成革系列产品开发与产业化	山东同大海岛新材料股份有限公司	王乐智、张丰杰、郑永贵、陈召艳、马丽豪、朱晓丽、付希晖
37	聚酯增强复合传送带制备技术	济南天齐特种平带有限公司	焦东英、顾润民、韩高亮、李祖成、毛尚涛、杨依真、周钦源
38	建筑补强用结构材料的开发及其抗裂性能研究	苏州大学、苏州丝绸博物馆、吴江振兴实业有限公司	王国和、顾建华、周正华、沈　惠、沈新华、眭建华、梁颜芳
39	镜面超细纤维合成革关键技术开发	烟台万华超纤股份有限公司	庄东霞、吴发庆、于洪涛、刘宗强、陆亦民、李　革、曾跃民
40	非环吹单板纺雪尼尔纱专用丝的研制与开发技术	桐昆集团股份有限公司	俞　洋、孙燕琳、屈汉巨、李国元、汤其明、朱云海、陈国新
41	天丝/羊毛/棉混纺高档面料染整新技术及产业化开发	华纺股份有限公司	王力民、李风明、刘跃霞、王鲁刚、王建中、刘国锋、刘宝图

续表

序号	项目名称	主要完成单位	主要完成人
42	多层次（多套色）迷彩印花产品研发	湖北际华新四五印染有限公司	张　艳、邓小红、邱双林、曾宪华、张　彬、刘　勇
43	散纤维染色工艺及设备改造技术	嘉兴欣龙染整有限公司、浙江传化股份有限公司	黄承陆、罗巨涛、陈利萍、丁似波、黄承勇、李书敏
44	新型印花糊料组合物色浆及印花面料的技术研发	罗莱家纺股份有限公司	肖媛丽、徐良平、胡志刚、宫怀瑞、倪　蓉、徐兆梅
45	基于角质酶的全棉提花贡缎织物复合酶前处理关键技术及产业化	新天龙集团有限公司、江南大学	陈万明、王　强、范雪荣、徐华君刘炜尧、章金芳、张　忠
46	多组分纤维高档面料的研发技术	山东沃源新型面料股份有限公司	杨　军、武光信、刘文和、东明洪、唐守荣、唐家瑞、唐　凯
47	纺织品数码机印印花及产业化技术	盛虹集团有限公司	唐俊松、严东海、钱琴芳、朱冬兰、赵学谦、张建芳、段　佳
48	新型防寒面料的研制与应用开发	丹东优耐特纺织品有限公司	张迎春、严欣宁、宋宏波、李晓霞、李金华、刘凤兰、孟雅贤
49	基于纤维织物红外线反射控制技术的研发与应用	西南科技大学、绵阳佳禧印染有限责任公司	霍冀川、胡志强、雷永林、石岷山、易　勇、陆昌茂、罗学刚
50	光致变色微胶囊的制备及其在纺织品上的应用	绍兴中纺院江南分院有限公司、北京华纺高新技术有限公司、绍兴中纺化工有限公司	党一哲、崔桂新、吕世静、李淑莉、董德敢、张　艳、许增慧
51	真丝织物环保阻燃整理技术研究及应用	达利（中国）有限公司、浙江理工大学	吴　岚、余志成、翁艳芳、杨　斌、王晓芳、钱士明

续表

序号	项目名称	主要完成单位	主要完成人
52	纺织品负压增吸功能整理技术的开发应用	紫罗兰家纺科技股份有限公司、江南大学、南通大学	陈永兵、徐　阳、曹海建、汪明星、蔡　燕、朱红超、钱　坤
53	多功能冷轧堆、短流程低温煮漂助剂开发及应用	浙江理工大学、义乌市中力工贸有限公司	沈一峰、金婷婷、金黔宏、夏建明、戚栋明、吴明华、欧阳乐春
54	高性能煤矿防护服面料的开发	江苏悦达纺织集团有限公司	朱如华、凌良仲、唐　萍、陈亚明、陆荣生、宋孝浜、朱黎明
55	丝绸厚重织物拉绒整理技术	四川省丝绸科学研究院	张洪曲、余卫华、郑　丹、蒋小葵、王佳丽、唐仕成
56	GE2286双面成型提花经编机	常州市武进五洋纺织机械有限公司、东华大学	王敏其、陈南梁、王筱方、周文进、王　水、房　娜、程　凌
57	TMFD81(S)型并条机	湖北天门纺织机械股份有限公司	郑　强
58	XGHF43/1/26全电脑多梳栉带压纱板高速提花经编机	福建省鑫港纺织机械有限公司	郑依福、郑春华、赖秋玉、林光兴、郑春乐、谢春旺、郑自海
59	YJ1200A型锦纶加弹包覆机	浙江越剑机械制造有限公司、绍兴中纺院江南分院有限公司	强晓敏、崔桂新、李淑莉、傅赛燕、李　兵、许增慧、娄钰华
60	加弹倍捻一体机	浙江越剑机械制造有限公司、绍兴中纺院江南分院有限公司	周其芳、崔桂新、李淑莉、傅赛燕、李　兵、孙剑华、娄钰华
61	锦纶66纤维用高频热辊及温控系统的开发和应用研究	北京中纺精业机电设备有限公司、神马实业股份有限公司	束学遂、段文亮、王　平、薛　学、张鲁亚、吴运梅、李　新
62	GA310型浆纱机	恒天重工股份有限公司、中原工学院、武汉同力机电有限公司	汤其伟、崔运喜、王自豪、吴　刚、崔世忠、亓国宏、韩爱国
63	BHFA1299棉精梳机	陕西宝成航空精密制造股份有限公司	尚红卫、张新江、卢远航、任玉斌、肖　寒、隽振华、晁松山

续表

序号	项目名称	主要完成单位	主要完成人
64	JBDX2型中压过热蒸汽供热定形机	浙江精宝机械有限公司	陆宝夫、陆伟峰、方安兴、虞卫兴、高火林
65	BHFA1382型单眼高速并条机	陕西宝成航空精密制造股份有限公司	宋英杰、尚红卫、隽振华、王　斌、晁松山、张新江、肖　寒
66	纤维素纤维专用针布	金轮科创股份有限公司	周建平、陈利国、江永生、姜立新
67	摄像式整纬器检测装置的研究	中原工学院	丁淑敏、刘洲峰、董　燕、李春雷、张爱华、朱永胜、王　雅
68	纱线、渔线综合耐磨性能检测关键技术的研究及其仪器的研制	山东省纺织科学研究院、山东省特种纺织品加工技术重点实验室	林　旭、杨成丽、刘　壮、李　政、付　伟、冯洪成、李振伟
69	防护服抗熔融性能检测关键技术的研究及其仪器的研制	山东省纺织科学研究院、山东省特种纺织品加工技术重点实验室	林　旭、何红霞、刘　壮、付　伟、焦　亮
70	织物疵点在线自动检测技	西安工程大学、山东如意科技集团有限公司	石美红、杜元姝、姜寿山、赵　辉、陈永当、朱欣娟、楚建安
71	洗毛用主要功能助剂及品质检测系列仪器的研发	宁波检验检疫科学技术研究院、宁波纺织仪器厂、利华（宁波）羊毛工业有限公司、约克夏助剂（中山）有限公司、上海出入境检验检疫局工业品与原材料检测技术中心	傅科杰、杨力生、胡君伟、李峥嵘、赵　洁、陈瑞菲、张智慧
72	一种基于偏振光显微镜分析纤维成分的检测技术研究	广州市纤维产品检测院、东华大学	潘　伟、邱夷平、冯　文、纪　峰、梁国伟、汪福坤、孙　宇
73	面向电子商务环境的虚拟试衣关键技术及应用	东华大学	钟跃崎、王善元、王荣武、李立轻、刘红艳、蒋娟芬、王朝莉
74	全数字矢量伺服主轴直驱平缝机的研发及产业化	浙江理工大学、浙江方正电机股份有限公司、浙江方德机电制造有限公司	张寅孩、张华熊、金　海、汪松松、陈　剑、王缙成、陈荣昌

CNTAC

中国纺织工业发展报告

CHINA TEXTILE INDUSTRY DEVELOPMENT REPORT

2013/2014

企业文化

激发创新活力　服务发展大局
进一步提升行业思想文化建设水平

中国纺织工业联合会　王天凯

今年五月是中国纺织职工思想政治工作研究会建会30周年。在纪念中纺政研会建会30周年的时候，回顾和总结改革开放以来行业思想文化建设的基本经验，创新和加强新形势下行业思想文化建设，以中华民族伟大复兴的中国梦，进一步凝聚全行业的共识和力量，加快纺织强国建设步伐，具有重要意义。

一、改革开放以来，纺织行业思想文化建设的历史回顾

党的十一届三中全会以来，纺织行业思想文化建设创新与纺织工业改革开放发展的进程相伴而行，大致经历了四个阶段。

第一阶段：思想政治工作的拨乱反正和科学化的初步探索（1978～1982年）

这四年是纺织行业在三中全会精神指引下，拨乱反正和改革起步的四年。纺织行业思想政治工作冲破了“左”的思想束傅，认真贯彻“解放思想、开脑动筋、实事求是、团结一致向前看”的方针和邓小平同志关于加强思想政治工作的一系列要求，引导职工进一步解放思想，拨乱反正，改变一切不适应生产力发展的管理方式、活动方式和思想方式，同时大力开展坚持党的“四项基本原则教育，推动党的各项政策的落实，调动了广大职工生产积极性，促进了纺织生产力的发展。

在此期间，一些纺织企业开始了思想政治工作科学化的探索和实践。如1980年12月，上海国棉21厂成立了职工思想政治工作研究小组，在全国率先开展企业思想政治工作的科学化研究；1981年4月1日，扬州纱厂在全国首创职工政治学校，探索出了职工思想政治教育的新形式。这些做法和经验在全国产生了广泛影响，得到中央有关部门的肯定，《人民日报》、《工人日报》等先后报道了这些经验。

第二阶段：思想政治工作新局面的开创（1983～1992年）

1982年9月，党的十二大提出了全面开创社会主义现代化建设新局面。1983年7月，中共中央颁布了《国营企业职工思想政治工作纲要（试行）》，对加强新时期思想政治工作作出了新部署。此后，中央又对坚持两个文明一起抓提出一系列要求，指出思想政治教育的根本任务是培养有理想、有道德、有文化、有纪律的社会主义公民。1989年6月，党的十三届四中全会以后，江泽民总书记反复强调，要发挥我们党重视思想政治工作的优势，保证有中国特色的社会主义经济、政治、文化的协调发展。

与此同时，随着经济体制改革的推进和商品经济的发展，在部分职工、特别是青年职工中产生了理想信念淡薄的问题。

这一时期，纺织行业思想文化建设紧密结合行业实际，以培养“四有”职工队伍为着力点开展工作，取得了新进展，展现了新面貌。

一是1983年5月成立了中国纺织职工思想政治工作研究会，随后，创办了《纺织政工研究》月刊，组建了全国首家思想政治工作专业研究机构——中纺政研会华东研究所，开展群众性的思想政治工作

实践探索和科学化研究。

二是1985年创办了中国纺织政工干部业余进修学院（中国纺织政治函授学院）。到1995年，学院共培养毕业生13178人，其中国家承认大专学历的8132人，取得专业证书3595人，研修班1391人，岗位培训结业600人，大大提高了纺织政工干部的整体素质。

三是围绕发展社会主义商品经济和对外开放，组织开展了全行业的理想纪律教育活动。特别是1985年下半年组织的全国纺织职工理想演讲团，先后在各地作了39场演讲，中央和地方媒体作了大量报道，中央电视台还播放了演讲团在中南海怀仁堂演讲的实况录相，在社会产生了强烈反响。中央有关领导同志称赞纺织工业部在“四有”教育中带了好头。

四是坚持不懈地抓好双文明建设。从1986年开始，先后制定和实施了《全国纺织系统“七五”期间社会主义精神文明建设实施规划》，和“八五”、“九五”精神文明建设规划，有力推进了行业双文明建设，受到中宣部领导同志的肯定。1990年3月，江泽民总书记在纺织工业部党组报送的有关报告上所作的批示中，肯定了纺织系统坚持两个文明一起抓的做法。

第三阶段：建立社会主义市场经济时期的思想政治工作（1993～2002年）

1992年10月，党的十四大明确了建立社会主义市场经济体制的改革目标，十四届三中全会又通过了相关决定。此后又相继提出了围绕确立社会主义市场经济体制，加强爱国主义、集体主义、社会主义教育，世界观、人生观、价值观的宣传教育和社会主义道德建设，引导人们树立崇高的理想和信念。1995年11月，中办和国办转发了《中央宣传部、国家经贸委关于加强和改进企业思想政治工作的若干意见》，要求逐步建立与现代企业制度相适应的思想政治工作管理体制和运行机制。十四届六中全会明确提出了“用科学的理论武装人，用正确的舆论引导人，用高尚的精神塑造人，用优秀的作品鼓舞人”的思想政治工作总原则。

十四届三中全会后，为适应社会主义市场经济发展的要求，我国纺织工业积极实施控制总量、优化存量、转化机制、减员增效等改革措施，进行了艰难的结构调整，为纺织工业新一轮的大发展打下了坚实的基础。

这一时期，纺织行业思想文化建认真贯彻落实中央一系列工作部署，积极探索新形势下思想文化建设的新路子，引导纺织职工坚持正确的价值导向，积累了丰富的经验。

一是围绕建立社会主义市场经济体制，通过工作试点、经验推广等方式在大中型国有企业逐步建立起了与社会主义市场经济体制和现代企业制度相适应的思想政治工作新格局。

二是把爱国主义、集体主义、社会主义教育与世界观、人生观、价值观的宣传教育结合起来，用榜样的力量引导干部、职工树立崇高的理想和信念。如1991年至1998年，我们在全国纺织系统党员干部中连续开展了向无锡一棉原厂长顾鼎元同志、吉林化纤股份有限公司董事长、党委书记付万才同志、保定一棉纺织集团有限公司董事长、党委书记马恩华同志学习的活动，大力弘扬他们的高尚品质和道德情操，在纺织企业广大干部职工中进行生动、形象、感人的理想信念教育。

三是深入推进社会主义精神文明建设。1996年3月至12月，由纺织总会牵头，联合21部委，在全国工交企业组织了有200万职工参加的“社会主义精神文明建设知识大赛”。吴邦国副总理在颁奖大会上对大赛给予充分肯定。

我们把开展职工道德建设作为行业精神文明建设的重点来抓，提出了把培育职业感情作为重要内容；把强化职业责任作为重要环节；把规范职业行为作为重要基础；把企业的领导者、经营者作为关键等，并与纺织行业普遍开展的精神文明“创、建、做”活动结合起来，形成了鲜明的时代特色。

四是积极推进企业文化建设。从1995年开始，相继推广了北京雪莲羊绒有限公司、上海纺织以及沿海地区一批纺织企业文化建设的实践经验和成果，提出了纺织企业文化建设要坚持以邓小平理论为指导；以服务和促进企业改革、推动行业调整和发展为方向；以培育企业精神为核心；以塑造企业形象为主要内容；以讲求经营之道、职业道德和行为规范为重点；以培育“四有”职工队伍、提高企业经济效益和社会效益为目标的企业文化建设思路和要求。

五是紧密围绕纺织突破口的中心任务，充分发挥思想政治工作的优势。1997年，党中央、国务院把纺织行业作为国有企业改革脱困的突破口，要求用三年左右时间，压缩淘汰1000万落后棉纺锭，分流安置120万下岗工人，实现国有纺织工业整体扭亏为盈。在完成这一重大任务中，全行业充分发挥思想政治工作的优势，耐心细致地做好下岗分流职工的思想政治工作，特别是下岗职工的再就业和生活安置作为头等大事来抓。通过抓思想教育，帮助职工树立新的择业观念；通过抓培训，使一大批下岗职工找到了新的工作岗位或走上了创业之路；通过抓先进典型，大力弘扬创业精神，不断增强下岗职工再就业，在新的工作岗位建功立业的信心；通过送温暖、办实事活动，把思想政治工作送上门，把党的温暖送上门，扎扎实实地帮助下岗困难职工解决实际问题。经过全行业上下艰苦不懈努力，全行业提前一年实现了脱困目标，开始进入产业升级的发展新阶段。

第四阶段：全面建设小康社会时期的思要想政治工作（2003年至今）

2002年11月，党的十六大以后，我国进入全面建设小康社会，加快推进社会主义现代化建设的新的发展阶段，我国纺织工业也由此进入了大力推进纺织强国建设新时期。

新的时期，中央相继提出了以人为本的科学发展观，构建社会主义和谐社会和建设社会主义核心价值体系，加强党的执政能力建设和先进性建设，推动社会主义文化大发展大繁荣，建设社会主义文化强国，强调思想政治工作要坚持高举旗帜、围绕大局、服务人民、改革创新的总要求。十八大以后，习近平总书记又提出了实现中华民族伟大复兴中国梦的重大战略思想。

这一时期，纺织行业的思想文化建设积极融入提升科技贡献率、品牌贡献率的中心工作，以改革创新精神，积极推动发展观的转变，大力营造和谐氛围，促进纺织行业持续健康发展；注重运用文化的力量，促进思想政治工作和服务纺织品牌建设；坚持开展社会主义精神文明建设，促进人的全面发展；着力树立先进典型，推动思想文化建设和党建工作的创新，为纺织强国建设提供了强有力的思想和文化支撑，营造了良好的环境。纺织行业的思想文化建设进入了一个新的发展阶段。

一是以品牌文化建设为重点，持续推进纺织行业企业文化建设。继 “中国纺织企业文化年活动”后，从2005年至今，我们连续举办了“中国纺织十大品牌文化推介活动”，大力倡导文化创造品牌价值的理念，引导企业在实施品牌战略中的文化意识和文化自觉，形成了具有纺织行业特点的质量、创新、快速反应、社会责任四位一体的品牌文化价值体系和品牌文化生态理念。这项活动适应了经济与文化日益紧密融合的发展趋势，为推动纺织品牌建设，推动纺织经济发展方式的转变起到了积极作用。

二是大力弘扬劳模精神，激发广大职工建设纺织强国的精神力量。2006年和2010年，我们在人事部（人力资源和社会保障部）的大力支持下，两次联合评比表彰了全国纺织劳模，开创了协会与国家政府部门联合表彰行业劳模的先河，大力弘扬了纺织劳模精神和工人阶级的伟大品格，向社会展示了纺织行业和纺织产业工人的风采和良好形象。

三是以创新为动力，不断改进和加强行业思想政治工作。新世纪以来，针对新时期我国纺织行业发展出现的许多复杂而深刻的变化，我们通过中纺政研会组织企业政工干部在实践中研究探索，不断总结新经验、新成果。2006年6月，中国纺织工业协会作出了《关于在全国纺织行业开展向赵林中同志学习及推介富润控股集团经常性思想政治工作条例的决定》，大力宣传富润控股集团党委书记赵林中同志坚持和创新企业思想政治工作的先进事迹，全面介绍了富润控股集团思想政治工作创新经验，有力地推动了行业思想政治工作。

2009年以来，我们组织开展了创建全国纺织精神文明建设示范基地的活动，强调创建活动要坚持社会主义核心价值体系，创新思想政治工作，培育和谐文明风尚，弘扬开拓创新精神，增强社会责任意识，营造科学发展环境，并先后为18家示范基地授牌，为各地不同纺织企事业单位提供了学习借鉴的范例。

按照2011年3月中央办公厅、国务院办公厅转发的《中央宣传部、国务院国资委关于加强和改进新形势下国有及国有控股企业思想政治工作的意见》精神，结合多年来纺织行业在实践中积累、总结的创新经验和非公企业占主体的实际。2011年11月，中国纺织工业联合会制定和下发了《关于加强和改进新形式下纺织企业思想政治工作的指导意见（试行）》，对进一步发挥行业思想政治工作的政治优势，改进和加强新形势下纺织企业思想政治工作提出了明确的要求。

四是推动和谐劳动关系建设，营造健康稳定的行业发展环境。2007年以来，中国纺织工业协会与中国财贸轻纺烟草工会确定共同在纺织行业开展创建劳动关系和谐企业活动。我们以解决企业影响劳动关系和谐的突出问题为出发点，以认真贯彻《劳动法》、《工会法》、《劳动合同法》和建立健全企业劳动关系相关机制为重点，把创建活动与推动企业文化建设结合起来；与推动中国纺织服装企业社会责任管理体系（CSC9000T）的贯彻落实结合起来；与加强思想政治工作结合起来；与提升职工队伍的综合素质结合起来；与促进企业健康发展结合起来，收到了明显成效。

五是大力推动纺织民营企业党建工作，为行业思想文化建设和纺织强国建设提供政治和组织保证。去年，我们在全行业树立了十家民营企业党建工作的先进典型。在调研的基础上， 2012年8月2日，中国纺织工业联合会作出了《关于学习推荐红豆集团党建工作经验及学习周海江同志抓党建促发展的决定》，重点推广了红豆集团坚持以党建引领企业发展，把党的政治优势转化为企业发展优势的成功经验，号召纺织行业各级党组织学习红豆集团公司党委书记、总裁周海江同志高度的党建意识和责任感。2012年10月，我们又推广了海宁经编产业园区建立分层分类定标、定型定量引导、有统有分配套的园区党建标准化体系的做法和经验，为各地纺织园区和产业集群推进企业党建工作提供了借鉴和参考。

30多年来，在党的改革开放方针指引下，我国纺织工业不断解放思想，解放生产力，发生了翻天覆地的变化。表现在生产持续高速发展，科技实力明显增强，工业体系日益完善，产业结构不断优化。在经济总量上，规模以上纺织工业总产值由由1978年的619.9亿元上升到2012年的57800亿元，增长了93倍；在经济体制上，成功实现了从高度集中的计划经济体制到充满活力的社会主义市场经济体制的伟大历史转折；在发展方式上，从传统的发展模式走向了创新驱动的科学发展方式。纺织工业已成为我国传统的支柱产业、重要的民生产业和国际竞争优势明显的产业，我国以占世界纤维加工总量一半以上的能力，成为当之无愧的纺织大国，并向着纺织强国的目标迈进。

中纺政研会作为组织和推动全行业思想文化建设的社会团体，建会以来，立足于我国纺织工业的现代化建设，紧密围绕纺织发展大局，紧跟时代前进步伐，认真落实党在各个时期提出的一系列方针、政策，创造性地开展工作，不断推动行业改革开放，促进纺织生产力的发展，以其时代性、群众性和行业性的特色，凝聚起了广大职工的智慧和力量，为行业的持续健康发展提供了精神动力和文化支撑，为纺织强国建设作出了历史性的贡献。

二、改革开放以来，纺织行业思想文化建设的基本经验

改革开放以来，纺织行业思想文化建设坚持把改革创新精神贯穿工作的各个方面，与时俱进，深化对工作规律的认识，积累了丰富经验，概括起来主要有以下几个方面：

（一）始终坚持高举中国特色社会主义伟大旗帜，以马克思主义中国化的最新成果指导工作

改革开放以来，我们党始终把坚持马克思主义基本原理同推进马克思主义中国化相结合，不断开拓马克思主义的新境界，相继创立了邓小平理论、“三个代表”重要思想和科学发展观，高扬起了中国特色社会主义的伟大旗帜。思想文化建设必须坚持高举这面伟大旗帜，坚持不懈地用中国特色社会主义理论体系武装党员干部职工，不断增强中国特色社会主义的道路自信、理论自信和制度自信，不断增强高举中国特色社会主义伟大旗帜的自觉性和坚定性，为改革发展提供强有力的精神动力。

（二）始终坚持围绕经济建设中心，服务纺织发展大局

纺织行业思想文化建设紧密结合行业工作重点和企业具体工作实践，渗透到行业改革发展稳定工作的方方面面，把广大干部职工的思想，精神和力量凝聚到推动纺织工业科学发展、和谐发展上来，不断增强抓住机遇、加快发展的紧迫感、责任感和使命感；积极运用理论宣传、舆论导向、氛围营造等多种手段，把党的路线、方针、政策变成广大干部职工投身改革开放和纺织强国建设的积极性、主动性和创造性，起到了理论导向、组织动员，凝聚激励、疏导化解的巨大作用。

（三）始终坚持以人为本，把促进纺织职工的全面发展作为出发点和立足点

在改革开放的进程中，纺织思想文化建设不断深化对人的理解，充分肯定人的作用，更加重视人的价值，凸显了教育人、引导人、提升人、激励人的功能，体现人尊重人、了解人、关心人，帮助人的作用，坚持因地制宜、因人制宜、因时制宜、因事制宜地开展工作，围绕促进纺织职工的全面发展，不断拓展思想文化建设的内容。

（四）始终坚持解放思想、实事求是、改革创新，推动思想文化建设与时俱进

改革开放以来，行业思想文化建设的发展和进步，都是从实际出发，积极适应不断发展变化的新形势，因时而变、主动作为的结果。我们坚持把解放思想作为适应新形势、应对新挑战、认识新事物、开创新局面的根本思想武器，积极研究改革开放和发展社会主义市场经济条件下思想文化建设面临的新情况、新问题，贴近实际、贴近生活、贴近群众，不断总结新经验，探索新路子，努力在改革创新中实现新发展。

（五）始终坚持把企业文化建设作为加强和改进思想政治工作，提升企业核心竞争力的重要途径和抓手

企业文化建设是企业核心竞争力的重要组成部分和形成要素。纺织行业在企业文化建设中，坚持用科学的思想和先进的理念武装职工队伍，指导企业生产经营，引导职工树立正确的思想观念和价值追求，养成良好的职业道德和行为习惯，打造高素质的职工队伍；积极培育企业社会责任意识和高尚的企业道德，塑造企业良好形象；坚持围绕行业工作重点和发展战略，以品牌文化建设丰富和发展企业文化，推动企业文化价值理念与企业管理的深度融合，提升了企业管理水平和市场竞争力。

（六）始终坚持重在建设

改革开放以来，纺织行业思想文化建设坚持以正面宣传教育为主，大力倡导多做团结稳定鼓劲的工作，把先进性要求和广泛性要求结合起来，既着眼多数，又鼓励先进。一方面通过树立不同时期的先进典型和劳动模范，加强典型宣传，引导行业风尚；另一方面，加强社会主义核心价值体系的宣传

教育，既尊重差异、包容多样，又有力抵制各种错误思想的影响，引导职工在遵守基本行为准则的基础上，不断追求更高的思想道德目标。

（七）始终坚持在各级党组织的领导下，依靠全行业的力量共同来做

改革开放以来，我们始终把思想文化建设作为纺织行业发展大局的重要组成部分来抓，广泛动员和组织各方力量投身于思想文化建设之中，使之贯穿于各项工作的全方位、全过程，思想文化建设工作专业队伍的理论素养和践行能力不断提升，逐步建立并不断完善党委统一领导、党政群齐抓共管、有关部门各负其责、广大职工共同参与的领导体制和工作机制。同时，以大力推进行业党建工作，充分发挥企业党组织的战斗堡垒作用和党员干部的先锋模范作用来推动和保证思想文化建设。

上述基本经验，适应了纺织工业发展的内在要求，反映了新时期纺织行业思想文化建设的创新成果，值得我们在今后的工作中很好的坚持，不断巩固和发展纺织强国建设的思想基础和文化支撑。

三、关于加强和改进纺织行业思想文化建设的几点意见

习近平总书记在全国宣传思想工作会议上提出，党的宣传思想工作要把围绕中心，服务大局作为基本的职责，要胸怀大局，把握大势，着眼于大事，找准工作的切入点和着力点，要做到因势而谋，应势而动，顺势而为。

当前，我国纺织工业正在全面实施《建设纺织强国纲要(2011～2020年)》，大力推进科技、品牌、可持续发展和人才强国战略，加快产业升级和转变经济发展方式，增强内在创新驱动力，构建现代纺织产业体系，培育升级版的竞争新优势。这就要求我们进一步发挥思想文化建设的优势，按照习总书记提出的工作要求，把全行业广大干部职工的智慧和力量凝聚到纺织强国建设上来。

（一）深入贯彻落实党的十八大精神，以实现中华民族伟大复兴中国梦的重大战略思想，凝聚全行业广大职工的智慧和力量

深入贯彻落实党的十八大精神，关键是要把思想和行动统一到十八大战略部署上来，把坚持和发展中国特色社会主义作为聚集点、着力点、落脚点，进一步增强对中国特色社会主义的道路自信、理论自信、制度自信；要深入学习《中国共产党章程（修正案）》，深入领会各项新内容新要求的科学内涵，结合党的群众线线教育实践活动，坚持用党章检查、指导和规范党的建设各项工作，全面提高党的建设科学化水平。

习近平总书记在十八大后提出了实现中华民族伟大复兴中国梦的重大战略思想。中国梦既是国家梦、民族的梦，也是行业的梦、企业的梦和职工个人的梦。要通过思想文化建设，坚定理想信念，打牢实现中国梦的思想基石，把职工的人生梦想、企业发展梦和纺织强国梦融入到中国梦之中；要大力弘扬以爱国主义为核心的民族精神和以改革开放为核心的时代精神，为实现中国梦提供精神支撑；要以中国梦引导广大职工自觉提升思想道德素质、科学文化素质和身心健康素质，激发职工的创造活力，立足岗位，奋发拼博，施展才智，建功立业，在为实现中国梦贡献力量的过程中，实现个人的梦想和追求。

（二）围绕纺织强国建设目标，进一步提升服务纺织发展大局的能力

紧密围绕纺织工业中心工作，立足实际，注重实干，不断提升为纺织发展大局服务的能力，是行业思想文化建设的生命力所在。要以推进纺织科技、品牌、可持续发展和人才强国战略为重点，组织好思想文化建设工作，繁荣行业文化，增强纺织经济发展的文化内涵。要大力弘扬科学精神，牢固树立科技是第一生产力的观念，品牌是企业核心竞

争力的观念，人才是建设纺织强国基础的观念，增强只有转变纺织经济发展方式，纺织工业的发展才可持续的意识，把广大纺织干部职工的思想和行动统一到纺织强国建设目标上来；要围绕纺织强国建设面临的难点问题，干部职工普遍关注的热点问题，紧密结合经济工作和具体的业务工作，发挥思想文化建设的优势和作用，把党的路线、方针、政策变为广大职工的自觉行动，激发广大职工建设纺织强国的积极性、能动性和创造性；要结合形势任务的发展变化，坚持改革创新，以时代的眼光和改革的思路，不断丰富思想文化建设的内容和形式，积极构建企业和职工广泛参与的平台，不断增强思想文化建设的针对性、实效性和吸引力、感染力。

（三）进一步加强企业思想政治工作，不断拓展工作的覆盖面

加强思想政治工作，企业是着力点。当前纺织职工思想活动的独立性、选择性、多变性、差异性不断增强，正确的与错误的、先进的与落后的、积极的与消极的思想认识相互交织，思想认识问题与现实社会问题相互影响，这就迫切需要我们积极适应这种趋势，不断加强思想政治工作，扩大思想政治工作的覆盖面。要把社会主义核心价值体系作为凝聚、统一职工中不同利益群体思想有力武器，融入思想文化建设全过程，作为企业思想政治工作的基础和长期战略任务来抓。要结合宣传党和国家的方针政策、企业发展目标和战略，抓好形势任务教育，把力量凝聚到企业各项目标任务的落实上来。要注重人文关怀和心理疏导，关注职工的心态和情绪变化，引导干部职工以正确的方式处理人际关系、表达利益诉求，培育自尊自信、理性平和、积极向上的社会心态。要始终坚持贯彻全心全意依靠工人阶级的方针，尊重职工群众的主体地位，维护职工的合法权益，增强职工的主人翁地位，积极探索贴近职工、贴近实际、贴近生活，服务职工的灵活多样的新途径、新办法，提升职工的思想道德和科学文化素质。要切实关心职工疾苦、做听职工呼声、满足职工合理要求，在解决实际问题的过程中解决好思想问题。

（四）深入推进企业文化建设

文化已经越来越成为企业凝聚力的重要源泉，成为企业核心竞争力的重要因素。加强纺织企业文化建设，就是要用先进的科学思想和管理理念武装员工头脑，统一员工思想，规范员工行为，塑造产品品牌和企业形象，提升企业管理水平，增强行业凝聚力和竞争力，实现行业持续稳定健康发展。

要坚持正确的指导思想，切实把社会主义核心价值体系融入企业文化建设全过程，确保企业文化建设沿着社会主义先进文化前进方向健康发展。要紧密结合纺织强国建设和企业发展战略、改革发展的要求，以培育价值理念为关键，正确确立企业使命和企业愿景，培育形成符合时代要求，体现企业特色，具有丰富管理内涵的企业精神、核心价值观和管理理念，并将其融入各项规章制度之中，贯彻到生产经营各个环节，各个方面，使价值理念在企业管理中真正落地生根，发挥作用。要坚持以人为本、文化育人，深化文明企业、文明车间、文明班组、文明职工等精神文明创建活动；广泛开展“创建学习型企业，争做知识型员工”活动。要大力弘扬纺织劳模精神，使先进的价值理念转化为职工良好的职业道德和行为习惯。要积极开展企业文化教育培训，加强载体和阵地建设，广泛开展积极向上的职工文化体育活动，扩大企业文化有效覆盖面，增强企业文化建设的效果。要以共筑平台为手段，促进企业文化与思想政治工作的优势互补，相互促进。

（五）与时俱进，不断健全和完善思想文化建设的体制机制

加强和改进思想文化建设，体制建设处于核心地位。面对企业思想文化建设的新情况和新特点，

只有不断健全和完善适应新形势要求的领导体制和工作机制，才能解决新问题，取得新成效。

加强和改进思想文化建设是一项系统工程，必须把各方面的力量动员起来，加强协调配合。要在联合会党委的领导下，进一步发挥中纺政研会指导、协调和服务行业思想文化建设的作用。要完善以企业党组织为领导，党、工、团专职政工干部为骨干、行政干部为基础，广大员工共同参与，党政工团齐抓共管的组织领导体制和运行机制。要建立健全规范有序的管理机制，包括干部管理、组织管理、宣传管理、文化管理、阵地管理体系，特别是班组管理体系，保障思想文化建设正常开展，形成整体优势和工作合力。同时，要积极探索和健全科学、全面的思想文化建设考核评价制度。

（六）切实加强组织领导，为思想文化建设提供坚强保障

思想文化建设是党的工作的重要组成部分，加强思想文化建设，关键是要加强党的领导，把党的政治优势转变成企业的发展优势。

要进一步大力推进纺织行业党建工作，不断扩大党的组织覆盖和工作覆盖。要强化领导职责，党组织主要负责人要切实履行第一责任人的职责，各级领导班子成员、领导干部要率先垂范，积极主动地承担思想文化建设的责任。要充分发挥基层党组织的战斗堡垒作用和党员的先锋模范作用，调动各部门、各方面特别是基层班组开展思想文化建设的积极性和创造性，形成上下联动的思想文化建设工作格局。要加强调查研究，经常分析研究思想文化建设的形势，在继承优良传统的基础上，大力推进思想文化建设的内容、方法、手段和途径的创新，使思想文化建设的内涵随着时代的发展和实践的深化不断更新和丰富。要高度重视思想文化建设的队伍建设，按照政治强、业务精、纪律严、作风正的要求，努力培养一支数量相对稳定、学历水平逐步提高、年龄结构日趋合理、知识结构和专业特长互补的复合型思想文化建设队伍，特别是基层队伍建设，做到组织落实、人员落实、责任明确、制度健全。

（根据王天凯会长2013年8月23日在全国纺织思想文化建设工作会议暨中纺政研会建会30周年纪念大会上的讲话整理）

加强班组建设　夯实发展基础

中国纺织工业联合会名誉会长　许坤元

2012年，是郝建秀小组命名60周年，中国纺织工业联合会、青岛市委市政府、青纺联集团在青岛召开了郝建秀小组命名60周年座谈会，郝建秀同志莅临会议并讲话，郝建秀小组向全国纺织企业各生产班组和广大职工发出倡议。2013年，中国纺织工业联合会下发了《关于开展创建郝建秀小组式全国纺织先进班组活动的通知》，在纺织行业掀起了以建设爱岗敬业、文明和谐班组为目标，以弘扬郝建秀小组的火车头精神为主线，以培养高素质、高技能的员工队伍为核心的创建郝建秀小组式先进班组的热潮。

班组是企业的组成细胞，是企业最基层、最活跃的组织单元，也是企业各项工作的落脚点和具体实践者。班组素质的高低，体现和反映了企业的生产、经营管理水平和参与市场的竞争力。班组建设的好坏，将直接影响企业的社会形象和经济效益，甚至决定着企业的后备人才培养和生产发展。可以说，班组兴，则企业兴，班组强，则企业强。

我国纺织工业是国民经济支柱产业、重要的民生产业和国际竞争优势明显的产业，也是劳动密集型产业。纺织行业向来重视班组建设，结合纺织工业不同的发展阶段，及时总结工作经验，认真研究新情况，努力解决新问题，积极探索新路子，不断创造新方法，增强了班组的生机活力，涌现了像郝建秀小组、赵梦桃小组、邓建军小组等一大批先进班组，为我国纺织工业发展壮大做出了突出贡献。

郝建秀小组1952年命名以来，无论是在社会主义建设时期，还是在改革开放的大潮中，都始终坚持发扬优良传统，不断开拓进取，创造了优异的业绩，培育出了“勇挑重担、拼搏创新、乐于奉献、争创一流”的火车头精神，不断完善“郝建秀工作法”，创建了独具特色的班组管理文化，在各方面发挥着火车头的作用。郝建秀小组命名61年来，先后向企业和各级组织输送干部和管理人才40人，涌现出市级以上劳动模范16人，小组荣获全国、省、部级荣誉80多项。

赵梦桃小组1963年由陕西省人民政府命名以来，坚持以人为本，科学管理，创造了“高、严、快、实”工作法，多年来从未出现任何质量及安全事故，年年被评为公司双文明先进标兵小组，先后30多次荣获全国、省、部级荣誉，小组成员先后有10余人被授予全国、省、部级劳动模范。

邓建军科研组是新时期班组建设的杰出代表，小组成员围绕公司创新发展，在技术改造上攻关克难，为黑牡丹公司的快速发展作出了突出贡献。据有关资料显示，当今世界纺织行业的最新技术，可用于色织行业的18项中，黑牡丹公司至今已经运用了15项，远远高于国内许多同行。邓建军同志先后获得了全国劳动模范、全国五一劳动奖章、国务院特殊津贴、中华科技大奖、全国技术能手、新中国成立以来100位感动中国人物等众多荣誉，并当选为党的十七大、十八大代表。邓建军科研组荣获中华全国总工会“工人先锋号”、“社会主义劳动竞赛先进班组”称号。国家人社部以邓建军命名为国家级“邓建军技能大师工作室”，成为全国获得中央财政资金支持建设的首批50个国家级技能大师工作室之一。这次会议，将参观黑牡丹集团及邓建军工作室，带有现场会性质。

中国纺织工业联合会授予上述三个标杆班组为“全国纺织班组建设卓越贡献奖”，命名全国47个班组为“郝建秀小组式全国纺织先进班组”，是纺织行业加强班组建设、夯实发展基础，推动纺织强国建设的重要举措，具有示范引领作用。

党的十八届三中全会为我国全面深化改革开放

描绘了宏伟蓝图，制定了行动纲领，中国再次站在了一个历史新起点。纺织工业面临新的发展机遇和严峻挑战，作为企业细胞的班组，处于生产经营第一线的班组单元，在建设纺织强国的进程中，肩负着重要的使命，任务艰巨，责任重大，岗位光荣。随着市场经济的发展，进一步加强班组建设，提高班组管理水平，培育高素质、高技能员工队伍，提升企业核心竞争力，对于推动纺织服装企业科学发展，构建和谐企业，促进企业转型升级，适应市场竞争具有重要意义。

加强纺织行业企业班组建设，要以邓小平理论、“三个代表”重要思想和科学发展观为指导，以建设纺织强国为使命，以提升班组管理工作为核心，以提高班组成员集体素质为重点，切实增强班组的学习能力、创新能力、协作能力，加强企业基础管理，夯实企业发展基础，推动企业又好又快、和谐安全发展。

加强纺织行业企业班组建设，要注重弘扬工人阶级信念坚定、立场鲜明，艰苦奋斗、勇于奉献，胸怀大局、纪律严明，开拓创新、自强不息的伟大品格，自觉践行社会主义核心价值观，争做有智慧、有技术、有创造的时代工人。

要注重加强班组长队伍建设，把思想政治素质好、责任意识强、职业道德好、技术精、懂业务、具有一定管理水平的骨干工人选拔到班组长岗位上来，采取企业培训与有关培训机构培训相结合的方法，不断提高班组长的组织管理能力。

要注重建立健全以岗位责任制为主要内容的生产管理、安全环保与职业健康管理、劳动管理、质量管理、设备管理、成本管理等各项规章制度，使之与系统机构科学化、管理观念现代化、运作方法合理化的现代企业管理模式相适应。

要注重班组创新建设，把员工学习创新作为新形势下班组建设的重要内容，通过开展合理化建议、技术革新、发明创造、“五小”（小创造、小发明、小设计、小建议、小革新）、TQC小组、班组劳动竞赛和降本增效等活动，提高班组自主创新能力。

要注重班组文化建设，坚持以人文本，根据本企业文化特点努力塑造独具特色、凝聚员工精神内涵和价值取向的班组理念，培育以爱岗敬业、诚实守信、遵章守纪、团结和谐、开拓创新和提升执行力为主要内容的班组文化，塑造班组良好形象。

深入加强企业文化、品牌文化建设 为推进纺织强国建设提供正能量

中国纺织工业联合会副会长
中纺政研会常务副会长 杨纪朝

中国纺织十大品牌文化推介活动，自2005年开展以来，已成功举办了八届，推出了80个年度十大品牌文化企业、162个品牌文化创新奖企业、88位品牌文化建设杰出人物，在行业内外产生了较大影响，为推进纺织品牌战略实施，发挥先进企业的示范引领作用，提升软实力，促进纺织强国建设做出了积极贡献。

中国纺织十大品牌文化推介活动之所以受到行业和企业的重视，产生积极反响，是因为这项活动具有创新性、时代性、针对性、典型性等诸多特点。所谓创新性，就是适应产业发展转型，企业品牌、产品品牌打造，把企业文化建设引向深入的需要，在全行业开展的一项具有开创性、探索性的一项活动。所谓时代性，就是适应市场竞争，最终是品牌的竞争、文化的竞争的特点，倡导文化创造品牌价值，推动引领企业加强品牌文化建设，促进打造自主品牌的需要。所谓针对性，就是针对我国纺织生产大国、出口大国、消费大国和品牌弱国的特点，引导企业文化立企、文化铸牌，提升产品附加值，促进转变生产方式，推动由纺织大国向纺织强国转变。所谓典型性，就是每年只推介十大品牌，这十大品牌又是采取省市主管部门或协会推荐与企业自荐相结合，推介办公室考察初评，组织联合会专业协会理事长专家组评审、网上公示而产生的，是很透明的、公正、公开的，因而具有行业的权威性。多年来，推介的十大品牌文化企业，都是行业优秀企业的典型代表，在行业起到了典型示范的作用。

一、2013年十大品牌文化企业、创新奖企业和杰出人物的基本情况与启示

2013年十大品牌文化企业、品牌文化创新奖企业和杰出人物虽然来自不同行业，但他们的企业文化、品牌文化建设经验和事迹都非常具有特色，其先进性、代表性、典型性都很突出，他们的共同点和基本做法，主要有以下几点：

（一）注重用先进的品牌文化创造品牌价值

品牌文化是品牌的灵魂，是品牌所凝聚的价值观念。2013十大品牌文化企业，都很注重用先进的品牌文化创造品牌价值，提升品牌影响力。江苏悦达纺织集团基于“差别化、规模化、国际化、品牌化”的品牌理念，以做大做强纺织业为主旨，以市场为导向，以拉长产业链为目标，以国际先进的技术为手段，以创建拥有自主知识产权的国际知名品牌为愿景，并以此带动纺织产业基地的建设，实行优势互补，强强联合，构筑资本运行和产业运作的有机结合，经过20年的艰苦奋斗、创新创牌，至今已建成高档家用纺织品产业链、服装产业链、产业用纺织品产业链，2012年销售收入20亿元，跻身全国棉纺行业50强，获“中国名牌”、“国家免检产品”、“江苏省名牌”、“用户信得过优等产品”等众多荣誉，产品品牌和企业品牌影响力不断增强。东方地毯秉承“创新决定发展，品质决定生命，速度决定生存”的企业方针，坚持“品质、品格、品位”三品立身和“名企、名牌、名人”三名立命，塑造诚信东方、形象东方、科技东方，推进

了企业快速健康发展，其产值、经济效益位于全国同行业前三甲。际华集团前身为总后勤部管理的军需企业，是一家生产职业装、纺织印染产品、皮鞋皮靴的大型国有企业，有职工4万多人，为打造全球最强最大的军需生产保障基地，全球最强最大的职业装生产基地，全球最强最大的职业鞋靴研发生产基地，坚持把品牌文化、融合文化、国防文化、创新文化融为一体，走精湛工艺、精美产品、精细管理的品牌打造之路，使际华的品牌认知度、集中度和市场影响力快速提升。2012年际华集团销售收入达260多亿元。黑牡丹作为国内最早生产牛仔布的企业，始终坚持以“黑牡丹”品牌开拓国际市场，长期注重完善营销体系、以优质服务树品牌，运用知识产权、以法律法规护品牌，强化质量管理、以高品质铸品牌，推进技术改造、以新技术保品牌，注重产品开发、以新产品立品牌，尊重知识人才、以人为本创品牌，热心公益事业、以责任意识扬品牌，创造具有黑牡丹特色的品牌文化体系，有力提升了企业的核心竞争力，使黑牡丹成为国内牛仔布生产规模最大的企业之一，成为国家重点培育和发展的出口品牌。

（二）加强企业文化建设凝聚正能量

企业文化是企业软实力。十大品牌文化企业除了在品牌文化建设方面有突出特色外，在企业文化建设中也都有独特的经验和做法，对增强企业凝聚力、竞争力，引领企业健康发展，推动品牌塑造起到了导向支撑和提供正能量的重要作用。青岛纺联控股集团有限公司作为青岛纺织百年文化的传承主体和改革发展平台，依托青岛纺织历史的辉煌和深厚的人脉资源、产业资源优势，弘扬青岛纺织百年历史和文化传统，积极实施国际化战略和品牌集群发展战略，注重质量文化、管理文化、形象文化建设，弘扬“郝建秀小组”精神，提升企业品牌塑造能力，精心培育具有市场优势的品牌，以品牌集群烘托出“青纺联”这一核心品牌，树立起青岛纺织新的良好形象。东方地毯集团有限公司十分注重企业文化建设，2002年全面导入CIS，尊奉“地毯有限、责任无限、追求满意、永无终点”的价值观念，在长期的生产经营中形成了具有企业特点的感恩文化、诚信文化、责任文化、合作文化、学习文化、速度文化、创新文化、执行文化，为东方地毯公司快速健康发展提供了有力的文化支撑。丝绸之路集团大力加强企业文化建设，坚持“和谐、创新、诚信”的企业价值观，以“三大创建”为目标（创建丝绸国际化品牌、劳动关系和谐企业、两化融合经营模式）凝聚发展共识，以爱心雄心虚心凝聚职工人心，以正气大气勇气凝聚团队力量，创业十年，把一个弱势企业做成强势产业，把一个传统制造产业做成一个时尚品牌企业，成为目前我国丝绸制造生产规模最大、产业链最完整、创新能力最强的优势企业之一。

（三）持续创新提升科技贡献率和品牌贡献率

创新是企业发展的不竭动力，也是品牌长盛不衰的力量源泉。十大品牌文化企业都在创新上有突出成效。河北吉藁化纤有限责任公司是吉林化纤集团公司跨省经营的集化纤浆粕、粘胶纤维及热电为一体的综合性企业，公司成功开发的“天竹”纤维是利用广泛生长的竹材料为原料，利用发明专利技术精制而成的再生纤维素纤维，是一种生态、环保新型纺织原料。“天竹”纤维以天然抗菌、防紫外线和吸湿透气、健康美容等功能性，被称为继棉、麻、丝、毛之后的第五大天然纤维，成为知名的新型纤维品牌，畅销国内外市场。吉藁公司先后申请国家专利23项，技术优势赋予了品牌的生命力。浙江海宁经编产业园区把科技创新作为立园创新之本，深入实施“科技兴园”战略，搭建了由技术研发中心、产品检验中心、技术培训中心、网络信息中心等部门组成的科技创新平台，帮助企业开发新产品、提高产品质量、增强技术创新能力。他们按照“政府主导、企业主体、产学研结合、市场运作、独立核算”和“边建设、边服务”的模式，以东华大学、浙江工程大学、江苏大学等高校和科研机构为依托，充分利用科研院所智力资源和研发设备，聘请工程院院士、行业资深专业人员组成专家服务组，深入企业开展科技对接活动，解决企业技术难题。近几年来，以“马桥经编”浙江区域名牌授权使用单位为领衔的园区企业，每年开发的国家级、省级新产品都在50个以上，申报各类专利150项以上。丝绸集团以科技为先导，与高等院校合作，开发出拥有自主知识产权的丝绸文化产品——真丝数码织锦，组建了企业技术研发中心，打造了“中国丝绸家纺研发基地”，丝绸产品的科技和文化含量不断提升，附加值显著提高，利润空间整体在20%以上，精品的利润率超200%还多。东方地毯集团坚持“科技创新，专业精深”的发展思路，不断加大产品开发和新技术的投资力度，取得专利76项，开发的图案已达10000余种，可满足各类客户的不同要求。2008年东方地毯集团成功牵手北京奥运会，为主要比赛场馆提供了优质地毯。与此同时，东方地毯公司成为中国《机织地毯》国家标准起草单位，多次受到国家标准化委员会的表彰。深圳爱戴内衣公司根据中国传统医学、经络学及人体力学、健康学等原理，开发设计出经络相关知识调理人体健康的女性内衣，受到专家和消费者赞誉。上海汽车地毯总厂重视技术创新，经过三次较大技术改造，每年都有专利获得授权，每年都有科技获奖项目，其成果全都被转化为生产，形成了中国汽车纺织品内饰产品最多、生产规模最大的企业，从3万辆发展到100多万辆轿车内饰纺织品的配套，成为“中国汽车内饰配套龙头企业”。

（四）积极履行社会责任提升企业形象

河北吉藁化纤公司坚持“创新、环保、健康、诚信”的理念，认真履行社会责任，不仅解决了再生纤维素纤维这一纺织原料资源单一依存棉花、木材的历史，为中国乃至世界发展纺织原料资源做出了贡献，也为贫困地区种竹人大大提高了收入，并与众多联盟企业签订了《联盟自律公约》，坚持诚信经营，打击假冒伪劣，树立了良好社会形象。浙江海宁经编产业园区作为中国纺织企业社会责任试点地区，很重视把社会责任融入企业文化，把履行社会责任贯穿到日常经营管理之中，园区企业积极参加慈善捐助、抢险救灾，带头节能减排，构建和谐劳动关系，注重安全生产，树立了“马桥经编”良好的社会形象，成为“马桥经编”品牌的一部分。大连大杨创世公司2000年至今用于赈灾、扶贫帮困、慈善基金、兴建希望小学等投入资金近8000万元，在当地社会享有盛誉。黑牡丹集团公司努力履行社会责任，每年都发布《社会责任报告》，公司积极参与社会公益事业，热心助学、捐资救灾，设立“邓建军人才奖励基金”、黑牡丹教育基金，赞助江苏省十七届运动会，通过各种途径和方式捐赠善款超过2000万元。

（五）企业家发挥主导作用

卓越的企业背后是优秀的企业家。一个企业能否打造出知名品牌，企业家起着关键作用。从某种意义上讲，企业文化，也是企业家文化。2013年推出的十大品牌文化企业，很多现任董事长都是企业创始人，在企业品牌建设中一直起着关键的作用，他们也是纺织行业知名企业家。大连大杨创世公司董事长李桂莲是公司创始人，也是第七、八、九届全国人大代表。青纺联集团董事长闫勇，悦达纺织集团董事长朱如华，际华集团党委书记、副董事长何可人，丝绸之路集团董事长凌兰芳是前不久受到表彰的中国纺织思想文化建设功勋人物。东方地毯公司董事长韩洪亮是中国纺织工业劳动模范、山东省优秀企业家。丝绸之路集团在凌兰芳董事长的带领下，创业不过十年，是以国有企业下岗再就业的4000多名员工为主体组建的民营企业，十年磨一剑，2012年销售收入近20亿元。上海叮当猫公司董事长刘昭创立了叮当猫品牌，经过14年努力，使其成为“中国十大名牌童装”，刘昭董事长2008年被中国名牌推举委员会评为“中国品牌建设优秀企业家”。上海纺织（集团）有限公司是2009年的“中国纺织十大品牌文化”企业，今年朱勇总裁又被评为“2013中国纺织品牌文化建设杰出人物”。朱勇总裁长期在上海纺织集团领导岗位上工作，2001年初担任集团副总裁，2004年兼任上海龙头（集团）股份有限公司董事长，2009年担任上海纺织集团总裁。朱勇同志创新意识强，对上海纺织企业文化和品牌文化建设有独特的战略思考与措施计划，与集团其他领导一道，积极吸收和借鉴国内外优秀企业文化建设经验，努力传承上海纺织的优秀文化基因，为重塑上海纺织集团文化体系，推动上海纺织集团实现由传统纺织向“科技与时尚”高端纺织转型做出了突出贡献。2013年被评为品牌文化建设杰出人物的广东柏堡龙公司董事长陈伟雄、深圳爱戴内衣公司董事长周绪泽、宁波博洋服饰公司董事长吴惠君也都有突出事迹，为品牌打造做出了突出贡献。

二、深入加强纺织行业企业文化、品牌文化建设

（一）认清形势，进一步增强提升文化软实力的紧迫感和自觉性

党的十八大报告指出：“全面建成小康社会，实现中华民族伟大复兴，必须推动社会主义文化大发展大繁荣，兴起社会主义文化建设新高潮，提高国家文化软实力，发挥文化引领风尚、教育人才、服务社会、推动发展的作用。”在加强纺织行业文化软实力建设中，我们要认真领会、自觉践行党中央“文化强国”的战略思想，并贯穿至文化强企、文化铸牌的实践中。

我们应该清醒地看到，当今世界正处在大发展大变革大调整时期，世界多极化，经济全球化深入发展，科学技术日新月异，各种思想文化交流交融交锋更加频繁，文化在综合国力竞争中的地位和作用更加凸显。在经济领域，文化要素已经渗透到经济发展的全过程和方方面面，文化的经济功能明显增强，经济的文化含量不断提高，经济文化一体化趋势更加明显。从国家间的竞争、产业间的竞争，到企业之间的竞争、品牌间的竞争，最终都表现在文化之间的竞争。谁占据了文化的制高点、拥有了文化的优势，谁就能拥有竞争优势，拥有核心竞争力。国外的著名品牌，无不是在用文化征服人心，占领市场。我们今天所推介的十大品牌文化企业、品牌文化创新企业，他们都用自己的实践证明，是文化使他们拥有了独特的竞争力，即使在金融危机的情况下，也能逆势发展。

当前，我国是名副其实的纺织工业生产大国、消费大国、出口大国，但我们还不是品牌强国。我国有3.7万多家规模以上纺织企业，6万多个纺织服装品牌，但真正的国际知名品牌很少，纺织服装产品绝大多数附加值很低。并不是我们的科技能力、技术水平比人家差多少，而是我们文化软实力、品牌传播力不如人。在我国纺织工业面临发达国家产业链高端、发展中国家产业链低端的双重竞争的严峻形势下，加强企业文化、品牌文化建设，提升文化软实力，就尤为重要、尤为迫切，我们必须增强使命感、紧迫感和自觉性。

（二）正确导向，以先进理念凝聚发展共识

当前，企业在转方式、调结构、促发展的过程中，面临一些困难和问题，这既是挑战，也是机遇。积极应对挑战，把握发展机遇，首先要转变观念，用先进理念凝聚发展共识。我们要把加强企业文化、品牌文化建设贯穿转方式、调结构、促发展的全过程，并为此提供有力的文化支撑。

要以创新的观念引领发展方式转变。转变经济发展方式，首先要转变发展理念。纺织工业既是劳动密集型产业，也是高科技广泛应用的产业，从某种意义上讲，还是文化创意产业。在国际竞争日益激烈的形势下，必须以改革求变的创新精神，把发展的立足点转到提高质量和效益上来，走科技、时尚、质量、环保、健康的科学发展道路。特别是一些大中型纺织企业，要积极适应新的形势，努力实现由依靠投资拉动、增加物质资源消耗的规模扩张

发展，向依靠创新驱动、管理提升、劳动者素质提高、品牌附加值提升的质量效益发展转变。

要以创新的意识推进结构调整。结构调整是纺织企业转变发展方式的主攻方向。当前，我国纺织服装产品存在着同质化生产、产能过剩、价格低廉的现象。解决这些问题，应当有战略思维和创新意识，注重依靠技术创新和市场培育来解决。

要以创新的思维促进产业升级。纺织工业是国民经济的传统支柱产业，重要的民生产业和国际竞争优势明显的产业，加快产业升级，势在必行。而产业升级必须体现信息化、数字化、网络化、智能化的经营意识，以创新思维引导企业走科技含量高、经济效益好、资源消耗低、环境污染少、可持续能力强的发展道路。我们推介的十大品牌文化企业，这方面做得都是很不错的，但从行业总体而言产业升级的任务还很重。希望广大纺织企业增强创新发展观念，通过开展技术创新、管理创新和制度创新，提高自主研发能力，建设自主品牌，加快由低端产业链向高端产业链升级的步伐。

（三）以人为本，加强企业文化建设培育综合竞争优势

文化实力是国家富强、民族振兴的重要标志，企业文化实力则是企业做强做优的引领和支撑。企业文化是社会主义文化的重要组成部分，是企业的灵魂，是企业凝聚力和创造力的源泉。

我国纺织文化历史悠久，底蕴很深。特别是改革开放以后，纺织行业企业文化建设伴随着中国特色社会主义建设的进程和改革开放的脚步，经历了自发建设、学习借鉴、融合渗透、发展深化的不同阶段和历史过程，尤其是进入21世纪后，努力拓宽视野，不断创新思路，坚持以人为本，把企业文化建设与思想政治工作有机结合，通过开展“中国纺织企业文化年”、“中国纺织十大品牌文化推介活动”，倡导构建“和谐企业”、“和谐劳动关系”、“履行社会责任”等一系列活动，在全行业掀起企业文化建设高潮，有力地推动了纺织行业企业文化建设向纵深发展，涌现出了一批优秀企业文化群体和知名纺织产业集群。

但是，也应该看到，纺织行业企业文化建设的发展很不平衡，仍有相当一部分企业尤其是中小型民营企业，对企业文化建设的重要性认识不足，企业文化建设的目标和指导思想不够明确，片面追求某些形式，概念化、雷同化、表面化的问题突出，企业文化建设与企业发展战略、经营管理结合不紧密，机制不健全，重点不突出，执行不到位，成效不明显，亟待普及、规范、创新和升华。

加强纺织行业企业文化建设，是落实党的十八大提出的“文化强国”战略的需要，是适应市场竞争的需要，是提升企业核心竞争力的需要，是推进纺织强国建设的需要。

一是企业领导要提高认识，健全领导体制和工作机制。要把加强企业文化建设提高到战略高度来认识，企业主要领导人要有战略远见，真正当作“一把手”工程，切实把企业文化作为企业核心竞争力的重要组成部分和改革发展的助推器，摆到企业发展战略高度来推进。

二是要深化价值理念建设，培育各具特色的企业文化。企业文化建设要以社会核心价值体系为引领，把实现中国梦与企业梦融为一体，把民族精神和时代精神熔铸于企业文化，突出企业个性特色，进一步明晰企业使命、企业愿景和经营管理理念，强化社会责任理念，不断提升价值理念体系的内涵和生命力。

三是要促进企业文化和经营管理深度融合。要把企业文化融入企业改革发展稳定全过程，渗透到生产经营管理各个环节，固化到管控模式、组织架构、经营流程、资源配置中，促进企业文化与企业战略、市场营销、人力资源管理等融为一体，内强企业素质，外塑企业形象，增强企业凝聚力、创新力、竞争力。

四是要坚持以人为本，促进企业和谐发展。一方面，要立足于关心人、尊敬人、成就人，充分调

动员工积极性和创造性；另一方面，要立足于培育人、教育人、塑造人，大力提高员工素质和能力。要认真研究利益格局调整变革条件下企业员工思想观念、价值取向、物质文化需求等方面的新情况新特点，搞好教育引导，及时化解矛盾，尊重员工的个性品格与创新精神，给员工创造人生出彩的机会，增强员工使命感、归属感和忠诚度。

（四）市场引领，注重建设特色品牌文化提升企业竞争力

当今世界，全球经济一体化的发展，使得品牌作为企业经营活动中一股不可阻挡的力量渗透到世界的各个角落。从某种意义上说，企业的市场竞争活动就是企业品牌的竞争，而且是高层次的竞争。谁能够合理的运用品牌战略，谁就能牢牢抓住消费者的心，谁就有可能赢得市场。

2012年，中国纺织工业联合会颁发了《建设纺织强国纲要（2011～2020年）》，提出了到2020年建设纺织科技强国、纺织品牌强国、纺织可持续发展强国和纺织人才强国四大战略。其中，明确提出了建设品牌强国，促进纺织产业从制造大国向品牌大国提升的要求，并把“质量、创新、快速反应、社会责任”作为品牌的价值体系。如何落实“四位一体”的品牌价值体系，是纺织行业品牌文化建设的根本任务。

要视质量为品牌的生命，注重抓好质量文化建设。切实把品牌质量贯穿到品牌产品的设计、生产、营销服务与管理的全过程，建立生产、管理、营销反馈过程的质量管理体系，不断提升产品的决策、设计开发、生产管理以及职工劳动技术和职业道德水平，并通过先进的质量标准体系、监测监控体系，不断提升纺织服装的品质信誉。

要把创新作为品牌长青的源泉，注重抓好创新文化建设。品牌的创新价值归根结底是科技创新和文化创新，以适应大众审美的新需求。抓好创新文化建设，要重视把科技进步与文化创意、自然科学与社会科学结合起来，通过科技含量的提高，设计水平的提升，文化内涵的丰富，创新使用价值，提升产品附加值，进行品牌文化的扩张，进而提高品牌价值，满足人们对纺织服装时尚、科技、环保、健康的美好追求。

要把快速反应作为品牌发展的活力，注重抓好管理文化建设。能否做到快速反应，是对市场环境的应变能力、对消费者物质文化需求的适应能力、对机遇和风险的掌控能力把握的试金石。当今市场经济越来越突出表现为时间竞争、速度竞争、信息竞争，取决于谁能在第一时间用最快的速度，设计制造出科技时尚的纺织服装产品，以满足人们日益增长的物质文化需求，就成为企业不二的选择。因此，加强管理文化建设，创新管理手段，建立快速反应机制，关注市场变化，把握市场机遇，提高市场应变能力，应该成为品牌文化建设必须坚持的价值内涵和重要任务。

要加强责任文化建设，自觉当好企业公民。企业能否自觉履行社会责任，反映了品牌的道德承载力和企业的人格，是产业文明的尺度。企业无论什么时候，都要依法经营、诚信经营，遵守企业公民道德、社会公德，坚持科学发展、和谐发展、绿色发展，讲究物质文明、精神文明和生态文明，对劳动者和消费者、对自然和社会自觉履行应尽的义务，对公共秩序、法规、环境担负起应尽的责任，树立良好的企业形象。

探索党建工作新模式 发挥党组织的政治优势

中国纺织职工思想政治工作研究会

2012年，中国纺织工业联合会在江苏红豆集团召开的“全国纺织行业民营企业党建工作现场观摩交流会”，是纺织行业首次召开的民营企业党建工作会议，也是从全行业层面大力推进民营企业党建工作的一项重要举措。2013年，中国纺织工业联合会又在浙江海宁经编产业园区召开全国纺织行业党建工作典型经验交流会，这是进一步在全行业深入推进企业党建工作、加快纺织强国建设的一项重要工作内容，也是全面落实《纺织工业“十二五”发展规划》、加快实现我国纺织工业由大变强战略目标的一项具体工作措施。红豆集团是我国纺织民营企业开展党建工作的先进典型，浙江海宁经编产业园区是我国纺织产业集群名镇开展党建工作的示范标杆，他们都是在党建工作中取得显著成果，并且极具纺织行业特征和彰显新时期纺织行业党建工作先进性的优秀代表。

一、我国纺织行业企业党建工作开展情况

改革开放以来，我国纺织工业实现了快速发展，成为了举世瞩目的纺织大国，纺织服装企业以学习实践科学发展观和创先争优活动为动力，一手抓党组织建设、一手抓党组织作用发挥，企业党建工作成效明显。

（一）纺织企业积极探索党建工作新模式，紧紧围绕改革发展的中心任务，发挥党组织的政治优势，规模以上民营企业党组织基本上实现了全覆盖，涌现出一批党建工作的示范企业和典型经验

党的十七大以来，我国纺织企业坚持科学发展观，以改革创新精神积极探索党建工作新模式、新方法，党组织积极参与企业重大问题决策，推动企业拓展发展思路，紧紧围绕企业改革、发展、稳定大局，加强领导班子建设，着力提高各级领导班子引领企业科学发展的能力，发动党员和职工在破解生产经营难题、完成急难险重任务、落实生产经营工作中充分发挥作用，把党的思想政治工作优势、组织优势和群众工作优势转化为企业的创新优势、竞争优势和发展优势，促进企业科学发展，大力推进企业党建工作创新，以党建创新促进企业管理创新、技术创新，增强企业核心竞争力，促进企业和谐发展。

北京光华纺织集团公司党委加强领导班子建设，围绕“四优四强”，把提升党建工作运行质量作为工作重点，不断创新工作载体，通过“星级党组织”评选、党委目标责任制考核，以党建工作促进经济工作不断发展，以经济工作成绩衡量党建工作质量，在注重实效上下功夫，增强了基层党组织的凝聚力和战斗力，提高了党员的责任意识和形象意识，2012年企业实现主营收入超过18亿元，超额完成“十二五”阶段性目标，在历年领导班子民主测评中，职工对党委班子总体评价好、较好率达到97%以上。际华集团股份公司党委积极探索构建“五个体系”推动党建工作创新的新思路，将党建工作融入生产经营中心，把各级党组织和党员的潜能与企业发展目标有机融合，更加清晰地定位党建工作做什么、谁来做、怎么做，做到什么程度、带来什么样奖惩等，使党建工作更加科学体现组织绩效和个人绩效的管理，形成融入型企业党建工作新模式，党建工作也由“跟”变“领”，由“虚”变“实”，由“窄”变“宽”，做到党建工作融入生产经营、管理创新、民主管理、企业文化、和谐企业建设的各个领

域，有效发挥了政治组织保障作用。

在纺织强国建设中，各级党组织以实现人才强企为目标，积极探索党建工作与人才培养、企业发展与员工成长的新途径，通过实施“双培养”工程，“把党员培养成优秀人才、把优秀人才培养成党员”，一手抓“存量”优化，一手抓“增量”优化，培养和造就一支素质高、能力强、本领硬、贡献大，关键时刻站得出，困难时刻担得起，危险时刻冲得上的党员队伍。江苏悦达纺织集团公司大力实施人才强企战略，构建人才队伍建设长效机制，重点进行高层次人才成长规律、科学作风培养、思想政治工作在人才成长中的实效性问题的专题研究，历时两年深入一线，从不同侧面探求人才成长规律，建立完善了工程牵引、实践成才、协同成才和师承效应的高层次人才成长模式，提出了思想政治工作在人才培养中构建“四导融合”的新理念，建立健全了人才培养、使用、激励和保障的机制。

党的组织是加强党建工作的重要基础和前提。近年来，在各地党组织的领导下，纺织民营企业组建党组织的工作明显加快，目前规模以上民营企业已基本上实现了党组织全覆盖。浙江、江苏都是我国纺织工业大省，也是纺织民营企业最多的地区之一。浙江省纺织民营企业按照省委提出的80人以上企业建立党组织、30人以上企业有党员、其他企业都有工作覆盖的要求，紧密结合实际，创新组织设置方式，通过单独组建、职合组建等形式，实现了规模以上和从业人员80人以上的企业全部建立了党组织，当前正在大力推进区域化、园区化、行业化、产业化党建工作，努力把党的工作和影响力扩展到所有非公有制企业。浙江海宁经编产业园区以区域全覆盖的理念推进党建工作，按行业相邻、地域相近的原则，将园区内490家企业划分为16个片区，组建片区党建指导组，每个片区配备1名党建指导员、3名党建联络员，以片区为单位分类建立直管党员、在职党员、流动党员信息库，建立片区党建工作议事制度，实现阵地共建联用，整合各类党建资源，共建共享活动阵地、共育共管党员骨干、共商共议工作事项，有效扩大党组织和党的工作覆盖面。江苏连云港鹰游纺机集团建立了3个党总支、14个党支部，在集团进行产业结构调整，分公司重新进行合并组合后，集团及时进行党组织组建工作，分别成立了鹰游纺机、飞雁毛毯、神鹰碳纤维3个党总支，把党组织覆盖到了车间生产一线。上海中大科技发展有限公司2000年就建立了党支部，是上海市青浦区科技系统第一家民营企业党支部，近年来随着企业的不断发展和员工人数的增加，2006年企业成立了党总支，下设了3个党支部，增强了党组织的领导活力以及感召力。山东魏桥创业集团建立了8个党总支、144个党支部，形成了较为科学的党组织领导体系，使党的组织覆盖到每个车间和班组，为企业科学发展注入了强劲动力。

在扩大组织覆盖的同时，各地纺织民营企业积极探索党组织发挥作用的途径和方法，工作机制逐步完善，工作覆盖面逐步扩大。

一是逐步形成了企业党组织和法人治理结构的协调配合机制。目前大多数规模以上企业的领导层以及业务部门和党委职能部门都实行了“双向进入、交叉任职”的组织架构，党建工作与经济工作同步联动，协调推进。江苏梦兰集团建立党委班子和经营管理层双向互动机制，理顺支部建制，把生产经营管理和党建工作有机融为一体。浙江洁丽雅股份公司将公司经营班子的核心领导充实到党委班子中，党委委员和基层党总支书记同时兼任行政管理工作，形成了结构合理、步调一致有利于开展党建工作的组织网络体系。

二是逐步形成了党组织和党员发挥作用的机制。各地纺织企业党组织把重在发挥党组织和党员的作用作为党建工作的重点。山东康平纳集团始终坚持“围绕经济抓党建、抓好党建促发展”理念，建立了“协商参议”制度，发挥党组织的参谋助手作用，引导党员为企业发展出谋献策，提合理化建议达1500余条，为企业创造了显著的经济效益。从各地纺织民营企业党建工作的情况来看，围绕企业科学决策，贯彻党的路线方针政策，集中党员、职工的意见向企业建言献策，发挥党组织的参与作用；围绕企业和谐发展，党组织联系、宣传、组织、团结职工和领导工会、共青团工作的政治优势，引导企业合法经营，构建和谐劳动关系，发挥党组织的凝聚作用；围绕企业生产经营，通过“创先争优”，“党员示范岗”、“党员责任区”等活动，组织党员在本职岗位和急、难、险、重任务中勇挑重担，积极发挥党员的先锋模范作用，已成为比较普遍的做法。

三是逐步形成了企业党组织的人才培养机制。青岛即发集团将入党积极分子的培养作为企业创新发展、扩大人才队伍的重要工作，每年发展党员30多名。浙江海利得新材料公司重点培育“学习进取型”党员职工，实行统一人才选拔、人才考核、人才任免、人才培训制度，在党育人才、党管人才、党聚人才思想下，大力推行筑巢引凤工程，形成了一支素质优良、结构合理、作用突出的党员职工队伍。人才队伍建设为企业党建工作不断增添内在动力和旺盛的生命力。

多年来，我国纺织民营企业党建工作在探索中前进，在实践中提高，在规范中加强，涌现了一批党建工作示范性强的优秀企业单位和典型经验。红豆集团创造的坚持“一核心三优势”，把党的政治优势转化成企业的发展优势的成功经验，总结的“一融合双培养三引领”的“红豆党建工作法”，推出的全国民营企业第一部党建工作标准，有效地实现了企业党建与生产经营的完善融合，推动了企业的科学发展，探索了一条符合企业发展实际的民企党建新路，得到了中央和各级领导的高度肯定，在国内产生了广泛的影响。红豆集团的党建经验也吸引了越来越多的企业和单位到红豆集团考察学习，随着2012年10月中组部向全国各级组织部门、企业事业单位下发了学习《现代企业制度+党的建设+社会责任——红豆集团探索构建中国特色现代企业制度的实践与启示》通知后，几乎每天都有到红豆集团考察学习党建的单位和企业，2013年1到8月，红豆集团已接待参观学习单位220多家，人数达到 7137人。韩国三星电子（苏州）公司党委书记李成春一行到红豆集团考察学习党建经验，在听了红豆探索中国特色现代企业制度介绍后，李成春对红豆党建工作成果表示震撼，他表示一定要好好学习借鉴红豆集团的党建经验，并表示欢迎红豆集团去三星电子考察。

富润控股集团从一家困难的针织小厂发展成为大型工贸企业，多年坚持不懈开展党建工作，探索“领导带动、理想鼓动、以情感动、文化驱动、制度推动、多项互动”的思想政治工作“六动”机制，加强企业思想政治工作，形成了《经常性思想政治工作条例》（六十条），为企业不断发展提供了强有力的政治保证，两个文明建设取得了丰硕成果，“富润六十条”在全行业得到深入推广。

（二）纺织产业集群镇坚持党建工作为引领，突出加强区域“双覆盖”，加快推进纺织区域经济转型和升级

纺织业作为纺织产业集群镇的传统主导产业，在很多集群地区纺织业产值占工业经济总量的一半以上。近年来，纺织产业集群镇党组织以科学发展观为指导，以推进区域经济发展为目标，坚持以党建引领，在积极推进园区党建、扩大党内民主、创新社会管理，加快城乡统筹、促进经济社会发展等方面取得了明显成效。

一是标准化、体系化、规范化管理理念引导党建工作。浙江海宁经编产业园区是浙江省首批省级特色工业园区，也是被国家工信部命名的首批“全国新型工业化产业示范基地”，同时也是全国最大的经编生产加工销售基地，园区内目前有企业近500家，海宁经编业经济总量占全国经编业总量20%以上。近年来，海宁经编产业园区党委以深入开展“双强争先”活动为契机，以抓党风促政风带民风“三风”建设为动力，创新园区党建体制机制，改进党建工作方式方法，开创性的探索构建了“科学化引领+工艺化推进+人本化服务”的园区党

建三维创新体系，通过建立“分层定标、区域共建、星级管理”以及创新的“针织法串线+编织法扩面+机织法统筹”等全新系统化模式，形成了党建强、发展强、服务强的科学发展局面，全面、务实推进学习型、服务型、创新型党组织建设，真正实现了以“凝聚向上的力量、增强发展的合力、释放先锋的能量”为核心的党建引领目标，真正实现了党建强、发展强的相互融合。

二是推进区域化党建工作，实现“两新”党建工作全覆盖。近年来，各地纺织产业集群镇党委积极探索区域企业党组织的组建模式，以区域全覆盖理念推进党建工作。嘉兴秀洲区王江泾镇把组织覆盖与工作覆盖作为“两新”组织党建工作的重点，积极探索“行业+支部”的组建模式，推行“党务红领”和党建工作指导员派驻机制，扩大非公企业党组织覆盖面，建立了嘉兴市首家“创业新生代”党支部，在培养民企新生代企业家的同时不断扩大党组织影响力，在南方纺织城商会、纺织行业商会、工业功能区企业和王江泾镇商会建立了四个党组织，以此为纽带，实现了“两新”党建工作全覆盖。江苏常熟市古里镇按照“需求出发、服务入手、组织带动、活动凝聚”的思路，推行“三创三聚”的非公企业党建新模式，切实在企业中把活动搞起来、党员聚起来、服务做起来、形象树起来，通过选派专人负责、建立党建联系点、派遣非公党建指导员等一系列措施，加强非公党组织组建力度，以单建和联建的方式实现了非公党建全覆盖，全镇纺织服装企业建有单建党支部259个，联合组建党支部1073个，切实把党建做到了基层企业。

三是推进党建创新与促进区域经济发展紧密结合，实现互动双赢。经济工作是党的中心工作，加强党建的根本目标是要引领企业科学发展，促进经济和社会发展。江苏省梅里镇党委按照“区域化大党建”的思路，建立集组织活动、信息交流、党员服务等多功能于一体的党建工作站，开通党员热线电话，发放联系卡，为区域内企业党组织提供活动阵地、工作咨询、发展党员、党员培训、组织关系转接等标准化服务，推广“新三会一课”，在全镇各企业党支部特别是纺织集群企业中开展以“合理化建议座谈会、职工思想状况分析会、企业经营情况通报会、创新技术现代管理辅导课”为主要内容的“新三会一课”活动，充分听取各方面对经济发展的意见和建议，帮助企业分析问题、研究对策，仅今年就收集到党建创新、生产技术、管理方式等五大类建议200多条，形成了区域内企业党组织条块共融、组织共建、党员共管、活动共办、资源共享、服务共担、党员和职工群众共同参与的纺织集群党建新格局，实现了党建工作与经济发展的互动双赢。广东大朗镇把加强党员队伍建设作为推进转型升级的主力军，全面推进党建信息化建设，依托大朗党建网、政务网，建立党员学习政策和交流互动的平台，通过党员干部电子阅览室、《大朗党讯》手机报等，每周定期为党员干部提供丰富详实的学习资料和信息，深入推进党员先进性教育，大朗镇产业转型升级、富民强镇取得显著成效。福建深沪镇为切实发挥好非公企业党组织在职工群众中的政治核心作用和对企业发展的政治引领作用，积极开展“典型带动、强弱支部结对子”活动，发挥示范点的示范、引导和辐射作用，起到“点亮一盏灯、照亮一大片”的效果，使全镇非公企业党支部的凝聚力、战斗力明显增强。

我国纺织企业和产业集群名镇党建工作虽然取得了一些成绩，但与行业经济发展和纺织强国目标的要求相比，仍然存在一些思想认识还不够到位，有的企业对在新形势下加强和改进民营企业党建工作的重要性和必要性认识不足，责任感和紧迫感不够强，重生产经营、轻党建的现象还不同程度地存在；有的民营企业党组织作用发挥还不够充分，紧密结合企业生产经营开展党建工作的机制不顺，办法不多；有的企业党组织对自身建设不够重视，党员人数少，党务人员缺乏，党组织尚未覆盖到基层，工作覆盖不够稳定。这些都需要在今后的工作中切实加以解决。

二、进一步加强纺织党建工作，推进纺织强国建设

（一）围绕纺织强国建设，深入加强党建工作与经济工作融合，推动企业发展

纺织工业“十二五”规划和《建设纺织强国纲要（2011～2020年）》的颁布，为纺织企业党建工作注入了新的动力，进一步明确了目标和方向。要以开展活动为着力点，围绕纺织强国建设，以科技、品牌、可持续发展和人才四大战略任务为重点，搭建开展经济性活动，发挥政治核心和政治引领作用的平台，扩大党员参与面，提高活动实效，推动企业发展。一是把党建工作与服务纺织发展大局结合起来，积极宣传中央的方针政策和各地的决策部署，宣传纺织强国建设的重要意义，目标任务和工作举措，帮助引导企业用好政策，抓住机遇，加快发展。二是要把党建工作与纺织强国建设的四大战略任务结合起来，根据企业生产经营的需要谋划部署党建工作。突出工作重点，通过开展主题实践活动和设立党员责任区、党员示范岗、党员突击队等形式，引导党员在科技进步、品牌建设，可持续发展和人才建设发挥先锋模范作用。三是把党建工作与提升劳动者素质结合起来，推动纺织强国建设，增强党的阶级基础，巩固和保持党的先进性。

纺织民营企业要进一步学习贯彻中共中央办公厅印发的《关于加强和改进非公有制企业党的建设工作的意见（试行）》精神，把中央提出来的工作要求和措施落到实处，这也是当前和今后一个时期纺织民营企业党建工作的一项重要任务。要进一步准确把握和落实“两个作用”的功能定位，突出抓好党组织和党员作用的发挥，提升企业党建工作成效；要全面准确把握和落实“两个覆盖”的工作要求，创新企业党建工作机制和路径，进一步扩大组织覆盖、深化工作覆盖，增强党组织的影响力；要准确把握和落实“两支队伍”建设抓好选、育、管、用等重点环节，不断提高企业党组织书记的能力素质，不断壮大企业党建工作力量，推动企业发展。

（二）围绕构建先进企业文化、品牌文化，加强企业党建工作

企业文化是企业在长期生产经营过程中形成的职工群众普遍认同的价值观念，是企业思维方式和行为方式的体现。要积极探索企业党建和企业文化建设相融合的途径和方法，依托党建工作体系和党工团丰富的组织资源，以社会主义核心价值观，支持、指导企业开展企业文化建设，培养企业健康理性的文化生态环境，倡导健康向上的企业精神和以人为本的企业文化，保证企业文化建设的正确方向。

一是要把指导企业文化建设作为企业党的一项重要任务。建立符合邓小平理论和“三个代表”要求，符合科学发展观的企业文化体系，为企业发展提供精神动力。在企业文化建设中，坚持企业文化建设的社会主义政治方向，企业的正气才能树起来，企业的精神力量才能发挥出来。二是要把党建、企业文化、品牌文化和生产经营紧密结合起来，实现以党建把握企业方向，以文化引领企业发展，以品牌提升企业形象，以经营开拓企业市场，把员工理想、道德、信仰、信念的培育与企业经营发展紧密结合起来。三是发挥党员在企业文化建设中的模范带头作用，把创先争优的价值理念融入企业文化建设之中，引导广大职工群众争科学发展之先，创和谐企业之优，为企业可持续发展凝心聚力。四是要把党建工作的先进经验运用到企业文化建设中去，形成符合我国国情和企业实际的企业文化管理手段，仅仅照搬国外企业的文化管理模式是不够的。五是以企业文化建设推动党建工作创新。

（三）围绕构建和谐劳动关系，抓好人才队伍建设，加强企业党建工作

纺织强国建设中人才队伍建设是基础。和谐劳动关系是社会主义劳动关系的本质要求，也是社会主义市场经济的本质特征。构建和谐健康，互利互

赢的劳动关系，更是纺织企业党组织的职责所在和发挥作用的重要平台。国有企业要坚持党管干部、党管人才的原则，建立党组织参与重大问题决策工作机制，把党组织参与重大问题决策同支持法人治理结构依法行使职权统一起来。在民营企业中，职工是社会主义劳动者，企业经营层是社会主义建设者，他们都属于群众的范畴，只有维护好他们的利益，党建工作才能得到企业各方面的认同。加强企业党组织建设，要处理好党组织、出资人和职工三方面的关系，通过发挥党组织作用，积极引导民营企业承担管理和服务职工的社会责任，加强人文关怀，实行人性化管理，实现企业和职工群众的共同发展。要引导民营企业依法执行劳动合同制度，规范劳动用工行为，建立工资正常增长机制、努力保障职工工资待遇随企业效益增长而不断改善；坚持以人为本，努力改善职工的工作环境和生产、生活条件，加强安全生产管理，保障职工身体健康和生命安全；认真听取职工诉求，采纳职工正确的意见和建议；建立困难职工帮扶制度，开展经常性的互助互济活动；采取多种形式加快人才队伍培养，促进企业构建和谐劳动关系。

（四）围绕行业中心任务，以典型引路，推进非公有制企业党建工作

党的十八大报告中强调，要以改革创新精神全面推进党的建设。全行业要大力宣传民营企业党建工作的先进典型，形成良好的舆论氛围；要大力宣传加强民营企业党建工作的重要性和必要性；宣传民营企业党组织凝聚职工群众，参与企业决策，促进企业发展的先进典型和立足岗位，乐于奉献的优秀员工的先进事迹；宣传热忱支持党建工作，致富不忘回报社会的业主典型，进一步营造全行业关心支持民营企业党建工作的良好氛围。各省市纺织服装行业协会要进一步提高对加强民营企业党建工作的重要性和紧迫性的认识，增强做好这项工作的自觉性和责任感。要结合本地实际，把民营企业党建工作作为推动当地纺织服装行业发展的一项重要内容，列入重要议事日程，切实加强工作指导，推动民营企业党建工作。要深入民营企业及时发现和解决新情况、新问题，按照不同的管理体制和管理关系配合当地党组织逐步建立健全民营企业党建工作制度，逐步建立健全民营企业党建工作制度，促进民营企业党建工作步入规范化轨道，逐步建立起一套切实可行的工作机制，做到有组织，有活动，有阵地，有制度，有作为。要积极探索加强民营企业党建工作的有效途径。通过深入调查，总结经验，认真思考，从丰富和实践经验中不断深化对民营企业党建工作规律的认识，从对重点、难点问题的研究探索中，不断提升民营企业党建工作科学化水平和实际成效。

（撰稿人：姜国华）

CNTAC

中国纺织工业发展报告

CHINA TEXTILE INDUSTRY DEVELOPMENT REPORT

2013/2014

行业研究

产业发展的新红利 —— 新浪潮与新路径

中国纺织工业联合会副会长 孙瑞哲

当前，我国经济发展方式正在加速转型，市场结构正在进行深度调整。2012年，中国纺织工业联合会发布了《建设纺织强国纲要（2011～2020年）》，提出了到2020年要建成纺织科技强国、品牌强国、可持续发展强国和人才强国的战略目标。现阶段，纺织工业要实现“四个强国”，离不开“四种力”的作用，即以材料和智能化为重点的创新力推动科技强国建设；以时尚导向为目标的消费力推动品牌强国建设；以环境倒逼为动力的责任力推动可持续发展强国建设；以增加社会青睐为核心的凝聚力推动人才强国建设。而这“四种力”的效果如何，关键取决于纺织产业能否充分认识和利用我国现阶段在生产要素、发展状况、市场环境等方面的相对优势及各项红利。

李克强总理指出，改革是中国最大的红利。党的十八届三中全会，就全面深化改革作了系统论述，并做出重要部署。全会的召开为我国纺织行业的可持续发展，提供了新机遇，带来了新红利，打开了新局面。

建设纺织强国，是一项长期而系统的工程，需要顶层设计与摸着石头过河相结合，这就要求对于红利既要从全局和发展的角度去认识，又要勇于尝试以新方式、新角度去利用；需要整体推进和重点突破相促进，这要求对于红利既要全面利用，更要重点开发；需要调节增量和管理存量相统一，这就要求既要统筹利用传统红利，又要创新利用新生红利。

在新的历史时期，如何协同好上述“四种力”的推动作用；如何适应好新旧红利的过渡迁移；如何把握好改革新红利的战略机遇，是建设纺织强国现实而重要的课题。

我国纺织服装产业传统红利的传承与演变

产业红利是指产业发展优势。著名经济学家厉以宁指出：“红利的消失是经济发展过程中的正常现象。”随着国家经济社会的发展和国内国际环境的变化，产业红利也在不断产生、消亡和发展演变。

一、我国纺织产业发展的传统红利

（一）中国制造业的地位

德勤有限公司与美国竞争力委员会开展的“2013全球制造业竞争力指数调查”结果表明，目前以至5年后，中国制造业领先群伦，新兴市场的未来竞争力将加强，巴西、印度、越南等新兴国家将崛起，见表1。

据调查的竞争力指数指标，在前10名的国家和地区中，中国有如下指标优于平均水平：劳动力成本（第二位）、企业税率（第四低）、制造业GDP五年复合增长率（第一位）、制造业占GDP之比（第一位）、制造业占全部出口之比（第一位）、每百人中创造就业机会（第一位）。有如下指标低于平均水平：劳动生产率（倒数第三位）、每百万人研究人员数量（倒数第二位）、创新指数（倒数第三位）以及生活质量（倒数第二位）。

可见，中国制造业与世界先进水平相比，劳动力成本优势虽减弱但依然存在；仍是出口导向型与劳动密集型；总体上创新能力依旧较弱。

（二）产业快速发展主要得力于三大传统红利

我国是世界最大的纺织品服装生产国、出口

国与消费国，纤维加工总量超过世界一半，纺织品服装出口总额占世界三分之一以上。我国纺织产业发展迅猛，地位举足轻重，究其动力来源，主要是得力于三大传统红利：要素红利、发展红利、市场红利。

改革开放以来，要素成本比较优势一直是我国纺织产业发展的较大红利。低成本劳动力与土地的充分供给、较高的环境容纳能力、生产原料价格的相对稳定、能源供应充足等红利，极大地支撑了我国纺织产业的快速发展与规模提升。

就发展红利而言，经济建设为中心的理念深入人心，行业市场化程度不断提高，市场经济体制红利，调动了企业主体积极性；国际产业分工调整，资本跨国流动日渐频繁，由此带来的国际化红利，为中国纺织工业提供了全球性资源与市场；在科技创新红利方面，引进吸收再创新不断发展、产学研机制逐步成熟，大大提升了产业创新能力；以完整的产业链配套、日渐明显的集群效应为主要特点的发展模式红利为产业发展打下了较好基础。

传统的市场红利体现在国外市场和国内市场两个方面。就国外市场而言，随着世界经济的飞速发展，全球化进程的不断深入，特别是我国加入WTO后，纺织产业能量得到了释放。而国内的经济社会的平稳发展，一方面为纺织工业发展提供了很好外部环境，另一方面，城乡居民收入持续增长，也为纺织工业发展提供了巨大的内销市场。

二、传统红利的弱化与稀释

（一）生产要素的低成本优势，正转变为高成本约束

随着经济社会的发展，我国的劳动力、土地、生产原料、能源等生产要素的成本在不断升高，正逐渐转化为对产业发展的高成本约束。近年来，新兴发展中国家依托其成本优势，对我国的纺织工业

表1 不同国家或地区制造业竞争力指数排名

当前的竞争力排名前十			五年后的竞争力排名前十		
排名	国家或地区	指数评分	排名	国家或地区	指数评分
10=高　1=低			10=高　1=低		
1	中国	10.00	1	中国	10.00
2	德国	7.98	2	印度	8.49
3	美国	7.84	3	巴西	7.89
4	印度	7.65	4	德国	7.82
5	韩国	7.59	5	美国	7.69
6	中国台湾	7.57	6	韩国	7.63
7	加拿大	7.24	7	中国台湾	7.18
8	巴西	7.13	8	加拿大	6.99
9	新加坡	6.64	9	新加坡	6.64
10	日本	6.60	10	越南	6.50

资料来源：德勤有限公司与美国竞争力委员会《2013全球制造业竞争力指数》

形成较大冲击。以棉纺产业为例，如果考虑原料价格因素，中国棉纺业几乎已经完全丧失竞争优势，如图1所示；排除原料，我国棉纺业虽仍具有较好的竞争力，但生产成本也要高于印尼等国家，如图2所示。就劳动力而言，我国的成本已经有了较大升幅，过去的人口红利在不断变薄，但是仍有一定的比较优势。在制造业排名前十的国家和地区中，我国的劳动力成本虽然保持增长，但与发达国家相比仍较低。这为我国纺织产业转型发展，预留了一定的缓冲空间，如图3所示。

图1 30支环锭纱的所有成本（美元/kg）

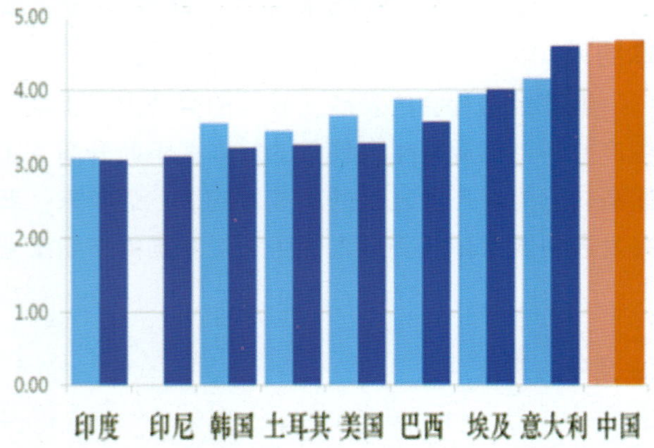

资料来源：美国棉花公司

图2 30支环锭纱非原料部分成本（美元/kg）

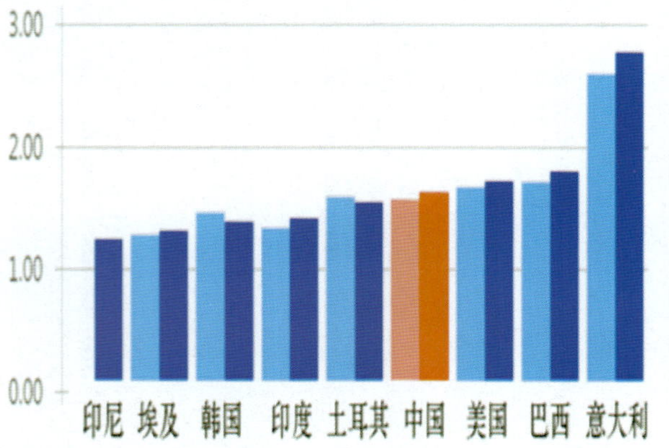

资料来源：美国棉花公司

图3 制造业排名前十的国家和地区的劳动力成本

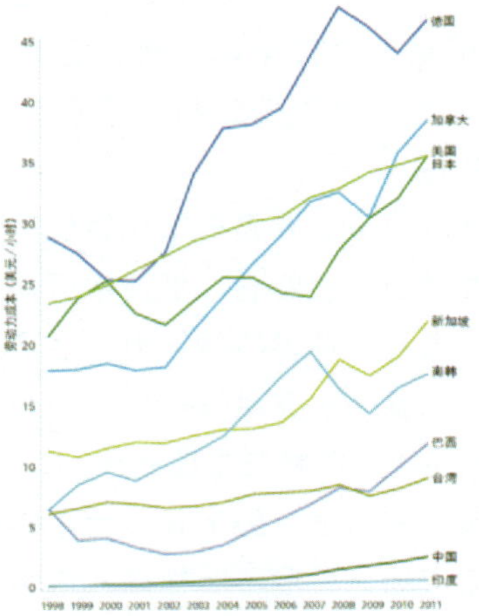

资料来源：德勤分析

（二）技术引进难度加大，自主创新能力尚显不足

在我国工业基础和科学技术相对薄弱的时期，通过国外引进解决部分技术初级问题，是比较容易的。但当下，世界经济政治格局已经发生了广泛而深刻的变化。随着科研能力、综合实力的迅速提升，我国对技术的需求结构也在不断升级，高新技术的引进必将遭遇越来越多的壁垒与限制。

金融危机后，一些发达国家为避免产业空心化，提高国内就业率，实行“再工业化”战略，引导制造业尤其是高端制造业回流，这客观上也使得技术引进难度越来越大。我们原有的技术引进旧红利正在被稀释。

在这种条件下，创新环境的约束作用日渐增强，如何依靠自身力量，进一步提升自主创新能力，也成为越来越大的挑战，以碳纤维为例，我国虽然已实现了T300的产业化生产，但对于T700、T800还主要依靠进口，而T800以上碳纤维，美日等国家则禁止对华出口。

（三）资源瓶颈日渐突出，生态约束明显增强

我国尽管资源总量丰富，但人均水平较低。人

均耕地不足1.5亩，只占全球平均水平的40%。我国是世界上13个人均水资源最缺乏的国家之一，人均占有量是世界的1/4。随着我国经济社会的飞速发展，支撑过去高能耗、高浪费的粗放式发展的资源红利将难以支撑，资源瓶颈约束日渐突出。

目前，我国环境绩效并不乐观，根据德勤的研究报告，在制造业排名前十的国家和地区中，我国的环境绩效仅好于印度，与发达国家差距很大，如图4所示。为提高环境绩效，实现可持续发展，国家对于环保日渐重视，政策力度也在逐步加大，生态环境约束日渐增强，环境倒逼发展方式转变愈加明显。过去那种较低污染成本的粗放式发展红利，已经一去不返。

图4 2013制造业竞争力指数报告中前十名国家或地区的电力成本与环境绩效指数（EPI）

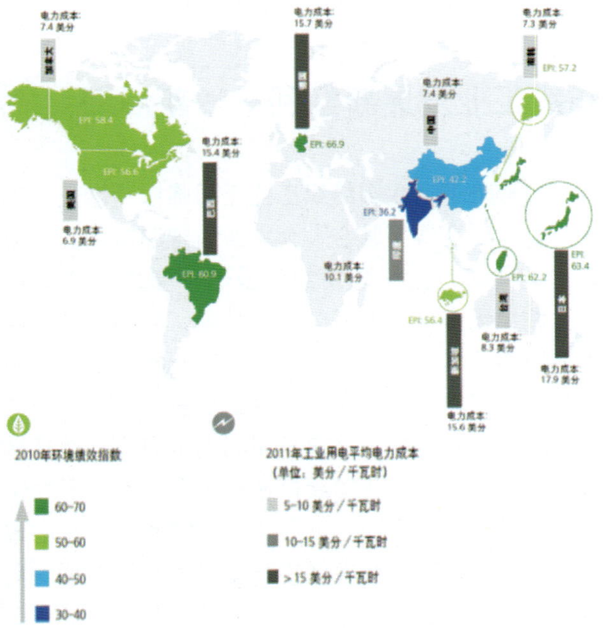

资料来源：德勤分析

（四）政策驱动效应逐渐减弱，制造业发展结构性趋缓

改革开放以来，中国经济的三轮高增长期，很大程度都是由重大政策推动形成的，如图5所示。但是，随着我国社会主义市场经济体制的日渐完善，相关政策环境的日渐成熟，市场在资源配置中决定性的作用日渐释放，可以看到政策效应对于整个经济发展的推动效应在逐步减弱。经济运行、产业发展将越来越平稳，之前那种大幅波动出现的频率会越来越少。

近年来，制造业的总体收入在趋缓，如图6所示。从部分旧红利的弱化来看，这种趋缓是结构性的，有可能是今后发展的一个长期性趋势。要扭转这种结构性趋缓，需要及时适应从旧红利到新红利的过渡。

图5 改革开放以来中国三轮高增长周期都由改革驱动

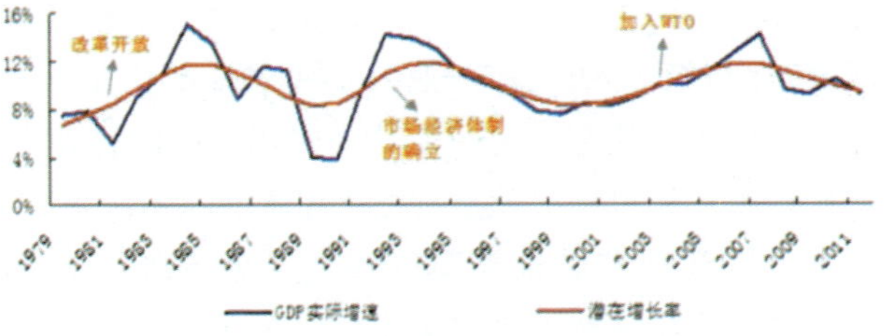

资料来源：CEIC、交行金研中心

图6 制造业的总体收入变动趋势

单位：%

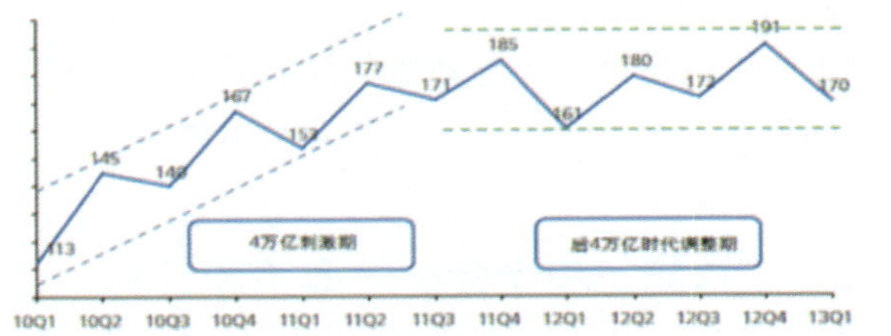

注：以51个制造业细分行业734家上市公司2009年营业收入总和的季度平均数为基数100，计算之后每季度这些公司营业收入总和与基期的倍数关系，得出变化指数百分比。
信息来源：Wind资讯，德勤摩立特分析

三、传统红利的转变与传承

要素红利方面，传统红利的转变主要表现为“旧人口红利”向“新人口红利”的转变，即厉以宁教授所说的，由“廉价劳动力时代”向“技工时代”的转变。经过多年发展，我国已经形成了较为完善的人才培养体系，各地对人才的吸引和容纳能力也有了长足提升。配套完备的产业体系和规模庞大的工业系统，更为培养熟练的产业工人创造了条件。而城镇化建设的加快，进一步促进了稳定产业工人队伍的形成。这些将有助于解决困扰纺织产业发展的产业队伍不稳定、员工流失率高的问题。高素质的劳动者对于推动行业创新，提升生产效率的作用不言而喻，是推进纺织产业发展的一大新红利。

发展红利方面，最核心的是体制红利，即改革红利。改革进程的全面深化，特别是十八届三中全会的召开，是影响我国纺织工业发展具有关键性的新红利。改革新红利将促进以发展开放型经济为特征的国际化红利的传承、以创新驱动发展为主旨的科技创新红利的升级、以产业的“两个转变”（即向资本与技术密集型产业转变，向时尚与战略性新兴产业转变）为目标的发展模式新红利的深化。

市场红利方面也有新的演变。就国外市场而言，国际贸易结构发生深刻变化。我国纺织产业三大传统市场的份额在逐渐走低，而新兴市场的迅速成长，给纺织产业发展带来了新机遇、新红利。就国内市场而言，加快推进新型城镇化进程，以城镇化为主要载体扩大内需，充分释放城镇化的需求潜力，是国内市场红利的核心内容。由居民收入的增长，网上购物的发展，人口政策的调整所带来的消费潜力的增长，也是国内市场新红利的重要来源。

四、十八届三中全会——政策新红利

改革是我国发展的最大红利。党的十八届三中全会，立足于我国社会主义初级阶段的基本国情，坚持发展仍是解决我国所有问题的关键这个重大战略判断，对新时期我国如何深化改革和发展经济进行了系统部署。从全局角度看，理顺包括政府与市场、生产关系同生产力等在内的各种关系，是十八届三中全会对整个纺织行业释放的新红利。

会议通过的《中共中央关于全面深化改革若干重大问题的决定》中的多项表述均利好于纺织行业，为行业发展提供了政策新红利。其中，发挥“市场在资源配置中的决定性作用”有助于理顺棉花体制；有助于推动纺织产业向上游原料环节配套；有助于鼓励纺织服装企业“走出去”。实现“国家治理体系和治理能力现代化”有利于突破制度性障碍，推进行业发展与行业政策的全方位协调设计。坚持“公有制为主体、多种所有制经济共同发展的基本经济制度”则有利于纺织业非公经济进一步突破部分产业的垄断门槛，为产业注入新活力，巩固民生产业的地位。推进“城乡发展一体化”有助于以工促农、以城带乡、工农互惠、城乡一体的新型工农城乡关系的形成；同时，农业转移人口市民化既有利于稳定产业工人队伍，又有助于刺激消费需求持续升级。“转变政府职能”则有助于强化节能节地节水、环境、技术、安全等市场准入标准，建立健全防范和化解产能过剩的长效机制，从而倒逼纺织工业加快技术进步。

纺织工业发展新红利——新浪潮

新形势下，我国纺织工业正面临以“增长、责任、电商、延伸、融合”为主要内容和特征的新浪潮，这同时也是中国纺织工业下一步发展的新红利。城镇化水平的提高，人口数量、内销市场、应用领域的“增长”，将为产业发展开拓新空间；服务民生、保护环境、保障公平的“责任”，将为产业发展指引新方向；飞速发展的电子商务，尤其是移动电商，将为产业发展打造新平台；着力研发设计和品牌建设，贯通上下游环节，跨领域、跨地域的“延伸”将为产业发展打开新局面；与信息、科技、资本、资源、创意等多元素的“融合”，将为产业发展创造新天地。

一、纺织产业发展新浪潮——增长

（一）人口收入增长，蕴含巨大市场潜力

从全球范围看，各主要经济体的人均可支配收入保持增长态势。2001～2011年，中国10年复合增长率高达16.5%，人均可支配收入增长迅速，见表2。世界人口规模持续扩大，1970～2012年，全球人口年均增长率1.5%，如图7所示；同期全球纺织服装生产年均增长率为2.7%，人均纤维消费量从7.5kg增长至12.2kg，如图8所示。经济状况和人民收入对消费能力至关重要，而人口增长仍然是促进纤维消费需求增长最重要的因素。全世界范围内人口规模和人均可支配收入的增长，将极大提升市场潜力，促进纺织产业发展。预计到2020年全球纤维需求总量将突破1亿吨，较2012年增加2000万吨。我国纺织行业在内外市场份额基本稳定的情况下，纤维加工总量仍有1400万吨左右的增长空间。

图7 1950～2030年世界人口增长趋势

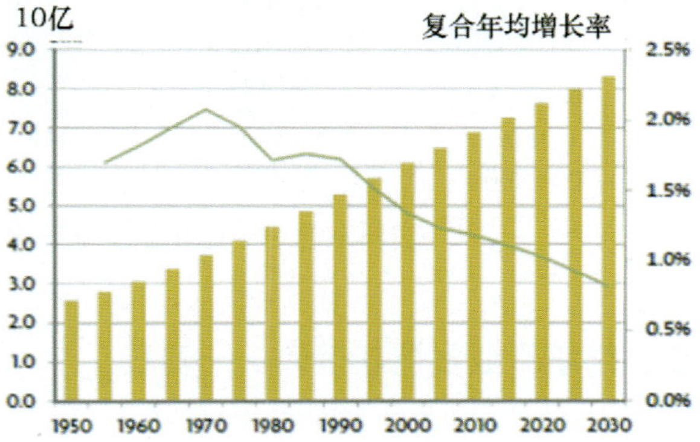

资料来源：欧瑞康纤维年报2013

图8 1970～2012年世界人均纤维消费量趋势

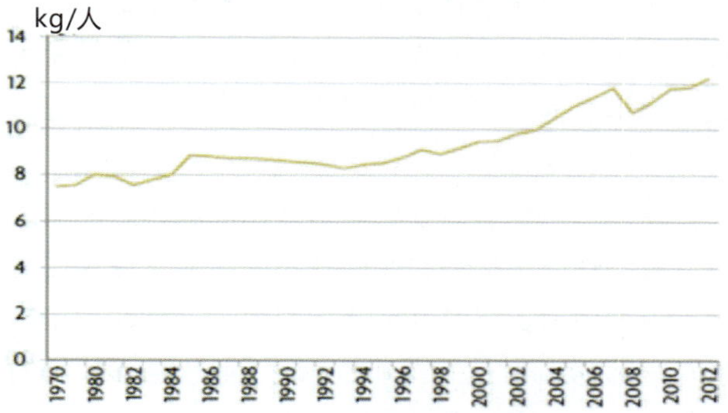

资料来源：欧瑞康纤维年报2013

（二）城镇化的推进，提升国内市场需求

我国纺织产业发展的结构性趋缓，国际市场形势的不明朗，使得“三驾马车”中，投资、出口对经济的推动效应有所减弱，经济增长将更多依靠内需拉动，消费主导型模式成为新常态，如图9所示。

图9 中国社会消费品零售总额及增长率

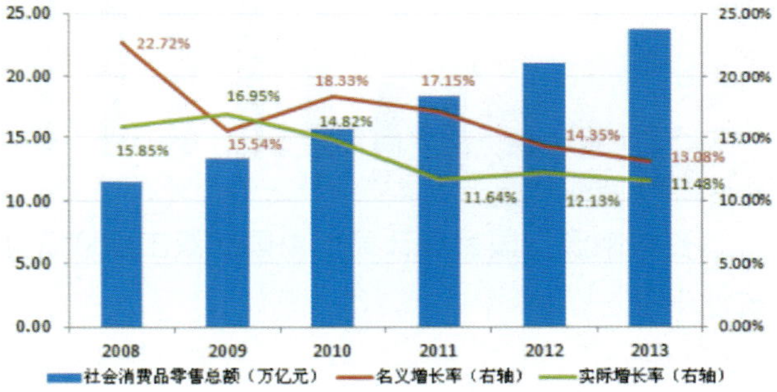

资料来源：国家统计局

表2 2001～2011年人均可支配收入10年复合增长率

国家和地区	增长率(%)	国家和地区	增长率(%)
中国	16.5	德国	6.6
巴西	14.0	新加坡	6.5
印度	11.7	日本	4.1
加拿大	8.2	美国	3.3
韩国	6.9	中国台湾	2.0

推进城镇化是下一步扩大我国内需的主要载体，可以充分释放我国的内需潜力。对一些三四线城市，城镇化一方面吸纳了农业人口，增加了城市人口规模，另一方面提高了收入水平，这些都提升了城市的消费能力。

从历史数据看，我国城镇居民和农村居民的人均衣着消费支出的差距实际在不断拉大。城镇居民人均衣着消费支出从1980年的61元上升到2012年的1823.4元，农村从1978年的14.74元升至2012年的396.40元。城镇与农村居民人均衣着支出的差距从1980年的3.05倍上升到2012年的4.60倍，如图10、图11所示。城镇化通过城镇居民比重上升带来消费结构的改变，进而带动国内衣着消费的更快增长。

图10 城镇居民家庭人均衣着支出

单位:元

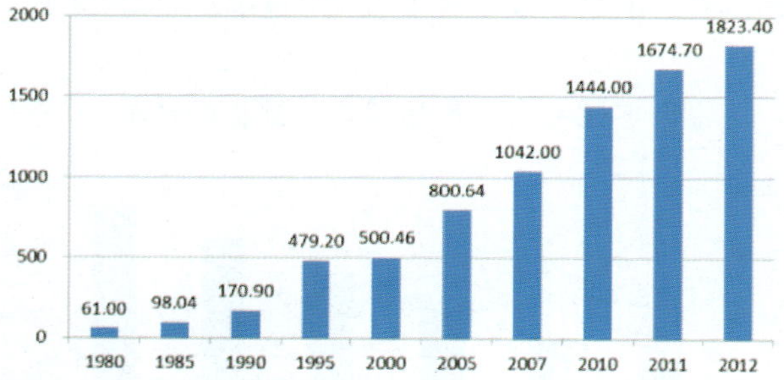

资料来源：国家统计局、中国纺织工业联合会统计中心

图11 农村居民家庭人均衣着支出

单位：元

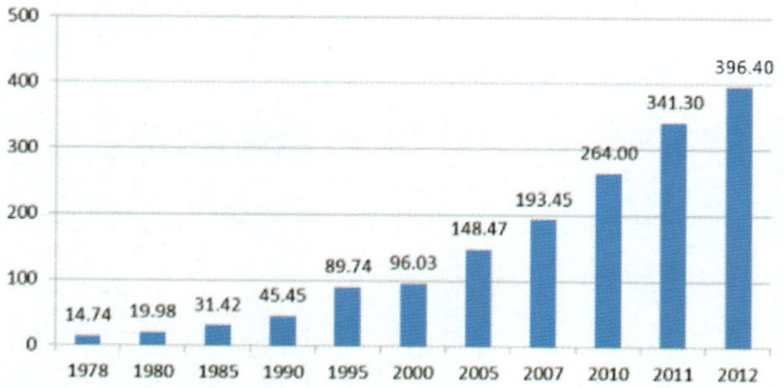

资料来源：国家统计局、中国纺织工业联合会统计中心

（三）产业用纺织品形成产业新增长极

近年来，产业用纺织品发展迅猛，被广泛应用于汽车、航空、医疗、风力发电等领域，在我国纤维消费量中所占比重越来越大，如图12所示。应用领域的不断拓展极大促进了对产业用纺织品的需求。以汽车为例，我国的汽车产量世界第一，而汽车产量增长对产业用纺织品需求有很大的拉动效应。到2020年，我国产业用纺织品产量预计将超过1500万吨，占纤维加工总量的比重达到27%。产业用纺织品将成为纺织产业增长最快的领域。

图12 中国纤维消费量结构

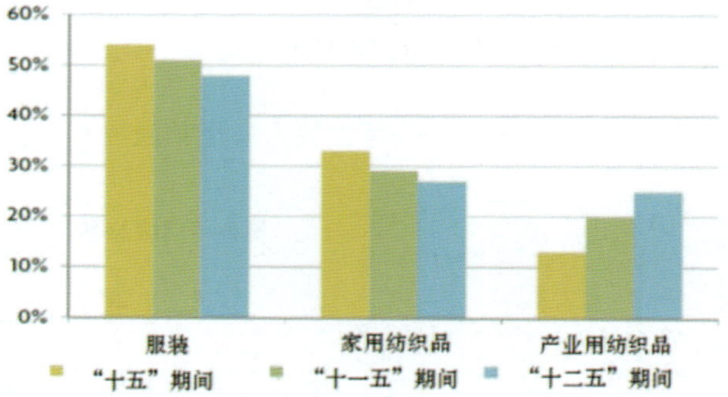

资料来源：中国纺织工业联合会

二、纺织产业发展新浪潮——责任

（一）社会责任的新内涵

我国纺织服装企业的发展机遇和核心竞争力，未来将主要取决于企业的可持续发展战略和能力。如何以创新行动履行对员工、客户、环境和消费者等利益相关方的责任，将从根本上决定企业的生产效率、市场准入、品牌内涵和商业绩效。责任已经成为纺织行业发展中一个不可回避的主题。

这里的责任即企业社会责任，是一个综合的概念，涉及包括员工，政府、供应商、客户、社区等在内的各利益相关方，涵盖了劳动关系和谐、环境友好、公平竞争等三个重点领域。纺织服装产业是国内较早重视企业社会责任的行业，其推广的社会责任管理体系CSC9000T已产生了正能量，并取得了很好的实践效果。

企业社会责任的发展趋势是从“企业社会责任”到“社会责任”的转变。减少两个字，多了新内涵。过去的企业社会责任只要求关注利益相关方，而现在的社会责任则更加主动，不仅要关注，还要去影响利益相关方；“企业社会责任”过去更多是被要求履行，属于被动驱动模式，而“社会责任”是一种主动行为；过去的“企业社会责任”重在利己，属企业自身责任，而现在的“社会责任”强调利他，带有社会公益性质。从“企业社会责任”到“社会责任”的转变实际上从被动接受到主动探求的变化。

（二）社会责任的新挑战

随着电子商务风起云涌，虚拟经济的地位愈加重要。在网络空间，打造负责任电子商务，推进企业社会责任工作，成为一项新挑战。知识产权、信息安全，作为一项社会责任新内容，正在引起广泛关注。如何管理网络中的商业信誉，推进道德经营、实现线上和线下责任统一，也成为亟待解决的现实问题。在消费层面如何落实责任理念，引导消费者在关注安全消费的同时，也关注可持续消费，推进责任消费，是现阶段社会责任的又一挑战。社会责任若干体系的合作问题，也是现在社会责任推广过程中面临的难题。应对好这些新挑战，推动社会责任工作顺利开展，对于促进纺织服装产业发展意义重大。

（三）社会责任的重点领域——环境保护

纺织产业社会责任的关注点更多集中在环境保护领域。其中减排是纺织行业面临的最大责任。国家环境保护部发布的《“十二五”主要污染物总量减排目标责任书》要求2013年完成的重点减排项目名单中，398个工业废水治理项目，有105项目涉及纺织服装企业，超过总数的1/4。环境保护部、质监总局联合发布了《纺织染整工业水污染物排放标准》、《缫丝工业水污染物排放标准》，其中某些排放标准已经高于发达国家水平。另外，工信部公告了第一批符合《印染行业准入条件（2010年修订版）》的企业名单，环境保护部近日印发了《印染企业环境守法导则》。纺织行业正面临在环境方面不断趋严的行业准入、用地、融资限制的压力，逐渐高于发达国家和地区要求的排放标准的压力，以及来自社会各界，尤其是国内外环境保护组织的舆论压力。

我国纺织产业的节能、降耗、减排成效显著，但是从总量来说，压力依然很大。2012年规上纺织企业综合能耗6174万吨标准煤，较2010年下降4.2%，单位增加值能耗、二氧化碳排放强度指标较2010年下降幅度均为25%；2011年纺织工业单位增加值用水量较2010年下降29.8%，基本完成“十二五”规划目标。“十一五”期间，纺织工业废水排放总量在全国工业的占比由2005年的10.65%上升到2011年的14.19%。在39个重点统计工业行业中，纺织工业化学需氧量的占比由2005年的8.6%上升到2011年的14.33%。

三、纺织产业发展新浪潮——电商

（一）电子商务发展迅猛

根据中国互联网络信息中心（CNNIC）的统计，截至2013年6月，我国网络购物网民规模已经达到近2.71亿人，网络购物使用率提升至45.9%，如图13、图14所示。2012年中国网购规模达到13040亿元，占全国社会商品零售额6.2%。但与世界先进水平相比，我国还有一定差距。在英国，网上零售额占社会消费品零售总额比重为12%。我国电子商务发展迅猛，正迅速弥补差距。而服装电子商务在此过程中，做出了巨大贡献。目前在电子商务交易中，服装交易所占比重是最大的。2012年，服装网购额达到3188.8亿元，占到网购交易总额的24.45%。预计到2016年服装网购将达9200亿元。电子商务成为纺织产业发展进程中，不可忽视的新浪潮。

图13 中国网民规模和互联网普及率

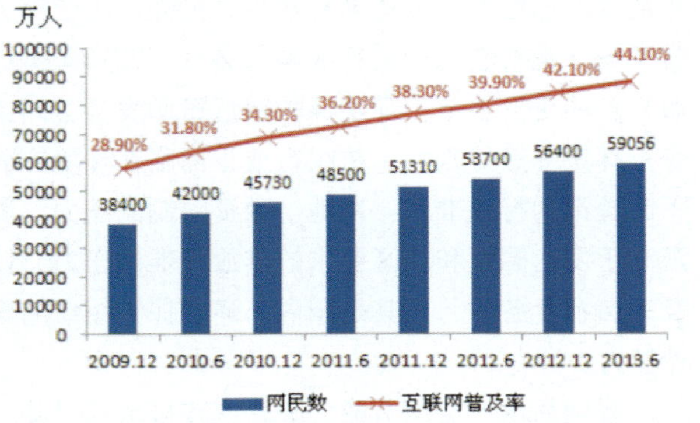

资料来源：CNNIC中国互联网络发展状况统计调查

图14 2012年12月～2013年6月网络购物网民数及使用率

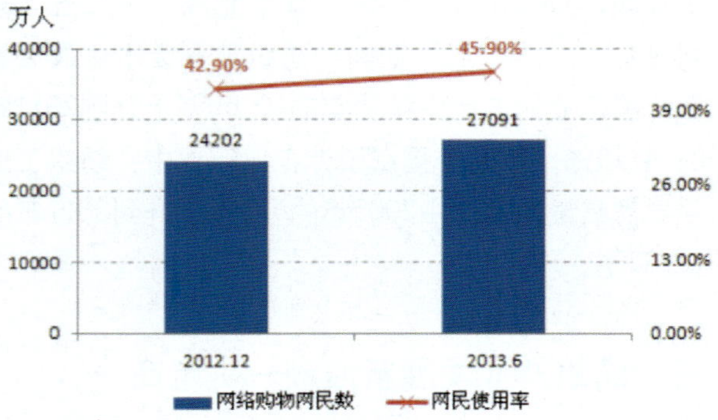

资料来源：CNNIC中国互联网络发展状况统计调查

（二）电子商务带来的商业模式与生产方式之变

电子商务的飞速发展，为纺织企业商业模式与生产方式的改变与创新带来了更多的可能。网购带来新的商业空间与价值机遇，促进了商业模式由以产品为中心向以顾客为中心转变，生产方式以生产为导向向以需求为导向转变。

商业模式多种多样，优劣不可简单而论，但对商业模式的研究讨论，核心问题在于以谁为主体。纺织产业的传统商业模式，是以产品、以自身为主体的，考虑的主要问题是经济不经济，产品与服务趋于同质化。电子商务的发展促使企业更多以消费者为主体，考虑的主要问题转为顾客舒服不舒服，自在不自在。考虑主体的变化，以产品为中心向以顾客为中心理念的转变，是目前商业模式变化的本质和核心。“小前端”＋“大数据后台”＋“一站式服务平台”服务框架的形成，正是这种转变的结果。

规模可以实现量产，带来对整个成本的可控制性。大规模生产模式具有成本优势，从某种程度上讲，大规模是不可避免的。但是这并不排斥围绕某个细分领域去做精、做专，追求从标准化向个性化的转变。

信息技术特别是电子商务的发展，使得同时结合个性化需求与低成本批量生产优势的大规模定制生产方式、同时满足快速变化的市场需求与低成本大批量的快时尚生产方式成为可能。如今生产方式之变，是从大规模标准化生产向大规模定制化生产的转变；是从同质化向个性化、快时尚的转变；是从“以产定销”向“以需定产”的转变。

（三）透过“双十一”，看纺织服装电商发展

1．线上交易发展迅猛，纺织服装表现突出

根据速图研究院的统计，2011年“双十一”线上零售额同比增长133%；2012年同比增长259%；2013年同比增长近80%。与线下模式相比，2010年，“双十一”当天的线下零售额还是线上交易的近15倍，但到2013年，线上已超过线下零售额近29%，如图15所示。以天猫为例，去年“双十一”成交额过亿的店铺只有3家，而今年达到了17家店铺。线上交易发展之迅猛，可见一斑，如图16所示。

图15 2010～2013“双十一”线上线下零售额

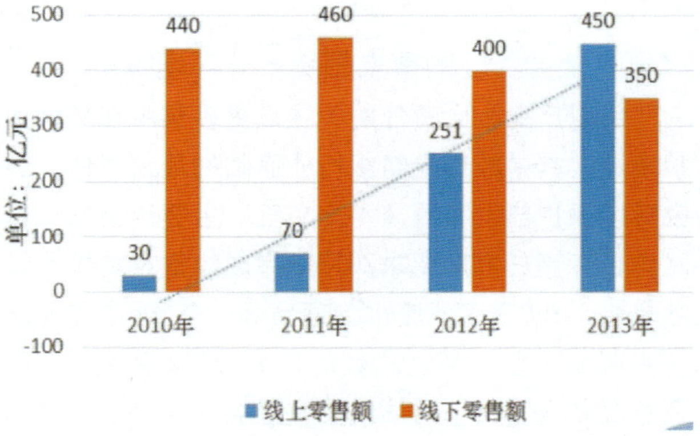

图16 2009～2013年天猫（淘宝）“双十一”销售额

单位：亿元

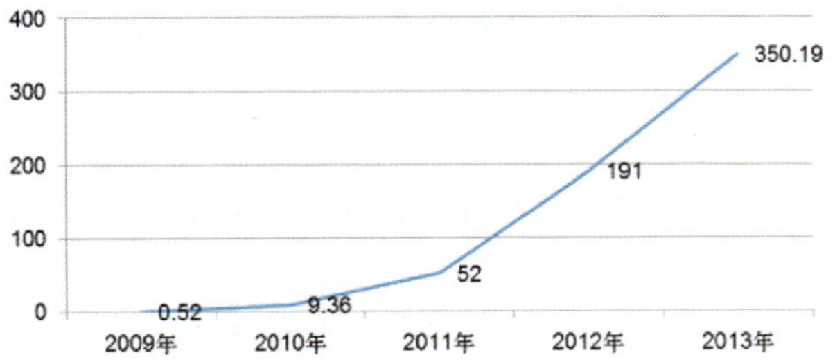

从2013年“双十一”线上交易额细分不难看出，纺织服装类产品占最大份额。去掉鞋帽部类，加上家居类的部分，综合测算纺织服装占比接近30%，如图17所示。可见在整个电商领域，服装类占有重要地位。

图17 纺织服装类产品占2013年“双十一”阿里巴巴网上销售最大份额

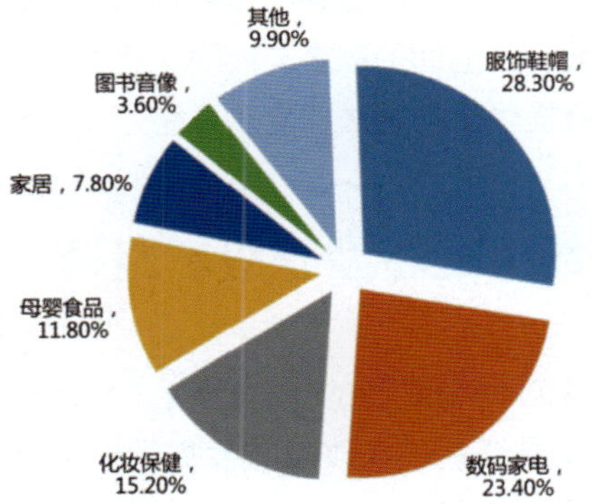

2. 传统品牌优势显著，快时尚品牌表现抢眼

以天猫为例，2013年“双十一”销售额前十的品牌中，有7家纺织服装品牌。其中，绝大多数是线下传统品牌，如骆驼、罗莱、杰克琼斯等。只有阿卡一家是完全源自电商。以家纺行业为例，行业龙头罗莱家纺和富安娜分别实现单日全网1.8亿元和1.3亿元，销售额同比分别增长60%和45%，在电商领域也稳居家纺类销售的前两位。可见当下，培养电商品牌还是比较困难的，线下品牌在线上也有强大影响力。

从产品结构看，销售额排名在前的大多是大众消费型快时尚类的服装品牌。相较之下，商务装类等品牌线上表现还是比较弱的。很多线下品牌商把网上购物主要作为一种清库存的渠道，还没有将网上购物放在自己发展的战略高度去考虑。

3. 移动电商潜力巨大，模式创新有待加强

2013年“双十一”，手机淘宝单日成交笔数达3590万笔，占成交总量的21%。手机淘宝成交额53.5亿元，是2012年的5.6倍，移动端为天猫总交易额贡献了近15%；支付宝手机支付占支付宝整体交易笔数的24.03%。

根据CNNIC的统计，手机成新增网民第一来源，移动终端基本达到全民普及，如图18所示。调查数据显示，中国移动终端的普及率为98.3%。截至2013年6月，相比2012年底，手机在线支付网民规模增长了43个百分点。移动电子商务，发展潜力巨大，未来将可能成为电子商务最活跃的力量。

图18 中国手机网民规模及其占网民比例

资料来源：CNNIC中国互联网络发展状况统计调查

2013年“双十一”，优衣库通过采用“O2O”模式，线上线下同价，当日单店销售额就达1.2亿元，跻身天猫销售排名第6位。创新模式，也是推动纺织服装电子商务发展的重要力量。

四、纺织产业发展新浪潮——延伸

延伸也是当前纺织产业发展的新浪潮之一。产业延伸主要能够解决如下核心问题：增加产品附加

值；就地取材，控制资源，降低成本；控制核心技术；掌控渠道终端；扩大产能；丰富产品门类，化解经营风险。延伸是整合供应链、价值链的重要手段；是在更宽领域、更大范围优化资源配置的重要方式；是“转出去”、“引进来”相结合的重要途径。目前，延伸呈现出4个主要趋势：即向研发设计和品牌建设延伸，向上游或下游环节延伸，跨领域延伸，跨地域延伸，如图19所示。

图19 纺织产业的延伸呈现出四大趋势

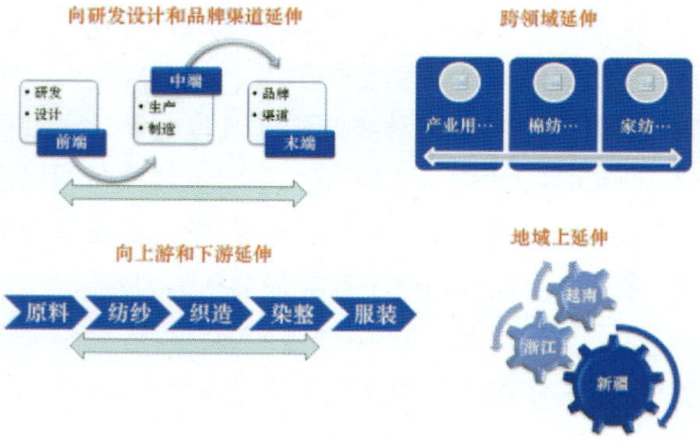

“有实力的向上游走，有耐心向下游走，有胆量的跨界走。”企业的能力不同、需求不同，延伸的选择也是多样的。例如，海外延伸，“走出去”在更大范围内整合资源，是纺织产业目前延伸的一个重要特征。2013年前三季度，中国境内投资者共对全球156个国家和地区的3890家境外企业进行了直接投资。目前，到柬埔寨投资设厂的中国纺织企业已超过400家，到孟加拉国投资的中国纺织企业则将近100家。

五、纺织产业发展新浪潮——融合

“有融乃大”。目前，行业间的边界日益模糊，产业间的关联日渐密切，只有融合，发挥产业各自优势，形成协同效应，才能实现经济更好更快发展。纺织产业与其他产业的产业融合主要有三大趋势。

一是，融合信息技术与网络经济，表现在生产过程信息化（两化融合）、交易过程信息化（电子商务）、线上线下融合（O2O）等。

二是，融合科技成果与设计元素，将新材料技术、新装备技术、低碳技术和高端设计等融入产业发展中。

三是，融合资本力量，借助企业并购、上市融资、风险投资和集群融资等方式，增加产业发展资金，同时开展金融服务。

我国纺织产业与其他产业的融合有着广阔的发展空间。与信息产业融合，依托两化深度融合，通过提高劳动生产率，可以提高我国纺织产业精细化管理能力和水平；与现代农业融合，大力发展现代农作物种业，在棉、麻等天然纤维领域，培育突破性优良品种，可以提高纤维质量，保障纺织原料供给；与环保产业融合，能够逐步提高我国纺织产业的清洁生产、节能减排、资源回收与综合利用水平；与战略性新兴产业的融合，有利于发展碳纤维、芳纶、高强高模聚乙烯纤维等高新技术纤维；和现代服务业融合，有助于发展纺织服装质量检测、创意设计等生产性服务业。产业间的融合与协同，将为我国纺织产业转型升级提供更多方法，更多可能。

中国纺织工业转型升级新路径

如何应对传统红利的弱化演变，如何把握新浪潮带来的发展红利，在改革与发展的新形势下，对于我国纺织工业科学发展、转型升级至关重要。创新理论的创始人熊•彼特从动态角度分析经济发展的内在因素出发，强调只有创新才是变化发展的源动力。发展新路径应该也必须来自创新。新路径可以从科技创新、模式创新、政策创新等三个角度进行探索。

一、科技创新

科技创新是提高纺织产业社会生产力和国际竞争力的战略支撑，在产业发展全局中处于核心位置。

当今世界，科技发展出现了一些新的发展态势和特征，主要表现在：科技发展呈现多点突破、交叉汇聚的态势；大数据科学成为新的科研范式；可持续发展成为全球科技创新焦点；产业科技、国家科技和学院科技协同发展，推动科技创新；人才作为最重要资源，在科技创新中的作用日渐凸显。要推进纺织产业的科技创新工作，必须顺应科技发展的这些新态势。

我国纺织产业的科技创新主要关注四个领域，一是保障原料供给，二是保护生态环境，三是节约资源能源，四是满足社会新需求。纺织强国的技术创新路线也要针对这四个领域，围绕基础材料、基础零部件，基础工艺，以及基础性研究进行发展和突破。

基础材料：高仿真、高新功能及多功能复合等差别化纤维新品种研发和产业化的关键技术；纤维再生利用产业化的关键技术；高性能纤维及其复合材料的低成本制造技术和推广应用；利用海洋产品、速生林材等可再生资源替代石油资源的新型生物基纤维材料新产品开发技术，生物基纤维材料绿色加工的新工艺和装备集成化技术。

基础零部件：在纺织机械整机的高速化、高效率、模块化的技术要求下，需要重点发展的专用基础零部件包括高性能梳理器材、高速锭子、钢筘、高性能纤维和差别化纤维纺纱专用器材等。

基础工艺：天然纤维品质提升及纺前加工技术，生产优质、差异化纱线的新型成纱技术，高速大容量针织、立体编织以及复合织造等新型织造技术，节能减排、节水降耗的染整加工技术、新纤维制品染整及功能性染整技术，非织造及复合技术、高性能及多功能产业用纺织品加工技术、先进纺织结构复合材料技术。

基础性研究：大力推进纤维材料、纺织加工、印染加工、高智能纺织品、纺织机械织造、纺织标准等领域的基础性研究。

新形势下，我国纺织产业科技创新应特别关注绿色科技和大数据两个关键点。

纺织产业的绿色科技主要体现在低碳节能、清洁生产、排污治理、循环利用等方面。我国纺织绿色科技的应用已经收到了可喜成效。2012年规模以上纺织企业综合能源消耗6174万吨标准煤，较2010年下降4.2%，单位增加值能耗、二氧化碳排放强度指标较2010年下降幅度均为25%。2012年，全国再利用纺织纤维用量520万吨，比2010年增长30%。企业作为创新主体，也取得了不少成果。例如，浙江红绿蓝纺织印染有限公司采用的“九分色数码印花技术”、燃油定形机的“煤改气”改造等绿色技术，使公司2012年用水量下降21.1%，用煤量下降25.4%，污水排放量减幅达20.1%，综合能耗下降了0.15吨标准煤/万米；广东德美精细化工股份有限公司推出的绿色技术“棉针织低温低碳绿色染整新技术”，预计可节省蒸汽50%以上，COD排放减少20%以上。

随着大数据过渡到2.0时代，大数据将带来产业发展战略上的一系列颠覆式创新，如数据生态系统战略，从而推动产业飞速发展。这也是要对其特别关注的原因之一。大数据的成功应用，也不乏其例。Nike+通过集成物联网、移动互联、大数据技术，收集用户锻炼数据，构建社交网络，通过对搜集数据进行挖掘，为用户提供锻炼建议，取得了不错的市场反响。国内纺织企业对大数据也有很好的应用。七匹狼公司通过其“大数据”分析平台，对企业海量数据进行分析处理，用以提供决策支持。青岛红领集团建立了包含超过3000亿个板型数据记录的正装板型数据库，以支持其西装高级定制。罗莱家纺通过对线上平台消费数据进行商业分析，为线下开设新店和产品研发、营销传播活动提供实际的决策方向。

二、模式创新

模式创新是提升纺织企业竞争软实力的重要方式，是提升企业盈利能力的重要手段。目前，适合于纺织企业的模式创新主要包括：优异化战略、专业化战略、国际化战略等三个主要战略。

（一）优异化战略

优异化战略基于市场细分以及竞争对手行动，追求产品质量、知识产权、创新能力、产品服务、产品品牌的优异化。例如，鲁泰集团在高端色织产业基础上，围绕细分市场，致力于无缝线服装的研发与生产，实现舒适与时尚的目标。上海德福伦化纤有限公司和太仓金辉化纤实业有限公司以差别化纤维为核心，致力于功能性、环保型、差别化纤维及下游产品的研发、生产和推广，目前已为差别化聚酯领域的创新先锋。“爱慕先生（AIMER men）”内衣品牌，致力于为28～40岁之间、新生代的精英男士提供舒适、高品质的内衣产品。这些企业都是实行优异化战略的成功典范，对于行业内其他企业有很好的借鉴意义。

在实施优异化战略过程中，应特别关注上层中产这个概念。我国新兴的上层中产规模正在持续扩大。2012年我国上层中产比例为14%，而到2020年之前超过一半的中国城市家庭将跻身上层中产。中产通常是利润主要来源。这一趋势可对当下的商业模式产生重大影响。

（二）专业化战略

专业化战略是集中企业所有人力、物力和财力发展一种产品，所需的资金量相对较少，资金使用效率高，可以更快地发展新产品，提高产品质量，更容易提高企业声誉，从而获取更高利润。专业化战略的成功主要源自于核心技术、持续能力和品牌号召力。专业化战略也有很多成功案例。例如，天虹（中国）投资有限公司走创新纺纱技术，专注于开发新型纤维纱线，专业化效应、品牌效应不断显现，得到市场普遍认同。华孚色纺股份有限公司专业化研发、生产中高档混色纺纱线为主营业务，以“色彩引领者”、“环保先行者”、“技术创新者”为先导，不断丰富“新型纱线策源地”的品牌内涵。

（三）国际化战略

国际化战略有利于提高抵御市场风险的能力，降低国内市场萎缩所造成的不利影响；有利于找优质和低廉的资源，以降低生产成本，获得低成本优势与主动权；有利于应对贸易壁垒，分散海外客户风险，享受关税优惠，对冲汇率风险；有利于企业在更大范围内获得新技术、管理经验，打造出更强的核心竞争力。

国际化方式包括：进出口商品、构建跨国营销网络、许可协议、并购、合资、上市融资以及建立新的全资子公司。

表3 纺织企业国际化形式

公司	国际化形式
红豆集团	在柬埔寨西港特区开辟了11.13km²的经济园区，为整个集团建立出口生产基地
波司登集团	在美国、加拿大、瑞士等国家和地区进行商标注册，开设专卖店
天虹纺织集团	在越南建有100万纱锭的生产基地，同时在土耳其、乌拉圭开设生产基地
富丽达集团	以2.5亿美元，成功收购产业链上游企业——加拿大纽西尔特种纤维素有限公司的全部股份
申洲国际集团	在柬埔寨投资成衣制造厂，目前在柬埔寨的员工人数为7000人
江苏云蝠服饰股份有限公司	收购一些美国公司的品牌，启动自主品牌运作，2013年销售额预计为1.7亿美元左右

目前，中国纺织企业的国际化步骤是从产品"走出去"、企业"走出去"到品牌"走出去"。目前纺织企业国际化战略也有很多案例，见表3。例如，红豆集团在柬埔寨开发工业园，波司登集团在伦敦设立旗舰店。纺织企业国际化布局将成为今后几年纺织行业发展的重要主题之一。

三、政策创新

政策对行业发展的影响是系统性、持久性的。政策的制定与创新对于产业发展的重要性不言而喻。产业政策优劣判断标准有三，即经济效益、社会平等、政治稳定。

近几年，国家有关部门陆续发布了纺织工业、产业用纺织品、化纤工业的"十二五"发展规划，并出台了若干指导意见。例如，《纺织工业"十二五"发展规划》、《产业用纺织品"十二五"发展规划》、《化纤工业"十二五"发展规划》、《产业关键共性技术发展指南（2013年）》、《加快推进碳纤维行业发展行动计划》、《关于推进纺织产业转移的指导意见》、《关于纺织机械工业结构调整的指导意见》、《关于进一步加强纺织企业管理的指导意见》等。总体而言，绝大多数政策对于行业发展具有非常好的促进作用。

就全国范围看，很多省份非常重视对纺织行业的转型升级。据不完全统计，全国有13个省市自治区把纺织产业列为当地"十二五"重点发展方向。有一些地方政府围绕纺织产业发展，直接推出一些直接性措施，见表4。

国家出台的相关政策多为指导性政策，尚存在若干现实问题：还存在体系不健全，关键性问题不能突破，部分政策缺失或落实不到位，纺织行业很难享受到等。如何进一步营造有利于纺织企业生存和发展的良性生态环境，切实缓解纺织企业发展难题，成为现阶段政策制定与创新工作亟待解决的重要命题。

纺织行业对于政策还有较多诉求。在融资领域，企业希望政策能进一步放宽和简化贷款条件和审批程序，严查银行搭车销售和变相收费行为，降低企业融资成本；在税收领域，棉花等天然纤维原料使用企业增值税的"高征低扣"问题、劳动程度较高的纺织服装工人工资计征增值税扣除问题、纺织企业研发投入、品牌营销费用增值税进项税抵扣问题，一直困扰着企业发展；在用工领域，纺织员工有核定职工群体的劳动量，准许提前退休的诉求；在技术方面，企业希望政策能对关键技术的研

表4 地方政府在产业政策创新方面所作出的若干探索

出台地区（单位）	政策名称
新疆自治区银监局	《关于银行业支持新疆纺织服装业发展的意见》
陕西省榆林市	《关于促进纺织服装产业转型发展的意见》
广东省佛山市西樵镇	《西樵纺织产业创新平台建设规划纲要》、《西樵镇纺织行业开展科技创新实施名牌带动战略奖励办法》
江苏省吴江市盛泽镇	《"中国·盛泽纺织科技创业园"各项优惠政策的实施意见》
浙江省海宁市	《关于促进马桥街道（经编园区）经济转型升级的若干政策意见》
浙江省杭州市萧山区	《关于推进化纤纺织、汽车及零部件、现代装备制造等三大产业链发展的实施意见》
广东省东莞市虎门镇	《关于建设服装服饰重大产业集聚区的实施意见》
福建省石狮市	《关于加快纺织服装产业发展的决定》

究与开发设立专项资金给予扶持；在原料方面，行业希望能从政策层面采取措施有效缩小内外棉价差，尽快建立棉花直补机制，加强舆论引导，加快PX建设；在品牌方面，纺织企业希望政策能对自主品牌进入百货商场提供支持，解决进店难、进店贵的问题；在环保领域，企业希望加强对纺织企业尤其是印染企业环保项目的补贴力度，对于企业投资的环保项目给予临时性的减税补贴。

新形势下，针对行业对于政策的现实诉求，政策可以从以下两个方向加以补充完善。

首先要注重资源配置的公平性，确保行业平稳运行：

一是解决国内外棉价差问题。建议实施全国性棉花种植直补，取消常态化的限价收放储，取消进口配额和滑准税管理。

二是减轻纺织企业税收负担。解决天然纤维加工环节增值税“高征低扣”问题，研究出台支持劳动密集型产业发展的税收优惠措施，对创新型纺织企业给予税收优惠。

三是促进印染行业稳步升级。建议国家对提标落实情况加强调查，研究出台对纺织行业具体、可行的实施方案；建议国家单独设立针对印染产业的技改专项。

四是加强化纤原料供给保障。支持发展对二甲苯（PX）大型建设项目，支持非石油路线的乙二醇项目建设，适当降低己内酰胺、丙烯腈等化纤原料进口关税。

其次要强化资源配置的重心和匹配度，促进行业协调发展：

一是加大对行业技术进步的支持力度。扩大中央预算资金对纺织关键技术研发创新的投入，支持重点领域技术升级改造，适当向中小企业倾斜，支持公共技术推广，支持国家级企业技术中心和工程中心建设。

二是创造有利于自主品牌发展的市场环境。加强工业与商业部门的协调对接，对零售企业加强监督，严厉打击假冒仿冒产品，减轻工业企业的商业渠道成本和费用压力。加强知识产权保护执法、规范质量监管执法。

三是促进消费市场规模的扩大。建立跨部门的协调机制，扩展纺织产品应用领域，扩大需求规模；鼓励纺织企业采取多种形式开展电子商务，建立电子商务公共服务平台；研究制定知识产权保护、专业网络服务等方面的行业服务标准。

四是促进纺织产业布局的优化。国家专项资金适当向中西部地区倾斜；鼓励有条件的纺织企业到海外设立研发中心、生产基地、原料基地等；设立专项资金支持自主品牌企业“走出去”。

五是加强纺织行业公共服务功能。促进中小企业发展的各类专项资金发挥引导功能，支持建立纺织行业公共服务示范平台。设立人才培训专项资金，解决行业中广泛存在的人才供需不对接问题。

2013年度纺织行业资源综合利用分析报告

中国纺织工业联合会环资委

纺织工业是我国国民经济的传统支柱产业和重要民生产业，也是国际竞争优势明显的产业，2013年我国纺织工业纤维加工总量达到4580万吨，出口总额超过2500亿美元，均位居世界第一位，我国纤维加工总量和出口总额占全球的比重分别超过50%和30%，是名副其实的纺织大国。我国纺织工业是从纤维到成品的全产业链行业，规模大、产量大、从业人员多、覆盖地区广，是“新”纺织品服装的加工产业，也是废旧纺织品、废旧服装综合利用、实现资源化的“属地”。

我国废旧纺织品综合利用主要聚集区域

废旧纺织品主要有两个来源，一是纺织生产过程中产生的固体下脚纤维材料如纱、布等；二是消费领域中不再被使用的服装、家用纺织品。纺织行业固废利用率在“十一五”时期就达到90%以上，纺织企业的边角余料已经通过各种方式综合应用于各个领域，经过多年的发展，我国形成了若干废旧纺织品综合利用聚集区（表1）。进入“十二五”时期，废旧纺织品综合利用的重点由“废”转为“旧”。

表1 2011年我国主要废旧纺织品交易市场

	苍南/宜山	江阴	粤东	普宁	河北	山东	福建
交易量（万吨）	200	15	42	12		40	24
产品类别	棉/涤	毛	涤	涤	开花料、氨/涤/腈	开花料	涤纶开花料

资料来源：2011年中国中国纺织工业联合会、中国化纤协会调研数据

表2 2013年我国废旧纺织品社会总存量估算表

单位：万吨

	2011年	2012年	2013年
纤维加工总量	4310	4540	4850
产业用纤维加工总量	910	1100	1130
国内棉纤维加工总量	660	540	486
国内其他天然纤维加工总量	60	60	82.8
2013年废旧纺织品存量（三年国内纤维加工总量减去三年产业用纺织品，再除以三）	总存量	2007.3	
	其中	棉纤维	562
		其他天然纤维	67.6
		化纤	1377.7

我国废旧纺织品综合利用产业现状

一、2013年废旧纺织品社会存量

2013年，我国纺织行业纤维加工总量4850万吨，其中棉纤维810万吨，化纤3902万吨，其他天然纤维138万吨。2013年纺织行业纤维三大产业消费量分别为：家用1400万吨，服装用2320万吨，产业用1130万吨。以3年为纺织品的淘汰周期计，2013年我国产生了约2007.3万吨废旧纺织品的社会存量（表2）。其中，化纤1377.7万吨，占废旧纺织品总存量约68%，棉纤维562万吨，占废旧纺织品总存量约28%，其他天然纤维67.6万吨，占比4%左右。

二、我国废旧纺织品综合利用现状

（一）纯涤类废旧纺织品综合利用已在再生聚酯行业实现产业化应用

我国再生涤纶产业链完整，产业成熟度高、产业技术先进、年产量600万吨，产能达到700万吨，已发展成为全球最大的再生涤纶产业，纯涤类废旧纺织品综合利用已在该行业实现产业化应用。生产的产品以再生纤维为主，是目前附加值较高的技术路线。具体如：废旧纺织品配合瓶片再生超仿棉、抗菌、阻燃、高压缩等差别化功能化再生涤纶短纤维，以及细旦、超细旦、功能化再生涤纶长丝，可用于制作服装；再生高保暖、高蓬松、记忆性填充材料，广泛应用于家居行业；醇解再生功能性纤维，用于生产汽车装饰布。

（二）我国废旧棉纺织品综合利用产业存在时间长，产业链完整

废旧棉纺织品的综合利用在我国具有较长的历史，已形成回收、再加工、产品、市场推广一条较完整的闭环链，其中有生产较高档次产品、具有一定规模的带头企业。这些企业多采用以再加工方式进行再利用的产品路线。具体产品如：纯棉或纯毛废旧纺织品开松、脱色、重新纺纱织布，或制作拖布、手套、流通领域包装用的绗缝布等，也有做成高附加值卫生用纱布。

（三）我国废旧纺织品综合利用生产板材、无纺布等产业用品的企业已经具有一定规模

这些企业自主经营，自负盈亏，是废旧纺织品综合利用的一只重要新生力量。具体产品如混纺废旧纺织品切碎、功能化整理成为墙体保温材料，阻热系数只比主流聚氨酯材料稍低，有一定的市场前景，利润率5%左右；粉碎后铺阻燃剂，再进入模具压制成汽车用板材；废旧涤纶、腈纶、锦纶再制造成工业用辅料、鱼塘地铺布、道路防晒网、道路铺用布等。

（四）我国纺织行业龙头企业已自主开展相关活动

我国纺织行业龙头企业一直有着规模庞大、从业人员素质高、社会责任感强的优秀传统，在废旧纺织品综合利用领域已经自主开展相关活动，比如回收利用企业自己的下脚料开发高附加值新产品、为航空公司回收制服再利用生产飞机用毛毯等项目研发。

（五）品牌服装及家纺企业处在观望阶段，尚未大规模开展废旧产品回收工作，部分企业有积极性

2014年，中国纺织工业联合会在民政部的指导下开展了旧衣”零“抛弃——名牌服装企业旧衣回收活动。在相关法律法规框架下尝试探索一条品牌主导型回收，再使用、再利用、再消费的通道。

废旧纺织品综合利用面临的主要困难

一、政策体制问题

（一）产业政策优惠未涵盖废旧纺织品领域

国家将废旧回收再利用的产品列入税收优惠目录，实施增值税、贴息贷款及企业所得税优惠政策，但现行2008年修订的产品优惠目录仅指饮料瓶，没涵盖范围量大面广的废旧纺织品，此外，优惠仅针对“产品”，中间产品如切片、填充材料等不属于产品行列，无法享受税收优惠，同时废旧资源跨行业交叉利用也无法享受优惠政策。

（二）增值税抵扣政策难以在废旧品回收利用领域实行

2009年国家增值税转型以后，销项税减去进项税的举措对于鼓励企业加大投入和更新改造起到了极大的推动作用，但在废旧品回收利用领域难以体现。目前，我国废旧品回收领域散户、小户多，管理混乱，难以提供增值税发票，废旧品加工再生利用企业无法在销项税中进行抵扣，大幅提升了的税收负担。

二、原料供应问题

目前来看，无论废旧纺织品还是其它可再生回用原料，国内市场供应都不乐观。一是实际回收总量有限，难以满足再生加工利用企业的生产需求。回收企业多为小而散的个体户，经营不规范；企业自建回收站的经营规模也不大。二是废旧物品分类混乱，统一清洁难度大，造成再利用困难重重。因此，再生利用的生产企业无法完全依赖，也不愿多用国内的废旧物品。相比较而言，国外废旧纺织品数量较大，而且在进口前已经进行了分类和初步清洗，对于再生利用生产企业来说，大大降低了原料成本。因此，从国外进口成为当前一些废旧品回收利用企业主要的原料来源。

三、关键技术问题

国内优势纺织企业已经在废旧纺织品再生利用方面踏出了关键一步。对于纯涤纶原料的废旧衣物，通过拆分、破碎、溶融、过滤的技术，将可回收的纤维原料重新加工为切片，滤出的小分子添加物供给油漆工业用作添加料，实现了全过程的无污染再生利用。但目前还存在大量技术难题：在废旧纺织品分拣开松领域，对于纯棉废旧衣物，高温处理的碳化避免等技术有待突破。对于混纺衣物，虽然从理论上讲，可以用化学方法将天然纤维与化学纤维进行分离，然后分别进行再生处理，但由于化学方法较为复杂，企业探索进程缓慢；在再利用领域，一些聚集区把大量废旧纺织品用档次较低的开松设备进行了破坏性开松，断裂的纤维不可纺，只能简单制作成填充物，这类再利用方式作业环境恶劣，产品附加值低，再不具有循环性，是废旧纺织品再生利用中最应避免的方式。应该说，要把废旧纺织品大量实现循环利用，还需要国家有关部门大力支持，通过专项资金扶持、产学研联合等方式，推动开发合理的再利用技术路线以及再生技术。

四、市场推广问题

从调研企业来看，再生资源循环利用在市场推广方面存在的问题最为突出。

（一）产业链较短，还未进入成熟产品阶段

一些纺织优势企业依靠自己的实力攻克了研发环节，但由于受到成本高和市场认可度低的影响，难以将其生产的再生原料加工为市场接受的产品，仅局限在切片、纤维等环节。

（二）成品普遍存在档次较低的问题

在调研的企业中，大多数小型企业都是生产填充料等低档产品。有些企业有自己的技术专利，掌握核心技术，但也以档次较低的填充料生产为主，尚未发展到开发较高端产品的阶段。

（三）废旧纺织品制成品在社会居民中的接受程度有待提高

如废旧纺织品制建筑材料、家具板材，同一标

准、相同价格下，买方常常选择主流产品，对废旧纺织品制成品仍持观望态度。

全面废旧纺织品综合利用水平的整体思路

2013年10月30日，国家发展和改革委在浙江诸暨召开“废旧纺织品综合利用工作会议”，解振华副主任在会上明确支出，废旧纺织品的“回收”、“再使用”、“综合利用”、“市场（产品出口）”环节需要尽快解决政策、机制以及部分关键技术等问题。2013年底，发改委拟定《废旧纺织品综合利用实施方案（2014～2016年）》，提出重点任务的要求：一方面，大中城市建设试点，探索可持续的社会家庭废旧衣物回收利用体系；另一方面，要率先解决制式服装以及学校、酒店、宾馆定期更换被装的综合利用问题，再次，现有集散地要升级改造。

一、开展废旧纺织品综合利用，纺织行业责任重大

（一）加工总量会有较大增幅

国外发达国家每年回收的废旧纺织品50%进入二手服装市场，30%以上进入加工企业综合利用，5%不可用的作为垃圾填埋。按照这个比例，如果我国开放二手服装市场并运营良好，还将有占总量30%～45%的废旧纺织品有可能进入纺织加工领域。

（二）加工企业面临较大压力

纺织行业是承上启下的环节，但是除加工外，废旧纺织品的部分回收工作、市场应用与推广工作都需要企业来完成。企业是废旧纺织品回收及综合利用的主体，也是最终实现“废旧纺织品综合利用”整个产业链市场化的重要载体。目前再生资源利用的纺织企业自负盈亏，在现有状态下尚以税收优惠为主要利润来源，一旦开始承接项目，有三方面需要资金支持：一是产能扩大需要资金；二是市场推广需要一定的时间，这期间的流动资金要考虑在内；三是生产企业与上、下游的衔接尚未成熟，可能存在大量无法预料的支出，尤其是回收、分拣阶段的投入，包括运费由谁来承担、数额多少；仓储；以及分拣设备、人工的投入等。

（三）急需建设产业服务平台

废旧纺织品（服装）综合利用长期以来面临数据不清、企业水平参差不齐、中小企业各自单打独斗的局面。这部分企业资产规模小、盈利有限，信息来源少、独立开展技术升级和改造、市场推广存在一定的困难。因此，打造以产业集群为依托、面向广大中小企业的产业服务平台，研发并孵化合理的综合利用技术经济路线、研究并推广企业回收再利用模式，在解决统计等难题之外，为广大中小企业提供综合利用咨询、技改、研发、人才培训、标准化、市场推广等相关服务，是下一步废旧纺织品综合利用工作走向深入、废旧纺织品领域循环经济发展落到实处的有效手段。

二、纺织行业开展废旧纺织品综合利用的工作重点

纺织行业开展废旧纺织品综合利用，要把发展行业循环经济作为主线，以企业为依托，以市场为导向，科学引导废旧纺织品回收和综合利用规模化、规范化发展。

（一）以废旧涤纶和纯棉废旧纺织品综合利用为重点

鼓励企业充分利用现有技术和市场资源，扩大废旧涤纶、废旧纯棉再生产品的生产和应用。涤纶、纯棉以及涤棉产品在废旧纺织品当中的比例达到80%以上，重点要先解决这两大类产品的资源化

和综合利用。目前，再生涤纶纤维产业相对规范，废旧纯棉纺织品的综合利用已形成一定规模，发挥这两类企业的龙头作用，是开展废旧纺织品综合利用试点、示范工作、顺利完成回收物再生循环以及综合利用的基础。政府应该在列入国家产业优惠目录、所得税减免、增值税抵扣等方面给予支持。

（二）加快替代产业用纺织品中的原生纤维

废旧纺织品再生、再利用产品替代原生纤维用于建筑、家居、汽车、土工、农业等产业，一方面可以减少回流到服用领域的废旧原料，另一方面节约大量原生纤维，是集约使用资源的最佳体现。选取技术成熟、有实力的产业用产品企业开展试点示范工作，享受财政贴息、税收减免等方式，调动企业积极性，发挥企业市场拓展能力，稳定扩大废旧纺织品再利用产品在产业应用领域的份额。

（三）注重培育各类综合利用产品的合理技术路线，提高高值化综合利用产品的研发能力

废旧纺织品综合利用要形成规模产业，必须解决各类技术产业化难题。在原料分类的基础上，制定合理的技术路线，可以选择有条件的企业开展试点，上下游合作开发新技术、工艺、装备以及新产品，成果产业化后在全行业推广，为废旧纺织品综合利用提供可靠技术支撑。政府对这类试点示范企业应该设立专项推动产学研合作或者在试点企业设立国家级技术开发中心，帮助企业克服投入期面临的资金压力和技术难题，鼓励企业及其社会资本进入再生纤维高新技术开发和产业化领域。

（四）开展回收试点

主要包括两个重点：一是以产业集群地为主开展园区回收试点。产业集群地是我国纺织工业的重要组成部分，也是地方经济的支撑力量，我国194个县（市、区）镇的试点纺织产业集群的经济总量占到全国纺织经济总量的40%以上。如47个服装产业集群生产和销售了全国70%的服装。产业集群以中小企业为主，产品种类集中，政府号召力强，是规范开展废旧纺织品（服装）、尤其是下脚料回收再利用和开展循环利用的理想场所，各级政府应该在规划和政策上给予鼓励和支持。

二是以企业为主开展生产者责任延伸试点。一方面促进纺织企业在生产过程中减少资源使用，自觉回收利用下脚料，另一方面鼓励、帮助名牌服装及家纺品牌企业回收废旧成衣，推动废旧服装的再使用和综合利用。

（撰稿人：徐　寰）

2013年纺织行业节能减排现状与环保重点分析

中国纺织工业联合会环资委

纺织工业节能减排面临较大压力

我国纺织工业对资源的依赖程度较高，能源消耗和水资源消耗总量较大，约占全国规上工业总能耗的4.0%和用水总量的2.4%。废水也占较大比重，约占全国规上工业废水排放量的12%左右，主要污染物如化学需氧量和氨氮，在全国39个重点统计工业行业中排放量均为第四位。“十二五”以来，国家对工业口的节能减排提出了控强度、控总量（双控）的硬性要求和考核任务。

国家层面，根据国务院《“十二五”节能减排综合性工作方案》和工信部《纺织工业“十二五”规划》要求，2015年底前，纺织工业单位工业增加值能源消耗比2010 年降低20%，工业二氧化碳排放强度比2010 年降低20%，单位工业增加值用水量比2010年降低30%，主要污染物（化学需氧量和氨氮）排放比2010 年下降10%。由此可见，纺织工业节能减排面临较大压力。

地方政府层面，对节能减排提出了更加严格的要求。以浙江萧绍地区为例，“十一五”至今，纺织企业积极开展各项节能技改工程，但随着节能工作的逐渐开展，“十二五”以来，纺织企业节能空间变得越来越小，且普遍适用的节能新技术缺失严重，持续的节能降耗压力导致企业面临巨大的节能困境。另外，印染企业面临废水间接排放问题，化学需氧量200mg/L的排放要求对企业来说难度非常大。企业普遍存在用地不足、技术缺失和投入产出不成比例等问题，而且没有成熟的技术案例作为参考。

典型地区节能减排调研情况

浙江省萧绍地区是化纤和印染产业主要集群地。化纤产业是萧山区的主导产业，实际产能676万吨，其中粘胶短纤和合成纤维各为87万吨和589万吨。纺织业是柯桥区的主导产业，年产各类化纤原料300万吨，印染布190亿米。

一、地方政府和纺织企业积极应对

浙江省政府积极响应国家节能减排政策号召，重点对纺织印染行业提出整治提升方案，按照“关停淘汰一批、整合入围一批、规范提升一批”原则，对全部印染企业逐个梳理，明确整治类别、要求和时间进度，在2014年底前全部完成整治工作和整体验收，要求全省印染行业COD、氨氮在2010年基础上减少25%以上，其中杭州市、绍兴市减少30%以上，重复用水率不低于35%。

（一）柯桥区积极推进印染行业节能减排工作，走在行业前列

该区印染产能占全国近1/3，用能总量占全区约50%，废水排放占全区90%以上。柯桥区政府高度重视，在滨海工业区开展印染集聚工程，实行能源消耗强度和能源消费总量“双控”措施、严控废水排放总量、综合整治非法行为，其中80%以上印染企业在2015年底之前需搬迁到滨海工业区，由政府投资建立污水处理厂，将印染废水统一纳管处理。柯桥模式以政府为主导，通过印染工业园区的形式，集中开展煤改气工程建设，实现印染废水和污泥的集中处置，努力打造纺织印染循环经济园区。柯桥区印染企业虽然面临不少压力，但基本上能响应政府号召，采取入园提升或技术改造等方式适应新形势、新要求，加快发展绿色印染。

（二）萧山区纺织行业节能和治污工作在逐步推进

2013年该区纺织工业综合能源消费410万吨标煤，单位工业增加值能耗下降13.1%。印染废水排放量8400万吨，占全区总排放量的80%以上。印染作为萧山区淘汰落后产能和治污的重点，计划到2014年底前企业数量由63家减少到51家。该区印染企业分布比较分散，集中整治难度较大，企业面临能源“双控”、煤改天然气、废水达标排放、废气治理等多重难题。该区采取一定措施积极应对，如淘汰1：6以上浴比的设备，加快推进萧山区污水处理厂扩建和提标技改项目，2014年开始启动化纤、印染行业有机废气整治工作等。

二、应对方式各有不同

节能降耗方面，地方政府积极倡导企业使用天然气代替燃煤，天然气作为清洁能源，可以减少燃煤消耗，还能减少二氧化硫、氮氧化物等有害物质的产生，但应避免出现“一刀切”的情况。煤改天然气只是节能技改的一种形式，目前仍存在价格高、供气不足等问题。应该因地制宜，鼓励多种形式的节能方式，如煤改蒸汽、太阳能利用、生物质能燃料等。

废水治理方面，柯桥和萧山表现为两种应对形式—政府主导型和企业自主型。政府主导型的优势在于利用政府财政资金投资运营污水处理厂，园区的废水和污泥可以实现集中处理、统一处置，更便于执法部门的监督和监管。企业根据各自生产经营情况，按废水中COD浓度向污水处理厂缴纳排污费，减轻了治污的负担，符合企业利益。企业自主型是企业根据政府要求，通过独立运营污水处理厂以达到国家间接排放标准，企业在资金投入和运营管理上负担很重，同时也加大了城镇污水厂的处理难度。

废气治理方面，国家严格控制可吸入颗粒物、二氧化硫、氮氧化物和挥发性有机化合物（VOC）等四种污染物的排放。前三种污染物都有可防治的措施，如袋式除尘、静电除尘、脱硫、脱硝等。对于化纤和印染行业产生的挥发性有机物（VOCs），由于所含有机物种类较多，目前并没有相关的监测方法、排放标准和治理手段，需要进一步研究和探讨。

节能减排是转型升级的必由之路

节能减排是纺织工业转型升级的必由之路，也是纺织产业必须承担的社会责任。作为国家“十二五”规划的重点工作之一，企业管理层已经彻底改变了只注重生产，而忽略环境问题和社会责任的旧观念。一些企业率先提出倡议，号召行业增强环保意识，努力执行更严格的环保标准，积极推广绿色采购，通过优势资源力求打造绿色产业链。

节能降耗成为降低企业生产经营成本的重要方式。随着纺织行业的快速发展和市场竞争的日益激烈，纺织企业对节能工作日益重视。以萧山为例，当地化纤企业自主推进清洁生产和节能降耗，提高能源利用效率。2012和2013两年的时间里，化纤企业共实施区级重点节能改造项目126个，组织实施清洁生产审核企业68家，开展电平衡测试76家，项目推进力度远高于其他行业。

污染物减排是企业必须履行的社会责任。纺织行业最主要的环境问题是废水排放问题，印染废水首当其冲。2013年新的印染废水排放标准出台以后，地方政府不断加大监察处罚力度，完善环境信息公开制度，接受社会公众监督。企业积极开展清洁生产和技术改造，从源头、生产过程和末端全过程降低污染物的产生和排放。以汇丽印染为例，从信息化管理到自动配色和调色，再到废水回用系统，企业想尽各种办法履行社会责任，减少污染物排放。

绿色贸易壁垒问题越来越突出。西方发达国家加大了使用绿色壁垒实现贸易保护主义的力度，通过立法或制定苛刻的环境技术标准进行市场准入的限制。德国等西方国家从1994年起，陆续立法禁止

118种含偶氮染料的纺织品进口，否则会被全部扣留或销毁。随后日本又禁止甲醛含量高的纺织品进入其国内市场的法令使中国的纺织品出口受到很大影响。由于西方发达国家不断提高环境保护的技术标准，其对国际贸易的总量缩减与结构扭曲效应无法回避。如西方国家增加纺织面料的防紫外线性能指标、重金属含量指标等也将影响我国纺织业的发展，对我国纺织品出口的消极作用也是长期性的。

全行业齐心协力推动节能减排

节能减排是一个系统工程，并非朝夕之事，需要企业大量的投入，同时还需要举全行业各方力量甚至全社会的力量共同开展。虽然纺织行业在节能减排过程中面临着一些困难，但无论是行业协会还是企业，都一直不遗余力地为这项工作而努力。比如，在行业层面，以中国纺织工业联合会环境保护与资源节约促进委员会为平台，协调各方力量积极开展节能减排；在企业层面，每年投入大量资金开展清洁生产和技术改造，部分企业还会定期发布社会责任报告。

一、节能减排要突出解决重点问题

纺织行业节能减排工作中依然面临很多现实的困难，其中资金和技术是最大的制约因素。作为国家重要的民生产业，纺织工业90%以上都是中小企业，这些企业在节能减排上面临技术难题、成本难题和运营收益难题等一系列的问题，即使大型纺织企业也存在相同的疑虑。

就资金来说，企业不仅要考虑环保技术应用的成本，还包括环保设施的运营成本，以及投入产出比等因素。如果企业在对比之后，认为环保投入与产出相差太大，企业就会放弃这项投资。毕竟，对于企业而言，追求的是利润，将更多的钱投入到环保中，体现了社会责任，但是也应该考虑企业的现实发展。

就技术而言，节能减排这项工程需要行业技术进步的大力支持。就水资源消耗来说，纺织工业是用水大户，在用水总量难以控制的情况下，提高重复用水率可以有效降低新鲜水的取用量，同时可以减少废水的排放量。然而，由于技术水平的限制，纺织产品对用水质量的要求依然很高，废水回收多用于辅助环节而非生产环节。因此，提高废水的回用质量是节约用水和减少排水的有效途径，行业急需一批既能产生高品质的回用水又经济合理的好技术。

二、积极推动行业节能技改

在棉纺行业主要推动空调、空压等节能改造。2012年，中纺联组织专家对愉悦家纺、大生集团、无锡一棉进行了节能诊断。3家企业合计能源消耗13万吨标煤/年，用水量50万吨/年，纱锭90万锭，高档家纺面料1.9亿米，家纺产品600万件（套）。经过一年的技术改造，3家企业共计开展大小节能技改项目50多项，节标煤约4000吨。

在印染行业主要推行“清洁能源替代燃煤”工程。和目前燃煤锅炉导热油定型相比，按正常生产状况，采用天然气直燃式定型，预计每台定型机每年节省标煤150吨，采用蒸汽定型，预计每台定型机每年能节约标煤200吨。以柯桥区为例，地方政府采用直补方式，每台定型机给予6万元的补贴，目前194台定型机已完成天然气改造，10余台定型机完成了蒸汽改造，预计节约3.1万吨标煤。

在化纤行业主要推行纺丝联苯加热炉“电改热媒”工程。很多化纤企业纺丝车间联苯加热炉以电加热为主，联苯电加热器换热效率低，用电量大。在纺丝车间通过采用聚酯车间使用后的导热油加热替代原有热效率低的联苯加热器，能够节约用电。仅浙江赐富化纤、绍兴县远征化纤、浙江金鑫化纤三家企业就节约9000吨标准煤。

三、开展污染防治

纺织行业开展污染物减排的方式应以源头和过

程控制为主，末端治理为辅。工作的重点是节水和污染物减排两方面，具体的措施是大力开展清洁生产，推广先进适用的末端治理技术。

纺织工业是用水大户和取水大户。据环保部统计数据，我国纺织工业年用水量约90亿吨，取水量约36亿吨，占全国比重分别为2.4%和6.7%。用水效率总体偏低，水的重复利用率约70%，低于全国平均水平，废水回用率更低。开展节水工作是实现污染减排的有效手段，具体方式如：加快淘汰落后工艺和设备、大力推广节水技术和装备、加强重点行业取水定额管理、推动节水型企业建设等。

水污染物防治是重中之重。国家出台了一系列措施，严格控制主要水污染物排放总量和强度，化学需氧量和氨氮是严控指标。减排的关键在于源头和过程控制，采用环保助剂和浆料、采用ERP等生产过程控制系统技术、采用喷墨印花、前处理平幅水洗等技术都是减少污染物排放的有效手段。末端治理作为辅助手段，在达标情况下，要充分考虑废水资源化和污泥减量化原则，把好污染减排最后一道关口。

废气问题逐渐提上议事日程。近年来，持续的雾霾天气成为普通大众热议的话题，工业生产、燃煤和机动车成为雾霾的三大主要来源。尽管纺织行业对雾霾的贡献微乎其微，但无组织废气问题已被逐渐提上日程。国家相关部门正在组织专家制定纺织行业废气排放标准，重点是针对印染和化纤生产过程中产生的无组织废气，如挥发性有机物（VOCs）。该类废气含有较多的致癌物质，对人体健康具有一定的影响，严重时会伤害肝脏、肾脏、大脑和神经系统等。

四、继续推广成熟适用的节能减排先进技术

中国纺织工业联合会在2012年5月份发布了《建设纺织强国纲要（2011～2020年）》，其中可持续发展篇中列举了35项节能减排技术，涉及节能、环保、资源循环利用三大领域，具有典型的节能减排效果。为宣传推广35项技术，中纺联环资委进行了一系列调研，在2012年和2013年筛选了两批技术应用示范企业，涵盖了印染废水回用及污泥减量化推广、太阳能光伏发电、粘胶纤维生产中废气回收与综合利用、酯化废水汽提尾气提取工业乙醛等20多项技术。这些技术若能在行业内普遍推广，节能减排将取得明显成效。

除35项技术外，行业每年都会涌现一批新技术、新装备，技术的不断进步一定程度上减轻了企业节能减排的负担和压力。从管理层面讲，智能化管控系统是未来企业发展的趋势，能够解决企业生产管理中的工艺技术、质量控制和能效管理等实际问题，也可以显著减少水、电、汽等综合成本。从技术装备层面讲，小浴比设备、前处理平幅水洗、膜法废水处理技术等都在逐步进行推广。从研发角度讲，环保浆料和助剂的研发和试验、有机废气的回收和治理等技术也在不断的深入研究，如何推动科技成果转化为现实生产力将成为纺织行业的又一重点任务。

五、大力推动行业清洁生产

自2000年起，国家相关部门分三批公布了《国家重点行业清洁生产技术导向目录》，其中涉及纺织行业清洁生产技术的有17项，为纺织行业全面推进清洁生产，引导纺织企业采用先进的清洁生产工艺和技术，防治污染起到积极作用。广东省是最早开展企业清洁生产审核的省份，到2013年，共有144家纺织企业通过了省级清洁生产企业认定，ISO 14000环境管理体系认证在行业内得到广泛推广。

但纺织工业在开展清洁生产过程中仍存在一些问题：（1）管理意识不到位。管理层只考虑“末端治理”，而忽视了“过程控制”。（2）资金投入不足。资金投入不足包括两方面：一是纺织企业多为中小企业，很少能享受到财政支持；二是纺织企业面临生存困境，难以投入大量资金开展清洁生产。（3）技术推广难度大。行业缺乏成熟适用的清洁生产技术，新技术带来的工艺条件和生产要素的改

变，加大了产品质量的风险指数。（4）缺乏清洁生产技术人才。缺乏系统的人才培养机制，以产学研用相结合的创新体制尚不完善。

六、建立健全行业节能减排标准体系

纺织行业节能、环保、资源综合利用等领域的标准体系尚不健全。清洁生产标准体系建设方面，已发布的清洁生产技术规范仅3项，正在制定的清洁生产技术规范仅8项。取水定额标准体系建设方面，已发布的仅1项，待发布1项，正在制定的4项。能耗限额标准体系建设方面，目前已发布了26项能耗限额标准，纺织行业一项也没有，目前正在制定的有2项。资源综合利用标准体系方面，仅发布了3项标准，目前还没有制定计划。由此可见，节能减排标准体系存在严重缺口，没有标准作为支撑和依据，企业很难在相关领域获得长远发展。以废旧纺织品为例，我国废旧纺织品产生总量超过了2600万吨，综合利用率却不足10%，市场缺乏废旧纺织品回收和再利用循环体系和标准，如何处置成为难题。

七、努力打造绿色产业链

绿色产业链是指产业在生产过程中，基于环保考虑，借助科技力量，以绿色生产机制力求在资源使用上节约及减少污染的产业。当前，国际纺织技术的发展趋势是以生产生态纺织品和绿色制造技术为引导，从工艺、助剂、设备等多渠道着手，抓住源头，注重生产过程中每一个环节的生态问题，努力优化生产工艺，减少化学药剂、水和能源的消耗，以达到高效、高速、环保的目的。国外已投入较大力量开发环保型染料助剂，在无水和少水印染、涂料印染以及节能、节水实用新型技术等方面都有较大的发展。

中国作为纺织大国，近些年在纺织品出口方面频遭技术性贸易壁垒、产品安全和环保问题，严重影响了企业的生存和发展。推动纺织行业绿色发展是企业提高国际竞争力的有效手段，它涉及棉花种植、纺纱、织布、印染、制衣等产业链的各个环节。面对绿色壁垒，开展生态纺织品认证是目前较为有效的措施。作为国内制造商和销售商，同样要考虑公众健康和安全，积极承担社会责任和环境责任。以品牌服装为例，阿迪达斯、耐克、李宁等品牌积极建立绿色采购机制，在选择面料供应商时，都会考虑其环境信用和公众责任，为行业做出了表率。

（撰稿人：董廷尉）

2013年度纺织行业质量分析报告

中国纺织工业联合会产业部

纺织行业是我国传统的民生产业、国民经济支柱产业和具有国际竞争优势的产业，市场化程度最高，发展最快，自1994年起，纺织行业一直位居全球纺织服装第一大生产国和第一大出口国，逐步形成全球生产能力最大，从棉花、化纤等原料开始经纺纱、织布、印染，直至加工成服装、家纺和产业用产品门类齐全的完整产业链体系，为纺织服装良好发展奠定了坚实基础。

纺织服装产品质量状况

2012年国家质量监督检疫总局对全国907家企业的1369批纺织服装产品的统计调查结果显示，全国纺织服装行业平均产品质量合格率为83.06%。相比于2007年对衬衫、内衣、大衣、针织T恤服装等大类产品进行的5次监督（专项）抽查平均合格率82%高出1.06个百分点。

一、部分检测产品合格率

尽管所抽样企业和数量来源对产品合格率差异性很大,但一定程度上对质量水平仍有所体现。编织服装、机织服装家纺类产品合格率均高于80%，见图1。

图1 部分产品质量合格率

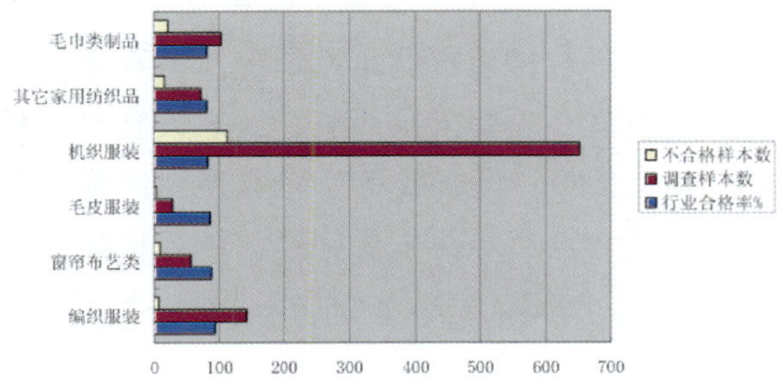

二、产区合格分布

全国5个纺织服装主产省份中浙江省纺织服装产品质量合格率最高，为91.83%；江苏省纺织服装产品质量合格率最低，为79.92%；福建、广东、山东的纺织服装产品质量合格率分别为86.67%、82.44%和81.94%，见图2。

图2 各地区纺织服装产品质量合格率

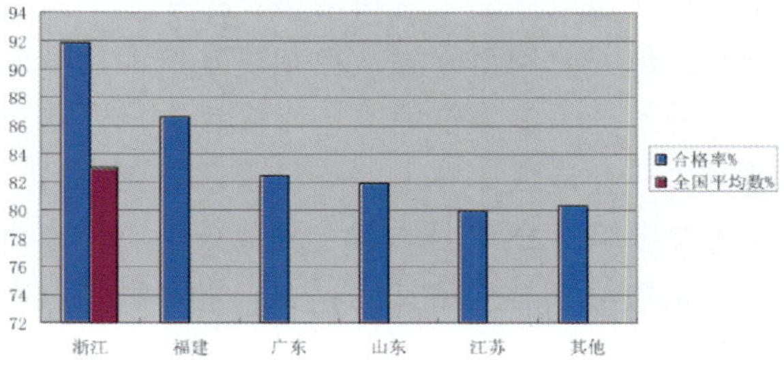

三、主要指标比较

纺织服装产品质量主要是纤维成分含量、pH值、甲醛、色牢度和撕裂力等项目不符合要求，其中纤维成分含量和pH值问题较为严重（见图3）。部分童装实测pH值超过标准要求的30%，沙发布艺粘纤含量实测值低于标准要求的70%，衬衫的甲醛含量超过标准要求的10%。

图3 不合格主要项目

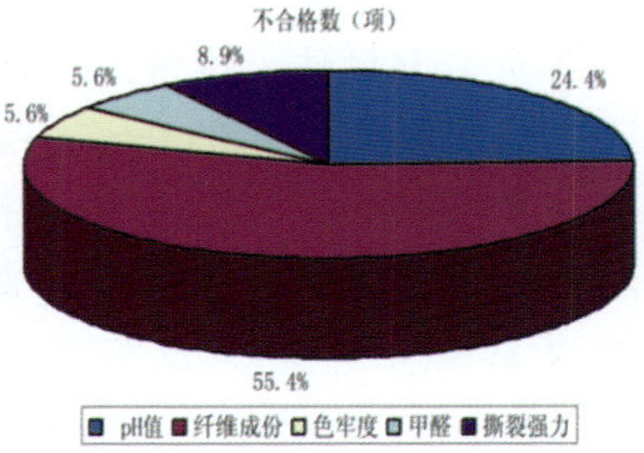

近些年，纤维成分含量标注和服装使用说明不合格几乎占了40%～50%之多。以化纤长丝充蚕丝，以细旦化纤和细羊毛充羊绒，成份比例也误差甚大，全棉产品的合格率甚低，产品号型不准确、产品洗涤符号不正确、纤维含量标注与实物不符，严重损害了消费者利益和产业声誉。主要原因是生产者、经销者对这些要求存在认识模糊不清，或为获取不正当的利润以致造成有意或无意漏标等导致信誉危机。pH值不合格所占的比率要大于20%，造成产品在该项目不合格的原因在于服装生产厂家在选用面料上安全性能质量意识薄弱，同时面料生产厂家在染整工艺上对纯棉产品及含棉量高的产品的酸碱度控制不严所致。两年来因甲醛含量超标而造成产品不合格的情况已经大为减少，时有出现，比例也不高。色牢度是产品色泽耐汗渍、耐干洗等牢度性能，色牢度差的产品在穿着过程中，会造成面料上的染料脱落褪色，另一方面还会影响穿在身上的其它服装被沾色，或者与其他衣物洗涤时染脏其他衣物，直接影响顾客消费预期。

四、出口召回情况

欧盟和美国是我国纺织服装最大的出口地，2012年出口至欧盟和美国纺织服装占我国纺织服装出口总额的34%。2006年，欧盟委员会公布了出口到欧洲市场的纺织品侵犯知识产权的案例，欧盟25国共查获37300个案件，纺织品位列第三，总计1450万件，其中63%来自中国；在15450万件中伪造和假冒商标和版权问题占到98%，侵犯设计和款式的占1%。2007年我国海关查获侵权知识产权商品近3.34亿件，价值人民币近4.39亿元，比上年分别增长83%和116%。商品类型以消费品为主，查获的侵权商品主要集中在服装、鞋类、箱包、香烟等品种。据欧盟非食品类消费品快速预警系统（RAPEX）发布的数据显示，2012年欧盟通报召回565项纺织服装产品，其中涉及中国纺织服装产品271项，比2011年上升了60%。美国消费品安全委员会（CPSC）的数据显示，2012年美国通报召回22项纺织服装产品，其中涉及中国纺织服装产品14项，同比增长16.7%。欧盟和美国通报召回的中国产问题纺织服装产品多为童装，包括儿童运动套装、儿童牛仔服、婴儿连体衣等，召回原因主要是吞食、勒颈窒息危险和易燃危险。

五、进口质量情况

近几年国内消费者对进口服装特别青睐，但从被检国际知名服饰检测结果来看质量并非所愿，质量安全和成份指标不合格现象非常突出，普遍存在的问题是使用说明标注混乱，有些存在色牢度、pH值不合格等。2009年浙江省工商局在杭州几家高档百货商场内，抽取了具有代表性的13个国际知名品牌的37个批次服装样品和部分国内品牌进行检测。被检测的国外品牌包括鲨鱼、都彭、HUGOBOSS（雨果·博斯）、BURBERRY（博柏利）、Aquascutum（雅格狮丹）、TOMMYHILFIGER等，主要来自意大利、英国、葡萄牙、土耳其、菲律宾、马来西亚等十三个国家和地区，产品涉及西裤（服）、衬衫、休闲裤、茄克、T恤、牛仔裤、羊毛衫、女裙、女上衣等多个类别，身价高于本土品牌10倍乃至百倍的国际大牌合格率为四成。工商部门给各个服装经销商发函，进行产品真伪的确认，在整个疑义期内，几乎没有人对检测结果提出过不同意见。2011年数据显示，进口服装全年批次不合格检出率为10.2%，其中有861批因涉及安全项目不合格而被退运或销毁。从不合格产品的原产地看，主要来自西班牙、意大利、土耳其、韩国、印度、孟加拉等。色牢度、纤维成份标识不符及pH值超标为主要问题，不合格样品数分别占不合格样品总数的46.5%、27.2%及22.2%，见图4。

图4 2011年全国进口服装检验不合格项目比例

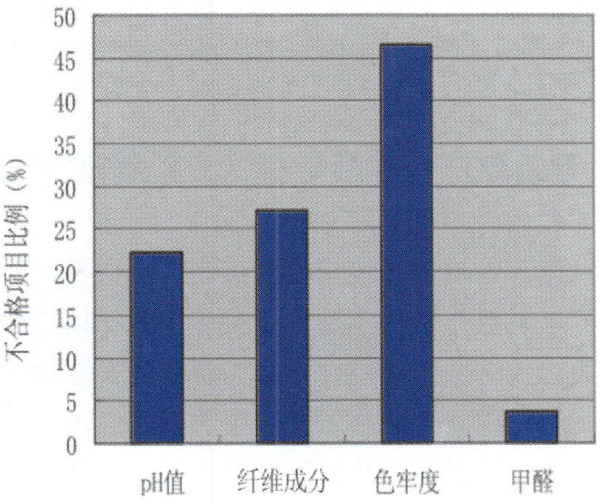

2012年6月，浙江工商局对杭州、宁波、温州三地市场上销售的韩国进口服装进行抽样检验，在34批次受检韩国进口服装中，合格的仅有17批次。

六、销售渠道差异

2008年10月，武汉市工商部门对汉正街46户婴幼儿服装店进行了抽查，按照国家标准只有4家卖的婴幼儿服装符合新标准，合格服装不足一成。2008年5月辽宁省质量监督局对生产儿童服装产品的小作坊、小加工点式个体私营企业进行了抽查，产品抽样合格率仅为15%。2008年第3季度，四川省质量技术监督局于对绵阳、德阳、宜宾等地市生产的休闲服装、内衣、牛仔服等服装产品质量进行了专项抽查，合格率仅为21.7%。据行业有关权威检测机构2007年对北京服装市场调查分析，大型商场、专卖店等高端流通渠道产品的合格率高达97.6%，超市等中端流通渠道为82.1%，集贸市场和临时性室外大卖场等低端流通渠道则为70.8%。由此看出渠道对质量合格率要求差异明显。

原因分析

纺织服装行业的质量水平受人才、设计、研发和管理水平等因素制约。

一、人才培训

部分企业领导缺乏对职工教育培训的长远规划，片面追求利润的最大化，教育培训仅限于班前班后对安全生产纪律、产品质量提一些要求等。企业职工流动性较大，部分企业主因担心技术人员流失，宁肯花重金聘请高级技术人员也不愿对现有人才进行继续教育。部分企业虽然每年都进行职工教育但随意性较大，缺少计划性、系统性；职工教育培训缺少实际操作动手能力提高。职工存在着“让我学”的应付心理；开展的教育培训缺乏针对性，职工培训出现走过场的现象。

二、设计和经营水平

新型纤维的研发能力不足，高品质纤维原料被欧洲、美国、日本垄断，进口价格高且货源不稳定；设计人才紧缺，设计理念和文化创意不足等也影响着产品的提升，特别是高级时装、高级成衣产品的生产更是受到服装设计、面辅料、新型加工工艺及原料市场需求结构的影响。当前大部分纺织服装企业由乡镇、民营或个体企业发展而来，尽管经过近几年的体制和机制的转变涌现了一批上市公司、股份制公司等具有现代企业制度特征的企业，但相当数量的服装企业仍然处在家族模式、传统管理的方式之中或正在处于转型时期，体制和机制的原因直接制约着企业的发展和提升。

三、研发投入能力

近几年在信息化潮流的影响下，服装产业采取多种形式，实施信息化，包括CAD、CAM、CAPP、ERP的应用，但总体上企业信息化建设方面仍存在较大发展空间，特别是有相当数量的大企业和中小企业信息化建设尚未起步，制约了企业后发优势的发展。主要原因在于企业领导者认识不足、人才缺乏、投入不足，同时对信息化的应用也有一个系统性的问题。

四、质量管理方法

许多纺织服装企业已在设备水平、工艺水平上达到或接近世界先进水平，但在质量管理的科学性、精细化、有效性、快速反应等方面，与国际先进水平相距甚远。追根溯源，许多纺织服装企业是从传统质量管理阶段直接跨入全面质量管理，而没有经过统计质量管理阶段，是造成企业运用质量工程统计技术能力和水平薄弱的原因之一。因此，熟练的运用质量统计分析方法，进行科学的质量分析和质量决策，达到解决质量问题，提高产品质量，降低质量成本，仍是许多纺织服装企业面临的重要课题。

质量工作重点

一、继续开展QC小组活动，提升质量管理水平

积极推进和普及QC小组活动，调动企业参与QC小组活动的热情。开展灵活多样QC小组活动，尤其是在提升质量、节能降耗方面将潜心研究出的成果转化为生产力。加强质量管理知识培训，同时，企业要把学习开展QC小组活动作为建设企业文化的一个重要组成部分，使之与企业发展战略目标有机地结合起来。加大统计技术方法在QC小组活动中的应用力度。帮助企业学习和掌握先进质量管理方法，进而应用于企业经营，提升企业质量管理水平。

二、深入推广卓越绩效模式先进管理方法

认真总结卓越绩效模式的经验，形成具有行业特色的卓越绩效最佳实践，让更多企业得以分享。同时为广大企业搭建更为丰富、有效的交流渠道与平台，带动更多企业导入卓越绩效模式，走上追求卓越之路。通过企业质量管理方法导入，使企业在管理改进、绩效提升上，充分感受到导入并实施卓越绩效模式的价值，吸引更多企业加入追求卓越的队伍。跟踪卓越企业创新发展，督促其在追求卓越道路上不断改进与提高，从而使质量管理活动与时代发展和社会进步的要求相适应，使质量管理工作始终充满生机。

三、组织开展质量公关

围绕纺织服装行业共性、关键性质量问题，组织开展质量攻关，通过典型示范引导作用，引导企业加大质量研究，突破质量技术瓶颈，提高产品质量水平，从而提升企业竞争能力。

（撰稿人：吴玉华）

2013年纺织服装专业市场运行报告

中国纺织工业联合会流通分会

2013年，我国纺织行业积极应对全球经济增速放缓、人民币升值、棉花等原料价格高位运行、劳动力和能源成本上涨等诸多不利因素影响，纺织服装专业市场也积极加快转变发展方式，不断尝试新的商业模式，提升市场经营管理水平。2013年纺织服装专业市场总体运行平稳，市场综合竞争力进一步提升。

2013年纺织服装专业市场运行情况

一、总体运行情况

据流通分会统计，2013年万平米以上纺织服装专业市场共计802家，市场经营总面积6716.82万平米，同比增长4.54%；商铺总数115.44万个，同比增长2.93%；经营商户总数97.05万户，同比增长1.97%；市场成交总额1.95万亿元，同比增长8.65%。

（一）市场运行效率分析

数据显示，2013年每个市场平均面积8.38万平米，平均拥有1439个商铺，1210个商户，平均年成交额24.29亿元。

进一步分析显示，每个商铺平均面积58.19平米，较2012年上涨3.24平米；平均商铺效率（每个商铺成交额）为168.79万元，较2012年上涨6.22万元；平均市场效率（每平方米成交额）为29008.29元，较2012年下降573.71元。

（二）市场区域结构分析

从区域结构看，东部地区专业市场的经营面积及成交额所占比重仍然较大。从经营面积看（图1），东部市场占比69.28%，而东北、中部、西部市场占比分别为6.34%、10.35%和13.24%。从成交额看（图2），东部市场占比74.25%，而东北、中部、西部市场占比分别为6.66%、10.61%和8.48%。

图1 2013年各地区专业市场经营面积占比情况

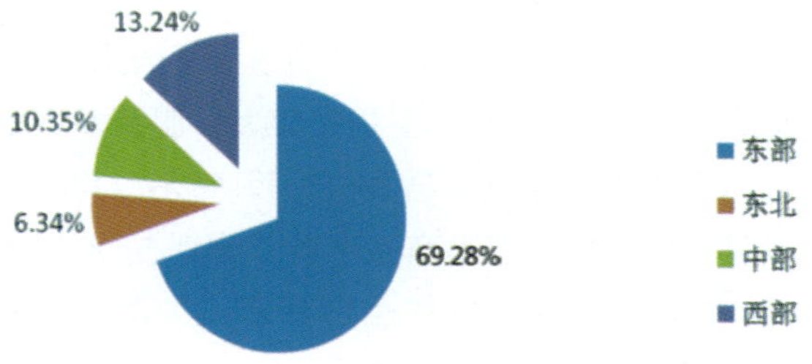

资料来源：流通分会数据库

图2 2013年各地区专业市场成交额占比情况

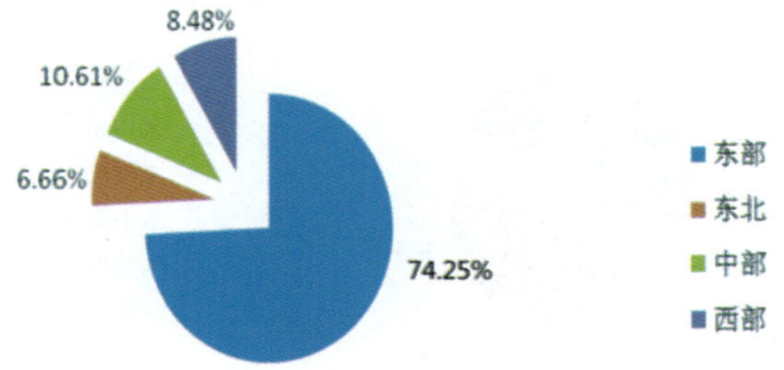

资料来源：流通分会数据库

从各地区主要指标增速看（图3），2013年东北地区专业市场主要指标同比增速均低于全国水平，其经营总面积同比增长0.32%，低于全国指标4.22个百分点；商铺总数同比增长0.74%，低于全国水平2.19个百分点，商户总数同比增长1.18%，低于全国水平0.79个百分点；成交金额同比下降

3.24%，低于全国水平11.89个百分点。

图3 2013年专业市场分地区主要指标同比变化情况

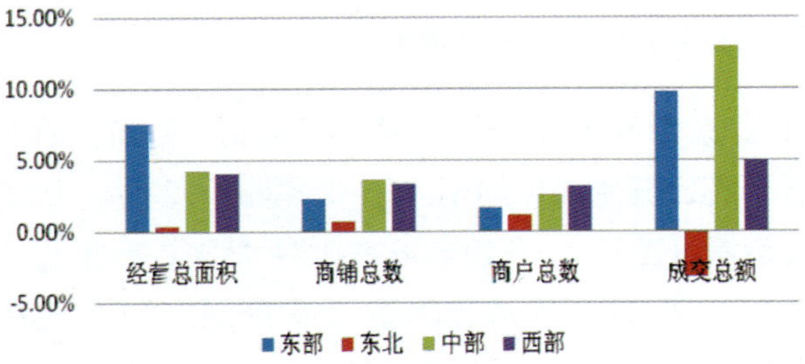

资料来源：流通分会数据库

（三）经营类别结构分析

从经营类别看，服装类市场的经营面积（图4）及成交额（图5）所占比重仍然较大。服装类市场经营面积占全国专业市场总面积的46.44%；其次为原面（辅）料、综合和小商品市场，分别占17.12%、12.82%和11.77%；家纺类市场仅占5.24%。服装类市场成交额占全国专业市场总成交额的50.97%，其次为原面（辅）类市场，占23.28%，家纺、小商品、综合及其他类别市场占据了余下的25.75%。

图4 2013年各类别专业市场经营面积占比情况

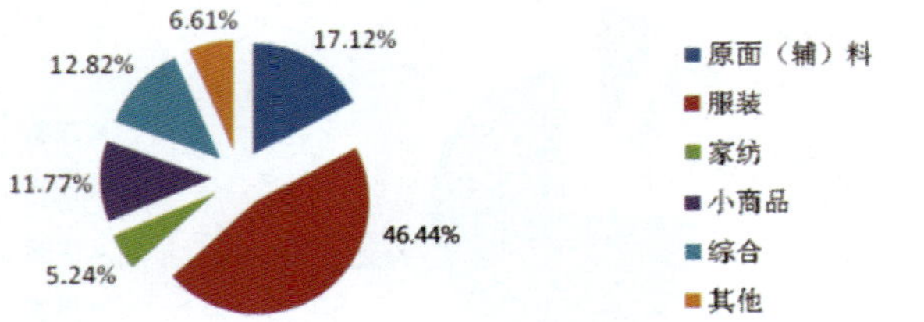

资料来源：流通分会数据库

图5 2013年各类别专业市场成交额占比情况

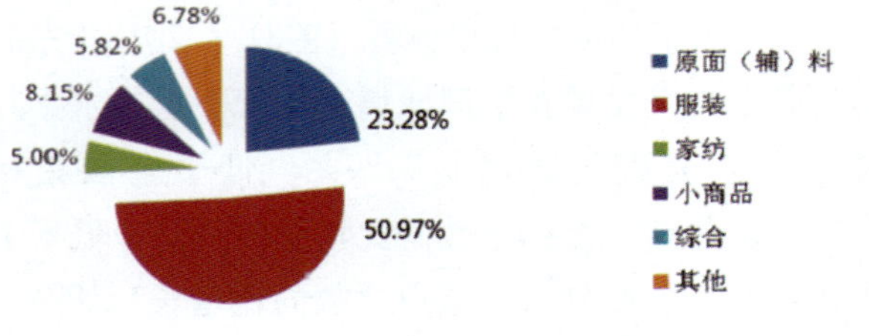

资料来源：流通分会数据库

从各类别市场主要指标增速看（图6），2013年小商品、服装两类市场的经营面积及成交额同比增速均高于全国平均水平，市场发展态势良好，市场规模、运行效益均得到提升。

小商品类市场经营总面积同比增长9.09%，高出全国水平4.55个百分点，服装类市场经营面积同比增长5.64%，高出全国水平1.1个百分点；小商品类市场成交总额同比增长10.02%，高出全国水平1.37个百分点；服装类市场成交总额同比增长9.75%，高出全国水平1.1个百分点。

图6 2013年专业市场分类别主要指标同比变化情况

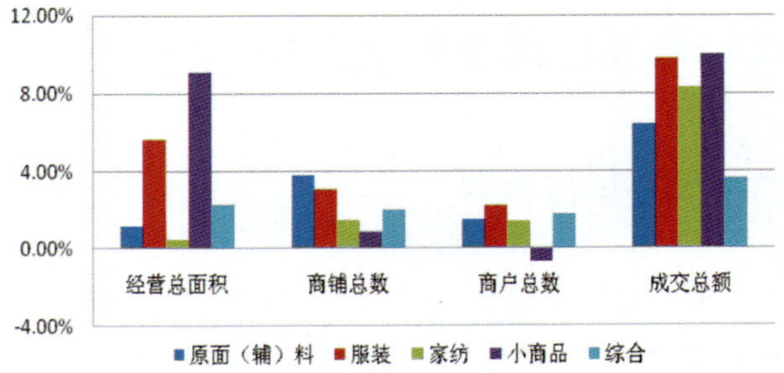

资料来源：流通分会数据库

（四）市场规模结构分析

从经营规模看，我国纺织服装专业市场主要划分为年度成交额500亿元以上、100亿～500亿元、50亿～100亿元和50亿元以下四个层次。四家500亿元以上的超大规模市场集群虽然数量少，但经营面积和成交额所占全国比重均接近五分之一；而年度成交额50亿元以下的市场数量众多（目前622家）、分布广，经营面积接近六成、成交额超过三分之一。

从经营面积看（图7），年度成交额500亿元以上、100亿～500亿元、50亿～100亿元和50亿元以下的市场占比分别为15.78%、13.15%、9.26%和58.11%。从成交额看（图8），这四类市场的占比分别为17.16%、29.44%、14.38%和39.02%。

图7 2013年各规模市场经营面积占比情况

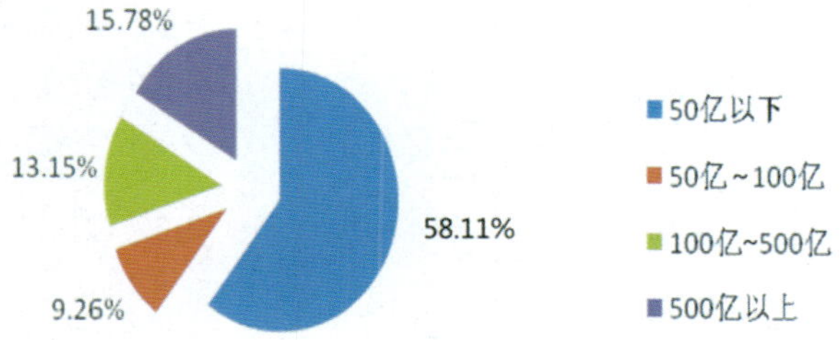

资料来源：流通分会数据库

图8 2013年各规模市场成交额占比情况

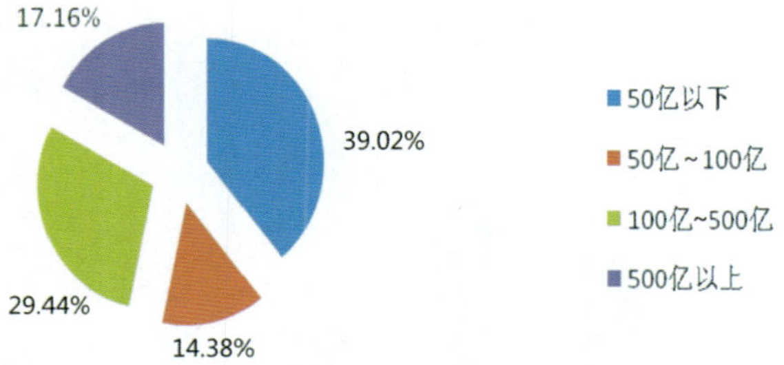

资料来源：流通分会数据库

（五）交易模式结构分析

目前服装鞋帽、纺织化纤类电子商务网站占据我国电子商务网站行业分布数量的冠亚军位置，约占19.6%的市场份额。据统计，近80%的专业市场已经通过多种形式开展电子商务，超过400家专业市场通过自建平台为商户提供电子商务服务。其中，流通分会105家理事单位中，拥有电子商务平台32家，电商服务园区8家、产业带11家。专业市场电子商务交易额占市场实体交易额比重逐年上升，2011～2013年上升比重分别为10.43%、16.20%、23.33%。

二、新增纺织服装专业市场情况

据流通分会统计（表1），2013年新增纺织服装类专业市场65家，同比上涨62.50%。其中，新开工市场41家、新开业市场24家。

新增市场总投资额突破千亿，达到1020.71亿元，同比增长5.92%。其中，新开工市场885.31亿元，新开业市场135.40亿元。新增市场总建筑面积达到1745.34万平方米，同比下降27.25%。其中，新开工市场1503.36万平米，新开业市场241.98万平米。其中，中西部新增市场投资增长速度继续增长（表2）。

三、产品价格情况

（一）分行业价格指数分析

对中国棉花协会、中国化纤经济信息网发布的相关指数整理显示，2013年棉花价格景气有所回升，化纤原料价格回落明显；纱、布受制于前道上推，后道下拉，价格变化波动明显；家纺景气向好，尚在回暖过程中。

表1 2013年新增纺织服装专业市场情况

专业市场	市场数量（个）	投资额（亿元）	建筑面积（万平方米）
2013年1～12月总量	65	1020.71	1745.34
其中：新开工	41	885.31	1503.36
新开业	24	135.40	241.98

资料来源：流通分会数据库

表2 2012～2013年中西部新增市场占比

年度	2012年			2013年		
指标	市场数（个）	投资额（亿元）	建筑面积（万平米）	市场数（个）	投资额（亿元）	建筑面积（万平方米）
中西部	17	291.59	830.16	26	614.91	932.00
全国	40	963.69	2399.16	65	1020.71	1745.34
占比	38.25%	30.26%	34.60%	40.00%	60.24%	53.40%

资料来源：流通分会数据库

原料方面，中国棉花价格指数CC Index3128B基本保持平稳（图9），2013年四季度均价达到19594.94元/吨，较前三季度分别微涨293.22元/吨、245.38元/吨、364.82元/吨。涤纶短纤价格全年呈现回落（图10），2013年四季度均价为9846.07元/吨，低于一季度1365.08元/吨。涤纶FDY价格指数全年变化幅度不大。涤纶POY价格指数呈现回落，2013年四季度均价为9981.97元/吨，低于一季度1321.95元/吨。

图9 328/3218B棉花价格指数变化情况

单位：元/吨

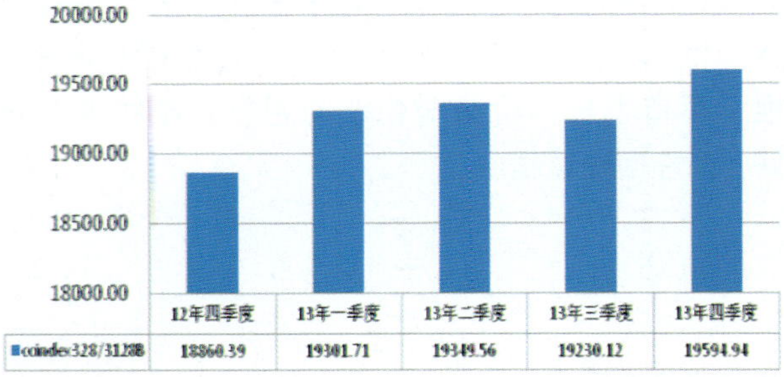

资料来源：中国棉花协会

图10 涤纶短纤价格指数变化情况

单位：元/吨

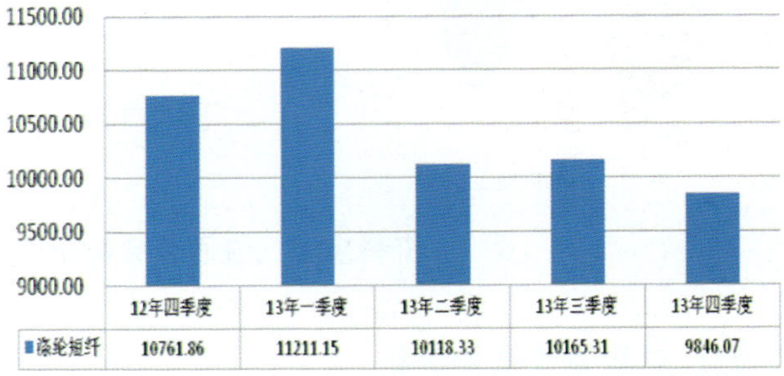

资料来源：中国化纤经济信息网

纱、布方面，纯棉普梳32支纱全年呈倒V走势，2013年二季度为全年峰值，达到25932.32元/吨，如图11所示。涤棉混纺45支纱基本稳定（图12），32支纯棉斜纹布、45支涤棉府绸景气有所回落。

图11 纯棉普梳32支纱价格指数变化情况

单位：元/米

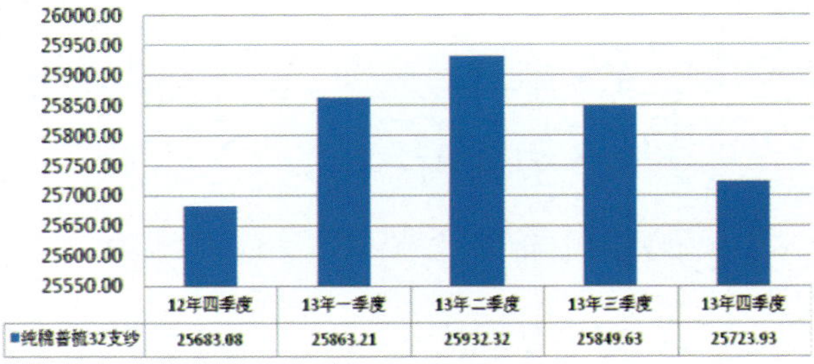

资料来源：中国纺织经济信息网

图12 涤棉混纺45支纱价格指数变化情况

元/ 吨

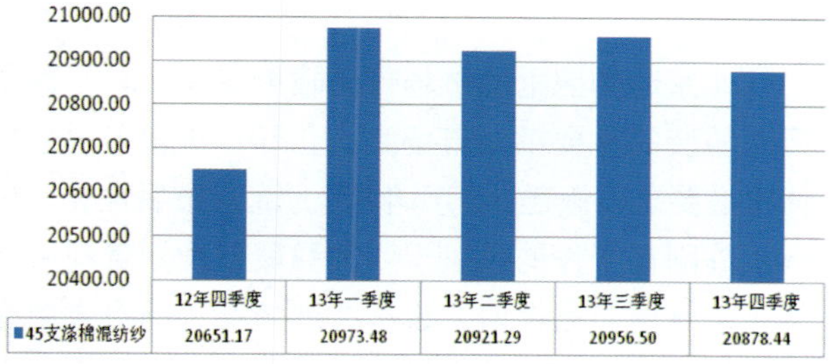

资料来源：中国纺织经济信息网

终端纺织品方面，叠石桥家纺价格指数全年呈U型走势，2013年四季度有所回温达到98.83点，但较一季度低2.26个百分点，如图13所示。

图13 叠石桥家纺价格指数变化情况

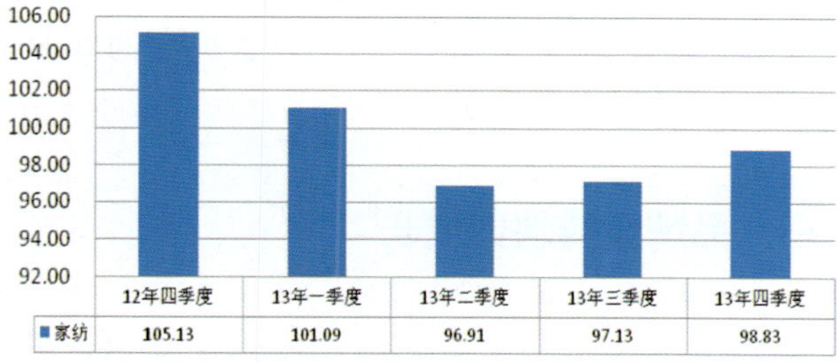

资料来源：中国家纺指数网

（二）专业市场产品成交价分析

流通分会对17家纺织服装专业市场、180家重点商户开展价格监测工作，选取西服上装、西裤、衬衫等17大类服装产品，纯棉、混纺等5大类面料产品的销售量、成交额及价格变化情况，进行月度数据跟踪采集，得到如下结论：

1.服装成交价同比涨幅明显，面料成交价同比低于去年同期

数据显示（图14），2013年重点监测商户服装产品逐月成交价同比呈现波浪变化走势，在4月、7月、11月出现3个明显波峰，分别同比增长2.58%、6.38%、10.45%，且涨幅明显拉大。

2013年重点监测商户面料产品逐月成交价普遍低于上年同期，上半年单价同比幅度逐月下跌，下半年有所回升。3月面料成交价同比上涨2.20%，为全年中成交价唯一同比上涨的月份，6月面料成交价同比下降3.81%，为全年降幅峰值。

图14 2013年重点监测商户服装、面料成交价月同比情况

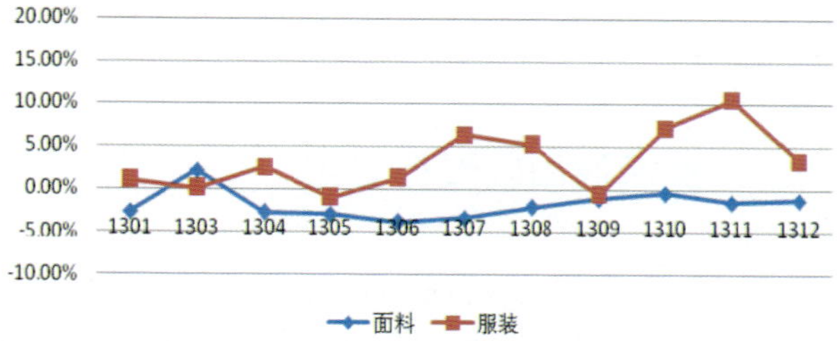

注：由于季节因素致使服装价格波幅变化较大

资料来源：流通分会数据库

2.服装成交价环比年末震荡明显，面料成交价环比相对平稳

数据显示（图15），2013年重点监测商户服装产品逐月成交价环比呈现震荡上涨走势，受年末清仓促销影响，四季度出现大幅波动。全年来看，服装产品成交价在4月、8月、10月、12月出现4个明显波峰，分别环比增长3.01%、7.91%、15.26%、15.34%。

2013年重点监测商户面料产品逐月成交价环比相对平稳，3月面料成交价环比上涨1.00%，为2013年涨幅峰值，11月面料成交价环比下降1.32%，为全年降幅峰值。

图15 2013年重点监测商户服装、面料成交价月环比情况

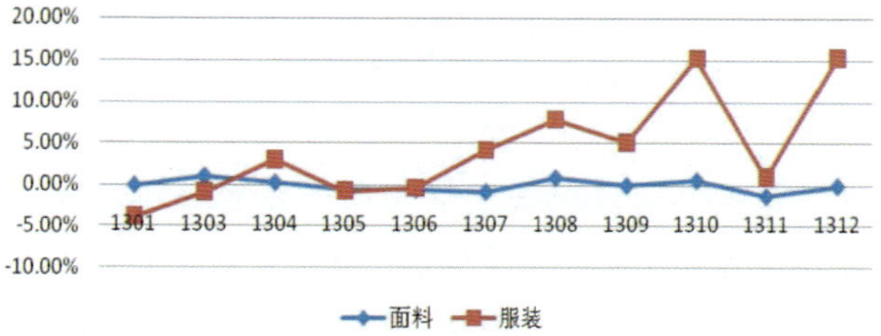

注：由于季节因素致使服装价格波幅变化较大

资料来源：流通分会数据库

2013年纺织服装专业市场运行现存问题

2013年，纺织行业的形势依然错综复杂，纺织服装专业市场确保稳定运行、加快转型发展的任务依然艰巨，一些内在矛盾问题在新形势下更显突出。主要有以下四个方面：

一、产业流通面临形势变化

一直以来，专业市场通过提升硬件建设、提高软件服务水平、开展差别化经营等措施提高综合竞争力，保持市场活力，并形成了许多值得借鉴和学习的经验。而伴随近年来电子商务的迅猛发展，给纺织服装企业带来了营销渠道上的变革，这和变化也给实体市场带来了前所未有的冲击。

以代理制为核心的大批发大流通的模式正受到流通效率更高、信息传递更快捷、产品展示功能更丰富的电子商务模式的冲击，专业市场为了避免在电子商务大潮中被边缘化，尝试选择了电子商务化的道路，不过作为一种开创性的创新，并没有可以充分借鉴的成功模式。

从流通分会对重点专业市场应用电子商务情况的调研结果看，纺织服装专业市场电子商务整体处于成长阶段，专业市场在平台选择、搭建、推广和功能优化等方面存在诸多问题，而企业在电子商务的认识、应用和维护等方面存在不足。

二、城市中心区市场亟待转型升级

专业市场升级搬迁从本质上看是一种市场行为，当土地成本、交通成本、规模效应、市场分工等不能支撑市场在城市中心区发展时，投资范围也就自然会流向成本更低、交通更便利的区域。同时由于大部分专业市场始建于上世纪八九十年代，市场硬件设施、配套服务等逐渐落后于市场发展和城市规划建设的速度，专业市场升级改造的要求已迫在眉睫。

北京动物园批发市场作为辐射华北、东北甚至西北服装的重要批发市场之一，2013年曾多次被媒体报道要整体搬迁。2013年9月，北京市委常委、副市长陈刚在所作的《关于"加强城市规划管理，标本兼治缓解交通拥堵"议案办理情况》的报告中指出，把动物园等批发市场外迁是为了改变北京市中心城区功能、人口过度聚集的状况，以达到疏解中心城区功能和人口，优化城市空间布局的目的。2014年1月7日，丰台区副区长刘宇在政协北京市丰台区第九届委员会第三次会议上接受媒体采访时称，城南的低端产业将就地升级改造，批发集散的业态要向外转移。可见，从城市功能、资源配置、空间布局、生态环境等方面考量，城市中心区专业市场，尤其是在一二线城市、超大城市的专业市场，转型升级刻不容缓。

三、品牌亟待快速成长

专业市场作为与产业集群互动发展的最重要的产品渠道平台，加强专业市场的品牌建设不仅是强化自身建设的需要，也是纺织行业调整结构和转变增长方式的需要。

专业市场的品牌建设整体上还存在以下问题：一是品牌同质化严重，企业间开展恶性价格战，促使企业的获利能力下滑；二是培育自主品牌意识不强，以贴牌生产为主，缺乏核心优势；三是品牌营销渠道滞后，微信、微博等新媒体的应用不够广泛；四是品牌设计研发水平不足，产品设计师队伍人才缺乏；五是市场反应速度落后，不能根据当前形式和商业模式的变化，做出快速反应和预先布局。

这些问题严重制约了企业自身的发展，同时也不利于专业市场品牌形象的提升和辐射范围的扩大，对行业的持续健康发展也将产生不利影响。

四、部分新市场盲目建设

由于专业市场对经济具有很强的带动作用，能解决就业和中小企业的发展问题，因此，某些地区盲目地进行专业市场的投资，忽视自身的产业特点和经济发展水平，以及与周边地区上下游间的协作效应。

一些开发商，只注重市场载体建设，盲目复制，忽视项目的前期定位、业态布局、规划设计、招商引资、经营管理、资本介入等环节。导致后期运营不利，许多新市场空置或半空置，资源浪费严重，造成专业市场之间互相争抢客源，进行恶性竞争。

2014年纺织服装专业市场发展趋势和展望

从当前纺织服装专业市场面临的问题分析中不难看出，市场转型发展的要求异常紧迫，一系列日益凸显的内在矛盾必须通过深化结构调整，实质性转变发展方式方能得到根本性的解决。任务十分艰巨，纺织服装专业市场必须抓住和用好当前的战略机遇期，将加速电子商务融合、加快转型升级步伐和加大品牌输出力度作为2014年重点调整方向。

一、加速电子商务融合

推动传统实体市场向现代流通业态转型，实体市场电子商务化，一要加大实体市场信息化基础设施建设的投入，建立市场内部局域网，运用现代信息技术完善和加强市场经营管理；二要尽快实现有形市场和无形市场的互动发展，线上交易与线下交易的相结合，扩展自己的渠道；三要完善与发展电子商务接轨现代物流相适应的金融结算、商品检测、物流配送、加工服务、信息网络等配套服务体系；四是加快信息化环境的建设，探索有效的信用评价方法，逐步建立无形市场的监管评价体系。

二、加快转型升级步伐

企业内在需求与环境倒逼作用将促进结构调整与转型升级加速推进，进一步增强行业内生发展动力与活力，纺织服装专业市场现已实质性的进入到从规模数量增长阶段，到深度转型调整周期。

一方面，市场要在改善经营环境方面做大量探索，结合当前批零兼营型专业市场建设，硬件设施更趋完善，商铺陈列更加注重时尚设计和品牌形象。另一方面，要提升管理水平，加速从房产租售商到市场综合运营服务商的转变，为广大商户提供公共服务平台，要加强市场管理、创新商业模式、完善服务体系、积极开展文化建设；再者，要精确市场定位，实施差异化经营，培养商户具备差异化经营的意识。

三、加大品牌输出力度

发挥好专业市场品牌孵化器的作用，提升区域品牌影响力，要加强成长型品牌的塑造，区域间、市场间结合自身的情况相互交流借鉴，政府和市场作为推手，联合推动中小品牌走出去，加强国内外间的交流，不断帮助品牌拓展营销渠道、积累成长经验。

同时，完善公共服务平台建设，为培养新品牌提供或协调完成消费调研、产品研发、品牌策划、市场推广、销售管理、人才支持、法务及财务服务等全过程的机构，降低创业企业的风险和成本。

（撰稿人：刘珊姗 刘 涛）

2013年纺织服装上市公司情况综述

银河证券研究部

纺服上市公司各类指标在A股市场占比仍较小

2013年A股纺织服装综合板块的上市公司总数为105家 在A股上市公司总数（2468家）中的占比为4.25%，其中子板块纺织业的上市公司数量为47家，纺织服装、服饰业为28家，化学纤维制造业24家，皮革、毛皮、羽毛及其制品和制鞋业6家。

因纺织行业以中小企业为主，在规模指标方面，纺织上市公司的股本、资产等指标在A股中的占比很小。截止2013年底，纺织综合版块上市公司总股本在两市总股本中的占比为1.43%，总市值占比1.38%，净资产占比从2012年同期的1.20%上涨到2.85%，总资产占比也从0.34%提高到1.89%。虽然资产占比大幅提高，但仍是远低于纺织上市公司数量在上市公司中的比重，如图1所示。

图1 纺织板块与沪深两市规模比较

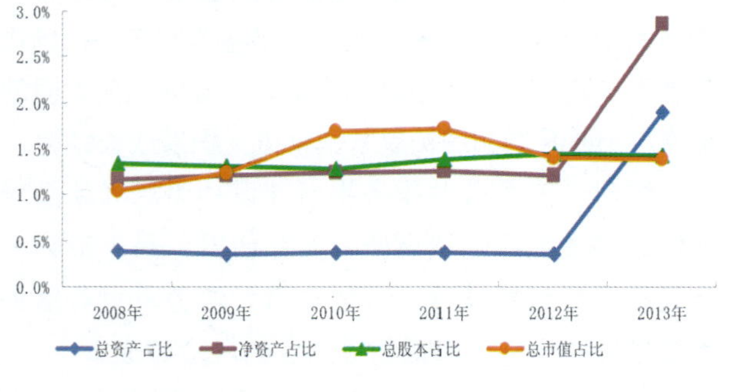

资料来源：WIND资讯、中国银河证券研究部

在每股指标方面，EPS、BPS均低于市场平均水平。2010～2013年底，纺织综合版块的EPS与沪深两市平均EPS均持续下滑。2013年，沪深两市的EPS下滑放缓，而行业EPS却加速下滑，使得行业EPS、BPS低于沪深两市的平均水平，如图2、图3所示。

图2 纺织板块与沪深两市每股收益（EPS）走势比较

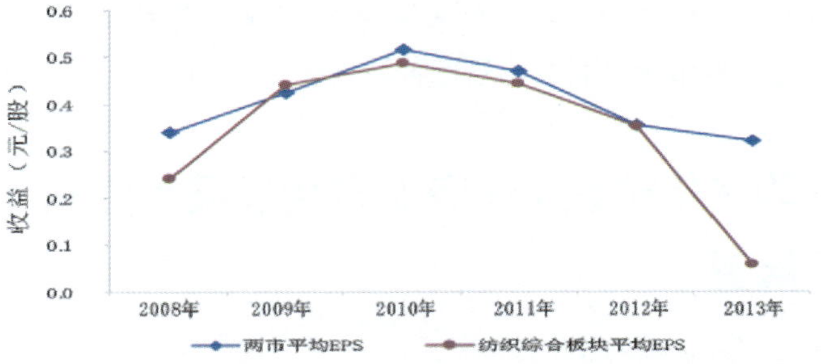

资料来源：WIND资讯、中国银河证券研究部

图3 纺织板块与沪深两市每股净资产（BPS）走势比较（元/股）

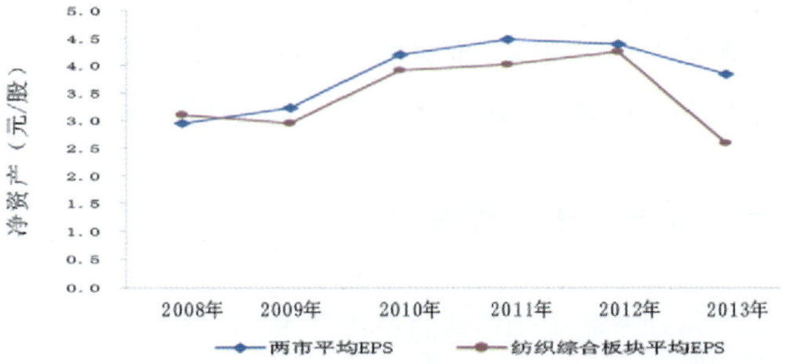

资料来源：WIND资讯、中国银河证券研究部

棉纺织公司受益出口弱回升，业绩拐点特征明显

自2013年初以来，棉纺类公司业绩呈现出拐点向上的明显特点。其原因主要在于，出口需求弱回升继续，公司产销数量增长；又因龙头公司积极采购外棉，驱动原料端的用棉成本同比下降，且

2012年基数较低，业绩弹性尤为显著，见表1。

在出口继续弱复苏的支撑下，且受益于纺织产业集中度的提升，棉纺业中各细分龙头2014年产能扩张计划得以继续推进，见表2。

服饰类公司调整应变：努力清库存、积极触网

一、因调整时间不同，各子版块业绩恢复进度不同

面临国内经济增速下行、终端需求增速不佳，服饰各个细分板块积极应变，有些公司因为调整得早，率先甩掉库存包袱，轻装上阵。具体看（表3）：

大众休闲子板块：2012年开始清库存过程，渠道数量增速也大幅放缓；同时，森马服饰、美邦服饰两家公司应收账款也进行有效控制。另从订货会增速看，森马服饰休闲装业务2014年春夏季也已恢复个位数增长。

家纺子版块：在2010、2011年处于高增长的阶段，从2012年开始收入增速放缓，但家纺在渠道中压货的透支低于其他子版块。截至2013年三季报，罗莱家纺、梦洁家纺的应收账款周转天数同比已经下滑，应收周转率已上升。

男装子版块：因男装公司更多依赖订货制度，调整相对滞后，但至2013年下半年，已有公司率先努力主动调整，例如报喜鸟为减轻加盟商存货压力对加盟商的部分货品进行回购，七匹狼同样为减轻分销渠道库存压力，回收较多库存。

二、纷纷触网：愈加重视电商发展

2013年，淘宝天猫双“十一”成交总额达350亿，同比增84%，电商大势难逆。另外，移动电商比例提升、线上线下积极合作、更加重视大数据的特征凸显。

2013年是纺织服装品牌企业的进一步试水动心之年，企业纷纷转变对待电商的态度，尝试020等新模式。罗莱家纺在2013年采用独立线上品牌运作，主打LOVO品牌突破电商市场，弱化罗莱主品牌线上销售并实现线上线下同价；探路者推出电商新品牌阿肯诺，允许经销商网上开店；七匹狼、美邦、搜于特等也都积极入驻微信商城等移动购物终端。

2013年，受益于自有品牌优势，传统优势企业互联网销售优势初显，电商渠道销售占比显著提高。例如2013年双“十一”交易的具体数据来看，罗莱家纺在2012年高基数上，增幅近60%，产生1.55亿元交易额；富安娜产生1.16亿元交易额，增幅达45%。电商的优异表现将促使各纺织服装企业不再把电商作为清库存下水道，而是积极采取措施，更加重视电商商机，采取更加积极和强有力措施借助互联网谋转型。

二级市场：板块整体跑赢上证综指

A股市场2013年1月向上震荡，之后持续下跌，6月份受资金收紧影响，达到全年的最低点，之后有所反弹；但至2014年一季度进一步下探。

而纺织制造板块，整体则是超越大盘；服装家纺板块除了三季度跌幅超大盘之外，其他时间段，亦跑赢大盘，如图4（所示）。

图4 2013年纺织服装板块与上证指数走势对比

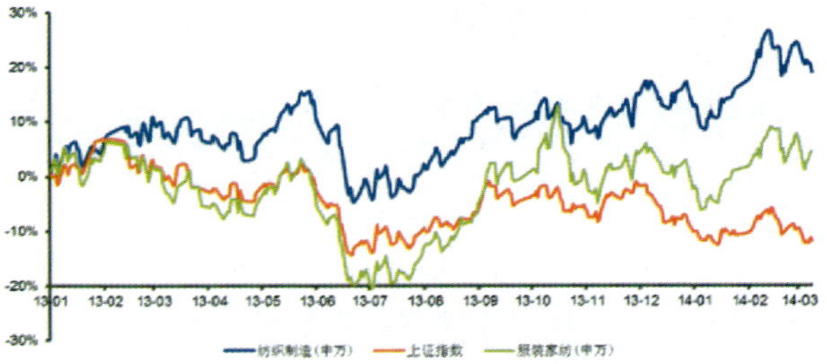

资料来源：WIND资讯、中国银河证券研究部

一级市场：定增为主，A股IPO仅有一家，部分登陆H股

表1 重点棉纺类公司历史业绩情况

公司	营收累计同比（%）				归属母公司股东的净利润累计同比（%）			
	2010年	2011年	2012年	2013年（1～9月）	2010年	2011年	2012年	2013年（1～9月）
鲁泰A	24.51	20.95	−2.92	10.27	29.62	14.81	−16.58	46.57
联发股份	45.79	23.44	−0.74	19.43	27.10	44.78	−22.46	25.95
华孚色纺	45.40	6.78	12.24	8.86（2013年报）	153.59	9.64	−77.70	120.72（2013年报）
百隆东方	47.61	−2.33	0.19	−8.41	85.06	2.30	−73.59	110.19
公司	净利润率（%）				销售毛利率（%）			
	2010年	2011年	2012年	2013年（1～9月）	2010年	2011年	2012年	2013年（1～9月）
鲁泰A	14.71	13.96	12.00	14.58	32.53	31.15	26.86	29.33
联发股份	9.19	10.78	8.42	7.47	20.73	22.20	20.80	20.44
华孚色纺	7.76	7.97	1.58	3.21（2013年报）	19.72	19.85	10.77	14.11（2013年报）
百隆东方	19.08	19.98	5.27	13.50	27.20	27.74	15.00	19.41

资料来源：WIND、中国银河证券（因为部分公司年报尚未披露，故采用1～9月数据）

表2 棉纺业公司产能释放驱动

细分行业	公司	截止2013底名义产能	2014年主要新增产能
色织布	鲁泰纺织	色织布产量近1.8亿米；匹染布8000万米；衬衫2000万件	色织布二期（2000万米）剩余产能；衬衫2014年柬埔寨300万件产能
色织布	联发股份	色织布自有1.1多亿米；印染布3000万米；衬衫800多万件	色织布产业链上染色、后整理环节进行调整；印染布预计可新增2000万米
色纺纱	华孚色纺	自有产能130万锭	九江出口加工区的10万锭2014年投产；淮北经济开发区新区一期项目等
色纺纱	百隆东方	自有产能100多万锭	淮安、邹城募投产能，以及越南二期产能

资料来源：公司公告、中国银河证券研究部

2013年，受IPO停摆等因素影响，我国上市公司融资规模继续萎缩。截至2013年底，两市通过增发、配股及发行可转债共筹资4124亿元。其中12家公司配股筹资452.32亿元；增发公司242家，募资合计3127.27亿元；发行可转债公司8家，合计募资544.81亿元；平均每家筹资额15.74亿元。

纺织行业仅有天山纺织、宏达高科和凯撒股份3家公司，通过增发筹资13.96亿元，平均每家筹资额4.65亿元。与两市筹资规模相比，纺织上市公司的融资能力明显低于市场平均水平，见表4、表5。

据WIND数据，2013年A股市场纺织服装板块处于上市“落实反馈意见中”、“初审中”状态的公

表3 服饰各细分板块应收账款周转率和营业收入同比增速比较

单位：%

子版块	公司	指标	2012Q1	2012 Q1—2	2012 Q1—3	2012 Q1—4	2013Q1	2013 Q1—2	2013 Q1—3
休闲	森马服饰	应收账款周转天数累计同比	273.84	207.78	102.91	66.63	—12.43	—19.18	—12.21
	森马服饰	营业收入累计同比	—15.80	—16.54	—11.86	—8.98	6.26	8.51	6.85
	美邦服饰	应收账款周转天数累计同比	32.33	—0.88	—2.44	—18.78	—66.15	—47.54	—46.03
	美邦服饰	营业收入累计同比	27.17	21.21	5.91	—4.38	—15.72	—18.74	—19.90
	搜于特	应收账款周转天数累计同比	54.60	32.87	26.50	42.76	39.74	88.76	51.03
	搜于特	营业收入累计同比	47.65	48.30	49.27	46.64	33.21	27.16	18.18
家纺	罗莱家纺	应收账款周转天数累计同比	45.62	42.21	24.81	8.18	12.64	7.34	—4.49
	罗莱家纺	营业收入累计同比	5.35	3.31	13.09	14.38	0.17	4.01	—6.77
	富安娜	应收账款周转天数累计同比	53.59	56.46	38.98	24.91	5.33	—0.53	21.71
	富安娜	营业收入累计同比	21.46	24.83	26.21	22.26	8.61	8.20	5.28
	梦洁家纺	应收账款周转天数累计同比	72.30	92.50	44.30	30.51	—23.34	—9.72	—6.52
	梦洁家纺	营业收入累计同比	—9.93	2.10	—0.60	—4.14	23.57	16.47	15.24

续表

子版块	公司	指标	2012Q1	2012 Q1-2	2012 Q1-3	2012 Q1-4	2013Q1	2013 Q1-2	2013 Q1-3
男装	九牧王	应收账款周转天数累计同比		76.79	125.50	60.24	92.60	73.49	34.42
	九牧王	营业收入累计同比	22.58	23.58	20.53	15.20	4.70	-2.29	-1.19
	七匹狼	应收账款周转天数累计同比	-14.12	-2.53	32.15	21.44	88.70	84.42	39.56
	七匹狼	营业收入累计同比	26.22	24.47	19.71	19.05	0.46	-4.27	-8.11
	报喜鸟	应收账款周转天数累计同比	45.12	45.73	37.60	41.69	15.62	-0.18	7.50
	报喜鸟	营业收入累计同比	57.75	25.02	28.77	11.13	0.06	13.29	-9.43

资料来源：WIND资讯、中国银河证券研究部

司共有4家，分别是浙江银宇纺织股份有限公司、北京富泰革基布股份有限公司、北音勒芬服饰股份有限公司以及浙江台华新材料股份有限公司。另外，运动服装品牌“贵人鸟”结束两年的上市长跑，在2014年1月以10.6元/股的发行价格发行8900万股股票，募资总额9.43亿元。

另因A股市场IOP停止时间过长，一些公司选择港股上市，例如：2013年12月20日在港交所主板挂牌的富贵鸟（01819.HK）公布招股结果，每股招股价定8.81港元，募资净额约10.9亿港元。2014年1月9日，诺奇（HK1353）正式于香港联合交易所主板上市，成为中国首个在港股主板上市的“快时尚”品牌。

2014年纺服公司业绩驱动因素

一、制造：新疆棉目标价格补贴试点，价差有望收窄，长期利好

2013年，纺织制造企业在2012年低基数和出口弱复苏情况下，净利同比增速提高明显。但由于收储政策导致的国内外棉花高价差，使得企业处境依然尴尬。但2014年中央1号文件已明文决定在新疆率先实行棉花目标价格补贴试点政策，代替长期以来施行的棉花收储政策。

内棉决定成本，外棉决定售价，直补代替收储，有利于棉花价格回归市场主导，内外棉花价差随之收窄，从而降低纺织制造企业的生产成本，利于棉企竞争力有望提升。

此外，我们预计2014年出口弱回升的趋势也有望持续，棉纺织公司业绩有望继续稳中趋好。

二、服饰：电商合作进一步深化

面对电商的迅速发展，上市公司经历从2012年观望、2013年参与（主动或被动）的转变，2014年，服饰公司对电商愈加重视，合作愈加深化。例

表4 沪深两市及纺织综合板块一级市场2009年至2013年融资状况

市场融资		2009年		2010年		2011年		2012年		2013年	
		金额	同比(%)	金额	同比(%)	金额	同比(%)	金额	同比(%)	金额	同比(%)
沪深两市	筹资额(亿元)	4466	31.5	10750	140.7	7116	-31.4	4721	-33.7	4124	-12.65
	筹资次数	249	137.1	531	113.25	481	-9.4	324	-32.6	262	-19.14
纺织板块	筹资额(亿元)	88.14	64.78	174.54	98.03	197.03	12.89	98.25	-50.1	13.96	-85.79
	筹资次数	11	83.33	21	90.91	22	4.76	11	-50	3	-72.73

资料来源：WIND资讯、中国银河证券研究部

表5 2013年主要纺织上市公司筹资及项目投向

代码	名称	实际募集总金额(亿元)	筹资类型	拟投项目
000813.SZ	天山纺织	5.89	增发	购买西拓矿业75%的股权
002144.SZ	宏达高科	2.87	增发	超声诊断设备产业化升级项目、超声治疗设备产业化项目一期、研发中心建设项目、销售服务中心建设项目
002425.SZ	凯撒股份	5.20	增发	国内销售网络建设，增资凯撒（中国）股份香港有限公司

资料来源：WIND资讯、中国银河证券研究部

如休闲板块，搜于特旗下的潮流前线信息科技有限公司着手研究、筹划开通微信公众平台商户功能，探索其“潮流前线”品牌服饰O2O购物模式。又如奥康鞋业与阿里巴巴签署O2O合作框架协议，双方将充分发挥各自优势，提高竞争力，共同进行市场开拓等。2014年服饰类公司电商业务的快速发展，有望继续成为公司业绩的重要驱动因素之一。

三、体制：国企改革成公司发展新动力

因纺织企业一些公司还是国有企业，体制上的改革成为企业发展新动力，例如2013年12月，上海推出了《关于进一步深化上海国资改革促进企业发展的意见》，直接涉及公司即有产业用纺织品龙头申达股份（上海国资委持股31%）；又如国家国资委旗下的军需龙头际华集团（国家国资委间接控股66%）等。而在资本市场上，国企改革的实际举措有望成为公司估值提升的催化剂。

（撰稿人：马　莉 花小伟）

纺织工业“十一五”节能减排与淘汰落后产能的产业政策实施效果分析及政策建议

中国纺织经济研究中心

“十一五”时期，我国颁布了《节约能源法》和《循环经济促进法》。国家相继出台的一系列产业政策和纺织工业发展规划的文件中，涉及节能减排、资源节约及保护环境的具体指标和相关任务。为此，本文从政策重点、政策特征及政策效果的角度，对纺织工业“十一五”环境保护与资源节约的产业政策进行了较为实际而深入分析，对纺织工业节能减排、资源利用及环境保护等领域的若干关键问题提出了政策建议。

产业政策的概念

什么是产业政策，产业政策的含义怎么理解。20世纪70年代，在许多国家“产业政策”一词已经成为相当流行的经济用语。20世纪80年代，我国从计划经济向市场经济转轨过程中，我国开始制定并实施市场经济条件下的产业政策。1989年，我国颁布了第一个明确产业政策文件——《国务院关于当前产业政策要点的决定》。主要根据市场的供求状况，提出国家支持或限制或禁止发展的产业和产品，几乎涉及所有的工业部门。但缺乏长远战略定位。1994年，国务院制定并颁布了《90年代国家产业政策纲要》。这一产业政策明确地提出了制定和实施产业政策的原则，并要求充分发挥市场机制对资源配置的基础作用。

产业政策是指国家（政府）系统、科学地规划、设计有关产业发展，特别是产业组织结构演变的政策目标和政策措施的总和。产业政策是国家干预或参与经济的一种较高级形式。产业政策是国家宏观调控不可或缺的重要组成部分，是调整优化产业结构、转变经济发展方式的重要手段。

在社会主义市场经济快速发展的背景下，对我国产业政策进行研究具有十分重要的意义。我国是使用产业政策较多的国家，科学制定和实施产业政策，必须要了解政府的干预政策对产业发展带来的是积极的效果还是消极的影响。针对经济发展中突出的问题，政府应该采用怎样的产业政策，在实践中所实施的产业政策效果如何，政府推行的产业政策是否有风险，政府应如何有效规避这些风险等等。这些都是理论上和实践中无法回避的问题。只有对各项政策的有效性进行充分地分析，才能为决策部门今后制定更加有效的政策提供科学的依据，也才能对行业的经济发展形成更为行之有效的政策支撑。

问题的提出

由于我国能源成本的不断上升，在一定程度上增加了纺织企业的生产成本。纺织工业的能源消耗量大，对石油等资源的依赖性也很高。纺织工业2006年总能耗为6867万吨标准煤，占全国工业总能耗的4.3%；规模以上企业用水量达到95.48亿立方米，占全国规模以上工业企业用水总量的8.51%。2007年1～6月，我国煤电油价格同比增长3.5%，给多数纺织企业带来了一定的压力。

就在此时，2007年10月28日，为了推动全社会节约能源，提高能源利用效率，保护和改善环境，促进经济社会全面协调可持续发展，第十届全国人民代表大会常务委员会第三十次会议修订通过《中华人民共和国节约能源法 》，自2008年4月1日起施行。2008年8月29日，为了促进循环经济发展，提高资源利用效率、保护和改善环境、实现可持续发展，第十一届全国人民代表大会常务委员会第四次会议通过了《中华人民共和国循环经济❶促进法》，自2009年1月1日起施行。

与此同时，国家对节能减排工作的监管力度不断加大，各省份相继出台严格的污染物排放标准，政府通过各种价格手段促使企业增加节能减排投入力度。例如，江苏省印染企业COD排污权初始价格为5.2元/kg，而印染企业每削减1kgCOD排放的成本仅为2.9元。另外，部分省份制定行业单位产值水耗标准，超标用水水费提高1～2倍。纺织企业，特别是印染、化纤企业在节能减排方面的技术、装备投入不断增加。同时，随着相关激励政策出台，在节能减排方面做出成绩的企业将享受到优惠政策。

纺织企业减少污染排放和治理的任务相当艰巨。纺织工业废水排放量较高，并且我国印染和化纤等排污严重的企业多集中在江苏、浙江等经济发达、人口密集地区，如不加紧治理，将对周边环境产生严重影响。纺织企业推进清洁生产是从源头解决污染问题的方式。但其具体实施要涉及开发清洁技术、设备更新改造等问题。

节能减排工作的推进加大了纺织企业的生产运营成本，但从长远来看，强化节能减排也是推进发展方式转变、优化经济结构的重要手段。行业技术、装备将跟随节能减排的要求加快更新换代，产品升级过程随之加速，行业产业结构调整和产业升级步伐加快。

综上所述，“十一五”时期，我国不断加强环境保护政策的力度，并与其他经济政策协调配合，有力地支持了纺织行业经济平稳较快发展。纺织工业坚持结构调整和产业升级，积极有效应对国际金融危机的冲击。纺织行业把节能节水作为“十一五”的重要任务，加大科技投入、更新改造装备、发展循环经济，获得经济效益和社会效益。纺织行业全面完成了各项目标和任务，其中节能减排效果明显。“十二五”纺织工业进入由大变强的重要时期，同时也面临更加艰巨的节能减排和资源环境利用的任务。2011年7月中国纺织工业联合会成立了“环境保护与资源节约促进委员会”，旨在充分调动和发挥行业内外研究机构、大专院校、认证检测机构、金融机构、非政府组织以及企业、个人等各层面的作用，在全行业广泛开展节能减排与资源节约、综合利用，推动行业自律。在这种背景下，研究纺织工业“十一五”环境保护、资源利用的政策实施效果，并针对纺织工业节能环保若干关键问题提出政策建议，对纺织行业实现可持续发展更具有重要的现实意义。

与环境保护、资源节约相关的产业政策综述

随着《中华人民共和国节约能源法 》和《中华人民共和国循环经济促进法》的施行，以及全面实现“十一五”节能减排目标以及践行减排承诺，加快推进资源节约型、环境友好型社会建设，推进节能减排就成为“十一五”产业政策的突出重点。

2006年，《纺织工业“十一五”发展纲要》在提出纤维加工总量、人均劳动生产率等预期性目标的同时，首次提出了节能、降耗及环保约束性指标：单位产值纤维使用量降低20%，吨纤维耗水量

❶本法所称能源，是指煤炭、石油、天然气、生物质能和电力、热力以及其他直接或者通过加工、转换而取得有用能的各种资源。本法所称节约能源（以下简称节能），是指加强用能管理，采取技术上可行、经济上合理以及环境和社会可以承受的措施，从能源生产到消费的各个环节，降低消耗、减少损失和污染物排放、制止浪费，有效、合理地利用能源。

本法所称循环经济，是指在生产、流通和消费等过程中进行的减量化、再利用、资源化活动的总称。

本法所称能源，是指煤炭、石油、天然气、生物质能和电力、热力以及其他直接或者通过加工、转换而取得有用能的各种资源。本法所称节约能源（以下简称节能），是指加强用能管理，采取技术上可行、经济上合理以及环境和社会可以承受的措施，从能源生产到消费的各个环节，降低消耗、减少损失和污染物排放、制止浪费，有效、合理地利用能源。

本法所称循环经济，是指在生产、流通和消费等过程中进行的减量化、再利用、资源化活动的总称。

下降20%；吨纤维耗电量下降10%；单位产值污水排放量降低22%。水耗、能耗下降幅度均高于全国“十一五”纲要的要求。

2007年，国家对节能减排工作的监管力度不断加大，各省份相继出台严格的污染物排放标准，并通过各种价格手段促使企业增加节能减排投入力度。中央经济工作会议提出，2008年要加大攻坚力度，确保节能减排取得重大进展，地方相关法律法规也更加完善，价格、税收、财政等激励政策相继出台。

2010年，国务院下发了《国务院关于进一步加大工作力度确保实现“十一五”节能减排目标的实现》；同年4月，工业和信息化部下发了《关于进一步加强中小企业节能减排工作的指导意见》，提出争取3～5年时间，较大幅度提升中小企业能源资源利用水平和清洁生产水平，使中小企业单位产品（工序）能耗、主要污染物排放、清洁生产等指标有显著提高；同年5月，工业和信息化部印发了《关于进一步加强工业节水工作的意见》，明确了重点工业行业取水指导指标。

上述政策的出台，深刻表明“十一五”我国产业政策的首要任务是结构调整和转变发展方式。重点体现在深入推进节能减排，加快落后产能退出市场，推动企业兼并重组，引导企业合理有序科学转移，积极推进行业发展，关闭低效小企业，健全行业准入管理。一方面，我国产业政策体系和功能不断丰富完善，呈现出：政策目标聚焦化、政策体系系统化、产业政策多元化等突出特征。产业政策更加注重健全政策体系的完善，加强协同发挥作用。形成了以产业结构政策为核心，产业组织政策、布局政策和技术政策协同发挥作用的政策体系，进一步完善了产业政策体系和系统性。另一方面，政策手段多元化。引导、规制和法律等多种手段共同发挥作用。主要表现：一是引导手段，主要包括政府投资、财政补贴、税收减免、贷款优惠等金融政策，关税减免等外贸政策。二是管制手段。主要包括市场准入、项目审批、供地审批、贷款的行政核准、目录指导、强制性清理等。规制和法律手段逐步完善，其中，建立和完善行业准入条件是产业政策工作创新的重要举措。三是加强法律手段的作用。

为了促进纺织行业健康、持续、协调发展，我国相关政府部门结合纺织工业发展形势，制定了一系列有关纺织产业的政策。主要文件政策有：《纺织工业“十一五”发展纲要》、《关于加快纺织行业结构调整，促进产业升级若干意见的通知》、《关于促进我国纺织行业转变外贸增长方式支持纺织企业“走出去”相关政策的通知》、《化纤工业“十一五”发展指导意见》、《纺织工业调整和振兴规划》、《关于纺织机械工业结构调整的指导意见》、《纺织工业技术进步与技术改造投资方向（2009～2011年）》、《关于推进纺织产业转移的指导意见》、《印染行业准入条件（2010年修订版）》、《粘胶纤维行业准入条件》、《纺织工业“十二五”科技进步纲要》、《纺织工业“十二五”发展规划》、《建设纺织强国纲要(2011～2020年)》。另外，对于产业目录指导政策，也涉及纺织环保部分，“十一五”有关部委出台的目录指导政策文件（表1）。

纺织工业“十一五”环境保护与资源节约产业政策的重点研究

一、《纺织工业“十一五”发展纲要》中节能降耗、环境保护的政策效果分析

为贯彻落实《国民经济和社会发展第十一个五年规划纲要》精神，积极推动纺织工业科技进步和自主创新，转变增长方式，促进产业升级和结构调整，实现纺织工业的全面、协调、可持续发展，国家发展改革委会同有关部门和中国纺织工业协会[1]（现

[1] 2011年7月12日，民政部批复中国纺织工业协会更名为中国纺织工业联合会（民函［2011］206号）。2011年11月11日，中国纺织工业联合会正式挂牌。

表1 “十一五”时期，有关部委出台目录指导政策的文件

出台年份	政策文件名称
2006年	《限制用地项目目录（2006年）》
	《禁止用地项目目录（2006年）》
2007年	《外商投资产业指导目录（2007年修订）》
	《当前国家鼓励发展环保产业设备（产品）目录（2007年修订）》
	《对外投资国别产业导向目录》
	《当前优先发展的高新技术产业化重点领域指南（2007年度）》
2008年	《中西部地区外商投资优势产业目录（2008年修订）》
2009年	《国家重点节能技术推广目录（第二批）》
	《环境保护、节能节水项目企业所得税收优惠目录》
	《重点推广节能技术报告（第二批）（纺织类）》
	《纺织工业技术进步与技术改造投资方向（2009—2011年）》

注 上述纺织产业政策，都涉及有关纺织工业环境保护、节能降耗及资源节约等内容。

中国纺织工业联合会）编制了《纺织工业“十一五”发展纲要》（发改工业［2006］1072号）。2006年6月13日，国家发展改革委下发《关于印发纺织工业“十一五”发展纲要的通知》。

《纺织工业“十一五”发展纲要》（以下简称《纲要》）在分析和阐述我国纺织工业全局性的重大问题、国内外环境变化和行业发展趋势基础上，明确了“十一五”期间纺织工业发展的指导思想、方向和重点，对纺织工业主要规模和结构目标进行了预测，对节能降耗和环境保护等方面的指标提出了明确要求（表2）。

《纲要》列出的11个主要指标中，有3个约束性指标。到2010年，单位产值纤维电量比2005年降低10%，单位纤维耗水量比2005年降低20%，单位产值的污水排放量比2005年降低22%。《纲要》对节能、降耗和环保指标提出了约束性目标要求，而对其产值、产量等主要经济指标仅仅做了预测。同期，这3个约束性指标也同样地出现在此后由国家发改委、国家环保部等十部委发布《关于加快纺织行业结构调整促进产业升级若干意见的通知》文件中。表明国家下大力气来调整纺织行业的产业结构、加大行业环保治理的力度。纺织用水量已居制造业前列，而水的重复利用率却远远落后于制造业平均水平。“十一五”纺织清洁生产、废水治理任务极为繁重。

（一）“十一五”时期，纺织工业节能减排、循环利用的情况

2005年8～12月，为应对欧美国家对我国纺织品出口设限的问题，国家环保部就组织开展了纺织印染行业环保专项检查。纺织印染行业的环保专项检查成为促进污染防治、产业结构调整的一项重要工作。在此次检查中，各地环保部门共检查纺织印染企业3585家，立案查处环境违法企业508家，其中取缔、停产92家、限期治理117家、实施经济处罚262家。而各地紧紧抓住专项检查的契机，加大对纺织印染行业的监管力度，加快了纺织印染行业的升级改造步伐；通过印染废水的规模化处理，节约污

染治理成本，提高达标排放水平；强化监督、加强监控，加大了对环境违法企业的惩处力度。

纺织印染企业点多面广，布局分散。部分企业环保意识薄弱，少数规模小、竞争力弱的企业，为降低生产成本，故意不正常使用污水处理设施，偷排现象屡禁不止。一些企业生产工艺落后，污染治理设施老化，排水不能做到稳定达标。有的企业生产规模扩大，污水量大幅增加，污水处理设施没有配套跟进，废水不能得到有效处理。同时，环保法制不够健全。目前我国的环境法律法规中对违法企业的处罚措施力度小，违法成本低，守法成本高的状况依然存在，环保执法手段对违法企业起不到足够的震慑作用。

按照《纲要》要求，推进纺织清洁生产和节能降耗，提高资源利用效率，到2010年，单位产值纤维使用量下降20%，吨纤维耗水下降20%。加大染整、化纤等行业废水、废气污染治理力度，减少污染物排放总量，实现环境与社会的协调发展。

纺织行业不仅要解决污染物排放问题，还要解决生产水来源问题。纺织行业的生产水指标要比自来水严格得多。而纺织产业的整体技术装备落后也是耗水量高居不下的原因。现在我国印染企业的单位产品耗水量一般是发达国家的3倍左右。按照《纲要》规划目标的要求，“十一五”环保类指标，按

表2 “十一五”纺织工业发展目标

指标	2005年	2010年	年均增长	属性
纤维加工总量	2690万吨	3600万吨	6%	预期性
人均纤维消费量	13kg	18kg	6.7%	预期性
劳动生产率	51099元/（人·年）	85000元/（人·年）	10.7%	预期性
销售产值（全社会口径）	33000亿元	60000亿元	12.7%	预期性
纺织品服装出口	1175亿美元	1800亿美元	9%	预期性
从业人数	1960万人	2300万人	3.3%	预期性
节能指标		吨纤维耗电量比2005年降低10%		约束性
降耗指标		单位产值的纤维使用量比2005年降低20%；吨纤维耗水量比2005年降低20%		约束性
环保指标		单位产值的污水排放量比2005年降低22%		约束性
服装、家纺和产业用纺织品的比重	54：33：13	50：33：17		预期性
主要产品产量	化纤：1629万吨 纱：1440万吨	化纤：2400万吨 纱：1850万吨	化纤：8% 纱：5%	预期性

照行业分解在棉纺织、化纤、服装、产业用纺织品等七个行业，通过装备改进、节能技术提升、“三废”治理等措施，实现节能、降耗、环保3个约束性指标的要求。

对于占全国纺织行业废水排放量80%的印染行业，提高了印染产品质量、推行节能降耗技术、强化环境保护，并加大生物技术和生态纺织品的研发和生产。“十一五”先进设备比重达到40%，单位产值的污水排放比2005年降低22%，万元产值能耗电比2005年降低10%～15%。

同时，进一步优化了产业区域布局，在东部地区重点发展技术含量高、附加值高、能源和原材料消耗低的纺织产品，促进产业升级。通过土地、环保及产业政策等多种手段，限制和淘汰低水平初加工能力，减轻东部地区土地、环境、资源、能源和社会压力。中西部地区将承接东部地区部分产能，结合区域结构调整，因地制宜地发展。

“十一五”期间，环保部门曾对纺织印染行业作为环保执法专项行动的重点，严肃查处一批超标排放污染物的违法案件，公开处理。同时重点督促江苏、浙江、福建、广东等纺织印染企业集中的地区，加快产业结构调整步伐，努力提升产业发展水平；督促污染物排放量大的企业、鼓励有条件的企业开展清洁生产工作。

（二）纺织工业“十一五”节能减排与循环利用的主要指标完成情况

“十一五”期间，一批节能减排和资源循环利用新技术在全行业得到广泛应用。差别化直纺和新型纺丝冷却技术在化纤行业开始推广，高效短流程印染前处理技术在棉及棉混纺织物上得到普遍应用，废水余热回收、中水回用、丝光淡碱回收等资源综合利用技术在行业中推广应用比例已达到50%。纺织纤维再利用开发技术不断升级，2010年再利用纺织纤维产量突破400万吨，以可再生、可降解的竹浆粕、麻秆浆粕为原料的粘胶纤维实现产业化生产。

“十一五”节能减排的目标任务全面完成。纺织行业单位增加值综合能耗累计下降约32%，百米印染布新鲜水取水量由4.0吨下降到2.5吨，印染行业水回用率由7%提高到15%，纺织行业单位增加值污水排放量累计下降幅度超过40%。

二、抑制产能过剩和淘汰落后产能政策的分析

“十一五”期间，由于部分行业过度投资、重复建设和产能过剩问题依然突出，国家产业政策工作的重点和核心是淘汰落后产能。淘汰落后产能政策主要是从国家宏观调控目标的角度，提出淘汰落后产能的总目标任务和政策措施，行业政策则根据总体产业政策要求，针对具体行业，提出任务和措施。

（一）进一步加大抑制产能过剩和淘汰落后的政策力度

2006年，《国务院关于加快推进产能过剩行业结构调整通知》（国发［2006］11号）正式发布，随后出台了针对钢铁、汽车等11个产能过剩或潜在过剩行业的相关政策；2009年9月，出台了《关于抑制部分行业产能过剩和重复建设引导产业健康发展的若干意见》，进一步治理钢铁、水泥、平板玻璃等行业的产能过剩问题；2010年2月，国务院印发了《关于进一步加强淘汰落后产能工作的通知》，工业和信息化部出台《部分工业行业淘汰落后生产工艺装备和产品指导目录》，淘汰落后产能的力度继续加大。为应对金融危机，国务院发布了《纺织工业调整和振兴规划》，在促进“保增长”的同时，着力点放在了“调结构、上水平”上。

2009年，国际金融危机期间，在出台的《纺织工业调整和振兴规划》中，对纺织行业提出之后3年淘汰落后产能的具体要求。

为落实国家有关淘汰落后产能的部署，2009年11月，工业和信息化部印发了《关于分解落实

2009年淘汰落后产能任务的通知》，公布了淘汰落后产能的任务分解（各地区涉及的行业和数量）。2010年5月，工业和信息化部向各地方政府下达2010年18个行业淘汰落后产能的目标任务，此次提出的目标要求高于当年5月国务院发布的《关于进一步加大工作力度确保实现“十一五”节能减排目标的通知》提出相应要求。5月下达的目标任务要求各地尽快将目标任务分解到地市县和具体的企业，并确保这些落后产能在第三季度前全部关停。

2010年12月，工业和信息化部发布《部分工业行业淘汰落后生产工艺装备和产品指导目录（2010年本）》，针对纺织、轻工等八大行业中不符合有关法律法规规定、严重浪费资源、污染环境、不具备安全生产条件的落后生产工艺装备和产品制定了详细的目录。

（二）政策重点

政策重点不仅提出淘汰落后产能总目标的具体任务，同时，政策的力度逐年加大，配套政策也更加完善跟进。宏观调控政策主要从实现国家宏观调控目标的角度，提出淘汰落后产能的总目标任务和政策措施。2006年国务院出台了《关于加快推进产能过剩行业结构调整的通知》，强调把淘汰落后生产能力作为推进产能过剩行业结构调整的重点措施。2010年2月，国务院印发《关于进一步加强淘汰落后产能工作的通知》明确了纺织行业2011年底前，淘汰落后产能的具体目标任务：淘汰74型染整生产线、使用年限超过15年的前处理设备、浴比大于1：10的间歇式染色设备，淘汰落后型号的印花机、热熔染色机、热风布铗拉幅机、定形机，淘汰高能耗、高水耗的落后生产工艺设备；淘汰R531型酸性老式粘胶纺丝机、年产2万吨以下粘胶生产线、湿法及DMF溶剂法氨纶生产工艺、DMF溶剂法腈纶生产工艺、涤纶长丝锭轴长900mm以下的半自动卷绕设备、间歇法聚酯设备等落后化纤产能。

工业和信息化部制定的《部分工业行业淘汰落后生产工艺装备和产品指导目录（2010年本）》中，也明确了纺织淘汰的具体内容。《纺织工业调整和振兴规划》也确定了纺织行业到2011年要完成淘汰75亿米印染产能和230万吨落后化纤产能的任务。

（三）政策特征

1.约束机制与激励机制相结合

近年来，淘汰落后产能政策更加注重强化约束与完善激励机制紧密结合，在强化政策约束机制方面，严格市场准入。强化安全、环保、能耗、物耗、质量、土地等指标的约束作用，尽快修订《产业结构调整指导目录》，制定和完善相关行业准入条件和落后产能界定标准，提高准入门槛，鼓励发展低消耗、低污染的先进产能。加强投资项目审核管理，尽快修订《政府核准的投资项目目录》。强化经济和法律手段。充分发挥差别电价、资源性产品价格改革等价格机制在淘汰落后产能中的作用，落实和完善资源及环境保护税费制度，强化税收对节能减排的调控功能。对未按期完成淘汰落后产能任务的地区，严格控制国家安排的投资项目，加大执法处罚力度。充分发挥市场的作用，采取更加有力的措施，综合运用法律、经济、技术及必要的行政手段，进一步建立健全淘汰落后产能的长效机制，确保按期实现淘汰落后产能的各项目标。完善政策激励机制方面，加强财政资金引导，妥善处理淘汰落后产能与职工就业的关系，支持企业升级改造。

2.突出强调依法行政

目前，我国社会主义市场经济体制还不完善，解决落后的产能问题还需要适当采取行政手段。淘汰落后产能政策强调坚持依法行政，充分发挥法律法规的约束作用和技术标准的门槛作用，严格执行环境保护、节约能源、清洁生产、安全生产、产品质量、职业健康等方面的法律法规和技术标准，依法淘汰落后产能。

3.职责分工更加细化明确

为保障工作落实，淘汰落后产能政策进一步明确了工业和信息化部、国家发展改革委、监察部、财政部、人力资源和社会保障部、国土资源部、环境保护部等相关部门的职责分工。建立协调机制，成立淘汰落后产能工作部际协调小组，共同做好淘汰落后产能的各项工作。明确职责分工，做到责任到位、措施到位、监管到位。对淘汰产能任务进行了逐层分解，强调企业承担淘汰落后产能的主体责任。确保淘汰落后产能工作取得明显成效。

（四）政策效果

1．“十一五”纺织行业淘汰落后产能目标任务全面完成

2011年10月29日，工业和信息化部和国家能源局公告2011年第36号。加快淘汰落后产能是转变经济发展方式、调整产业结构、提高经济增长质量和效益的重大举措，是加快节能减排、积极应对全球气候变化的迫切需要。各省（区、市）人民政府高度重视淘汰落后产能工作，认真贯彻落实《国务院关于进一步加强淘汰落后产能工作的通知》（国发［2010］7号）精神，加强组织领导，落实政策措施，分解落实任务，加强监督考核，稳步推进淘汰落后产能工作。各省（区、市）对2010年淘汰落后产能企业组织了现场检查，出具了书面验收意见，对分解落实目标任务和完成目标任务情况进行了公告。淘汰落后产能工作协调小组对各省（区、市）目标任务完成情况进行了检查考核。

2010年全国纺织行业淘汰落后产能目标任务全面超额完成。根据工业和信息化部检查考核情况，2010年全国印染行业完成淘汰落后产能41.9亿米，超额10亿米；化纤68.3万吨。淘汰落后产能任务的完成，对实现“十一五”节能减排目标，推动产业结构升级，转变发展方式起到重要的推动作用（表3）。

2．“振兴规划”期，淘汰落后产能任务全面完成

2009～2011年是《纺织工业调整和振兴规划》期，我国纺织行业完成淘汰任务情况如下：

棉纺行业：积极加快淘汰建国前生产的以及所有“1”字头纺纱和织造设备，A512型、A513型系列细纱机，取得了一定成效。

毛纺行业：已经重点完成淘汰B250型毛精纺机、H212型毛织机等落后设备的任务。

印染行业：近年来，印染行业高效、连续、短流程等节能减排染整设备不断得到改进和完善，推广应用面不断扩大。同时，配套工艺技术实现研发突破并在行业中推广应用。印染行业冷凝水及冷却水回用、废水余热回收、中水回用、丝光淡碱回收等能源、资源综合利用新技术在行业中加快推广和应用，目前应用比例已超过50%以上，提高水、热等各种资源的使用效率，产生了较好的经济和社会效益。印染行业加快淘汰落后生产能力，74型染整设备基本淘汰，落后型号的平网印花机、热熔染色机、热风布铗拉幅机、短环烘燥定型机及其他高能耗、高水耗的落后生产工艺设备正在逐步被节能、节水、环保、高效的生产设备所替代。

化纤行业：按照《振兴规划》任务要求，积极控制纤维加工总量增长速度，限制发展常规产品的一般技术水平的产能，鼓励发展高水平差别化、功能化及高新技术纤维等先进产能（表4）。

3．有效防止新增落后产能

相关主管部门不审批、核准、备案“两高”和产能过剩行业扩大产能项目，并加大对新上和改造扩建项目的节能评估和审查力度，对国家明令淘汰、不符合产业政策得到建设项目不予批准用地和环境评估，加强外商投资审核、严格生产安全许可证审查，有力抑制新增落后产能。

4．激励政策效果初步显现

2007年以来，中央财政累计安排奖励资金219亿元，支持经济欠发达地区淘汰落后产能。一些地区安排财政资金，帮助淘汰落后产能企业解决职工安置、债务偿还、改造转产等困难，减少了淘汰落后产能对企业和社会造成的不利因素，保证了淘汰落后产能的顺利推进。

（五）存在问题及政策建议

湖南、甘肃、青海、江西、福建等5省部门间淘汰落后产能工作协调配合机制仍需完善；广东、北京、山西、河南、江苏、云南等6省（市）29户企业

表3 2010年，全国各省市完成印染和化纤行业淘汰落后产能目标任务情况

地区	印染			化纤		
指标	下达量（吨）	完成量（吨）	完成率（%）	下达量（吨）	完成量（吨）	完成率（%）
北京						
天津	1000	2500	250			
河北	12000	12300	103			
山西				3	3	100
内蒙古						
辽宁	2000	2100	105	3	3	100
吉林						
黑龙江						
上海	2000	2294	115			
江苏	25000	25870	103	15	16.5	110
浙江	200000	236832	118	20	23.8	119
山东	20000	40700	204	2	3.7	185
河南	4000	47100	1178	2.3	4.5	196
安徽	1000	1500	150			
江西				0.5	0.5	100
湖北	2000	2000	100	1.5	1.5	100
湖南	7000	7000	100	0.3	0.4	133
广东	10000	11674.5	117	0.2	0.3	170
福建	14000	14000	100	4	4	100
海南						
四川	6000	6000	100	3	6	200
重庆	3000	3000	100			
广西						
贵州						
云南						
陕西	4000	4000	100			
甘肃						
青海						
宁夏						
西藏						
新疆				1	1	100
新疆兵团						
合计	313000	418870.5	134	55.8	68.3	122

表4 化纤行业淘汰落后产能目标明细表（2009～2011）

	淘汰产能数量(万吨)	淘汰的主要技术路线、装备工艺等
化纤行业总计	230	
粘胶长丝	4.2	R531酸性老式粘胶纺丝机
粘胶短纤	16.2	规模较小的普通产品生产装置
聚酯聚合	20	DMT及间歇法聚合
涤纶长丝	130	能耗高、效率低的常规产品的装备
涤纶短纤	转产30万吨，淘汰10万吨	规模较小的普通产品生产装备
锦纶长丝	3	规模较小的普通产品生产装备
锦纶工业丝	7	规模较小的普通产品生产装备
腈纶	10	DMF溶剂法腈纶生产工艺
丙纶	3	

资料来源：中国化学纤维工业协会

落后产能虽已按要求关停，但由于涉及职工安置、资产抵押、债权债务纠纷等问题，当时尚未按要求彻底拆除。有关地方人民政府要加强监管，确保其不能再投入生产，条件成熟时立即组织拆除。

纺织行业在执行淘汰落后产能政策中，也感到国家在这方面还缺乏有效监管和核定机制以及后期妥善安排等一系列问题。为此，针对问题和政策的不足，提出政策建议如下：

1.建立健全淘汰落后产能的长效机制

从20世纪90年代末，我国政府就已经明确提出要淘汰“五小”、“关停落后产能”等一系列的要求，这些工作一直就没有停顿。虽然取得了一定成效，也存在着一些障碍，特别是体制机制方面的障碍，使得淘汰落后产能的工作也面临着很多困难。目前淘汰落后产能的相关政策措施尚不够完善，激励和约束作用还不够强，部分地区和企业对淘汰落后产能的认识存在着偏差，责任落实不够，这要求进一步建立健全淘汰落后产能的长效机制。

淘汰落后产能是一项长期而艰巨的工作，涉及资产损失、债务处理、职工就业、地方经济发展、财政收入等多方面的问题，情况非常复杂。淘汰落后产能的工作也面临着很多困难，解决这些困难是一个很重要的任务。因此，要从根本上解决落后产能问题就是要充分发挥市场机制和经济手段的作用，健全淘汰落后产能的长效机制，促使落后产能自行退出市场。国家正在重点研究要进一步深化资源性产品价格改革，完善价格形成机制，提高土地使用和环境成本，使企业的成本全面反映资源、环境和生态成本，使落后产能无利可图。单纯地认为落后产能是以规模大小划分是一种误解，落后产能的标准是一个动态的标准。

确定落后产能应该依据两方面的要求：首先是环保、节能、安全、质量等方面的法律法规和《促进产业结构调整暂行规定》中关于淘汰落后产能的规定；其次是根据行业生产的特点和产能现状，并考虑到工作中的可操作性，在工艺、技术、装备、规模、能耗、环保、安全、质量等方面制定具体标准。

2.进一步发挥经济手段的激励和约束作用

落后产能的淘汰会给相关企业造成一定的损

失，使企业职工丧失就业岗位，甚至造成其他企业、银行的债务问题，这就需要进一步发挥经济手段的作用，落实完善相关政策措施，引导、激励和保障落后产能退出市场。继续发挥中央财政淘汰落后奖励资金的支持和引导作用，强化税收调控功能，完善差别电价政策，加大技术改造、投资融资、土地利用等经济政策的支持，保障淘汰落后产能工作稳步推进。

三、积极推进关闭低效小企业的政策分析及政策建议

根据国家有关法律法规和产业政策，对存在产能过剩、严重浪费资源能源、污染环境、安全隐患突出、布局不合理等问题的各类小企业实施行政性关闭。此项举措也是推进节能减排，调整优化产业结构，转变经济发展方式的重要手段。

1998年以来，为推动压缩过剩产能和淘汰落后生产能力，加快产业结构调整和经济增长方式转变，国务院首先在纺织行业开展了关闭工艺落后、产能过剩、耗能高和安全生产不达标等小企业。这在当时被称为“三年压锭”工作。

2001年开始，中央财政设立关闭小企业专项资金，对地方政府实施行政关闭小企业给予一定的资金补助，主要用于安置职工，消除生产隐患，缓解地方因关闭小企业出现的财力困难，以保证关闭小企业工作有序、平稳推进。

2010年，工业和信息化部和财政部对现行政策进行梳理，修订出台了《中央财政关闭小企业补助资金管理办法》，增强产业政策效力。认真组织做好关闭小企业补助资金和关闭小企业计划的申报、核实工作，区别对待、突出重点、妥善安排，提高资金使用效益。

此外，在关闭低效小企业方面，未来的政策取向是，关闭严重浪费资源、污染环境、安全隐患突出以及布局不合理的小企业，全力推进产业结构优化升级。下一步，将进一步加大工作力度，延伸关闭小企业的内涵，扩大补助资金的规模和支持范围。补助资金不仅要支持企业“关死”，而且要支持企业“重生”，将支持范围扩大到转产搬迁、异地改造升级、产业转移等有利于产业结构调整的各方面。

（一）政策要点

1.依法行政

关闭小企业工作是根据国家有关法律法规和产业政策要求进行的。主要目的是为了充分发挥中央财政关闭小企业补助资金作用，促进产业结构调整和优化升级，节约资源和能源，提高财政资金使用效益。

2.行政性关闭

关闭小企业的实施主体和责任主体是地方政府，企业根据自身生产情况进行的主动关闭，不属于《管理办法》适用范围。

3.针对不同性质的企业平等对待

关闭的小企业既包括国有小企业，也包括其他所有制小企业。

4.关闭小企业的重点

主要集中在严重浪费资源、污染环境和安全生产不达标的小企业，以及存在严重产能过剩和布局不合理的小企业两个方面。2010年和2011年纺织行业重点是小印染企业。

（二）政策特征

1.政策实施的范围更广

2006年出台的《中央财政关闭小企业专项补助资金管理办法》只适应“小煤矿、小化工、小水泥、小冶炼”四个行业。但当前重复建设、落后产能、安全生产等实际情况和问题十分突出。为此，《管理办法》扩大了关闭小企业的行业范围，做出更广泛的要求。另外，新《管理办法》将享受资金补助的企业范围从过去仅限于国有小企业扩大到各类所有制企业。

2.政策支持力度更强

2010年以前，关闭小企业补助资金规模小，主要来自地方政府，只有部分关闭小企业任务比较集中、安全生产隐患较多、职工安置任务重且财政比较困难的地方、东北老工业基地、中西部地区以及国家扶贫工作重点县才能得到中央财政的资金支持。以往政策激励不强，补助资金难以有效缓解地方政府关闭小企业资金的需要和压力，补助资金的示范和引导作用没有充分发挥。新《管理办法》出台后，中央财政扩大了补助资金的规模。

3.行业主管部门作用得到充分发挥

新《管理办法》出台后，明确规定关闭小企业补助资金由财政部、工业和信息化部共同负责、管理、执行。行业主管部门的作用得到充分发挥，政策激励效果明显增强。

（三）政策效果

关闭低效小企业政策实施以来，淘汰了一批资源能源浪费、污染环境严重、安全隐患突出和布局不合理的小企业，促进节能减排工作的开展，推动了地方产业结构调整和升级，优化了产业布局。据工业和信息化部统计，2009～2011年，共关闭纺织轻工105家小企业。

四、完善行业准入管理政策的分析

“十一五”时期，我国政府部门对产业引导、规制和法律等多种手段共同发挥作用。引导手段，除了政府投资、财政补贴、税收减免、贷款优惠等引导手段继续发挥作用外，规制和法律手段也逐步完善，其中，建立和完善行业准入条件是产业政策工作创新的重要举措。行业准入的目的在于通过在环境、能耗、水耗、资源综合利用与安全、质量、技术、规模等方面建立严格标准，提高准入门槛，促进产业结构升级，同时改变了过去单纯依靠行政手段控制新上项目的做法。

行业准入管理是近年来产业政策工作的一项重要创新。“十一五”以来，针对一些行业在快速发展中出现的低水平重复建设、产能过剩等问题，先后出台了一系列行业准入条件，对推动产业结构调整发挥了积极作用。行业准入管理政策的重点主要有两类。一是针对焦化、电石、铁合金等部分“两高一资”行业，从产业技术、产品质量、生产安全、节能环保等方面制订准入条件，提高准入门槛，并通过经济和法律的手段抑制盲目低水平扩张，促进产业结构升级。二是针对关系人们生命安全的车辆生产企业及产品，按照《行政许可法》和相应产业发展政策的要求，进行强制性准入管理。

“十一五”已制定了印染、粘胶纤维等行业的准入条件，对于调控和规范高能耗、高污染和资源性产业发展，遏制低水平重复建设和盲目扩张，发挥了重要作用。

“十一五”准入政策文件与纺织行业相关的有：2008年，《印染行业准入条件》；2010年，行业准入管理制度进一步健全，准入管理工作得到进一步加强。新制定和发布一批行业准入标准或条件。国家发布《印染行业准入条件（2010年修订版）》、《粘胶纤维行业准入条件》等行业准入管理。

目前，政府部门已制定纺织行业的印染、粘胶纤维等行业的准入条件，对于调控和规范高能耗、高污染和资源性产业发展、遏制低水平重复建设和盲目扩张都发挥了重要作用。当前，也正在进一步研究其他行业的准入条件，加紧制定新兴领域产业政策条件的实施范围。同时，增强项目的审批、贷款的行政核准、目录指导、强制性清理等手段。另外，也加强法律手段作用。《反垄断法》、《节约能源法》、《环境经济促进法》等有关法律相继出台。

政策和措施建议

《纺织工业“十二五”规划》以及《中国纺织工业“十二五”循环经济规划研究》发展目标提出：单位工业增加值能源消耗比2010年降低20%，工业二氧化碳排放强度比2010年降低20%，单位工业增加值用水量比2010年降低30%，主要污染物排放比

2010年下降10%。初步建立纺织纤维循环再利用体系，再利用纺织纤维总量达到800万吨左右（表5）。

《纺织工业"十二五"规划》还提出：加强节能减排和资源循环利用。提高节能减排管理水平、推广节能降耗减排新技术、加强资源再生循环及利用、加快淘汰落后产能和污染减排治理是"十二五"时期纺织工业环境保护、资源节约的重点任务。

我国纺织行业面临资源环境约束日益加剧，各种生产要素供给日趋紧张，行业发展压力明显加大，今后，随着我国纺织产业规模在内需拉动下继续扩大，资源环境等制约因素将更加突出，因此，进一步加快转变发展方式，提高可持续发展能力，将是未来一个时期我国纺织行业面临的重要而紧迫的任务。

综合上述任务，提出政策建议如下：

一、大力发展循环经济，促进纺织产业调整升级

循环经济是在生产、流通和消费等过程中进行的减量化、再利用、资源化活动，发展循环经济能够有效提高资源利用效率，保护和改善环境，实现社会经济与资源环境协调、可持续发展。我国《国民经济和社会发展第十二个五年规划》明确提出，要大力发展循环经济，"以提高资源产出效率为目标，推进生产、流通、消费各环节循环经济发展，加快构建覆盖全社会的资源循环利用体系"。纺织工业是我国工业产业的重要组成部分，大力发展循环经济，促进发展方式转变，提高可持续发展能力，既是我国纺织工业有效突破资源环境瓶颈约束，继续实现平稳健康发展的根本途径所在，也是行业加快建设现代纺织产业体系，实现到2020年建成纺织强国目标的根本要求。

按照"减量化、再利用、资源化"的基本原则，纺织工业发展循环经济重点包括四方面内容：一是强化资源综合利用，在工业生产中从源头开始系统地减少资源消耗，提高原辅料利用效率，节约能源、水资源等，实现多种资源的综合利用。二是推行清洁生产，开发更清洁的加工制造技术，更新替代对环境有害的产品和原辅料，对污染物实行全过程控制，减少污染物产生，实现对环境和资源的保护和有效管理。三是加强污染物治理，提高对印染废水、粘胶废气等纺织行业主要污染物的综合治理能力，全面实现达标排放。四是推进废弃物循环利用，对废旧聚酯瓶片、废旧纺织品以及生产过程中产生的废料、边角料等进行回收再加工，推进再生资源利用的规模化发展。

二、进一步完善产业政策体系

修订和完善重点行业准入条件，加强对资源消耗高和污染物排放量大项目的准入管理。引导纺织

表5 《纺织工业"十二五"规划》可持续发展的指标

类别	指标	2010年	2015年	年均增长（%）
可持续发展	单位工业增加值能耗降低			[20]
	工业二氧化碳排放强度降低			[20]
	单位工业增加值用水量降低			[30]
	主要污染物排放降低			[10]
	再利用纺织纤维总量（万吨）	400	800	14.9

注 1.[ ]号内为五年累计数

2.主要污染物指化学需氧量和氨氮

企业按照《产业结构调整指导目录》理性投资，促进转型升级。鼓励纺织工业向中西部转移，发挥纺织工业在区域经济协调发展中的作用。研究完善高污染企业和落后产能退出机制和保障措施，加大淘汰落后产能的力度。

三、充分发挥财税政策作用

在高端装备制造、新材料等战略性新兴产业专项规划中将纺织机械、新型纤维材料及高性能产业用纺织品作为重点予以支持。建立鼓励纺织企业技术改造的长效机制，优先支持与节能减排、淘汰落后、兼并重组、产业转移相结合的技术改造项目，支持利用高新技术改造传统产业。发挥国家和省级科技计划、高技术产业化、企业创新能力建设等科技专项资金作用，重点支持纺织技术创新服务平台建设，促进纺织工业关键技术及其装备领域实现突破。发挥中小企业发展专项资金作用，重点支持纺织产业集群区内产品研发、检验检测、技术推广、品牌创建等公共服务平台建设。研究制定稳定纺织劳动密集型产业的财税政策，进一步减轻企业负担。

四、加强标准化建设，充分发挥纺织标准的技术支撑作用

加强环保、节能、节水印染新技术配套标准的研究制定，积极开展ISO质量管理体系和环境管理体系的推广和认证。加强对国际标准和国外先进标准的研究，进一步提高纺织各行业采用国际标准和国外先进标准的比率，增强纺织行业标准对国际市场的适应性。在丝绸、亚麻、苎麻、羊绒等属于我国特有的传统产业和优势资源方面，提出国际标准工作项目，促进我国优势行业标准国际化。积极推动并完善中国纺织企业社会责任管理体系（CSC9000T）建设，落实企业社会责任。加强标准化服务信息系统建设，提高标准化信息服务水平，加强标准宣贯，提高全社会的标准意识和标准的实施有效性。充分发挥行业组织、企业和科研机构在标准化工作中的作用，建设一支懂技术、了解产业发展状况、熟悉标准化工作程序、能积极从事国内外标准化活动的专家队伍，促进标准化工作的健康发展。

五、发挥行业协会作用

充分发挥纺织行业协会、商会作为政府和企业的桥梁纽带作用，加强行业研究、规划和管理咨询服务，组织行业调研，及时反映行业情况、问题和诉求，推广行业先进技术，提升行业创新能力。建议纺织行业协会应围绕行业特点，更全面、深入地把握节能减排工作的要点，积极向政府提出相关政策建议，如纺织企业引进先进节能环保设备给予财税政策方面的优惠、对于企业自主开发实用节能环保技术给予资金和政策支持、对达到较高环保标准的企业给予价格、财税、信贷等方面的优惠政策等，以提高企业开展节能减排工作的主动性和积极性。建议结合规划纲要中节能降耗和环境保护的约束性目标要求，制定纺织各主要行业节能减排标准，使企业在推进节能减排工作时做到有章可循。通过行业的科技进步和结构调整，限制和淘汰低效率、高能耗、高污染的低水平产能，加快自主创新技术的发展，大力推进节能、清洁生产和环境保护技术的推广和应用，降低行业能耗、污染物排放的水平，实现纺织产业的可持续发展。

有待进一步研究的问题

本文试图将产业政策效应评价纳入到一般均衡模型框架下来进行，这样更有束缚力和说服力。因为可计算的一般均衡模型（CGE）方法对于产业政策效果的分析研究更具独到之处，比如可以进行反事实分析，但由于数据资料可得性和技术条件的限制，本文没能采用此方法进行分析，这也是有待于进一步深入研究的课题。

另外，本文还应增加衣着消费研究，如衣着高消费与低消费（图1、图2）产生的碳排放量对环境的影响；在环境保护、资源节约范畴内，如何化解纺织工业发展目标中纤维加工总量、人均纤维消费量与环保指标的矛盾；纺织品和服装回收再利用是否应纳入产业政策的范畴加以制定等。从穿衣消费源头研究更能说明行业环保发展的情况。宏观、中观及微观的研究在一条线上，更能彼此映照产业政策的可行性及有效性。

图1 人均纤维量超过18kg/年的百姓着装

图2 人均纤维量不足18kg/年的百姓着装

CNTAC

中国纺织工业发展报告

CHINA TEXTILE INDUSTRY DEVELOPMENT REPORT

2013/2014

原料供求

2013年棉花市场回顾及2014年展望

中国棉花协会

2013年，全球金融危机影响持续，经济仍处于缓慢复苏过程，世界棉花产量连续下降，消费没有改观，棉花价格虽总体略有回升，但市场成交情况仍旧低迷。我国继续实行棉花临时收储政策，尽管受到价格、成本、效益等多方面因素影响，国内植棉面积继续下滑，但在收储政策支撑下，下滑幅度有所放缓，天气条件总体正常，棉花产量下降。纺织行业各项指标虽然继续增长，但受资金、成本等多种因素影响，运营总体困难，棉花需求不旺。大部分产量进入国家储备，市场由收储和放储政策主导，加之内外棉价差较大，纺织企业购棉以储备棉和进口棉为主，国内市场持续清淡，价格保持基本稳定。

展望2014年，世界经济发展中仍有很多不利因素，但主要经济体总体出现向好趋势，有利因素有所增多，经济增长动力略有增强，经济发展有望加快，各机构预测纺织品服装消费量将略有反弹，产量继续下降，当年供需情况会有所好转，但由于期初库存水平很高，价格回升难度较大。从我国来看，2014年中央一号文件明确，坚持市场定价原则，探索推进农产品价格形成机制与政策补贴脱钩的改革，逐步建立农产品目标价格制度，切实保护农民收益，2014年启动新疆棉花目标价格补贴试点。临时收储政策结束之后，托市机制退出，棉价回归市场，预计将有所下跌，国内外价差缩小。同时，受政策和市场影响，棉花种植面积呈现新疆稳、内地减的趋势。

棉花供求基本形势

一、棉花供给

（一）产量有所减少

尽管播种以前，国家就公布了继续执行棉花临时收储政策，且收储价格保持在20400元/吨的较高水平，但仍不足以调动农民增加生产面积的热情，受棉花市场长期低迷、棉棉成本上涨、比较效益较差、费工费时等多种因素影响，棉农植棉积极性持续下降，特别是内地，由于自然灾害较多、质量较差、价格较低，面积连续大幅下降，2013年全国植棉面积近十年来首次跌破7000万亩。国家统计局统计，全国植棉面积6525万亩，同比减少7.2%（中国棉花协会统计为6993万亩，同比减少6.6%）。

2013年棉花生长期内，全国大部棉区光温较为适宜、降水充沛，气象条件总体好于常年，但差于上年，特别是长江流域棉区的高温干旱，长江和黄河流域棉区的阶段性暴雨和阴雨寡照，对棉花产量和质量影响较大。中国棉花协会监测，播种至10月末，全国棉区综合气象适宜指数与常年比为适宜，棉花单产下降。国家统计局统计，2013年全国棉花产量631万吨，同比下降7.7%（中国棉花协会统计，全国总产677万吨，同比下降12.5%），如图1所示。

图1 2008～2013年我国棉花产量

单位：万吨

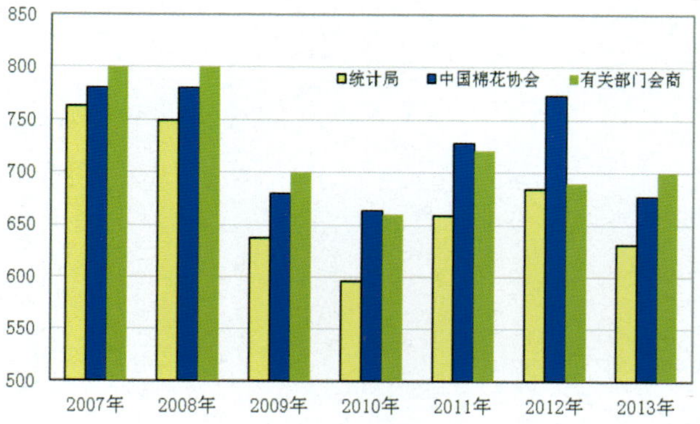

资料来源：国家统计局、中国棉花协会

（二）进口量维持高位

2013年，在临时收储政策支撑下，国内棉价走势继续保持稳定，国际棉价波动幅度虽有所放缓，但内外棉价差始终保持较高水平，进口棉与国产棉相比，关税内价差在4000～5000元/吨，滑准税价差在3000～4000元/吨，加之国内可选择资源有限，进口棉成为纺织企业采购主渠道之一，虽然受进口配额等因素限制，进口量较上年历史最高值有所回落，但仍为次高点，其中配额外全关税进口数量继续大幅增长。据海关统计（图2），2013年我国累计进口棉花415万吨，同比下降19.2%，平均进口价格2035美元/吨，同比下跌11.4%。从进口来源国看（图3），印度再次超越美国成为第一大来源国，但两国比重相差不大，印度、美国和澳大利亚三个主要来源国占比达到76%，乌兹别克和巴西占比10%，其余国家进口量很少。从进口贸易方式看，仍以一般贸易为主，但所占比重有所下降，来料加工和海关特殊监管区域物流货物进口量增长。

图2 2013年我国进口棉花数量价格走势图

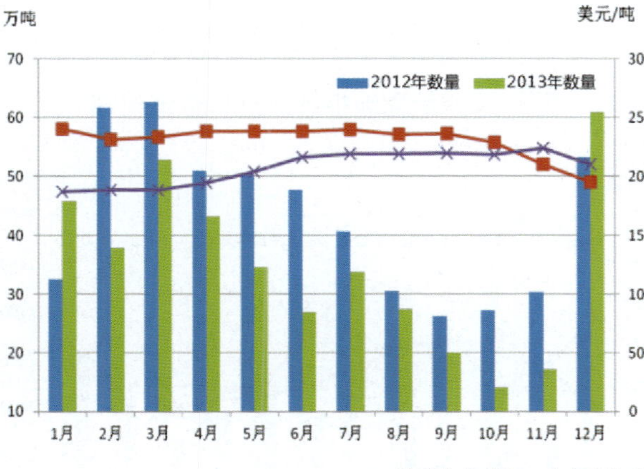

资料来源：中国海关

图3 2013年我国分国家进口棉花

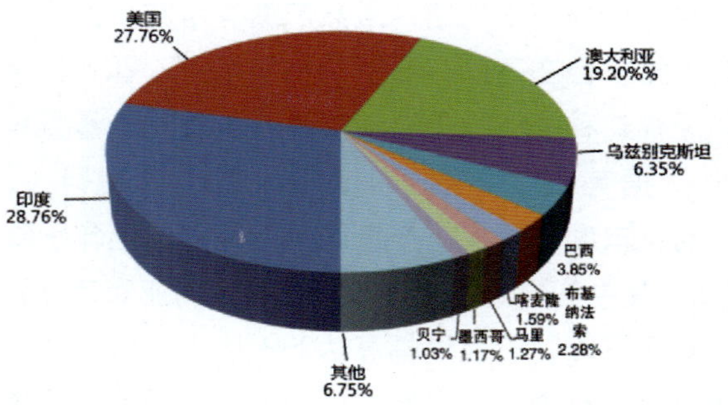

资料来源：中国海关

（三）棉花收放储主导市场

2012年和2013年棉花年度临时收储量均超过600万吨，大部分当年产量入储，同时，为了保证纺织行业正常生产，通过竞卖方式将储备棉向纺织企业投放。由于收放储数量占产量和需求量的比重很大，棉花企业以交储为主，纺织企业以竞拍储备棉为主，收放储价格、数量、时间等成为影响市场的最重要因素，如图4所示。

2013年3月29日，2012棉花年度临时收储结束，全年度累计成交651万吨，约占当年产量九成左右，成交数量和成交率远高于上年。2013年度继续实行临时收储制度政策，价格与上年持平，成交情况与上年相似，从9月9日～12月31日，累计收储485万吨，预计最终收储量超过600万吨，其中新疆95%以上棉花入储。

由于市场流通资源有限，为满足纺织企业用棉需要，2012和2013棉花年度均投放了储备棉，其中2012年度成交372万吨，2013年度截止年底成交25.7万吨。

图4 2013年我国收储与放储成交情况

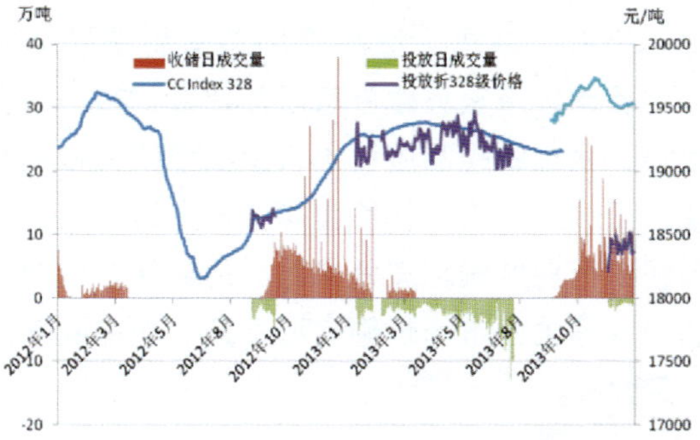

（四）全球棉花产量继续减少

棉花市场持续低迷，虽然产量有所减少、消费略有恢复，但在高库存和低价格影响下，2013年全球各国棉花种植面积仍以下降为主，棉花产量继续减少。据美国农业部（USDA）统计（图5），2013棉花年度全球棉花产量2540万吨，较上年下降5.2%，其中美国减幅超过23%，澳大利亚和乌兹别克也有所下降，巴西增幅高达23%以上，印度和巴基斯坦也略有增加。产量减少的同时，消费量连续小幅回升至2384万吨，增幅2.9%，当年度供需形势有所好转，但由于期初库存连续4年增长，达到2100万吨的历史高位，库存消费比更是高达88%，因此全球市场总体仍然供过于求。

图5 2009～2013年度全球棉花产量

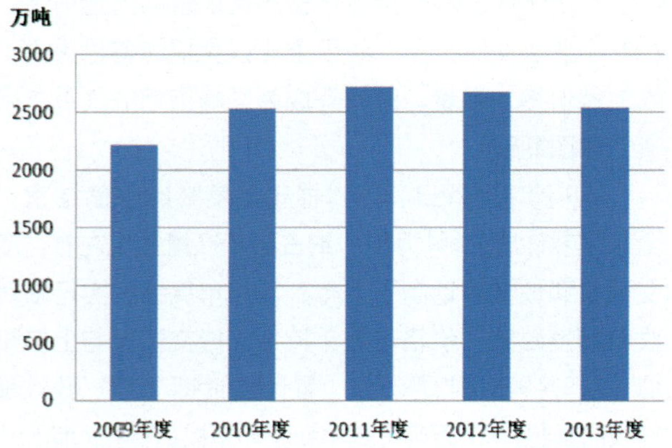

资料来源：美国农业部

二、棉花需求

（一）纺织品出口增幅全面回升

2013年，虽然全球经济仍然受到金融危机影响，但各国经济复苏速度有所加快或好转，消费略有起色，我国纺织品服装出口金额增幅大幅回升。尽管人工成本、内外棉价差等在一定程度上削弱了我国纺织行业的国际竞争优势，纺织品在欧盟、美国和日本等国的市场份额有所下降，但在新兴市场有一定弥补。

据中国海关统计（图6），2013年我国累计出口纺织品服装2840亿美元，同比增长11.4%，增幅同比回升8.6个百分点；其中纺织纱线、织物及制品出口1070亿美元，同比增长11.7%，增幅同比回升10.5个百分点；服装及衣着附件出口1770亿美元，同比增长11.3%，增幅同比回升7.4个百分点。全年来看，除3月份外，各月出口增长增速回升均较为明显。

图6 2013年我国纺织品服装出口金额

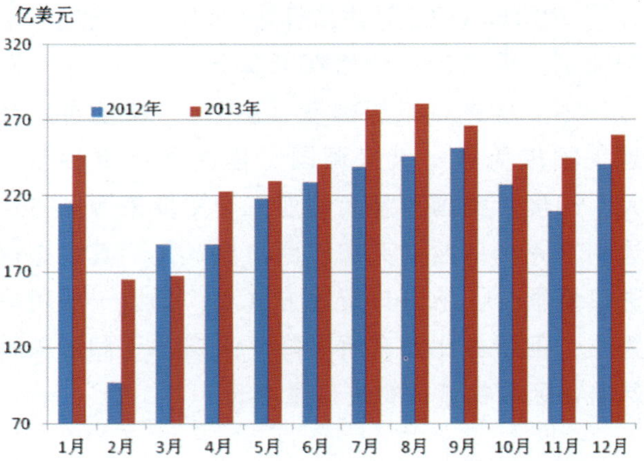

资料来源：中国海关

图7 2013年我国棉纱线进口数量价格

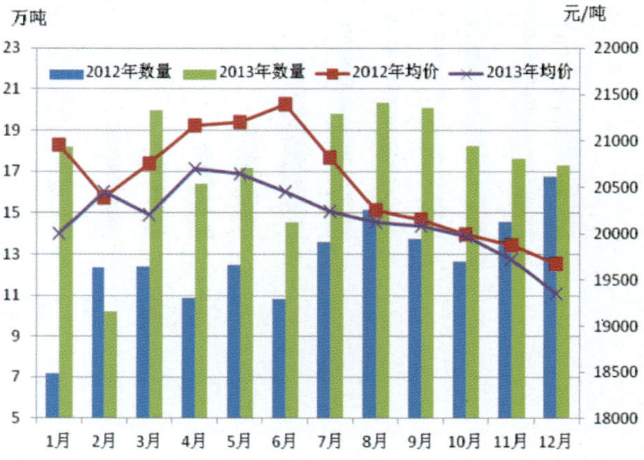

资料来源：中国海关

（二）部分纺织行业指标增速回升

2013年，纺织品服装行业形势没有明显改观，市场需求依旧低迷，棉花价格维持稳定，棉纱价格走势也基本平稳，受人工原料成本等多种因素影响，棉纺织品竞争优势逐步减少，订单不旺、开工不足、销售不畅，产成品库存水平相对较高，对原料始终保持较低库存，基本随用随购，且以进口棉为首选，非棉纤维使用比例不断上升。

尽管受多种因素影响，纺织行业运行仍然艰难，但从全年来看，各项指标继续保持增长态势，而且有几项指标增幅有较明显的回升（图7～图10）。据国家统计局统计，2013年规模以上企业中，纺织业增加值增长7.2%，增幅同比回落2.6个百分点；全国纱产量3200万吨，较上年增长7.2%，增幅同比回落2.6个百分点；布产量883亿米，同比增长4%，增幅同比增长0.7个百分点。全年纺织业固定资产投资额4699亿元，同比增长18.3%，纺织服装、鞋、帽制造业投资额3127亿元，同比增长23.6%。虽然纱产量增长，但由于内外棉价差较大，与其他纤维比成本相对较高，纺织企业调整产品结束，用棉比有所下滑，加之近两年棉纱进口量大幅飙升，对棉花替代作用增强，棉花需求总体仍然低迷。

图8 2004年～2013年我国纱产量及增幅

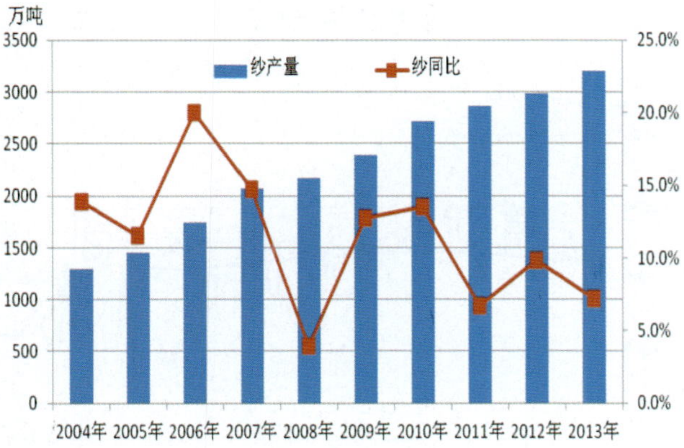

资料来源：国家统计局

图9 近5年我国棉纱进口量及增幅

单位：万吨，%

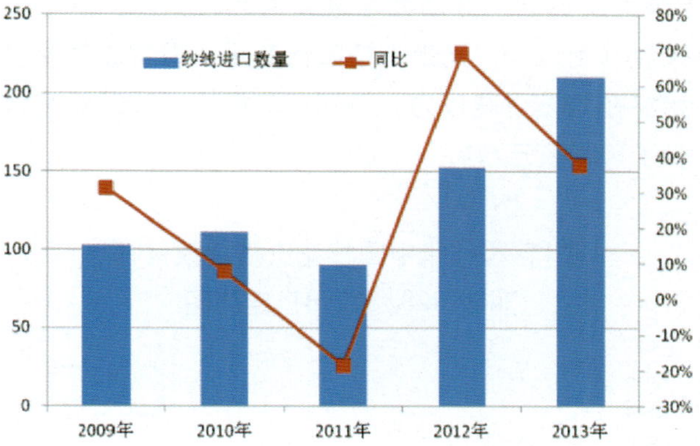

资料来源：中国海关

图10 2013年棉花与棉纱价格走势图

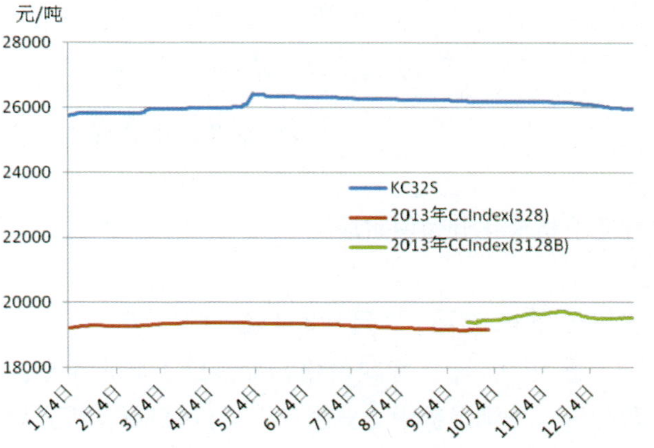

资料来源：中国棉花协会

棉花市场运行情况

一、棉花价格走势更加稳定

连续三年收储，多数棉花入储，政策成为影响棉花市场价格的主要因素，支撑国内市场进一步趋于稳定，2013年全年棉花价格波动幅度均很小。9月新年度之前，棉花现货价格基本在19137～19387元/吨之间波动，最大波动幅度为250元/吨。9月进入新棉花年度，中国棉花协会开始发布新标准下的中国棉花价格指数，棉花现货价格在19437～19735元/吨之间波动，波动幅度最大为298元/吨。从全年来看（图11），无论市场如何变化，现货波动幅度始终在300元/吨以内，与2012年相比，波动幅度减少了1000多元/吨。

图11 2013年中国棉花价格指数（CC Index328/3128B）走势图

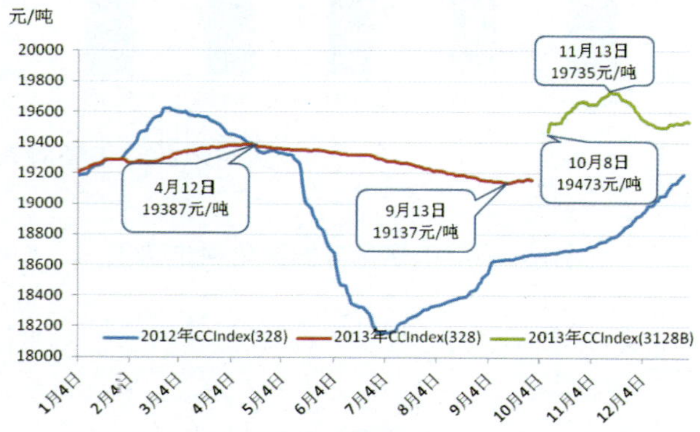

资料来源：中国棉花协会

棉花价格变化分为两阶段：

（一）第一阶段：1月～8月底

进入2013年，棉花价格初期延续上年末小幅回升行情。为满足纺织企业生产，1月14日储备棉开始投放，随着投放力度不断加大，现货价格涨幅有所趋缓，并出现微幅下跌，但由于此时收放储同时进行，在收储支撑下，现货价格又逐步回升，总体仍以稳定为主，基本在19300元/吨左右。4月，国家发改委等部门发布《2013年度棉花临时收储预案》，市场反应不大。2012棉花年度后期，受销售、资金等多种因素影响，纺织企业采购清淡，加之对新年度收储存在一些疑问，市场价格持续小幅回落至年度低点，低于19200元/吨。

（二）第二阶段9月初～12月底

9月进入新棉花年度，市场情况没有明显改观，棉花价格连续5日低于临时收储价格，临时收储启动。随着上市新棉数量增加，收储成交量逐渐增长，对市场支撑作用显现，收购价格上涨，现货价格逐步回升至新标准下19700元/吨以上。11月底，2013年度储备棉投放启动，成交量逐步增加，现货市场销售基本处于停滞状态，价格持续小幅下滑，年底跌至19500元/吨左右。

图12 2013年中国棉花价格指数（CC Index328/3128B）和郑州棉花期货主力合约价格走势图

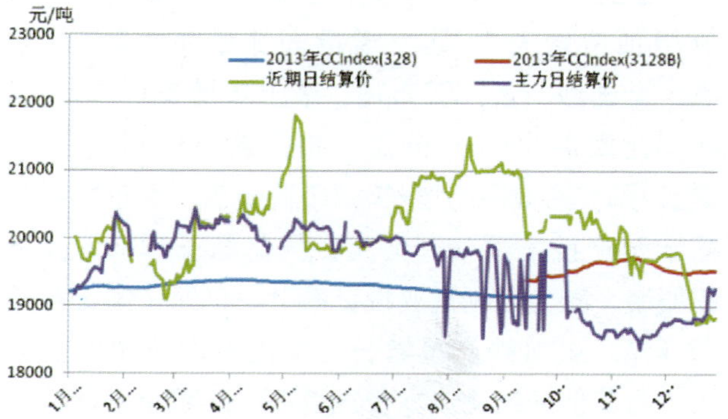

资料来源：中国棉花协会

图13 2013年中国棉花价格指数（CC Index328/3128B）和电子撮合主力合约价格走势图

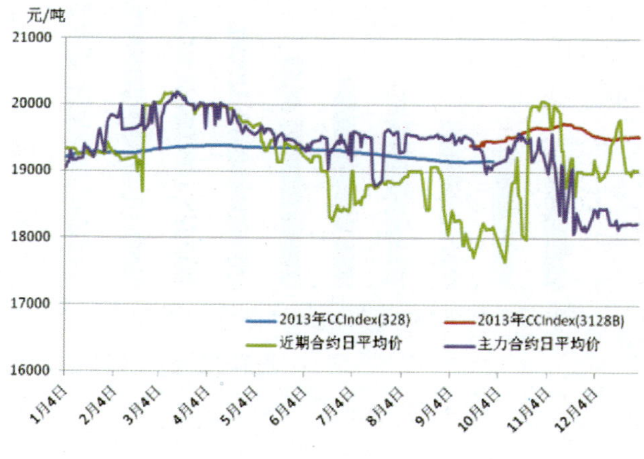

二、棉花购销以储备棉为主

2013年市场购销以储备棉为主，现货购销极为清淡，主要原因有以下几点：一是价格差较大。2012和2013年度临时收储价格均为20400元/吨，较市场现货实际成交价格高1000多元/吨，棉花收购加工企业以交储作为销售主渠道；二是市场资源有限。棉花企业把所有符合交储条件的均用于交储，九成左右的棉花产量进入国库，市场流通资源很少；三是内外棉价差较大，纺织企业更青睐进口棉；四是需求不足。纺织企业销售不畅，对棉花需求不旺，为降低成本多随用随购，采购量不大。受此影响，商品棉周转库存持续保持较低水平，即使到了收购高峰期也没有明显增长，再创历史新低（图14）。

图14 2013年全国商品棉周转库存变化趋势

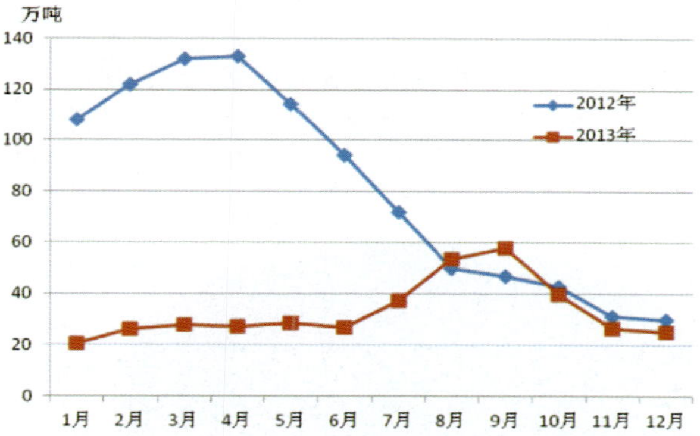

三、棉花市场影响因素分析

（一）供需基本情况

从全球供需来看（表1），由于价格没有起色，2013年棉花产量连续第二年下降，但受中国临时收储量较大影响，期初库存水平很高，消费量虽然略有回升，但幅度不大，仍未恢复到金融危机之前的水平，期末库存连创新高，2013年度预计超过2000万吨，库存消费比接近90%，总体来看国际市场棉花仍然供大于需；从国内供需来看，国内产不足需的状况长期存在，2013年度棉花产量有所减少，消费量变化幅度不大，进口量同比虽有所下降，但仍为历史高位，库存水平再创历史新高。国内市场在收储政策支撑下保持相对稳定，国际市场虽然波动幅度大于国内，但与上年比，波幅也出现趋缓。

（二）政策因素

2011～2013年度，国内连续三年实行棉花临时收储政策，累计收储量占产量的七成以上，特别是2012和2013年度，收储量占到产量的九成左右，棉花企业以交储作为销售主渠道；另一方面，市场资源料较少，纺织企业以储备棉投放和进口棉作为采购主渠道，收放储政策仍是市场主导因素。

表1 2009年度～2013年度全球棉花供需平衡表

单位：万吨

年度	2009/2010	2010/2011	2011/2012	2012/2013	2013/2014（2014年2月预计）
期初库存	1324	1024	1094	1596	1941
产量	2240	2550	2757	2680	2540
总供给	3564	3574	3851	4276	4481
消费量	2588	2487	2238	2316	2384
期末库存	1024	1094	1596	1941	2100
库存/消费比(%)	39.6	44.0	71.3	83.3	88.1

资料来源：美国农业部

为了稳定棉花生产、经营者和用棉企业市场预期，保护棉农利益，保证市场供应，国家发改委等八部门4月公布《2013年度棉花临时收储预案》，决定2013年度继续实行临时收储政策，价格为标准级皮棉到库价20400元/吨，与上年持平（图15）。收储范围除13个主产省区外，其他产区需要纳入收储范围的，可经有关部门研究后另行公布（图16）。收储质量按新标准执行，对颜色、长度、马克隆值等内在指标和异性纤维等都做了相应规定。收储价格与籽棉收购价格相挂钩，中国棉花协会按照相关参数测算籽棉收购参考价，交储企业不得低于参考价收购。为规范大单企业交储等行为，中国棉花协会制定了《棉花企业大单交储管理暂行办法》，确定了20家符合交储资质的单位。12月底，为解决湖北、湖南和江西三省因遭遇严重自然灾害导致棉花等级偏低、棉农利益得不到有效保护的情况，决定将受灾地区的收储质量适当放宽。同时，有关部门加强了质量管理力度，增加了质量监督检查频次，制定了防止措施和相关配套措施，加大了惩处力度。根据《2013年度棉花临时收储预案实施办法》和《关于防止投放的国家储备棉出现“转圈棉”问题的通知》，查处了近10起“转圈棉”行为，并对不符合储备棉质量的棉花进行了退储处理。

2013年度收储工作正式启动之后，企业交储积极，但受产量下降及上市时间等因素影响，进度慢于上年，截止年底，2013年度累计收储485万吨，同比减少10%。在收储政策支撑下，国内市场运行平稳，价格变动幅度很小，棉农收入保持了相对稳定。

为满足纺织企业需要，2013年分两次投放了部分储备棉。储备棉投放仅限经过资格审核的纺织用棉企业购买，且数量根据实际用棉量核定。2012年度储备棉投放时间为2013年1月14日～7月31日，标准级竞卖底价19000元/吨，实际成交372万吨；2013年度投放时间为2013年11月28日～2014年8月31日，标准级竞卖底价18000元/吨，根据检验时间分为新旧两种标准。截止2013年12月31日，累计成交25.7万吨。

从两次成交情况看，受投放结构、质量等因素影响，进口棉更受欢迎，推出计划几乎全部成交，而国产棉成交比例较低。

图15 2013年临时收放储情况

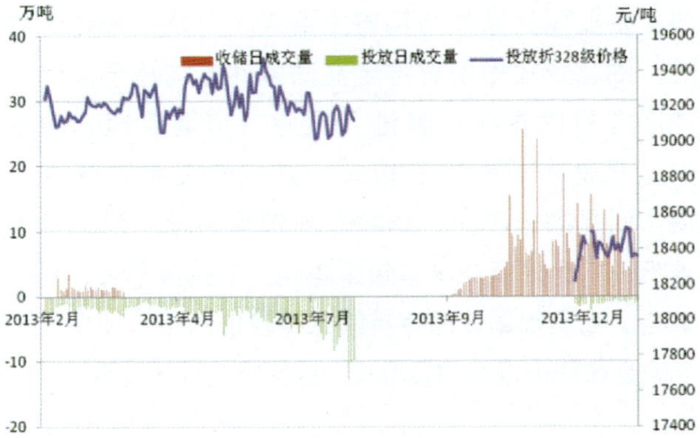

资料来源：中国棉花协会

图16 2013年度临时收储各省成交比例
（截止2013年12月31日）

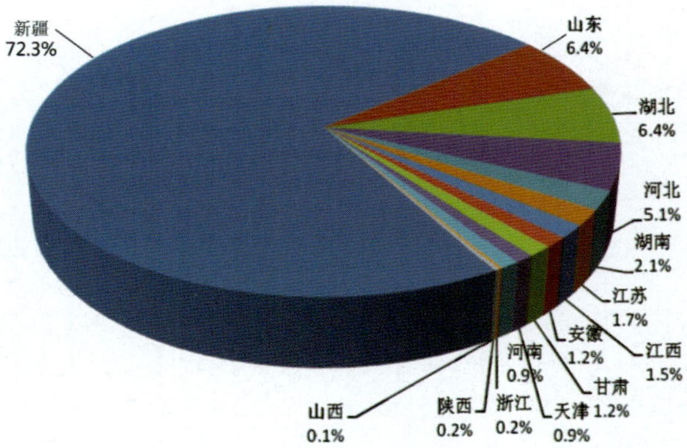

资料来源：中国棉花协会

（三）国际市场

临时收储政策不仅对国内市场形成有力支撑，也在一定程度上托起了国际市场。从2013年国际市场期现货价格走势来看，一方面，波动幅度明显趋缓，Cotlook A指数波动范围从77.7～104美分/磅减少到83.1～98.9美分/磅，波幅减小了近四成；另一方面，价格总体回升，Cotlook A指数全年平均值90.4美分/磅，同比上涨1.4%，ICE近期合约年均价83.32美分/磅，同比上涨4.5%；第三方面，内外棉价差保持相对稳定，由于国内外价格波动幅度都有所趋缓，内外棉价差变动幅度不大，其中关税内价差平均在5000元/吨左右，滑准税价平均差在4000元/吨左右，如图17～图19所示。

图17 2013年Cotlook A指数与中国棉花价格指数走势图

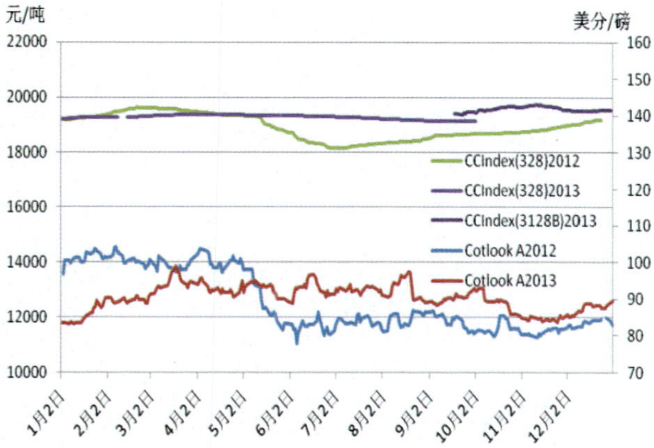

图18 2013年ICE期货近期主力合约结算价与中国棉花价格指数走势图

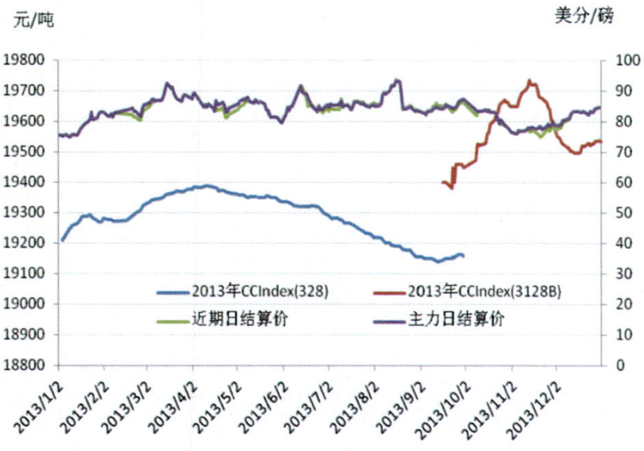

图19 2013年Cotlook A指数与中国棉花价格指数折人民币对比图

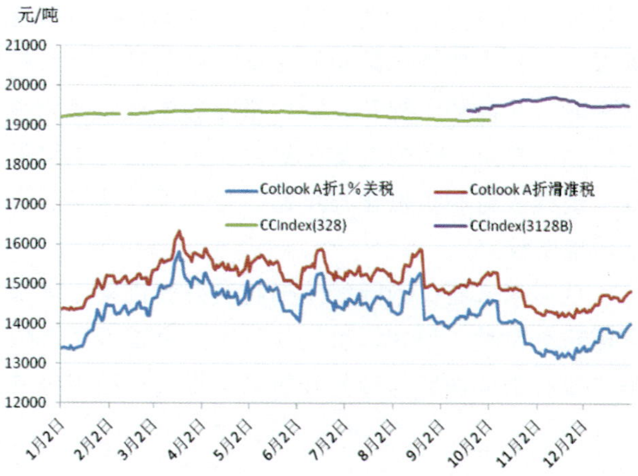

2014年棉花市场展望

2014年，虽然国际经济仍处于缓慢复苏中，但与前两年相比，总体出现向好趋势。从2013年度数据看，景气指标连续上升，主要经济体均呈上升趋势，制造业指数有所回升，预计美国继续温和复苏，日本经济复苏加快，欧元区艰难摆脱衰退，东亚和东南亚经济保持较快增长，表明全球经济动力有所增强。尽管总体经济形势向好，但纺织需求恢复仍有难度，加之棉花库存高企，国内调控政策调整，预计2014年棉花价格将以下行为主。

从宏观调控政策来看，2014年中央一号文件明确，坚持市场定价原则，临时收储政策结束之后，托市机制退出，棉花价格预计将回归市场。之前，在收储政策支撑下，国内棉价走势平稳，波动幅度极小，而国际棉花市场价格低、波动较大，内外棉价差保持较高水平，收储机制退出后，内外棉价差将回归正常，国内棉价预计下跌。同时，目标价格水平也会对生产、市场产生影响。

从供给来看，虽然全球棉花产量预计继续下降，但我国棉花库存水平很高，导致全球期初库存持续较高，对内外棉价形成下压态势。从国内看，连续三个年度的收储政策，实现了棉农收入、棉花市场“双稳定”的目标。但是，由于植棉成本不断上涨，比较效益不高，加之棉花市场较为低迷，棉农植棉积极性持续下滑。2014年，预计植棉面积继续减少，其中新疆棉区由于灾害程度较轻，收益相对较好，又启动了棉花目标价格补贴试点，面积将保持相对稳定；而内地棉区经常受灾，棉花质量不好，规模效益和机械化程度都较差，预计植棉面积下滑幅度较大。

从需求来看，国际经济形势有好转迹象，需求可能略有恢复，但并没有明显改观。我国近两年以来，随着结构调整与转型升级稳步推进，纺织经济运行总体平稳，统计局数据显示，主要运行指标基本实现稳定增长。虽然总体形势较最低谷有所好转，纺织品服装出口增幅较上年同期明显回升，但受国际市场低迷、人民币升值、劳动力价格上涨、竞争优势削弱等多种因素影响，棉纺织企业生产运营较为困难，其中小微企业关停明显增加，大中企业多数以维持生产为主。很多企业通过调整产品结构来规避风险，配棉比例总体下滑，用棉需求难有明显增长。

（撰稿人：马爱芳）

2013年国际、国内羊毛市场回顾与展望

南京羊毛市场

2012～2013年，是羊毛行业运行较为艰难的一年，国际经济环境再度多变，羊毛成品需求减弱，原料买家随着价格的波动，情绪波动较大。另一方面，由于成品去库存化速度慢，企业资金链越发紧张。

国际羊毛市场行情

一、澳大利亚市场

2013年年初圣诞节后复拍，澳洲高温引发的火灾让人们对羊毛供应量忧心忡忡，澳毛价格短期暴涨。加上意大利以及印度企业加入拍卖市场，对部分羊毛品种也表现出了浓厚的购买意，整个年初澳洲市场风风火火。然而，3月份的"塞国危机"搅乱了全球金融市场，让消费者信心受到重创，也让澳洲拍卖市场弥漫着颓丧和观望的情绪，价格回弹无力，逐步走低。加上经济大环境疲软乏力，国内外市场需求不济，纺织行业终端产品积压，中国毛纺企业库存高企。澳指数连续数个拍卖日跌跌不休直至1000以下，流拍率飙升（表1）。

一直到临近2012/2013年度末尾，拍卖供应量愈发短缺，一度减少至八月来最低水平。加上澳元贬值、各经济体复苏势头向好、消费信心恢复等因素的影响，澳毛价格得到有力支撑。特别是美利奴粗纺用毛大受市场欢迎，六周涨幅累计超过100澳分，粗支毛市场火爆。

2013/2014年度开拍，拍卖供应量显著增加。巨大的供应量与相对低迷的需求正面交锋，羊毛价格呈现走软的态势，其中，细支毛首当其冲，领跌市场。随着2013年末的到来，大多数国内企业为了维持正常的生产和经营活动，提高采购数量，澳洲市场呈现上涨的态势。如今除了细度，买家更加关注羊毛的强度、中部断裂以及毛丛长度等因素，好型号、好品质的羊毛愈发受到市场欢迎，带动价格不断走高。澳元汇率疲沓走低，也成为推动澳毛价格上涨的一个因素。

从图1可以看出，今年澳元兑美元汇率一路下跌，从5月中旬开始一直处于1：1之下。澳央行称澳元汇价之前高得不同寻常，与经济基本面状况不符，而只有澳元汇率进一步下跌，才能帮助缓解该国出口部门面临的实际困难。目前来看，澳元汇价总体趋向下行的势头依旧存在。

图1 2013年澳大利亚东部拍卖市场指数与澳元兑美金汇率走势

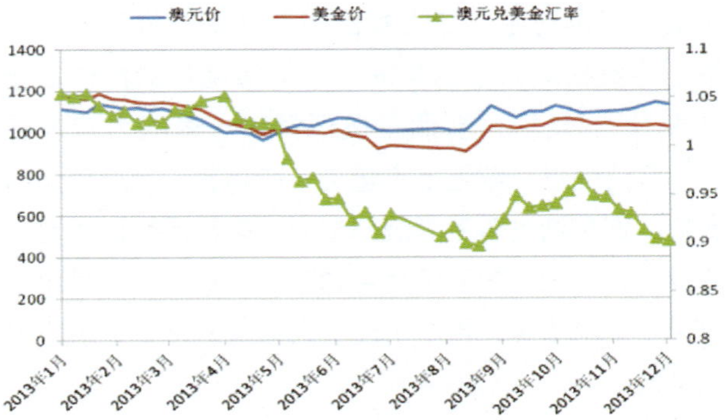

1～12月份澳洲供应量总计为1882149包，成交1709214包，成交率为90.8%。其中前五名买家分别是：泰克羊毛购买了174150包，伦普利（澳）购买了87544包，Viterra羊毛公司购买了82683包，福克斯利购买了81566包，昆士兰棉花公司购买了63146包。

二、新西兰羊毛市场

纵观2013年全年，新西兰市场一直处于供应量紧缺的状态。南岛供应量大幅下降，北岛与去年相

表1 2013年澳大利亚东部拍卖市场指数

单位：澳分/kg

	开盘	收盘	最高	最低	平均指数	均价同比2012年(%)
澳元价	1111	1134	1144	966	1073	−1.5
美元价	1172	1024	1185	910	1044	−8.1

表2 2013年新西兰羊毛市场常规品种指数表

单位：新分/kg

	开拍价	收市价	最高价	最低价	平均价	均价同比2012年(%)
中支套毛	885	727	917	734	801	−9.3
细支杂交毛	489	515	603	471	511	+1.0
粗支杂交毛	404	492	585	376	454	+6.6

比提前三周剪毛，加上牧民不愿接受低位的羊毛价格，导致拍卖供应量短缺，市场情绪推动价格上涨（表2）。随后，新西兰遭遇30年一遇的大范围旱灾，经济受创，羊毛上市量进一步趋紧，品质也受到影响。许多细支羊毛服装制造商在采购原料时发现，能找到合适细度的服装用毛越来越困难。5、6月份各取消了一次拍卖，再次引发了人们对未来羊毛供应量的恐慌。

今年8月份之后，随着中国经济状况的改善，出口需求增加，推动新毛价格持续上涨。总的来看，新西兰干旱的气候条件使羊毛供应量趋紧，而工厂对羊毛纤维的需求呈上升趋势，特别是中国对地毯毛的需求增速最快。另一方面，越来越多的羊毛通过其他的渠道销售，例如牧民与出口商或经纪人直接签合同交易买卖羊毛、私人交易等，导致正式进入拍卖市场的羊毛减少。再加上中国强劲的需求，导致新西兰粗支毛价格暴涨。

然而临近年末，连续数月上涨的新西兰羊毛价格开始回落，主要因为买家无法接受暴涨后高昂的粗支毛价格，订单状况遭遇降温，如图2所示。

图2 2013年新西兰羊毛市场常规品种价格指数走势

单位：新分/kg

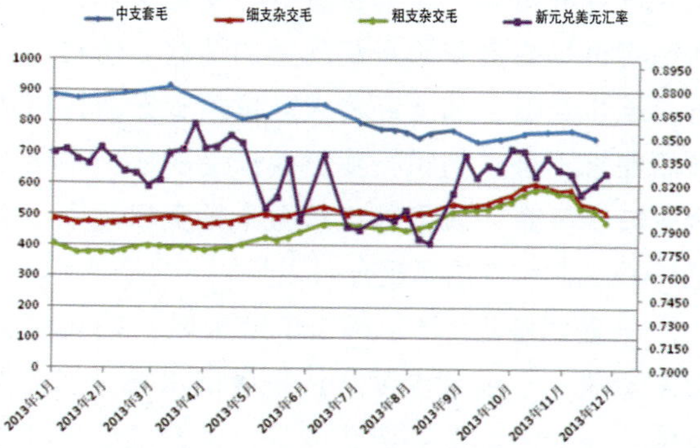

2013年新西兰羊毛拍卖量总计504816包，成交450460万包，成交率为89.2%。购买羊毛的前五名买家是：新西兰国际羊毛公司购买129025万包，马修德公司购买94940万包，福曼公司购买62300万包，JSB公司购买58465万包，B&B公司购买25770万包。

三、南非羊毛市场

2013年南非羊毛市场价格尤为坚挺，开普羊毛指数继续维持在100兰特/kg关键线以上（图3）。除今年5月初，因中国政府减少制服开支，市场需求增长缓慢，加上欧洲市场需求疲软，整体指数首次低于100以下，特别是粗支毛创下近几个月来最大跌幅。但随着2012/2013年度即将结束，很多买家大量购买以备短期休市所需，价格很快又反弹至100点以上。

图3 2013年南非开普羊毛美利奴指数走势

单位：兰特分/kg

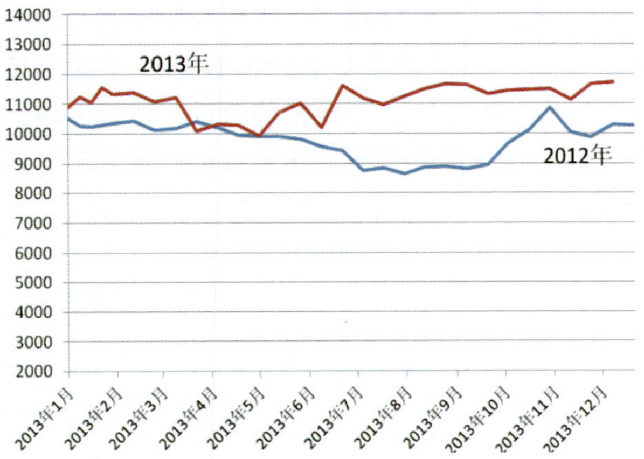

2013/2014年度首拍略有不尽人意，受国际环境以及兰特走软的影响，导致市场下跌，但这样的下跌是暂时的，随着欧洲市场的逐渐活跃，市场很快呈现上涨趋势，再加上9月份之后中国的粗支毛热越演越烈。虽然中国的经济出现复苏迹象，但是对于昂贵的毛价依旧存在抵触心理，价格的大幅上涨逐步停止脚步。年末开普羊毛美利奴指数收于117.36兰特/kg，与去年同期相比上涨6.8%，与本年度首拍相比上涨15.1%。全年供应量为324193包，成交量为317802包，成交率为98%。

国内羊毛市场

一、2013年南京羊毛市场回顾

图4 2013年南京羊毛市场综合指数走势图

单位：分/kg

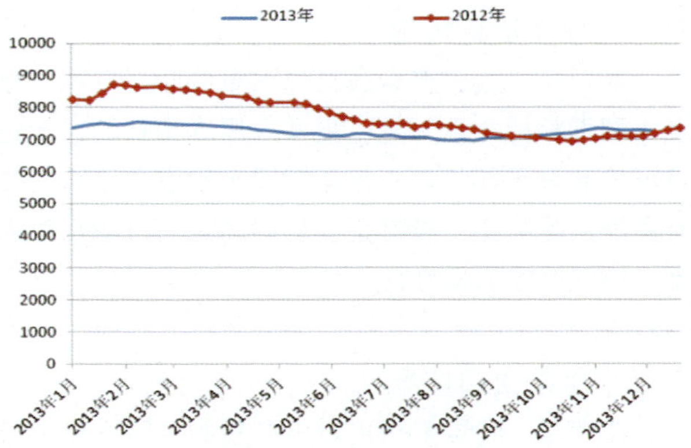

2013年的毛纺行业并没有像预计的那样好转，国内市场价格相对比较平稳（图4）。年初粗支毛需求略有回升，已有一些企业逐步收到订单，但国内后道企业依旧感觉需求不旺。年后由于工人不能按时到厂以及招工难的老问题，导致开工不足。

3月份动荡的欧洲局势波及全球市场，欧元暴跌，新西兰元、澳元持续升温，国内羊毛价格受汇率影响明显，显现出疲软态势，企业以销定产，按需采购，市场观望气氛浓厚。多数国内企业不做原料库存储备，大多按照实际订单进行采购。

4月份，由于中国政府换届，制服订单也没有启动，澳洲市场跌破1000点关口，需求真空，支撑市场的还是那些低档次羊毛。另外，全国还遭遇了“钱荒”危机，毛纺行业开始进入一个“欠款怪圈”，越来越多的中小型企业资金周转出现困难，再加上生产成本增加、利润空间缩小等诸多困难，用毛比例大幅下降，粗支毛更受青睐。特别是到9月份之后，从南京羊毛市场每周平均价格指数上涨幅度可以看出，国内粗支毛火到爆，新西兰毛、欧洲毛基本上是一抢而空，粗纺呢绒市场迅速升温。虽然国际市场价格整体依旧上涨，但国内需求却未见明显好转。

临近年底，许多面料和成衣企业库存依旧高企，市场整体需求不旺，前两个月火爆的粗纺与粗支毛市场也稍有降温。

二、2013年我国进口原毛以及出口毛条情况

（一）原毛进口情况

2013年，我国累积进口原毛量约28.4万吨，与上年同期相比上涨13%。更多人原本预计2013年经济形势会好于2012年，但从2013年年底开始行情才有逐渐回暖势头，虽然企业接到满意的订单相对困难，但订单量明显增加。

（二）毛条出口情况

2013年，我国累积出口毛条量约3.54万吨，与上年同期相比上涨8.9%。国际市场主要经济体经济缓慢复苏，消费者消费意愿有所增强。国内市场方面，得益于国务院出台的贸易便利化措施和一系列宏观经济政策对出口的支持，企业出口信心增强，企业经营、贸易环境有所改善。

2014年羊毛市场展望

2014年国际经济环境再度多变，羊毛原料市场特征表现为需求减弱，国际市场价格的下跌让买家心有余悸。另外，供应总量虽减，但成品库存累积，让企业资金链越发紧张。

目前，国家政府对三公消费的控制，打压了部分市场需求。中日关系日益恶化，许多日本订单向其他国家转移。另外，美国制造业振兴，加上中国劳工成本加大，订单回流，产品美国本土化；在国内生产的欧洲品牌，由于质量不稳定，重新回到欧洲生产。

企业也将面临：一是资金回笼较慢，很多企业依旧陷在“欠款怪圈”，货款难以回收，停产甚至倒闭；二是国家加强外汇管理，企业融资难，融资成本加大；三是劳动力成本继续大幅上升；四是产业结构调整，优胜劣汰，国内市场洗牌现象明显。

（撰稿人：蒋雅丽）

2013年聚酯涤纶市场回顾与分析

浙江华瑞信息资讯股份有限公司

PX市场

一、2013年亚洲PX市场简要回顾

2013年亚洲PX现货价格呈现前高后低、震荡下滑走势（表1）。一季度，受供需偏紧和跨年度行情炒作影响，亚洲PX成本居高，下游跟风追高者如果不及时出清头寸，可能影响全年盈利。后期，亚洲PX跌入1500美元/吨CFR以内之后，基本小幅波动为主，二～四季度，月度均价最高的8～9月份也就只在1500美元/吨CFR附近，其他时间基本在1450美元/吨CFR或者偏向水平，市场的波动性明显不足。市场参与者对2014年PX的价格水平预期并不高，且觉得波动性也可能继续降低，加之PX–PTA独特的供需结构，现货市场参与度可能不太活跃。

图1 2009～2013年MX–PX价格走势图

美元/吨 FOB

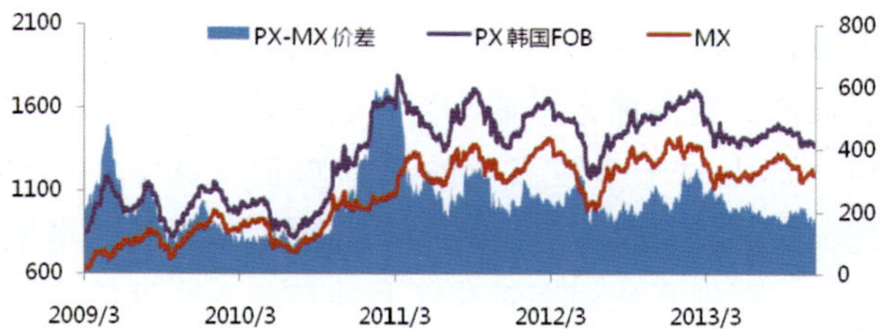

2013年MX–PX价差表现不佳（图1），影响部分MX–PX装置运行效益。除一季度PX价格在高位时，MX–PX价差较好，其他时间段价差基本在200美元/吨或以下徘徊。四季度，两者价差基本在180美元/吨附近波动。

表1 2013年PX合同现货价格表

月份	中石化结算价(元/吨)	ACP(美元/吨)	CFR中国月均价(美元/吨)
1月	12500	1625	1680
2月	12800	1685	1704
3月	11550		1516
4月	10700	1400	1465
5月	10600		1426
6月	10550	1400	1437
7月	10650	1410	1452
8月	10950	1440	1506
9月	11050		1497
10月	10750	1470	1446
11月	10400		1415
12月	10550		1435

二、中国PX行业生产及需求情况分析

2013年，受下游PTA工厂抵抗和新PX四季度逐步投产影响，亚洲PX利润有所压缩，特别是四季度压缩较为明显。随着腾龙石化160万吨/年在9月份正式投产以后，PX石脑油价差在四季度压缩较为明显，逐步靠近450美元/吨附近，并维持水平。

2013年，中国PX产能继续适度增长（表2），主要包括腾龙芳烃的160万吨PX装置在9～11月份正式投产。青岛丽东扩能30万吨，福建炼化扩能10万吨。加上对于金陵石化的小幅修正，截至2013年底，中国PX产能1118万吨/年，增加212万吨，增幅23%。而中石化海南炼化60万吨在年底附近投产，未计入2013年产能。

2014年其他国内仍有部分新项目在建拟建，具体主要有：彭州石化65万吨装置计划2014年一季度投产；宁波中金石化200万吨/年；中石油（台州）65万吨、中石油（泰州）100万吨、中化泉州石化120万吨、中石化镇海、洛阳、湛江等意向性项目也在建和规划中，上述项目涉及PX产能在500万吨附近，预计在2015～2016年或者后期投产。

而从供需的情况来分析（表3），2013年国内PX表观消费量在1714万吨左右，相当于可生产PTA的量近2577万吨。而据统计数据显示，2013年国内PTA产量在2605万吨。因此整体来看，2013年全年国内PX供需状况总体基本平衡。2013年中国PTA产能基本没有增加，而2014年PTA投产计划有很多，继续造成PTA供大于求。

表2 中国PX工厂产能表

企业名称	产能（万吨）	备注
中石化镇海炼化	75	2012年65万吨扩能至75万吨
中石化扬子石化	80	
中石化天津石化	39	
中石化金陵石化	70	
中石化洛阳石化	23.5	
中石化上海石化	83.5	
中石化齐鲁石化	6.5	
中石油乌鲁木齐石化	106.5	
中石油辽阳石化	70	
青岛丽东	100	2013年底扩能至100万吨
中海油惠州	84	
福佳大化	140	(70+70)万吨
福建炼化	80	2013年四季度扩能至80万吨
腾龙芳烃	160	(80+80)万吨
合计	1118	

表3 2006～2013年国内PX生产消费情况

单位：万吨

年份	2006年	2007年	2008年	2009年	2010年	2011年	2012年	2013年	2014年*	2015年*
PX年底产能	376	386	446	726	726	826	906	1118	1243	1423
PX产量	279.06	375	323	475	610	680	770	827	1020	1110
PX进口量	184	288	340.4	370.05	355	498	628.58	905	970	1010
PX出口量	9.78	23	44.8	30.76	16	37	19.2	18	20	25
PX表观消费量	453.28	640	618.6	814.29	949	1148	1379.38	1714	1970	2095
进口依存度(%)	40.60	45	55	45.40	37.40	44	45.57	52.8	49.2	48.2

注 带*号的为预测内容。

PTA市场

一、2013年PTA市场运行回顾

图2 2013年PTA内外盘现货价格走势图

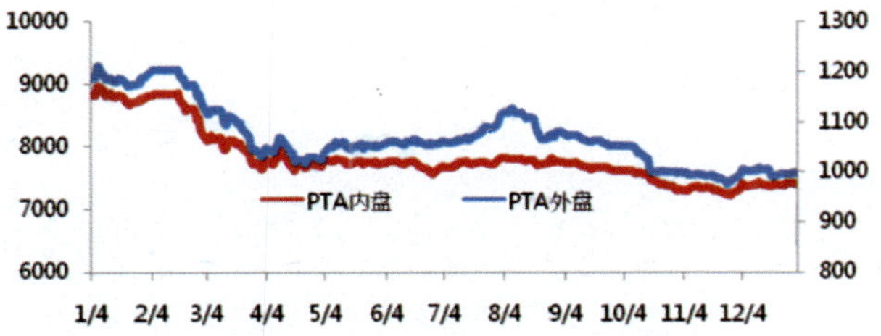

2013年PTA现货行情整体呈单边弱势下跌走势，年初价格重心最高，11月底价格重心最低，但整个价格波动区间并不大（图2）。1～2月，价格走势高位平稳震荡， 3月初开始正式进入下跌通道，3月底至9月底，PTA现货价格的长期平稳窄幅震荡，主要与PX现货价格始终稳健坚挺，宏观面走势平稳，以及PTA期货始终较现货大幅升水有关。9月底，随着TA1309合约交割，前期积累的大量空头套保仓单转为现货流入市场，导致市场现货供应大幅激增，大量套保获利后的现货被低价抛售，现货行情加速下跌。进入12月份，TA1401合约期价继续保持较现货价格大幅升水，空头套保盘继续积极抛期货买现货，而PX现货价格走坚，也继续为PTA提供成本支撑，市场心态也稍有好转，现货行情重获支撑出现小幅反弹。但受产量高位和供求过剩影响，行情反弹仍显乏力。

总体来看，截至2013年12月31日PTA内外盘现货均价分别为7827.7元/吨现款船板交货和1070.17美元/吨CFR90天水平（参考CCF现货价格按时间平均值），分别较2012年下跌463.1元/吨、21.73美元/吨。

二、中国PTA的生产及需求情况分析

2013年国内PTA投产产能较少，只有宁波台化年初3月份将原有产能90万吨进一步扩容30万吨至总产能120万吨规模，其它原计划投产的装置都未如期开出。

至2013年年底（表4），国内PTA总产能达到3328万吨左右，当年绝对产能增幅在0.9%左右，增长率较去年出现回落，但由于2012年新增的1200余万吨的新产能绝大多数都在三季度末或四季度开车，因此实际的供应过剩压力在2013年则体现的较为明显。目前，中国PTA产能约占亚洲产能的58%左右。

从供应层面来看（表4），2013年全年国内PTA产量达到2605万吨左右，较上年的2035万吨增加570万吨，产量增长率高达28%，当年平均开工率在78.3%，较2012年的平均87.7%大幅下滑近10%左右；2013年PTA进口量在273.5万吨，较2012年的537万吨大幅减少263.5万吨，降幅高达49.07%。当年国内PTA绝对总供应量在2867万吨附近。2013年PTA总供给量高于总需求量，因此，总体PTA社会库存较2012年底出现上升，至年末PTA的动态社会库存大约升至170万吨附近，较2012年底上升60余万吨左右。特别是四季度，因下游聚酯开工率出现回落，而最后两个月PTA负荷出现提升，导致PTA供应增多，社会库存开始逐步累积，市场现货行情始终承压弱势。

MEG市场

一、2013年MEG市场运行回顾

2013年MEG行情明显下跌后快速拉涨，下半年震荡走弱（图3）。全年价格走势与去年相似度较高，但年底缺乏政策红利刺激且聚酯检修力度大，未像2012年底出现跨年行情。2013年整体行情波动空间较2012年明显收窄，震荡行情出现的频率增加，主要围绕港口库存、资金及聚酯下游需求等因素展开。

图3 2005～2013年内外盘价格走势图

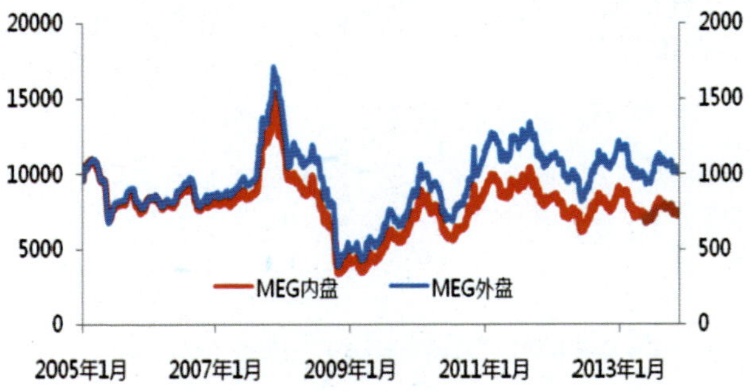

表4 中国PTA生产消费情况及预计

单位：万吨

	2006年	2007年	2008年	2009年	2010年	2011年	2012年	2013年	2014年*
PTA产能	945	1166	1256	1496	1556	2006	3298	3328	4363
PTA产量	670	980	935	1190	1431	1720	2035	2605	2940
进口量	700.43	700	594.1	622.3	657	652.72	537	273.5	200
出口量			2.4			2.71	0.9	12.5	50
表观消费量	1370.43	1680	1526.7	1812.3	2088	2370.01	2571.1	2866	3090
进口依存度(%)	51.11	41.67	38.90	34.30	31.50	27.50	20.88	9.54	6.47

注 当年产能均为年底产能，带*号为预测内容。

在国内外宏观氛围带动下，2013年年初MEG快速冲高至1210～1220美元/吨，但很快因聚酯工厂节前备货预期落空，逢高获利了结操作增加，市场快速回调，春节节后，由于春节期间聚酯工厂低负荷运行、MEG港口库存迅速攀升、节后下游需求恢复缓慢、聚酯产品库存高企，MEG市场呈现明显的下跌态势，7月份随着供需面逐步缓和、港口库存下降、原油走强带动，市场超跌反弹。随着市场冲高商家出货意向开始增加，加上基本面缺乏亮点支撑，聚酯工厂参与意向降低，市场价格在8月下旬开始回调，后期由于PX产品继续走弱、浙江地区限电政策影响，至11月底市场价格下跌至1000～1030美元/吨。12月前后，阶段性筑底完成，MEG在大宗商品走势的带动下开始反弹。

二、MEG生产及需求状况分析

2013年，宁波禾元50万吨新装置一季度投产，中石化武汉28万吨新装置三季度投产，国内无新煤制MEG项目投产，至年底中国MEG产能增加至538.6万吨（包括90万吨煤制MEG项目）。同时，上海石化一套23万吨/年装置进行了EO、EG双向切换调整，不过EG生产产量基本维持不变；北方化学20万吨/年装置的EG装置年生产能力自2013年7月份起调整至8万吨/年。

2013年国内MEG产量累计在356万吨左右，进口总量在824.6万吨附近，表观需求量在1180.1万吨左右。2013年聚酯全年产量累计在3205万吨，聚酯对乙二醇需求预计在1089.7万吨，同比上年增幅为7.55%左右，增幅比上年下滑2个百分点，见表5。

综合而言，近几年亚洲市场传统的石化线路的MEG产能投资明显放缓，之后相对集中的投放周期将于2015～2018年出现。2014年传统产能投放仅有中国成都石化、国外韩国石化投产，后期煤制乙二醇的项目预报数目高达600万吨左右，但项目实际执行力度预估在300万吨附近，投产进度以及产品品质能否在聚酯上的应用仍需要时间来验证；另一方面，虽然下游聚酯大幅规模扩增，但由于全球经济步伐放缓，实际需求可能跟进有限，后期聚酯开工率面临下滑压力。

2013年，基于MEG利润丰厚，国内多数乙二醇装置的开工率维持稳定，MEG产量有所增加，但对

表5 中国MEG生产消费情况及预计

单位：万吨

	2005年	2006年	2007年	2008年	2009年	2010年	2011年	2012年	2013年	2014年*
MEG产能	151.6	183.6	235.6	235.6	255.6	382.6	392.6	460.6	538.6	678.6
MEG产量	113	158	175.8	179.8	171.7	250	290	300	356	410
进口量	400	406	480.2	521.6	582.8	664.4	727.6	796.6	824.6	850
出口量	1.23	2	0	2.9	0	0.5	0.6	1.1	0.5	0
表观消费量	511.77	562	656	698.5	754.5	913.9	1017	1095.5	1180.1	1260
进口依存度(%)	78.16	72.24	73.20	74.67	77.24	72.70	71.54	72.71	69.87	67.46

注 当年产能均为年底产能，带*号为预测内容。

于中国市场而言，MEG对外供应依存度依然保持较高水平 约为69%（图4）。国外方面，中东地区凭借廉价的天然气等资源优势，成为MEG全球市场新领军力量；通过近年来全球主要MEG供应商来看，SABIC成为全球最大的MEG供应商。后期随着美国页岩气革命的深入，北美等地MEG出口量在2015年之后可能增加。

图4 2005～2014年MEG供需走势预测图

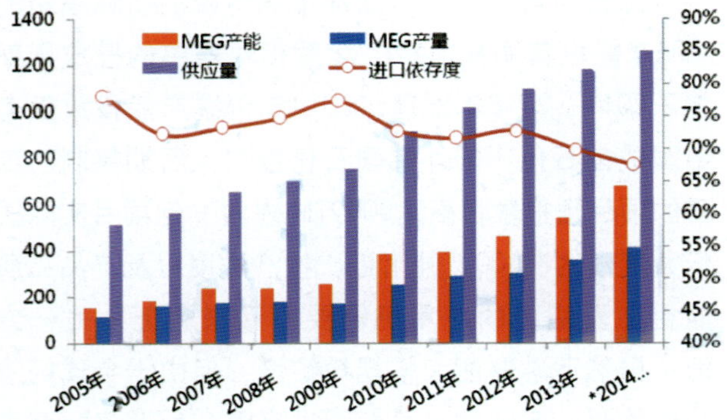

注 带*号为预测内容。

聚酯切片

一、2013年聚酯切片现货价格走势回顾

图5 2013年半光切片、有光切片价格走势图

据统计（图5），2013年CCF半光切片的均价为9643元/吨，相比2012年CCF半光切片均价10154元/吨，下跌511元/吨，跌幅在5%。2013年经济复苏缓慢，行业内上游原料价格下跌，加之切片纺受到熔体直纺挤压，市场份额继续缩水，切片价格继续回落。

2013年，聚酯切片价格震荡下跌，年内最高点在1月初11100元/吨，最低点在10月底8950元/吨，经历3月份快速下跌后，下半年聚酯切片价格维持低位震荡（图6）。

图6 2013年聚酯半光切片价格与现金流走势图

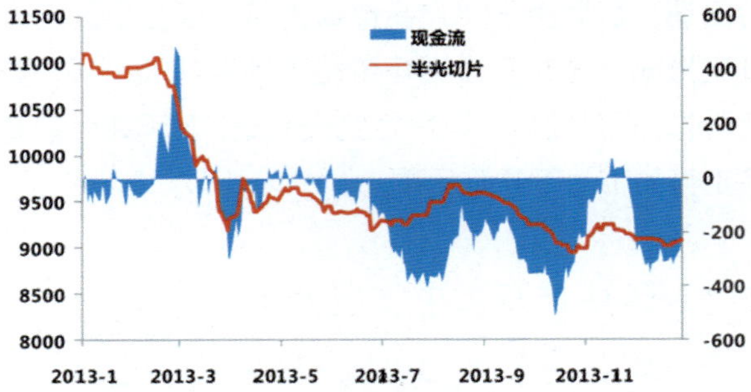

二、中国聚酯切片生产及需求情况分析

2013年聚酯切片市场新增供应量主要集中在上半年：1月份浙江龙腾20万吨聚酯装置涉及200吨/天半光切片产量，1月份桐昆恒腾化纤20万吨聚酯装置涉及500吨/天半光切片产量，1月下旬新凤鸣中维25万吨聚酯装置涉及约400吨/天半光切片，4月份江苏宏泰化纤25万吨聚酯装置涉及150吨/天半光、有光切片，4月份恒力康辉石化20万吨聚酯装置涉及500吨/天半光切片，7月份慈溪华星轮胎20万吨聚酯装置涉及约300～400吨/天半光切片。下半年聚酯切片新增量基本没有，而受切片现金流亏损严重以及下游切片纺开机持续走低影响，传统聚酯切片供应商切片负荷持续下降，部分装置如江苏三房巷20万吨/年有光切片装置7月份以后持续停车。

2013年，宏观经济复苏缓慢，聚酯产业链依然延续去年以来的弱势格局，而且随着涤纶直纺长丝产能快速扩张，切片纺市场份额继续压缩。需求面持续偏弱，加之受熔体直纺挤压，切片纺市场开机率全年维持低位运行，平均开机率较上年下滑1～2成。江浙地区切片纺整体开机率在5月初达到年内高点约为6～7成，下半年受聚酯大盘震荡走弱影响，切片纺亏损严重，开机率持续下滑至4成左右，按全年统计，江浙地区切片纺整体平均开机率在4～5成。

聚酯瓶片

一、2013年聚酯水瓶片价格走势分析

图7 2008～2013华东聚酯水瓶片和FOB中国出口价格走势图

2013年，受原料成本下跌和本身产能过剩影响，聚酯瓶片内外盘价格都呈现震荡下行走势（图7）。据CCF测算，2013年1～12月华东水瓶片均价在10078元/吨现款出厂，而1～12月出口均价在1406美元/吨FOB主港。内盘最高价11400元/吨，最低价9350元/吨，最高–最低跌幅18%；外盘最高价1565美元/吨FOB，最低价1300美元/吨FOB，最高–最低跌幅17%。相对来说，外盘价格跌幅略小于内盘。基于全年价格走势，做空风险小于做多风险。

二、2013年聚酯瓶片市场生产及需求情况分析

据CCF核算，至2013年全国聚酯瓶片产能700万吨。预计2014年仍有新产能投出，但鉴于地理位置和原料采购等因素，有效产能估计不多。

2013年，聚酯瓶片产量在560万吨，内需在360万吨附近，净出口在177.87万吨，社会库存预计在30万吨附近。内需增速从2012年的5%多，回升至10.43%附近（图8）。

如往年一样，2013年聚酯瓶片工厂开机负荷波动较大，体现季节性因素和投产季度。11月份聚酯瓶片开机率依旧跌入低位56%附近，但比2012年的低位50%高出6%。但是，2013年的高位90%比2012年的96%低了6%。全年行业平均开机率在75%附近。

图8 2001～2016年中国聚酯瓶片供需增长走势图

单位：万吨

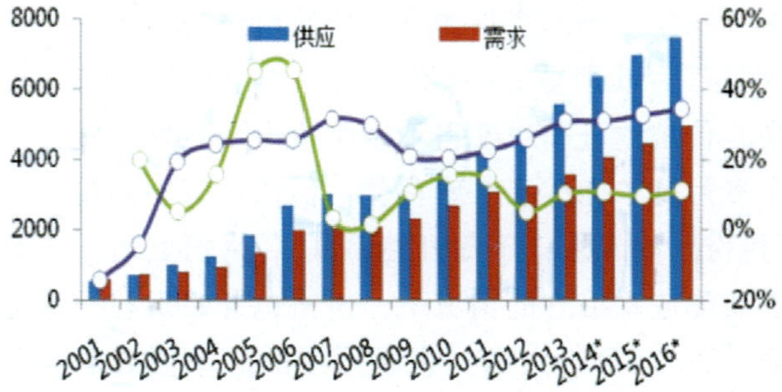

注 带*号为预测内容。

受益于夏季高温天气导致瓶装水需求增速加快，2013年中国软饮料产量增速有所回升，但预计后期继续快速增长可能不大。另外，受制于天气因素，软饮料产量继续呈现明显的淡旺季。健康因素和天气因素继续主导软饮料产量增长。

由于较高的出口依存度，2013年CCF把出口看成下游消费流向指标之一，且出口占消费总量的比例位于第二位，在32%附近。软饮料无悬念仍是瓶片下游消费的主要部分，占52%附近。其余油脂和片材占比相对较低，且增速较为缓慢。

涤纶长丝

一、2013年涤纶长丝市场行情回顾

图9 2013年CCF涤纶长丝价格走势图

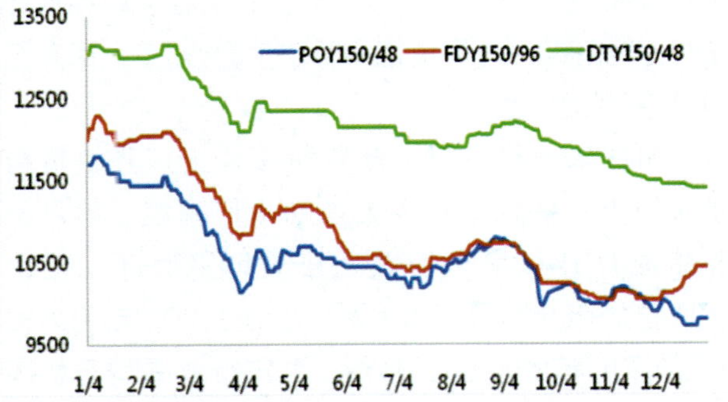

2013年涤纶长丝行情基本上呈现一路下跌的态势（图9），春节期间，因下游停早开迟的现象使得涤纶长丝工厂年后的库存高企，在聚酯原料的下跌下，长丝市场恐慌性抛货，导致价格快速下跌，长丝工厂亏损严重。4月份以后下游开机基本恢复正常，传统的旺季也使得下游生意出现适度好转，一个多月基本完成了去库存化，价格也有小幅抬升。5月份开始滞涨，下旬开始下跌。7月份之后，长丝在聚酯成本抬升的情况下，价格也开始出现一轮上涨。进入9月份之后，市场预期的旺季预期落空之后，聚酯大盘整体再次走弱，长丝价格在至9月份以来持续下跌并不断创新低，大多数品种在12月份创下年内的最低点，而FDY的粗旦产品因前期亏损严重导致行业减产力度较大，价格在11月份前后创下最低点后，在12月份反而逆势上涨，成为长丝品种中的一个亮点。

二、2013年中国涤纶长丝生产及需求情况分析

根据中国化纤信息网的统计，2013年全国涤纶长丝产能新增373.7万吨，其中直纺长丝产能新增345万吨（当中约有144万吨产能是2012年投产的聚酯装置在2013年配套纺丝），切片纺长丝产能新增28.7万吨（当中有6.7万吨是切片纺工业丝之前淘汰的产能在2013年重新利用）。直纺长丝产能新增明细如下表：综合估算，在2013年全国涤纶长丝产能新增373.7万吨以后，年底总产能达到3014.7万吨，同比增长14.1%。全年涤纶长丝产量在2100万吨，加上进口量11万吨，减去出口量129万吨，得出涤纶长丝的表观消费量为1982万吨，较去年增加121万吨，增幅6.5%（表6）。

表6 2003～2013年我国涤纶长丝各指标情况

单位：万吨

	2003年	2004年	2005年	2006年	2007年	2008年	2009年	2010年	2011年	2012年	2013年
产能	1019	1300	1334	1483	1660	1748	1900	2027	2424	2641	3015
产量	564	703	785	991	1218	1283	1320	1510	1738	1957	2100
产能利用率(%)	63.4	60.7	59.6	70.4	77.5	75.3	72.4	76.9	78.1	77.3	74.3
进口量	41	36	29	26	24	17	17	16	15	12	11
出口量	4	13	25	39	62	79	62	81	94	108	129
表观消费量	601	726	788	979	1180	1221	1274	1445	1659	1861	1982

图10 我国涤纶长丝产能及增长率走势

单位：万吨

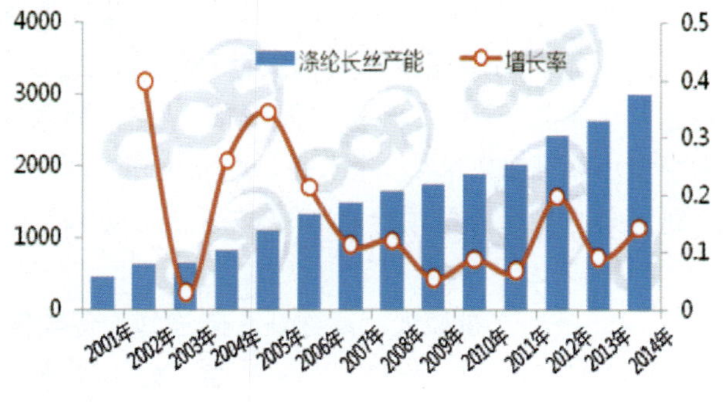

虽然涤纶长丝产能增幅较大，但是长丝产量增幅较小，形成较明显的对比（图10）。根据测算，2013年全国涤纶长丝总产量约2100万吨，相比2012年总产量1957万吨增长143万吨，增长7.3%。较去年下滑5.3个百分点。

图11 2002～2013年我国涤纶长丝产量及增长率

单位：万吨

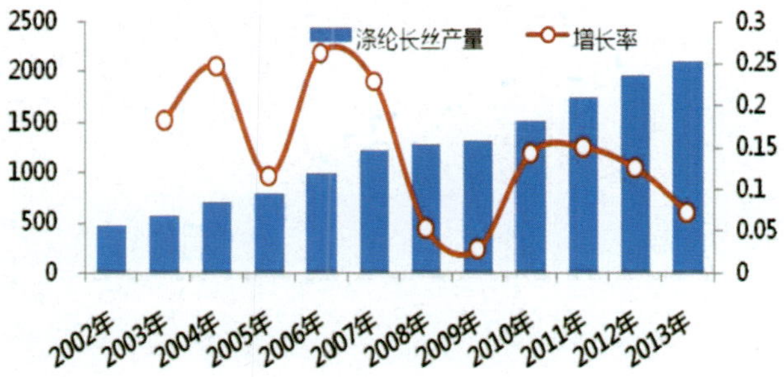

2013年涤纶长丝产量增幅不大（图11），其主要的原因在于在整体长丝销售疲软，效益不佳的情况下，涤纶长丝开工负荷出现一定程度的下滑，尤其是切片纺的开工下滑明显。据本网统计2013年涤纶长丝平均开工率在74.3%附近，较上年下滑4个百分点。

2013年1～12月中国轻纺城总成交量为26.9亿米，2012年总成交量为22.5亿米，增加4.4亿米，增幅19.6%。2013年全国百家商场服装的零售额增长来看，增幅较2012年同期大幅缩窄，主要原因在于一方面服装企业因库存压力降价促销，另一方面网店的兴起正在大幅挤占线下实体店。2012年中国服装网购市场交易规模达3050亿元，同比增长49%。预计2013年达4076.1亿元，增幅达到33.6%。

涤纶短纤

一、2013年直纺涤短市场行情回顾

2013年直纺涤短总体价格运行呈震荡下跌走势（图12）。由CCF直纺涤短价格指数看，直纺涤短从年初的11350元/吨跌至年底的9980元/吨，跌幅1370元/吨或者12.1%。全年的波动幅度为2015元/吨。

图12 直纺涤短1.4D价格走势图

单位：元/吨

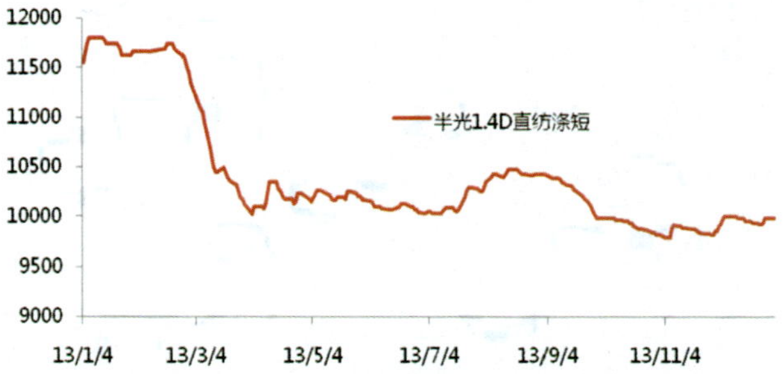

二、2013年直纺涤短市场生产及需求情况分析

2013年国内直纺涤短总体呈现“两低一高”——低负荷、低收益和高库存的运行状况。全年来看，直纺涤短全年平均负荷预计在68.5%，较上年71.2%的平均负荷下降近3个百分点。2013年直纺涤短工厂年均库存在15天左右，而2012年的平均库存在10天左右，工厂库存水平上升5天左右。2013年直纺涤短效益低迷，除了上半年期间部分月份曾出现短暂的正现金流之外，大多时间国内直纺

涤短均陷于亏损或者略保持现金流境地。究其原因：（1）产能过剩，企业开工率不足，生产成本增加；（2）终端市场需求疲软，价格下跌，造成下游和中间环节囤备货积极性不高，市场的缓冲地带缩减，工厂库存增加，资金占用成本增加；（3）其他相关聚酯产品支撑了聚酯原料价格。全年看，2013年1～12月份，直纺涤短现金流平均亏损50元/吨，与2012年全年近160元/吨的盈利相比，效益有较大幅度的下滑。2013年直纺涤短行情整体震荡走跌，现金流亏损较多，部分原计划今年投产的厂家有延后现象。据CCF统计，2013年直纺涤短新增51万吨，取消10万吨，产能净增长41万吨。

预计2014年直纺涤短产能增幅尚可，在41万吨，但受现金流亏损影响，厂家开机负荷普遍偏低，2013年直纺涤短平均开机负荷在68.5%左右，较上年下滑近3个点。产量方面微减1.2%，而表观需求量小幅增加0.4%。除了需求增加之外，2013年直纺涤短工厂库存量预计增加8万吨左右，见表7。

（撰稿人：高建江　陆迪峰　倪国苗　袁　媛　徐婷婷）

表7 我国原生纺涤纶短纤维供需平衡表

单位：万吨

	2010年	2011年	2012年	2013年
熔体纺产能(年底)	505	522	582	623
产能增长率(%)	2.64	3.37	11.49	7.04
熔体纺产量	410	470	423	418
产量增长率(%)	18.84	14.63	−10	−1.2
开工率(%)	67.5	81.65	71.19	68.5
进口量	14	12	11	12.6
出口量	58	79	65	72.0
表观消费量	376	441	381	382.6

注 进出口量数据为原生和再生涤短总量。2013年表观消费量中，原生涤短的占比为进口量70%，出口量50%。

中国纺织 CHINA TEXTILE

中国纺织工业联合会会刊

《中国纺织》杂志是中国纺织工业联合会会刊，创刊于1951年，以“决策者的智囊，创业者的指南”为宗旨。《中国纺织》杂志是目前纺织行业内最具权威性的期刊媒体，主要反映纺织工业的改革开放与发展提升趋势，研究产业战略与政策，跟踪行业经济运行趋势，交流企业经验，推进纺织行业转型升级。

《中国纺织》国内零售价每期28元，全年12期（月刊）；年价336元。
现可跨年订阅，全年订阅杂志20份即可获得港澳游贵宾券20张，订阅30份即可获得港澳游贵宾券40张。

三种途径便捷地订阅《中国纺织》杂志，任您选择：

1、直接向《中国纺织》杂志社订阅：可跨年度订阅，期数不限（请关注下面的付款方式）
2、邮局订阅：全国各地邮局均可订阅，邮发代号：82-818
3、集团订阅：集团订阅100套以上可以享受我们为您提供的定制优惠服务

付款方式 邮局汇款订阅方式：
联系地址：北京市东长安街12号541室 邮编：100742
收款人：《中国纺织》杂志社
银行汇款订阅方式：
开户行：工商银行北京东长安街支行
户名：《中国纺织》杂志社
账号：0200053409014415364

详情可登陆网站：www.texjournal.cn

好消息

2014 年
为回馈广大订户
现全年订阅杂志
（可跨年订阅）
即可获得价值
1580 元
港澳游贵宾券

订阅电话：010-85229008
传真 / 010-85229008 联系人 / 李小姐
电子邮箱 / zgfz_lx@126.com

第一联：报销凭证（此联连同汇款凭证方可报销）

订户单位	
户名 / 《中国纺织》杂志社	收款人/《中国纺织》杂志社
开户行 / 工商银行北京东长安街支行	地址 / 北京市东长安街12号541室
开户帐号 / 0200053409014415364	邮政编码 / 100742
回执传真 / 010-85229008	热线电话 / 010-85229008
合计金额（大写） 万 仟 佰 拾 元	合计金额（小写）：

中国纺织杂志社 财务专用章

第二联：订阅回执（此联回传给杂志社）

订户单位		
收刊地址		
订户姓名	职务	邮政编码
电子邮件	电话	传真
订阅起止 年 月至 年 月	订阅份数： 册	
付款方式 ☐ 邮局 ☐ 银行	需开发票： ☐ 是 ☐ 否	
合计金额（大写） 万 仟 佰 拾 元	合计金额（小写）：	
备注：		

CNTAC

中国纺织工业发展报告

CHINA TEXTILE INDUSTRY DEVELOPMENT REPORT

2013/2014

行业新闻

2013年中国纺织行业十大新闻

中国纺织报社
《中国纺织》杂志社

新闻一：三中全会“新提法”预示纺织业新利好

党的十八届三中全会胜利闭幕，全会公报以及《中共中央关于全面深化改革若干重大问题的决定》中关于全面深化改革的很多“新提法”，引起纺织人士的热烈反响，表示全会精神为纺织行业未来发展提供了新的希望和更多利好。

大家认为，现代市场、宏观调控、开放经济三大体系的建设，将为完备社会主义市场经济体制提供有力保障。纺织行业应该正确把握和贯彻落实全会的精神实质，多层面借势，破除旧有体制机制藩篱，突破行业发展瓶颈，加快建设纺织强国步伐。

新闻二：习近平总书记考察山东如意集团

11月25日晚6时许，中共中央总书记、国家主席习近平到山东如意科技集团有限公司考察。听说企业在依靠科技创新发展的同时努力为员工提供住房、医疗保障，注重保持劳资关系和谐，总书记很高兴。他叮嘱企业负责人发挥社会主义优越性，多关心职工，多谋福利，多为社会和谐作贡献。

新闻三：五项纺织成果获年度国家科技奖

在1月18日人民大会堂举行的国家科学技术奖励大会上，与纺织领域相关的5个科技项目获奖。

江南大学的“棉织物染整前处理关键酶制剂的发酵生产和应用技术”，天津工业大学、天津膜天膜科技股份有限公司的“高性能聚偏氟乙烯中空纤维膜制备及在污水资源化应用中的关键技术”获得“国家技术发明二等奖”。上海大学的“碳/碳复合材料工艺技术装备及应用”，东华大学、河北吉藁化纤有限责任公司、苏州大学、吴江市恒生纱业有限公司、常州市新浩印染有限公司、浙江圣瑞斯针织股份有限公司的“竹浆纤维及其制品加工关键技术和产业化应用”，北京三联虹普新合纤技术服务股份有限公司的“大容量聚酰胺6聚合及细旦锦纶6纤维生产关键技术及装备”获得“国家科学技术进步二等奖”。

新闻四：棉花政策将调整　棉农直补成共识

2014年我国将不再实行现行的收放储办法，改为对棉农进行直补。这一说法至今虽未经政府部门正式发布，但已经政府部门和行业组织等多个渠道吹风。届时，随着现行棉花收放储办法的隐退，国内棉价将向市场靠拢，棉花目标价格将以“植棉成本+基本收益”的模式形成。这意味着政府通过行政手段直接干预棉花价格的调控方式开始走向市场调控。

新闻五：鲁泰公司荣获“全国质量奖”

在11月3日举行的第13届全国追求卓越大会上，鲁泰纺织股份有限公司荣获“全国质量奖”，成为棉纺织行业首次获此殊荣的企业。鲁泰纺织股份有限公司积极构建优秀企业文化，科学实施战略管理，强化市场导向，优化客户关系，发挥资源优势实施过程管理，全面提升过程绩效，系统策划改进活动，全面提升企业经营管理质量，成为纺织行业内的排头兵。2013年前三季度，鲁泰纺织营业收入同比增长10.27%，营业利润同比增长51.61%，显示了良好的发展前景。

新闻六：纺织行业冲刺节能减排硬指标

2013年，纺织行业积极落实淘汰落后产能和节能减排任务，为完成“十二五”节能减排“硬指标”，实现行业可持续发展而努力。

4月2日，中国纺织工业联合会会长王天凯在中纺联第三届第三次理事会上强调，印染环保瓶颈将影响整个纺织行业，因此不能存在任何侥幸心理，全行业必须全面推进节能减排工作。4月10日，国家纺织产业节能减排技术支撑联盟举行第一届联盟理事会，倡导纺织行业齐心协力冲刺“十二五”节能减排硬指标。在8月28日举行的主题为“美丽纺织，责任发展”的2013中国纺织服装行业社会责任年会上，石狮、虎门、西樵、盛泽、海宁、萧山、王江泾等7个纺织服装产业集群地联合发布其首份社会责任报告，体现了产业集群地政府积极主动践行可持续发展的勇气和务实态度。此外，湖北纺织行业淘汰1.5亿米印染落后产能和年产2万吨粘胶法常规粘胶短纤维生产线2条；江西淘汰1.46亿米印染落后产能；新疆纺织以点带面推进节能减排，多家纺织企业通过能源审计和节能规划；河北纺织于10月底提前完成淘汰落后产能任务，其中印染业淘汰落后产能10965万米，是国家下达任务的2倍。

新闻七：纺织行业实施“走出去”战略受关注

6月28日，由中国纺织工业联合会主办，中国纺织品进出口商会、中国—东盟中心支持举办的中国纺织产业实施“走出去”战略交流大会在京召开。这是全行业第一次召开“走出去”专题会议，得到政府相关部门的高度重视，为加快实施国家“十二五”规划提出的“走出去”战略，探讨纺织业全球化布局的现实路径起到推动作用。

2013年，为应对成本高企和贸易壁垒等问题，部分企业开始推动国际化战略实施。如棉纺织龙头企业浙江科尔集团有限公司投资2.18亿美元，在美国南卡罗来纳州兰开斯特郡开设其第一家海外工厂。该工厂为中国纺织企业在美设立的第一家制造工厂，第一期工程将在2014年2月破土动工，预计2014年10月投产。

新闻八：纺织行业开展党的群众路线教育实践活动

2013年7月以来，根据中央统一部署，中国纺织工业联合会以及部分纺织服装企业作为第一批开展党的群众路线教育实践活动的单位，纷纷成立活动领导机构和工作机构，制订重点工作计划，有序开展系列教育实践活动，取得良好效果。

活动中，中纺联始终从严务实，认真落实中央总要求，把握活动基本原则，聚焦“四风”问题，重点抓好活动的三个环节：领导带头，紧密联系行业工作和自身建设的实际，积极有序地推进，确保取得实效。教育实践活动促进中纺联各级党员领导干部进一步转变作风，强化内部制度建设和队伍建设，增强建设纺织强国的正能量。新兴际华集团建立下访机制，制订并践行《向下对接路径表》，深入“六个点”抓活动。恒天集团公司各督导组分赴各地企业履行职责，通过各种形式的讨论会，全面细致落实教育实践活动在各企业开展。北京纺织控股公司结合行业特点，教育实践活动总体思路概括为找准点、布好线、抓好面。上海纺织集团精心制订活动的具体安排，努力在规定动作中做出特色、做出成效，体现了“六个贯穿始终”。

新闻九：纺织行业“十二五”规划中期任务完成良好

《纺织工业“十二五”发展规划》（简称《规划》）中期评估情况显示，“十二五”规划目标完成情况良好，2010～2012年，规上纺织企业工业增加值年均增长10.6%，利润总额年均增长16%，全员劳动生产率年均增长17.8%，全行业纤维加工总量年均增长4.8%，纺织品服装出口总额年均增长11.3%，自主创新指标有所进步，节能减排指标基本完成；九项重点任务在全行业的高度重视下积极推进，取得明显成效；四个重点领域工作取得较大进展，基础和关键性技术应用持续扩大；《规划》制定的七大类政策措施均得到不同程度推进，产业指导、贸易环境等政策落实取得积极成效。

此外，家纺、产业用、化纤、印染等行业中期评估结果陆续浮出水面，主要指标完成良好。

新闻十：东华大学俞建勇当选中国工程院院士

中国工程院2013年院士增选工作顺利结束，选举产生51名新院士。其中，东华大学副校长俞建勇当选中国工程院院士，成为本次中国工程院增选院士中唯一一位纺织工程领域院士，也是纺织领域间隔11年后当选的第九位院士。

俞建勇长期致力于纺织材料领域的教学与科研，在相关基础理论、关键技术和应用开发研究方面取得了系列创新性成果，先后获国家技术发明二等奖2项，国家科技进步二等奖2项，省部级科技成果奖13项；发表SCI论文132篇，EI论文41篇；授权发明专利74项，2011年获中国纺织工程学会首届中国纺织学术大奖，在纺织新材料研发及其产业化应用方面作出重要贡献。

CNTAC

中国纺织工业发展报告

CHINA TEXTILE INDUSTRY DEVELOPMENT REPORT

2013/2014

年度奖项

2013年度中国纺织工业联合会产品开发贡献奖获奖企业及产品开发推动奖单位名单

（排名不分先后）

2013年度中国纺织工业联合会产品开发贡献奖获奖企业名单

鲁泰纺织股份有限公司
广东溢达纺织有限公司
天虹（中国）投资有限公司
百隆东方股份有限公司
华孚色纺股份有限公司
山东魏桥创业集团有限公司
宏太（中国）有限公司
嵊州盛泰色织科技有限公司
山东联润新材料科技有限公司
浙江中鼎纺织有限公司
江阴兴吴呢绒科技有限公司
山东天翔毛纺织有限公司
湖南华升株洲雪松有限公司
绍兴华通色纺有限公司
杭州万事利丝绸科技有限公司
吴江市鼎盛丝绸有限公司
浙江石金玄武岩纤维有限公司
江苏奥神集团有限责任公司
福建锦江科技有限公司
上海德福伦化纤有限公司
江苏国望高科纤维有限公司
杭州永盛集团有限公司
苏州赛力菲陶纤有限公司
浙江红剑集团有限公司
广东德美精细化工股份有限公司
福建众和股份有限公司
浙江红绿蓝纺织印染有限公司
浙江富润印染有限公司
鲁丰织染有限公司
开平市信迪染整厂有限公司
河北宁纺集团有限责任公司
深圳市贝利爽实业有限公司
浙江三德纺织服饰有限公司
宝鸡金健数码针纺有限责任公司
罗莱家纺股份有限公司
江苏梦兰集团有限公司
上海龙头家纺有限公司
苏州志向纺织科研股份有限公司
江苏德顺纺织有限公司
吴江市品信纺织科技有限公司
浙江天圣控股集团有限公司
浙江正凯集团有限公司
福建龙峰纺织科技实业有限公司
吴江福华织造有限公司
泰安鲁普耐特塑料有限公司
大连瑞光非织造布集团有限公司
上海汽车地毯总厂有限公司
山东泰鹏无纺有限公司
德州东方环保科技股份有限公司
上海博格工业用布有限公司
福建南纺股份有限公司
江苏金龙科技股份有限公司
宜昌经纬纺机有限公司
重庆金猫纺织器材有限公司
常州市同和纺织机械制造有限公司
浙江日发纺织机械股份有限公司
湖南省忘不了服饰有限公司
山东天雁服饰股份有限公司
际华三五零二职业装有限公司
重庆段氏服饰实业有限公司

2013年度中国纺织工业联合会产品开发推动奖获奖单位名单

共青城市纺织服装协会

获奖企业（单位）简评

获奖企业及标识	获奖简评
鲁泰集团 LU THAI GROUP	**1.鲁泰纺织股份有限公司** 企业主要从事棉花种植、纺织、服装、品牌营销等业务，主导产品包括衬衫、色织面料、高支高密纯棉坯布等。企业建立了内外并重、产学研相结合的创新模式，成立了工程技术委员会和专家委员会，形成面料研发、面料设计、成衣设计等系列化流程。企业拥有国家授权专利107项，主持或参与制定行业（国家）标准15项，获得省部级以上奖励24项，承担国家级科技项目8项。被授予“国家色织面料产品研发基地”资格。
ESQUEL GROUP	**2.广东溢达纺织有限公司** 企业主要从事色织布、梭织布、成衣、制衣辅料等生产和销售业务，主导产品包括纯棉免烫衬衫、吸湿快干针织面料、复合功能针织面料、液氨潮交联纯棉色织免烫面料、新型色纺纱线等。企业拥有发明专利66项，3项发明专利做PCT申请，共在35个国家获得授权。企业主持或参与制定行业（国家）标准14项。企业通过高新技术企业认证，曾获得国家科技进步二等奖等奖项。
TEXHONG	**3.天虹（中国）投资有限公司** 企业主要从事时尚棉纺织品的研发、制造与贸易业务，主导产品包括纯棉氨纶包芯纱、复合纤维包芯纱、包双芯纱、超柔纯棉纱、超柔复合材料混纺纱等。企业新产品研发经“计划、概念、系统、细节、测试与产品”6个环节设计开发。企业拥有国家授权专利7项，参与制定行业（国家）标准1项。企业是“2013财富中国500强”，“全国棉纺织行业竞争力10强”企业。
BROS 百隆	**4.百隆东方股份有限公司** 企业主要从事色纺纱研发生产业务，主导产品为纯纺和混纺针织用色纺纱。企业拥有国家授权专利14项，参与或主持制定行业（国家）标准10项，承担国家科技支撑计划1项。企业被授予“国家棉色纺纱产品开发基地”资格，曾获得中国纺织服装工业联合会科技进步二等、三等奖各1项，2012年荣获“企业社会责任信息披露示范奖”，2013年获“浙江省创新能力百强企业”称号。
huafu 华孚	**5.华孚色纺股份有限公司** 企业以色纺纱线开发、生产为主营业务，主导产品包括环保健康型新产品、功能型新产品、外观工艺类新产品、纤维素类新产品、高级棉新产品、新型色纺纱新产品、半精纺新产品等50多个系列。拥有国家授权发明专利24项，实用新型专利11项。参与制定行业（国家）标准12项。企业被授予“国家新型色纺纱产品开发基地”、“中国纱线色彩研发基地”、“中国色纺纱精品基地”资格和“省级高新技术企业”等称号。
魏橋創業 WEIQIAO PIONEERING	**6.山东魏桥创业集团有限公司** 企业主要从事棉业、棉纺、织造、染整、服装、家纺、新材料等业务，主导产品包括棉纱、染色纱、坯布、染色布、印花布、针织布、色织布、衬衣、休闲服、家纺产品等。企业建有省级企业技术中心，拥有国家授权专利75项，参与制定行业（国家）标准8项。企业被授予“国家特宽幅印染产品开发基地”资格，精梳纱线和高支高密纯棉坯布先后荣获“中国名牌产品”称号，棉本色纱线荣获“国家免检产品”称号。
ITM INTERNATIONAL TEXTILE MANUFACTURER	**7.宏太（中国）有限公司** 企业致力于研发生产高档纱线、高档休闲面料。企业拥有国家授权专利21项，被授予“国家棉休闲面料织造产品开发基地”资格，荣获福建省著名商标、福建省知名科技品牌企业称号。企业是“废旧纺织品综合利用产业技术创新战略联盟”理事单位、“国家纺织产业节能减排技术支撑联盟”理事单位和2011—2012年度中国纺织服装竞争力500强企业。

续表

获奖企业及标识	获奖简评
SUNRISE	**8.嵊州盛泰色织科技有限公司** 企业集染色、织造、印染、后整理能力于一体，主导产品包括超级保新面料、全棉低温潮态交联免烫面料、水柔棉免烫面料、棉丝液氨免烫面料、全亚麻免烫面料等。企业拥有国家授权专利23项。企业推行7S管理与全面质量管理，并荣获全国纺织工业“节能减排与循环经济示范企业”称号。
联润 longrun	**9.山东联润新材料科技有限公司** 企业主要从事高档新材料赛络紧密纺纱线开发、生产业务，主导产品包括各类差别化赛络紧密纺纱线。企业被授予“国家纺织新材料纱线产品开发基地”资格，建有省级企业技术中心。企业和科研院所建立了长期的共同研发合作关系，致力于高附加值产品的成果转化。企业拥有国家授权专利3项。产品获得山东省优秀新产品二等奖和三等奖。
ZHONGDING	**10.浙江中鼎纺织有限公司** 企业主要从事专业高档羊绒色纺纱线的研发、生产和销售业务，主导产品包括半精纺和粗纺羊绒类、羊毛类及其混纺类纱线产品。企业产品开发管理体系建设完善，实现从选题、设计、试制、检测、评价、生产的全程控制。企业拥有国家授权专利19项，参与制定行业标准2项，荣获中国驰名商标、浙江省高新技术企业、全国毛纺纱线名优精品和技术创新奖、浙江省高新技术产品、浙江名牌产品等称号。
兴吴呢绒 XINGWU	**11.江阴兴吴呢绒科技有限公司** 企业专业从事高中档粗纺呢绒和针织呢绒的研发、生产和销售业务，研发人员占比20%左右，企业通过ISO 9001：2008国际质量体系认证和ISO 14001：2004环境管理体系认证。企业拥有国家授权专利87项，江苏省高新技术产品3个。企业被评为“江苏省民营科技企业”和“江苏省高新技术企业”，并被中国纺织工业联合会授予“国家粗毛纺产品开发基地”资格。
TIANXIANG	**12.山东天翔毛纺织有限公司** 企业是集染色、纺纱、织造、整理为一体的大型国有企业，主导产品包括兔羊绒大衣呢、羊驼毛大衣呢、双面大衣呢、大提花休闲呢、麦尔登呢、花式线格花呢、特种织物共七大系列。企业新产品多次入围“中国流行面料”，曾获“最佳色彩应用奖”、“最佳纹样设计奖”各1个。企业建有省级企业技术中心，被授予“国家粗毛纺织产品开发基地”资格。企业参与制定国家标准1项，申请国家授权发明专利1项。
雪松 XUESONG	**13.湖南华升株洲雪松有限公司** 企业主要从事麻类纺织品生产与销售业务，主导产品包括纯苎麻纱、高支高档纯苎麻女装面料、高档麻类交织或混纺面料、高档麻类针织面料等。企业产品开发以技术中心为研发龙头，贯穿于市场调研、开发研究、生产管理、质量管理和营销推广等全过程。企业拥有国家授权发明专利 5 项，参与制定行业（国家）标准9项，曾荣获“中国纺织工业协会科技进步奖”一等奖、“上海市科学技术进步”一等奖等荣誉。
华通·色纺 HT·COLORSPUN	**14.绍兴华通色纺有限公司** 企业主要从事大麻纤维混纺纱产品研制业务，成功开发了大麻/棉高配高支色纺纱及面料与服装的生产技术。主导研发项目包括大麻纤维微生物脱胶及相关技术、大麻散纤维染色技术等9项。企业通过ISO 9001、ISO 14000管理体系认证。企业拥有国家授权专利2项，参与制定行业标准1项。2012年荣获中国人民解放军总后勤部颁发的“汉麻产业贡献奖”。

续表

获奖企业及标识	获奖简评
WENSLI®	**15.杭州万事利丝绸科技有限公司** 企业主要从事丝绸文化创意产品的设计、生产和营销业务，主导产品包括丝绸面料、丝绸服装和丝绸文化产品等。企业拥有国家授权专利56项，参与制定行业（国家）标准2项。企业获浙江省高新技术企业、高新技术企业研发中心、浙江省创新型试点企业和浙江省最具成长型中小企业等称号，荣获“浙江省科技进步二等奖”等荣誉。
鼎盛	**16.吴江市鼎盛丝绸有限公司** 企业主要从事真丝绸面料及真丝绸交织面料以及宋锦箱包、家纺、服装和工艺品的研发、生产与销售业务。企业拥有国家授权专利19项。2012年企业获得“中国宋锦产品开发基地”、“吴江市文化产业示范基地”、“吴江区非物质文化遗产保护示范基地”等称号，企业的“罗玛世家”百子同庆全真丝宋锦家纺、“上久楷”桑蚕丝银纤维防辐射服和宋锦系列箱包获得“2012全国丝绸创新产品金奖”。
GBF 石金	**17.浙江石金玄武岩纤维有限公司** 企业主要从事玄武岩纤维及其复合材料的生产与销售，是浙江省高新技术企业。企业联合东南大学成立了国内第一家连续玄武岩纤维应用研发中心，拥有国家授权专利8项，企业主持制定行业（国家）标准7项。2011年被国家发改委批准为“玄武岩纤维生产及应用技术国家地方联合工程研究中心”，先后获颁化纤行业“‘十一五’技术突破奖”、“中国纺织工业协会科技进步”二等奖等荣誉称号。
AOSHEN	**18.江苏奥神集团有限责任公司** 企业主要从事高性能纤维的研发、生产与销售业务，重点研发碳纤维、超高分子量聚乙烯纤维、聚酰亚胺纤维等高性能纤维及其产业链产品，采用干法纺丝技术生产的高性能耐热型聚酰亚胺纤维产品，可应用于高温过滤、特种防护等领域。企业建有省级企业技术中心，与东华大学合作共建了“聚酰亚胺纤维工程技术研究中心”。目前聚酰亚胺高性能纤维项目已拥有发明专利4项，实用新型专利7项。
福建锦江科技有限公司 FUJIAN JINJIANG TECHNOLOGY CO.,LTD.	**19.福建锦江科技有限公司** 企业从事民用锦纶纤维的研发、生产与销售业务，主导产品包括PA6/66-FDY/HOY/PDY消光、半光、有光系列合成纤维及锦纶聚合切片等。拥有国家授权专利41项，参与制定行业标准1项。锦纶长丝产品获得“福建省名牌产品”认定、新型差别化锦纶6高取向纺丝纤维产品获得“福建省自主创新产品”称号。企业被授予“国家功能性差别化聚酰胺纤维开发基地”资格，获“中国化纤行业‘十一五’技术突破奖”等荣誉。
Different® 德福伦	**20.上海德福伦化纤有限公司** 企业是从事差别化功能性聚酯新材料研发和生产的高新技术企业，企业以差别化纤维产品为核心，致力于功能性、环保型、差别化纤维及下游产品的研发、生产和推广，主导产品包括蓄热保温纤维系列、吸湿排汗凉感纤维系列、高舒感纤维系列、生物质纤维系列、再生多功能纤维系列等。企业拥有国家授权专利11项，参与制定行业（国家）标准5项。企业被授予“国家差别化聚酯新材料产品开发基地”资格。
国望高科 GUOWANG HIGH-TECH	**21.江苏国望高科纤维有限公司** 企业主要从事多元化的功能性差别化纤维生产业务。主导产品包括半光、大有光、全消光、阳离子、阳涤复合、H400、SSY、SPH、SIF、涤涤复合、抗菌等多类功能性差别化纤维，纤维品种涵盖PET与PTT材质的POY、DTY、FDY、ITY、DT等。企业获得国家授权专利32项，参与制定行业标准2项。

续表

获奖企业及标识	获奖简评
	22.杭州永盛集团有限公司 企业主营业务涵盖化纤、纺织、染整及进出口贸易等，主导产品包括差别化化纤长丝SPH、SQH、S800、T800、REN、CEY、CEI及皮革基布、麂皮绒面料等。企业建有市级技术中心。 企业被授予“国家差别化纤维及染织产品开发基地”资格。企业拥有国家授权专利7项。企业被授予“国家重点支持的高新技术企业”称号，作为第一起草单位参与制订了《弹性涤纶牵伸丝》行业标准。
赛菲集团 SAIFEI GROUP	**23.苏州赛力菲陶纤有限公司** 企业主要从事陶瓷先驱体高分子和陶瓷纤维及陶瓷微粉的研发、生产、销售业务，主导产品包括陶瓷先驱体聚碳硅烷、耐高温连续碳化硅纤维、纳米陶瓷-金属精密构件等。拥有国家授权专利7项。参与制定行业（国家）标准2项。企业2007年被评定为“高新技术企业”，2012年获得“苏州市科技奖”等荣誉称号。
红剑集团 HONGEN GROUP	**24.浙江红剑集团有限公司** 企业主要从事化纤生产和销售业务，特色产品包括：涤涤复合丝，荧光增白丝，再生切片纺POY/DTY 和各类专用涤纶纤维等。企业拥有国家授权专利20项，参与制定行业标准1项。企业荣获“精细化管理示范企业”，进入 “中国民营企业500强”、 “中国制造业企业500强” 。
Dymatic 德美	**25.广东德美精细化工股份有限公司** 企业主要从事纺织印染助剂业务，兼营其他精细化学品业务，主导产品包括低温练漂助剂、皂洗剂、匀染剂及防水剂等。企业拥有广东省纺织助剂工程技术研究开发中心、全国印染助剂技术研发中心，设有博士后科研工作站。拥有国家授权专利28项，参与制定行业（国家）标准3项。企业先后承担国家“863”计划课题、国家火炬计划项目等项目，被授予“国家纺织助剂产品开发基地”资格。
众和股份 ZHONGHE	**26.福建众和股份有限公司** 企业主要从事休闲面料纺织染整业务，主导产品包括棉休闲面料、棉混纺面料、新型纤维面料等。拥有国家授权专利58项，主持（参与）制定行业标准2项。企业被认定为高新技术企业、全国印染行业竞争力10强企业，被授予“国家棉休闲面料染整产品开发基地” 资格，荣获全国印染行业节能减排达标竞赛先进企业等荣誉，先后获得 “中国纺织工业协会科技进步奖”三等奖2项、“中国优秀印染面料”一等奖1项。
RGB® 红绿蓝纺织印染 RGB TEXTILE PRINTING & DYEING	**27.浙江红绿蓝纺织印染有限公司** 企业主要生产（加工）各类棉、麻、化纤、真丝等中高档印花面料，主导产品包括九分色数码印花面料、仿真丝数码印花面料、特黑增深面料等。企业拥有国家授权专利200项。企业被授予“国家数码印花产品开发基地”资格，产品多次荣获“中国流行面料”入围优秀奖、中国印染行业协会优秀印染面料一等奖，九分色数码印花技术荣获“浙江省科技进步奖”二等奖。
FuRun	**28.浙江富润印染有限公司** 企业主要从事纺织品印染的设计、加工和销售业务，主导产品为真丝、全棉及混纺染色、印花面料等。企业设立了产品开发研究院， 2012年被认定为省级企业研究院。拥有国家授权专利27项，参与制定行业（国家）标准3项。产品被评为国家级重点新产品。企业获得 “中国纺织工业协会科技进步奖”三等奖1项，先后被评为高新技术企业、“中国印染行业竞争力十强企业”、“浙江省绿色企业”等。

续表

获奖企业及标识	获奖简评
鲁豐織染有限公司 LU FENG COMPANY LTD	**29.鲁丰织染有限公司** 企业主要生产经营高档匹染面料，主导产品包括纯棉免烫面料、纯棉液氨整理面料、中弹面料、礼服面料、全棉低捻免烫西裤面料等。拥有国家授权专利47项，参与制定行业（国家）标准3项。企业荣获“中国纺织工业协会科技进步奖”二等奖1项、三等奖4项，荣获中国印染行业协会优秀印染面料一等奖和二等奖各3项，1项产品入围“中国流行面料”。
XINDI 信迪	**30.开平市信迪染整厂有限公司** 企业主要从事梭织印染和整理加工业务，企业创建以激光雕花和数码印花为核心技术的产品研究开发创新中心，被中国纺织工程学会授予“全国无水印染创新技术研发中心”，其中激光雕花面料多次入围“中国流行面料”，企业获“中国流行面料入围企业”、“广东省清洁生产企业”等荣誉称号。获得广东省“省长杯”服装设计大赛优胜奖。
HBNF	**31.河北宁纺集团有限责任公司** 企业拥有涵盖纺、织、染、成衣加工及成衣品牌的完整产业链优势，形成了以灯芯绒为主业的互为支撑的多元经营发展模式，主导产品包括爱沫涂层整理灯芯绒，棉与粘胶纤维、空调纤维、竹炭纤维等多种新型纤维混纺灯芯绒，防蚊、阻燃、消痒整理等功能性灯芯绒。企业拥有国家授权专利3项。企业被授予“国家灯芯绒产品开发基地”资格，产品获Oeko-Tex Standard 100认证。
BALISO	**32.深圳市贝利爽实业有限公司** 企业主要从事纺织原料及针织面料的设计、开发和销售，注重流行趋势研究与应用，关注生态友好和消费者健康安全，主导产品为新型环保的高附加值针织面料。企业拥有发明专利1项，参与制定3项国家标准。企业连续13年获得“中国流行面料入围企业”称号，2013年获“中国国际面料设计大赛—最佳科技创新奖”。
Steady™	**33.浙江三德纺织服饰有限公司** 企业主要从事羊毛针织面料的生产与销售，产品面向国内外高端服装品牌。制定了完备的产品开发战略规划，产品开发和生产、营销紧密衔接，资源配置充足。企业拥有实用新型专利5项，被授予“国家毛针织产品开发基地”资格、荣获“中国流行面料入围企业”、“纺织行业竞争力500强”、“浙江省共性技术服务中心”、“台州市高新技术企业”等称号。
®	**34.宝鸡金健数码针纺有限责任公司** 企业主要从事高端服用功能性针织面料、针织内衣的研发、生产和销售业务。企业产品开发体系健全，设有功能性纤维研发部、功能性面料研发部和功能性针织内衣研发部，与西安工程大学建立产学研合作关系，共建陕西省中小企业创新研发中心。企业拥有国家授权发明专利授权1项，产品获陕西省科学技术二等奖1项，陕西省中小企业专精特新产品奖1项。
LUOLAI 罗莱家纺	**35.罗莱家纺股份有限公司** 企业主要从事家用纺织品的设计、生产与销售业务，主导产品包括床上用品、毛巾、卫浴产品等。企业拥有授权专利287项，其中发明专利6项，实用新型专利76项。参与制定行业标准4项。自2005年以来，企业连续八年获得中国商业联合会认定的“家纺产品市场综合占有率排名第一”的殊荣。企业产品荣获“中国名牌产品”等荣誉，企业产品多次在中国家用纺织品设计大赛中获奖。

续表

获奖企业及标识	获奖简评
MENGLAN·梦兰 中国名牌/中国驰名商标 CHINA TOP BRAND / CHINA WELL-KNOWN TRADE MARK	**36.江苏梦兰集团有限公司** 企业主要从事家用纺织品/床上用品的生产销售业务。企业技术中心是床品行业第一家国家级企业技术中心。企业拥有国家授权专利220项，参与制定行业（国家）标准13项。企业荣获全国文明单位、全国纺织精神文明建设示范基地、全国双爱双评先进企业、中国驰名商标、中国名牌、商务部重点培育和发展的出口名牌、重点跟踪培育的自主品牌、国家重点新产品、江苏省高新技术产品等奖项和称号。
民光家纺	**37.上海龙头家纺有限公司** 企业主要从事家用纺织品业务，是上海市高新技术企业。企业主导产品以毛巾、床单、毯子为主，包括适用于卧室铺盖、卫生盥洗、餐厨杂用、室内装饰、家居服饰、宾馆旅游等六大系列家用纺织品。企业拥有国家授权专利127项。企业通过ISO 9001—2000管理体系认证。积极参与家纺行业相关标准制度修订工作，并多次获得中国纺织工业联合会科技进步奖。
CINC 志向科研	**38.苏州志向纺织科研股份有限公司** 企业主要从事防寒服面料的研发与推广工作，现有四大面料品牌体系："酷夫"、"衣维新"、"XINGMAX"、"古德家族"。企业拥有国家授权专利11项，参与制定行业标准2项。荣获"中国纺织工业联合会产品开发贡献奖"、"中国纺织服装自主创新十大品牌"、"江苏省科技型中小企业"、"江苏省信息化与工业化融合试点企业"、"江苏省名牌产品（志向牌防寒面料）"等荣誉称号。
德顺纺织 DESHUN TEXTILE	**39.江苏德顺纺织有限公司** 企业主要从事化纤面料的研发、生产与销售业务，主导产品为高档家纺面料。企业拥有9个省级高新技术产品，通过ISO 9001质量管理体系认证和ISO 14001国际环境管理体系认证。承担国家、省级科技计划共5项。企业获得两化融合试点企业，江苏省级企业技术中心、江苏省节水型企业、江苏省民营科技企业等称号。企业通过国家AAAA级标准化良好行为企业认证。
PSIN™	**40.吴江市品信纺织科技有限公司** 企业主要从事伞用面料开发与生产业务，主导产品包括色织提花系列、彩胶系列、亮胶系列、金胶银胶系列等。企业拥有"一种采用七彩丝和金属丝的伞面面料"及"一种金属丝提花伞面面料"专利；产品获得"中国流行面料"、中国名优精品奖等奖项。企业被授予"国家伞布产品开发基地"资格、"中国户外面料色彩研发基地"资格等。
QFC 天圣控股 TIANSHENG HOLDING	**41.浙江天圣控股集团有限公司** 企业主要从事化学合成纤维及面料的研发、生产与销售业务，主导产品包括差别化细旦FDY长丝纤维，仿真系列、弹性纤维面料、运动休闲面料三大系列差别化化纤面料等。企业被授予"国家差别化纤维及面料开发基地"资格。企业多个产品先后入围"中国流行面料"，获得2012、2013年度中国化纤长丝面料名优精品奖和金奖。企业通过ISO 9001和ISO 9014001管理体系认证。
ZHINK 正凯集团	**42.浙江正凯集团有限公司** 企业主要从事差别化功能性面料的研发与生产业务，主导产品包括高仿真竹节经纬异色纺织品、高感性聚酯鲨鱼皮织物、时尚隐性仿麻料等。企业与东华大学、浙江理工大学等多所高校科研院所合作开展多元化课题研究，注重科技成果产业化转移。企业拥有国家授权专利12项，先后获得"浙江省企业技术中心"、"国家级高新技术企业"、"中国纺织工业协会科技进步奖"等荣誉称号。

续表

获奖企业及标识	获奖简评
龙峰国际 LONGFENG INTERNATIONAL	**43.福建龙峰纺织科技实业有限公司** 企业主要从事高端功能性纺织面料的研发和生产，主导产品包括功能性纺织面料、羽绒服和运动服面料等。企业获得省级行业技术中心认证，建立、健全了一整套创新组织架构、研发体制和各项绩效考核管理制度。拥有国家授权专利12项，参与制定行业（国家）标准2项。企业被授予“国家功能性羽绒服及运动服开发基地”资格，获得“高新技术企业”、“联合国采购供应商”等称号。
FUHUA 福华世家	**44.吴江福华织造有限公司** 企业主要从事中、高档化纤面料的研发、生产以及销售业务，主导产品为高档锦纶面料。企业拥有国家授权专利45项，参与制定行业标准1项。企业被授予“国家锦纶面料开发基地"资格，荣获“江苏省高新技术企业”、“江苏省企业技术中心”、“江苏省创新型企业”等荣誉称号。近3年承担省、市级重点研发项目13项，其中4个产品荣获江苏省高新技术产品证书，2个项目荣获“中国纺织工业联合会科技进步奖”。
鲁普耐特	**45.泰安鲁普耐特塑料有限公司** 企业从事以化纤、塑料、金属、植物、特种纤维为主要原料的绳、线、网、带产品的生产、经营、研发和服务业务，主导产品已形成安全类、消防类、军用类、航空航天类、休闲娱乐类、种植养殖类、船用缆绳及游艇绳索等八大系列。企业拥有国家授权专利220项，2项发明获国际博览会银奖；参与制定国家标准2项，地方标准7项。企业是亚洲唯一通过绳网产品UL认证的企业。
RUIGUANG	**46.大连瑞光非织造布集团有限公司** 企业主要从事非织造布及其制品、膜生产、加工及销售，化工材料，包装物销售等业务，主导产品包括CP水刺压花产品、超柔超滑SPC复合产品、MPSM擦拭产品、可降解的CESC非织造擦布及七层复合吸水非织造布产品等。企业拥有国家授权专利8项。近年来，企业荣获“2011～2012年度中国产业用纺织品行业竞争力10强企业”、“中国驰名商标”等荣誉称号。
	47.上海汽车地毯总厂有限公司 企业主要从事高端汽车内饰产品的研发、生产和销售业务。先后完成国产化桑塔纳内饰件、“大众”途安、朗逸、斯柯达系列，“通用”凯迪拉克、雪佛兰、英朗等，“宝马”X1、1系、3系、5系、新能源轿车等共计50余款车型的内饰件研发和生产项目。其中11个项目总体技术水平均达到国际先进水平，1项成果获得上海市高新技术成果转化百佳项目，3项成果获得中国纺织工业联合会科技进步二等奖，并获得两项国际发明展览会金奖。企业新产品通过ISO/TS 16949、ISO 14001审核，获得3C认证。
山东泰鹏无纺	**48.山东泰鹏无纺有限公司** 企业致力于涤纶纺粘热轧非织造布和棉类非织造布产品的开发和生产，是国家高新技术企业，建立了省级企业技术中心。拥有国家授权专利33项，先后获得3项省级科学技术奖、10项省级优秀新产品奖。企业重视产业链上下游合作及产学研合作，2011年曾荣获山东省“产学研合作创新突出贡献企业奖”。
东方环保 DONGFANG EP	**49.德州东方环保科技股份有限公司** 企业从事环保土工合成材料的开发、生产、销售、服务等业务，主导产品包括土工布、土工膜、膨润土防水毯、复合土工膜、生态修复土工织物等二十余类产品，上百种规格。企业重视产品开发管理体系的建设，将科技成果导向的研发文化转变为市场导向的研发文化。企业拥有国家授权专利9项，国家软件著作权6项，省级科技成果3项，市级科技成果2项。公司荣获2012年度中国产业用纺织品行业科技创新奖。

续表

获奖企业及标识	获奖简评
	50.上海博格工业用布有限公司 企业主要从事工业用布、化学纤维制品、各类除尘器布袋及其配件生产等业务，产品包括氟美斯针刺毡、华博特针刺毡、新型PPS针刺水刺过滤毡等。产品广泛应用于冶金、钢铁、发电、碳黑、化工、水泥等行业的高温烟尘净化。企业拥有国家授权专利112项，参与制定行业标准1项。企业及产品获得上海市高新技术企业、上海市著名商标、中国环境保护产业骨干企业、中国产业用纺织品行业贡献奖等奖项和称号。
	51.福建南纺股份有限公司 企业主要从事产业用纺织品生产经营及销售业务，主导产品包括：高性能机织起绒基布、环保过滤材料、汽车用非织造材料、针刺非织造布、水刺非织造布、PU革、针织布、纱、布等。企业拥有国家授权专利18项，参与制定行业（国家）标准2项。企业获得福建省科技进步奖、福建省优秀新产品奖、海峡职工创新奖、福建省专利奖等。
	52.江苏金龙科技股份有限公司 企业主要从事针织机械研发制造业务，拥有江苏省企业技术中心和省级工程技术研发中心，建有国内首家“中国纺织机械行业电脑横机研发中心”。企业拥有国家授权专利74项，软件产品2个。企业主导产品“龙星”牌多功能电脑横机连续被评为“国家重点新产品”、“江苏省高新技术产品”。企业研发的“LXC-252SCV型可变针距电脑横机”荣获2012年中国纺织工业联合会科技进步二等奖。
	53.宜昌经纬纺机有限公司 企业主要从事各类捻线设备的研发、制造和销售业务，主导产品包括K3501C数控节能型轮胎帘子线直捻机、K3502型地毯丝加捻机、CGKV549E型电子级玻璃纤维捻线机等，产品涵盖棉纺加捻系统、化纤加捻系统、玻纤加捻系统、地毯加捻系统和绳网加捻系统等五大领域。建立了省级企业技术中心、湖北省纺织加捻机械工程技术研究中心。企业拥有国家授权专利29项。
	54.重庆金猫纺织器材有限公司 企业主要从事纺织机械器材的生产和销售业务，主导产品包括纺纱用钢丝圈、钢、各种织机钢筘。拥有发明专利4项，实用新型专利5项，外观专利3项。参与制定行业标准2项。企业获得重庆市著名商标、高新技术企业和高新技术产品认定，荣膺“60年最具影响力的纺织产品”、“工业设计之星”称号。通过重庆市环保达标和清洁生产审核，分别被中国纺织工程学会和中国纺织机械器材工业协会授予组建全国钢丝圈钢领技术研发中心和中国纺织机械行业钢丝圈钢领产品研发中心资格。BS（蓝宝石）通过了中国纺织工业联合会组织的科技成果鉴定。
	55.常州市同和纺织机械制造有限公司 企业专业从事纺织机械设备、纺机专件的研发、制造和销售，主导产品包括TH578J自动落纱紧密纺细纱机、TH498自动落纱粗纱机、TH588自动落纱毛纺集聚纺细纱机、新一代超级高精度无机械波罗拉等。建成“江苏省纺织成套新设备及牵伸专件工程技术研究中心”。企业拥有国家授权专利50项，参与制定行业标准3项。获国家中小企业创新基金1项、国家重点新产品3项、国家火炬计划2项等。
	56.浙江日发纺织机械股份有限公司 企业主要从事纺织机械设备业务，主导产品包括全自动转杯纺纱机、高速半自动转杯纺纱机、直捻机、倍捻机、高速剑杆织机、喷气织机等。拥有国家授权专利18项，参与制定行业（国家）标准5项。“日发牌转杯纺纱机”被认定为浙江名牌产品。企业技术中心被评为省级技术中心，2012年被命名为浙江省企业研究院。

续表

获奖企业及标识	获奖简评
WANGBULIAO 忘不了	**57.湖南省忘不了服饰有限公司** 企业主要从事服装的设计开发、生产和销售业务，主导产品包括西服、西裤、衬衫、茄克、风衣、休闲服等系列。企业拥有省级认定的企业技术中心。拥有国家授权专利46项、软件著作权3项，参与起草和修订行业（国家）标准3项。企业及产品荣获“中国驰名商标”、“全国用户满意产品”、“中国服装行业竞争力20强企业”、“中国纺织十大品牌文化企业”等近百项荣誉称号。
d'NIM	**58.山东天雁服饰股份有限公司** 企业主要从事牛仔服装生产和销售业务，特色产品包括纯棉牛仔服装、负离子远红外牛仔服装、苎麻牛仔服装、竹碳纤维牛仔服装、天丝面料牛仔服装、莫旦尔纤维牛仔服装等。企业成立了工程技术研究中心，拥有国家授权专利30项。企业获得“山东省个体私营经济践行科学发展观示范企业”等称号，产品获得“中国服装成长型品牌”、“山东省服装知名品牌”等称号。企业被授予“国家牛仔服装产品开发基地”资格。
3502	**59.际华三五零二职业装有限公司** 企业致力于军服、行业制式服装、西装的研发、设计、制造业务。企业重视技术创新体系建设，与总后勤装备研究所等多家科研院校开展产学研合作，2011年企业被认定为国家企业技术分中心，是2012年度河北省优秀工程技术研究中心。近三年来共获得国家授权专利70项。企业参编4项国家标准、26项国家军委军需所服装标准、6项武警军需所标准。“3502”商标被国家工商总局认定为驰名商标。
SINCE1980 段记西服	**60.重庆段氏服饰实业有限公司** 企业主要从事中高档西服、休闲服、大衣、茄克、衬衫、西裤、牛仔系列等的生产和销售，以及集团制服的量身定制。拥有实用新型专利共4项。参与制定行业（国家）标准6项。企业及产品先后被授予“国家免检产品”、“重庆市名牌产品”、“重庆市著名商标”、“重庆市乡镇企业五十强”、“重庆中小企业100强”等称号；荣获重庆市纺织行业“先进单位”称号。
	61.共青城市纺织服装协会 现有纺织服装企业近300家，各类服装年产能5000多万件，目前共拥有羽绒服装品牌40多个，其中“鸭鸭”、“回圆”等成为中国驰名商标。建有国家级羽绒制品质检中心、省级企业技术中心（3个）、技术创新与质量检测服务、省级中小企业孵化基地等公共服务平台。被中国纺织工业协会命名为“中国羽绒服装名城”和“中国纺织产业集群试点地区”，被工信部授予“国家新型工业化产业示范基地”。

2013年度中国纺织工业联合会经济研究成果奖

中国纺织工业联合会

为了推进纺织行业节能减排与循环经济的研究工作，促进我国纺织经济研究的水平提升，加快纺织工业结构调整和产业升级，逐步完善政策措施，我联合会在全行业开展了“2013年中国纺织经济研究成果”的征集评审工作。

2013年11月14日，根据中国纺织工业联合会经济研究成果评审的有关规定，经中国纺织工业联合会经济研究成果评审委员会的初评和终评，中国纺织工业联合会决定授予“2013年度中国纺织工业联合会经济研究成果奖”共计42项，其中《基于投入产出分析的中国纺织品贸易隐含碳排放研究》等6项研究成果为一等奖；《技术与管理范式创新下的纺织精细化管理》等12项研究成果为二等奖；《推进化纤行业节能减排，发展化纤低碳经济》等24项研究成果为三等奖。

希望受表彰的个人及研究团队，以此荣誉为起点，再接再厉，创出新的佳绩。继续对行业出现的新问题新形势，加强宏观与微观行业经济研究，献计献策，开拓创新，多出好的研究成果。为促进产业结构调整和升级，努力提高我国纺织经济研究水平做出新的更大贡献。

2013年度中国纺织工业联合会经济研究成果奖获奖名单

一等奖

序号	题目	作者	单位
1	基于投入产出分析的中国纺织品贸易隐含碳排放研究	张端端　李　廷	东华大学纺织经济与管理研究中心
2	纺织工业“十一五”节能减排、产业结构调整政策实施效果分析及政策建议	田　丽	中国纺织经济研究中心
3	纺织工业“十二五”节能与综合利用领域技术标准体系探讨	朱进忠　程　皓 王伟民　徐　寰	河南工程学院 中国纺织经济研究中心 郑州宏大纺纱新技术咨询有限公司
4	基于环境责任的企业主导型废旧纺织品回收模式研究及在我国的推广建议	郭　燕	北京服装学院商学院
5	纺织工业对国民经济发展贡献的研究	高顺成　管荣伟 苏玉召　巩恩伟	河南工程学院
6	中国化纤产业升级版的内涵、驱动力与路径探析	付文静　端小平 王玉萍　李增俊	中国化学纤维工业协会

二等奖

序号	题目	作者	单位
1	技术与管理范式创新下的纺织精细化管理	俞秀敏　杨　峻 顾庆良	东华大学纺织经济与管理中心
2	基于协同创新的纺织企业战略变革研究——以安徽华茂纺织股份有限公司为例	郭　伟　王　欢 李军训　张克英	西安工程大学管理学院
3	低碳经济背景下扩大我国纺织出口贸易的对策	张玉欣　赵　宏 马晓虹	天津工业大学
4	基于技术并购的纺织产业绿色转型发展研究	胥朝阳　刘睿智 周　超	武汉纺织大学
5	棉纤维碳足迹评价模型解析	姚　蕾	北京服装学院商学院
6	国际纺织行业节能环保研究趋势分析	段文平　王莉亚 孙双全　周晓春	北京服装学院商学院
7	泛太平洋战略经济伙伴关系协定对中国纺织品服装出口的潜在影响	陆　圣	美国罗德岛大学纺织服装系
8	再生化学纤维（涤纶）行业现状及行业准入条件设计	林世东　刘　青 李伯鸣	中国化学纤维工业协会
9	高校开设温室气体盘查核算专业的SWOT分析	姜　霄　武化岩 张松顼	河南工程学院
10	技术进步、技术效率与中国纺织服装业全要素生产率变化——基于DEA-Malmquist方法的实证分析	张家胜	武汉纺织大学经济学院

续表

序号	题目	作者	单位
11	基于钻石模型视角协同推进纺织“非遗”教育传承的研究	姜　弘　赵　宏	天津工业大学现代纺产业创新研究中心
12	服装企业线上线下销售矛盾分析与对策研究	牛继舜　林亦欣	北京服装学院商学院

三等奖

序号	题目	作者	单位
1	推进化纤行业节能减排，发展化纤低碳经济	李伯鸣　赵向东	中国化学纤维工业协会
2	印染废水处理及再生回用工程案例研究	胡维超　戴海平 董廷尉	天津膜天膜科技股份有限公司 中国纺织经济研究中心
3	我国纺织企业碳交易策略研究	王　巍　赵　宏 马　涛	天津工业大学经济学院
4	日本废旧纺织品回收渠道研究及对中国的启示	陈遊芳	北京服装学院商学院
5	电子商务环境下我国品牌服装的营销策略研究	贺　怡	荷兰鹿特丹伊拉斯姆斯大学
6	基于节能减排的生态纺织绩效评价研究	胡星辉	武汉纺织大学
7	开发纺织类“非遗”产品，推动中国特色纺织产业发展	陈薪竹　姜　弘	天津工业大学经济学院

续表

序号	题目	作者	单位
8	基于信息消费战略的稳增长调结构发展战略研究	葛鑫鑫	河南工程学院管理学院
9	知识产权保护与纺织业技术创新	邹彩芬　刘　双	武汉纺织大学会计学院
10	“服务、融合、互利、共赢未来”的纺织产业产学研合作协同发展机制探索	夏　平　何　涛 姜宁川　李　坚	成都纺织高等专科学校
11	经济转型背景下的高性能化学纤维发展思路探讨	吕佳滨　张远东 李东宁　端小平	中国化学纤维工业协
12	河南省纺织工业信息化发展的策略研究	郑　健	河南工程学院
13	国际产业组织变化与中国服装企业的竞争战略转型——雅戈尔和美特斯邦威案例	赵君丽　汤明秀	东华大学管理学院
14	新形势下纺织工业实施“走出去”战略之管见	周　庄　李　霞 姜　弘	天津工业大学现代纺织产业创新研究中心 天津工业大学经济学院
15	纺织业可持续发展能力建设研究	赵向红　王建府	河南工程学院
16	以科技创新驱动棉纺织产业协同发展	傅恩福　张新元	陕西省纺织科学研究所
17	我国纺织服装加工贸易现状及转型升级研究	李超群	中国纺织经济研究中心
18	产业集群合作创新的风险识别及防范	李红艳	河南工程学院

续表

序号	题目	作者	单位
19	我国与东南亚国家纺织业竞争环境的国际比较——兼论东部地区纺织产业转移的区位选择	叶茂升　董继华	武汉纺织大学经济学院
20	基于产业集群的我国纺织企业财务协同效应研究	李军训　薛　姣 徐延青　刘迎飞	西安工程大学管理学院
21	大数据时代服装的精准营销	徐　念　张　彤	西安工程大学管理学院
22	基于数据的纺织生产过程数据融合与管理	邵景峰　王进富 白晓波　马晓红 刘　勇	西安工程大学管理学院 长安大学信息工程学院 咸阳华润纺织有限公司
23	西服类产品加工贸易单耗核定研究	邓鹏举　徐　磊 曲　侠	大连工业大学职业技术学院 大连市标准化信息中心
24	公众低碳服装消费态度调查	张　奇　马大力	天津工业大学

全国纺织思想文化建设功勋人物

中国纺织工业联合会

在改革开放的伟大历史征途中，我国纺织行业的思想文化建设工作者高举中国特色社会主义伟大旗帜，以邓小平理论、“三个代表”重要思想、科学发展观为指导，解放思想，改革创新，凝聚力量，攻坚克难，在企业思想文化建设中作出了不懈努力，为纺织工业快速发展提供精神动力和文化支撑，涌现了大批先进个人。

为表彰先进，中国纺织工业联合会决定授予宁夏中银绒业股份有限公司马生国等33位同志“全国纺织思想文化建设功勋人物”荣誉称号。

受表彰的同志是纺织行业的优秀代表，长期担任企事业或行业协会的主要领导职务，高度重视思想文化建设，高举旗帜，围绕中心，努力创新，锐意进取，致力加强创新新时期思想政治工作与企业文化建设，坚持物质文明与精神文明一起抓，为构建和谐企业、促进科学发展做出了重要贡献，为纺织行业思想文化建设工作者树立了学习榜样。希望受表彰的同志谦虚谨慎，戒骄戒躁，开拓创新，再创佳绩，为建设纺织强国做出新的更大的贡献。

2012年度中国纺织品牌文化建设杰出人物

（按姓氏笔画排序）

马生国（回）	宁夏中银绒业股份有限公司董事长、党委副书记
王进军	吉林化纤集团有限责任公司董事长、党委副书记、总经理
王耀荣	四川省纺织工业设计院党委书记、院长
石昌佳	浙江洁丽雅纺织集团有限公司董事局主席
冯　涛	宜宾丝丽雅集团有限公司党委书记、董事长、总裁
朱如华	江苏悦达纺织集团有限公司党委书记、董事长
刘石祯	鲁泰纺织股份有限公司党委书记、董事长
刘瑞旗	恒源祥（集团）有限公司党委书记、董事长
刘慧兰（女）	中国纺织职工思想政治工作研究会副会长兼秘书长
闫　勇	青岛市纺织总公司党委书记、董事长、总经理

续表

汤彰明	石家庄常山纺织集团有限责任公司党委书记、董事长
孙宝库	黑龙江省蓝艺地毯集团公司董事长、总经理、党总支书记
李继林	浙江凯喜雅国际股份有限公司党委书记、董事长、总裁
杨文华	北京纺织控股有限责任公司原党委书记
吴旭东	经纬纺织机械股份有限公司榆次分公司董事长、总经理
吴福胜	安徽皖维集团有限责任公司党委书记、董事长
何可人	际华集团股份有限公司党委书记、副董事长
张　杰	中国恒天集团有限公司党委书记、董事长
张红霞（女）	魏桥纺织股份有限公司董事长、总经理
张国成	常州旭荣针织印染有限公司党支部书记、行政副总
张国良	连云港鹰游纺机有限责任公司党委书记、董事长
陈玉兰（女）	青岛即发集团控股有限公司党委书记、董事长
林　平	达利丝绸（浙江）有限公司董事长、总裁
周海江	红豆集团有限公司党委书记、总裁
赵林中	富润控股集团有限公司党委书记、董事局主席
顾宪祥	西安四棉纺织有限责任公司党委书记、董事长
凌兰芳	丝绸之路控股集团有限公司党委书记、董事长
高德康	波司登国际控股有限公司党委书记、董事局主席、总裁
席时平	上海纺织控股（集团）公司党委书记、董事长
蒋　惠（女）	山东如意科技集团有限公司党委书记
甄仲明	宜兴乐祺纺织集团有限公司党委书记、董事长
戴守华	青岛凤凰印染有限公司党委书记、董事长
魏学柱	河南新野纺织股份有限公司党委书记、董事长

2013中国纺织十大品牌文化先进单位和个人

中国纺织工业联合会

为深入贯彻党的十八大精神，扎实推进社会主义文化强国建设，推动纺织行业品牌文化建设深入发展，促进纺织品牌强国战略实施，按照《中国纺织十大品牌文化推介活动的通知》要求，由省市纺织行业主管部门推荐和企业自荐，中国纺织职工思想政治工作研究会进行调研考察，并征求各专业协会意见，经审核初评、复评及评选表彰活动领导小组审定，决定对2013年中国纺织十大品牌文化推介活动中，涌现出的品牌文化建设成绩突出的单位和个人予以表彰：授予大连大杨创世股份有限公司等10家企业“2013中国纺织十大品牌文化”荣誉称号；授予上海汽车地毯总厂有限公司等14家企业“2013中国纺织品牌文化创新奖”；授予上海纺织（集团）有限公司总裁朱勇等6位同志“2013中国纺织品牌文化建设杰出人物”荣誉称号。

上述受到表彰的单位和个人，坚持文化兴企、文化铸牌，在打造自主品牌过程中，注重品牌文化建设，致力文化软实力提升，认真践行纺织行业提出的“质量、创新、快速反应、社会责任”四位一体的品牌文化价值观，用实际行动推动了企业文化、品牌文化建设的深入开展，为促进纺织强国建设做出了突出贡献，值得学习借鉴。

希望受到表彰的单位和个人发扬成绩，再接再厉，创新进取，不断超越，发挥示范引领作用，为加速纺织强国建设作出新的贡献。

2013中国纺织十大品牌文化企业名单

大连大杨创世股份有限公司
浙江海宁经编产业园区
际华集团股份有限公司
丝绸之路控股集团有限公司
江苏悦达纺织集团有限公司
青岛纺联控股集团有限公司
黑牡丹（集团）股份有限公司
河北吉藁化纤有限责任公司
东方地毯集团有限公司
上海叮当猫儿童用品有限公司

2013中国纺织品牌文化创新奖企业名单

上海汽车地毯总厂有限公司
广东柏堡龙股份有限公司
深圳市爱戴内衣有限公司
江苏友谊手套服饰有限公司
吉林化纤集团有限责任公司
陕西银河袜业有限公司
东莞市甲虫屋服装有限公司
东莞市小虎憨尼服饰有限公司
东莞市小犀牛服饰有限公司
东莞市露蒂诗内衣有限公司
宁波博洋控股集团有限公司
上海纺织时尚产业发展有限公司
石狮市帝龙布业贸易有限公司
浙江万方新材料股份有限公司

2013中国纺织品牌文化建设杰出人物

（以姓氏笔划为序）

朱　勇	上海纺织（集团）有限公司总裁
刘　昭	上海叮当猫儿童用品有限公司董事长、总经理
吴惠君	宁波博洋服饰有限公司董事长
陈伟雄	广东柏堡龙股份有限公司董事长
周绪泽	深圳市爱戴内衣有限公司董事长、总经理
凌兰芳	丝绸之路控股集团有限公司董事长

全国纺织行业先进党建工作示范企业（单位）

中国纺织工业联合会

近年来，我国纺织行业各级党组织坚持以邓小平理论、“三个代表”重要思想和科学发展观为指导，紧密围绕纺织工业发展大局，积极探索加强企业党建工作新路子，通过创新领导方式、创新组织设置、创新制度建设、创新工作机制、创新活动载体提升企业党组织的战斗力和凝聚力，进一步增强了企业党组织的政治核心和政治引领作用，推动了企业的健康发展，促进了纺织强国建设，涌现出了一批党建工作的先进典型。

按照《深化推进全国纺织行业党建工作的通知》精神，经省市纺织行业主管部门推荐和企业自荐，中国纺织职工思想政治工作研究会调研考察、审核初评、复评等工作程序，报中国纺织工业联合会审批，决定授予浙江海宁经编产业园区等8家纺织产业集群为全国纺织行业先进党建工作示范单位；授予北京光华纺织集团有限公司等42家企业为全国纺织行业先进党建工作示范企业。

希望上述先进党建工作示范企业和单位要珍惜荣誉，再接再厉，发挥好行业党建工作的典型示范作用，不断取得新的更大的成绩。各地纺织产业集群和企业要学习他们认真贯彻落实党的路线、方针、政策，坚持围绕中心工作，服务纺织发展大局的政治坚定性和组织纪律性；学习他们不断完善党组织的工作机制和运行机制，加强和改进党建工作的责任感和使命感；学习他们与时俱进，不断推进党建工作科学化水平的创新精神，进一步推动纺织行业党建工作再上新的台阶，为加快转变纺织发展方式和产业升级、加快纺织强国建设提供坚强有力的组织保障。

全国纺织行业先进党建工作示范单位名单

浙江海宁经编产业园区
浙江省桐庐县横村镇
浙江省嘉兴市秀洲区王江泾镇
江苏省常熟市古里镇
江苏省常熟市梅李镇
江苏省南通市通州区川姜镇
福建省晋江市深沪镇
广东省东莞市大朗镇

全国纺织行业先进党建工作示范企业名单

北京光华纺织集团有限公司	宁波人丰家纺有限公司
际华集团股份有限公司	达利丝绸（浙江）有限公司
天津天纺投资控股有限公司北洋纺织分公司	浙江海利得新材料股份有限公司
天津市飞天纺织装饰品有限公司	济南元首针织股份有限公司
石家庄常山纺织股份有限公司	青岛纺织机械股份有限公司
经纬纺织机械股份有限公司榆次分公司	山东康平纳集团有限公司
内蒙古鄂尔多斯羊绒集团有限责任公司	山东魏桥创业集团有限公司
吉林化纤集团有限责任公司	山东宏诚集团有限公司
上海纺织控股（集团）公司	鲁泰纺织股份有限公司
上海洁润丝新材料股份有限公司	青岛即发集团控股有限公司
江苏悦达纺织集团有限公司	际华三五零九纺织有限公司
江苏梦兰集团有限公司	武汉裕大华集团股份有限公司
江苏迎阳无纺机械有限公司	湖南华升株洲雪松有限公司
南通双弘纺织有限公司	湖南金丰纺织集团有限公司
红豆集团有限公司	南宁锦虹棉纺织有限责任公司
常熟市群英针织制造有限责任公司	四川嘉陵纺织（集团）股份有限公司
连云港鹰游纺机有限责任公司	宜宾丝丽雅集团有限公司
宜兴乐祺纺织集团有限公司	西北一棉纺织股份有限公司
浙江洁丽雅股份有限公司	陕西天王兴业集团有限公司
富润控股集团有限公司	新疆际华七五五五职业装有限公司
丝绸之路控股集团有限公司	宁夏汇川服装有限公司

全国纺织班组建设卓越贡献奖企业
郝建秀小组式全国纺织先进班组

中国纺织工业联合会

长期以来，我国纺织企业高度重视班组建设，围绕增强企业核心竞争力，坚持把班组建设作为强化企业管理和人才强企的基础性工作来抓，作为提升职工队伍素质的重要载体来抓，以人为本、与时俱进地推进班组建设工作，形成了各具特色的班组建设和管理机制，积累了丰富的经验，涌现了一批在全行业乃至全国都产生重要影响的先进班组。

自2012年中国纺织工业联合会在郝建秀小组建组60周年纪念活动中提出创建更多的郝建秀小组式班组以来，各地纺织企业以提升班组管理水平为核心，以建设爱岗敬业、文明和谐的班组为目标，以弘扬郝建秀小组的火车头精神为主线，以培养高素质、高技能的员工队伍为重点，大力推进班组建设制度化、规范化、科学化和民主化，不断提高班组工作水平，涌现出了一批具有创造力、竞争力和凝聚力的优秀班组。

为褒奖在我国社会主义建设各个时期为我国纺织工业发展进步做出突出贡献的先进典型，深化郝建秀小组式全国纺织先进班组创建活动，推动我国纺织班组建设在继承优良传统基础上的发展和创新，激发我国纺织班组建设的生机和活力，在省市纺织行业主管部门推荐和企业自荐的基础上，中国纺织职工思想政治工作研究会调研考察，经资格审核、初评、复评及活动领导小组审定，决定授予青岛纺联齐意纺织有限公司郝建秀小组等3个企业基层班组全国纺织班组建设卓越贡献奖；命名北京光华纺织集团五洲佳泰新型涂层材料有限公司蓬房研发小组等47个纺织企业基层班组为郝建秀小组式全国纺织先进班组。

上述先进班组既有组建于上世纪50年代初的老先进，又有组建于全面建设小康社会新时期的新典型。随着形势的发展和时代的进步，他们在继承纺织班组建设优良传统的基础上，不断赋予班组建设的新内涵，创造班组建设的新经验，为我国纺织工业的发展进步做出了突出贡献。在他们身上既保持着新中国第一代纺织人艰苦创业的荣耀，又闪耀着当代纺织人继往开来的时代光彩，特别是获得全国纺织班组建设卓越贡献奖的先进班组，已成为我国纺织行业班组建设先进典型中的杰出代表。

希望获得表彰和命名的先进班组保持和发扬成绩，谦虚谨慎，戒骄戒躁，在引领我国纺织企业班组建设中再做新贡献，再立新功勋。各地纺织企业基层班组要以获得表彰和命名的先进班组为榜样，学习他们刻苦学习、勤学苦练、勇攀高峰的宝贵精神；学习他们爱岗敬业、拼搏创新、争创一流的优良作风；学习他们艰苦奋斗、淡薄名利、乐于奉献的高尚情怀；学习他们团结协作、勇挑重担、奋勇争先的优秀品质，认真贯彻落实党的十八大和十八届三中全会精神，勤奋工作、锐意进取，紧密围绕企业发展目标，认真总结班组建设工作经验，不断探索班组建设的新路子，全面提升班组管理水平，进一步推动班组工作制度化、规范化、科学化和民主化，不断提高班组执行力、创新力和凝聚力，夯实企业发展基础，提升企业核心竞争力，促进企业健康稳定发展，为加快纺织经济发展方式转变和产业升级，实现纺织强国和中华民族伟大复兴而不懈奋斗。

全国纺织班组建设卓越贡献奖名单

青岛纺联齐意纺织有限公司郝建秀小组
西北一棉纺织股份有限公司赵梦桃小组
黑牡丹（集团）股份有限公司邓建军科研组

郝建秀小组式全国纺织先进班组名单

北京光华纺织集团五洲佳泰新型涂层材料有限公司篷房研发小组	江苏悦达纺织集团有限公司纺纱二厂运转甲班
北京方恒置业股份有限公司方恒假日酒店雷锋班	江苏大生集团有限公司质监中心
北京地天泰针织绒线有限公司王艾青细纱丙班小组	连云港鹰游纺机有限责任公司数铣组
北京中丽制机工程技术有限公司机加工部精加工班	富润控股集团有限公司孙旭安核样小组
石家庄常山纺织股份有限公司常山恒盛织丙第一生产小组	湖州浙丝二厂有限公司缫丝车间G11台小组
河北吉藁化纤有限责任公司短纤车间原液工段工艺乙班	浙江华峰氨纶股份有限公司纺丝C白班
经纬纺织机械股份有限公司榆次分公司车头总装班	金富春集团有限公司剑杆车间丙班
山西格芙兰纺织有限公司织布丙班	达利丝绸（浙江）有限公司提花车间常日班
际华三五三四制衣有限公司试验室	万事利集团有限公司数码印花调色小组
内蒙古鹿王羊绒有限公司电脑针织工场套口车间	安徽源牌实业（集团）有限责任公司源牌缫丝班
吉林化纤集团有限责任公司纺纱车间工艺乙班	安徽华茂集团有限公司金平英班组
上海汽车地毯总厂有限公司工程技术部	福建南纺股份有限公司准整车间喷气班组
上海德福伦化纤有限公司技术中心物化小组	青岛纺联齐意纺织有限公司梳并粗车间乙班二组
宜兴乐威牛仔布有限公司织造B班	青岛纺织机械股份有限公司青锋无纺新品厂装配班
波司登股份有限公司康洁制衣厂八车间47缝纫组	济南元首针织股份有限公司成衣车间缝制二组

孚日集团股份有限公司毛巾一公司剑杆二工段	际华三五零九纺织有限公司织布乙班六组
鲁泰纺织股份有限公司织布二厂B工段丁班	湖南华升株洲雪松有限公司织布分厂乙班
山东济宁如意毛纺织股份有限公司纺纱厂乙班飞纱小组	南宁锦虹棉纺织有限责任公司动力设备部电工段
山东康平纳集团有限公司纺纱分公司丙班	宜宾丝丽雅集团海丝特公司精练制造部捻丝一工段
华纺股份有限公司面三车间乙班	西安四棉纺织有限责任公司细纱乙班二组
山东德棉集团有限公司纺纱分厂细纱甲班05—期小组	西北二棉纺织有限公司织布甲班六组
武汉裕大华集团股份有限公司布机甲班小组	陕西五环（集团）实业有限责任公司整理修布乙班一组
武汉江南实业集团有限公司细纱乙班长车组	宁夏中银绒业股份有限公司中银绒业针织厂样品小组
湖北美尔雅集团美红公司企画室样品班	

2013年度全国纺织行业优秀质量管理小组

中国纺织工业联合会
中国财贸轻纺烟草工会全国委员会

2013年，中国纺织工业联合会和中国财贸轻纺烟草工会在纺织行业企业积极推进质量管理小组活动，取得了显著成效，并涌现出一批优秀质量管理小组、质量信得过班组、质量管理小组活动优秀企业、质量管理小组活动卓越领导者、质量管理小组活动优秀推进者和质量管理小组活动优秀成果。为鼓励和引导纺织企业进一步开展质量管理创新，树立全国纺织行业质量管理的先进典型，全面提升市场竞争力，在行业推荐和企业申报的基础上，组织专家对资料进行了认真审核，召开了成果发表会议。

2013年12月11日，经评审，中国纺织工业联合会和中国财贸轻纺烟草工会决定命名南京际华三五二一特种装备有限公司环保科技有限公司QC小组等95个小组为2013年度全国纺织行业优秀质量管理小组；河北宁纺集团有限责任公司纺织分公司棉纺车间丙班等6个班组为优秀质量信得过班组；北京光华纺织集团北京京冠毛巾有限责任公司出口部班组等20个班组为质量信得过班组；石家庄常山纺织股份有限公司等22家企业为质量管理小组活动优秀企业；达利丝绸（浙江）有限公司林平等17位同志为质量管理小组活动卓越领导者；经纬纺织机械股份有限公司榆次分公司郝春梅等16位同志为质量管理小组活动优秀推进者。神马股份帘子布公司捻织一厂黑蚂蚁QC小组等5个质量管理小组成果荣获2013年全国纺织行业质量管理小组活动成果一等奖；武汉江南实业集团有限公司细纱车间QC小组等10个质量管理小组成果荣获2013年全国纺织行业质量管理小组活动成果二等奖；金轮科创股份有限公司磐石QC小组等15个质量管理小组成果荣获2013年全国纺织行业质量管理小组活动成果三等奖。

请各单位按照中国纺织工业联合会与中国财贸轻纺烟草工会联合发布的《纺织行业优秀质量管理小组活动表彰与奖励意见》对获得国家级、省部级、省部厅局级、公司总厂内的优秀QC小组、信得过班组、优秀推进者、卓越领导者称号的人员予以表彰，有条件的单位要给予适当的物质奖励，积极支持职工参加全国的经验交流活动，促进QC小组活动水平的不断提高。

为在全行业扩大QC小组活动的影响，进一步推动纺织企业质量管理创新活动的开展，主办方将在《中国纺织报》、《中国纺织经济信息网》（网址：www.ctei.gov.cn）上进行宣传报导。

希望获奖团体和个人珍惜荣誉、再接再厉，继续攀登新的高峰。希望全国广大纺织企业、职工以此为榜样，求真务实、开拓创新，积极主动地推进质量管理工作，努力推动纺织强国战略的实现。

附件：

1.2013年全国纺织行业质量管理小组活动成果一等奖奖名单

2.2013年全国纺织行业质量管理小组活动成果二等奖奖名单

3.2013年全国纺织行业质量管理小组活动成果三等奖奖名单

4.2013年全国纺织行业优秀质量管理小组名单

5.2013年全国纺织行业质量优秀信得过班组名单

6.2013年全国纺织行业质量信得过班组名单

7.2013年全国纺织行业质量管理小组活动优秀企业名单

8.2013年全国纺织行业质量管理小组活动卓越领导者名单

9.2013年全国纺织行业质量管理小组活动优秀推进者名单

附件1

2013年全国纺织行业质量管理小组活动成果一等奖

序号	企业名称	小组名称	成果名称
1	神马股份帘子布公司	捻织一厂黑蚂蚁QC小组	锥形拉丝机的研制
2	新乡化纤股份有限公司	第二加工车间工艺QC小组	提高筒子定重合格率
3	达利（中国）有限公司	针织中心套口QC小组	探索缝制辫子的新方法
4	五环（集团）股份有限公司	并粗车间质量攻关QC小组	降低T80/R20 21品种小疵点
5	中国石化仪征化纤股份有限公司	短纤生产中心长剑QC小组	减少短纤3K后加工排废率

附件2

2013年全国纺织行业质量管理小组活动成果二等奖

序号	企业名称	小组名称	成果名称
1	武汉江南实业集团有限公司	细纱车间QC小组	提高F1520长车留头率
2	鲁泰纺织股份有限公司	1+1开拓者QC小组	提升衬衫衣领一次合格率
3	山东泰丰纺织有限公司	彩虹QC小组	提高皮马棉JC100高支高密品种织造效率
4	青岛纺织机械股份有限公司	清梳科技技术部QC小组	降低简易棉箱质量反馈率
5	恒天天鹅股份有限公司	纺丝一分厂QC小组	降低淋洗蒸汽消耗
6	山东济宁如意毛纺织股份有限公司	染整厂QC小组	降低全毛高支产品毛大回修率
7	安徽华茂纺织股份有限公司	安徽华鹏纺织有限公司丝光染色QC小组	降低烧毛、丝光染色线色差回修率
8	经纬纺织机械股份有限公司榆次分公司	冷作厂检验QC小组	提高FA506-1900-30B车头门结合件的主要项目合格率
9	武汉江南实业集团有限公司	筒捻车间QC小组	提高三合一40S+长丝合格率
10	恒天重工股份有限公司	技术开发中心设计三室QC小组	干开机开松结构设计攻关

附件3

2013年全国纺织行业质量管理小组活动成果三等奖

序号	企业名称	小组名称	成果名称
1	金轮科创股份有限公司	磐石QC小组	提高20系列轧辊生产坯条的单位产量
2	中国石化仪征化纤股份有限公司	长丝生产中心飞健QC小组	降低60线熔体消耗
3	安徽华茂纺织股份有限公司	七分厂络筒QC小组	提高松式筒纱密度合格率
4	常德纺织机械有限公司	“模术”QC小组	研究夹簧生产新方法
5	新乡化纤股份有限公司	新区二动车间锅炉工艺QC小组	实现生产废水零排放
6	达利丝绸（浙江）有限公司	剑杆车间设备操作QC小组	P1001EK织机的卷稠辊固定装置的研制
7	安徽华茂纺织股份有限公司	经纬新型纺织有限公司纯涤纶缝纫线QC小组	提高纯涤纶缝纫线强力水平
8	恒天重工股份有限公司	机一分厂QC小组	提高非纺机10–24A托架项目合格率
9	达利（中国）有限公司	服装中心IEQC小组	钮门自动嵌条器的研制
10	鲁泰纺织股份有限公司	百分百QC小组	降低色织面料条影疵布降等率
11	南通汉弘纺织有限公司	飞龙QC小组	降低进口棉纺纱生条短绒含量
12	浙江洁丽雅股份有限公司	浆纱质量QC小组	攻克16S多色上纱浆纱技术，提升成品一等品率
13	浙江富润印染有限公司	印花分厂QC小组	降低印花染化料消耗成本
14	中国石化上海石油化工股份有限公司	涤纶部工业长丝检验包装QC小组	降低工业长丝包装成本
15	山东岱银纺织集团股份有限公司	新宇公司QC小组	减少氨纶丝品种的客户反馈次数

附件4

2013年全国纺织行业优秀质量管理小组

序号	企业名称	小组名称
1	南京际华三五二一特种装备有限公司	环保科技有限公司QC小组
2	福建南纺股份有限公司	福建延嘉合成皮有限公司产品研发QC小组
3	福建南纺股份有限公司	纺纱厂后纺车间降耗QC小组
4	福建南纺股份有限公司	针刺二厂“开拓者”QC小组
5	中国石化上海石油化工股份有限公司涤纶事业部	涤纶部工业长丝检验包装QC小组
6	中国石化仪征化纤股份有限公司	短纤生产中心长剑QC小组
7	中国石化仪征化纤股份有限公司	PTA生产中心分析区第一QC小组
8	中国石化仪征化纤股份有限公司	长丝生产中心飞健QC小组
9	浙江盛元化纤有限公司	欣盛QC小组
10	新乡化纤股份有限公司	第二加工车间工艺QC小组
11	新乡化纤股份有限公司	新区二动车间锅炉工艺QC小组
12	神马实业股份有限公司帘子布公司	纺丝QC小组
13	神马实业股份有限公司帘子布公司	捻织一厂黑蚂蚁QC小组
14	浙江华峰氨纶股份有限公司	力达QC小组
15	浙江华峰氨纶股份有限公司	蟑螂QC小组
16	经纬纺织机械股份有限公司榆次分公司	中小件厂工艺一组QC小组
17	经纬纺织机械股份有限公司榆次分公司	冷作厂检验QC小组
18	连云港鹰游纺机有限责任公司	油漆车间热处理QC小组
19	青岛纺织机械股份有限公司	电气公司QC小组
20	青岛纺织机械股份有限公司	清梳科技技术部QC小组
21	青岛宏大纺织机械有限责任公司	络筒机厂“求知”QC小组
22	青岛宏大纺织机械有限责任公司	机械厂快速反应QC小组
23	山东金号织业有限公司	漂染车间丙班QC小组
24	浙江富润纺织有限公司	前纺厂QC小组
25	浙江富润纺织有限公司	纺纱厂QC小组
26	山东南山纺织服饰有限公司	织造车间新越QC小组
27	新疆天山毛纺织股份有限公司	绒毛厂动力车间空调工序QC小组

续表

序号	企业名称	小组名称
28	新疆天山毛纺织股份有限公司纺纱厂	纺纱QC小组
29	山东济宁如意毛纺织股份有限公司	第一纺纱厂QC小组
30	山东济宁如意毛纺织股份有限公司	染整厂QC小组
31	石家庄常山恒新纺织有限公司	前方车间QC小组
32	石家庄常山纺织股份有限公司棉一分公司	后纺车间QC小组
33	金轮科创股份有限公司	磐石QC小组
34	南通双弘纺织有限公司	飞龙QC小组
35	安徽华茂纺织股份有限公司	安徽华茂经纬新型纺织有限公司 纯涤纶缝纫线QC小组
36	安徽华茂纺织股份有限公司	安徽华鹏纺织有限公司丝光染色QC小组
37	安徽华茂纺织股份有限公司	七分厂络筒QC小组
38	安徽华茂纺织股份有限公司	六分厂QC小组
39	帛方纺织有限公司	纺纱二车间QC小组
40	陵县恒丰纺织品有限公司	金凯震QC攻关小组
41	德州恒丰纺织有限公司	降低粘胶紧密纺锭间差异攻关小组
42	德州恒丰纺织有限公司	降低莫代尔不匀率QC小组
43	武汉江南实业集团有限公司	筒捻车间QC小组
44	武汉江南实业集团有限公司	细纱车间QC小组
45	广西南宁锦虹棉纺织有限责任公司	二后车间壮锦QC小组
46	五环（集团）股份有限公司	并粗车间质量攻关QC小组
47	陕西八方纺织有限责任公司	开拓创新QC小组
48	江苏悦达纺织集团有限公司	纺纱一厂QC小组
49	江苏悦达纺织集团有限公司	纺纱二厂QC小组
50	江苏悦达纺织集团有限公司	纺纱三厂QC小组
51	金富春集团有限公司	富阳天马织造厂QC小组
52	达利丝绸（浙江）有限公司	圆机技术攻关QC小组
53	达利丝绸（浙江）有限公司	剑杆车间设备操作QC小组
54	安徽源牌实业（集团）有限责任公司	高强力生丝QC小组

续表

序号	企业名称	小组名称
55	广东省蚕业技术推广中心	广东省蚕业产品检测中心QC小组
56	达利（中国）有限公司	服装中心IEQC小组
57	达利（中国）有限公司	针织中心套口QC小组
58	达利（中国）有限公司	印染中心印花前道QC小组
59	际华三五四三针织服饰有限公司	染整车间染布组
60	盛虹集团有限公司	印染生产自动信息化管理小组
61	浙江富润印染有限公司	印花分厂QC小组
62	浙江征天印染有限公司	漂染车间QC小组
63	浙江云山纺织印染有限公司	后纺QC小组
64	浙江嘉名染整有限公司	提高成功QC小组
65	浙江嘉名染整有限公司	提高强力QC小组
66	浙江嘉名染整有限公司	增效QC小组
67	西安四棉纺织有限责任公司	细纱车间QC小组
68	江苏金龙科技股份有限公司	追求卓越QC小组
69	山东岱银纺织集团股份有限公司	新宇公司QC小组
70	山东岱银纺织集团股份有限公司	毛纺公司染色QC小组
71	无锡红豆织标有限公司	刘永QC小组
72	山东临清市三和纺织集团有限公司	卓越QC小组
73	恒天纤维集团有限公司	动力一分厂QC小组
74	恒天纤维集团有限公司	四分厂QC小组
75	恒天纤维集团有限公司	纺丝一分厂QC小组
76	山东泰丰纺织有限公司	彩虹QC小组
77	唐山三友集团兴达化纤有限公司	技术中心QC小组
78	鲁泰纺织股份有限公司	百分百QC小组
79	鲁泰纺织股份有限公司	1+1开拓者QC小组
80	常德纺织机械有限公司	“模术”QC小组
81	孚日集团股份有限公司	毛巾斜纹问题攻关QC小组

续表

序号	企业名称	小组名称
82	孚日集团股份有限公司	准备浆纱QC小组
83	孚日集团股份有限公司	毛巾四四公司织造QC小组
84	恒天重工股份有限公司	机一分厂QC小组
85	恒天重工股份有限公司	技术开发中心设计三室QC小组
86	中国石油化工股份有限公司齐鲁分公司腈纶厂	提高喷丝头组件升位成功率QC小组
87	中国石油化工股份有限公司齐鲁分公司腈纶厂	提高腈纶线密度测试准确度QC小组
88	四川省宜宾海丝特纤维有限责任公司	紫荆花QC小组
89	四川省宜宾海丝特纤维有限责任公司	阳光QC小组
90	四川省宜宾海丝特纤维有限责任公司	欢乐QC小组
91	四川省宜宾市丝丽雅集团惠美线业有限责任公司	潜力QC小组
92	四川省宜宾市丝丽雅集团惠美线业有限责任公司	智慧QC小组
93	上海嘉麟杰纺织品股份有限公司	织造部双面绒生产QC小组
94	浙江洁丽雅股份有限公司	浆纱质量QC小组
95	浙江洁丽雅股份有限公司	织造五车间QC小组

附件5

2013年全国纺织行业优秀质量信得过班组

序号	企业名称	班组名称
1	河北宁纺集团有限责任公司	纺织分公司棉纺车间丙班
2	达利（中国）有限公司	辅料印刷班组
3	安徽华茂纺织股份有限公司	金平英班组
4	神马股份帘子布公司	捻织二厂布机丁班
5	鲁泰纺织股份有限公司	纺纱三厂细纱保全班组
6	恒天重工股份有限公司	总装二分厂小配班组

附件6

2013年全国纺织行业质量信得过班组

序号	企业名称	班组名称
1	北京光华纺织集团 北京京冠毛巾有限责任公司	出口部班组
2	际华三五四三针织服饰有限公司	缝纫一车间缝纫5组
3	河北宁纺集团有限责任公司	印染分公司染色乙班
4	河北宁纺集团有限责任公司	河北奔发制衣有限公司机工1组
5	南京际华三五二一特种装备有限公司	环保科技有限公司后处理生产班组
6	江苏悦达纺织集团有限公司	纺纱一厂班组
7	江苏悦达纺织集团有限公司	纺纱二厂班组
8	江苏悦达纺织集团有限公司	纺纱三厂班组
9	金富春集团有限公司	剑杆车间丙班
10	达利丝绸（浙江）有限公司	准备车间常日班
11	浙江嘉名染整有限公司	染色B区班组
12	山东南山纺织服饰有限公司	染色工序甲班
13	青岛纺织机械股份有限公司	新品厂装配班组
14	青岛宏大纺织机械有限责任公司	络筒机厂单锭班
15	青岛宏大纺织机械有限责任公司	机械厂加工中心九班
16	帛方纺织有限公司	纺纱二车间细纱保全工段
17	唐山三友集团兴达化纤有限公司	制胶车脚技术组
18	四川省宜宾海丝特纤维有限责任公司	捻丝一甲班
19	浙江洁丽雅股份有限公司	将按车间乙班
20	浙江洁丽雅股份有限公司	缝制车间纵裁班

附件7

2013年全国纺织行业质量管理小组活动优秀企业

序号	企业名称
1	石家庄常山纺织股份有限公司
2	南京际华三五二一特种装备有限公司
3	南通双弘纺织有限公司
4	江苏悦达纺织集团有限公司
5	富润控股集团有限公司
6	金富春集团有限公司
7	达利丝绸（浙江）有限公司
8	达利（中国）有限公司
9	浙江云山纺织印染有限公司
10	安徽华茂纺织股份有限公司
11	山东金号织业有限公司
12	山东岱银纺织集团股份有限公司
13	山东南山纺织服饰有限公司
14	青岛纺织机械股份有限公司
15	青岛宏大纺织机械有限责任公司
16	帛方纺织有限公司
17	五环（集团）股份有限公司
18	山东泰丰纺织有限公司
19	唐山三友集团兴达化纤有限公司
20	四川省宜宾海丝特纤维有限责任公司
21	宜宾丝丽雅集团有限公司
22	浙江洁丽雅股份有限公司

附件8

2013年全国纺织行业质量管理小组活动卓越领导者

序号	企业名称	姓名
1	石家庄常山纺织股份有限公司	肖荣智
2	江苏悦达纺织集团有限公司	朱如华
3	江苏悦达纺织集团有限公司	陈　榕
4	富润控股集团有限公司	金剑军
5	金富春集团有限公司	盛建祥
6	达利丝绸（浙江）有限公司	林　平
7	达利（中国）有限公司	郑　路
8	山东岱银纺织集团股份有限公司	李广军
9	青岛纺织机械股份有限公司	赵传祥
10	青岛宏大纺织机械有限责任公司	赵云波
11	帛方纺织有限公司	毕孝圣
12	德州恒丰纺织有限公司	王思社
13	陕西八方纺织有限责任公司	张晓光
14	山东泰丰纺织有限公司	刘庆平
15	唐山三友集团兴达化纤有限公司	张会平
16	孚日集团股份有限公司	孙旭科
17	浙江洁丽雅股份有限公司	石　磊

附件9

2013年全国纺织行业质量管理小组活动优秀推进者

序号	企业名称	姓名
1	石家庄常山纺织股份有限公司	袁立峰
2	经纬纺织机械股份有限公司榆次分公司	郝春梅
3	江苏悦达纺织集团有限公司	凌良仲
4	江苏悦达纺织集团有限公司	唐　萍
5	浙江富润纺织有限公司	杨利永
6	达利丝绸（浙江）有限公司	张金珍
7	达利（中国）有限公司	叶建华
8	浙江征天印染有限公司	杨二瑾
9	山东岱银纺织集团股份有限公司	刘灿庆
10	青岛宏大纺织机械有限责任公司	徐海艳
11	帛方纺织有限公司	褚丽萍
12	山东泰丰纺织有限公司	刘纯卫
13	唐山三友集团兴达化纤有限公司	李振新
14	鲁泰纺织股份有限公司	马晓丽
15	中国石油化工股份有限公司齐鲁分公司腈纶厂	翟绪萍
16	浙江洁丽雅股份有限公司	石然如

2013年全国纺织行业实施卓越绩效模式先进企业

中国纺织工业联合会

2009年纺织行业通过导入卓越绩效模式，不断创新、持续改进，取得了显著成效。为了激励企业实践卓越绩效模式先进管理方法，促使观念转变和管理创新，2013年中国纺织工业联合会继续开展全国纺织行业质量奖活动，旨在树立先进典型，总结推动企业最佳实践，以提高企业质量管理科学性、有效性，引导企业不断追求卓越。

2013年12月11日，根据《卓越绩效评价准则》（GB/T 19580—2004）和《全国纺织行业质量奖评审管理办法》的有关规定，由全国纺织行业质量奖评审委员会对资料和现场进行评审，经全国纺织行业质量奖审定委员会审议通过，中国纺织工业联合会决定授予经纬纺织机械股份有限公司榆次分公司、肇庆天富新合纤有限公司、江苏迎阳无纺机械有限公司、广东溢达纺织有限公司、山东立昌纺织科技有限公司、山东华兴纺织集团有限公司、孚日集团股份有限公司、江苏金龙科技股份有限公司、金富春集团有限公司、烟台泰和新材料股份有限公司、恒天天鹅股份有限公司11家企业全国纺织行业实施卓越绩效模式先进企业奖。

希望受表彰企业再接再厉，坚持持续改进，不断追求卓越，努力提高产品、服务和经营质量，为建设我国纺织强国做出新的更大的贡献。

全国纺织行业实施卓越绩效模式先进企业名单

（排名不分先后）

经纬纺织机械股份有限公司榆次分公司
肇庆天富新合纤有限公司
江苏迎阳无纺机械有限公司
广东溢达纺织有限公司
山东立昌纺织科技有限公司
山东华兴纺织集团有限公司
孚日集团股份有限公司
江苏金龙科技股份有限公司
金富春集团有限公司
烟台泰和新材料股份有限公司
恒天天鹅股份有限公司

第二届全国纺织行业质量奖获奖企业

中国纺织工业联合会

2013年是贯彻落实“十二五”规划的关键一年，为了树立追求卓越的典范企业，激励和引导纺织企业提高产品、服务质量和经营管理水平，为顾客、企业及其他相关方创造价值，实现卓越绩效，提升企业竞争力，中国纺织工业联合会按照工业和信息化部关于深入开展“质量品牌建设年”和“质量兴业”的工作部署，积极开展全国纺织行业质量奖活动，并于2013年3月启动了全国纺织行业质量奖申报评审工作。

2013年12月11日，根据《卓越绩效评价准则》（GB/T 19580—2012）和《全国纺织行业质量奖评审管理办法》的有关规定，由全国纺织行业质量奖评审委员会对资料和现场进行评审，经全国纺织行业质量奖审定委员会审议通过，中国纺织工业联合会决定对浙江洁丽雅股份有限公司、宁波申洲针织有限公司、石家庄常山纺织股份有限公司、江苏丹毛纺织股份有限公司、罗莱家纺股份有限公司、唐山三友集团兴达化纤有限公司、真维斯国际（香港）有限公司、浙江金元亚麻有限公司、宁波大发化纤有限公司、临沂绿因工贸有限公司等10家企业予以表彰。

希望获奖企业再接再厉，珍惜荣誉，持续改进，不断追求卓越。希望全国纺织企业学习实践《卓越绩效评价准则》（GB/T 19580—2012）和获奖企业的成功经验与做法，不断提高自主创新能力和产品质量水平，积极参与国际竞争，为建设纺织强国做出更大贡献。

全国纺织行业质量奖获奖企业名单

（排名不分先后）

浙江洁丽雅股份有限公司
宁波申洲针织有限公司
石家庄常山纺织股份有限公司
江苏丹毛纺织股份有限公司
罗莱家纺股份有限公司
唐山三友集团兴达化纤有限公司
真维斯国际（香港）有限公司
浙江金元亚麻有限公司
宁波大发化纤有限公司
临沂绿因工贸有限公司

CNTAC

中国纺织工业发展报告

CHINA TEXTILE INDUSTRY DEVELOPMENT REPORT

2013/2014

统计资料

国内统计

表1 2013年国民经济主要指标

指标名称 Indicators	单位 Unit	数值 Volume	比上年增长(%) Percentage Change over Previous Year
国内生产总值 GDP	亿元 100 million yuan	568845	7.7
规模以上工业企业实现利润 Gained Profit of Enterprises above Designated Size	亿元 100 million yuan	62831	12.2
其中：国有及国有控股企业 State-owned and State-controlling Enterprises	亿元 100 million yuan	15194	6.4
全部工业增加值 All Industrial Added Value	亿元 100 million yuan	210689	7.6
其中：规模以上企业增加值 Added Value of Enterprises above Designated Size	亿元 100 million yuan		9.7
其中：国有及国有控股企业 State-owned and State-controlled Enterprises	亿元 100 million yuan		6.9
集体企业 Collective-owned Enterprises	亿元 100 million yuan		4.3
股份制企业 Stock Enterprises	亿元 100 million yuan		11.0
外商及港澳台投资企业 Foreign, Hong Kong, Macao and Taiwan Invested Enterprises	亿元 100 million yuan		8.3
私营企业 Private Enterprises	亿元 100 million yuan		12.4
其中：采矿业 Mining and Quarrying	亿元 100 million yuan		6.4
制造业 Manufacturing	亿元 100 million yuan		10.5
电力、燃气和水的生产和供应业 Production and Distribution of Electricity, Gas and Water	亿元 100 million yuan		6.8
全社会完成固定资产投资 Total Fixed Assets Investment in the Whole Country	亿元 100 million yuan	447074	19.3
固定资产投资（不含农户） Fixed Assets Investment Excluding Rural Household	亿元 100 million yuan	436528	19.6
农户投资 Fixed Assets Investment by Rural Household	亿元 100 million yuan	10547	7.2
全年社会消费品零售总额 Social Consumable Retail Total Amount	亿元 100 million yuan	237810	13.1
全国居民消费价格指数 National Residents' Consumption Price Index	上年=100	102.6	2.6
全国城镇居民人均可支配收入 National Urban Residents' Disposable Income Per Capita	元 RMB YUAN	26955	9.7
全国农村居民人均纯收入 National Rural Residents' Net Income Per Capita	元 RMB YUAN	8896	12.4

Table1　Main Indicators of National Economy 2013

指标名称 Indicators	单位 Unit	数值 Volume	比上年增长(%) Percentage Change over Previous Year
全年进出口总额 Imports and Exports Total Value	亿美元 USD 100 million	41600	7.6
其中：出口总额 Export Total	亿美元 USD 100 million	22096	7.9
进口总额 Import Total	亿美元 USD 100 million	19504	7.3
全年进出口差额 Favorable Balance of Imports and Exports	亿美元 USD 100 million	2592	12.5
国家外汇储备 National Foreign Exchange Reserve	亿美元 USD 100 million	38213	15.4
广义货币供应量(M2)余额 Money Supply (M2) Balance in Broad Sense	万亿元 1,000 billion yuan	110.7	13.6
狭义货币供应量(M1)余额 Money Supply (M1) Balance in Narrow Sense	万亿元 1,000 billion yuan	33.7	9.3
流通中现金 (M0)余额 Balance of Cash (M0) in Circulation	万亿元 1,000 billion yuan	5.9	7.2
金融机构本外币存款余额 Home and Foreign Currency Balance of Deposits of Financial Organization	万亿元 1,000 billion yuan	107.1	13.5
全国总人口 National Total Population	万人 10,000 persons	136072	0.5
全年城镇新增就业人员 Urban Newly-increased Employees	万人 10,000 persons	1310	3.5
城镇登记失业率 Urban Registered Unemployment Rate	%	4.05	-0.04（百分点）

表2 2013年纺织工业经济指标完成情况汇总表（规模以上全行业）
Table2 Textile Industry Main indicators 2013 (Enterprises above Designated Size)

序号 Number	指标名称 Indicators	单位 Unit	本月止累计 Current Year	去年累计 Previous Year	同比(%)Percentage Change over Previous Year
1	企业单位数 Number of Enterprises	户 household	38618		
2	亏损企业数 Number of Loss-making Enterprises	户 household	4447	4432	0.34
3	亏损面 Proportion of Loss-making Enterprises	%	11.52		
4	主营业务收入 Revenue from Principle Business	万元 10,000 yuan	638488715	572473434	11.53
5	主营业务成本 Cost of Principle Business	万元 10,000 yuan	559554323	498523794	12.24
6	主营业务税金和附加 Taxes and Other Charges on Principal Business	万元 10,000 yuan	3266780	2891202	12.99
7	营业费用 Sales Expenses	万元 10,000 yuan	12817830	11447051	11.97
8	管理费用 Management Expenses	万元 10,000 yuan	18950583	17031066	11.27
9	财务费用 Financial Expenses	万元 10,000 yuan	7773046	7251422	7.19
10	其中：利息支出 Interest	万元 10,000 yuan	6959076	6550342	6.24
11	利润总额 Total Profit	万元 10,000 yuan	35060473	30282339	15.78
12	亏损企业亏损额 Total Loss of Loss-making Enterprises	万元 10,000 yuan	2055797	2071410	-0.75
13	应交增值税 The due VATs	万元 10,000 yuan	16075314	13895834	15.68
14	资产合计 Total Assets	万元 10,000 yuan	398722488	365562428	9.07
15	其中：流动资产合计 Total Working Capitals	万元 10,000 yuan	223878247	205570994	8.91
16	其中：应收帐款 Net Receivables	万元 10,000 yuan	44345734	40801256	8.69
17	存货 Inventory	万元 10,000 yuan	62178776	57433463	8.26
18	其中：产成品 Finished Goods	万元 10,000 yuan	27412456	26138357	4.87
19	负债合计 Total Liabilities	万元 10,000 yuan	222390762	204860466	8.56
20	出口交货值 Export Delivered Value	万元 10,000 yuan	95450583	89040962	7.20

表3 2013年纺织工业经济指标完成情况汇总表（国有控股）
Table3 Textile Industry Main indicators 2013 (State–owned and State–controlling Enterprises)

序号 Number	指标名称 Indicators	单位 Unit	本月止累计 Current Year	去年累计 Previous Year	同比(%)Percentage Change over Previous Year
1	企业单位数 Number of Enterprises	户 household	477		
2	亏损企业数 Number of Loss–making Enterprises	户 household	130	131	–0.76
3	亏损面 Proportion of Loss–making Enterprises	%	27.25		
4	主营业务收入 Revenue from Principle Business	万元 10,000 yuan	16572293	16212430	2.22
5	主营业务成本 Cost of Principle Business	万元 10,000 yuan	14693181	14560066	0.91
6	主营业务税金和附加 Taxes and Other Charges on Principal Business	万元 10,000 yuan	69999	70275	–0.39
7	营业费用 Sales Expenses	万元 10,000 yuan	307627	290954	5.73
8	管理费用 Management Expenses	万元 10,000 yuan	986096	935887	5.36
9	财务费用 Financial Expenses	万元 10,000 yuan	310487	308259	0.72
10	其中：利息支出 Interest	万元 10,000 yuan	314387	317004	–0.83
11	利润总额 Total Profit	万元 10,000 yuan	567854	415500	36.67
12	亏损企业亏损额 Total Loss of Loss–making Enterprises	万元 10,000 yuan	317074	296291	7.01
13	应交增值税 The due VATs	万元 10,000 yuan	388868	426029	–8.72
14	资产合计 Total Assets	万元 10,000 yuan	21506074	20894279	2.93
15	其中：流动资产合计 Total Working Capitals	万元 10,000 yuan	11156589	10503767	6.22
16	其中：应收帐款 Net Receivables	万元 10,000 yuan	1163556	1214200	–4.17
17	存货 Inventory	万元 10,000 yuan	3194122	2966740	7.66
18	其中：产成品 Finished Goods	万元 10,000 yuan	1548571	1430937	8.22
19	负债合计 Total Liabilities	万元 10,000 yuan	13533422	13208650	2.46
20	出口交货值 Export Delivered Value	万元 10,000 yuan	1897200	1862782	1.85

表4—1 2013年纺织工业经济指标分省完成情况（规模以上全行业）

地 区	Region	企业户数 Number of Enterprises	亏损企业数 Number of Loss-making Enterprises	亏损面(%) Proportion of Loss-making Enterprises	主营业务收入 Reveneue from Principal Business		
					本月止累计 Current Year	去年累计 Previous Year	同比(%) Compared Ratio
全 国	National Total	38618	4447	11.52	638488715	572473434	11.53
北京市	Beijing	217	52	23.96	2592879	2648961	−2.12
天津市	Tianjin	230	35	15.22	4345991	3801692	14.32
河北省	Hebei	1048	88	8.40	21012460	19005735	10.56
山西省	Shanxi	62	19	30.65	860014	787712	9.18
内蒙古	Inner Mongolia	186	28	15.05	5060936	4870506	3.91
辽宁省	Liaoning	908	100	11.01	14390790	12096283	18.97
吉林省	Jilin	115	13	11.30	2796999	2541319	10.06
黑龙江	Heilongjiang	79	8	10.13	1077631	740043	45.62
上海市	Shanghai	836	278	33.25	8340614	8695268	−4.08
江苏省	Jiangsu	8602	1128	13.11	132976172	121625584	9.33
浙江省	Zhejiang	7667	1042	13.59	105657599	99663251	6.01
安徽省	Anhui	1538	147	9.56	15752628	13833520	13.87
福建省	Fujian	2205	168	7.62	39260245	33835128	16.03
江西省	Jiangxi	970	50	5.15	18570467	15468427	20.05
山东省	Shandong	4344	280	6.45	114370277	100771921	13.49
河南省	Henan	1540	77	5.00	31391594	26946381	16.50
湖北省	Hubei	1484	109	7.35	28012167	23740722	17.99
湖南省	Hunan	486	48	9.88	8664474	7660077	13.11
广东省	Guangdong	4647	574	12.35	57347301	50661311	13.20
广 西	Guangxi	204	39	19.12	2921289	2816417	3.72
海南省	Hainan	7	5	71.43	72404	137050	−47.17
重庆市	Chongqing	223	18	8.07	2820013	2475923	13.90
四川省	Sichuan	561	35	6.24	12400228	10871716	14.06
贵州省	Guizhou	33	7	21.21	186382	86946	114.36
云南省	Yunnan	30	6	20.00	424598	377620	12.44
西 藏	Tibet	2	0	0.00	6310	9592	−34.21
陕西省	Shaanxi	171	34	19.88	2635441	2189265	20.38
甘肃省	Gansu	34	6	17.65	320007	276864	15.58
青海省	Qinghai	16	2	12.50	400829	315251	27.15
宁 夏	Ningxia	64	4	6.25	1548563	1175741	31.71
新 疆	Xinjiang	109	47	43.12	2271414	2347210	−3.23

Table4—1 Textile Industry Main indicators by Provinces 2013 (Enterprises above Designated Size)

单位：万元
Unit：10,000 yuan

主营业务成本 Cost of Principle Business			主营业务税金和附加 Taxes and Other Charges on Principal Business			营业费用 Sales Expenses		
本月止累计 Current Year	去年累计 Previous Year	同比(%) Compared Ratio	本月止累计 Current Year	去年累计 Previous Year	同比(%) Compared Ratio	本月止累计 Current Year	去年累计 Previous Year	同比(%) Compared Ratio
559554323	498523794	12.24	3266780	2891202	12.99	12817830	11447051	11.97
1948248	2030344	−4.04	12801	12323	3.88	263577	232786	13.23
3236502	2856868	13.29	19515	16370	19.21	689625	593747	16.15
18611770	16804473	10.75	89039	86598	2.82	290055	288578	0.51
762885	703005	8.52	2347	3365	−30.26	16276	16487	−1.28
3883493	3835858	1.24	13935	24257	−42.55	115756	81689	41.70
12606760	10541848	19.59	82701	64403	28.41	267206	227875	17.26
2533101	2307626	9.77	11286	14402	−21.64	65360	54275	20.42
961102	673423	42.72	2917	2033	43.49	16424	12982	26.51
6489202	6738088	−3.69	23985	25806	−7.06	828578	804034	3.05
118146502	107975777	9.42	617801	517741	19.33	2276867	2025831	12.39
93836997	88644380	5.86	452981	388349	16.64	1678899	1586462	5.83
13783019	12138708	13.55	94796	74977	26.43	276090	241614	14.27
34203191	28922330	18.26	158340	153371	3.24	846780	777021	8.98
16100839	13375413	20.38	79343	57138	38.86	316340	242509	30.44
100828032	87094607	15.77	661535	628654	5.23	1407337	1241106	13.39
27315650	23175917	17.86	184380	179742	2.58	540774	469880	15.09
24329385	20560612	18.33	226786	180811	25.43	715873	618926	15.66
7341939	6314602	16.27	80057	63235	26.60	250802	224747	11.59
50122800	43817096	14.39	289308	244323	18.41	1398427	1219244	14.70
2461727	2420146	1.72	17090	15957	7.10	36692	31383	16.92
45856	111955	−59.04	513	716	−28.39	15898	15201	4.58
2373215	2150396	10.36	24291	17951	35.31	83956	70516	19.06
10844289	9475753	14.44	88919	86017	3.37	265900	233582	13.84
171563	82144	108.86	568	230	146.72	3039	1235	146.09
333606	288196	15.76	3808	3513	8.39	4457	5627	−20.80
5095	6557	−22.30	3	18	−85.08	634	1282	−50.50
2201848	1775774	23.99	17945	20319	−11.68	45915	38385	19.62
285314	240741	18.51	1418	982	44.34	9379	7583	23.68
361853	277833	30.24	712	715	−0.38	5137	2667	92.60
1311601	986427	32.96	1491	1236	20.60	12644	11181	13.08
2116943	2196899	−3.64	6173	5650	9.24	73135	68616	6.58

表4-2 2013年纺织工业经济指标分省完成情况（规模以上全行业）

省 市	Region	管理费用 Management Expenses			财务费用 Financial Expenses		
		本月止累计 Current Year	去年累计 Previous Year	同比(%) Compared Ratio	本月止累计 Current Year	去年累计 Previous Year	同比(%) Compared Ratio
全 国	National Total	18950583	17031066	11.27	7773046	7251422	7.19
北京市	Beijing	229838	211686	8.58	31202	29870	4.46
天津市	Tianjin	203257	201311	0.97	21839	22719	-3.87
河北省	Hebei	389555	368686	5.66	149263	125689	18.76
山西省	Shanxi	55229	42761	29.16	16767	15299	9.59
内蒙古	Inner Mongolia	160153	128864	24.28	82254	71771	14.61
辽宁省	Liaoning	463912	410842	12.92	95565	88738	7.69
吉林省	Jilin	136082	119178	14.18	47448	44197	7.36
黑龙江	Heilongjiang	29462	31162	-5.45	7428	7497	-0.93
上海市	Shanghai	669589	650794	2.89	72707	75253	-3.38
江苏省	Jiangsu	3923916	3629580	8.11	1603888	1632156	-1.73
浙江省	Zhejiang	3459921	3264185	6.00	1992377	2004618	-0.61
安徽省	Anhui	474088	400491	18.38	159000	151191	5.16
福建省	Fujian	1244389	1030057	20.81	467754	410353	13.99
江西省	Jiangxi	397539	331372	19.97	111221	102134	8.90
山东省	Shandong	2073720	1822003	13.82	1426952	1185491	20.37
河南省	Henan	548831	547979	0.16	300447	280463	7.13
湖北省	Hubei	930956	794178	17.22	384304	322048	19.33
湖南省	Hunan	334831	254070	31.79	98630	78155	26.20
广东省	Guangdong	2330576	2018914	15.44	318830	272119	17.17
广 西	Guangxi	203935	182032	12.03	27148	22537	20.46
海南省	Hainan	24354	9360	160.18	1653	1431	15.52
重庆市	Chongqing	74195	57650	28.70	25857	24747	4.49
四川省	Sichuan	347697	304349	14.24	149899	127614	17.46
贵州省	Guizhou	8263	5431	52.14	1200	579	107.27
云南省	Yunnan	23892	23611	1.19	9829	6533	50.44
西 藏	Tibet	469	1083	-56.72	34	29	17.06
陕西省	Shaanxi	72870	71234	2.30	36997	31313	18.15
甘肃省	Gansu	15255	12187	25.17	2834	2528	12.08
青海省	Qinghai	16673	10949	52.28	11030	4888	125.66
宁 夏	Ningxia	25352	20800	21.89	63653	45807	38.96
新 疆	Xinjiang	81786	74268	10.12	55037	63657	-13.54

Table4—2 Textile Industry Main indicators by Provinces 2013 (Enterprises above Designated Size)

单位：万元
Unit：10,000 yuan

其中：利息支出 (Include) Interest			利润总额 Total Profit			亏损企业亏损额 Total Loss of Loss—making Enterprises		
本月止累计 Current Year	去年累计 Previous Year	同比(%) Compared Ratio	本月止累计 Current Year	去年累计 Previous Year	同比增减 Change	本月止累计 Current Year	去年累计 Previous Year	同比(%) Compared Ratio
6959076	6550342	6.24	35060473	30282339	4778134	2055797	2071410	—0.75
33212	30025	10.61	151970	177461	—25490	30347	23392	29.73
27143	24020	13.00	240253	128689	111564	16431	36321	—54.76
122901	108429	13.35	1364771	1223605	141166	74390	61338	21.28
13650	14380	—5.08	22433	18195	4239	13641	12522	8.94
89282	77513	15.18	566420	354717	211703	10287	12105	—15.02
51761	48076	7.66	762066	559488	202578	41713	39819	4.76
41967	40113	4.62	37923	39426	—1503	37428	31319	19.51
5626	6467	—13.02	59003	13985	45018	4033	20721	—80.54
59808	63230	—5.41	398015	501759	—103744	154729	98872	56.49
1525301	1516431	0.58	6829884	6152172	677712	434153	424008	2.39
2034758	2065571	—1.49	4771291	4226302	544990	318468	342703	—7.07
131738	123072	7.04	921388	736999	184389	28837	60399	—52.26
374507	326108	14.84	2393506	2486565	—93059	110938	83054	33.57
81590	68190	19.65	1294655	989533	305122	37171	42708	—12.96
1269423	1044657	21.52	7127499	6038030	1089469	160087	184198	—13.09
253662	237319	6.89	2261206	1946496	314710	171061	166361	2.83
236289	216003	9.39	1365367	1022778	342589	66749	96202	—30.62
61298	49682	23.38	321532	237756	83776	33376	26275	27.03
209793	195767	7.16	2580630	2151445	429186	164426	153789	6.92
22077	18612	18.61	167427	147899	19528	15492	15542	—0.32
2976	228	1204.16	—16501	4654	—21155	16633	2346	609.07
16624	16542	0.49	217241	152622	64619	8732	4504	93.89
133037	119097	11.70	698529	586940	111589	19062	32109	—40.63
789	652	21.00	2359	—810	3170	2788	3104	—10.17
11201	7041	59.08	51068	50426	642	5216	2062	152.98
22	0	0.00	85	623	—538	0	0	0.00
25494	24420	4.40	274374	192926	81449	20537	36140	—43.17
2675	2494	7.26	6527	6615	—88	4461	3748	19.01
1929	1602	20.46	18106	10993	7113	971	1681	—42.22
65883	47990	37.29	158086	115026	43060	259	797	—67.52
52664	56611	—6.97	13360	9027	4333	53382	53274	0.20

表4-3 2013年纺织工业经济指标分省完成情况（规模以上全行业）

省 市	Region	应交增值税 The Due VATs			资产合计 Total Assets		
		本月止累计 Current Year	去年累计 Previous Year	同比(%) Compared Ratio	本月止累计 Current Year	去年累计 Previous Year	同比(%) Compared Ratio
全 国	National Total	16075314	13895834	15.68	398722488	365562428	9.07
北京市	Beijing	96478	102942	-6.28	3678132	3440637	6.90
天津市	Tianjin	190009	130629	45.46	4867219	4290105	13.45
河北省	Hebei	364377	353938	2.95	8430940	7643517	10.30
山西省	Shanxi	22111	19502	13.38	1163106	968450	20.10
内蒙古	Inner Mongolia	104995	49933	110.27	4103400	3934391	4.30
辽宁省	Liaoning	272486	207735	31.17	5309542	4857930	9.30
吉林省	Jilin	31503	33922	-7.13	2235360	1756130	27.29
黑龙江	Heilongjiang	28293	21614	30.90	1013163	912855	10.99
上海市	Shanghai	240047	268342	-10.54	8477625	8379804	1.17
江苏省	Jiangsu	4009223	3365665	19.12	86816386	80250298	8.18
浙江省	Zhejiang	2554994	2309830	10.61	96430980	91795207	5.05
安徽省	Anhui	320695	274259	16.93	8812994	8130027	8.40
福建省	Fujian	782168	701908	11.43	28560967	24972343	14.37
江西省	Jiangxi	573481	411618	39.32	6167448	5306635	16.22
山东省	Shandong	3108961	2667154	16.56	45476526	43730570	3.99
河南省	Henan	617027	570703	8.12	20681161	16235883	27.38
湖北省	Hubei	619098	510949	21.17	12157033	10596988	14.72
湖南省	Hunan	274111	242329	13.12	4051234	3568297	13.53
广东省	Guangdong	1129704	944741	19.58	30743704	28198569	9.03
广 西	Guangxi	79028	65020	21.54	1652120	1422393	16.15
海南省	Hainan	3437	4850	-29.14	183409	192805	-4.87
重庆市	Chongqing	129991	80819	60.84	1184369	1034983	14.43
四川省	Sichuan	357434	409569	-12.73	6799225	5810188	17.02
贵州省	Guizhou	1736	1269	36.85	159595	100310	59.10
云南省	Yunnan	14374	11174	28.63	642466	583527	10.10
西 藏	Tibet	0	23	-100.00	15981	9523	67.82
陕西省	Shaanxi	86317	68798	25.46	1673061	1483506	12.78
甘肃省	Gansu	6069	3182	90.72	303031	260270	16.43
青海省	Qinghai	4881	2305	111.74	355239	309408	14.81
宁 夏	Ningxia	10037	10739	-6.54	2681257	2106878	27.26
新 疆	Xinjiang	42250	50373	-16.13	3895816	3280007	18.77

Table4—3 Textile Industry Main indicators by Provinces 2013 (Enterprises above Designated Size)

单位：万元
Unit: 10,000 yuan

其中：流动资产合计 Total Working Capitals			其中：应收帐款 (Include) Net Receivables			存货 Inventory		
本月止累计 Current Year	去年累计 Previous Year	同比(%) Compared Ratio	本月止累计 Current Year	去年累计 Previous Year	同比(%) Compared Ratio	本月止累计 Current Year	去年累计 Previous Year	同比(%) Compared Ratio
223878247	205570994	8.91	44345734	40801256	8.69	62178776	57433463	8.26
2541245	2445656	3.91	434839	414166	4.99	813657	750283	8.45
3937216	3411976	15.39	199395	211589	−5.76	907902	932179	−2.60
3842199	3567143	7.71	679602	606634	12.03	1384710	1304676	6.13
738851	602253	22.68	122573	109522	11.92	178926	169705	5.43
1845211	1959197	−5.82	466952	529907	−11.88	607615	619276	−1.88
2562924	2446517	4.76	467264	485591	−3.77	678774	685162	−0.93
943617	745599	26.56	176696	159788	10.58	292647	252042	16.11
512721	472711	8.46	86749	91501	−5.19	150009	146316	2.52
5946706	5865106	1.39	1716554	1772259	−3.14	1851356	1803385	2.66
48191943	44653235	7.92	10271784	9385964	9.44	13624919	12820996	6.27
60119463	57100593	5.29	12356808	11235391	9.98	13615972	12784217	6.51
4101266	3744260	9.53	1034735	866133	19.47	1291783	1142090	13.11
16629618	15087776	10.22	3837605	3729280	2.90	3938406	3642519	8.12
2770591	2431170	13.96	633519	520007	21.83	849067	735028	15.51
22262832	19997627	11.33	3056890	2601199	17.52	6988403	6145863	13.71
9364925	7320404	27.93	1018751	922520	10.43	2023687	1757088	15.17
6243257	5338100	16.96	1122954	922705	21.70	1882545	1716666	9.66
1776789	1544171	15.06	339523	295249	15.00	687447	631697	8.83
19392860	17747326	9.27	4633789	4458507	3.93	6482430	6032013	7.47
1001622	928903	7.83	222762	154548	44.14	395870	354665	11.62
85808	102063	−15.93	15318	12485	22.69	19197	22747	−15.61
668612	568025	17.71	139338	116558	19.54	239475	223417	7.19
3025226	2707611	11.73	458270	402565	13.84	959779	800164	19.95
95416	51806	84.18	15088	6014	150.89	23063	14636	57.57
365101	313559	16.44	51447	35599	44.52	104081	81004	28.49
12825	7645	67.75	1451	824	76.20	2901	1931	50.21
794554	718135	10.64	113504	89371	27.00	328877	367150	−10.42
189020	152620	23.85	55566	44502	24.86	68375	48953	39.67
180988	171108	5.77	47131	27103	73.90	54363	51442	5.68
1921918	1512702	27.05	337613	356999	−5.43	1002312	709069	41.36
1812923	1855996	−2.32	231265	236776	−2.33	730231	687086	6.28

表4-4 2013年纺织工业经济指标分省完成情况（规模以上全行业）

省 市	Region	其中：产成品 (Include)Manufactured Products			负债合计 Total Liabilities		
		本月止累计 Current Year	去年累计 Previous Year	同比(%) Compared Ratio	本月止累计 Current Year	去年累计 Previous Year	同比(%) Compared Ratio
全 国	National Total	27412456	26138357	4.87	222390762	204860466	8.56
北京市	Beijing	439202	388548	13.04	2300136	2083406	10.40
天津市	Tianjin	724581	766015	-5.41	3118584	2872076	8.58
河北省	Hebei	629821	621302	1.37	3823319	3704706	3.20
山西省	Shanxi	70567	71202	-0.89	878560	706697	24.32
内蒙古	Inner Mongolia	199282	255133	-21.89	2457181	2374691	3.47
辽宁省	Liaoning	388339	398605	-2.58	2411537	2348416	2.69
吉林省	Jilin	118077	112332	5.11	1418971	1158969	22.43
黑龙江	Heilongjiang	73312	89333	-17.93	513199	474796	8.09
上海市	Shanghai	1109854	1062696	4.44	4154237	4186283	-0.77
江苏省	Jiangsu	6173356	5887271	4.86	52251642	48319225	8.14
浙江省	Zhejiang	6602412	6088765	8.44	60454307	57521185	5.10
安徽省	Anhui	540577	495972	8.99	4633601	4321831	7.21
福建省	Fujian	1902194	1774704	7.18	14018588	11796197	18.84
江西省	Jiangxi	509178	423435	20.25	2872968	2633701	9.08
山东省	Shandong	2215777	2118131	4.61	24033057	22029582	9.09
河南省	Henan	736181	712368	3.34	7756989	6336087	22.43
湖北省	Hubei	897555	815487	10.06	6048045	5492722	10.11
湖南省	Hunan	354673	330908	7.18	2000900	1760946	13.63
广东省	Guangdong	2053546	2091230	-1.80	16074258	15347028	4.74
广 西	Guangxi	170795	151922	12.42	1005919	850725	18.24
海南省	Hainan	15280	15753	-3.00	96377	85696	12.46
重庆市	Chongqing	103574	100179	3.39	557344	497148	12.11
四川省	Sichuan	378332	362401	4.40	3518975	3079255	14.28
贵州省	Guizhou	12261	7493	63.63	73202	50027	46.33
云南省	Yunnan	44063	37504	17.49	323008	312492	3.37
西 藏	Tibet	98	68	44.12	1405	3857	-63.57
陕西省	Shaanxi	122979	139677	-11.95	848942	806142	5.31
甘肃省	Gansu	26897	18772	43.28	159004	137815	15.37
青海省	Qinghai	25739	23137	11.24	195882	180005	8.82
宁 夏	Ningxia	477382	457371	4.38	1597112	1095864	45.74
新 疆	Xinjiang	296574	320644	-7.51	2793513	2292897	21.83

Table4—4 Textile Industry Main indicators by Provinces 2013 (Enterprises above Designated Size)

单位：万元
Unit:10,000 yuan

出口交货值 Export Delivered Value		
本月止累计 Current Year	去年累计 Previous Year	同比(%) Compared Ratio
95450583	89040962	7.20
410493	455112	−9.80
1034976	894631	15.69
1431846	1300311	10.12
108622	72108	50.64
480601	754333	−36.29
2762820	2503383	10.36
321581	256967	25.15
147971	102546	44.30
2050316	2125003	−3.51
19700955	18113713	8.76
23290328	22582512	3.13
2371679	2113477	12.22
6339924	5804027	9.23
2305281	2193044	5.12
11499770	10675957	7.72
769601	721905	6.61
2764167	2383323	15.98
281697	263792	6.79
15535383	14128379	9.96
283728	220224	28.84
22462	40754	−44.88
385758	343571	12.28
714980	657647	8.72
4318	1323	226.44
52085	33282	56.49
2020		
100644	106423	−5.43
6070	14011	−56.68
42930	33129	29.59
182765	113191	61.47
44815	32886	36.27

表5-1 2013年纺织工业经济指标分行业完成情况（规模以上全行业）

行业 Industrial Sectors	企业户数 Number of Enterprises	亏损企业数 Number of Loss-making Enterprises	亏损面(%) Proportion of Loss-making Enterprises	主营业务收入 Reveneue from Principal Business		
				本月止累计 Current Year	去年累计 Previous Year	同比(%) Compared Ratio
纺织行业 The Overall Textile Industry	38618	4447	11.52	638488715	572473434	11.53
纺织业 Textile	20776	2203	10.60	361605999	321424381	12.50
棉纺织及印染精加工 Cotton Textile & Dyeing, Printing and Finishing Process	11202	1229	10.97	230052310	204954529	12.25
棉纺纱加工 Cotton Spinning Sector	5818	697	11.98	139649167	121688856	14.76
棉织造加工 Cotton Weaving Sector	3618	309	8.54	55569994	51001620	8.96
棉印染精加工 Cotton Textile Dyeing, Printing and Finishing Sector	1766	223	12.63	34833149	32264053	7.96
毛纺织及染整精加工 Wool Textile & Dyeing,Printing and Finishing Process	1221	174	14.25	22876198	20149005	13.54
毛条和毛纱线加工 Wool Top and Yarn Processing Sector	661	83	12.56	10194507	9110851	11.89
毛织造加工 Wool Weaving Sector	381	68	17.85	10129867	8731153	16.02
毛染整精加工 Wool Textile Dyeing,Printing and Finishing Sector	179	23	12.85	2551824	2307001	10.61
麻纺织及染整精加工 Bast Fiber Textile & Dyeing,Printing and Finishing Process	298	31	10.40	4943563	4246327	16.42
麻纤维纺前加工和纺纱 Bast Fiber Prespinning Processing & Spinning Sector	120	11	9.17	2468766	2032161	21.48
麻织造加工 Bast Fiber Weaving Sector	164	17	10.37	2316126	2044993	13.26
麻染整精加工 Bast Fiber Textile Dyeing,Printing and Finishing Sector	14	3	21.43	158671	169173	−6.21
丝绢纺织及印染精加工 Silk and Schappe Textile & Dyeing, Printing and Finishing Process	992	98	9.88	12759555	11280179	13.11
缫丝加工 Filature Sector	496	52	10.48	7443774	6516625	14.23
绢纺和丝织加工 Schappe Spinning & Silk Weaving Sector	433	37	8.55	4579429	4100055	11.69
丝印染精加工 Silk Printing, Dyeing and Finishing Sector	63	9	14.29	736352	663499	10.98

Table5—1 Textile Industry Main indicators by Industrial Sectors 2013 (Enterprises above Designated Size)

单位：万元
Unit：10,000 yuan

主营业务成本 Cost of Principle Business			主营业务税金和附加 Taxes and Other Charges on Principal Business			营业费用 Sales Expenses		
本月止累计 Current Year	去年累计 Previous Year	同比(%) Compared Ratio	本月止累计 Current Year	去年累计 Previous Year	同比(%) Compared Ratio	去年累计 Previous Year	去年累计 Previous Year	同比(%) Compared Ratio
559554323	498523794	12.24	3266780	2891202	12.99	12817830	11447051	11.97
319827523	282629687	13.16	1784315	1582977	12.72	5009248	4485078	11.69
205218760	181472282	13.09	1102919	988129	11.62	2654717	2394878	10.85
124749996	107454499	16.10	675657	602621	12.12	1597662	1423770	12.21
49492915	45197161	9.50	261437	236315	10.63	663306	615784	7.72
30975849	28820622	7.48	165825	149194	11.15	393749	355324	10.81
20192171	17790668	13.50	92628	89270	3.76	258606	241215	7.21
8892371	7928948	12.15	41763	36195	15.38	117823	108255	8.84
9052429	7896687	14.64	38431	33001	16.45	98648	86637	13.86
2247371	1965033	14.37	12435	20074	−38.05	42136	46322	−9.04
4249014	3641769	16.67	45590	34039	33.93	104186	90456	15.18
2047658	1699054	20.52	26296	19805	32.78	58806	45948	27.99
2062555	1790597	15.19	18257	13622	34.03	43437	42931	1.18
138801	152118	−8.75	1036	612	69.20	1942	1578	23.10
11285838	9963655	13.27	72622	67745	7.20	154390	131750	17.18
6616769	5751990	15.03	44720	46461	−3.75	91249	76079	19.94
4013307	3621878	10.81	24947	19180	30.07	55348	49083	12.76
655762	589788	11.19	2955	2103	40.51	7794	6588	18.30

表5-2 2013年纺织工业经济指标分行业完成情况（规模以上全行业）

行业 Industrial Sectors	企业户数 Number of Enterprises	亏损企业数 Number of Loss-making Enterprises	亏损面(%) Proportion of Loss-making Enterprises	主营业务收入 Reveneue from Principal Business		
				本月止累计 Current Year	去年累计 Previous Year	同比(%) Compared Ratio
化纤织造及印染精加工 Filament Weaving & Dyeing, Printing and Finishing Process	1131	118	10.43	10458494	9380209	11.50
化纤织造加工 Filament Weaving Sector	991	103	10.39	8881415	7935014	11.93
化纤织物染整精加工 Filament Fabric Dyeing, Printing and Finishing Sector	140	15	10.71	1577079	1445195	9.13
针织或钩针编织物及其制品制造 Knitting and Braiding Textiles	2410	204	8.46	30555693	26789485	14.06
针织或钩针编织物织造 Knitted and Braided Fabric Processing Sector	1762	143	8.12	22356720	19309459	15.78
针织或钩针编织物印染精加工 Knitted and Braided Fabric Dyeing, Printing and Finishing Sector	192	28	14.58	3060595	2894017	5.76
针织或钩针编织品制造 Knitted and Braided Products Manufacturing Sector	456	33	7.24	5138377	4586009	12.04
家用纺织制成品制造 Home Textile Made-Ups Manufacturing	1810	184	10.17	26119321	24154025	8.14
床上用品制造 Bed Linen Manufacturing Sector	961	80	8.32	13733879	12778247	7.48
毛巾类制品制造 Towel Manufacturing Sector	311	28	9.00	6605726	6144511	7.51
窗帘、布艺类产品制造 Curtain Manufacturing Sector	189	23	12.17	2165483	1983104	9.20
其他家用纺织制成品制造 Other Home Textile Made-ups Sector	349	53	15.19	3614234	3248164	11.27
非家用纺织制成品制造 Non-Home Textile Made-Ups Manufacturing	1712	165	9.64	23840865	20470624	16.46
非织造布制造 Nonwoven Fabric Sector	808	73	9.03	12016385	10158946	18.28
绳、索、缆制造 Rope, Cords & Cables Large and Thick Rope Sector	212	12	5.66	2110859	1859644	13.51
纺织带和帘子布制造 Belt and Cord Fabric Sector	262	25	9.54	5569713	4928366	13.01
篷、帆布制造 Canvas Manufacturing Sector	177	27	15.25	1766596	1567208	12.72
其他非家用纺织制成品制造 Other Non-Home Textile Made-ups Sector	253	28	11.07	2377312	1956460	21.51

Table5—2 Textile Industry Main indicators by Industrial Sectors 2013 (Enterprises above Designated Size)

单位：万元
Unit：10,000 yuan

主营业务成本 Cost of Principle Business			主营业务税金和附加 Taxes and Other Charges on Principal Business			营业费用 Sales Expenses		
本月止累计 Current Year	去年累计 Previous Year	同比(%) Compared Ratio	本月止累计 Current Year	去年累计 Previous Year	同比(%) Compared Ratio	去年累计 Previous Year	去年累计 Previous Year	同比(%) Compared Ratio
9299670	8319250	11.78	43796	34921	25.42	136826	129849	5.37
7937291	7057403	12.47	33931	27927	21.50	111520	108125	3.14
1362378	1261847	7.97	9866	6994	41.06	25305	21725	16.48
26352974	23018600	14.49	157694	144877	8.85	557049	465868	19.57
19658665	16876062	16.49	108498	90108	20.41	356027	303605	17.27
2317378	2281970	1.55	16129	25651	−37.12	105515	74819	41.03
4376932	3860569	13.38	33067	29118	13.56	95508	87445	9.22
22684078	20860818	8.74	139007	113695	22.26	617071	568598	8.52
11788180	10937974	7.77	66415	57646	15.21	391983	365027	7.38
5834501	5377796	8.49	40850	30436	34.21	99199	85761	15.67
1902717	1728575	10.07	10457	9817	6.52	37502	36910	1.60
3158680	2816473	12.15	21285	15796	34.75	88387	80900	9.25
20545019	17562645	16.98	130059	110301	17.91	526405	462464	13.83
10263105	8607894	19.23	66143	55879	18.37	296281	267827	10.62
1774381	1539337	15.27	14294	9465	51.01	47171	37721	25.05
4967427	4411926	12.59	26721	23894	11.84	68051	61201	11.19
1519842	1338484	13.55	10398	11068	−6.05	49103	39980	22.82
2020264	1665004	21.34	12504	9996	25.09	65798	55734	18.06

表5-3　2013年纺织工业经济指标分行业完成情况（规模以上全行业）

行业 Industrial Sectors	企业户数 Number of Enterprises	亏损企业数 Number of Loss-making Enterprises	亏损面(%) Proportion of Loss-making Enterprises	主营业务收入 Reveneue from Principal Business		
				本月止累计 Current Year	去年累计 Previous Year	同比(%) Compared Ratio
纺织服装、服饰业 Garment and Accessory Manufacturing	15212	1818	11.95	192509089	172980038	11.29
机织服装制造 Woven Garment Manufacturing	11196	1277	11.41	149864420	134545140	11.39
针织或钩针编织服装制造 Knitted Garment Manufacturing	3106	426	13.72	33277010	30146621	10.38
服饰制造 Garment Accessory Manufacturing	910	115	12.64	9367659	8288278	13.02
化学纤维制造业 Chemical Fiber Manufacturing	1904	331	17.38	72817589	67135282	8.46
纤维素纤维原料及纤维制造 Cellulose Fiber (Raw Material) and Fiber Manufacture	348	61	17.53	20461939	18321098	11.69
化纤浆粕制造 Pulp Sector	84	19	22.62	2122107	2236588	-5.12
人造纤维（纤维素纤维）制造 Man-made Fiber (Cellulose Fiber) Sector	264	42	15.91	18339832	16084510	14.02
合成纤维制造 Synthetic Fiber Manufacturing	1556	270	17.35	52355650	48814185	7.25
锦纶纤维制造 Polyamide Fiber Sector	168	24	14.29	5892824	4799181	22.79
涤纶纤维制造 Polyester Fiber Sector	729	148	20.30	38540619	37142815	3.76
腈纶纤维制造 Acrylic Fiber Sector	20	4	20.00	329546	365899	-9.94
维纶纤维制造 Polyvinyl Fiber Sector	7	4	57.14	388388	321463	20.82
丙纶纤维制造 Polypropylene Fiber Sector	58	7	12.07	625052	569194	9.81
氨纶纤维制造 Polyurethane Fiber Sector	48	12	25.00	2178638	1797085	21.23
其他合成纤维制造 Other Synthetic Fiber Sector	526	71	13.50	4400583	3818548	15.24
纺织专用设备制造 Textile Machinery Manufacturing	726	95	13.09	11556039	10933732	5.69

Table5—3 Textile Industry Main indicators by Industrial Sectors 2013 (Enterprises above Designated Size)

单位：万元
Unit：10,000 yuan

主营业务成本 Cost of Principle Business			主营业务税金和附加 Taxes and Other Charges on Principal Business			营业费用 Sales Expenses		
本月止累计 Current Year	去年累计 Previous Year	同比(%) Compared Ratio	本月止累计 Current Year	去年累计 Previous Year	同比(%) Compared Ratio	去年累计 Previous Year	去年累计 Previous Year	同比(%) Compared Ratio
163083400	144952217	12.51	1188372	1022320	16.24	6791960	6046963	12.32
126563280	112154305	12.85	935573	797265	17.35	5575607	4996246	11.60
28542326	25765105	10.78	197333	177243	11.33	915804	833038	9.94
7977795	7032807	13.44	55466	47812	16.01	300549	217679	38.07
66990794	61766256	8.46	202760	183793	10.32	701982	618003	13.59
18498673	16552331	11.76	79352	70565	12.45	295182	256738	14.97
1919963	1999608	−3.98	8119	8824	−7.99	29537	34402	−14.14
16578709	14552724	13.92	71232	61741	15.37	265645	222337	19.48
48492121	45213924	7.25	123408	113228	8.99	406801	361264	12.60
5180995	4230528	22.47	14937	13339	11.98	54712	50863	7.57
36204880	34702237	4.33	81353	80693	0.82	251186	226768	10.77
301110	337396	−10.75	2296	2892	−20.61	4668	4303	8.48
335256	289956	15.62	1193	791	50.87	11312	9206	22.87
551898	484787	13.84	3036	2705	12.22	11100	9645	15.08
1807205	1572247	14.94	7816	4461	75.19	43911	38732	13.37
4110777	3596775	14.29	12779	8347	53.10	29913	21747	37.55
9652606	9175634	5.20	91333	102113	−10.56	314640	297008	5.94

表5-4 2013年纺织工业经济指标分行业完成情况（规模以上全行业）

行 业 Industrial Sectors	管理费用 Management Expenses			财务费用 Financial Expenses		
	本月止累计 Current Year	去年累计 Previous Year	同比(%) Compared Ratio	本月止累计 Current Year	去年累计 Previous Year	同比(%) Compared Ratio
纺织行业 The Overall Textile Industry	18950583	17031066	11.27	7773046	7251422	7.19
纺织业 Textile	8905343	7968330	11.76	4883349	4445231	9.86
棉纺织及印染精加工 Cotton Textile & Dyeing, Printing and Finishing Process	5031824	4483031	12.24	3197398	2903020	10.14
棉纺纱加工 Cotton Spinning Sector	2620731	2266180	15.65	2047725	1790093	14.39
棉织造加工 Cotton Weaving Sector	1295973	1209871	7.12	693260	670658	3.37
棉印染精加工 Cotton Textile Dyeing, Printing and Finishing Sector	1115120	1006980	10.74	456413	442269	3.20
毛纺织及染整精加工 Wool Textile & Dyeing,Printing and Finishing Process	510348	477061	6.98	295837	267593	10.55
毛条和毛纱线加工 Wool Top and Yarn Processing Sector	213317	200405	6.44	136849	122484	11.73
毛织造加工 Wool Weaving Sector	216722	196327	10.39	126170	107379	17.50
毛染整精加工 Wool Textile Dyeing,Printing and Finishing Sector	80310	80329	-0.02	32818	37729	-13.02
麻纺织及染整精加工 Bast Fiber Textile & Dyeing,Printing and Finishing Process	146539	127431	14.99	66684	61185	8.99
麻纤维纺前加工和纺纱 Bast Fiber Prespinning Processing & Spinning Sector	75727	61508	23.12	36146	30640	17.97
麻织造加工 Bast Fiber Weaving Sector	62949	57948	8.63	23501	24750	-5.05
麻染整精加工 Bast Fiber Textile Dyeing,Printing and Finishing Sector	7862	7975	-1.41	7038	5796	21.43
丝绢纺织及印染精加工 Silk and Schappe Textile & Dyeing, Printing and Finishing Process	350658	331128	5.90	152720	134550	13.50
缫丝加工 Filature Sector	191165	192776	-0.84	87856	75512	16.35
绢纺和丝织加工 Schappe Spinning & Silk Weaving Sector	131061	114762	14.20	53837	48959	9.96
丝印染精加工 Silk Printing, Dyeing and Finishing Sector	28431	23590	20.52	11027	10079	9.41

Table5—4 Textile Industry Main indicators by Industrial Sectors 2013 (Enterprises above Designated Size)

单位：万元
Unit:10,000 yuan

其中 利息支出 (Include) Interest			利润总额 Total Profit			亏损企业亏损额 Total Loss of Loss—making Enterprises		
本月止累计 Current Year	云年累计 Previous Year	同比(%) Compared Ratio	本月止累计 Current Year	去年累计 Previous Year	同比增减 Change	去年累计 Previous Year	去年累计 Previous Year	同比(%) Compared Ratio
6959076	6550342	6.24	35060473	30282339	4778134	2055797	2071410	−0.75
4372516	4057631	7.76	20227076	16986391	3240686	1015740	1114190	−8.84
2928999	2678685	9.34	12535854	10602706	1933149	641772	832988	−22.96
1856351	1619825	14.60	7820421	6605771	1214651	399490	528913	−24.47
635846	613372	3.66	2954526	2498147	456379	158193	195971	−19.28
436802	445487	−1.95	1760907	1498788	262119	84089	108103	−22.21
273366	243140	12.43	1400604	1079797	320806	68432	63489	7.79
128484	113433	13.27	655294	534720	120574	28490	27994	1.77
116365	96540	20.54	622939	404677	218262	24977	30853	−19.05
28517	33167	−14.02	122371	140401	−18030	14965	4642	222.43
53825	49149	9.51	293597	223373	70224	23900	11622	105.65
28653	23980	19.49	186789	114899	71890	2538	2889	−12.14
21195	21325	−0.61	103628	107313	−3685	19593	6978	180.79
3977	3843	3.48	3180	1160	2019	1770	1755	0.81
136393	122589	11.26	719018	631517	87500	20286	23997	−15.46
78091	68116	14.64	403205	375588	27617	11273	12315	−8.46
48277	44976	7.34	272917	232258	40658	6412	6628	−3.26
10026	9497	5.57	42896	23671	19225	2601	5054	−48.54

表5-5　2013年纺织工业经济指标分行业完成情况（规模以上全行业）

行业 Industrial Sectors	管理费用 Management Expenses			财务费用 Financial Expenses		
	本月止累计 Current Year	去年累计 Previous Year	同比(%) Compared Ratio	本月止累计 Current Year	去年累计 Previous Year	同比(%) Compared Ratio
化纤织造及印染精加工 Filament Weaving & Dyeing, Printing and Finishing Process	289324	260348	11.13	211390	203241	4.01
化纤织造加工 Filament Weaving Sector	216280	198083	9.19	169593	153003	10.84
化纤织物染整精加工 Filament Fabric Dyeing, Printing and Finishing Sector	73044	62265	17.31	41797	50237	−16.80
针织或钩针编织物及其制品制造 Knitting and Braiding Textiles	973126	854488	13.88	450518	406995	10.69
针织或钩针编织物织造 Knitted and Braided Fabric Processing Sector	678431	603906	12.34	353367	312730	12.99
针织或钩针编织物印染精加工 Knitted and Braided Fabric Dyeing, Printing and Finishing Sector	126903	96564	31.42	25727	28539	−9.86
针织或钩针编织品制造 Knitted and Braided Products Manufacturing Sector	167792	154019	8.94	71425	65726	8.67
家用纺织制成品制造 Home Textile Made−Ups Manufacturing	751395	680081	10.49	261439	246374	6.11
床上用品制造 Bed Linen Manufacturing Sector	424024	386697	9.65	132090	114631	15.23
毛巾类制品制造 Towel Manufacturing Sector	129690	111945	15.85	54860	62098	−11.66
窗帘、布艺类产品制造 Curtain Manufacturing Sector	67420	63185	6.70	30608	28038	9.17
其他家用纺织制成品制造 Other Home Textile Made−ups Sector	130261	118253	10.15	43881	41606	5.47
非家用纺织制成品制造 Non−Home Textile Made−Ups Manufacturing	852130	754763	12.90	247363	222275	11.29
非织造布制造 Nonwoven Fabric Sector	448888	405035	10.83	125321	114822	9.14
绳、索、缆制造 Rope, Cords & Cables Large and Thick Rope Sector	61033	53648	13.77	18295	15693	16.58
纺织带和帘子布制造 Belt and Cord Fabric Sector	147961	129051	14.65	57925	55229	4.88
篷、帆布制造 Canvas Manufacturing Sector	81914	70194	16.70	25765	19268	33.72
其他非家用纺织制成品制造 Other Non−Home Textile Made−ups Sector	112335	96835	16.01	20058	17263	16.19

Table5—5 Textile Industry Main indicators by Industrial Sectors 2013 (Enterprises above Designated Size)

单位：万元
Unit：10,000 yuan

其中：利息支出 (Include) Interest			利润总额 Total Profit			亏损企业亏损额 Total Loss of Loss—making Enterprises		
本月止累计 Current Year	去年累计 Previous Year	同比(%) Compared Ratio	本月止累计 Current Year	去年累计 Previous Year	同比增减 Change	去年累计 Previous Year	去年累计 Previous Year	同比(%) Compared Ratio
163669	169204	−3.27	484462	409764	74698	30846	31345	−1.59
129049	124792	3.41	406569	352248	54320	26004	24265	7.17
34620	44413	−22.05	77893	57515	20378	4842	7080	−31.61
405932	375345	8.15	1873758	1446707	427052	44545	45064	−1.15
318642	290211	9.80	1056369	884432	171937	29713	36582	−18.78
24756	26601	−6.94	440136	223637	216499	9457	5404	74.98
62534	58533	6.84	377253	338638	38615	5375	3078	74.66
207685	213935	−2.92	1575495	1437351	138144	66604	50697	31.38
105669	103193	2.40	905690	876799	28890	36369	24865	46.26
43294	47574	−9.00	388228	318947	69281	5355	7601	−29.54
24101	26247	−8.18	111769	104064	7706	4624	3581	29.13
34621	36921	−6.23	169808	137541	32267	20256	14650	38.27
202647	205585	−1.43	1344290	1155177	189113	119356	54989	117.05
99889	98879	1.02	774718	624502	150215	16297	18161	−10.26
14817	12947	14.44	126395	112019	14377	2637	1744	51.22
48331	57779	−16.35	212328	227996	−15668	86690	15284	467.18
21697	18274	18.73	82383	86849	−4465	8239	6583	25.16
17914	17705	1.18	148466	103812	44654	5494	13218	−58.44

表5-6 2013年纺织工业经济指标分行业完成情况（规模以上全行业）

行业 Industrial Sectors	管理费用 Management Expenses			财务费用 Financial Expenses		
	本月止累计 Current Year	去年累计 Previous Year	同比(%) Compared Ratio	本月止累计 Current Year	去年累计 Previous Year	同比(%) Compared Ratio
纺织服装、服饰业 Garment and Accessory Manufacturing	7851432	7064142	11.14	1621125	1452249	11.63
机织服装制造 Woven Garment Manufacturing	6027663	5438325	10.84	1209408	1089623	10.99
针织或钩针编织服装制造 Knitted Garment Manufacturing	1460181	1305262	11.87	305121	269739	13.12
服饰制造 Garment Accessory Manufacturing	363588	320555	13.42	106596	92888	14.76
化学纤维制造业 Chemical Fiber Manufacturing	1568909	1415503	10.84	1149335	1232744	-6.77
纤维素纤维原料及纤维制造 Cellulose Fiber (Raw Material) and Fiber Manufacture	523555	466716	12.18	397037	413806	-4.05
化纤浆粕制造 Pulp Sector	71048	70708	0.48	49180	50903	-3.38
人造纤维（纤维素纤维）制造 Man-made Fiber (Cellulose Fiber) Sector	452508	396008	14.27	347857	362903	-4.15
合成纤维制造 Synthetic Fiber Manufacturing	1045354	948787	10.18	752297	818939	-8.14
锦纶纤维制造 Polyamide Fiber Sector	149559	96824	54.46	104109	102428	1.64
涤纶纤维制造 Polyester Fiber Sector	663295	636556	4.20	514981	574485	-10.36
腈纶纤维制造 Acrylic Fiber Sector	9353	9198	1.68	11317	13867	-18.39
维纶纤维制造 Polyvinyl Fiber Sector	27186	28217	-3.65	17194	12781	34.53
丙纶纤维制造 Polypropylene Fiber Sector	16658	15798	5.45	8396	7826	7.28
氨纶纤维制造 Polyurethane Fiber Sector	103153	94909	8.69	40434	55630	-27.32
其他合成纤维制造 Other Synthetic Fiber Sector	76151	67286	13.18	55866	51922	7.60
纺织专用设备制造 Textile Machinery Manufacturing	624899	583091	7.17	119237	121198	-1.62

Table5—6 Textile Industry Main indicators by Industrial Sectors 2013 (Enterprises above Designated Size)

单位：万元
Unit：10,000 yuan

其中：利息支出 (Include) Interest			利润总额 Total Profit			亏损企业亏损额 Total Loss of Loss—making Enterprises		
本月止累计 Current Year	去年累计 Previous Year	同比(%) Compared Ratio	本月止累计 Current Year	去年累计 Previous Year	同比增减 Change	去年累计 Previous Year	去年累计 Previous Year	同比(%) Compared Ratio
1257493	1203756	4.46	11410946	10389464	1021482	539905	416691	29.57
955317	908462	5.16	9093556	8241401	852156	401993	320689	25.35
222943	216301	3.07	1790866	1643273	147593	108571	76207	42.47
79233	78993	0.30	526524	504791	21734	29341	19795	48.22
1226280	1186124	3.39	2597788	2196723	401065	454347	500826	−9.28
412775	385376	7.11	808428	648897	159531	168619	191090	−11.76
46116	48190	−4.30	55331	74871	−19540	34141	25347	34.69
366659	337185	8.74	753097	574026	179070	134478	165742	−18.86
813505	800749	1.59	1789360	1547827	241534	285729	309737	−7.75
98929	94126	5.10	396794	327234	69560	16053	19907	−19.36
584731	573780	1.91	1057166	1090667	−33501	214182	165653	29.30
13034	14740	−11.58	2285	−5260	7545	4660	15249	−69.44
17028	12752	33.54	2556	−14546	17102	3165	18593	−82.98
7220	7399	−2.41	29100	31545	−2445	2654	2296	15.61
47779	51631	−7.46	191096	43425	147672	14390	61064	−76.43
44783	46321	−3.32	110363	74763	35600	30625	26974	13.53
102787	102831	−0.04	824662	709761	114902	45805	39704	15.37

表5-7 2013年纺织工业经济指标分行业完成情况（规模以上全行业）

行业 Industrial Sectors	应交增值税 The Due VATs			资产合计 Total Assets		
	本月止累计 Current Year	去年累计 Previous Year	同比(%) Compared Ratio	本月止累计 Current Year	去年累计 Previous Year	同比(%) Compared Ratio
纺织行业 The Overall Textile Industry	16075314	13895834	15.68	398722488	365562428	9.07
纺织业 Textile	8923400	7777816	14.73	216637806	199567606	8.55
棉纺织及印染精加工 Cotton Textile & Dyeing, Printing and Finishing Process	5702223	4990686	14.26	131406236	123280660	6.59
棉纺纱加工 Cotton Spinning Sector	3433038	3011441	14.00	73763521	68821051	7.18
棉织造加工 Cotton Weaving Sector	1340390	1194195	12.24	33573122	31726684	5.82
棉印染精加工 Cotton Textile Dyeing, Printing and Finishing Sector	928795	785051	18.31	24069593	22732926	5.88
毛纺织及染整精加工 Wool Textile & Dyeing,Printing and Finishing Process	488616	465598	4.94	15570077	13636701	14.18
毛条和毛纱线加工 Wool Top and Yarn Processing Sector	208444	200456	3.98	7079339	6025386	17.49
毛织造加工 Wool Weaving Sector	227883	210315	8.35	6741074	6177653	9.12
毛染整精加工 Wool Textile Dyeing,Printing and Finishing Sector	52290	54827	−4.63	1749665	1433662	22.04
麻纺织及染整精加工 Bast Fiber Textile & Dyeing,Printing and Finishing Process	141972	114600	23.88	2964762	2674135	10.87
麻纤维纺前加工和纺纱 Bast Fiber Prespinning Processing & Spinning Sector	73430	56722	29.45	1237544	1086839	13.87
麻织造加工 Bast Fiber Weaving Sector	65145	53152	22.56	1565036	1427041	9.67
麻染整精加工 Bast Fiber Textile Dyeing,Printing and Finishing Sector	3397	4726	−28.12	162182	160255	1.20
丝绢纺织及印染精加工 Silk and Schappe Textile & Dyeing, Printing and Finishing Process	365792	350216	4.45	7331758	6467734	13.36
缫丝加工 Filature Sector	252645	245007	3.12	3904763	3389317	15.21
绢纺和丝织加工 Schappe Spinning & Silk Weaving Sector	99241	92415	7.39	2763080	2513109	9.95
丝印染精加工 Silk Printing, Dyeing and Finishing Sector	13906	12794	8.69	663914	565307	17.44

Table5—7 Textile Industry Main indicators by Industrial Sectors 2013 (Enterprises above Designated Size)

单位：万元
Unit：10,000 yuan

其中：流动资产合计 Total Working Capitals			其中：应收帐款 (Include) Net Receivables			存货 Inventory		
本月止累计 Current Year	去年累计 Previous Year	同比(%) Compared Ratio	本月止累计 Current Year	去年累计 Previous Year	同比(%) Compared Ratio	去年累计 Previous Year	去年累计 Previous Year	同比(%) Compared Ratio
223878247	205570994	8.91	44345734	40801256	8.69	62178776	57433463	8.26
117527188	107692275	9.13	23024209	20925303	10.03	34458116	31475115	9.48
69217964	64106732	7.97	11804916	10788351	9.42	20647853	18964387	8.88
37036501	33737609	9.78	4949998	4469311	10.76	12308018	11167062	10.22
19034738	17854375	6.61	3676548	3395383	8.28	5242773	4870777	7.64
13146726	12514749	5.05	3178370	2923656	8.71	3097063	2926548	5.83
9202968	8153697	12.87	1781556	1695206	5.09	3557304	3063131	16.13
4683667	4029096	16.25	938348	865904	8.37	2064608	1655602	24.70
3535330	3300538	7.11	634180	616021	2.95	1199857	1161663	3.29
983971	824063	19.40	209027	213280	−1.99	292839	245865	19.11
1511571	1311405	15.26	303418	270824	12.03	535587	505365	5.98
598832	444254	34.79	103413	90320	14.50	184566	162708	13.43
835785	791567	5.59	183778	163483	12.41	322532	310880	3.75
76955	75585	1.81	16227	17021	−4.67	28490	31777	−10.34
4169515	3810020	9.44	765450	695752	10.02	1459448	1398567	4.35
2197217	1987300	10.56	320564	287834	11.37	880688	825361	6.70
1602865	1495707	7.16	385162	349266	10.28	515820	504799	2.18
369434	327013	12.97	59724	58653	1.83	62940	68407	−7.99

表5-8 2013年纺织工业经济指标分行业完成情况（规模以上全行业）

行业 Industrial Sectors	应交增值税 The Due VATs			资产合计 Total Assets		
	本月止累计 Current Year	去年累计 Previous Year	同比(%) Compared Ratio	本月止累计 Current Year	去年累计 Previous Year	同比(%) Compared Ratio
化纤织造及印染精加工 Filament Weaving & Dyeing, Printing and Finishing Process	233120	202200	15.29	9565122	8768297	9.09
化纤织造加工 Filament Weaving Sector	175540	154496	13.62	7675428	6968845	10.14
化纤织物染整精加工 Filament Fabric Dyeing, Printing and Finishing Sector	57580	47705	20.70	1889694	1799452	5.01
针织或钩针编织物及其制品制造 Knitting and Braiding Textiles	676135	531356	27.25	21553066	19129156	12.67
针织或钩针编织物织造 Knitted and Braided Fabric Processing Sector	460591	376670	22.28	15527731	13774632	12.73
针织或钩针编织物印染精加工 Knitted and Braided Fabric Dyeing, Printing and Finishing Sector	119487	65641	82.03	2305280	2167000	6.38
针织或钩针编织品制造 Knitted and Braided Products Manufacturing Sector	96057	89046	7.87	3720055	3187524	16.71
家用纺织制成品制造 Home Textile Made-Ups Manufacturing	711586	628748	13.18	14188283	12740221	11.37
床上用品制造 Bed Linen Manufacturing Sector	378155	342923	10.27	7399596	6767621	9.34
毛巾类制品制造 Towel Manufacturing Sector	165015	142644	15.68	3154447	2719607	15.99
窗帘、布艺类产品制造 Curtain Manufacturing Sector	64443	57375	12.32	1389566	1329793	4.49
其他家用纺织制成品制造 Other Home Textile Made-ups Sector	103973	85805	21.17	2244675	1923200	16.72
非家用纺织制成品制造 Non-Home Textile Made-Ups Manufacturing	603956	494412	22.16	14058503	12870703	9.23
非织造布制造 Nonwoven Fabric Sector	312373	257534	21.29	6664864	5771379	15.48
绳、索、缆制造 Rope, Cords & Cables Large and Thick Rope Sector	64672	51233	26.23	911389	849175	7.33
纺织带和帘子布制造 Belt and Cord Fabric Sector	124457	95640	30.13	3440224	3514843	-2.12
篷、帆布制造 Canvas Manufacturing Sector	43825	43082	1.72	1139746	1103704	3.27
其他非家用纺织制成品制造 Other Non-Home Textile Made-ups Sector	58629	46923	24.95	1902281	1631602	16.59

Table5—8 Textile Industry Main indicators by Industrial Sectors 2013 (Enterprises above Designated Size)

单位：万元
Unit：10,000 yuan

其中：流动资产合计 Total Working Capitals			其中：应收帐款 (Include) Net Receivables			存货 Inventory		
本月止累计 Current Year	去年累计 Previous Year	同比(%) Compared Ratio	本月止累计 Current Year	去年累计 Previous Year	同比(%) Compared Ratio	去年累计 Previous Year	去年累计 Previous Year	同比(%) Compared Ratio
5600081	5073685	10.38	1295635	1125154	15.15	1315317	1109924	18.51
4719855	4213659	12.01	1090710	942781	15.69	1150959	963030	19.51
880226	860026	2.35	204925	182373	12.37	164358	146894	11.89
11551553	10493125	10.09	3083594	2797585	10.22	2834622	2606013	8.77
8545459	7818127	9.30	2394995	2186534	9.53	2219716	2063324	7.58
1034951	963098	7.46	200104	183881	8.82	203855	188471	8.16
1971143	1711900	15.14	488495	427169	14.36	411051	354218	16.04
8433917	7581222	11.25	1848089	1609233	14.84	2257118	2140277	5.46
4613472	4255962	8.40	1184129	1013352	16.85	1134982	1081968	4.90
1693927	1335676	26.82	209326	204908	2.16	510535	493945	3.36
914176	844554	8.24	180689	149684	20.71	252064	218106	15.57
1212343	1145030	5.88	273945	241290	13.53	359536	346258	3.83
7839618	7162390	9.46	2141553	1943199	10.21	1850867	1687452	9.68
3524024	3101099	13.64	1132022	980557	15.45	818660	718886	13.88
432700	420734	2.84	131625	114749	14.71	118120	116111	1.73
2102828	2086590	0.78	405519	438661	−7.56	439600	443752	−0.94
756700	712672	6.18	153677	172501	−10.91	241084	223821	7.71
1023366	841294	21.64	318710	236731	34.63	233403	184882	26.24

表5-9　2013年纺织工业经济指标分行业完成情况（规模以上全行业）

行 业 Industrial Sectors	应交增值税 The Due VATs			资产合计 Total Assets		
	本月止累计 Current Year	去年累计 Previous Year	同比(%) Compared Ratio	本月止累计 Current Year	去年累计 Previous Year	同比(%) Compared Ratio
纺织服装、服饰业 Garment and Accessory Manufacturing	5389391	4635383	16.27	110206072	100692175	9.45
机织服装制造 Woven Garment Manufacturing	4257772	3655468	16.48	85011685	77465657	9.74
针织或钩针编织服装制造 Knitted Garment Manufacturing	856589	742373	15.39	19701521	18303626	7.64
服饰制造 Garment Accessory Manufacturing	275030	237542	15.78	5492866	4922892	11.58
化学纤维制造业 Chemical Fiber Manufacturing	1406094	1120921	25.44	62487696	56739680	10.13
纤维素纤维原料及纤维制造 Cellulose Fiber (Raw Material) and Fiber Manufacture	622514	445382	39.77	19014711	17157507	10.82
化纤浆粕制造 Pulp Sector	63473	58085	9.28	2036205	1868146	9.00
人造纤维（纤维素纤维）制造 Man-made Fiber (Cellulose Fiber) Sector	559041	387298	44.34	16978507	15289361	11.05
合成纤维制造 Synthetic Fiber Manufacturing	783581	675539	15.99	43472985	39582173	9.83
锦纶纤维制造 Polyamide Fiber Sector	81943	57935	41.44	4975349	4292528	15.91
涤纶纤维制造 Polyester Fiber Sector	570559	530387	7.57	31287885	28563493	9.54
腈纶纤维制造 Acrylic Fiber Sector	4430	4563	-2.91	487961	451065	8.18
维纶纤维制造 Polyvinyl Fiber Sector	4038	2174	85.78	680958	657890	3.51
丙纶纤维制造 Polypropylene Fiber Sector	9736	9671	0.68	385236	376322	2.37
氨纶纤维制造 Polyurethane Fiber Sector	45862	28590	60.41	3138735	3001876	4.56
其他合成纤维制造 Other Synthetic Fiber Sector	67013	42220	58.72	2516861	2238999	12.41
纺织专用设备制造 Textile Machinery Manufacturing	356429	361714	-1.46	9390914	8562967	9.67

Table5—9 Textile Industry Main indicators by Industrial Sectors 2013 (Enterprises above Designated Size)

单位：万元
Unit:10,000 yuan

其中：流动资产合计 Total Working Capitals			其中：应收帐款 (Include) Net Receivables			存货 Inventory		
本月止累计 Current Year	去年累计 Previous Year	同比(%) Compared Ratio	本月止累计 Current Year	去年累计 Previous Year	同比(%) Compared Ratio	去年累计 Previous Year	去年累计 Previous Year	同比(%) Compared Ratio
68807396	63522946	8.32	15866738	15293191	3.75	18613219	17290100	7.65
52781178	48435148	8.97	11708359	11377700	2.91	13975041	13134358	6.40
12657804	11897005	6.39	3276380	3096943	5.79	3695125	3324435	11.15
3368414	3190793	5.57	881999	818548	7.75	943053	831307	13.44
31775686	29063742	9.33	4173824	3462659	20.54	7744873	7410144	4.52
9090559	8398251	8.24	1113487	1064780	4.57	2517714	2352522	7.02
1063497	880058	20.84	173009	141718	22.08	331696	267109	24.18
8027063	7518193	6.77	940478	923062	1.89	2186019	2085414	4.82
22685127	20665492	9.77	3060337	2397879	27.63	5227158	5057622	3.35
2692140	2531036	6.37	425023	352986	20.41	647360	525913	23.09
16214097	14720840	10.14	1900256	1436185	32.31	3763567	3742826	0.55
269884	281358	−4.08	38678	26272	47.22	61158	50411	21.32
204406	166969	22.42	22425	23661	−5.23	67428	64980	3.77
265577	258104	2.90	54958	50897	7.98	52602	53396	−1.49
1466923	1335690	9.83	214867	182016	18.05	326299	352255	−7.37
1572100	1371496	14.63	404130	325862	24.02	308744	267841	15.27
5767977	5292030	8.99	1280963	1120103	14.36	1362569	1258105	8.30

表5-10 2013年纺织工业经济指标分行业完成情况（规模以上全行业）

行业 Industrial Sectors	其中：产成品 (Include)Manufactured Products			负债合计 Total Liabilities		
	本月止累计 Current Year	去年累计 Previous Year	同比(%) Compared Ratio	本月止累计 Current Year	去年累计 Previous Year	同比(%) Compared Ratio
纺织行业 The Overall Textile Industry	27412456	26138357	4.87	222390762	204860466	8.56
纺织业 Textile	14282024	13700175	4.25	121275032	111987009	8.29
棉纺织及印染精加工 Cotton Textile & Dyeing, Printing and Finishing Process	8449623	8114852	4.13	74179445	69031190	7.46
棉纺纱加工 Cotton Spinning Sector	4750813	4529065	4.90	41085188	37152894	10.58
棉织造加工 Cotton Weaving Sector	2520128	2418476	4.20	18903536	18304218	3.27
棉印染精加工 Cotton Textile Dyeing, Printing and Finishing Sector	1178682	1167312	0.97	14190721	13574078	4.54
毛纺织及染整精加工 Wool Textile & Dyeing, Printing and Finishing Process	1422473	1404720	1.26	8731852	7592211	15.01
毛条和毛纱线加工 Wool Top and Yarn Processing Sector	923320	899889	2.60	4185359	3390435	23.45
毛织造加工 Wool Weaving Sector	424391	415330	2.18	3332045	3212149	3.73
毛染整精加工 Wool Textile Dyeing, Printing and Finishing Sector	74762	89502	−16.47	1214447	989626	22.72
麻纺织及染整精加工 Bast Fiber Textile & Dyeing, Printing and Finishing Process	278513	271116	2.73	1367448	1269890	7.68
麻纤维纺前加工和纺纱 Bast Fiber Prespinning Processing & Spinning Sector	72044	74309	−3.05	502026	447519	12.18
麻织造加工 Bast Fiber Weaving Sector	188451	178439	5.61	752834	711453	5.82
麻染整精加工 Bast Fiber Textile Dyeing, Printing and Finishing Sector	18018	18369	−1.91	112588	110919	1.51
丝绢纺织及印染精加工 Silk and Schappe Textile & Dyeing, Printing and Finishing Process	638396	576544	10.73	3907489	3519770	11.02
缫丝加工 Filature Sector	343943	302290	13.78	2128571	1861331	14.36
绢纺和丝织加工 Schappe Spinning & Silk Weaving Sector	266415	246352	8.14	1399114	1321958	5.84
丝印染精加工 Silk Printing, Dyeing and Finishing Sector	28038	27902	0.49	379804	336480	12.88

Table5—10 Textile Industry Main indicators by Industrial Sectors 2013 (Enterprises above Designated Size)

单位：万元
Unit：10,000 yuan

出口交货值 Export Delivered Value		
本月止累计 Current Year	去年累计 Previous Year	同比(%) Compared Ratio
95450583	89040962	7.20
40373535	37621332	7.32
17011926	15718163	8.23
5106850	4456529	14.59
5997370	5662229	5.92
5907706	5599405	5.51
2873582	2554855	12.48
937303	936124	0.13
1719952	1435394	19.82
216328	183337	17.99
464514	459966	0.99
101304	105864	−4.31
358499	342866	4.56
4711	11236	−58.07
1256732	1118076	12.40
460575	438899	4.94
726549	616792	17.79
69608	62385	11.58

表5-11 2013年纺织工业经济指标分行业完成情况（规模以上全行业）

行业 Industrial Sectors	其中：产成品 (Include)Manufactured Products			负债合计 Total Liabilities		
	本月止累计 Current Year	去年累计 Previous Year	同比(%) Compared Ratio	本月止累计 Current Year	去年累计 Previous Year	同比(%) Compared Ratio
化纤织造及印染精加工 Filament Weaving & Dyeing, Printing and Finishing Process	654004	543567	20.32	6331299	5837227	8.46
化纤织造加工 Filament Weaving Sector	605637	495547	22.22	4944219	4493338	10.03
化纤织物染整精加工 Filament Fabric Dyeing, Printing and Finishing Sector	48367	48019	0.72	1387080	1343889	3.21
针织或钩针编织物及其制品制造 Knitting and Braiding Textiles	1166596	1155773	0.94	12017726	10933447	9.92
针织或钩针编织物织造 Knitted and Braided Fabric Processing Sector	892509	899829	−0.81	9031235	8250015	9.47
针织或钩针编织物印染精加工 Knitted and Braided Fabric Dyeing, Printing and Finishing Sector	68461	76215	−10.17	1029730	965530	6.65
针织或钩针编织品制造 Knitted and Braided Products Manufacturing Sector	205626	179730	14.41	1956761	1717903	13.90
家用纺织制成品制造 Home Textile Made-Ups Manufacturing	909391	917431	−0.88	7809772	7219578	8.17
床上用品制造 Bed Linen Manufacturing Sector	481720	490283	−1.75	3878819	3646068	6.38
毛巾类制品制造 Towel Manufacturing Sector	190523	188550	1.05	1673424	1510166	10.81
窗帘、布艺类产品制造 Curtain Manufacturing Sector	94789	111488	−14.98	841302	816853	2.99
其他家用纺织制成品制造 Other Home Textile Made-ups Sector	142360	127111	12.00	1416227	1246491	13.62
非家用纺织制成品制造 Non-Home Textile Made-Ups Manufacturing	763027	716172	6.54	6930003	6583696	5.26
非织造布制造 Nonwoven Fabric Sector	331528	300467	10.34	3266843	2841119	14.98
绳、索、缆制造 Rope, Cords & Cables Large and Thick Rope Sector	53841	53767	0.14	398218	360260	10.54
纺织带和帘子布制造 Belt and Cord Fabric Sector	202498	221595	−8.62	1761312	2037715	−13.56
篷、帆布制造 Canvas Manufacturing Sector	81153	69891	16.11	665470	631829	5.32
其他非家用纺织制成品制造 Other Non-Home Textile Made-ups Sector	94007	70452	33.43	838160	712774	17.59

Table5—11 Textile Industry Main indicators by Industrial Sectors 2013 (Enterprises above Designated Size)

单位：万元
Unit:10,000 yuan

出口交货值 Export Delivered Value		
本月止累计 Current Year	去年累计 Previous Year	同比(%) Compared Ratio
1090493	1027232	6.16
941378	900512	4.54
149115	126720	17.67
7038690	6775948	3.88
5797626	5328480	8.80
362519	575511	−37.01
878545	871958	0.76
6400621	5960270	7.39
3519146	3056522	15.14
1151241	1272278	−9.51
936380	831460	12.62
793853	800011	−0.77
4236977	4006821	5.74
1999857	1947521	2.69
416155	387342	7.44
618712	581848	6.34
633532	585872	8.13
568720	504238	12.79

表5-12 2013年纺织工业经济指标分行业完成情况（规模以上全行业）

行 业 Industrial Sectors	其中：产成品 (Include)Manufactured Products			负债合计 Total Liabilities		
	本月止累计 Current Year	去年累计 Previous Year	同比(%) Compared Ratio	本月止累计 Current Year	去年累计 Previous Year	同比(%) Compared Ratio
纺织服装、服饰业 Garment and Accessory Manufacturing	8762104	8371673	4.66	55655387	52272861	6.47
机织服装制造 Woven Garment Manufacturing	6925771	6647280	4.19	41813999	39286582	6.43
针织或钩针编织服装制造 Knitted Garment Manufacturing	1477838	1398766	5.65	11023537	10412029	5.87
服饰制造 Garment Accessory Manufacturing	358495	325627	10.09	2817851	2574250	9.46
化学纤维制造业 Chemical Fiber Manufacturing	3935364	3631511	8.37	40107385	35655329	12.49
纤维素纤维原料及纤维制造 Cellulose Fiber (Raw Material) and Fiber Manufacture	1047773	1026827	2.04	12985205	11489873	13.01
化纤浆粕制造 Pulp Sector	162074	126753	27.87	1533353	1370071	11.92
人造纤维（纤维素纤维）制造 Man-made Fiber (Cellulose Fiber) Sector	885700	900074	-1.60	11451851	10119802	13.16
合成纤维制造 Synthetic Fiber Manufacturing	2887590	2604685	10.86	27122180	24165456	12.24
锦纶纤维制造 Polyamide Fiber Sector	350637	269984	29.87	3219474	2778479	15.87
涤纶纤维制造 Polyester Fiber Sector	2112902	1939721	8.93	19627407	17429161	12.61
腈纶纤维制造 Acrylic Fiber Sector	38701	26482	46.14	337975	312975	7.99
维纶纤维制造 Polyvinyl Fiber Sector	33436	41539	-19.51	403819	382546	5.56
丙纶纤维制造 Polypropylene Fiber Sector	21519	27996	-23.14	250884	251555	-0.27
氨纶纤维制造 Polyurethane Fiber Sector	153477	152996	0.31	1537758	1495299	2.84
其他合成纤维制造 Other Synthetic Fiber Sector	176919	145968	21.20	1744864	1515441	15.14
纺织专用设备制造 Textile Machinery Manufacturing	432965	434999	-0.47	5352959	4945267	8.24

Table5—12 Textile Industry Main indicators by Industrial Sectors 2013 (Enterprises above Designated Size)

单位：万元
Unit：10,000 yuan

出口交货值 Export Delivered Value		
本月止累计 Current Year	去年累计 Previous Year	同比(%) Compared Ratio
49869606	46418662	7.43
34255396	31726457	7.97
12745547	11832155	7.72
2868663	2860051	0.30
4496801	4321813	4.05
1799118	1860406	−3.29
74685	119040	−37.26
1724433	1741366	−0.97
2697684	2461407	9.60
321585	283091	13.60
1942936	1760616	10.36
10579	9901	6.86
47433	58713	−19.21
35155	41711	−15.72
235032	208938	12.49
104963	98438	6.63
710642	679155	4.64

表6 2013年纺织工业产量汇总表（规模以上全行业）

序号 Number	名称 Products	单位 Unit	企业户数 Number of Enterprises	本年累计 Current Year	累计同比(%) Percentage Change over Previous Year
1	纱 Yarn	万吨 10,000 ton		3200	7.20
2	布 Cloth	万米 10,000 meters	3706	6834487	4.55
3	其中：色织布（含牛仔布） Yarn-dyed Fabric (including Denim)	万米 10,000 meters	244	255784	5.45
4	其中：棉布 Cotton Cloth	万米 10,000 meters	2115	3926764	5.07
5	棉混纺布 Blended Cloth	万米 10,000 meters	967	1127253	2.40
6	化学纤维布 Pure Chemical Fiber Cloth	万米 10,000 meters	1099	1780470	4.83
7	印染布 Dyed and Printed Fabric	万米 10,000 meters	1013	5423572	-2.21
8	绒线（毛线）Wool Yarn	吨 ton	193	378274	-2.25
9	毛机织物（呢绒）Woolen fabrics	万米 10,000 meters	160	58443	-1.63
10	亚麻布(含亚麻≥55%) Linen Fabrics	万米 10,000 meters	54	37311	0.54
11	苎麻布（含苎麻≥55%） Ramie Fabrics	万米 10,000 meters	38	53612	1.26
12	蚕丝 Silk	吨 ton	392	137090	3.52
13	其中：绢纺丝 Schappe Silk	吨 ton	42	11921	-2.37
14	蚕丝及交织机织物(含蚕丝≥50%) Silk Textile	万米 10,000 meters	265	93579	-1.71
15	蚕丝被 Silk Quilt	万条 10,000 pieces	95	2279	-19.70
16	非织造布 Nonwoven	吨 ton	408	2573333	12.37
17	帘子布 Cord fabric	吨 ton	60	874466	13.64
18	服装 Garments	万件 10,000 pieces	10222	2710070	1.27

Table6 Main Products Output of Textile Industry 2013 (Enterprises above Designated Size)

序号 Number	名称 Products	单位 Unit	企业户数 Number of Enterprises	本年累计 Current Year	累计同比(%) Percentage Change over Previous Year
19	梭织服装 Non-knit Clothes	万件 10,000 pieces	7090	1392387	3.75
20	其中：羽绒服装 Down & feather clothes	万件 10,000 pieces	413	29631	2.71
21	西服套装 Suits	万件 10,000 pieces	634	58073	1.82
22	衬衫 Shirts	万件 10,000 pieces	663	108550	4.07
23	针织服装 Knit clothes	万件 10,000 pieces	3947	1317682	-1.08
24	化学纤维 Chemical Fiber	吨 ton	884	41219350	7.90
25	其中：人造纤维 Cellulose Fiber	吨 ton	71	3904093	17.07
26	其中：粘胶短纤维 Viscose Fiber	吨 ton	36	2929461	20.73
27	粘胶纤维长丝 Viscose Filament	吨 ton	13	215264	-10.05
28	醋酸纤维长丝 Cellulose Acetate Fiber	吨 ton	5	372773	17.33
29	其中：合成纤维 Synthetic Fiber	吨 ton	826	37315257	7.02
30	其中：锦纶纤维 Nylon (Polyamide Fiber)	吨 ton	150	2112827	12.44
31	涤纶纤维 Polyester Fiber	吨 ton	573	33406442	6.64
32	腈纶纤维 Acrylic Fiber	吨 ton	12	694338	0.43
33	维纶纤维 Polyvinyl Fiber	吨 ton	7	100860	15.83
34	丙纶纤维 Polypropylene Fiber	吨 ton	55	264282	-3.02
35	氨纶纤维 Spendex Fiber	吨 ton	33	389676	27.31

表7-1 2013年纺织工业产量分地区汇总表（规模以上全行业）

省市	Region	布（万米）Cloth(10,000 meters)		色织布（万米）Yarn-dyed Fabric(10,000 meters)		棉布（万米）Cotton Cloth(10,000 meters)	
		本年累计 Current Year	累计同比(%) Percentage Change over Previous Year	本年累计 Current Year	累计同比(%) Percentage Change over Previous Year	本年累计 Current Year	累计同比(%) Percentage Change over Previous Year
全 国	National Total	6834487	4.55	255784	5.45	3926764	5.07
北京市	Beijing	361	2.85		0.00	351	4.97
天津市	Tianjin	20755	−16.26	4214	−12.69	17669	−19.31
河北省	Hebei	633738	−1.58	3842	−1.06	525650	−2.90
山西省	Shanxi	4537	−2.07			3806	−6.10
内 蒙	Inner Mongolia						
辽宁省	Liaoning	34685	−12.17	1239	27.03	22868	−8.06
吉林省	Jilin	4477	6.82			3332	3.24
黑龙江	Heilongjiang	1311	−6.96				
上海市	Shanghai	14446	−15.50	1911	−1.19	2830	−61.56
江苏省	Jiangsu	811151	1.60	103426	2.54	507262	6.96
浙江省	Zhejiang	1534690	5.33	34235	12.41	307332	10.56
安徽省	Anhui	100123	2.15	2943	44.50	37562	−17.32
福建省	Fujian	604291	20.53	448	−16.26	92959	−0.03
江西省	Jiangxi	77615	−16.22	2310	3.12	21177	−51.09
山东省	Shandong	1285497	−2.98	41857	−1.18	1073958	1.48
河南省	Henan	313367	4.63	6365	16.61	274697	3.28
湖北省	Hubei	792521	12.58	1738	1.70	656357	15.47
湖南省	Hunan	35225	6.92	15922	9.58	21701	5.80
广东省	Guangdong	275318	23.48	27446	20.93	195835	38.57
广 西	Guangxi	1529	−33.22	579	−6.01	723	−10.64
海南省	Hainan						
重庆市	Chongqing	53833	4.16			21147	−5.83
四川省	Sichuan	171570	20.18			99699	28.26
贵州省	Guizhou	1169	113.31				
云南省	Yunnan	298	−28.88			298	−28.88
西 藏	Tibet						
陕西省	Shaanxi	57399	−9.85	7308	−1.75	35106	−14.12
甘肃省	Gansu						
青海省	Qinghai						
宁 夏	Ningxia	1060				1060	
新 疆	Xinjiang	3520	4.90			3384	4.01

Table7—1 Main Products Output of Textile Industry by Provinces 2013 (Enterprises above Designated Size)

棉混纺布(万米) Blended Cloth(10,000 meters)		化学纤维布(万米) Pure Chemical Fiber Cloth(10,000 meters)		印染布(万米) Dyed and Printed Fabric(10,000 meters)	
本年累计 Current Year	累计同比(%) Percentage Change over Previous Year	本年累计 Current Year	累计同比(%) Percentage Change over Previous Year	本年累计 Current Year	累计同比(%) Percentage Change over Previous Year
1127253	2.40	1780470	4.83	5423572	−2.21
10	−39.55			122	−31.24
2493	11.28	594	−8.53	1074	29.78
35773	−11.91	72315	16.73	30189	−22.83
731	26.03			14806	17.45
4077	−40.65	7739	−0.12	27971	11.69
1145	18.83				
1311	−6.96				
119	13.25	11498	19.38	4208	−30.14
105738	3.92	198151	−10.88	501168	−0.07
243580	6.38	983778	3.54	3250807	−3.51
15203	−7.24	47357	30.83	12779	20.05
219946	29.73	291385	22.01	489403	3.32
46719	27.08	9718	−22.76	9019	14.17
155961	−26.95	55578	4.44	357935	−7.76
20747	9.22	17923	23.39	114633	−15.89
111122	2.15	25042	−6.44	36045	−7.75
12992	17.67	532	−61.80	8678	22.71
45791	−1.51	33692	−4.14	476784	6.48
317	−63.80	489	−19.15	384	12.00
29982	9.92	2704	38.60	20071	7.28
65648	9.93	6223	17.12	57075	8.84
169	20.86	1000	145.03		0.00
				3309	53.41
7541	−2.44	14753	−2.06	7113	−4.38
136	33.33				

表7-2 2013年纺织工业产量分地区汇总表（规模以上全行业）

省市	Region	绒线（毛线）（吨） Knitting Wool (ton)		毛机织物（呢绒）（万米） Woolen Fabrics (10,000 meters)		亚麻布（万米） Linen (10,000 meters)	
		本年累计 Current Year	累计同比（%） Percentage Change over Previous Year	本年累计 Current Year	累计同比（%） Percentage Change over Previous Year	本年累计 Current Year	累计同比（%） Percentage Change over Previous Year
全国	National Total	378274	−2.25	58443	−1.63	37311	0.54
北京市	Beijing	816	−5.05	133	29.47		
天津市	Tianjin	1278	−0.62	85	−40.21		
河北省	Hebei	79727	−4.47	233	4.87		
山西省	Shanxi	80	−3.50				
内蒙	Inner Mongolia	137		1228	64.89	1266	21.85
辽宁省	Liaoning	2796	41.63			42	−95.93
吉林省	Jilin			2213	18.90	115	160.68
黑龙江	Heilongjiang	7	40.00			5515	−4.66
上海市	Shanghai			495	−16.41		
江苏省	Jiangsu	122206	−6.14	26032	−6.64	17341	3.47
浙江省	Zhejiang	40858	11.78	4188	−9.25	838	−4.78
安徽省	Anhui	1795	−5.75	133	20.46	986	−21.14
福建省	Fujian	2377	−23.32				
江西省	Jiangxi	141	0.00	2785	21.85		
山东省	Shandong	57912	4.32	9468	−7.08	3301	−1.86
河南省	Henan	41637	4.84	2033	10.02	5460	25.84
湖北省	Hubei	914		2936	−1.53	229	19.65
湖南省	Hunan			5203	21.17	1356	11.08
广东省	Guangdong	22802	−20.67	238	−38.01		
广西	Guangxi						
海南省	Hainan						
重庆市	Chongqing	618	−9.91				
四川省	Sichuan			379	12.80		
贵州省	Guizhou						
云南省	Yunnan					862	15.51
西藏	Tibet						
陕西省	Shaanxi						
甘肃省	Gansu	529	−40.94	386	−15.86		
青海省	Qinghai			4	−85.62		
宁夏	Ningxia	1321	−19.61	11	0.00		
新疆	Xinjiang	323	−10.16	259	−21.92		

Table7-2 Main Products Output of Textile Industry by Provinces 2013 (Enterprises above Designated Size)

苎麻布(万米) Ramie Fabrics(10,000 meters)		蚕丝(吨) Silk(ton)		绢纺丝(吨) Schappe Silk(ton)	
本年累计 Current Year	累计同比(%) Percentage Change over Previous Year	本年累计 Current Year	累计同比(%) Percentage Change over Previous Year	本年累计 Current Year	累计同比(%) Percentage Change over Previous Year
53612	1.26	137090	3.52	11921	-2.37
		65	19.16		
3235	14.43	2310	-0.26		
29	-62.09	20949	-1.55	2230	37.67
		14293	-3.82	6864	-9.86
		8909	4.28		
36354	12.11	4653	23.36		
		4949	-12.66	97	-15.41
		1972	22.07	836	18.92
866	-4.73	1007	23.58		
12471	-21.88				
		1726	9.19		
		35425	8.53	1703	-1.37
387	-30.85	3653	-4.89	190	33.10
270	49.37	29065	4.53		
		234	83.23		
		2814	-5.51		
		5067	11.86		

表7-3 2013年纺织工业产量分地区汇总表（规模以上全行业）

省 市	Region	蚕丝及交织物（万米） Silk Textile (10,000 meters)		蚕丝被（万条） Silk Quilt (10,000 pieces)		非织造布（吨） Nonwoven Fabric (ton)	
		本年累计 Current Year	累计同比（%） Percentage Change over Previous Year	本年累计 Current Year	累计同比（%） Percentage Change over Previous Year	本年累计 Current Year	累计同比（%） Percentage Change over Previous Year
全 国	National Total	93579	-1.71	2279	-19.70	2573333	12.37
北京市	Beijing					31442	-5.32
天津市	Tianjin					21366	7.78
河北省	Hebei					44859	14.07
山西省	Shanxi			1	48.35	2264	18.52
内 蒙	Inner Mongolia						
辽宁省	Liaoning	76	-51.90	369	-19.54	173709	11.96
吉林省	Jilin					1407	101.87
黑龙江	Heilongjiang					20830	52.05
上海市	Shanghai	244	10.83	50	-34.57	33172	-0.81
江苏省	Jiangsu	10334	4.21	195	16.09	235136	5.13
浙江省	Zhejiang	21955	2.84	230	-17.81	542328	-12.16
安徽省	Anhui	7766	3.26	88	-60.97	200839	17.87
福建省	Fujian			9	14.69	178951	25.47
江西省	Jiangxi	84	-7.60		0.00	117357	38.80
山东省	Shandong	1882	6.85	348	-44.75	359761	24.67
河南省	Henan	23029	-2.58	436	41.97	166471	121.03
湖北省	Hubei			330	14.40	140200	25.05
湖南省	Hunan			12	-28.63	26231	115.91
广东省	Guangdong			57	-17.05	170114	-10.79
广 西	Guangxi	1476	-28.83	31	-82.52		
海南省	Hainan					8492	11.78
重庆市	Chongqing	1472	-17.09	18	-1.24	53409	13.86
四川省	Sichuan	25196	-5.62	65	-16.79	44839	121.03
贵州省	Guizhou						
云南省	Yunnan						
西 藏	Tibet						
陕西省	Shaanxi	65		40	8.63		
甘肃省	Gansu						
青海省	Qinghai						
宁 夏	Ningxia						
新 疆	Xinjiang					154	-68.70

Table7—3 Main Products Output of Textile Industry by Provinces 2013 (Enterprises above Designated Size)

帘子布(吨) Cord fabric(ton)		服装(万件) Garments(10,000 pieces)		梭织服装(万件) Woven Clothes(10,000 pieces)	
本年累计 Current Year	累计同比(%) Percentage Change over Previous Year	本年累计 Current Year	累计同比(%) Percentage Change over Previous Year	本年累计 Current Year	累计同比(%) Percentage Change over Previous Year
874466	13.64	2710070	1.27	1392387	3.75
		10247	−6.67	5117	−19.03
		16402	14.90	15332	17.16
		53205	−20.26	43937	12.71
		1420	2.56	1188	6.57
		3148	−4.95	2758	−7.86
		63021	−1.71	53203	−2.60
		21236	−15.74	3615	18.64
		6030	69.90	6030	69.90
442		47761	−3.96	22220	−3.41
172666	−20.60	392096	0.24	275393	−0.57
136835	27.90	364246	−0.04	156951	−0.84
20005	−32.70	84944	6.46	57743	4.39
9718	0.10	329903	−0.02	111468	−2.18
		130815	8.84	58844	15.10
333537	17.23	321731	−5.67	109007	−5.73
134393	107.69	122813	29.02	71645	40.14
		103379	4.71	78047	3.46
		27756	−2.29	16364	25.61
66870	25.52	559840	2.85	269029	6.56
		18111	51.57	12976	35.12
		195	−78.77	142	−83.62
		11039	7.59	5419	4.59
		13641	−7.89	10578	−11.15
		1409	202.74	1277	174.21
		1230	24.79	1044	33.53
		1974	−3.64	1938	−5.31
		435	134.94	169	−0.90
		553	−0.92	553	−0.92
		631	28.57	63	−13.34
		858	0.08	338	16.60

表7-4　2013年纺织工业产量分地区汇总表（规模以上全行业）

省 市	Region	羽绒服装(万件) Down & feather clothes(10,000 pieces)		西服套装(万件) Suits(10,000 pieces)		衬衫(万件) Shirts(10,000 pieces)	
		本年累计 Current Year	累计同比(%) Percentage Change over Previous Year	本年累计 Current Year	累计同比(%) Percentage Change over Previous Year	本年累计 Current Year	累计同比(%) Percentage Change over Previous Year
全　国	National Total	29631	2.71	58073	1.82	108550	4.07
北京市	Beijing	264	-8.19	894	-13.77	877	-14.60
天津市	Tianjin	2843	13.01	525	5.03	843	14.58
河北省	Hebei	233	-36.69	700	3.00	6642	-9.06
山西省	Shanxi	23	-0.09	226	0.08	346	7.86
内　蒙	Inner Mongolia	4	7.54	140	-24.57	18	-50.15
辽宁省	Liaoning	616	59.19	1691	0.62	2874	-10.37
吉林省	Jilin			104	75.54	150	72.70
黑龙江	Heilongjiang	77	19.69	42	89.86	5593	71.33
上海市	Shanghai	242	-6.83	925	-11.50	2414	-13.96
江苏省	Jiangsu	8652	2.74	15644	1.66	26877	6.03
浙江省	Zhejiang	2848	0.03	4542	-6.60	27008	-4.86
安徽省	Anhui	643	10.90	1293	6.11	789	-19.16
福建省	Fujian	1028	-26.60	847	-7.49	1519	13.75
江西省	Jiangxi	7391	9.22	3133	-29.06	3584	-9.58
山东省	Shandong	1617	-20.12	5119	-4.80	6399	2.30
河南省	Henan	869	31.63	5207	4.44	1240	38.75
湖北省	Hubei	222	-50.95	2760	2.04	1286	106.28
湖南省	Hunan	223	2.12	10247	31.48	528	68.35
广东省	Guangdong	1187	13.99	2417	0.06	16447	10.64
广　西	Guangxi			209	24.61	1234	47.33
海南省	Hainan						
重庆市	Chongqing	70	-20.45	309	7.30	1188	13.99
四川省	Sichuan	202	-22.91	424	-1.36	505	0.25
贵州省	Guizhou	167	22.56	1		1	
云南省	Yunnan			52	-39.41		
西　藏	Tibet				0.00		
陕西省	Shaanxi	212	390.80	168	51.54	11	
甘肃省	Gansu			22	5.51	51	-8.51
青海省	Qinghai			406	4.10	10	-59.19
宁　夏	Ningxia			10	-27.27	25	0.40
新　疆	Xinjiang			18	19.09	92	33.23

Table7—4 Main Products Output of Textile Industry by Provinces 2013 (Enterprises above Designated Size)

针织服装(万件) Knit Clothes(10,000 pieces)		化学纤维(吨) Chemical Fiber(ton)		人造纤维(吨) Cellulose Fiber(ton)	
本年累计 Current Year	累计同比(%) Percentage Change over Previous Year	本年累计 Current Year	累计同比(%) Percentage Change over Previous Year	本年累计 Current Year	累计同比(%) Percentage Change over Previous Year
1317682	−1.08	41219350	7.90	3904093	17.07
5130	10.10	1211	53.70		
1069	−10.00	121907	10.31		
9268	−66.59	522306	46.08	489724	52.40
232	−13.96	2396	−46.79		
390	22.42	30004	12.20		
9818	3.42	173668	−2.64	63002	0.02
17621	−20.46	273532	−7.50	54895	0.63
		71275	−33.19		
25542	−4.44	477611	−0.57		
116703	2.23	12963337	0.60	1277639	9.21
207295	0.59	18393114	9.69	164792	−1.73
27201	11.12	327109	17.06	57235	6.89
218435	2.00	3766503	28.30	3567	−17.25
71971	4.20	420027	10.84	339862	11.60
212724	−5.63	716528	−5.66	238285	10.14
51167	16.11	538231	−0.52	191537	28.92
25331	8.76	216737	20.08	106980	−1.99
11391	−25.93	45621	16.49		
290810	−0.36	559528	−1.76	36106	2.45
5134	118.97				
53	6.22	4237	−91.11		
5620	10.65	45986	16.37		
3063	5.49	914987	29.73	262376	43.28
133					
187	−8.68	49722	28.67	35818	1.72
36	1756.92	23583	−10.83	23583	−10.83
267	1644.64				
568	35.86				
521	−8.33	558693	26.41	558693	26.41

表7-5　2013年纺织工业产量分地区汇总表（规模以上全行业）

省 市	Region	粘胶短纤维(吨) Viscose Fiber(ton)		粘胶纤维长丝(吨) Viscose Filament(ton)		醋酸纤维长丝(吨) Cellulose Acetate Fiber(ton)	
		本年累计 Current Year	累计同比(%) Percentage Change over Previous Year	本年累计 Current Year	累计同比(%) Percentage Change over Previous Year	本年累计 Current Year	累计同比(%) Percentage Change over Previous Year
全 国	National Total	2929461	20.73	215264	-10.05	372773	17.33
北京市	Beijing						
天津市	Tianjin						
河北省	Hebei	469754	56.54				
山西省	Shanxi						
内 蒙	Inner Mongolia						
辽宁省	Liaoning	53567	0.34	9435	-1.76		
吉林省	Jilin	35341	-1.61	19554	4.95		
黑龙江	Heilongjiang						
上海市	Shanghai						
江苏省	Jiangsu	604369	8.46	49167	-13.50	274589	25.79
浙江省	Zhejiang	155270	-1.80	9522	-0.52		
安徽省	Anhui	57235	6.89				
福建省	Fujian						
江西省	Jiangxi	332558	11.80	7303	3.05		
山东省	Shandong	232108	10.03	6177	14.18		
河南省	Henan	132618	44.36	45374	-3.70		
湖北省	Hubei	89354	-3.18	14949	4.17	2677	6.57
湖南省	Hunan						
广东省	Guangdong					36106	2.45
广 西	Guangxi						
海南省	Hainan						
重庆市	Chongqing						
四川省	Sichuan	208593	56.04	53783	8.77		
贵州省	Guizhou						
云南省	Yunnan					35818	1.72
西 藏	Tibet						
陕西省	Shaanxi					23583	-10.83
甘肃省	Gansu						
青海省	Qinghai						
宁 夏	Ningxia						
新 疆	Xinjiang	558693	26.41				

Table7—5 Main Products Output of Textile Industry by Provinces 2013 (Enterprises above Designated Size)

合成纤维(吨) Synthetic Fiber(ton)		锦纶纤维(吨) Nylon Fiber(ton)		涤纶纤维(吨) Polyester Fiber(ton)	
本年累计 Current Year	累计同比(%) Percentage Change over Previous Year	本年累计 Current Year	累计同比(%) Percentage Change over Previous Year	本年累计 Current Year	累计同比(%) Percentage Change over Previous Year
37315257	7.02	2112827	12.44	33406442	6.64
1211	53.70				
121907	10.31			115303	11.87
32582	−10.02			32282	−6.62
2396	−46.79			2396	−46.79
30004	12.20				
110666	−4.09	4251	26.37	99089	7.66
218637	−9.34			27399	−54.54
71275	−33.19			1761	−95.10
477611	−0.57	7993	9.69	284032	−1.76
11685698	−0.26	651371	9.02	10843362	−0.80
18228322	9.80	507912	13.79	17120206	9.36
269874	19.48	33355	−7.00	145422	35.03
3762936	28.36	629951	26.23	3070763	28.49
80165	7.76	18305	−25.83	61860	24.43
478243	−11.95	35963	−17.29	346286	−6.82
346694	−11.66	113385	0.44	160102	−24.74
109756	53.83			29008	30.81
45621	16.49	39224	25.08	1174	−30.69
523423	−2.03	65278	−7.49	377914	−0.17
4237	−91.11			4237	−91.11
45986	16.37			27574	16.12
652611	24.98	5839	−12.85	642370	25.34
13904	305.36			13904	305.36

表7-6 2013年纺织工业产量分地区汇总表（规模以上全行业）

省 市	Region	腈纶纤维(吨) Acrylic Fiber(ton)		维纶纤维(吨) Polyvinyl Formal Fiber(ton)		丙纶纤维(吨) Polypropylene Fiber(ton)	
		本年累计 Current Year	累计同比(%) Percentage Change over Previous Year	本年累计 Current Year	累计同比(%) Percentage Change over Previous Year	本年累计 Current Year	累计同比(%) Percentage Change over Previous Year
全 国	National Total	694338	0.43	100860	15.83	264282	−3.02
北京市	Beijing						
天津市	Tianjin					5579	36.31
河北省	Hebei					300	−81.70
山西省	Shanxi						
内 蒙	Inner Mongolia			30004	12.20		
辽宁省	Liaoning						
吉林省	Jilin	191238	5.72				
黑龙江	Heilongjiang	68557	−2.16			957	45.00
上海市	Shanghai	166300	0.35			5117	13.99
江苏省	Jiangsu	17908	−3.12			89873	1.67
浙江省	Zhejiang	123762	3.43			37210	−4.46
安徽省	Anhui	71315	11.74	19110	7.99		
福建省	Fujian			28655	27.79		
江西省	Jiangxi						
山东省	Shandong	55072	−7.77			2183	−82.31
河南省	Henan					27769	−0.54
湖北省	Hubei					63776	29.69
湖南省	Hunan			5223	−14.52		
广东省	Guangdong					29843	−30.88
广 西	Guangxi						
海南省	Hainan						
重庆市	Chongqing	186		17868	26.70	358	−78.52
四川省	Sichuan					1318	
贵州省	Guizhou						
云南省	Yunnan						
西 藏	Tibet						
陕西省	Shaanxi						
甘肃省	Gansu						
青海省	Qinghai						
宁 夏	Ningxia						
新 疆	Xinjiang						

Table7—6 Main Prcducts Output of Textile Industry by Provinces 2013 (Enterprises above Designated Size)

氨纶纤维(吨) Spendex Fiber(ton)	
本年累计 Current Year	累计同比 Percentage Change over Previous Year(%)
389676	27.31
14045	2.44
64329	30.56
190598	25.22
33567	67.62
31155	19.14
16437	21.46
39545	26.84
1446	1.12

注 规模以上企业划分标准为年主营业务收入2000万元及以上工业法人企业。

Note: Enterprises above designated size refer to enterprises whose revenue from principle business is over 20 million yuan per year.

资料来源（表1～表7）：国家统计局

Source(Table 1～7): National Bureau of Statistics of China

表8 全国纺织品服装出口贸易总值表

年度 Year	项目 Item	进出口 Import and Export (亿美元) (USD 100 Million)	出口 Export (亿美元) (USD 100 Million)	进口 Import (亿美元) (USD 100 Million)	贸易差额 Balance of Trade (亿美元) (USD 100 Million)	累计同比(%) Percentage Change over Previous Year		
						进出口 Import and Export	出口 Export	进口 Import
2002年	全国 The Whole Nation	6207.90	3255.70	2952.20	303.50	21.78	21.80	21.20
2002年	纺织 Textile Industry	773.87	630.18	143.69	486.49	13.72	16.01	4.69
2002年	纺织占全国比重 Textile vs. Nation(%)	12.47	19.36	4.87	160.29			
2003年	全国 The Whole Nation	8512.10	4383.70	4128.40	255.30	37.10	34.60	39.90
2003年	纺织 Textile Industry	960.70	804.84	155.86	648.98	24.15	27.72	8.47
2003年	纺织占全国比重 Textile vs. Nation(%)	11.29	18.36	3.78	254.20			
2004年	全国 The Whole Nation	11547.40	5933.60	5613.80	319.80	35.70	35.40	36.00
2004年	纺织 Textile Industry	1141.89	973.85	168.04	805.81	18.86	21.01	7.81
2004年	纺织占全国比重 Textile vs. Nation(%)	9.89	16.41	2.99	251.97			
2005年	全国 The Whole Nation	14221.20	7620.00	6601.20	1018.80	23.20	28.40	17.60
2005年	纺织 Textile Industry	1346.34	1175.35	170.99	1004.36	17.90	20.69	1.76
2005年	纺织占全国比重 Textile vs. Nation(%)	9.47	15.42	2.59	98.58			
2006年	全国 The Whole Nation	17606.90	9690.80	7916.10	1774.70	23.80	27.20	20.00
2006年	纺织 Textile Industry	1651.36	1470.85	180.51	1290.34	22.66	25.14	5.57
2006年	纺织占全国比重 Textile vs. Nation(%)	9.38	15.18	2.28	72.71			
2007年	全国 The Whole Nation	21738.30	12180.20	9558.20	2622.00	23.50	25.70	20.80
2007年	纺织 Textile Industry	1943.53	1756.16	187.37	1568.79	17.43	19.11	3.69
2007年	纺织占全国比重 Textile vs. Nation(%)	8.94	14.42	1.96	59.83			

Table8 China's Import and Export Total Value of Textile and Apparel

单位：亿美元
Unit：USD 100 million

年度 Year	项目 Item	进出口 Import and Export (亿美元) (USD 100 Million)	出口 Export (亿美元) (USD 100 Million)	进口 Import (亿美元) (USD 100 Million)	贸易差额 Balance of Trade (亿美元) (USD 100 Million)	累计同比(%) Percentage Change over Previous Year		
						进出口 Import and Export	出口 Export	进口 Import
2008年	全国 The Whole Nation	25616.30	14285.50	11330.90	2954.60	17.80	17.20	18.50
2008年	纺织 Textile Industry	2082.70	1896.24	186.46	1709.78	7.16	7.98	−0.49
2008年	纺织占全国比重 Textile vs. Nation(%)	8.13	13.27	1.65	57.87			
2009年	全国 The Whole Nation	22072.66	12016.63	10056.03	1960.61	−13.90	−16.00	−11.20
2009年	纺织 Textile Industry	1882.56	1713.32	169.24	1544.08	−9.61	−9.65	−9.24
2009年	纺织占全国比重 Textile vs. Nation(%)	8.53	14.26	1.68	78.76			
2010年	全国 The Whole Nation	29727.60	15779.30	13948.30	1831.00	34.70	31.30	38.70
2010年	纺织 Textile Industry	2323.21	2120.01	203.20	1916.81	23.46	23.76	20.44
2010年	纺织占全国比重 Textile vs. Nation(%)	7.81	13.44	1.46	104.69			
2011年	全国 The Whole Nation	36420.60	18986.00	17434.60	1551.40	22.50	20.30	24.90
2011年	纺织 Textile Industry	2772.80	2541.23	231.57	2309.66	19.35	19.87	13.96
2011年	纺织占全国比重 Textile vs. Nation(%)	7.61	13.38	1.33	148.88			
2012年	全国 The Whole Nation	38667.6	20489.40	18178.30	2311.10	6.20	7.90	4.30
2012年	纺织 Textile Industry	2873.64	2625.63	248.01	2377.62	3.64	3.32	7.10
2012年	纺织占全国比重 Textile vs. Nation(%)	7.43	12.81	1.36				
2013年	全国 The Whole Nation	41603.1	22100.20	19502.90	2597.30	7.60	7.90	7.30
2013年	纺织 Textile Industry	3196.20	2920.75	275.45	2645.30	11.22	11.24	11.06
2013年	纺织占全国比重 Textile vs. Nation(%)	7.68	13.22	1.41				

表9 全国纺织品服装分月度进出口贸易总值表

年月 Month/Year	进出口 Import and Export	出口 Export	进口 Import	贸易差额 Balance of Trade	1至当月累计 From January to This Month			
					进出口 Import and Export	出口 Export	进口 Import	贸易差额 Balance of Trade
2012年1月 01/2012	234.53	221.24	13.29	207.95	234.53	221.24	13.29	207.95
2012年2月 02/2012	120.26	100.26	20.00	80.26	354.78	321.49	33.29	288.2
2012年3月 03/2012	215.75	194.21	21.54	172.67	570.51	515.68	54.83	460.85
2012年4月 04/2012	213.75	194.38	19.37	175.01	784.24	710.03	74.21	635.82
2012年5月 05/2012	247.18	225.24	21.94	203.30	1031.38	935.23	96.15	839.08
2012年6月 06/2012	256.12	235.53	20.59	214.94	1287.35	1170.68	116.67	1054.01
2012年7月 07/2012	268.06	245.25	22.81	222.44	1555.28	1415.82	139.46	1276.36
2012年8月 08/2012	275.66	252.64	23.02	229.62	1830.86	1668.39	162.47	1505.92
2012年9月 09/2012	280.20	258.60	21.60	237.00	2111.00	1926.93	184.07	1742.86
2012年10月 10/2012	254.53	234.53	20.00	214.53	2365.46	2161.41	204.05	1957.36
2012年11月 11/2012	238.35	216.40	21.95	194.45	2603.68	2377.7	225.98	2151.72
2012年12月 12/2012	270.02	248.00	22.02	225.98	2873.64	2625.63	248.01	2377.62

Table9 China's Import and Export Total Value of Textile and Apparel by Month

单位：亿美元
Unit：USD 100 million

年月 Month/Year	进出口 Import and Export	出口 Export	进口 Import	贸易差额 Balance of Trade	1至当月累计 From January to This Month			
					进出口 Import and Export	出口 Export	进口 Import	贸易差额 Balance of Trade
2013年1月 01/2013	276.01	253.83	22.18	231.65	276.01	253.83	22.18	231.65
2013年2月 02/2013	183.46	169.32	14.14	155.18	459.48	423.14	36.34	386.80
2013年3月 03/2013	196.45	172.74	23.71	149.03	655.92	595.87	60.05	535.82
2013年4月 04/2013	252.14	229.54	22.60	206.94	908.00	825.35	82.65	742.70
2013年5月 05/2013	260.94	236.73	24.21	212.52	1168.80	1061.94	106.86	955.08
2013年6月 06/2013	269.19	247.54	21.65	225.89	1437.95	1309.43	128.52	1180.91
2013年7月 07/2013	309.59	283.35	26.24	257.11	1747.46	1592.70	154.76	1437.94
2013年8月 08/2013	312.90	287.44	25.46	261.98	2060.26	1880.04	180.22	1699.82
2013年9月 09/2013	297.91	273.13	24.78	248.35	2358.08	2153.11	204.97	1948.14
2013年10月 10/2013	271.63	248.33	23.30	225.03	2629.67	2401.39	228.28	2173.11
2013年11月 11/2013	275.82	252.24	23.58	228.66	2905.33	2653.47	251.86	2401.61
2013年12月 12/2013	290.92	267.38	23.54	243.84	3196.20	2920.75	275.45	2645.30

表10 2013年纺织品服装进出口额

项目 Item	出口 Export						进口 Import					
	小计 Subtotal		纺织品 Textiles		服装 Garments		小计 Subtotal		纺织品 Textiles		服装 Garments	
	当年 Current Year	同比(%) Percentage Change over Previous Year	当年 Current Year	同比(%) Percentage Change over Previous Year	当年 Current Year	同比(%) Percentage Change over Previous Year	当年 Current Year	同比(%) Percentage Change over Previous Year	当年 Current Year	同比(%) Percentage Change over Previous Year	当年 Current Year	同比(%) Percentage Change over Previous Year
一、贸易方式 Mode of Trade	2920.75	11.24	1138.51	11.17	1782.24	11.28	275.45	11.06	217.34	8.80	58.10	20.43
1.一般贸易 Normal Trade	2211.77	11.80	897.14	11.80	1314.63	11.80	129.55	24.56	86.63	27.73	42.92	18.62
2.进料加工 Import Material Processing	343.38	6.02	167.64	9.39	175.74	2.99	90.19	3.95	88.14	3.97	2.05	3.23
3.来料加工 Raw Materials on Client's Demand	80.87	−10.76	6.14	−15.56	74.73	−10.34	35.51	−14.07	33.56	−15.09	1.95	8.17
4.其他贸易 Others	284.73	22.30	67.59	10.65	217.14	26.44	20.18	27.14	9.01	18.40	11.18	35.17
二、主要类型企业 Major Type of Enterprises												
1.国有进出口公司 State−owned Trade Enterprises	381.18	3.06	131.44	2.08	249.74	3.58	35.30	23.72	30.33	28.60	4.96	0.42
2.集体企业 Collective−owned Enterprises	95.40	2.40	45.35	6.52	50.06	−1.07	6.05	3.50	5.34	6.75	0.71	−15.83
3.三资企业 Foreign−Investment Enterprises	712.70	1.53	281.75	3.53	430.95	0.27	170.11	5.69	136.43	2.73	33.68	19.70
4.民营企业 Non State−Owned Enterprises	1731.47	18.54	679.98	17.11	1051.49	19.48	63.99	21.41	45.24	17.88	18.75	30.87
三、主要国家地区 Major Countries and Regions												
1.亚洲地区 Asia	1345.70	15.26	623.30	15.48	722.39	15.07	229.20	11.39	190.59	9.02	38.61	24.80
(1)中国香港 Hongkong, China	197.05	19.91	90.10	13.64	106.95	25.75	4.55	−11.67	3.34	−8.83	1.21	−18.66
(2)中国澳门 Macao, China	3.46	−2.26	2.20	8.68	1.26	−16.81	0.13	−35.43	0.03	−19.55	0.10	−39.68
(3)中国台湾 Taiwan, China	13.10	6.28	5.87	4.60	7.23	7.69	32.21	1.79	31.65	1.73	0.57	5.57
(4)日本 Japan	280.72	−1.04	59.26	−2.16	221.46	−0.73	33.16	−8.25	29.10	−13.29	4.07	57.06
(5)韩国 Korea	70.24	16.83	30.27	11.38	39.96	21.33	26.05	−2.33	22.79	−2.10	3.26	−3.93
(6)土耳其 Turkey	24.27	16.26	18.55	19.59	5.72	6.64	4.41	23.21	1.77	35.67	2.65	16.10

Table10 China's Import and Export of Textile and Apparel 2013

单位：亿美元
Unit：USD 100 million

项目 Item	出口 Export						进口 Import					
	小计 Subtotal		纺织品 Textiles		服装 Garments		小计 Subtotal		纺织品 Textiles		服装 Garments	
	当年 Current Year	同比(%) Percentage Change over Previous Year	当年 Current Year	同比(%) Percentage Change over Previous Year	当年 Current Year	同比(%) Percentage Change over Previous Year	当年 Current Year	同比(%) Percentage Change over Previous Year	当年 Current Year	同比(%) Percentage Change over Previous Year	当年 Current Year	同比(%) Percentage Change over Previous Year
(7)东盟 Eastern Union	347.05	28.34	203.47	27.04	143.58	30.24	32.58	34.85	22.88	31.58	9.69	43.27
2.欧洲 European	682.69	12.31	170.01	7.57	512.67	13.97	34.19	8.30	17.17	4.66	17.03	12.23
(1)欧盟 EU	528.55	8.88	128.70	6.05	399.85	9.82	33.02	8.41	16.54	4.68	16.48	12.44
3.非洲 Africa	172.25	6.50	102.54	8.68	69.71	3.45	1.89	20.92	0.35	34.86	1.53	18.10
4.大洋州 Oceania	62.40	6.37	17.59	3.52	44.81	7.53	0.23	−11.34	0.22	−12.39	0.01	40.33
(1)澳大利亚 Australia	53.02	6.19	14.64	2.60	38.39	7.62	0.16	−16.41	0.16	−17.54	0.01	35.53
5.北美自由贸易区 North America Free−trade Area	510.48	7.71	156.54	6.88	353.94	8.08	9.53	12.54	8.81	13.71	0.72	−0.08
(1)美国 USA	439.50	7.00	128.29	7.65	311.21	6.74	8.85	15.21	8.31	16.54	0.54	−1.97
(2)加拿大 Canada	44.29	10.08	12.41	7.37	31.88	11.18	0.31	−14.37	0.25	−15.99	0.07	−7.69
(3)墨西哥 Mexico	26.70	16.26	15.84	0.70	10.85	50.14	0.36	−12.84	0.26	−21.34	0.11	17.29
6.欧盟、美国 EU,USA	966.31	8.07	256.42	6.87	709.89	8.51	41.83	9.77	24.85	8.37	16.98	11.89
7.非欧盟、美国 Non−EU，USA	1954.42	12.88	882.09	12.49	1072.33	13.20	233.62	11.30	192.50	8.86	41.12	24.35
四、分原料加工 Divided on Raw Material Processing												
1.棉制产品 Cotton Products	1000.18	10.96	286.64	12.75	713.54	10.26	110.29	23.78	91.38	23.94	18.91	23.01
2.毛制产品 Wool Products	62.71	0.38	20.88	−1.03	41.83	1.09	14.38	−1.61	7.89	−7.98	6.49	7.43
3.麻制产品 Bast Products	14.61	20.96	14.61	20.96	0.00	0.00	1.57	16.27	1.57	16.27	0.00	0.00
4.丝制产品 Silk Products	29.71	2.54	12.64	−7.22	17.07	11.19	2.49	4.33	0.79	−9.42	1.71	12.21
5.化纤制产品 Chemical Fiber Products	1295.86	12.56	598.13	12.26	697.73	12.82	105.05	2.56	89.20	−0.69	15.86	25.70
6.未列名其他材料 Others	517.67	10.26	205.61	8.07	312.07	11.75	41.66	9.27	26.51	4.30	15.15	19.23

表11-1　2013年纺织品服装分省进出口额

省市名称 Region	出口 Export						进口 Import					
	小计 Subtotal		纺织品 Textiles		服装 Garments		小计 Subtotal		纺织品 Textiles		服装 Garments	
	当年 Current Year	同比(%) Percentage Change over Previous Year	当年 Current Year	同比(%) Percentage Change over Previous Year	当年 Current Year	同比(%) Percentage Change over Previous Year	当年 Current Year	同比(%) Percentage Change over Previous Year	当年 Current Year	同比(%) Percentage Change over Previous Year	当年 Current Year	同比(%) Percentage Change over Previous Year
1.北京 Beijing	26.57	2.61	7.15	6.69	19.42	1.19	19.98	25.15	16.14	28.13	3.84	14.02
2.天津 Tianjin	24.59	1.00	10.09	1.89	14.50	0.38	3.47	-6.40	2.50	-13.09	0.96	16.95
3.河北 Hebei	63.15	17.72	18.32	12.28	44.83	20.10	1.32	23.35	1.27	31.94	0.05	-51.82
4.山西 Shanxi	2.20	-13.78	1.51	25.04	0.69	-48.56	0.04	-42.91	0.03	-46.66	0.01	-13.79
5.内蒙古 Inner Mongolia	9.45	-4.39	1.65	-26.59	7.80	2.16	0.01	-23.86	0.01	-19.63	0.00	-49.95
6.辽宁 Liaoning	61.85	16.49	13.72	21.22	48.14	15.21	11.61	5.04	7.07	-4.39	4.54	24.09
沈阳 Shenyang	2.18	33.93	0.77	38.81	1.41	31.40	0.29	43.59	0.18	18.44	0.11	119.09
大连 Dalian	26.81	1.29	3.07	2.48	23.74	1.13	5.64	11.06	3.56	-0.25	2.09	37.67
7.吉林 Jilin	8.99	7.47	2.42	2.89	6.57	9.25	1.18	14.65	0.76	5.19	0.42	37.04
长春 Changchun	2.08	70.86	0.36	112.40	1.71	64.07	0.23	18.11	0.23	18.85	0.00	-40.49
8.黑龙江 Heilongjiang	45.18	35.69	12.73	30.43	32.45	37.87	0.21	-69.26	0.08	-53.18	0.13	-74.64
哈尔滨 Ha′er bin	1.51	13.11	1.03	18.89	0.48	2.45	0.03	51.37	0.02	57.12	0.01	42.94
9.上海 Shanghai	213.40	0.43	72.03	1.06	141.37	0.11	58.59	13.72	26.47	6.03	32.12	20.94
10.江苏 Jiangsu	457.41	6.11	209.53	8.12	247.88	4.46	30.82	3.98	27.59	2.21	3.24	21.98
南京 Nanjing	63.59	9.38	18.70	10.55	44.88	8.91	2.38	12.65	2.26	15.33	0.12	-21.81

Table11—1 China's Import and Export of Textile and Apparel by Provinces 2013

单位：亿美元
Unit：USD 100 million

省市名称 Region	出口 Export						进口 Import					
	小计 Subtotal		纺织品 Textiles		服装 Garments		小计 Subtotal		纺织品 Textiles		服装 Garments	
	当年 Current Year	同比(%) Percentage Change over Previous	当年 Current Year	同比(%) Percentage Change over Previous	当年 Current Year	同比(%) Percentage Change over Previous	当年 Current Year	同比(%) Percentage Change over Previous	当年 Current Year	同比(%) Percentage Change over Previous	当年 Current Year	同比(%) Percentage Change over Previous
11.浙江 Zhejiang	695.04	12.23	374.29	12.70	320.75	11.68	25.63	11.53	23.94	10.99	1.70	19.85
宁波 Ningbo	77.72	6.65	28.80	2.69	48.92	9.13	2.81	−7.85	2.65	−9.37	0.16	28.86
12.安徽 Anhui	41.60	4.12	17.41	9.62	24.19	0.50	3.12	45.31	3.08	45.69	0.04	20.62
13.福建 Fujian	234.85	21.90	66.08	29.22	168.77	19.26	10.20	20.14	9.80	20.66	0.39	8.37
厦门 Xiamen	9.71	11.18	4.37	10.80	5.34	11.49	1.62	0.36	1.48	−0.02	0.14	4.58
14.江西 Jiangxi	49.28	33.95	10.32	21.10	38.95	37.83	1.42	56.15	1.19	40.30	0.23	266.10
15.山东 Shandong	222.28	9.20	108.31	11.08	113.98	7.47	16.73	4.91	15.89	4.32	0.84	17.49
青岛 Qingdao	44.71	−1.18	19.58	−1.19	25.13	−1.16	3.67	−4.82	3.41	−5.46	0.26	4.61
16.河南 Henan	20.87	15.63	10.79	10.85	10.08	21.23	0.63	48.20	0.61	48.56	0.02	39.45
17.湖北 Hubei	26.90	16.55	6.80	22.09	20.09	14.78	2.07	24.30	1.82	17.32	0.24	123.32
武汉 Wuhan	7.84	21.64	1.99	21.63	5.85	21.64	0.26	28.61	0.20	25.37	0.06	40.16
18.湖南 Hunan	8.69	30.94	3.20	9.06	5.49	48.31	0.89	34.06	0.81	33.17	0.08	43.30
19.广东	456.45	5.47	123.40	5.36	333.05	5.51	83.88	8.03	76.38	7.59	7.49	12.73
广州 Guangzhou	68.37	11.49	11.55	−0.50	56.82	14.29	6.66	23.03	5.77	18.27	0.90	65.90
深圳 Shenzhen	20.39	−3.63	5.85	5.09	14.54	−6.75	5.40	−11.85	4.92	−14.11	0.48	20.96

表11-2 2013年纺织品服装分省进出口额
Table11-2 China's Import and Export of Textile and Apparel by Provinces 2013

单位：亿美元
Unit：USD 100 million

省市名称 Region	出口 Export						进口 Import					
	小计 Subtotal		纺织品 Textiles		服装 Garments		小计 Subtotal		纺织品 Textiles		服装 Garments	
	当年 Current Year	同比(%) Percentage Change over Previous Year	当年 Current Year	同比(%) Percentage Change over Previous Year	当年 Current Year	同比(%) Percentage Change over Previous Year	当年 Current Year	同比(%) Percentage Change over Previous Year	当年 Current Year	同比(%) Percentage Change over Previous Year	当年 Current Year	同比(%) Percentage Change over Previous Year
20.广西 Guangxi	57.20	33.12	8.90	35.89	48.29	32.62	0.66	27.70	0.63	35.92	0.03	-47.07
21.海南 Hainan	2.68	40.46	1.09	92.78	1.59	18.49	0.18	-22.15	0.13	-24.77	0.05	-15.05
22.四川 Sichuan	32.38	28.03	12.61	9.30	19.77	43.74	0.96	15.80	0.31	-2.79	0.65	27.50
成都 Chengdu	17.93	32.53	5.99	15.56	11.94	43.07	0.66	7.52	0.09	-26.36	0.58	15.39
23.重庆 Chongqing	19.80	14.50	7.34	6.58	12.45	19.76	0.55	71.01	0.20	-8.91	0.35	231.43
24.贵州 Guizhou	7.27	49.15	1.26	53.93	6.02	48.19	0.08	134.28	0.04	42.86	0.04	487.77
25.云南 Yunnan	13.84	181.51	6.53	67.52	7.30	619.46	0.01	-32.35	0.01	-40.46	0.00	25.54
26.西藏 Tibet	16.48	4.22	1.45	-17.32	15.03	6.91	0.06	6.67	0.05	0.17	0.01	115.04
27.陕西 Shaanxi	3.66	-28.45	2.41	-8.16	1.24	-49.90	0.08	18.55	0.06	-14.30	0.03	582.29
西安 Xi′an	1.45	0.85	0.84	-4.94	0.62	9.95	0.03	-2.01	0.02	-19.96	0.01	155.02
28.甘肃 Gansu	7.67	130.01	1.19	22.54	6.48	174.02	0.04	367.44	0.00	380.07	0.04	366.85
29.青海 Qinghai	2.73	29.71	1.84	33.60	0.89	22.29	0.03	-47.63	0.03	-47.76	0.00	855.24
30.宁夏 Ningxia	5.29	108.06	1.61	106.49	3.68	108.75	0.49	4636.25	0.09	1193.57	0.40	11122.66
31.新疆 Xinjiang	82.99	15.23	22.51	7.54	60.48	18.37	0.51	90.46	0.38	85.26	0.14	106.51

表12-1 2013年纺织原料及制品章类进出口额

类章 Category and Chapter	全贸易方式 Multi-Trade Mode		一般贸易 Normal Trade		进料加工 Import Material Processing		来料加工 Raw Materials on Client's Demand	
	当年 Current Year	同比(%) Percentage Change over Previous Year	当年 Current Year	同比(%) Percentage Change over Previous Year	当年 Current Year	同比(%) Percentage Change over Previous Year	当年 Current Year	同比(%) Percentage Change over Previous Year
一、出口 Export								
十一大类(50~63章) Eleven Categories (Chapter 50-63)	2739.88	11.35	2066.25	11.75	324.94	7.24	77.33	-11.54
50章、丝及丝绸 Chapter 50:Silk and Silk Cloth	16.30	-4.48	16.16	-4.04	0.05	-36.73	0.02	83.21
51章、毛及毛织品 Chapter 51:Wool and Woolen Fabric	26.19	1.36	18.11	5.31	5.45	-5.08	1.99	-7.20
52章、棉及棉织品 Chapter 52:Cotton and Cotton Fabric	175.49	18.26	118.84	18.54	50.17	27.85	0.51	-25.94
53章、麻及麻织品 Chapter 53:Bast and Bast Fabric	12.85	20.28	11.25	33.92	0.84	-23.52	0.00	-32.14
54章、化纤长丝及织品 Chapter 54:Chemical Fiber Filament and Fabric	160.16	11.99	127.61	11.62	26.48	11.05	0.18	-23.24
55章、化纤短纤织品 Chapter 55:Chemical Fiber Spun Fabric	112.17	5.58	85.65	6.48	19.05	0.45	0.62	6.08
56章、絮、毡、非织造布 Chapter 56:Wadding, Felt, Non-woven Fabric	41.25	16.53	32.90	18.42	5.25	5.07	0.63	-11.88
57章、铺地织品 Chapter 57:Floor Cloth	25.05	4.22	21.60	4.42	1.77	-6.54	0.03	-62.83
58章、特种织物花边 Chapter 58:Special Fabric Lace	48.76	5.14	43.05	4.93	2.81	11.70	1.02	-6.38
59章、涂层布及工业用布 Chapter 59:Coating and Industrial Fabric	73.77	7.72	61.01	9.95	9.51	-3.63	0.18	16.09

Table12—1 Import and Export of Textile Raw Material and Manufactures by Chapters 2013

单位：亿美元
Unit：USD 100 million

类章 Category and Chapter	全贸易方式 Multi—Trade Mode		一般贸易 Normal Trade		进料加工 Import Material Processing		来料加工 Raw Materials on Client's Demand	
	当年 Current Year	同比(%) Percentage Change over Previous Year	当年 Current Year	同比(%) Percentage Change over Previous Year	当年 Current Year	同比(%) Percentage Change over Previous Year	当年 Current Year	同比(%) Percentage Change over Previous Year
60章、针织布 Chapter 60:Knitting Fabric	129.00	14.98	95.32	17.28	28.81	4.72	0.42	−38.06
61章、针织服装及附件 Chapter 61:Knitting Garments and Accessories	967.98	11.20	735.77	10.85	66.49	8.10	20.59	−14.19
62章、梭织服装及附件 Chapter 62:Tatting Garments and Accessories	682.60	11.49	490.58	12.38	82.63	2.53	49.00	−10.10
63章、其它纺织织物 Chapter 63:Other Fabric	268.29	11.68	208.38	12.68	25.62	1.95	2.13	−15.42
二、进口 Import								
十一大类(50～63章) Eleven Categories (Chapter 50—63)	404.07	−1.09	197.72	−1.23	112.38	2.85	37.14	−12.89
50章、丝及丝绸 Chapter 50:Silk and Silk Cloth	0.86	−9.57	0.18	−14.87	0.37	−0.96	0.28	−12.94
51章、毛及毛织品 Chapter 51:Wool and Woolen Fabric	36.74	2.49	20.36	6.86	4.45	4.87	4.13	−14.90
52章、棉及棉织品 Chapter 52:Cotton and Cotton Fabric	172.30	−7.75	85.60	−12.47	51.26	3.06	5.02	−13.68
53章、麻及麻织品 Chapter 53:Bast and Bast Fabric	6.92	14.77	4.76	13.71	1.16	11.76	0.27	5.35
54章、化纤长丝及织品 Chapter 54:Chemical Fiber Filament and Fabric	37.13	−1.71	11.76	6.16	16.34	2.57	6.87	−19.57
55章、化纤短纤织品 Chapter 55:Chemical Fiber Spun Fabric	33.92	0.26	19.54	3.14	8.83	−0.39	4.23	−4.82

表12-2 2013年纺织原料及制品章类进出口额
Table12-2 Import and Export of Textile Raw Material and Manufactures by Chapters 2013

单位：亿美元
Unit：USD 100 million

类章 Category and Chapter	全贸易方式 Multi-Trade Mode		一般贸易 Normal Trade		进料加工 Import Material Processing		来料加工 Raw Materials on Client's Demand	
	当年 Current Year	同比(%) Percentage Change over Previous Year	当年 Current Year	同比(%) Percentage Change over Previous Year	当年 Current Year	同比(%) Percentage Change over Previous Year	当年 Current Year	同比(%) Percentage Change over Previous Year
56章、絮、毡、非织造布 Chapter 56:Wadding, Felt, Non-woven Fabric	11.97	3.77	6.45	16.17	3.73	-2.29	1.25	-26.92
57章、铺地织品 Chapter 57:Floor Cover	1.52	3.56	0.82	2.10	0.19	-2.27	0.00	-84.26
58章、特种织物花边 Chapter 58:Special Fabric Lace	7.34	-0.26	1.30	7.23	3.48	3.79	2.37	-8.34
59章、涂层布及工业用布 Chapter 59:Coating and Industrial Fabric	19.78	2.33	7.31	11.08	8.34	1.10	3.15	-13.88
60章、针织布 Chapter 60:Knitting Fabric	23.23	-1.52	2.95	5.16	11.84	3.95	7.67	-12.58
61章、针织服装及附件 Chapter 61:Knitting Garments and Accessories	16.66	23.88	12.35	20.38	0.56	-5.10	0.27	-16.29
62章、梭织服装及附件 Chapter 62:Non-Knit Garments and Accessories	31.38	17.83	22.03	13.69	1.18	12.16	1.51	24.52
63章、其他纺织织物 Chapter 63:Other Fabric	4.30	9.20	2.31	-0.25	0.64	51.33	0.13	1.79

资料来源（表8～表12）：中国海关
Source (Table8～12): China Customs

国际统计

表1 世界和中国纺织纤维产量（含PP纤维）

Table1 The Output of Textile Fiber all over the World and in China (PP Fiber included)

单位:万吨

Unit: 10,000 ton

年份 Year	世界纤维产量 Fiber Production all over the World				中国纤维产量 Fiber Production in China			
	总计 Total	天然纤维 Natural Fiber	化学纤维 Chemical Fiber		总计 Total	天然纤维 Natural Fiber	化学纤维 Chemical Fiber	
			小计 Subtotal	合纤 Synthetic Fiber			小计 Subtotal	合纤 Synthetic Fiber
2000	5515.0	2125.6	3389.4	3199.4	1178.6	484.4	694.2	629.5
2005	6961.5	2679.7	4081.8	3822.4	2323.6	665.8	1657.8	1527.3
2006	7068.9	2800.4	4389.2	4127.6	2780.2	755.8	2024.4	1906.9
2007	7622.9	2834.6	4788.3	4450.1	3248.4	851.2	2397.2	2239.2
2008	7095.0	2538.8	4556.2	4311.7	3273.1	842.6	2430.5	2267.8
2009	7175.4	2383.4	4792.0	4474.4	3456.8	723.3	2733.5	2552.2
2010	8018.1	2787.1	5231.0	4902.6	3645.7	689.3	2956.4	2781.7
2011	8093.4	2484.0	5609.4	5206.7	4176.2	791.5	3384.7	3151.7
2012	8501.20	2554.9	5946.3	5501.5	4462.7	744.3	3718.4	3448.7

表2 世界和中国天然纤维及化学纤维比重

Table2 The Proportion of Natural Fiber and Chemical Fiber all over the World and in China

单位：%

Unit：%

年份 Year	世界 World				中国 China			
	总计 Total	天然纤维 Natural Fiber	化学纤维 Chemical Fiber		总计 Total	天然纤维 Natural Fiber	化学纤维 Chemical Fiber	
			小计 Subtotal	合纤 Synthetic Fiber			小计 Subtotal	合纤 Synthetic Fiber
2000	100.0	38.5	61.5	58.8	100.0	41.1	58.9	53.4
2005	100.0	39.6	60.4	56.6	100.0	28.7	71.3	65.7
2006	100.0	37.9	62.1	58.4	100.0	27.2	72.8	68.6
2007	100.0	37.2	62.8	58.4	100.0	26.2	73.8	68.9
2008	100.0	35.8	64.2	60.8	100.0	25.7	74.3	69.3
2009	100.0	33.2	66.8	62.4	100.0	20.9	79.1	73.8
2010	100.0	34.8	65.2	61.1	100.0	18.9	81.1	76.3
2011	100.0	30.7	69.3	64.3	100.0	19.0	81.0	75.5
2012	100.0	30.1	69.9	64.7	100.0	16.7	83.3	77.3

表3 全球纺织纤维结构变化

Table3 The Structural Change of Global Textile Fiber

单位：万吨
Unit：10,000 tonon

年份 Year		2012年 Year 2012		2000年 Year 2000		2012/2000增减 Percentage Change of 2012 over 2000	
		产量 Output	占(%) Proportion(%)	产量 Output	占(%) Proportion(%)	增减量 Change	占(%) Proportion(%)
总计	Total	8501.2	100.0	5515.0	100.0	2986.2	3.7
化纤	Chemical Fiber	5946.3	69.9	3389.4	61.5	2556.9	4.8
棉花	Cotton	2354.4	27.7	1917.0	34.8	437.4	2.3
羊毛	Wool	105.5	1.2	134.3	2.4	−28.8	−2.0
丝、麻等	Silk, Linen & others	95.0	1.1	74.3	1.3	20.7	2.1

注 羊毛为洗净毛，麻中不含黄麻。
Note The wool refers to the scoured wool and the jute is not included.

表4 世界合成纤维产量

Table4 The Output of Global Synthetic Fiber

单位：: 万吨
Unit：10,000 ton

年份 Year	合计 Total	涤纶 Terylene			锦纶 Polyamide Fiber	腈纶 Acrylic Fiber	丙纶 Polypropylene	PVA纤维及其他 PVA Fiber and Others
		小计 Subtotal	长丝 Filament	短纤 Staple Fiber				
2000	3199.4	1891.2	1088.9	802.3	411.8	266.8	598.4	31.2
2005	3998.4	2645.1	1547.9	1097.2	385.1	269.7	647.6	50.9
2006	4127.6	2780.8	1665.1	1115.7	388.3	253.4	647.3	57.8
2007	4450.1	3109.4	1894.9	1244.6	389.1	240.6	646.7	64.2
2008	4311.7	3099.1	1886.7	1212.4	359.6	183.7	599.4	69.9
2009	4474.2	3281.3	2026.9	1254.4	360.8	198.0	567.9	66.2
2010	4902.5	3639.8	2293.7	1346.1	382.2	198.7	600.0	81.8
2011	5206.7	4056.3	2634.2	1422.1	387.4	197.5	477.0	88.4
2012	5501.5	4330.2	2869.4	1460.7	400.8	191.3	487.9	91.4

表5 世界合成纤维分品种构成
Table5 The Categories of Global Synthetic Fiber

单位：%
Unit：%

年份 Year	合计 Total	涤纶 Terylene			锦纶 Polyamide Fiber	腈纶 Acrylic Fiber	丙纶 Polypropylene	PVA纤维及其他 PVA Fiber and Others
		小计 Subtotal	长丝 Filament	短纤 Staple Fiber				
2000	100.0	59.1	34.0	25.1	12.9	8.3	18.7	1.0
2005	100.0	66.2	38.7	27.4	9.6	6.7	16.2	1.3
2006	100.0	67.4	40.3	27.1	9.4	6.1	15.7	1.4
2007	100.0	69.8	42.0	27.8	8.7	5.5	14.5	1.5
2008	100.0	71.9	43.8	28.1	8.3	4.3	13.9	1.6
2009	100.0	73.3	45.3	28.0	8.1	4.4	12.7	1.5
2010	100.0	74.2	46.8	27.4	7.8	3.9	12.2	1.7
2011	100.0	77.9	50.6	27.3	7.4	3.8	9.2	1.7
2012	100.0	78.7	52.2	26.5	7.3	3.5	8.7	1.7

表6 世界主要国家（地区）化纤产量（含PP纤维）
Table6 The Output of Chemical Fiber (Including PP Fibers) of Main Countries and Regions in the World

单位：万吨
Unit：10,000 ton

年份 Year	全球 World	中国 China	美国 USA	西欧 West Europe	台湾地区 Taiwan, China	韩国 Korea	日本 Japan	印度 India	中国占(%) Proportion of China
2000	3389.4	694.2	475.1	430.9	341.1	278.1	161.2	180.0	20.3
2005	4246.0	1817.7	410.0	*461.9	287.4	182.9	120.2	225.2	42.8
2006	4389.2	2024.4	379.2	*452.8	270.4	162.6	117.5	257.9	46.1
2007	4788.5	2397.2	365.9	*445.3	268.9	162.6	116.6	291.7	50.1
2008	4556.2	2430.5	309.9	*322.5	221.1	148.4	101.6	308.2	53.3
2009	4792.2	2733.5	267.6	289.1	234.3	152.9	81.2	343.4	57.0
2010	5231.0	2956.4	284.4	311.3	250.1	168.7	85.4	357.7	56.5
2011	5609.4	3384.7	371.1	266.4	224.3	173.0	90.3	404.9	60.3
2012	5946.3	3718.4	394.7	258.5	211.8	167.5	87.1	417.9	62.5

注 * 为全欧洲产量。
Note The data with "*" refers to the output of the whole Europe.

表7 世界主要国家（地区）合成纤维产量（含PP纤维）
Table7 The Output of Synthetic Fiber (Including PP Fibers) of Main Countries and Regions

单位：万吨
Unit: 10,000 ton

年 份 Year	全 球 World	中 国 China	美 国 USA	西 欧 West Europe	台湾地区 Taiwan, China	韩 国 Korea	日 本 Japan	印 度 India	中国占(%) Proportion of China
2000	3199.4	629.5	459.2	385.2	326.9	277.5	147.3	150.2	19.7
2005	3998.4	1712.1	405.1	*411.3	275.9	182.1	113.5	195.7	42.8
2006	4127.6	1906.9	376.7	*402.8	257.2	161.7	110.9	226.9	46.2
2007	4450.1	2239.2	360.9	*392.3	255.3	160.8	108.0	256.1	50.3
2008	4311.7	2267.8	307.6	*355.0	210.5	147.6	94.7	278.1	52.6
2009	4541.3	2552.2	265.6	253.1	223.5	152.9	75.7	310.6	56.2
2010	4902.5	2781.7	281.9	269.0	240.4	168.7	79.1	322.7	56.7
2011	5206.7	3151.7	368.7	220.9	224.3	173.0	81.8	362.6	60.5
2012	5501.5	3448.7	393.3	212.8	211.8	167.5	78.7	373.6	62.7

注 * 为全欧洲产量。
Note The date with "*" refers to the output of the whole Europe.

表8 全球化学纤维产量地域分布（不含PP纤维）（一）
Table8 Global Geographical Distributions of the Chemical Fiber Output (PP Fiber Excluded) Part1

单位：万吨
Unit: 10,000 ton

年 份 Year	全 球 World		亚 洲 Asia		西 欧 Western Europe	
	产 量 Output	占(%) Proportion	产 量 Output	占(%) Proportion	产 量 Output	占(%) Proportion
2000	2822.2	100.0	1877.4	66.5	279.8	9.9
2005	3598.4	100.0	2644.5	77.8	184.2	5.4
2006	3741.9	100.0	2999.1	80.1	214.2	5.7
2007	4102.7	100.0	3388.8	82.6	206.5	5.0
2008	3956.8	100.0	3349.8	84.7	181.6	4.6
2009	4227.9	100.0	3696.2	87.4	149.3	3.5
2010	4302.6	100.0	3751.4	87.2	128.0	3.0
2011	5095.1	100.0	4503.4	88.4	160.2	3.1
2012	5421.3	100.0	4828.4	89.1	154.8	2.9

表9 全球化学纤维产量地域分布（不含P P纤维）（二）
Table9 Global Geographical Distributions of the Chemical Fiber Output (PP Fiber Excluded) Part2

单位：万吨
Unit:10,000 ton

年 份 Year	东 欧 Eastern Europe		北 美 North America		南美、非洲等 South America, Africa etc.	
	产 量 Output	占(%) Proportion	产 量 Output	占(%) Proportion	产 量 Output	占(%) Proportion
2000	70.2	2.5	408.4	14.5	186.4	6.6
2005	62.9	1.8	326.4	9.6	187.7	5.5
2006	61.3	1.6	293.4	7.8	173.9	4.6
2007	60.7	1.5	275.6	6.7	171.1	4.2
2008	57.0	1.4	224.9	5.7	143.5	3.6
2009	48.3	1.1	194.2	4.6	139.9	3.3
2010	49.6	1.2	216.9	5.0	156.7	3.6
2011	52.7	1.0	216.4	4.2	162.4	3.2
2012	52.0	1.0	223.3	4.1	162.8	3.0

表10 全球合成纤维产量地域分布（不含P P纤维）（一）
Table10 Global Geographical Distributions of the Synthetic Fiber Output (PP Fiber Excluded) ——Part1

单位：万吨
Unit:10,000 ton

年 份 Year	全 球 World		亚 洲 Asia		西 欧 Western Europe	
	产 量 Output	占(%) Proportion	产 量 Output	占(%) Proportion	产 量 Output	占(%) Proportion
2000	2601.1	100.0	1738.4	66.8	234.1	9.0
2005	3350.9	100.0	2614.1	78.0	176.0	5.2
2006	3480.3	100.0	2794.2	80.3	168.5	4.8
2007	3803.4	100.0	3152.2	82.9	159.9	4.2
2008	3702.3	100.0	3144.6	84.9	139.4	3.8
2009	3906.3	100.0	3421.9	87.6	113.3	2.9
2010	4302.6	100.0	3751.4	87.2	128.0	3.0
2011	4729.7	100.0	4186.4	88.5	119.7	2.5
2012	5013.6	100.0	4468.8	89.1	113.7	2.3

表11 全球合成纤维产量地域分布（不含P P纤维）（二）

Table11 Global Geographical Distributions of the Synthetic Fiber Output (PP Fiber Excluded) ——Part2

单位：万吨
Unit:10,000 ton

年份 Year	东欧 Eastern Europe		北美 North America		南美、非洲等 South America, Africa etc.	
	产量 Output	占(%) Proportion	产量 Output	占(%) Proportion	产量 Output	占(%) Proportion
2000	58.9	2.3	391.0	15.0	178.7	6.9
2005	58.5	1.7	323.1	9.6	178.9	5.3
2006	57.0	1.6	291.0	8.4	175.2	5.0
2007	54.3	1.4	270.6	7.1	166.2	4.4
2008	54.4	1.5	222.6	6.0	141.3	3.9
2009	45.8	1.2	192.2	4.9	136.7	3.5
2010	49.6	1.2	216.9	5.0	156.7	3.6
2011	49.5	1.0	214.0	4.5	160.1	3.4
2012	49.1	1.0	221.9	4.4	160.1	3.2

表12 全球合成纤维生产国(地区)15强(不含PP纤维)

Table12 The Proportion of Synthetic Fiber Output and Producing Capacity of Global Top 15 Countries and Regions (PP Fiber Excluded)

序号 Rank	国别（地区） Countries (Regions)		产量占全球(%) Proportion of Output			产能占全球(%) Proportion of Producing Capacity		
			2010	2011	2012	2010	2011	2012
1	中国	China	63.1	64.0	67.0	62.0	66.7	66.7
2	印度	U.S.A.	7.1	7.4	7.2	7.9	7.3	7.3
3	中国台湾	Taiwan, China	5.0	4.6	3.9	4.9	4.0	4.0
4	美国	India	4.2	4.0	3.8	4.0	3.7	3.7
5	西欧	Western Europe	2.8	2.7	2.3	2.7	2.4	2.4
6	韩国	Korea	3.5	3.4	3.1	3.2	3.0	3.0
7	印度尼西亚	Indonesia	2.6	2.6	0.3	2.6	2.3	2.3
8	日本	Japan	1.6	1.4	1.2	1.8	1.3	1.3
9	泰国	Thailand	2.1	1.7	—	2.1	1.8	1.8
10	土耳其	Turkey	1.5	1.7	1.6	1.6	1.5	1.5
11	巴基斯坦	Pakistan	1.1	1.1	0.8	1.4	1.0	1.0
12	马来西亚	Malaysia	0.8	0.8	2.4	0.9	0.7	0.7
13	独联体	CIS	0.7	0.7	0.6	0.8	0.7	0.7
14	墨西哥	Mexico	0.4	0.4	0.4	0.5	0.4	0.4
15	巴西	Brazil	0.7	0.6	0.6	0.6	0.6	0.6
	合计	Total	97.3	97.2	95.1	97.1	97.2	97.2

表13 全球棉花产量地域分布
Table13 Global Geographical Distribution of Cotton Output

单位：万吨
Unit：10,000 ton

年份 Year	全球 World	亚、澳洲 Asia, Australia	北美 North America	南美 South America	西欧 Western Europe	东欧 Eastern Europe	非洲 Africa
2000	1917.0	1079.5	381.7	121.4	51.9	139.2	143.3
2005	2439.4	1372.3	494.4	166.0	45.8	172.3	189.0
2006	2565.8	1536.9	514.0	149.0	36.7	179.9	149.3
2007	2627.7	1658.9	431.9	189.4	32.6	180.3	134.0
2008	2339.6	1500.6	291.6	140.2	25.7	154.0	157.1
2009	2177.5	1512.5	274.4	148.7	23.7	128.2	90.0
2010	2487.5	1568.7	445.4	199.9	22.3	146.9	104.3
2011	2727.7	1809.2	396.1	191.7	34.0	145.0	151.4
*2012	2548.0	1661.3	416.1	151.6	33.5	145.5	134.0

注 *为预计数。
Note The data with "*" is the estimated data.

表14 世界主要国家棉花产量
Table14 Cotton Output of Main Countries in the World

单位：万吨
Unit：10,000 ton

年份 Year	全球 World	中国 China	美国 U.S.A.	印度 India	巴基斯坦 Pakistan	巴西 Brazil	独联体 CIS	土耳其 Turkey	中国占(%) The Proportion of China
2000	1917.0	432.0	379.0	235.0	170.0	85.8	139.5	88.0	22.7
2005	2439.4	581.8	478.9	380.4	230.7	127.3	172.3	90.0	23.9
2006	2565.8	706.4	469.9	458.9	209.1	145.7	179.9	80.5	27.5
2007	2627.7	807.7	418.2	535.4	184.5	160.3	180.3	85.0	30.7
2008	2339.6	672.8	278.9	458.9	209.1	119.3		67.5	28.8
2009	2177.5	684.9	265.4	504.9	201.9	119.4		44.0	31.5
2010	2487.5	639.9	394.1	552.5	190.7	196.0		45.0	25.7
2011	2727.7	739.9	339.1	560.0	229.4	188.4		75.0	27.1
*2012	2548.0	685.9	372.4	544.6	214.6	149.0		63.0	26.9

注 *为预计数。
Note The data with "*" is the estimated data.

表15 全球棉花耗用量地域分布
Table15 Global Geographical Distribution of Cotton Consumption

单位：万吨
Unit：10,000 ton

年份 Year	全球 World	亚、澳洲 Asia and Australia	南北美 South and North America	西欧 Western Europe	东欧 Eastern Europe	非洲 Africa
2000	1969.9	1297.1	377.4	107.3	90.9	97.2
2005	2392.1	1839.7	315.2	56.2	73.9	107.1
2006	2621.5	2140.8	290.7	54.5	70.7	64.8
2007	2638.7	2165.5	295.1	33.6	68.7	75.6
2008	2309.5	1914.0	253.7	30.0	69.1	42.8
2009	2461.1	2053.4	259.9	24.3	64.6	58.9
2010	2449.2	2041.0	264.4	19.9	61.4	62.5
2011	2277.5	1913.7	234.1	18.4	61.6	49.8
*2012	2354.4	1991.8	232.8	17.3	57.5	55.1

注 *为预计数。
Note The data with "*" is the estimated data.

表16 全球棉花耗用量地域分布比例
Table16 Global Geographical Distribution of Cotton Consumption (by proportion of consumption)

单位：%
Unit：%

年份 Year	全球 World	亚、澳洲 Asia and Australia	南北美 South and North America	西欧 Western Europe	东欧 Eastern Europe	非洲 Africa
2000	100.0	65.8	19.2	5.4	4.6	4.9
2005	100.0	76.9	13.2	2.3	3.1	4.5
2006	100.0	81.7	11.1	2.1	2.7	2.5
2007	100.0	82.1	11.2	1.3	2.6	2.9
2008	100.0	82.9	11.0	1.3	3.0	1.9
2009	100.0	83.4	10.6	1.0	2.6	2.4
2010	100.0	83.3	10.8	0.8	2.5	2.6
2011	100.0	84.0	10.3	0.8	2.7	2.2
*2012	100.0	84.6	9.9	0.7	2.4	2.3

注 *为预计数。
Note The data with "*" is the estimated data.

表17　世界主要国家棉花耗用量（一）
Table17　The Cotton Consumption of Main Countries all over the World ——Part1

单位：万吨
Unit：10,000 ton

年份 Year	全球 World	占总(%) Proportion	中国 China	占总(%) Proportion	美国 U.S.A.	占总(%) Proportion	印度 India	占总(%) Proportion
2000	1969.9	100.0	538.5	27.3	192.9	9.8	288.5	14.6
2005	2392.1	100.0	859.9	35.9	129.3	5.4	346.4	14.5
2006	2621.5	100.0	1049.8	40.0	106.7	4.1	398.9	15.2
2007	2638.7	100.0	1089.8	41.3	100.2	3.8	401.0	15.2
2008	2309.5	100.0	899.8	39.0	78.4	3.4	382.6	16.6
2009	2461.1	100.0	1010.1	41.0	75.4	3.1	422.1	17.2
2010	2462.9	100.0	1002.3	40.7	73.8	3.0	456.0	18.5
2010	2449.2	100.0	979.2	40.0	84.9	3.5	448.2	18.3
2011	2277.5	100.0	1029.9	45.2	71.8	3.2	442.0	19.4
*2012	2354.4	100.0	1042.9	44.3	74.0	3.1	455.6	20.3

注　*为预计数。
Note　The data with "*" is the estimated data.

表18　世界主要国家棉花耗用量（二）
Table18　The Cotton Consumption of Main Countries all over the World ——Part2

单位：万吨
Unit：10,000 ton

年份 Year	巴基斯坦 Pakistan	占总(%) Proportion	土耳其 Turkey	占总(%) Proportion	日本 Japan	占总(%) Proportion	巴西 Brazil	占总(%) Proportion
2000	171.0	8.7	112.1	5.7	25.0	1.3	90.0	4.6
2005	241.5	10.1	155.0	6.5	16.7	0.7	90.0	3.8
2006	259.2	9.9	150.0	5.9	13.0	0.5	86.0	3.3
2007	257.4	9.8	135.0	5.1	12.5	0.5	99.6	3.8
2008	245.2	10.6	114.0	4.9	10.3	0.4	93.7	4.1
2009	230.7	9.4	130.0	5.3	7.5	0.3	100.2	4.1
2010	220.0	9.0	125.0	5.1	8.1	0.3	99.0	4.0
2011	216.3	9.5	125.0	5.5	6.3	0.3	88.8	3.9
*2012	233.6	9.9	132.5	5.6	5.7	0.2	89.7	3.8

注　*为预计数。
Note　The data with "*" is the estimated data.

资料来源（表1～18）：Fiber Organon
Source（Table 1～18）：Fiber Organon

表19 世界棉花贸易情况
Table19 The Trade Status of Cotton in the World

单位：万吨
Unit：10,000 ton

	年 份	Year	2005	2006	2007	2008	2009	2010	*2011
出口 Export	全 球	World	973.8	810.5	836.1	655.1	777.2	768.0	836.4
	美 国	U.S.A.	382.1	283.3	297.3	289.0	262.1	314.0	234.1
	CFA区	CFA Area	101.0	38.4	58.9	47.0	56.1	48.0	56.5
	乌兹别克斯坦	Uzbekistan	102.0	98.0	88.7	56.0	82.0	60.0	53.2
	印 度	India	75.1	96.0	153.0	50.5	142.0	110.0	163.6
	澳大利亚	Australia	62.8	46.5	26.5	26.0	46.0	55.0	86.0
	巴 西	Brazil	42.9	28.3	48.6	59.6	43.3	44.0	90.0
进口 Import	全 球	World	961.0	814.2	831.6	651.8	775.6	761.0	836.4
	中 国	China	420.0	230.6	251.1	152.3	237.4	261.0	419.5
	东亚、澳洲	Eastern Asia & Australia	177.4	189.9	186.0	165.7	189.4	177.0	171.2
	欧洲、土耳其	Europe & Turkey	127.5	134.4	108.5	86.9	117.6	98.0	76.4
	独联体	CIS	33.3	32.2	27.1	24.2	21.0	14.0	15.6
	巴基斯坦	Pakistan	35.2	50.2	85.1	47.5	34.2	31.0	17.0

注 *为预计数。
Note The data with "*" is the estimated data.

资料来源：国际棉花咨询委员会
Source：ICAC

表20 世界主要国家羊毛产量（原毛）
Table20 Raw Wool Output of the Main Countries all over the World

单位：万吨
Unit：10,000 ton

年份 Year	全球 World	中国 China	澳大利亚 Australia	新西兰 New Zealand	东欧 Eastern Europe	土耳其 Turkey	阿根廷 Argentina	南非 South Africa	中国占(%) The Proportion of China
2000	233.0	29.2	67.0	26.0	18.7	5.0	5.7	4.8	12.5
2005	215.9	37.9	52.0	23.1	19.7	5.4	8.0	4.6	17.6
2006	214.6	39.5	50.8	39.5	19.7	5.4	7.8	4.6	18.4
2007	217.1	36.3	47.7	21.8	21.9	4.6	7.8	4.5	16.7
2008	210.7	40.5	43.8	20.5	22.5	4.7	6.5	4.5	19.2
2009	196.6	36.8	39.6	15.8	23.8	4.0	6.1	4.8	18.7
2010	204.6	38.7	37.5	18.6	44.2	3.0	6.2	4.8	18.9
2011	199.9	39.3	37.7	17.8	44.7	3.0	5.4	4.6	19.7
2012	191.4	38.5	35.0	13.1		4.6	2.8	3.0	20.1

表21 美国纺织纤维最终用途分布
Table21 The Ultimate Use of Textile Fiber in USA

单位：万吨
Unit：10,000 ton

年份 Year	衣着 Clothing	家用 Home textile	地毯 Carpet	工业及其他 Industial Textile and others	合计 Total
2000	274.1	130.0	204.1	203.3	811.5
2005	156.5	70.7	205.2	195.3	627.6
2006	133.5	57.8	191.8	187.7	570.8
2007	76.3	41.8	174.5	187.0	479.6
2008	66.7	36.1	148.2	168.6	419.7
2009	49.7	26.6	128.0	155.4	359.6
2010	58.3	30.1	133.2	163.9	385.5
2011	37.9	16.0	120.2	151.1	325.1
2012	39.9	15.9	122.4	163.2	341.3

表22 美国人均纤维表观消费量
Table22 US Per Capita Fiber Apparent Consumption

年份 Year	国内总纤维消费量(万吨) Total Fiber Consumption (10,000 ton)					人口(百万) Population(million persons)	人均消费 (kg/年) Consumption Per Capita (kg/year)
	化纤 Chemical Fiber	棉花 Cotton	羊毛 Wool	其他 Others	合计 Total		
1990	446.1	262.5	13.3	29.6	751.6	250.0	30.1
2000	607.5	446.5	16.9	33.8	1104.7	282.4	39.2
2005	692.3	506.8	18.5	41.3	1258.9	296.4	42.5
2006	669.5	518.5	18.6	39.5	1246.1	298.2	41.8
2007	700.1	526.1	16.7	35.9	1281.7	300.9	42.7
2008	598.8	452.4	18.2	32.9	1102.3	304.5	36.3
2009	536.2	403.7	15.4	25.3	980.6	307.2	32.0
2010	595.0	451.1	17.8	26.1	1089.9	310.2	35.2
2011	582.0	382.7	17.7	32.9	1018.0	313.2	32.6
2012	606.5	371.3	17.7	32.2	1027.8	315.1	32.7

资料来源（表20～22）：Fiber Organon
Source (Table 20～22)：Fiber Organon

表23 2012年全球纺织品、成衣进出口额
Table23 Global Import and Export of Textile and Apparel in 2012

单位：亿美元
Unit：USD 100 million

年份 Year	出口额 Export			进口额 Import		
	合计 Total	纺织品 Textiles	成衣 Garments	合计 Total	纺织品 Textiles	成衣 Garments
2012	7083.6	2856.7	4226.9	7430.9	3020.3	4410.6
2011	7114.7	2949.5	4165.2	7417.4	3106.0	4311.4
2010	6029.5	2515.3	3514.2	6326.1	2652.4	3673.7
2000	3548.4	1570.6	1977.8	3887.4	1724.7	2162.7
2012/2011（%）	−0.4	−3.1	1.5	0.2	−2.8	2.3
2012/2000年均增长(%) Average Annual Change from 2000 to 2012	5.9	5.1	6.5	5.5	4.8	6.1

表24 2012年中国纺织品、成衣进出口额
Table24 China's Import and Export of Textile and Apparel in 2012

单位：亿美元
Unit：USD 100 million

年份 Year	出口额 Export			进口额 Import		
	合计 Total	纺织品 Textiles	成衣 Garments	合计 Total	纺织品 Textiles	成衣 Garments
2012	2550.6	954.5	1596.1	243.3	198.1	45.2
2011	2481.8	944.1	1537.7	229.1	189.0	40.1
2010	2066.9	768.7	1298.2	202.0	176.8	25.2
2000	522.1	161.4	360.7	140.2	128.3	11.9
2012/2011（%）	2.8	1.1	3.8	6.2	4.8	12.7
2012/2000年均增长(%) Average Annual Change from 2000 to 2010	14.1	16.0	13.2	4.7	3.7	11.8

表25 中国纺织品、成衣出口额占全球出口份额
Table25 The Proportion of China's Export Value of Textile and Garment to the World's

单位：亿美元
Unit：USD 100 million

年份 Year	纺织品出口 Export Value of Textile			成衣出口 ExportValue of Garment		
	全球 World	中国 China	中国占(%) Ratio of China(%)	全球 World	中国 China	中国占(%) Ratio of China(%)
2000	1570.6	161.4	10.3	1977.8	360.7	18.2
2005	2029.7	410.5	20.2	2756.4	741.6	26.9
2006	2185.9	486.8	22.3	3114.1	953.9	30.6
2007	2403.6	559.6	23.3	3458.3	1152.3	33.3
2008	2533.6	653.6	25.8	3649.1	1204.0	33.4
2009	2110.5	598.2	28.3	3156.2	1072.6	34.0
2010	2515.3	768.7	30.6	3514.2	1298.2	36.9
2011	2949.5	944.1	32.0	4165.2	1537.7	36.9
2012	2856.7	954.5	33.4	4226.9	1596.1	37.8

表26 中国纺织品、成衣进出口贸易状况
Table26 China's Export of Textile and Garment

单位：亿美元
Unit：USD 100 million

年份 Year	出口额 Export			进口额 Import			贸易顺差 Trade Surplus
	合计 Total	纺织品 Textiles	成衣 Garments	合计 Total	纺织品 Textiles	成衣 Garments	
2000	522.1	161.4	360.7	140.2	128.3	11.9	381.9
2005	1152.1	410.5	741.6	171.3	155.0	16.3	980.8
2006	1440.7	486.8	953.9	180.8	163.6	17.2	1259.9
2007	1712.1	559.7	1152.4	186.3	166.5	19.8	1525.8
2008	1857.6	653.6	1204.0	185.7	162.9	22.8	1694.7
2009	1670.8	598.2	1072.6	167.8	149.4	18.4	1503.0
2010	2066.9	768.7	1298.2	202.0	176.8	25.2	1864.9
2011	2481.8	944.1	1537.7	229.1	189.0	40.1	2252.7
2012	2550.6	954.5	1596.3	243.3	198.1	45.2	2307.3

表27　2012年全球纺织品进出口国(地区)15强

Table27　The Top 15 Textile Trading Countries (Regions) in the World in 2012

单位：亿美元
Unit：USD 100 million

出口 Export				进口 Import			
国家(地区) Countries(Regions)		金额 Value	占全球(%) Proportion to the world(%)	国家(地区) Countries(Regions)		金额 Value	占全球(%) Proportion to the world(%)
全　球	World	2935.5	100.0	全　球	World	3020.3	100.0
中　国	China	954.5	33.4	欧盟(27国)	EU(27)	741.2	24.5
欧盟(27国)	EU(27)	693.7	24.3	自欧盟(27国)外	From External EU	271.3	
向欧盟(27国)外	To External EU	223.7		美　国	U.S.A.	259.6	8.6
印　度	India	153.4	5.4	中　国	China	198.1	6.6
美　国	U.S.A.	134.9	4.7	中国香港	Hongkong, China	103.6	3.4
韩　国	Korea Rep	119.7	4.2	越　南	Vietnam	92.0	3.0
土耳其	Turkey	110.5	3.9	日　本	Japan	90.1	3.0
中国香港	Hongkong, China	105.5		土耳其	Turkey	64.4	2.1
中国台湾	Taiwan, China	102.9	3.6	墨西哥	Mexico	60.0	2.0
巴基斯坦	Pakistan	90.8	3.2	孟加拉	Bangladesh	58.4	1.9
日　本	Japan	78.2	2.7	印度尼西亚	Indonesia	55.7	1.8
印度尼西亚	Indonesia	45.4	1.9	韩　国	Korea Rep	48.8	1.6
越　南	Vietnam	41.2	1.4	俄罗斯	Russia	46.6	1.5
泰　国	Thailand	35.2	1.2	加拿大	Canada	45.9	1.5
墨西哥	Mexico	22.4	0.8	巴　西	Brazil	43.0	1.4
阿联酋	United Arab Emirates	22.2	0.8	印　度	India	33.2	1.1

表28　2012年全球成衣进出口国(地区)15强

Table28　The Top 15 Garment Trading Countries (Regions) in the World in 2012

单位：亿美元

Unit：USD 100 million

出口 Export				进口 Import			
国家(地区)	Countries(Regions)	金额 Value	占全球(%) Proportion to the world(%)	国家(地区)	Countries(Regions)	金额 Value	占全球(%) Proportion to the world(%)
全　球	World	4226.9	100.0	全　球	World	4410.6	100.0
中　国	China	1596.1	37.8	欧盟(27国)	EU(27)	1700.6	38.5
欧盟(27国)	EU(27)	1089.0	25.8	自欧盟(27国)外	From External EU	897.0	20.3
向欧盟(27国)外	To External EU	285.4	6.8	美　国	U.S.A.	879.6	19.9
中国香港	Hongkong, China	225.7		日　本	Japan	339.4	7.7
孟加拉	Bangladesh	199.5	4.7	中国香港	Hongkong, China	163.4	
土耳其	Turkey	142.9	3.4	加拿大	Canada	93.7	2.1
越　南	Vietnam	140.7	3.3	俄罗斯	Russia	92.2	2.1
印　度	India	138.3	3.3	韩　国	Korea Rep	62.7	1.4
印度尼西亚	Indonesia	75.2	1.8	澳大利亚	Australia	60.8	1.4
美　国	U.S.A.	56.1	1.3	瑞　士	Switzerland	57.2	1.3
马来西亚	Malaysia	45.6	1.1	中　国	China	45.2	1.0
墨西哥	Mexico	44.5	1.1	阿联酋	United Arab Emirates	35.7	0.8
柬埔寨	Cambodia	42.9	1.0	沙　特	Saudi Arabia	33.9	0.8
泰　国	Thailand	42.8	1.0	墨西哥	Mexico	29.7	0.7
巴基斯坦	Pakistan	42.1	1.0	智　利	Chile	27.1	0.6
斯里兰卡	Sri Lanka	40.1	0.9	土耳其	Turkey	26.8	0.6

表29 2012年全球纺织品、成衣出口国(地区)10强

Table29 The Top 10 Export Countries (Regions) of Textile and Garment in the World in 2012

单位：亿美元
Unit：USD 100 million

排序 Rank	国别(地区) Countries(Regions)		合计 Total	纺织品 Textiles	成衣 Garments	占全球(%) Proportion to the world(%)
	全　球	World	7083.6	2856.7	4226.9	100.0
1	中　国	China	2550.6	954.5	1596.1	36.0
2	欧盟（27国）*	EU(27)	509.1	223.7	285.4	7.2
3	中国香港	Hongkong, China	331.2	105.5	225.7	4.7
4	印　度	India	291.7	153.4	138.3	4.1
5	土耳其	Turkey	253.4	110.5	142.9	3.6
6	孟加拉	Bangladesh	215.8	16.3	199.5	3.0
7	美　国	U.S.A.	191.0	134.9	56.1	2.7
8	越　南	Vietnam	181.9	41.2	140.7	2.6
9	韩　国	Korea Rep	138.8	119.7	19.1	1.9
10	巴基斯坦	Pakistan	129.2	87.1	42.1	1.8

注 *为欧盟（27国）向区外出口。
Note The data with "*" refers to the external trade of EU.

表30 2012年全球纺织品、成衣进口国(地区)前10名

Table30 The Top 10 Import Countries(Regions) of Textile and Garment in the world in 2012

单位：亿美元
Unit：USD 100 million

排序 Rank	国别（地区） Countries (Regions)		合计 Total	纺织品 Textiles	成衣 Garments	占全球(%) Proportion to the world(%)
	全　球	World	7430.9	3020.3	4410.6	100.0
1	欧盟（27国）*	EU(27)	1168.3	271.3	897.0	15.7
2	美　国	U.S.A.	1139.2	259.6	879.6	15.3
3	日　本	Japan	429.5	90.1	339.4	5.8
4	中国香港	Hongkong, China	267.0	103.6	163.4	3.6
5	中　国	China	243.3	198.1	45.2	3.3
6	加拿大	Canada	139.6	45.9	93.7	1.9
7	韩　国	Russia	111.5	48.8	62.7	1.5
8	俄罗斯	Turkey	138.8	46.6	92.2	1.9
9	土耳其	Korea	91.2	64.4	26.8	1.2
10	墨西哥	Mexico	89.7	60.0	29.7	1.2

注 *为欧盟（27国）自区外进口。
Note The data with "*" refers to the external trade of EU.

表31 2012年美国进口纺织品、成衣前5名供应国(地区)
Table31 The Top 5 Textile and Garment Suppliers of the U.S.A. in 2012

单位：亿美元
Unit：USD 100 million

排序 Rank	纺织品进口 Textile Import				成衣进口 Garment Import			
	国家(地区) Countries(Regions)		金额 Value	占总(%) Proportion to total value(%)	国家(地区) Countries(Regions)		金额 Value	占总(%) Proportion to total value(%)
	总额	Total Value	259.6	100.0	总额	Total Value	879.6	100.0
1	中国	China	100.0	38.5	中国	China	346.8	39.4
2	印度	India	32.0	12.3	越南	Vienam	74.5	8.5
3	欧盟（27国）	EU(27)	26.3	10.1	印度尼西亚	Indonesia	52.8	6.0
4	巴基斯坦	Pakistan	16.2	6.2	孟加拉	Bangladesh	46.4	5.3
5	墨西哥	Mexico	15.7	6.1	墨西哥	Mexico	39.7	4.5
	以上5国（地区）合计	Above 5	190.2	73.3	以上5国（地区）合计	Above 5	560.2	63.7

表32 2012年欧盟(27国)进口纺织品、成衣前5名供应国(地区)
Table32 The Top 5 Textile and Garment External Suppliers of EU(27) in 2012

单位：亿美元
Unit：USD 100 million

排序 Rank	纺织品进口 Textile Import				成衣进口 Garment Import			
	国家（地区） Countries (Regions)		金额 Value	占总（%） Proportion to total value(%)	国家（地区） Countries (Regions)		金额 Value	占总（%） Proportion to total value(%)
	总额	Total Value	271.3	100.0	总额	Total Value	897.0	100.0
1	中国	China	91.5	33.7	中国	China	376.1	41.9
2	土耳其	Turkey	45.7	16.8	土耳其	Turkey	107.5	12.0
3	印度	India	27.2	10.0	孟加拉	Bangladesh	106.1	11.8
4	巴基斯坦	Pakistan	19.6	7.2	印度	India	57.4	6.4
5	美国	U.S.A.	11.9	4.4	突尼斯	Tunisia	27.4	3.1
	以上5国（地区）合计	Above 5	195.9	72.2	以上5国（地区）合计	Above 5	674.5	75.2

表33　2012年日本进口纺织品、成衣前5名供应国(地区)
Table33　The Top 5 Textile and Garment Suppliers of Japan in 2012

单位：亿美元
Unit：USD 100 million

排序 Rank	纺织品进口 Textile Import				成衣进口 Garment Import			
	国家(地区) Countries(Regions)		金额 Value	占总(%) Proportion to total value(%)	国家(地区) Countries(Regions)		金额 Value	占总(%) Proportion to total value(%)
	总　额	Total Value	90.1	100.0	总　额	Total Value	339.4	100.0
1	中　国	China	52.7	58.4	中　国	China	262.1	77.2
2	欧盟（27国）	EU(27)	6.5	7.2	越　南	Vietnam	21.6	6.4
3	印度尼西亚	Indonesia	5.7	6.4	欧盟（27国）	EU(27)	15.4	4.5
4	中国台湾	Taiwan, China	4.7	5.2	印度尼西亚	Thailand	6.6	1.9
5	韩　国	Korea Rep	4.2	4.7	泰　国	Korea Rep	5.3	1.6
	以上5国（地区）合　计	Above 5	73.7	81.8	以上5国（地区）合　计	Above 5	311	91.6

表34　2012年中国纺织品、成衣在美国、欧盟(27国)、日本三大进口市场中所占份额
Table34　The Propotion of the Textile and Garment Import Value from China in U.S.A., EU(27) and Japan in 2012

单位：亿美元
Unit：USD 100 million

国别（地区） Countries anc Regions		总进口额 Total Import Value			从中国进口额 Import Value from China			中国占（%） Proportion of China(%)
		总计 Total	纺织品 Textile	成衣 Garment	总计 Total	纺织品 Textile	成衣 Garment	
美国	U.S.A.	1139.2	259.6	879.6	446.8	100.0	346.8	39.2
欧盟（27国）*	EU(27)	1168.3	271.3	897.0	467.6	91.5	376.1	40.0
日本	Japan	429.5	90.1	339.4	314.8	52.7	262.1	73.3

注　*为欧盟(27国)自区外进口额。
Note　The data with "*" refers to the import value from external EU.

表35　2011～2012年亚洲主要国家（地区）纺织品、成衣出口贸易变化
Table35　The Export of Textile and Garment in Asia from 2011 to 2012

单位：亿美元
Unit：USD 100 million

2011年名次 Rank in 2011	国别（地区） Countries and Regions		纺织品出口 Textile Export		成衣出口 Garment Export		合计 Total	
			2011	2012	2011	2012	2011	2012
1	中　　国	China	944.1	954.5	1537.7	1596.1	2481.8	2550.6
2	中国香港	Hongkong，China	112.8	105.5	245.1	225.7	357.9	331.2
3	印　　度	India	153.4	152.7	146.7	178.3	300.1	291.0
4	孟 加 拉	Bangladesh	15.9	16.3	192.1	199.5	208.0	215.8
5	越　　南	Vietnam	37.7	41.2	131.5	140.7	169.2	181.9
6	韩　　国	Korea	123.7	119.7	18.4	19.1	142.1	138.8
7	巴基斯坦	Pakistan	90.8	87.1	45.5	42.1	136.3	129.2
8	印度尼西亚	Indonesia	47.9	45.4	80.5	75.2	128.4	120.6
9	中国台湾	Taiwan，China	110.2	102.9	9.9	9.7	120.1	112.6
10	泰　　国	Thailand	40.7	35.2	45.6	42.8	86.3	78.0
11	日　　本	Japan	80.3	78.2	6.0	5.6	86.3	83.8
12	马来西亚	Malaysia	20.4	17.9	45.7	45.6	66.1	63.5
13	斯里兰卡	Sri Lanka	2.0	2.3	42.1	40.1	44.1	42.4
14	柬 埔 寨	Cambodia	0	0	40.0	42.9	40.0	42.9
15	菲 律 宾	Filipine	1.8	1.7	14.0	16.1	15.8	17.8
16	新 加 坡	Singapore	8.5	8.0	11.9	13.4	20.4	21.4
以上合计		Total Value of the Above	1790.2	1768.6	2612.7	2692.9	4402.9	4421.5

资料来源（表23～35）：世界贸易组织
Source（Table 23～35）：World Trade Organization

Elegant
铜牛

Enchanting
北京铜牛集团有限公司
BEIJING TOPNEW GROUP CO.,LTD.

“我们掌握化学纤维生产的整体价值链。”
Ugur Baş,
欧瑞康化学纤维

从熔体到纱线
一切均始于化工原料。但是要将其转化为服装、产业用纺织品或者轮胎帘子线，就需要智慧的创意、精良的设备和成熟的工艺。
欧瑞康化学纤维的工程师们会提供全力支持并确保您的项目完全成功。我们将全程辅助您，从最初的化工原料到化学纤维，从创新的想法和完美的设备到成熟的工艺，从工程和聚合到纺丝、加弹及非织造产品，从熔体到纱线。
更多信息请访问我们的网站
www.oerlikon.com/manmade-fibers
oerlikon
barmag
oerlikon
neumag